실전! Windows CE 시스템 프로그래밍 완전정복

Windows® Embedded CE 6.0

http://www.mangoboard.com/
http://cafe.naver.com/embeddedcrazyboys
Crazy Embedded Laboratory

서 언

Windows CE 는 1996 년 처음 소개된 이후, 많은 후속 버전들이 발표되며 개선을 거듭하며, 수많은 Embedded 기기들에 널리 사용되어 왔습니다. 최근 Android 의 등장으로 Windows CE 에 대한 열기가 여전에 비해 많이 식어 가고 있는 편입니다. 그러나, Android 가 Linux 상의 가상머쉰에서 운영되는 구조라 상당한 CPU 성능 및 메모리를 요구하는 형편이라, Android 가 적절하게 운영되기 힘든 ARM9/ARM11 CPU 에서는 Windows CE 가 성능 및 기능에 대한 요구사항을 적절히 만족시키는 운영체제로 여전히 유효합니다. 또한, Windows CE 는 PC Windows 와 여러 면에서 흡사하기 때문에, Windows 에 익숙한 엔지니어가 쉽게 접근할 수 있다는 장점이 있습니다.

최근 Windows CE 7.0 이 발표되면서 Dual-Core CPU 를 지원하는 등 다양한 기능에 대한 지원을 강화하였습니다. 그러나 Windows CE 7.0 은 아직 도입 단계이며 Android 와의 치열한 주도권 경쟁을 거쳐야 안정된 시장을 확보할 수 있을 것으로 생각됩니다. 반면, Windows CE 6.0 의 경우, ARM9/Arm11 및 기타 1GHz 대 이하 CPU 군에서 다양한 응용 환경에 폭넓게 적용되고 있어 앞으로도 상당한 기간 동안 중요한 운영체제의 지위를 확보하고 있을 것으로 예측됩니다.

또한 Windows CE 7.0, Android 등 고성능/고기능 운영체제의 경우, 중/저성능의 CPU 에서 운영되기에는 무리가 있으므로, 주로 Cortex-A8 또는 기타 이에 상당하는 고성능 CPU 를 대상으로 개발됩니다. 특히, Android 의 경우 CPU 성능에 대한 요구 사항이 새로운 버전이 발표될 때마다 높아지고 있어 마치 PC Windows 에서 새로운 버전이 발표될 때마다 고사양의 PC 가 요구 되는 것과 같은 현상이 나타나고 있습니다. 이러한 때에 Windows CE 6.0 은 가격에 민감한 Embedded 기기에 사용되는 ARM9/ARM11 등에서도 무리 없이 운영될 수 있으므로, 앞으로도 꾸준히 Embedded 시장에서 입지를 확보할 수 있을 것입니다.

Windows CE 에 대한 서적은 다양하게 나와 있지만, 실제 보드를 사용하여 실전적으로 다루는 책은 찾아 보기 어렵습니다. 특히, Windows CE 를 처음 접하는 엔지니어의 경우, 어디서부터 시작해야 할지 막막한 상황에서, 처음부터 차근차근 Windows CE 프로그래밍에 다가갈 수 있도록 해주는 안내서가 있다면 큰 도움이 될 것입니다. 저자들은 그 동안 Embedded 보드를 만들고 이에 Windows CE 운영체제를 이식하고 디바이스드라이브 및 응용프로그램을 작성하는 과정에서 많은 시행착오를 겪어 왔습니다. 이러한 과정 하나하나를 기술하여 책으로 만들면 앞으로 이 일을 하는 엔지니어들이 조금이라도 더 쉽게 Windows CE 를 습득할 수 있을 것으로 생각하여 이 책을 펴내게 되었습니다.

이 책은 각종 기능에 대한 지루한 나열식 설명을 완전히 배제하고, 초심자도 바로 개발환경 구축부터 디바이스 드라이버, 응용프로그램 개발 과정을 순서 데로 정복해 나갈 수 있도록 구성 되어 있습니다. 또한 이 책에 나와 있는 모든 과정과 프로그램들은 모두 직접 작성하고 테스트 해 본 것들이므로, 바로 실무에 적용할 수 있을 것입니다.

이 책을 만드는데 많은 도움을 주신 머털도사 님, 설렁설렁 님, 다바꼬꼬 님, 곰 님, 검전 님, 푸우 님 모두에게 감사의 말씀을 드립니다.

http://www.mangoboard.com/
http://cafe.naver.com/embeddedcrazyboys

목 차

서 언 3

1부 – Windows CE Introduction & 환경 구성 17
1. Introduction 18
   1.1. 이 책의 목적 18
   1.2. 참고 사이트 18
   1.3. 망고24, 망고64 보드의 활용 19
2. Windows XP 환경 구축 – Platform Builder 설치 20
   2.1. 환경 구축 개요 20
   2.2. Windows XP 환경 구축 설치 순서 21
   2.3. 제어판 자동 업데이트 중지 22
   2.4. 환경 설정 이전에 갖추어져야 할 업데이트들 23
   2.5. .NET Framework 3.0 설치 23
   2.6. Visual Studio 2005 29
      2.6.1. Visual Studio 2005 설치 29
      2.6.2. MSDN 설치 31
   2.7. Windows Embedded CE 6.0 Evaluation Edition 설치 33
   2.8. Visual Studio 2005 Service Pack 설치 38
      2.8.1. Visual Studio 2005 Team Suite Service Pack 1 38
   2.9. Visual Studio 2005 Extensions 설치 40
   2.10. Windows Embedded CE 6.0 Platform Builder Service Pack 1 42
   2.11. Windows Embedded CE 6.0 R2 설치 44
   2.12. Windows Embedded CE 6.0 R3 설치 46
   2.13. Windows Embedded CE 6.0 Update 설치 48
   2.14. 설치 내용 확인 50
3. Windows 7 환경 구축 – Platform Builder 설치 52
   3.1. .NET Framework 확인 53
   3.2. Visual Studio 2005 53
      3.2.1. Visual Studio 2005 설치 53
      3.2.2. MSDN 설치 54
   3.3. Visual Studio 2005 SP1 54
   3.4. Visual Studio 2005 SP1 for Vista 56
   3.5. Windows Embedded CE 6.0 Evaluation 57
   3.6. Windows 7 소프트웨어 업데이트 설치 58
   3.7. Windows Embedded CE 6.0 SP1 59
   3.8. Windows Embedded CE 6.0 R2 59

3.9. Windows Embedded CE 6.0 R3 60
3.10. Windows Embedded CE 6.0 update package 설치 60
    3.10.1. 업데이트 스크립트 처리 문제점 해결 61
    3.10.2. 기타 업데이트 수행 63

2부 – Windows CE 6.0 Porting 65

4. 망고 64 하드웨어 구성 66
4.1. 망고 64 하드웨어 사양 66
4.2. 망고 64 부품면 (베타/릴리즈 보드) 68
4.3. 망고 64 보드 LCD면 (베타/릴리즈 보드) 69
4.4. 망고 64 구성도 70

5. 망고 64 BSP 71
5.1. 망고 64 보드 BSP 설치 71
    5.1.1. BSP 파일 다운로드 71
    5.1.2. Samsung LCD vs. Foxlink LCD - BSP 파일 비교 73
    5.1.3. WiFi Patch 적용 75
    5.1.4. BSP 설치 작업 76
5.2. Visual Studio 2005 최초 수행 77
5.3. Visual Studio 2005에서 Project 만들기 79
5.4. Catalog Item 변경하기 85
    5.4.1. 구성 관리자 – 빌드 구성 85
    5.4.2. Catalog Items View 87
    5.4.3. BSP 선택 88
    5.4.4. Core OS (CEBASE) 선택 88
    5.4.5. Device Drivers 선택 97
5.5. Project build 하기 99
    5.5.1. 프로젝트 속성 선택 99
    5.5.2. 프로젝트 빌드 하기 101
5.6. 빌드 에러 대처 방법 102
    5.6.1. error SYSGEN0000 102
    5.6.2. Temporary File 삭제 및 바이러스 검사 프로그램 종료 103
5.7. CE 6.0 Image (Mango BSP) 다운로드 및 실행 104
    5.7.1. DNW 실행 및 설정 104
    5.7.2. NOR Mode로 부팅하기 107
    5.7.3. Boot Loader 다운로드 109
    5.7.4. NAND Mode로 부팅하기 114
    5.7.5. NAND Flash에 NK.bin 퓨징 하기 115

6. 최초 프로그램 Hello Mango - 망고 64 119
6.1. Mango 보드 SDK 만들기 119

	6.1.1.	SDK 생성	119
	6.1.2.	SDK 구성 설정	121
	6.1.3.	SDK Build	121
6.2.		Mango 보드 SDK 설치하기	123
6.3.		ActiveSync 설치 및 탐색기 사용	125
6.4.		Remote Tool – 원격 이미지 캡쳐	128
6.5.		Hello Mango	130
	6.5.1.	Visual C++를 이용한 Hello Mango	130
	6.5.2.	Visual Studio 2005에서 장치 연결	134
	6.5.3.	Hello Mango 디버깅 하기	135

7. 망고 24 하드웨어 구성 136
- 7.1. 망고 24 하드웨어 사양 136
- 7.2. 망고 24 LCD면 137
- 7.3. 망고 24 부품면 138
- 7.4. 망고 24 구성도 139

8. 망고 24 BSP 140
- 8.1. 망고 24 BSP 설치 전 유의 사항 140
- 8.2. 망고 24 보드 BSP 설치 140
  - 8.2.1. 망고 24 BSP 파일 다운로드 140
  - 8.2.2. BSP 설치 작업 141
- 8.3. Visual Studio 2005에서 Project 만들기 141
- 8.4. Catalog Item 변경하기 145
  - 8.4.1. 구성 관리자 – 빌드 구성 145
  - 8.4.2. BSP 선택 146
  - 8.4.3. Core OS (CEBASE) 선택 146
  - 8.4.4. Device Drivers 선택 149
- 8.5. Project build 하기 150
  - 8.5.1. 프로젝트 속성 선택 150
  - 8.5.2. 프로젝트 빌드하기 151
- 8.6. CE 6.0 Image (Mango BSP) 다운로드 및 실행 151
  - 8.6.1. DNW 실행 및 설정 151
  - 8.6.2. NOR Mode로 부팅하기 152
  - 8.6.3. Boot Loader 다운로드 154
  - 8.6.4. NAND Mode로 부팅하기 158
  - 8.6.5. NAND Flash에 NK.bin 퓨징 하기 159

9. 최초 프로그램 Hello Mango - 망고 24 162
- 9.1. 망고 24 Hello Mango 진행 전 유의 사항 162
- 9.2. Mango 보드 SDK 만들기 162

	9.2.1.	SDK 생성	162
	9.2.2.	SDK Build	164
9.3.		Mango 보드 SDK 설치하기	164
9.4.		ActiveSync 설치 및 탐색기 사용	165
9.5.		Remote Tool – 원격 이미지 캡처	167
9.6.		Hello Mango	167
	9.6.1.	Visual C++를 이용한 Hello Mango	168
	9.6.2.	Visual Studio 2005에서 장치 연결	170
	9.6.3.	Hello Mango 디버깅 하기	171
10.		Hello Mango 두 번째와 DrawText	**172**
10.1.		Hello Mango 2 프로젝트 만들기	172
10.2.		cpp 소스 코드 만들기	173
10.3.		프로젝트 빌드 및 실행	175
10.4.		소스 코드 분석	176
	10.4.1.	windows.h 헤더 파일	176
	10.4.2.	WinMain 함수 정의 & lpCmdLine	177
	10.4.3.	hInstance & hPrevInstance	179
	10.4.4.	nShowCmd	179
	10.4.5.	MessageBox 함수	180
10.5.		Hello Mango 2 디버깅	182
10.6.		DrawText 함수 이용 출력	189
	10.6.1.	소스 추가 내용	189
	10.6.2.	DrawText 화면 출력 실행 결과	189
	10.6.3.	DrawText 출력 코드 분석	190
3부 – Windows CE 6.0 기초 학습			**193**
11.		망고 보드로 Windows CE를 다뤄보기	**194**
11.1.		ActiveSync 연결	194
	11.1.1.	ActiveSync 연결 상태	194
	11.1.2.	새 파트너 관계 창 띄우지 않기	194
11.2.		Touch Screen Calibration (스타일러스 설정)	196
	11.2.1.	제어판 스타일러스 실행	196
	11.2.2.	스타일러스 두 번 누르기 설정	197
	11.2.3.	스타일러스 보정 설정	197
11.3.		키보드, 마우스의 사용	199
	11.3.1.	Virtual 키보드 사용	199
	11.3.2.	USB 키보드/마우스 사용	200
12.		MSDN 활용 도움말 참조하기	**201**
12.1.		Visual Studio 2005 설명서 실행	201

- 12.2. MSDN 검색 202
- 12.3. 마이크로소프트 정보 사이트 203
- 13. **Source Insight 프로젝트 파일 추가하기** **205**
  - 13.1. WINCE600 부분 일부 폴더 삭제 205
  - 13.2. Source Insight 프로젝트에 파일 추가 207
  - 13.3. Undefined 항목 검색 및 새로운 파일 추가 209
  - 13.4. Document type 추가 방법 214
- 14. **EBoot만 다시 빌드하기** **217**
  - 14.1. 일부만 빌드하기 위한 옵션 217
  - 14.2. EBoot만 빌드하기 218
  - 14.3. EBoot만 빌드하기에서 주의할 점 219
  - 14.4. Build시에 Assembly 코드 뽑아내기 224
- 15. **Visual Studio 2005 메뉴 설명** **228**
  - 15.1. 도구 메뉴 옵션 설명 228
    - 15.1.1. Multiprocessor Build 지원 228
    - 15.1.2. 최대 병렬 프로젝트 빌드 수 229
  - 15.2. CB6410-V01 구성 속성 중 Build Options 229
    - 15.2.1. Buffer tracked events in RAM 230
    - 15.2.2. Enable eboot space in memory 230
    - 15.2.3. Enable event tracking during boot 230
    - 15.2.4. Enable hardware-assisted debugging support 230
    - 15.2.5. Enable kernel debugger 230
    - 15.2.6. Enable KITL 231
    - 15.2.7. Enable profiling 231
    - 15.2.8. Enable ship build 231
    - 15.2.9. Flush tracked events to release directory 232
    - 15.2.10. Run-time image can be larger than 32 MB 232
    - 15.2.11. Use xcopy instead of links to populate release directory 234
    - 15.2.12. Write run-time image to flash memory 237
  - 15.3. CB6410-V01 구성 속성 중 Environment Options 237
  - 15.4. Build 메뉴 설명 238
    - 15.4.1. Targeted Build Settings 238
    - 15.4.2. Global Build Settings 238
    - 15.4.3. Advanced Build Commands 238
    - 15.4.4. 빌드 솔루션 & OS design 242
- 16. **NK.bin과 NK.nb0 파일 포맷 분석** **244**
  - 16.1. Windows CE 바이너리 이미지 데이터 포맷 개요 244
  - 16.2. NK.bin과 NK.nb0 분석 245

	16.2.1.	Sync 바이트	245
	16.2.2.	런타임 이미지의 시작 주소와 크기	246
	16.2.3.	데이터 레코드	247
	16.2.4.	마지막 레코드	250
	16.2.5.	EBoot 메뉴 - "Format Boot Media for BinFS"	251

17. Visual Studio Remote Tools 252
- 17.1. 개요 252
- 17.2. 시작 폴더의 Remote Tool 실행하기 254
- 17.3. 시작 폴더에 없는 Remote Tool 실행하기 255
- 17.4. 모든 툴을 사용하기 위한 기본 설정 작업 259
  - 17.4.1. 빌드 옵션 변경 259
  - 17.4.2. Catalog Item 변경 259
- 17.5. 각 툴에 대한 설명 261
  - 17.5.1. 원격 이미지 캡처(Remote Zoom-in) 261
  - 17.5.2. 원격 파일 뷰어 (Remote File Viewer) 262
  - 17.5.3. 원격 힙 워커 (Remote Heap Walker) 262
  - 17.5.4. 원격 감시 (Remote Spy) 264
  - 17.5.5. 원격 레지스트리 편집기 (Remote Registry Editor) 265
  - 17.5.6. 원격 프로세스 뷰어 (Remote Process Viewer) 266
  - 17.5.7. Remote Call Profiler 267
  - 17.5.8. Remote Kernel Tracker 273
  - 17.5.9. Remote Performance Monitor 275
  - 17.5.10. Remote System information 277
- 17.6. Visual Studio 2005에서 Remote Tool 추가하기 278

18. 환경 변수 (Environment Variable)와 OS Design 파일 280
- 18.1. _WINCEROOT 280
- 18.2. 환경 변수 확인 281
  - 18.2.1. 시스템 환경 변수 282
  - 18.2.2. BSP 환경 변수 283
  - 18.2.3. IMG 환경 변수 286
  - 18.2.4. Sysgen 변수 287
  - 18.2.5. PRJ 환경 변수 288
  - 18.2.6. 기타 환경 변수 288
- 18.3. OS Design Path와 파일 292

19. Config.bib 설정 변경 작업 294
- 19.1. Binary Image Builder 파일 294
  - 19.1.1. OS Design 구성 파일 294
  - 19.1.2. Binary Image Builder 구성 295

19.2.	현 상태 메모리 구성 파악	297
	19.2.1. NAND, RAM 구성 (망고64)	297
	19.2.2. config.bib 내용 (망고64)	298
	19.2.3. image_cfg.h 내용 (망고64)	299
	19.2.4. image_cfg.inc 내용 (망고64)	300
	19.2.5. NAND 영역 위치 정보	301
	19.2.6. 망고24 config.bib 내용 검토	303
19.3.	망고64 NK 크기 변경	304
	19.3.1. 전체 변경 파일 및 변경 목표	304
	19.3.2. config.bib 변경 내용	305
	19.3.3. image_cfg.h 변경 내용	306
	19.3.4. image_cfg.inc 변경 내용	306
	19.3.5. 크기 변경 작업 후 주의사항	307
19.4.	망고24 FSRAMPERCENT 변경	307
19.5.	한글 폰트 제거 (망고24)	309
20.	**Nk.exe 부팅 프로세스**	**311**
20.1.	전체 부팅 함수 호출 순서	311
20.2.	KernelStart	313
20.3.	kernel.dll과 NKStartup	314
20.4.	NKStartup	316
	20.4.1. Setting NKGLOBAL & OEMGLOBAL	317
	20.4.2. OEMInitDebugSerial()	320
	20.4.3. OEMWriteDebugString ((LPWSTR)NKSignon);	322
	20.4.4. OEMInit()	323
21.	**UNICODE와 화면출력 함수들**	**324**
21.1.	UNICODE	324
	21.1.1. TCHAR 정의	324
	21.1.2. 스트링 표현	325
	21.1.3. UNICODE 스트링 처리 함수	326
21.2.	화면 출력 Debug 함수들	328
	21.2.1. OEM Debug 함수들	328
	21.2.2. RETAILMSG, DEBUGMSG, ERRORMSG	330
4부 – Windows CE 6.0 Device Driver		**331**
22.	**Device Driver 기초**	**332**
22.1.	Windows CE 시스템 구조	332
22.2.	디바이스 드라이버 개요	333
	22.2.1. Monolithic & Layered 디바이스 드라이버	333
	22.2.2. Native & Stream interface 디바이스 드라이버	334

- 22.2.3. DDI (Device Driver Interface) 함수 336
- 22.3. 디바이스 드라이버 등록 함수 337
- 23. **User Button 장치에 대한 이해** **340**
  - 23.1. User Button 외관 340
  - 23.2. User Button 회로도 341
  - 23.3. S3C2443 & S3C6410 GPIO 344
- 24. **Button Device Driver - 제작 및 등록** **348**
  - 24.1. 드라이버 제작 개요 348
  - 24.2. 디바이스 드라이버 폴더 생성 및 등록 348
  - 24.3. 빌드 환경 파일 생성 – makefile 351
  - 24.4. 빌드 환경 파일 생성 – Sources 353
  - 24.5. 빌드 환경 파일 생성 – Module-Definition File 357
  - 24.6. 레지스트리 등록 및 이미지에 포함하기 358
    - 24.6.1. 시스템 레지스트리 등록 358
    - 24.6.2. NK.bin 이미지에 포함시키기 359
  - 24.7. 드라이버 소스 구현 360
    - 24.7.1. DllEntry 361
    - 24.7.2. BTK_Init 및 기타 함수들 362
  - 24.8. 실행 결과 364
- 25. **Interrupt 설정 및 처리 과정** **366**
  - 25.1. 인터럽트 개요 366
  - 25.2. ARM9, ARM11 Interrupt 366
  - 25.3. Windows CE Interrupt 368
  - 25.4. Interrupt 발생시의 처리과정 370
  - 25.5. 인터럽트 초기화 작업 376
    - 25.5.1. 부팅 후 최초 초기화 작업 376
    - 25.5.2. 이벤트 생성 단계와 IRQ 등록 단계 377
    - 25.5.3. Thread 생성 단계 378
  - 25.6. Interrupt Service Thread (IST) 378
    - 25.6.1. WaitForSingleObject 378
    - 25.6.2. InterruptDone 378
    - 25.6.3. OEMInterruptDone 379
- 26. **Button Device Driver - Button 0 Interrupt 구현** **381**
  - 26.1. S3Cxxxx_Button.c 구현 381
    - 26.1.1. 주요 변수 내용 381
    - 26.1.2. GPIO 레지스터 접근 구조체 382
    - 26.1.3. BTK_Init 수정 – GPIO 포트 초기화 384
    - 26.1.4. BTK_Init 수정 – 이벤트 생성 및 인터럽트 초기화 394

	26.1.5.	BTK_Init 수정 – Thread 생성	399
	26.1.6.	BTK_Init 수정 – GPIO 포트 초기화 완료	401
	26.1.7.	BTK_IST0 구현	403
26.2.		실행 결과	407

27. InterruptDone 과정과 Button Driver 완성 ... 409

27.1.		InterruptDone 과정	409
	27.1.1.	OEMInterruptDone 함수	410
	27.1.2.	망고24 OALIntrDoneIrqs 함수	410
	27.1.3.	망고64 OALIntrDoneIrqs 함수	411
27.2.		Button 드라이버 완성	413
	27.2.1.	망고64 수정 사항	413
	27.2.2.	망고24 수정 사항	417
27.3.		망고24 부분 수정 과정	420
	27.3.1.	버튼 2 처리 수정	420
	27.3.2.	버튼 0 처리 수정	421
	27.3.3.	버튼 3 처리 수정	425

28. Subproject로 MyLauncher 초기 작업 ... 427

28.1.		Command Shell 추가	427
	28.1.1.	Command Shell 개요	427
	28.1.2.	카달로그 아이템 추가	427
	28.1.3.	수행 결과	429
28.2.		Subproject로 MyLauncher 만들기	431
28.3.		MyLauncher를 바탕화면에 보이게 하기	434
	28.3.1.	MyLauncher.lnk 만들기	434
	28.3.2.	platform.bib 변경	435
	28.3.3.	platform.dat 변경	436
28.4.		MyLauncher를 부팅 후 자동 실행	438
	28.4.1.	Dummy Shell의 개념	438
	28.4.2.	레지스트리 수정	438
28.5.		Task Bar 숨기기	441

29. MFC 이용 Launcher와 버튼 드라이버의 통신 ... 443

29.1.		MFC란?	443
29.2.		MFC 이용 MyLauncher 만들기	445
	29.2.1.	MyLauncher 프로젝트 생성	445
	29.2.2.	빌드 및 실행	450
29.3.		Button Driver와 MyLauncher 간의 통신	450
	29.3.1.	버튼 드라이버에서 메시지 송신	451
	29.3.2.	출력할 내용 String 리소스 추가	453

29.3.3.	Dialog 편집	456
29.3.4.	Dialog Object Member 변수 추가	457
29.3.5.	Dialog Data Exchange (DDX)	460
29.3.6.	메시지 처리부 추가	463
29.3.7.	실행 결과	466

30. 3축 센서 시험 및 SMB380 디바이스 분석 468
30.1. SMB380 & BMA150 468
30.2. 화면 돌리기 시험 468
30.2.1. 기존 시험 확인 468
30.2.2. 현재 BSP에서 확인하기 470
30.3. 디바이스 분석 471
30.3.1. 망고24 SMB380 부분 하드웨어 분석 471
30.3.2. 망고64 SMB380 부분 하드웨어 분석 473
30.3.3. SMB380 장치에 대한 이해 474

31. 3축 센서 (SMB380) 디바이스 드라이버 분석 481
31.1. 디바이스 드라이버 기본 시스템 파일 분석 481
31.1.1. Dirs 파일 481
31.1.2. makefile 파일 481
31.1.3. sources 파일 482
31.1.4. smbdriver.def 파일 484
31.2. 레지스트리 등록 및 이미지 포함 분석 484
31.2.1. 시스템 레지스트리 등록 484
31.2.2. NK.bin 이미지에 포함시키기 487
31.3. 디바이스 드라이버 자료 구조 488
31.3.1. Image 레지스터 자료 구조 (smb380regs_t) 488
31.3.2. 드라이버 메인 자료 구조 (smb380_t) 490
31.3.3. I2C & 3축 가속 데이터 자료 구조 493
31.4. SMB_Init() 분석 497
31.4.1. 자료 구조 초기화 497
31.4.2. I2C 초기화 – bus_init() 498
31.4.3. i2c_bus_write() & i2c_bus_read() 506
31.4.4. Critical Section 설정 509
31.4.5. Chip ID & Version 읽기 512
31.4.6. SMB 드라이버 초기화 완료 설정 512
31.5. SMB_Deinit()과 나머지 DDI 함수 분석 512
31.5.1. SMB_Deinit() 513
31.5.2. 나머지 DDI 함수 514
31.6. 드라이버 초기화 실행 확인 515

32. Rotate_GSensor 응용 프로그램 만들기 **517**
32.1. Rotate_GSensor 프로젝트 빌드 후 실행 517
32.1.1. Rotate_GSensor 응용 프로그램 다운로드 517
32.1.2. Rotate_GSensor 프로젝트 만들기 518
32.2. SMB_IOControl() 분석 520
32.2.1. SMB380UserDll.cpp IO Control 호출 함수들 520
32.2.2. IO Control 코드 값 522
32.2.3. IOCTL_SMB380_INIT 524
32.2.4. IOCTL_SMB380_SET_RANGE 527
32.2.5. IOCTL_SMB380_READ_ACCEL_XYZT 528
32.2.6. IOCTL_SMB380_READ_REG 529
32.3. Rotate_GSensor 응용 프로그램 분석 529
32.3.1. WinMain과 InitGSensor 분석 529
32.3.2. WndProc 분석 531
32.3.3. GoGSensor 분석 532
32.3.4. PictureRotate 분석 534

33. Camera 보드 연결과 장치에 대한 이해 **540**
33.1. Camera 보드 연결 540
33.1.1. 망고 보드 버전에 따른 연결 540
33.1.2. 카메라 모듈 연결 545
33.1.3. 카메라 모듈 전원 연결 546
33.2. 카메라 관련 회로 분석 547
33.2.1. 카메라 모듈 연결 부분 547
33.2.2. I2C 부분 548
33.2.3. Camera Interface 부분 – CAM_PWRDN 549
33.2.4. 기타 Camera Interface 부분 551
33.3. HSIS-LT1SF38M 카메라 모듈 553
33.3.1. 카메라 모듈 기본 정보 553
33.3.2. NOON130PC20 CMOS Image Sensor 개요 554
33.3.3. NOON130PC20 CMOS Image Sensor I2C 통신 556
33.4. YUV, YCbCr 562
33.5. CCIR-601 & 656 563

34. Camera 어플리케이션 빌드 및 Preview 실행 **565**
34.1. Camera 어플리케이션 빌드 565
34.1.1. 소스 코드 위치 565
34.1.2. TEST 폴더 생성 및 복사 566
34.1.3. 카메라 어플리케이션 수정 567
34.1.4. 환경 변수 파일 수정 571

		34.1.5.	카메라 어플리케이션 빌드 결과 확인 573

- 34.2. Camera Preview 수행 573
- 34.3. BSP 수정 사항 576
  - 34.3.1. CB6410.bat 변경 576
  - 34.3.2. 카달로그 아이템 변경 576

35. Camera 디바이스 드라이버 초기화 과정 분석 578
- 35.1. 디바이스 드라이버 개요 578
- 35.2. 폴더 구조 분석 579
- 35.3. 초기화 코드 CAM_Init 분석 583
  - 35.3.1. CAM_Init 호출 과정 개요 584
  - 35.3.2. CAM_Init 소스 코드 분석 585
  - 35.3.3. MDD CCameraDevice 클래스 초기화 코드 분석 585
  - 35.3.4. PDD_Init 및 CCameraPdd 클래스 코드 분석 588
  - 35.3.5. ReadMemoryModelFromRegistry 함수 분석 589
  - 35.3.6. PDD 함수 연결 메모리 복사 591
  - 35.3.7. 각종 글로벌 변수 설정 작업 592
  - 35.3.8. CameraInit 함수 594
- 35.4. 초기화 코드 PIN_Init 분석 604

36. Camera 디바이스 드라이버 Preview 과정 분석 606
- 36.1. Camera Preview 인터럽트 처리 분석 606
  - 36.1.1. CameraPreviewThread 함수 분석 606
  - 36.1.2. Preview 인터럽트 처리에 대한 전체 호출 개념도 608
  - 36.1.3. CCameraPdd::FillBuffer 함수 분석 609
- 36.2. Camera Run 상태 변환과 Sensor 설정 분석 610
  - 36.2.1. Camera Run 상태 변환 흐름도 610
  - 36.2.2. SetSensorState() 분석 612
  - 36.2.3. SetSensorFormat() 분석 613
  - 36.2.4. CameraSetRegisters() 분석 615
  - 36.2.5. CameraSetPreviewRegister() 분석 616
  - 36.2.6. CameraSetScaler() 분석 621
  - 36.2.7. CameraCaptureControl() 분석 627

맺음말 631

색 인 633

1부 – Windows CE Introduction & 환경 구성

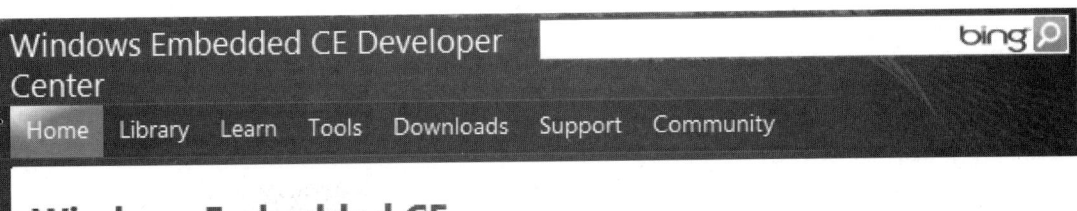

1. Introduction

Windows CE와 관련한 책들은 무척 많이 나와 있습니다. 하지만 정말 초보를 위해서 친절한 설명과 쉬운 가르침을 주는 책은 거의 없다고 해도 과언이 아닙니다. 필자 역시 공부를 위해서 여러 책을 보았지만 어떤 것을 하나 알아가는 과정은 참으로 험난한 길이었습니다.

1.1. 이 책의 목적

우리는 진정으로 초보를 위한 책을 만들려고 노력했습니다. 어느 것 한가지를 다루어도 그 내용을 진정한 초보도 쉽게 따라갈 수 있도록 구성하였습니다.

> 대부분의 책들은 책의 초반에 Windows CE에 대한 개요를 설명합니다. Windows CE의 역사부터 시작해서 사실 읽어도 무슨 내용인지 전혀 알 수 없는 말들을 많은 지면을 할애해서 설명합니다. 저는 이러한 부분들을 과감히 생략하였습니다.

이 책을 읽고 있는 독자들은 대부분 Windows CE에 대해서 들어보았을 것이고 그것을 사용해보고 또한 알고 싶어서 이 책을 읽고 있을 것입니다. 물론 당연히 Windows CE에 대한 역사나 Operating System (OS)에 대한 전반적으로 알아야 할 부분들도 관심이 있고 알아야 할 것입니다. 하지만 그러한 내용들은 초보자들에게 너무나도 어려운 부분입니다.

초보자가 이해하기 가장 쉬운 방법은 따라 하기 입니다. 처음부터 책에서 제시하는 그대로 따라 해주시기 바랍니다. 아무 것도 모르는 상태에서 너무 많은 정보들은 사람을 지치게 하고 또한 배우는 것도 그리 많지 않습니다. 하나를 알아도 그 내용을 실제로 해보면서 자기 것으로 만드는 과정이 보다 더 중요한 것입니다. 물론 책의 내용 중간 중간에 꼭 필요한 설명은 추가하였습니다.

1.2. 참고 사이트

http://www.mangoboard.com/
http://www.e-crazyboys.com/
http://cafe.naver.com/embeddedcrazyboys

망고보드에 대한 홈페이지나 네이버 카페를 적극 활용하시면 더욱 좋은 공부가 되실 것입니다. 의문이 있는 사항에 대한 질문을 하시면 수많은 사람들이 그에 대한 답변을 해줄 것입니다.

이 책에서 다루고 있는 모든 소프트웨어에 대한 자료 역시 위 사이트에서 받으실 수 있습니다. 망고24, 망고64에 대한 BSP 역시 위 사이트에서 제공하고 있습니다.

1.3. 망고24, 망고64 보드의 활용

제가 한자는 잘 모르지만 "백문이 불여일견(百聞而 不如一見)"이라는 말이 있습니다. 백 번 듣는 것보다 눈으로 한번 보는 것보다 낫지 않다는 말입니다. 또한 이 말을 좀 바꿔서 백견이 불여일행이라는 말로 바꾸어 말하고 있기도 합니다. 즉, 백 번 보는 것보다 한번 해보는 것을 이길 수는 없다는 것이죠.

이 책은 망고24와 망고64 보드를 모두 활용할 수 있도록 구성하였습니다. 망고24나 망고64 중의 어느 것 하나만 가지고 있어도 충분히 공부를 수행할 수 있을 것입니다. 이들 보드에 대한 구매는 위 절의 참고 사이트를 참조하시면 됩니다.

망고24와 망고64 보드를 활용해서 실제적으로 테스트 보드에서 Windows CE를 직접 올려서 수행해 보고 모든 사항에 대해서 보드를 이용한 공부를 수행할 것입니다. 이론적으로만 배움을 주는 것이 아니라 실질적으로 수행을 해서 결과를 눈으로 확인할 수 있기 때문에 보다 근본적으로 이해할 수 있는 지름길이 되는 것입니다.

백 번 Windows CE에 대해서 글을 읽는 것보다 보드에 직접 한번 수행을 해보는 것이 보다 더 큰 배움을 줄 것이라고 확신합니다. 이 책의 모든 내용을 망고24와 망고64 보드를 활용해서 테스트하고 그 결과를 모두 기록해 놓을 것입니다. 하나씩 따라서 해보다 보면 어느새 Windows CE에 대해서 많은 것을 알고 있는 자신을 발견하실 수 있을 것입니다.

Windows CE?

Windows CE에서 Windows는 마이크로소프트에서 만든 운영체제이기 때문에 그리고 우리가 흔히 사용하는 데스크톱 PC에서 사용하는 OS가 Windows이기 때문에 어렵지가 않은데, CE가 도대체 뭔 뜻인가 의아해 하는 사람들이 많습니다. Compact Edition이라는 사람도 있고, Consumer Electronics라고 부르는 사람들도 있습니다. 마이크로소프트에서 만든 것이고 그곳의 공식 내용을 참조하는 것이 맞을 것입니다.

마이크로소프트의 고객 지원 사이트의 글을 참조하면 CE라는 말은 어느 특정 단어를 줄인 줄임말은 아니라고 합니다. 다만 "Compact," Connectable," Compatible," "Companion," "Efficient" 등의 의미가 포함된 것으로 생각하면 된다고 합니다. 필자의 생각으로는 Embedded Compact 등의 것으로 만든 말이 아닐까 생각합니다. 마이크로소프트의 공식적인 용어로는 Windows CE라고 부르지 않고 **Windows Embedded CE**로 부릅니다. 공식적인 용어는 따라주는 것이 맞을 것입니다.

2. Windows XP 환경 구축 – Platform Builder 설치

2.1. 환경 구축 개요

Windows Embedded CE 6.0을 사용할 수 있는 가장 좋은 환경은 Windows XP 환경입니다. 그렇지만 요즘의 PC들은 성능이 많이 좋아졌고 보다 화려한 화면을 위해서 Windows 7을 사용하는 분들도 많이 있는 것으로 알고 있습니다. 그렇다면 환경 구축을 어떻게 해야 할까요?

> 방법은 3가지입니다.
> **1) PC에 주 OS로 Windows XP를 설치하는 방법**
> **2) VMware와 같은 Virtual Machine 환경을 구축하고 Windows XP를 설치하는 방법**
> **3) Windows7에 직접 Windows Embedded CE 6.0 환경을 설치하는 방법**

결론부터 먼저 말씀드리면 2번과 3번 방법은 모두 가능하지만 한가지 문제점이 존재합니다. 바로 **Windows CE USB 드라이버의 문제**입니다.

> **wceusbsh.sys 사용의 문제**
>
> 뒤에서 Windows CE와 관련한 드라이버를 설치하면서 보게될 파일인데 바로 CE 디바이스와 Windows OS 사이에 USB로 통신을 수행하기 위한 디바이스 드라이버입니다.
>
> http://support.microsoft.com/kb/968204
>
> 위 문서에 답이 들어 있습니다. 위 문서의 제목이 아래와 같습니다.
> **"Windows CE USB Serial Host Driver (Wceusbsh.sys) Not Available On Windows Vista"**
>
> Vista를 사용함에 있어서 wceusbsh.sys를 사용할 수 없다는 것입니다. Vista와 Windows 7은 같다고 생각하시면 됩니다. 방법으로 제시하는 내용을 보면 결국은 디바이스 드라이버를 다시 만들라는 것입니다. 삼성에서는 현재 이 드라이버를 제공해주지 않고 있고, 직접 만들지 않는다면 사용할 수 없다는 것입니다.

이번 장에서는 Windows XP에서 Windows Embedded CE 6.0 환경을 설치하는 방법을 살펴볼 것이고, 다음 장에서 Windows 7에서 설치하는 방법을 차례로 살펴보도록 하겠습니다. (비록 디바이스와 USB로 연결하는 작업을 Windows 7에서 할 수는 없지만 빌드까지 하는 것은 가능합니다. 그 부분에 대해서는 다음 장에서 설명드리도록 하겠습니다.)

2.2. Windows XP 환경 구축 설치 순서

CE 6.0 Platform Builder와 Visual Studio 2005를 설치하도록 하겠습니다. Windows 7에 환경을 구축하기를 원하는 분들도 이번 장은 꼭 눈으로라도 읽어보시는 것이 좋습니다. Platform Builder를 설치하는 것은 아래의 과정을 따라야 합니다.

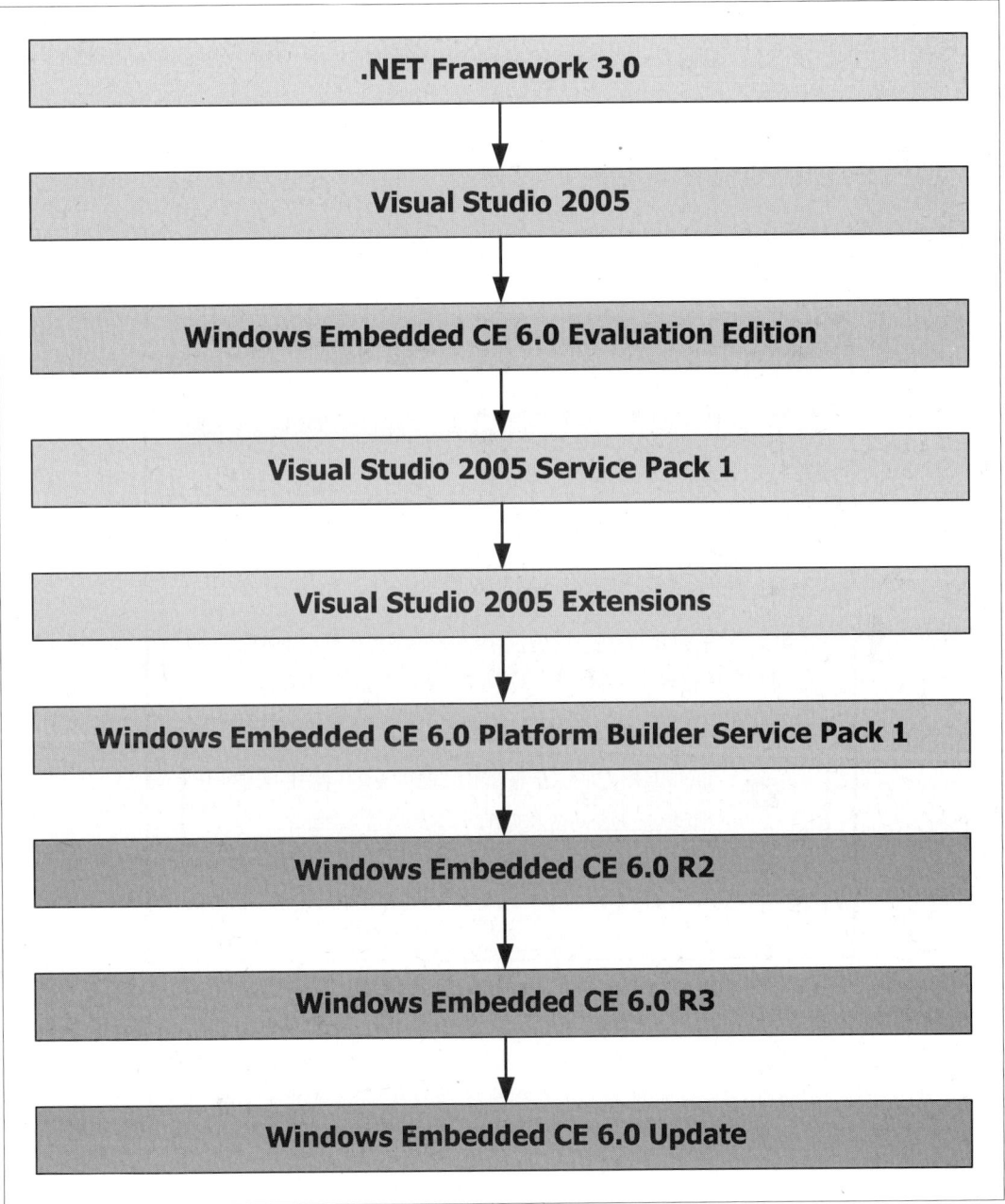

기본적으로 Windows CE 5.0을 설치할 때보다 상당부분 복잡해졌습니다. 위의 설치 순서를 가능한 정확하게 지키는 것이 중요합니다. 위 순서 중 일부는 순서가 바뀌어도 큰 문제가 없는 것도 있겠지만 크게는 Visual Studio를 먼저 설치하고, Platform Builder를 설치하고, Visual Studio를 업데이트하고 Platform Builder를 업데이트 한다는 기본적인 골격의 순서는 지켜주어야 합니다.

> 위의 설치 순서 중에서 가장 중요한 부분은 **Visual Studio 2005를 반드시 먼저 설치해 주어야 한다는 점이고, 그 다음으로 중요한 부분은 Visual Studio 2005의 Service Pack 1을 설치하기 전에 반드시 Platform Builder를 설치해야 한다는 것입니다.** 그리고 Visual Studio 2005의 Service Pack 1 설치 이후에 Platform Builder의 Service Pack을 설치하는 것입니다.

2.3. 제어판 자동 업데이트 중지

설치를 진행하기에 앞서서 제어판의 자동 업데이트 부분을 실행합니다.

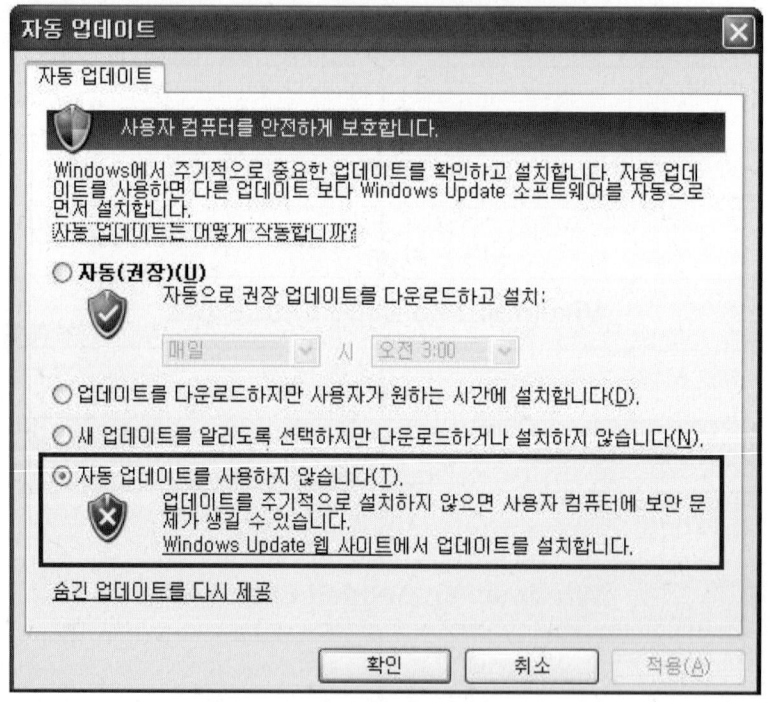

위 그림과 같이 자동 업데이트를 사용하지 못하도록 설정합니다. 자동 업데이트가 설정되어 있을 경우에는 우리가 프로그램을 설치하면서 발생할 수 있는 업데이트를 자동으로 찾아서 설치가 되어버리는 경우가 발생할 수 있습니다. 이렇게 될 경우 위에서 중요하게 다루어져야 할 순서가 꼬이는 상황이 생길 수 있습니다. 이러한 상황을 미연에 방지하고자 자동 업데이트 옵션을 끄고 진행하는 것입니다. 이번 장에서의 설치 작업을 모두 완료한 이후에는 다시 켜도록 합니다.

Windows CE 개발 환경 구축의 첫걸음은 Platform Builder를 설치하는 것입니다. Platform Builder란 말 그대로 특정 보드를 위해 (여기서는 Mango 보드), Windows CE 운영체제를 바탕으로 하는 소프트웨어 플랫폼을 만들어 주는 도구입니다.

Visual Studio 2005는 실제로 Windows CE 응용 프로그램을 만들기 위해서는 필수적으로 필요한 툴이 되겠습니다. 이것은 ".NET Framework 설치" 후 "Windows CE 6.0 Evaluation Edition 설치" 중간에 해야 합니다.

> 툴의 설치에 있어서 순서가 무슨 상관인가 하고 의문을 품는 독자들도 계시겠지만 실제로 문제가 생길 수 있습니다. 모든 소프트웨어가 그렇듯이 일부의 경우에 버그가 있을 수 있고 워낙 복잡한 시스템이다 보니 발생하는 인터페이스의 종류도 많고, 순서에 따라서 일부 문제가 발생할 수 있습니다. 이 순서를 꼭 지켜서 설치해 주시기 바랍니다.

마이크로소프트의 위 툴들을 설치하는데 있어서 순서가 중요한 것은 사실 툴의 버그라고 할 수 있습니다. 실제로도 정확히 설치를 해 주었는데도 불구하고 문제가 발생하는 경우도 있습니다. 이와 관련한 부분에 대해서는 하나하나 관련된 사항이 나타날 때마다 설명을 드리고 어떻게 해결해야 하는 가에 대해서 알아볼 것입니다. 그럼 이제부터 하나씩 설치를 진행해보도록 하겠습니다.

2.4. 환경 설정 이전에 갖추어져야 할 업데이트들

위에서 자동 업데이트는 사용하지 않도록 설정한 상태이고, 수동으로 업데이트를 설치합니다. http://www.update.microsoft.com/에 접속해서 꼭 필요한 업데이트들을 먼저 설치하도록 합니다.

일단 먼저 Windows XP 서비스 팩 3를 설치합니다. 그리고 각종 보안 관련 업데이트들을 설치합니다. 제 경우 가능한 보안 관련 부분 이외에는 설치하지 않았습니다. explorer 7이나 8, MS media player 등은 설치하지 않았습니다.

2.5. .NET Framework 3.0 설치

.NET Framework의 버전과 사용하는 툴과의 관계에 대해서 정리한 표가 아래와 같습니다.

.NET Framework 버전	Visual Studio 버전
.NET Framework 1.0	Visual Studio.NET 2002
.NET Framework 1.1	Visual Studio 2003
.NET Framework 2.0	Visual Studio 2005
.NET Framework 3.0	Visual Studio 2005 + Extensions
.NET Framework 3.5	Visual Studio 2008

Windows CE 5.0을 사용할 때는 반드시 .NET Framework 1.1이 설치되어 있었어야 했지만 Windows CE 6.0을 사용하는 경우에는 .NET Framework 1.1이 반드시 설치되어 있어야 하는 것은 아닙니다. 만약 .NET Framework 1.1과 관련한 것을 개발할 경우에는 필요할 것이지만 우리는 주로 .NET Framework 3.0을 기본적으로 사용하도록 하겠습니다.

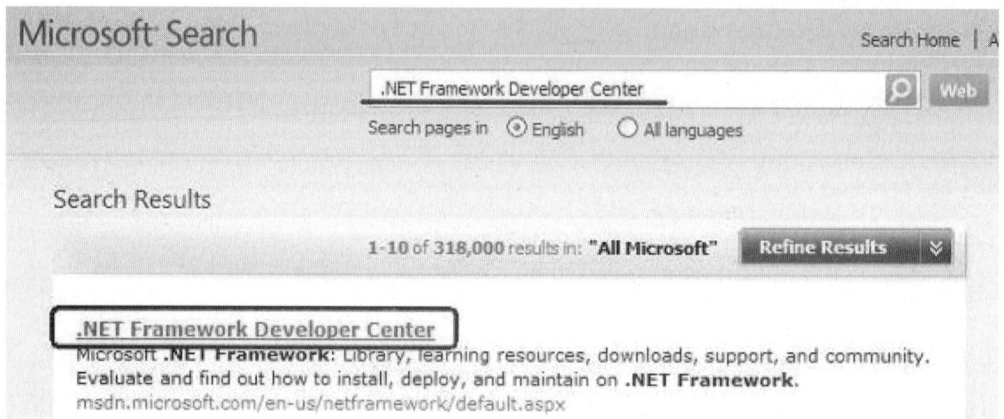

.NET Framework 3.0를 찾기 위해서 마이크로소프트웨어의 웹사이트 http://www.microsoft.com/에 들어간 후, 홈페이지의 검색 창에 "dotnet framework 3.0"을 입력하여도 되지만 ".NET Framework Developer Center"를 입력해서 찾아주시는 것이 좋습니다.

.NET Framework 3.0을 설치하면 .NET Framework 2.0은 자동으로 설치가 진행됩니다. 그러므로 .NET Framework 3.0을 찾아서 설치해주면 됩니다. 위에서 .NET Framework Developer Center에 접속하면 아래 창이 뜹니다.
http://msdn.microsoft.com/en-us/netframework/default.aspx

위 창에서 Downloads 부분을 선택합니다.

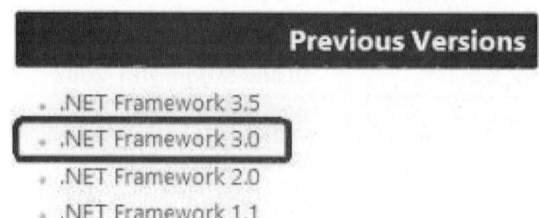

2. Windows XP 환경 구축 – Platform Builder 설치

위 그림에서 .NET Framework 3.0을 선택하면 아래 링크가 실행됩니다.
http://msdn.microsoft.com/en-us/netframework/bb264589.aspx

.NET Framework 3.0

Download the .NET Framework 3.0 redistributable packages get everything you need to run applications developed using the .NET Framework.

- Download .NET Framework x86 version
- Download .NET Framework x64 version

.NET Framework 3.0 Related Resources:

- Visual Studio 2005 Extensions for WF
- Windows SDK .NET Framework 3.0 Samples
- Microsoft .NET Framework 3.0 Language Packs

여기서는 먼저 "Download .NET Framework x86 version"만을 설치할 것이고, "Visual Studio 2005 Extensions for WF" 부분은 뒤에서 다시 작업이 이루어질 것이기 때문에 여기서는 설치하지 않습니다.

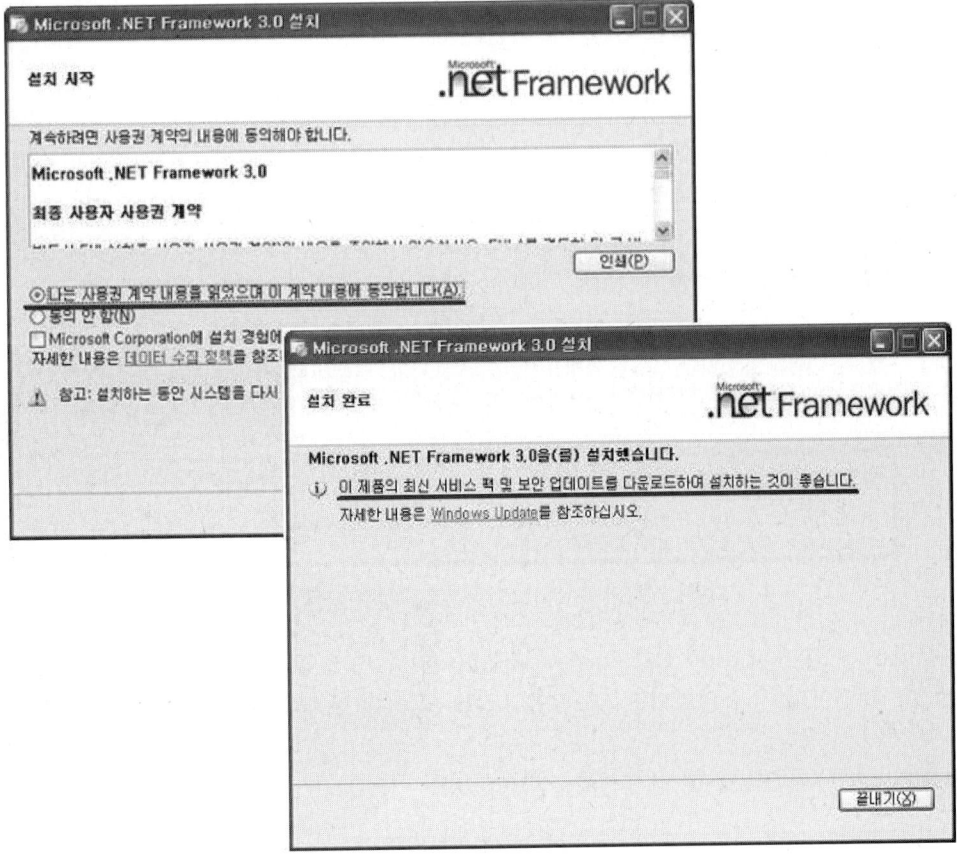

당연히 위의 사용권 계약에 대한 부분은 동의를 하고 설치 작업을 진행해야 합니다. 모든 설치 작업이 끝나면 위 화면과 같이 설치 완료 창이 뜨게 됩니다.

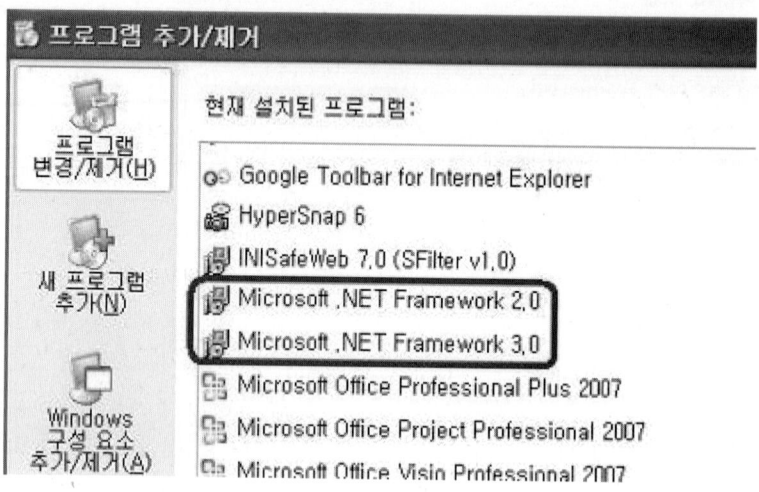

위와 같이 .NET Framework 3.0을 설치하였지만 .NET Framework 2.0까지 함께 설치가 되어 있는 것을 볼 수 있습니다.

설치 완료 창에도 문구가 나타나 있는 것처럼 최신 서비스 팩 및 보안 업데이트를 설치해 주어야 합니다. 마이크로소프트웨어의 업데이트 관련 사이트에 접속해서 관련 업데이트를 설치하도록 합니다. http://www.update.microsoft.com/에 접속해서 사용자 지정 검색을 수행합니다.

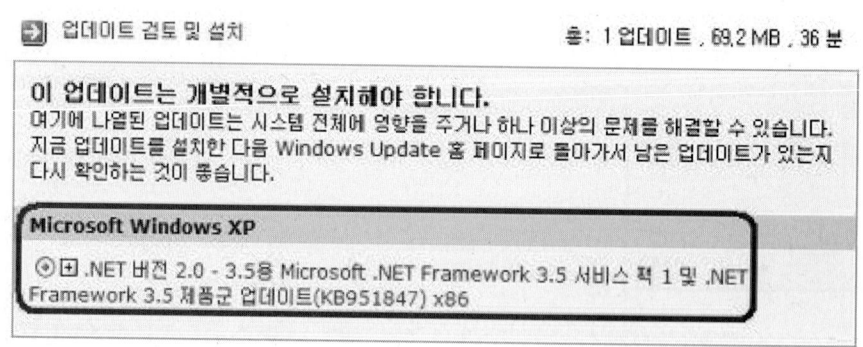

.NET 버전 2.0 - 3.5용 Microsoft .NET Framework 3.5 서비스 팩 1 및 제품군 업데이트 부분을 발견할 수 있습니다. 이것의 설치가 완료되면 시스템을 다시 시작해야 합니다.

이 상태에서 Windows Update를 다시 한번 수행합니다.

2. Windows XP 환경 구축 – Platform Builder 설치

▶ 업데이트 검토 및 설치　　　　　　총: 3 업데이트, 12.3 MB, 6 분

중요 업데이트

Microsoft Windows XP
- ☑ Windows 2000, Windows Server 2003 및 Windows XP용 Microsoft .NET Framework 2.0 서비스 팩 2 보안 업데이트(KB974417)
- ☑ .NET Framework Assistant 1.0 x86용 .NET Framework 3.5 서비스 팩 1 업데이트(KB963707)
- ☑ Windows XP용 업데이트(KB961118)

중요 업데이트가 3가지 발견되고, 이들도 모두 설치 작업을 수행합니다. 이들에 대한 설치 작업이 완료되면 역시 다시 한번 시스템을 리부팅 해야 합니다. 리부팅 한 이후에 다시 Windows Update를 수행합니다. 이번에는 중요 업데이트는 없지만 일부 설치되어야 할 부분이 있습니다.

Windows Update 검색을 마치면 소프트웨어 별로 선택적으로 적용되어야 할 내용이 나타납니다. 그 중에서 .NET Framework 2.0 언어 팩을 먼저 설치합니다.

☑ Microsoft .NET Framework 2.0 언어 팩: x86(KB829019)
다운로드 크기: 1.7 MB, 필요 시간 1 분
.NET Framework 버전 2.0은 향상된 캐싱, 응용 프로그램 배포 및 ClickOnce로 업데이트 등의 성능 및 확장성을 향상시키며 ASP.NET 2.0 컨트롤 및 서비스가 있는 브라우저 및 장치의 광범위한 배열을 지원합니다. 이 업데이트를 설치한 후 컴퓨터를 다시 시작해야 합니다. 자세한 정보...
☐ 이 업데이트를 다시 표시 안 함

이들의 설치는 2개를 한꺼번에 설치하면 안됩니다. 따로따로 설치를 해주셔야 합니다.

이 업데이트는 개별적으로 설치해야 합니다.
여기에 나열된 업데이트는 시스템 전체에 영향을 주거나 하나 이상의 문제를 해결할 수 있습니다. 지금 업데이트를 설치한 다음 Windows Update 홈 페이지로 돌아가서 남은 업데이트가 있는지 다시 확인하는 것이 좋습니다.

Microsoft Windows XP
◉ Microsoft .NET Framework 3.5 서비스 팩 1(KB951847) x86 언어 팩
다운로드 크기: 27.4 MB, 14 분
Microsoft .NET Framework 3.5 서비스 팩 1은 .NET Framework 2.0, 3.0, 3.5에 추가로 작성된 다양한 새로운 기능을 포함하는 종합 누적 업데이트로서 .NET Framework 2.0 및 .NET Framework 3.0 하위 구성 요소에 대한 누적 서비스 업데이트를 포함합니다. 자세한 정보...
☐ 이 업데이트를 다시 표시 안 함

아래와 같이 선택적 소프트웨어 부분에 .NET Framework 3.0 언어 팩이 보이는 경우가 있습니다.

> ☑ ⊟ Microsoft .NET Framework 3.0: x86 언어 팩(KB928416)
> 다운로드 크기: 6.3 MB , 3 분
> Microsoft NET Framework 3.0은 Windows용 관리 코드 프로그래밍 모델입니
> 다. 버전 3.0은 시각적으로 뛰어난 사용자 환경, 기술의 한계를 넘어선 완벽한 커뮤
> 니케이션 및 광범위한 비즈니스 프로세스를 지원하는 기능 등 응용 프로그램을 빌드
> 하는 새 기술로 버전 2.0을 향상시킵니다. 이 업데이트를 설치한 후 컴퓨터를 다시
> 시작해야 할 수 있습니다. 자세한 정보...
> ☐ 이 업데이트를 다시 표시 안 함

그런데 이 .NET Framework 3.0 언어 팩의 경우는 따로 설치해줄 필요가 없습니다. 위 내용은 .NET Framework 3.5가 설치된 상태에서 .NET Framework 3.5 서비스 팩 1 x86 언어 팩을 설치하게 되면 .NET Framework 3.0 언어 팩 부분은 선택적 소프트웨어 리스트에서 사라지게 됩니다.

> **선택적 소프트웨어 업데이트**
> **Microsoft Windows XP**
> ☐ ⊞ Windows Server 2003 및 Windows XP x86용 Microsoft .NET Framework 2.0 서비스 팩 2 업데이트 (KB976569)
> ☐ ⊞ Windows Server 2003 및 Windows XP x86용 Microsoft .NET Framework 3.0 서비스 팩 2 업데이트 (KB976570)
> ☐ ⊞ Windows XP용 Windows PowerShell 1.0(KB926140)

위 3개의 업데이트를 추가로 발견하였고 모두 설치합니다.

Microsoft .NET Framework 2.0 Service Pack 2	크기 185.00MB
Microsoft .NET Framework 2.0 Service Pack 2 Language Pack - KOR	크기 5.88MB
Microsoft .NET Framework 3.0 Service Pack 2	크기 193.00MB
Microsoft .NET Framework 3.0 Service Pack 2 Language Pack - KOR	크기 4.44MB
Microsoft .NET Framework 3.5 언어 팩 SP1 - 한국어	크기 37.14MB
Microsoft .NET Framework 3.5 SP1	크기 37.14MB

위와 같이 .NET Framework과 관련한 모든 내용이 설치된 것을 제어판 프로그램 추가/제거에서 확인할 수 있습니다.

2.6. Visual Studio 2005

Windows CE 6.0부터는 마이크로소프트 정책으로 인해서 반드시 Visual Studio 2005가 설치되어 있어야 Wince 6.0 BSP를 컴파일 할 수 있습니다.

2.6.1. Visual Studio 2005 설치

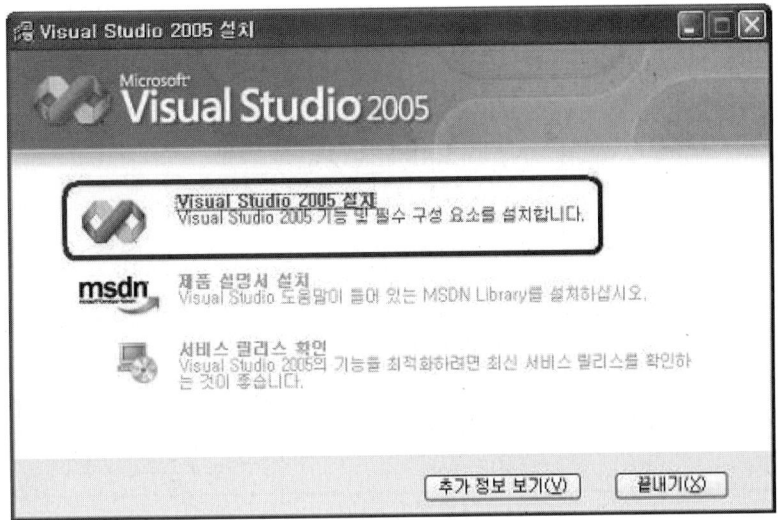

setup.exe를 실행해서 위 그림의 창이 뜨면 Visual Studio 2005 설치를 선택합니다. Visual Studio 2005 설치 부분을 마우스로 클릭하면 설치 작업이 시작됩니다.

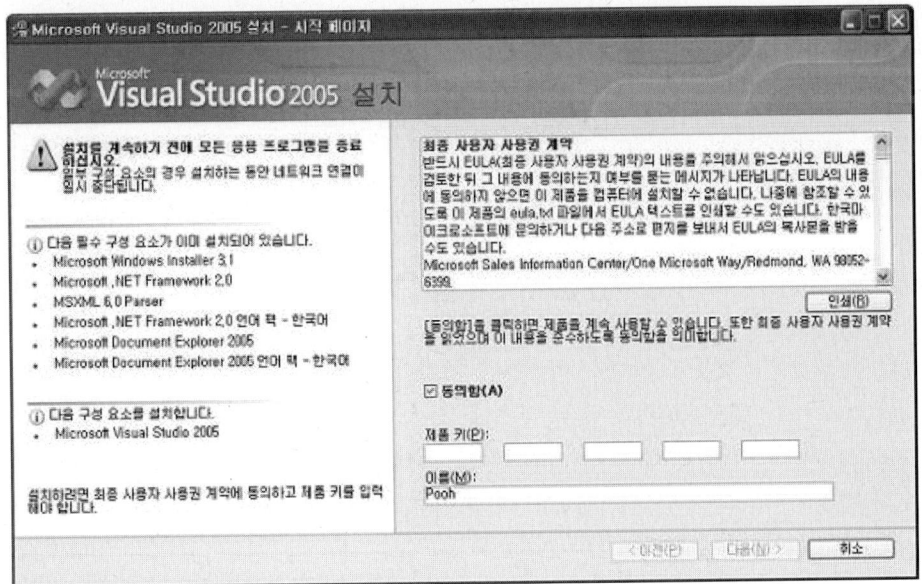

안타깝게도 Visual Studio는 상용 툴이고 마이크로소프트 홈페이지에서 evaluation 버전을 받아서 사용할 수도 있습니다. 위 그림에서 제품 키를 입력하고 설치를 진행합니다.

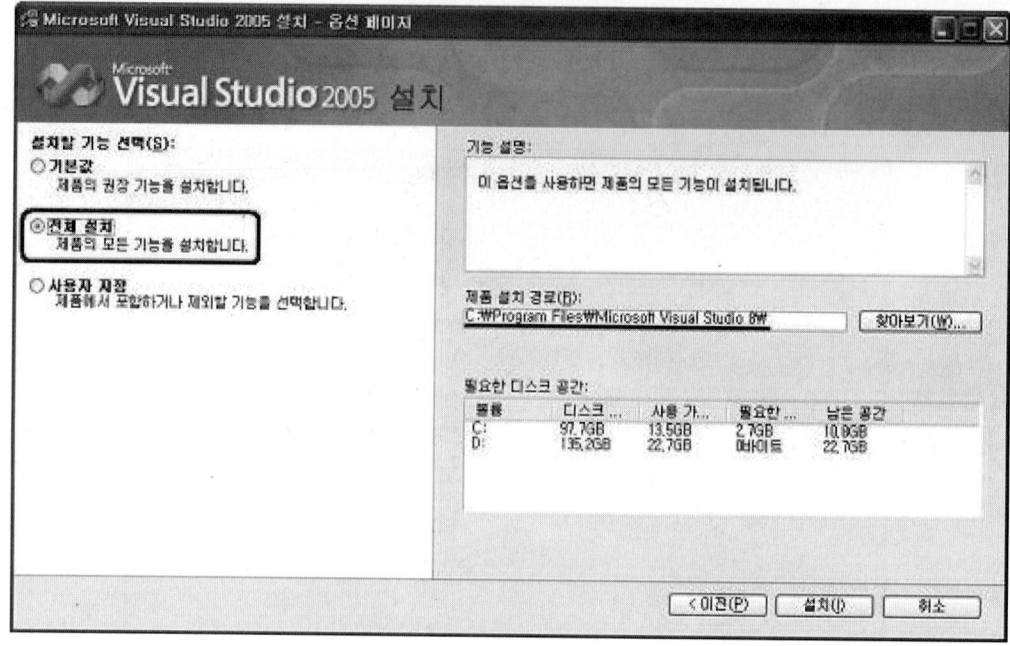

전체 설치를 선택하고 경로는 default로 되어 있는 부분을 바꾸지 않고 그대로 설치를 진행합니다.

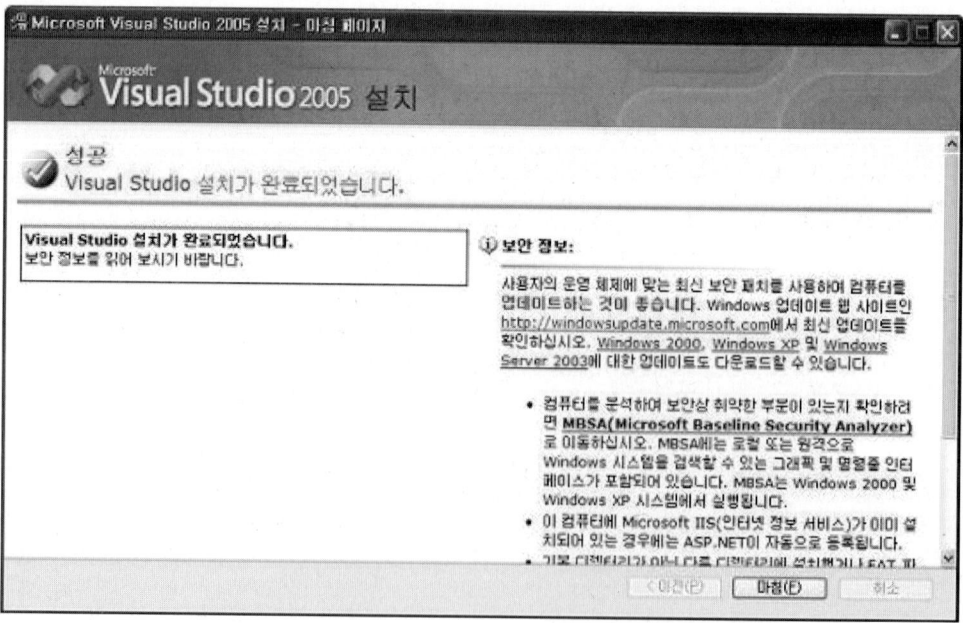

2. Windows XP 환경 구축 – Platform Builder 설치

설치 작업은 시간이 오래 걸릴 뿐 그다지 힘든 작업은 없습니다.

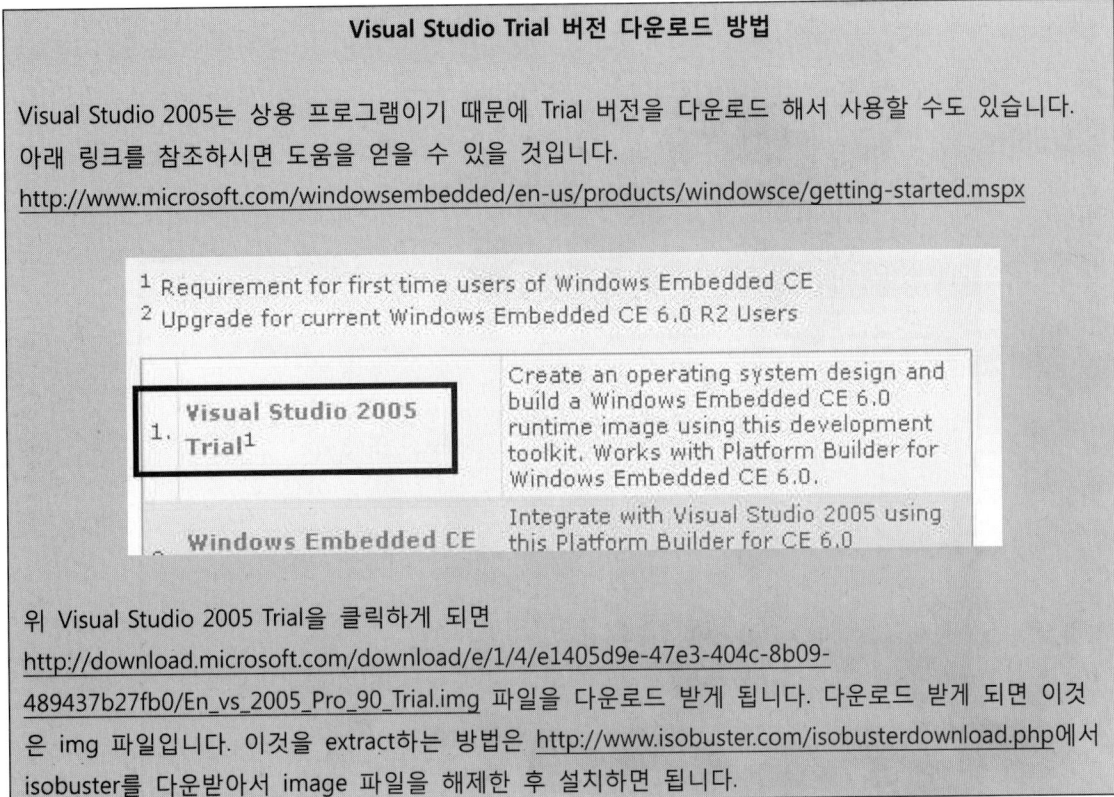

2.6.2. MSDN 설치

반드시 해야 하는 작업은 아니지만 개발을 하는 과정에서 매뉴얼을 쉽게 참조할 수 있으면 보다 편리합니다. 제품 설명서 설치를 선택해서 역시 설치 작업을 수행합니다.

이 부분은 필요한 분들만 진행하시면 될 것입니다. 모든 매뉴얼 내용은 인터넷을 통해서 접근이 가능하고 인터넷에서 마음대로 검색을 해볼 수 있기 때문에 굳이 설치하지 않아도 크게 문제되지는 않습니다만 설치가 되어 있으면 보다 쉽게 검색이 가능하기 때문에 설치하는 것이 좋을 것입니다.

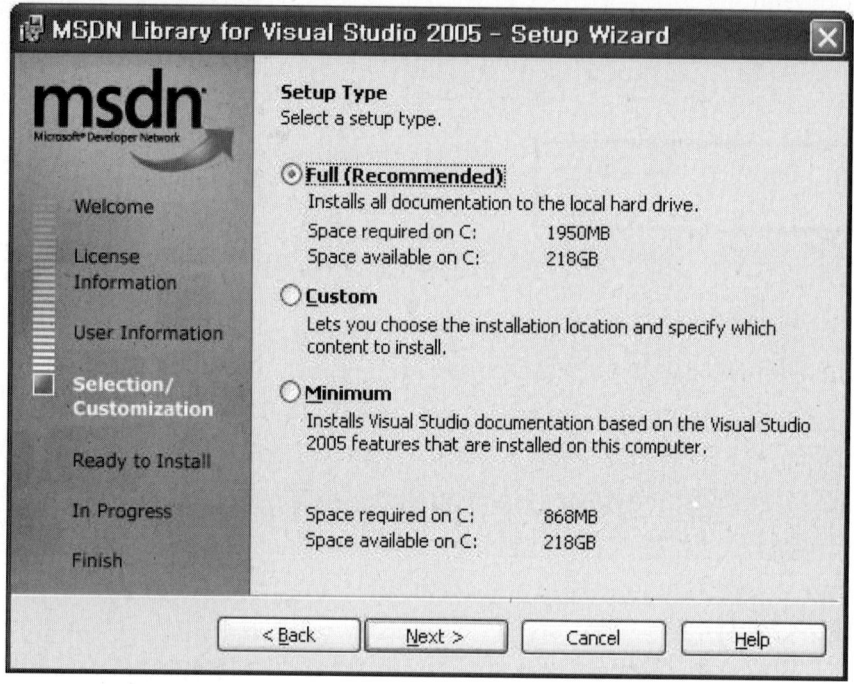

Full로 전체 설치로 진행할 것입니다.

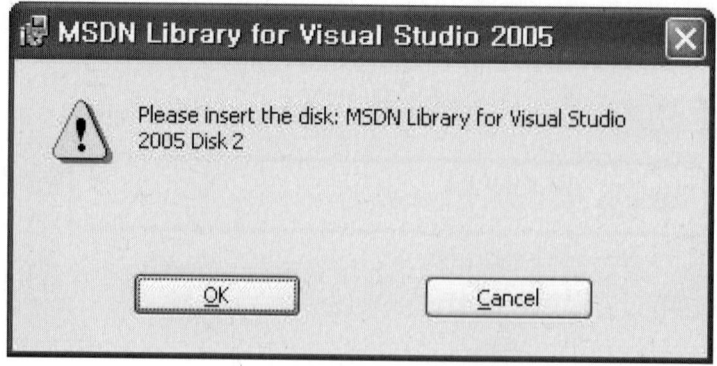

2. Windows XP 환경 구축 – Platform Builder 설치

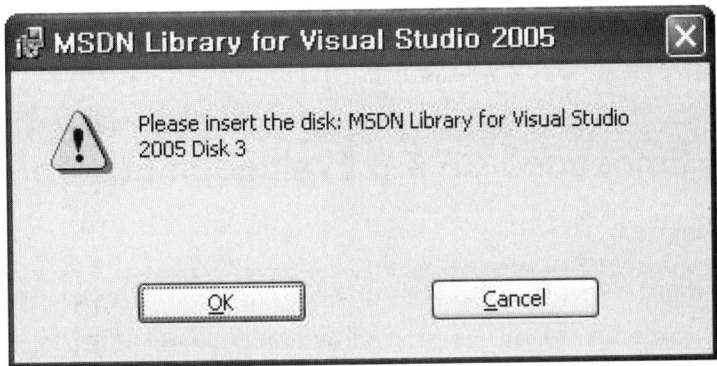

진행 중에 Disk 2, Disk 3를 넣으라는 메시지가 나타나고 해당 메시지가 나타났을 때 CD를 교체하면 됩니다.

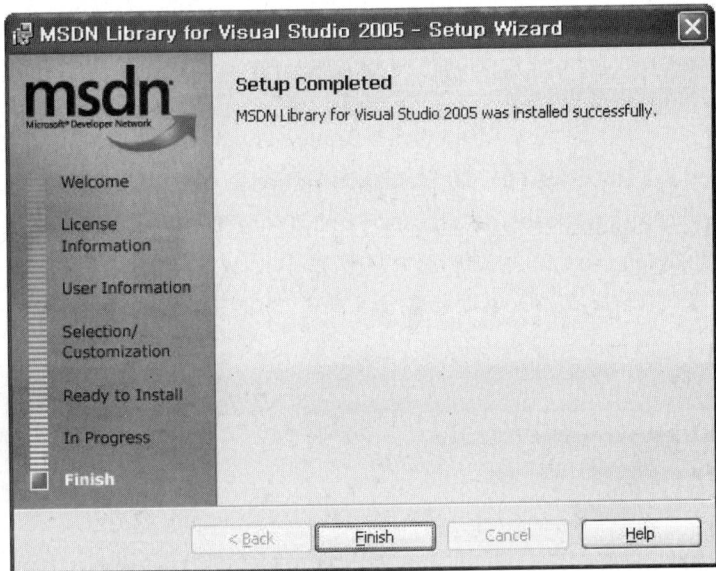

2.7. Windows Embedded CE 6.0 Evaluation Edition 설치

Downloads You Need to Get Started

If you are new to Windows Embedded CE 6.0, here are the downloads that you need to get started:

Visual Studio® 2005 Trial
Development toolkit that you can use with Platform Builder for CE 6.0 to create an operating system design and build a CE 6.0 run-time image.

Windows Embedded CE 6.0 Evaluation Edition
Base CE 6.0 product: Platform Builder for CE 6.0 development toolkit that integrates with Visual Studio 2005.

http://msdn.microsoft.com/ko-kr/windowsembedded/ce/dd430902(en-us).aspx#getst
위 사이트에 접속해서 하나하나 진행해 나갈 것입니다.

Windows Embedded CE 6.0 Evaluation Edition

Brief Description
This download is a plug-in for Visual Studio 2005 (except Express), if you don't have Visual Studio 2005, you can also download an evaluation copy of Visual Studio 2005 professional from Microsoft download center.
This evaluation software is a 180 day trial version of Windows Embedded CE 6.0, valid from the day of ir

On This Page
- Quick Details
- System Requirements
- Related Resources
- Related Downloads
- Overview
- Instructions
- What Others Are Downloading

[Download]

이번 절에서는 Windows Embedded CE 6.0 Evaluation Edition을 진행할 것입니다. 클릭하면 http://www.microsoft.com/downloads/details.aspx?FamilyID=7e286847-6e06-4a0c-8cac-ca7d4c09cb56&DisplayLang=en 이 링크에 접속하게 됩니다. (링크 주소는 경우에 따라 변할 수 있으니 검색을 통해서 찾기 바랍니다.) Download를 클릭하면 창이 뜨고 실행을 바로 선택합니다.

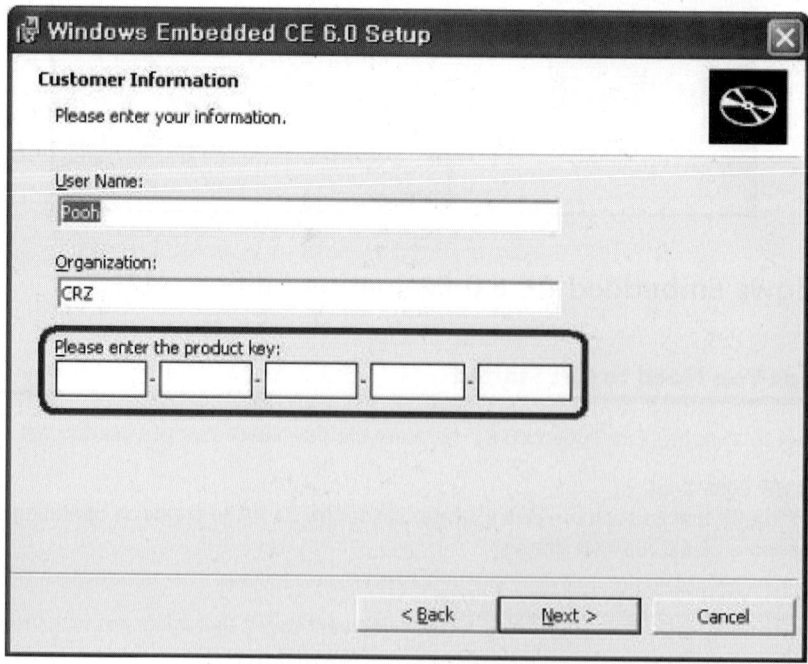

2. Windows XP 환경 구축 – Platform Builder 설치

위 그림에서 product key를 입력해야 하는 부분이 나오는데 현재 저는 license key를 가지고 있는 것이 없습니다. 새로운 키를 마이크로소프트에서 받아와야 합니다.

http://www.microsoft.com/windowsembedded/en-us/downloads/default.mspx

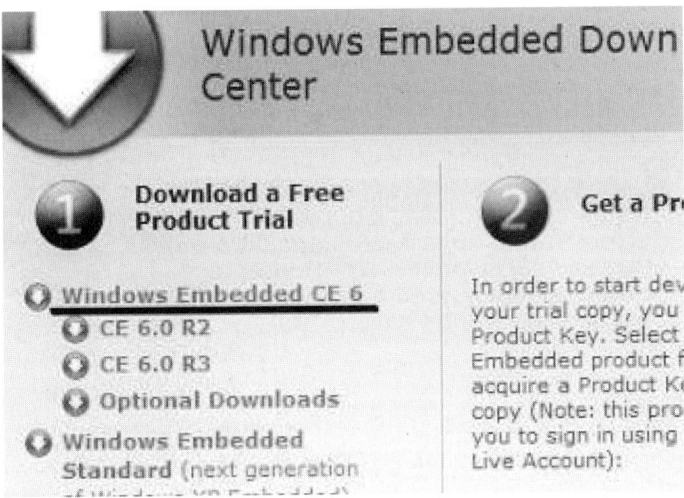

위 링크에 접속해서 Windows Embedded CE 6를 선택합니다.

마이크로소프트에 로그인 아이디는 이메일 주소를 이용해서 사용하게 됩니다. 이 부분은 미리 등록이 되어 있어야 합니다. 혹 등록이 되지 않으신 분들은 자동으로 등록 화면으로 이동하게 되고 confirmation과 관련한 메일을 받으시게 될 것입니다.

로그인이 이루어진 이후에는 Windows CE 6.0의 라이선스를 받기 위해서 기록해야 할 부분들을 입력해 주셔야 합니다. 대부분의 항목들에서 Star(*) 표시가 되어있는 부분만 입력하시면 됩니다. 아주 구체적으로 입력하지 않아도 크게 문제가 되지는 않습니다. 대부분의 항목을 check하지 않고 바로 Continue를 클릭하게 되면 혹 입력하지 않은 부분에 대해서 추가적으로 입력을 하라는 경고 메시지가 보이게 되고 그때 그 부분을 입력해주면 큰 무리 없이 진행됩니다. 이름과 주소만 정확히 입력하면 됩니다.

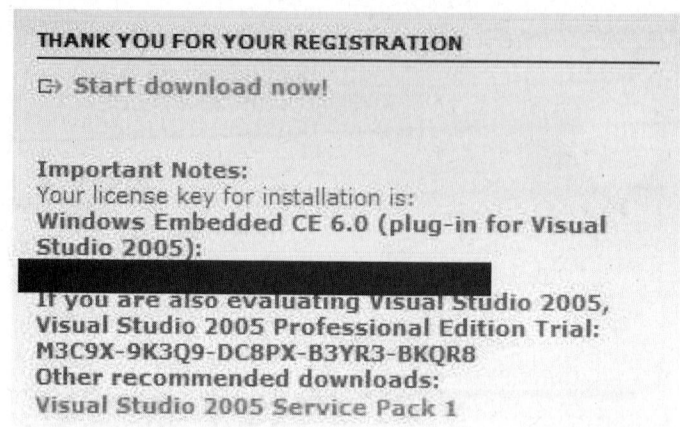

위와 같이 새로운 라이선스 키 값을 받게 됩니다. 필자가 받은 키 값을 공개하는 것은 문제가 있기 때문에 위 그림처럼 가려 놓았습니다. 이 키 값을 앞서 입력해야 할 product key 부분에 입력해 주면 됩니다. 키 값은 유효 기간이 6개월 동안 지속되는 것입니다. 6개월이 경과되면 다시 키 값을 받아야 합니다.

이후의 진행에서 특별히 문제되는 부분은 없습니다. 부분 별로 말씀 드려야 할 내용이 있을 때만 기술해 드리도록 하겠습니다. 아래 그림은 처음으로 설정이 필요한 부분입니다.

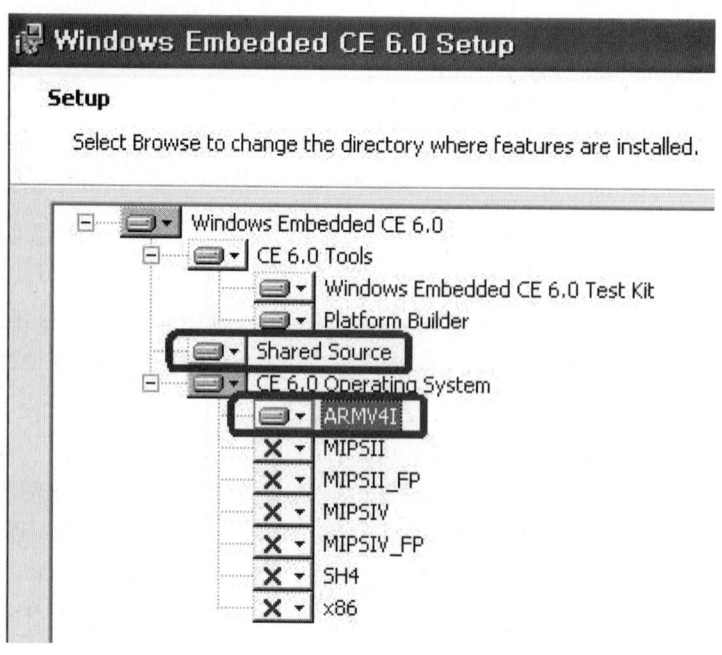

2. Windows XP 환경 구축 – Platform Builder 설치

Shared Source 부분은 default로 설치되지 않는 것으로 되어 있는데 나중에 소스를 참조할 일이 생길 것이기 때문에 설치하도록 변경하시는 것이 좋습니다. 왼쪽 아이콘의 아래 화살표 부분을 클릭해서 설치되도록 옵션을 바꾸어 주시기 바랍니다. 그리고 CPU와 관련해서는 당연히 ARMV4I를 선택해 주셔야 합니다. 다른 CPU들에 대해서는 망고보드와는 상관이 없기 때문에 default로 선택되지 않은 상태 그대로 진행하겠습니다.

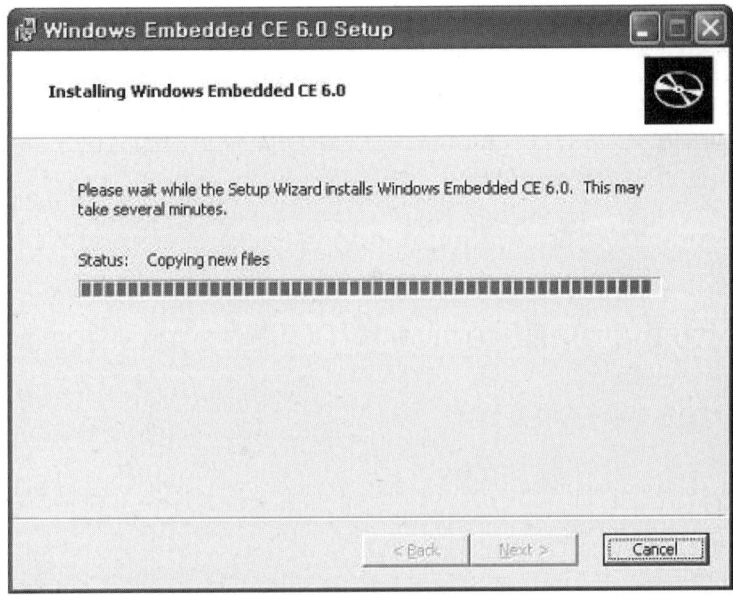

설치 작업은 무척 오랜 시간이 걸립니다. 최대 2~3시간이 걸릴 수도 있으니 느긋하게 기다리시기 바랍니다.

시간을 절약하는 설치 팁

Windows Embedded CE 6.0 Evaluation Edition을 설치하는 작업은 매우 오래 걸리는 작업입니다. 2시간 이상은 훌쩍 지나갈 만큼 긴 작업이라 이 시간을 좀 절약할 필요가 있습니다. 물론 이 작업을 절대적으로 절약할 방법은 없지만 바로 뒤에 작업할 Visual Studio 2005 Service Pack을 설치하는 작업 시간을 줄여서 시간을 절약할 수 있습니다. Visual Studio 2005 Service Pack은 그 크기가 431 Mbytes에 달하는 큰 크기 입니다. 이것을 다운로드 받는 것 또한 매우 시간이 많이 걸리는 작업입니다. CE 6.0 Evaluation Edition을 설치하는 동안에 Visual Studio 2005 Service Pack을 미리 다운로드 받도록 선택해서 수행을 시켜놓는 것이 시간을 절약할 수 있는 방법입니다.

2.8. Visual Studio 2005 Service Pack 설치

http://msdn.microsoft.com/ko-kr/windowsembedded/ce/dd430902(en-us).aspx#getst
위 사이트에 접속해서 아래 내용을 진행해 나갈 것입니다.

Microsoft® Visual Studio® 2005 Team Suite Service Pack 1
Significant update to Visual Studio that improves performance and stability. Necessary for building CE 6.0 run-time images.

Visual Studio 2005 Service Pack 1 Update for Windows Vista
Only necessary if you are running Windows Vista. Update for Visual Studio that enables key features that are found in Visual Studio 2005 for the Windows Vista platform.

2.8.1. Visual Studio 2005 Team Suite Service Pack 1

Microsoft® Visual Studio® 2005 Team Suite 서비스 팩 1

간략한 설명
이 다운로드 파일은 Microsoft® Visual Studio® 2005 Standard, Professional, Team Editions 용 서비스 팩 1을 설치합니다.

이 페이지에서
- 간략한 세부 사항
- 시스템 요구 사항
- 추가 정보
- 다른 사람들이 다운로드한 항목 보기
- 개요
- 다운로드 지침
- 관련 리소스

[다운로드]

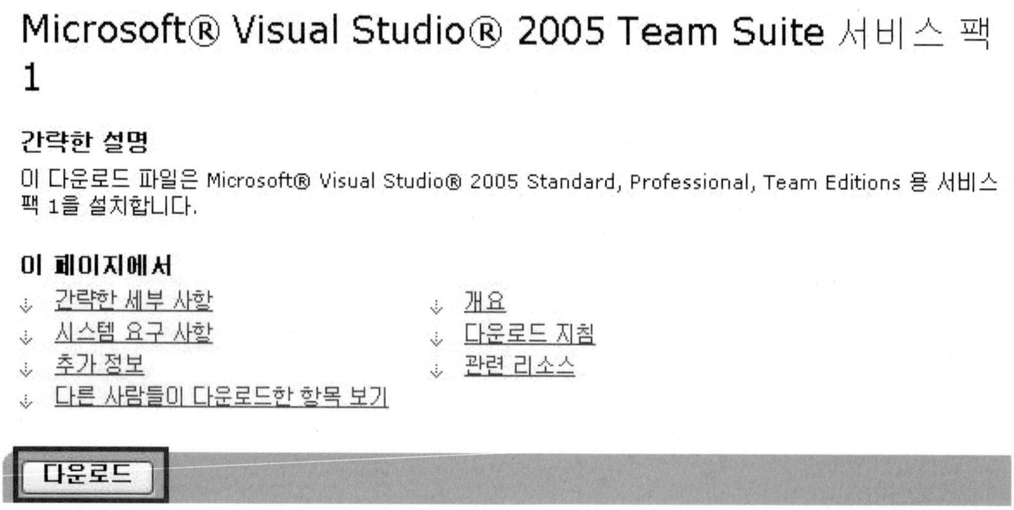

http://www.microsoft.com/downloads/details.aspx?familyid=BB4A75AB-E2D4-4C96-B39D-37BAF6B5B1DC&displaylang=ko

Visual Studio 2005 Team Suite Service Pack 1을 설치합니다. 위 그림에서 Microsoft® Visual Studio® 2005 Team Suite Service Pack 1을 선택하면 영문 버전이 로딩 됩니다. 저는 한글 버전으로 검색해서 위 링크를 접속해서 다운로드 받았습니다.

Download를 클릭해서 다운을 시작합니다. VS80sp1-KB926605-X86-KOR.exe를 다운 받았고, 이것을 실행합니다.

아래와 같은 창이 뜨면서 설치할 프로그램이 없다고 나올 수 있습니다.

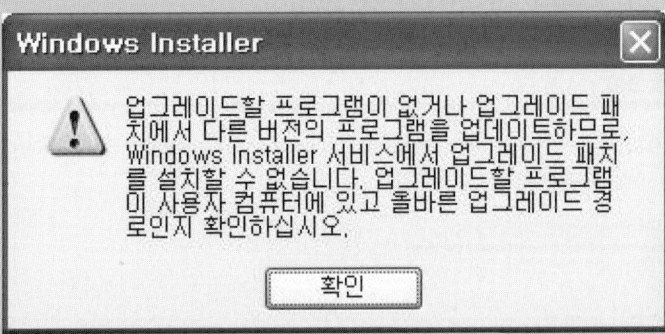

필자의 경우 처음에는 위 창이 뜨면서 업데이트할 내용이 없다는 메시지가 나왔습니다. 이것은 사실 자동으로 수행되는 Windows Update 때문입니다. 만약 독자들 중에서 자동으로 Windows Update를 수행하도록 설정하였다면 위와 같은 메시지를 만날 수 있을 것입니다.

이러한 상황이 발생하면 현재의 설치 작업을 중단하고 처음부터 다시 설치하는 것이 좋습니다. 결국은 자동 업데이트 기능을 끄고 설치를 진행해야 이와 같은 상황을 미연에 방지할 수 있습니다. 설치의 순서는 너무나도 중요하기 때문에 꼭 지켜주시기 바랍니다.

위 메시지를 만났다면 현재까지의 설치 작업은 문제가 없는 것입니다.

모든 설치가 끝나면 위와 같이 성공적으로 설치되었다는 메시지를 만나게 됩니다.

2.9. Visual Studio 2005 Extensions 설치

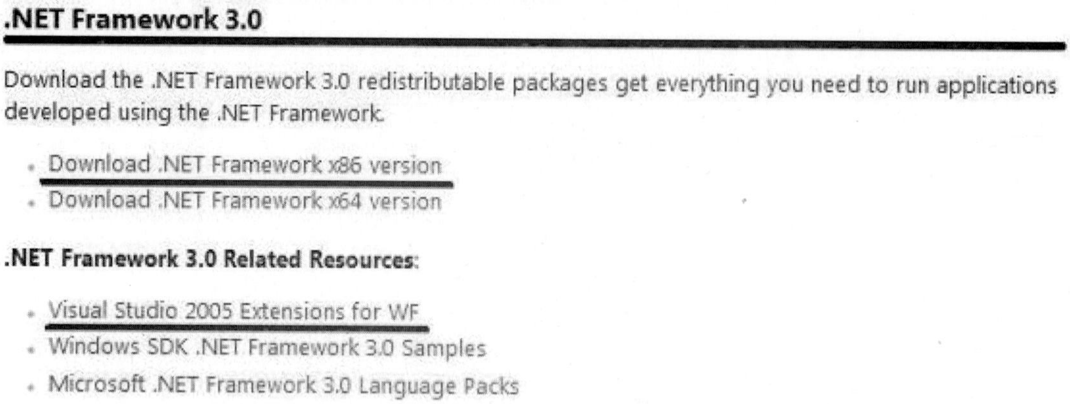

.NET Framework 3.0

Download the .NET Framework 3.0 redistributable packages get everything you need to run applications developed using the .NET Framework.

- Download .NET Framework x86 version
- Download .NET Framework x64 version

.NET Framework 3.0 Related Resources:

- Visual Studio 2005 Extensions for WF
- Windows SDK .NET Framework 3.0 Samples
- Microsoft .NET Framework 3.0 Language Packs

위에서 .NET Framework 3.0을 설치하면서 아래 링크를 본적이 있습니다.
http://msdn.microsoft.com/en-us/netframework/bb264589.aspx

위 그림 중에서 .NET Framework x86 부분은 이미 설치를 마쳤고, 여기서는 Visual Studio 2005 Extensions for WF를 설치하도록 합니다. 위 링크는 영문 사이트이고 저는 아래 한국어 사이트를 이용합니다.
http://www.microsoft.com/downloads/details.aspx?FamilyId=5D61409E-1FA3-48CF-8023-E8F38E709BA6&displaylang=ko

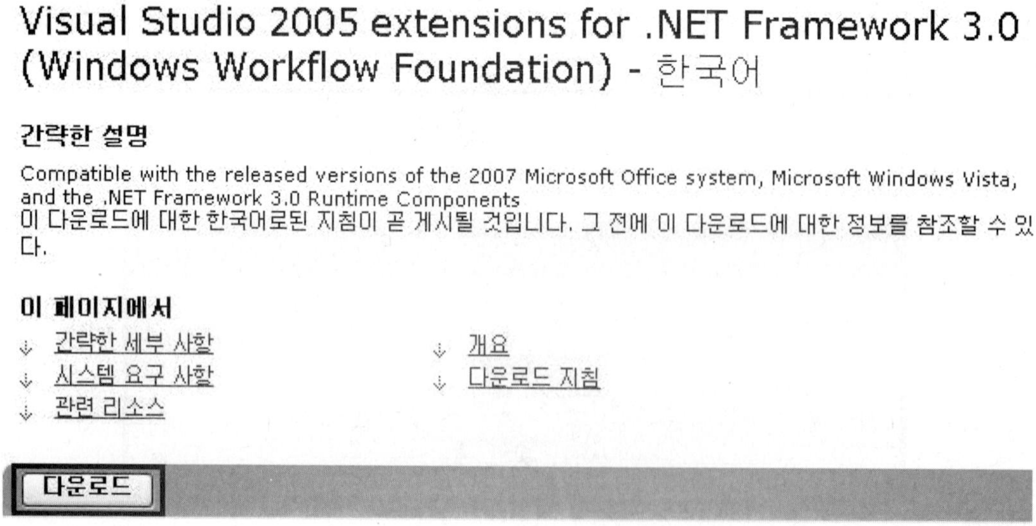

Visual Studio 2005 extensions for .NET Framework 3.0 (Windows Workflow Foundation) - 한국어

간략한 설명

Compatible with the released versions of the 2007 Microsoft Office system, Microsoft Windows Vista, and the .NET Framework 3.0 Runtime Components
이 다운로드에 대한 한국어로된 지침이 곧 게시될 것입니다. 그 전에 이 다운로드에 대한 정보를 참조할 수 있다.

이 페이지에서

- 간략한 세부 사항
- 시스템 요구 사항
- 관련 리소스
- 개요
- 다운로드 지침

다운로드

Download를 눌러 설치를 시작합니다.

2. Windows XP 환경 구축 – Platform Builder 설치

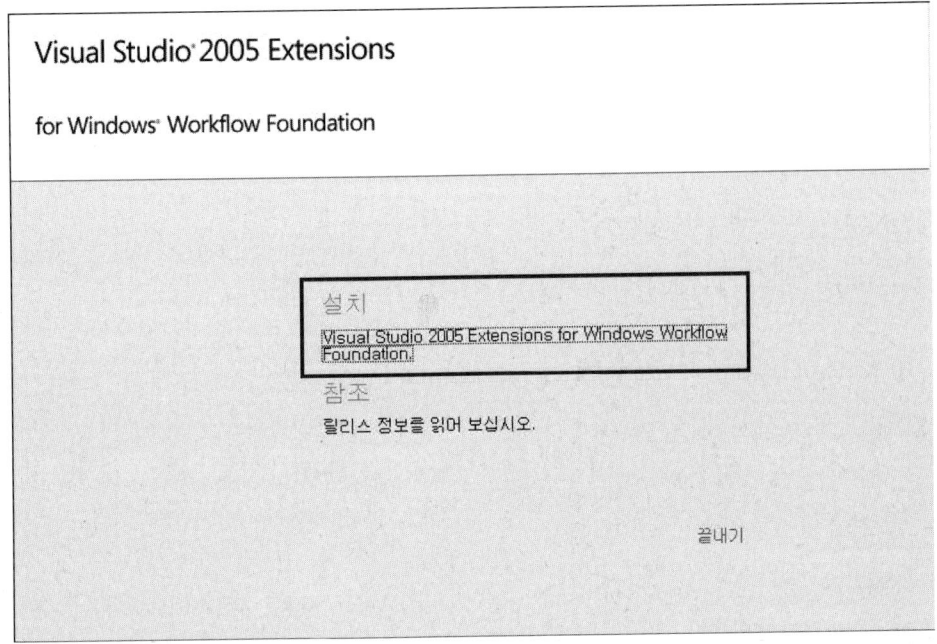

위 그림에서 Visual Studio 2005 Extensions for Windows Workflow Foundation을 마우스로 선택해서 설치 작업을 진행합니다.

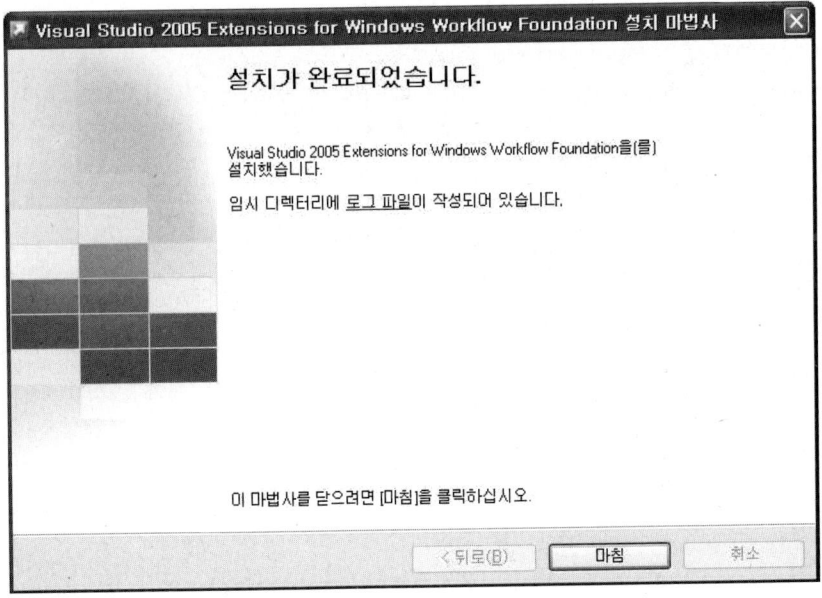

위와 같이 정상적으로 설치 작업을 끝냈습니다.

2.10. Windows Embedded CE 6.0 Platform Builder Service Pack 1

http://msdn.microsoft.com/ko-kr/windowsembedded/ce/dd430902(en-us).aspx#getst
위 사이트에 접속해서 아래 내용을 진행해 나갈 것입니다.

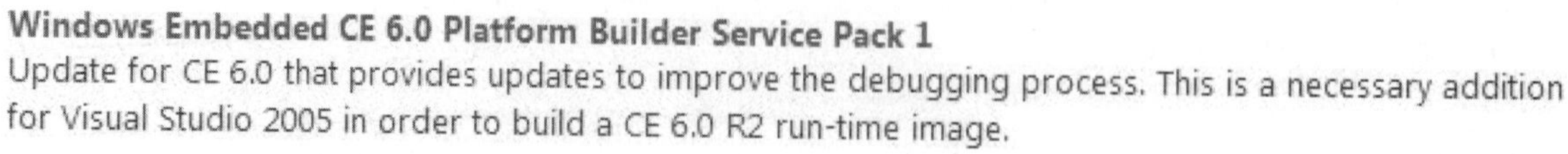

Windows Embedded CE 6.0 Platform Builder Service Pack 1
Update for CE 6.0 that provides updates to improve the debugging process. This is a necessary addition for Visual Studio 2005 in order to build a CE 6.0 R2 run-time image.

이제 CE 6.0 Platform Builder Service Pack 1을 설치합니다.

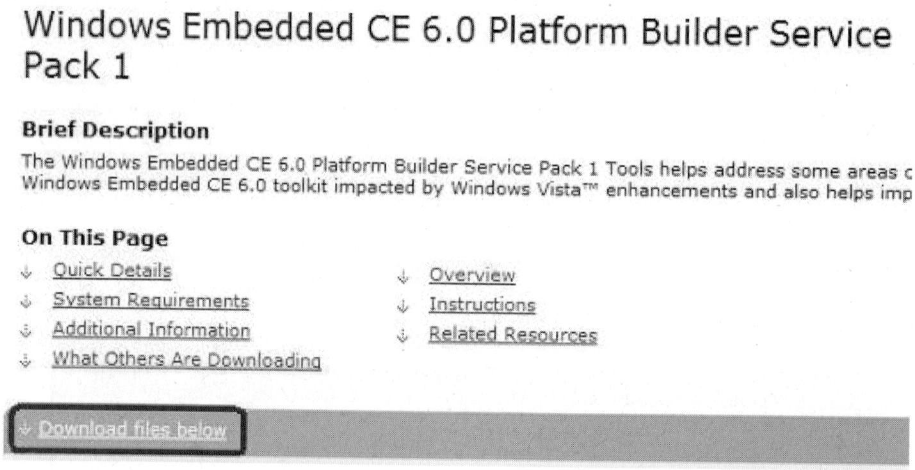

위 그림에서 Download files below를 선택합니다.

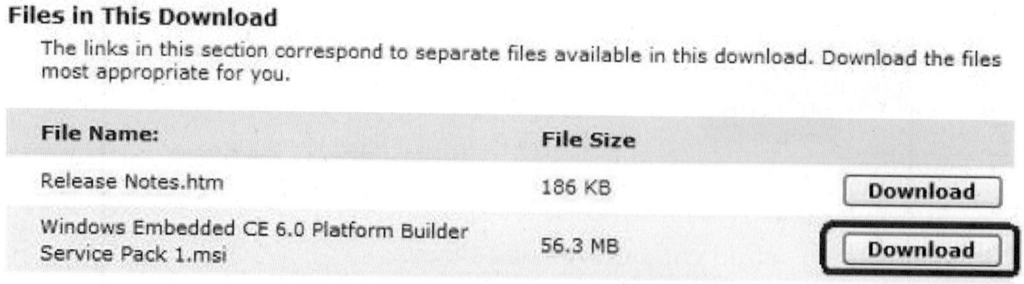

위와 같이 2가지의 내역이 나타나 있습니다. Release Notes 부분은 해당 내용에 대한 설명이 들어 있는 부분이기 때문에 참조하시면 될 것이고, Windows Embedded CE 6.0 Platform Builder Service Pack 1.msi 부분에서 오른쪽의 Download를 클릭합니다.

2. Windows XP 환경 구축 – Platform Builder 설치

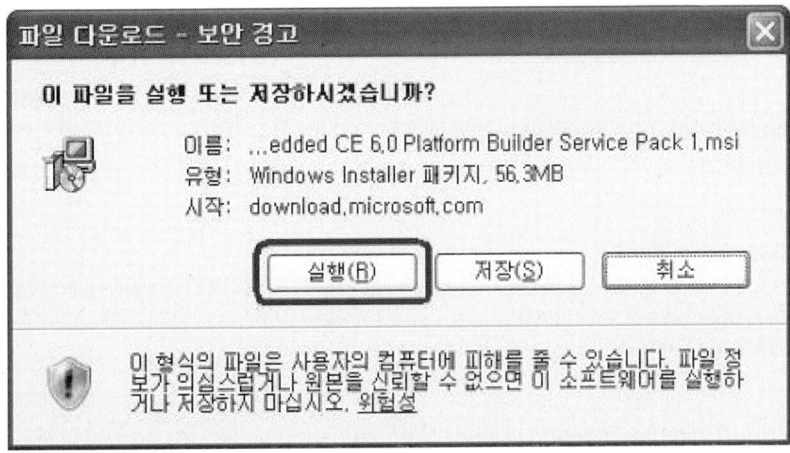

바로 실행을 눌러서 설치 작업을 수행합니다. Install을 눌러서 설치를 진행하면 됩니다. 설치 과정에 있어서 특별히 어려운 내용은 없습니다.

Windows Embedded CE 6.0 Platform Builder Service Pack 1을 설치할 때 아래와 같은 메시지 창을 만날 수가 있습니다. Visual Studio 2005, Service Pack 1, Windows Embedded CE 6.0 Tools들이 설치가 정상적으로 되어 있어야 한다는 메시지 입니다.

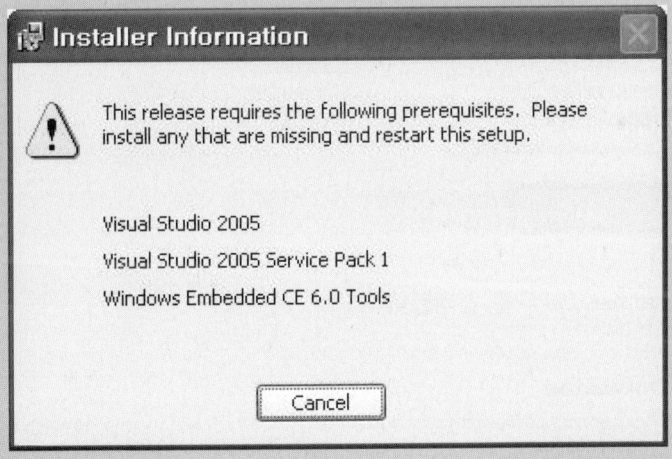

만약 이러한 메시지를 만났다면 이전의 과정 중에서 일부가 설치되지 않았을 수 있습니다. 가장 먼저 해주어야 할 것은 Windows Update 사이트에 가서 검색을 수행해서 필요한 프로그램들을 설치해 주는 것입니다. 대부분의 경우는 Windows Update 사이트에서 업데이트만 수행하면 정상적인 설치가 진행될 것입니다. 자동 업데이트를 끈 상태에서 기술된 것과 동일하게 진행했다면 위 메시지는 나타나지 않고 정상적으로 진행이 될 것입니다.

2.11. Windows Embedded CE 6.0 R2 설치

이제 Platform Builder에서 변경된 최신 버전에 대한 설치를 진행합니다. 현재 나와있는 최신 버전은 R3까지 나온 상태입니다. 하지만 R3를 직접 설치하면 안되고 R2를 반드시 먼저 설치해야 합니다.

Windows Embedded CE 6.0 R2
Feature update for CE 6.0 that enables Windows Embedded CE 6.0 device makers to build small footprint devices that connect to Windows Vista and Windows Server 2008. Also provides new features such as Voice over IP (VoIP) Video and Web Services on Devices (WSD).

http://msdn.microsoft.com/ko-kr/windowsembedded/ce/dd430902(en-us).aspx#getst
위 사이트에 접속해서 아래 내용을 진행해 나갈 것입니다. Windows Embedded CE 6.0 R2 부분을 선택합니다.

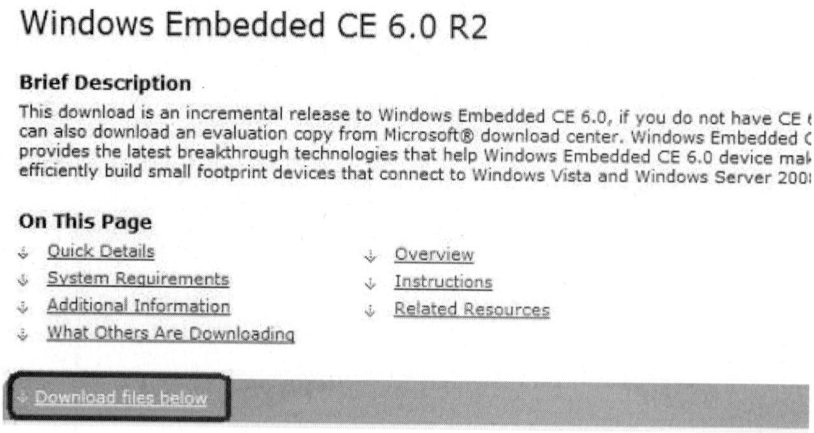

Windows Embedded CE 6.0 R2

Brief Description
This download is an incremental release to Windows Embedded CE 6.0, if you do not have CE can also download an evaluation copy from Microsoft® download center. Windows Embedded C provides the latest breakthrough technologies that help Windows Embedded CE 6.0 device mal efficiently build small footprint devices that connect to Windows Vista and Windows Server 200

On This Page
- Quick Details
- System Requirements
- Additional Information
- What Others Are Downloading
- Overview
- Instructions
- Related Resources

↓ Download files below

위 그림에서 Download files below를 선택합니다.

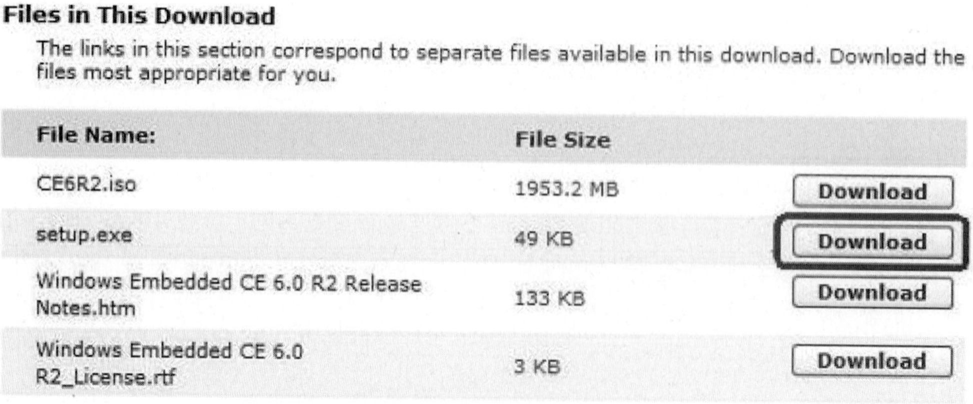

Files in This Download
The links in this section correspond to separate files available in this download. Download the files most appropriate for you.

File Name:	File Size	
CE6R2.iso	1953.2 MB	Download
setup.exe	49 KB	Download
Windows Embedded CE 6.0 R2 Release Notes.htm	133 KB	Download
Windows Embedded CE 6.0 R2_License.rtf	3 KB	Download

2. Windows XP 환경 구축 – Platform Builder 설치

내역 중에서 아래 부분의 두 부분은 Release Notes에 대한 것과 라이선스에 대한 문서이기 때문에 참조하시면 되고, 실제 설치 작업과 관련된 것은 위 부분의 두 가지 입니다.

가능한 CE6R2.iso를 다운받지 마시고 setup.exe를 다운 받아서 설치하는 편이 유리합니다. 물론 CE6R2.iso를 다운받아 설치해도 문제될 것은 없으나 그럴 경우 모든 것이 포함된 파일을 받게 되어서 다운로드에 더 많은 시간이 걸리게 됩니다. (실제로 다운로드 사이트의 속도 등이 무척이나 느려서 모두 다 받는데 약 3시간 정도의 시간이 소요되었습니다. 하지만 그냥 setup으로 설치를 할 경우 한 시간 정도의 시간이면 설치가 됩니다.) setup.exe를 다운 받아서 설치하면 필요한 것이 있을 때 그 때그때 설치 작업 중에 자동으로 이루어지기 때문에 설치 시간에 있어서 보다 유리합니다.

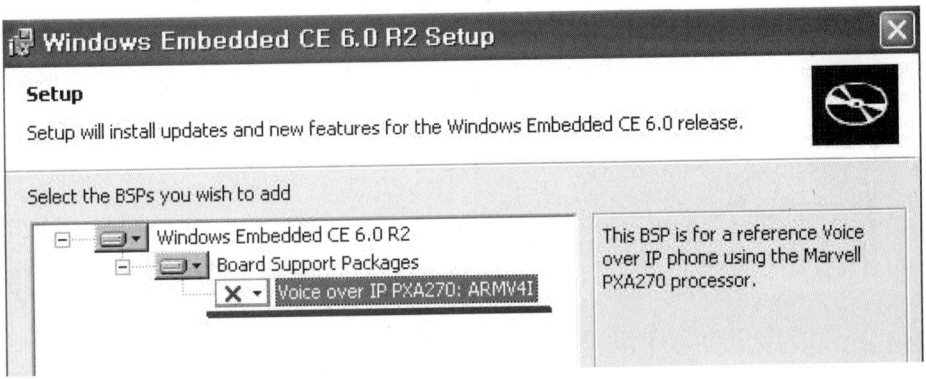

설치 작업 중에 선택을 요하는 부분은 위 그림뿐입니다. 기본적으로 Marvell PXA270 프로세서를 사용하는 VoIP에 대한 BSP를 선택하는 것뿐입니다. Default는 선택하지 않는 것이고, 저희가 사용하는 것은 Marvell PXA270 프로세서와는 상관없기 때문에 선택되지 않은 그대로 두고 진행하겠습니다.

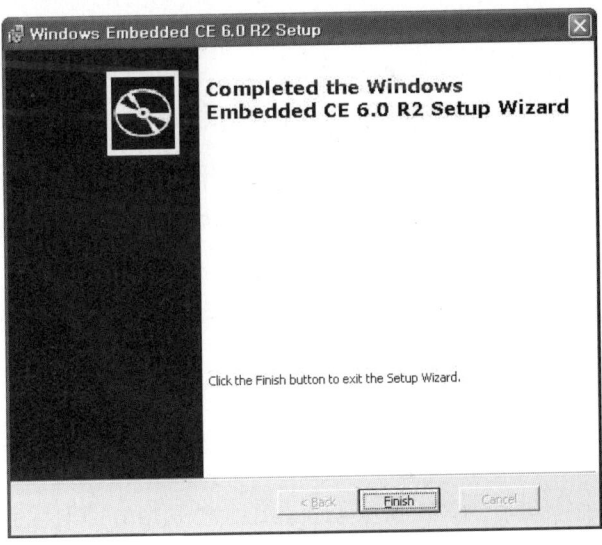

위 그림까지 되면 설치가 끝난 것입니다. R2의 경우도 무척 오랫동안 설치 작업이 이루어집니다.

2.12. Windows Embedded CE 6.0 R3 설치

이제 Platform Builder 최신 버전인 R3를 설치합니다.

http://msdn.microsoft.com/ko-kr/windowsembedded/ce/dd430902(en-us).aspx#getst
위 사이트에 접속해서 아래 내용을 진행해 나갈 것입니다.

Windows Embedded CE 6.0 R3

Feature Update for CE 6.0 that provides the tools and technologies to create devices that deliver compelling experiences for the end user. This update contains many new features including: Silverlight for Windows Embedded, Internet Explorer Embedded, Gestures, and Connection manager.

위 링크를 클릭하면 아래 부분으로 접속을 하게 됩니다.

Windows Embedded CE 6.0 R3 Update Rollup

Brief Description
Download this set of updates for Windows Embedded CE 6.0 R3 environment.

만약 독자 여러분들께서 책을 읽고 계시는 때에도 만약 위의 링크로 접속된다면 이것은 잘못된 링크 입니다. 위 링크는 R3를 설치하는 링크가 아니라 R3를 설치한 이후에 업데이트를 수행해야 하는 링 크입니다.

System Requirements

- **Supported Operating Systems:** Windows CE

Windows Embedded CE 6.0 R3 is required to be installed prior to installing this rollup.

The following must be installed in order to create a supported Windows Embedded CE 6.0 developr

1. Visual Studio 2005
2. Visual Studio 2005 Service Pack 1
3. Visual Studio 2005 Service Pack 1 Update for Windows Vista (if applicable)
4. Windows Embedded CE 6.0 Platform Builder
5. Windows Embedded CE 6.0 SP1 (required if PB 6.0 Tools have been installed)
6. Windows Embedded CE 6.0 R2
7. Windows Embedded CE 6.0 R3

위 링크가 잘못되어 있는 것이기 때문에 독자 여러분께서 책을 읽고 계시는 순간에는 정상적인 링크 로 수정이 되어 있을 수 있으나 잘못된 링크라는 가정하에서 설명을 드리도록 하겠습니다. 현재 링 크는 CE 6.0 R3를 먼저 설치한 이후에 수행해야 하는 링크 입니다.

2. Windows XP 환경 구축 – Platform Builder 설치

현재 페이지에서 조금 아래로 내려가서 보면 위 그림과 같이 System Requirements 부분이 보입니다. 7번에 해당하는 Windows Embedded CE 6.0 R3 부분이 현재 설치되어 있지 않고, 그렇기 때문에 이것을 먼저 설치해야 하는 것입니다.

위에서 7번 Windows Embedded CE 6.0 R3 부분을 클릭 합니다. 클릭하면 아래의 링크로 접속이 됩니다.

http://www.microsoft.com/downloads/details.aspx?displaylang=en&FamilyID=bc247d88-ddb6-4d4a-a595-8eee3556fe46

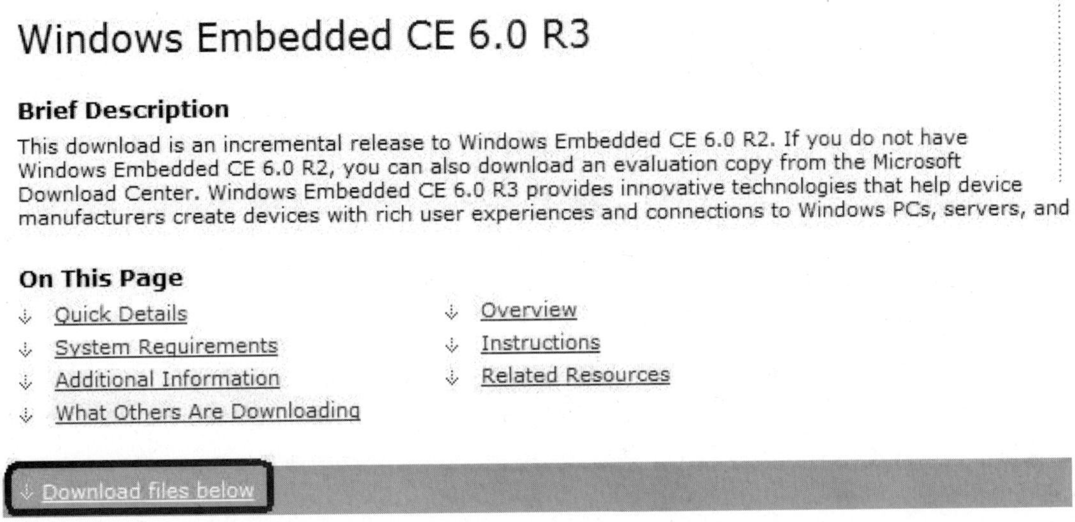

이제 정상적인 링크를 발견한 것이고 이것을 설치 합니다. "Download files below" 부분을 선택합니다.

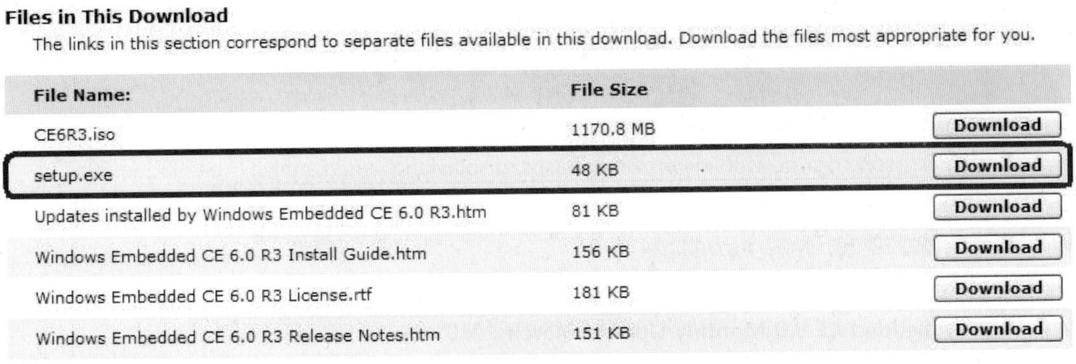

여기서도 CE6R3.iso를 다운로드 받는 것은 비효율적입니다. setup.exe를 선택해서 실행 합니다.

2.13. Windows Embedded CE 6.0 Update 설치

이제 위에서 잘못된 링크로 접속되었던 바로 그 Rollup 부분으로 가서 설치를 진행하면 될 것입니다. R3 관련해서 2009년 Cumulative Product Update Rollup Package가 발표되었고, 이것만 설치하면 한 번에 2009년까지의 업데이트 내용을 모두 설치할 수 있습니다.

Windows Embedded CE 6.0 Cumulative Product Update Rollup Package (through 12/31/2009)
http://www.microsoft.com/downloads/details.aspx?familyid=0E929F91-A379-4277-80D5-A66E3B821BA1&displaylang=en

Windows Embedded CE 6.0 Cumulative Product Update Rollup Package (through 12/31/2009)

Brief Description
Download the full set of updates for Windows Embedded CE 6.0

On This Page
- Quick Details
- System Requirements
- Related Resources
- Overview
- Instructions
- What Others Are Downloading

- **Download files below**

위 링크에 접속해서 2009년의 통합 업데이트 패키지를 한번에 설치할 수 있습니다.

Windows Embedded CE 6.0 Monthly Update January 2010
http://www.microsoft.com/downloads/en/details.aspx?displaylang=en&FamilyID=0a003b66-5c00-43c2-8658-5453be22c402
WinCEPB60-100131-2010M01-Armv4I.msi

Windows Embedded CE 6.0 Monthly Update February 2010
http://www.microsoft.com/downloads/en/details.aspx?displaylang=en&FamilyID=ba593dec-28a7-4558-aafc-ae85a14f74ae
WinCEPB60-100228-2010M02-Armv4I.msi

Windows Embedded CE 6.0 Monthly Update March 2010
http://www.microsoft.com/downloads/en/details.aspx?FamilyID=4dce5160-b049-417c-a0e3-c188939133dc&displaylang=en
WinCEPB60-100331-2010M03-Armv4I.msi

Windows Embedded CE 6.0 Monthly Update April 2010

http://www.microsoft.com/downloads/en/details.aspx?displaylang=en&FamilyID=7a11fc2d-0e3b-450d-90fc-80f3e83bead5

WinCEPB60-100430-2010M04-Armv4I.msi

Windows Embedded CE 6.0 Monthly Update May 2010

http://www.microsoft.com/downloads/en/details.aspx?displaylang=en&FamilyID=66ddfa27-5543-400f-a8e6-10bfe54f85ef

WinCEPB60-100531-2010M05-Armv4I.msi

Windows Embedded CE 6.0 Monthly Update June 2010

http://www.microsoft.com/downloads/en/details.aspx?displaylang=en&FamilyID=02c60210-1037-4066-9574-5737e7eef490

WinCEPB60-100630-2010M06-Armv4I.msi

Windows Embedded CE 6.0 Monthly Update July 2010

http://www.microsoft.com/downloads/en/details.aspx?displaylang=en&FamilyID=6b422cf3-1f2c-4cad-9ada-82e9962eea18

WinCEPB60-100731-2010M07-Armv4I.msi

Windows Embedded CE 6.0 Monthly Update August 2010

http://www.microsoft.com/downloads/en/details.aspx?FamilyID=152355f1-bcc2-46ed-bd6b-15bb12910f7a

WinCEPB60-100831-2010M08-Armv4I.msi

Windows Embedded CE 6.0 Monthly Update September 2010

http://www.microsoft.com/downloads/en/details.aspx?FamilyID=28220395-979f-4a2b-b164-3dae5f97b9e6

WinCEPB60-100930-2010M09-Armv4I.msi

Windows Embedded CE 6.0 Monthly Update October 2010

http://www.microsoft.com/downloads/en/details.aspx?FamilyID=53b83bdd-4310-428a-ab88-01b1a0c51949

WinCEPB60-101031-2010M10-Armv4I.msi

Windows Embedded CE 6.0 Monthly Update November 2010

http://www.microsoft.com/downloads/en/details.aspx?FamilyID=56066fe4-2450-472a-be82-

d1a48446cbac&displaylang=en
WinCEPB60-101130-2010M11-Armv4I.msi

위 2010년 11월 업데이트까지가 현재까지의 최신 업데이트 입니다.

2.14. 설치 내용 확인

이제 모든 내용이 정상적으로 설치가 되었는지를 확인해 보도록 하겠습니다. Platform Builder가 설치된 곳은 C:\Program Files\Microsoft Platform Builder\6.00 위치입니다. 폴더의 내용을 보면 CE 6.0에 대해서 Service Pack, R2, R3에 대해서 설치된 Release Note를 확인해 볼 수 있습니다. 이 내용을 참조하면 변경 사항이나 설치된 내역에 대한 정보를 얻으실 수 있을 것입니다.

파일명	크기
Backup	
WinCEPB60_091231_2009_Product_Update_License.rtf	21KB
WinCEPB60_100131_2010M01_License.rtf	9KB
WinCEPB60_100228_2010M02_License.rtf	9KB
WinCEPB60_100331_2010M03_License.rtf	10KB
WinCEPB60_100430_2010M04_License.rtf	8KB
WinCEPB60_100531_2010M05_License.rtf	8KB
WinCEPB60_100630_2010M06_License.rtf	10KB
WinCEPB60_100731_2010M07_License.rtf	9KB
WinCEPB60_100831_2010M08_License.rtf	9KB
WinCEPB60_100930_2010M09_License.rtf	8KB
WinCEPB60_101031_2010M10_License.rtf	10KB
WinCEPB60_101130_2010M11_License.rtf	9KB
Windows Embedded CE 6.0_Product_Update_Rollup_2009.htm	85KB
Windows Embedded CE 6.0_Update_100131_2010M01.htm	11KB
Windows Embedded CE 6.0_Update_100228_2010M02.htm	11KB
Windows Embedded CE 6.0_Update_100331_2010M03.htm	16KB
Windows Embedded CE 6.0_Update_100430_2010M04.htm	10KB
Windows Embedded CE 6.0_Update_100531_2010M05.htm	10KB
Windows Embedded CE 6.0_Update_100630_2010M06.htm	16KB
Windows Embedded CE 6.0_Update_100731_2010M07.htm	13KB
Windows Embedded CE 6.0_Update_100831_2010M08.htm	13KB
Windows Embedded CE 6.0_Update_100930_2010M09.htm	9KB
Windows Embedded CE 6.0_Update_101031_2010M10.htm	13KB
Windows Embedded CE 6.0_Update_101130_2010M11.htm	11KB

WINCE600/Updates 부분에는 보다 자세한 내용이 문서로 정리되어 있습니다. 이 부분을 참조하셔도 많은 정보를 얻을 수 있습니다. 위에서처럼 폴더를 직접 찾아가서 문서를 확인할 수도 있지만 시작

프로그램에 바로가기가 자동으로 설치되게 됩니다.

Windows Embedded CE QFE

우리가 WinCE라고 보통 부르고 있는 말은 공식 용어가 아닙니다. 마이크로소프트에서 얘기하는 공식 용어는 Windows Embedded CE 입니다. 지금까지 이번 장에서 수행했던 각종 업데이트는 일종의 Patch 작업이라고 할 수 있습니다. 이러한 Patch 작업을 부르는 공식 용어가 한가지 있습니다. 바로 QFE라고 하는 것입니다. 약어를 풀어 쓰면 **Quick Fix Engineering** 입니다.

옛날에는 1Q, 2Q 등으로 분기별로 Patch가 이루어졌었는데 요즘은 대부분 월 단위로 Patch가 이루어집니다. 물론 매월 Patch가 나오는 것은 아닙니다만 거의 매월 발행을 하고 있는 편입니다. 보통의 경우 전월의 Patch가 이번 달의 중순 경에 발표가 됩니다. 현재까지의 마지막 업데이트인 2010년 1월 QFE가 2월 9일에 발표가 되었습니다.

특정 연도가 마무리 되고 다음 해의 1월이나 2월경에는 해당 버전의 Windows Embedded CE의 이전 연도까지의 모든 업데이트를 한꺼번에 모아서 발표를 하게 됩니다. 이럴 경우 이전의 월별 업데이트를 따로 설치하지 않아도 이전 년도까지의 업데이트를 모두 한꺼번에 설치할 수 있게 됩니다. 이러한 업데이트를 보통 Cumulative Rollup package라고 부르게 됩니다.

당연히 업데이트를 설치할 때의 순서는 이전 연도까지의 Cumulative Rollup package를 먼저 설치하고 이번 연도의 QFE를 월별 발표 순서대로 설치해야 합니다. 이 순서를 지키지 않을 경우는 여러 라이브러리들이 충돌을 일으키거나 원하지 않는 결과를 나타낼 가능성이 농후합니다.

만약 여러 명이 함께 Windows Embedded CE를 개발하는 경우라면 모든 개발자가 설치하여 사용하는 QFE를 똑같이 맞추어줄 필요가 있습니다. 이것이 다를 경우는 상당한 문제가 발생할 수 있습니다. 이점을 매우 주의하셔야 합니다.

3. Windows 7 환경 구축 – Platform Builder 설치

Windows 7 환경에서 CE 6.0 Platform Builder와 Visual Studio 2005를 설치하도록 하겠습니다. 기본적인 설치 과정이 Windows XP와 조금 달라졌습니다. Windows CE 6.0 Platform Builder를 설치하는 것은 아래의 과정을 따라야 합니다.

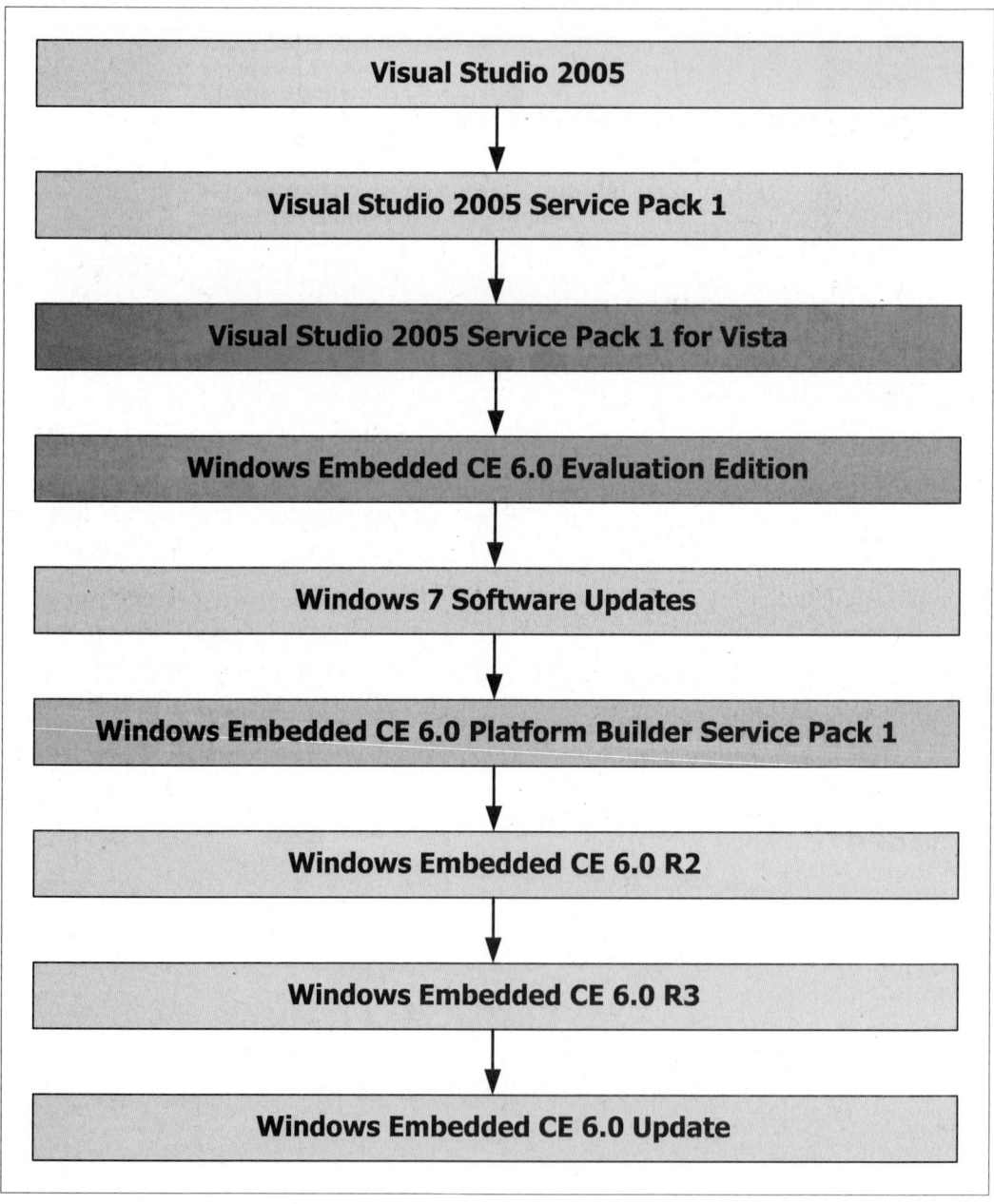

사실 주요하게 달라진 부분은 "Visual Studio 2005 Service Pack 1 for Vista"를 설치하는 부분이고 순서 상에도 약간의 차이점이 생겼습니다. 하나씩 차례로 수행하도록 하겠습니다. 각각의 설치 부분에서 세부적인 설명을 드리지는 않을 것입니다. Windows XP에서의 설치 과정과 차이가 나는 부분만 자세히 설명드릴 것입니다.

3.1. .NET Framework 확인

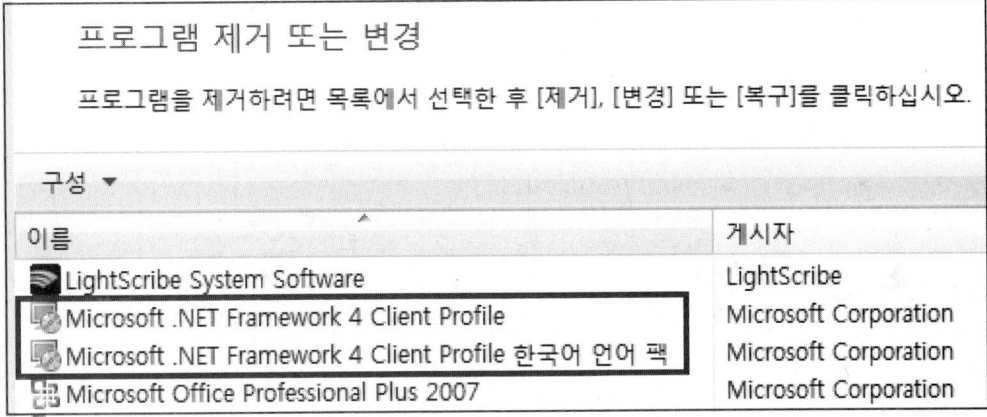

현재 설치되어 있는 프로그램을 제어판에서 살펴보면 .NET Framework 4가 설치되어 있습니다. 이 부분은 확인만 하고 지나가도록 하겠습니다.

3.2. Visual Studio 2005

3.2.1. Visual Studio 2005 설치

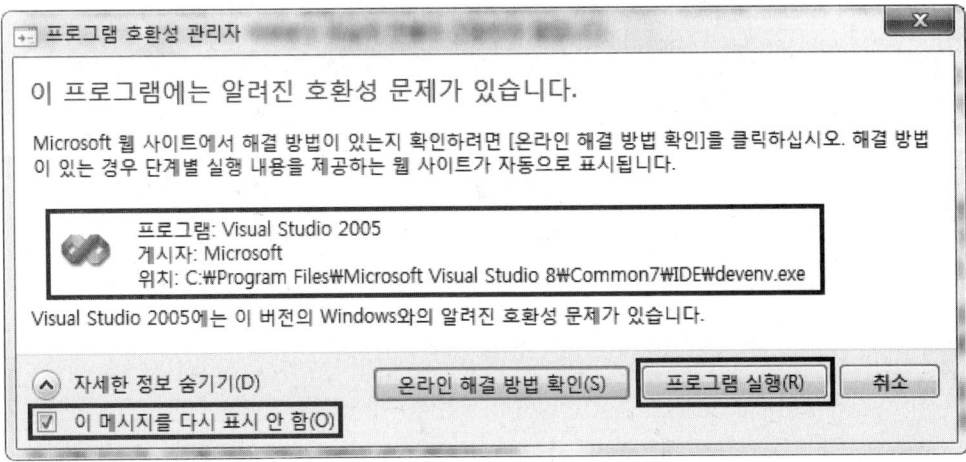

설치를 진행하다 보면 위와 같은 창을 만나는 경우가 여러 번 있게 됩니다. 이는 XP를 기반으로 만들어진 프로그램을 Windows 7에서 수행하기 때문에 시스템에서 오류 메시지를 띄워주는 것입니다. 당연히 계속 설치를 진행해야 할 것입니다.

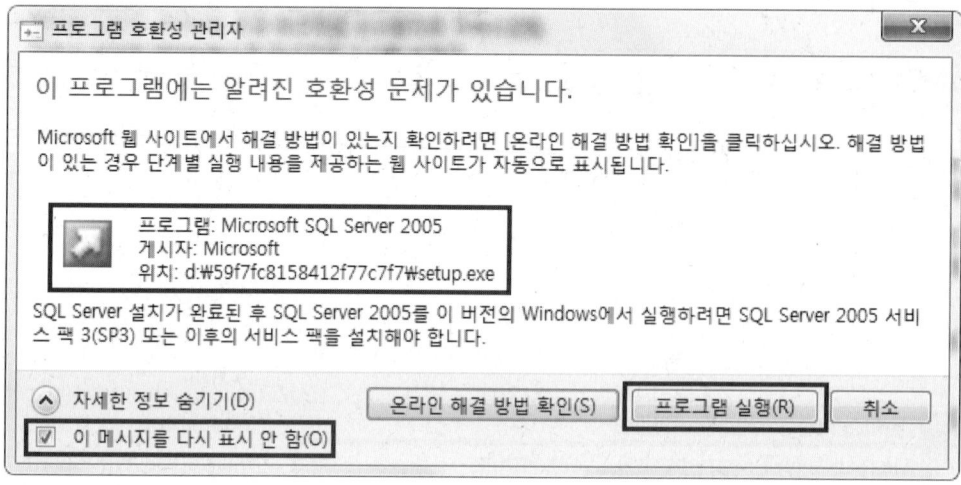

3.2.2. MSDN 설치

MSDN은 특별한 메시지나 문제없이 설치가 완료되었습니다. 설치 방법에 대한 것은 Windows XP 환경 구축 부분을 참고하시기 바랍니다.

3.3. Visual Studio 2005 SP1

Visual Studio 2005 서비스 팩은 인터넷에서 찾을 수 있습니다.

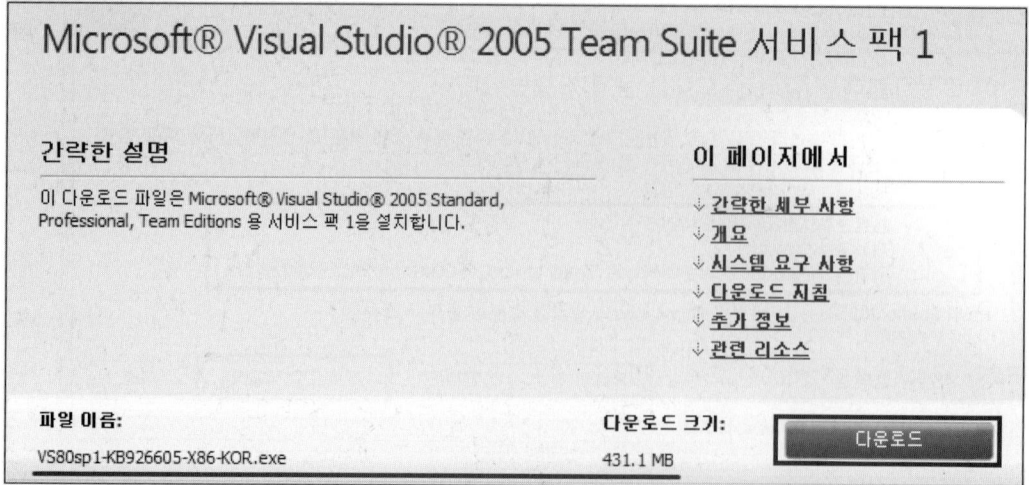

3. Windows 7 환경 구축 – Platform Builder 설치

http://www.microsoft.com/downloads/ko-kr/details.aspx?FamilyID=BB4A75AB-E2D4-4C96-B39D-37BAF6B5B1DC

한글 Visual Studio 2005에 대한 Service Pack 1은 위 링크이고, VS80sp1-KB926605-X86-KOR.exe를 다운로드 받을 수 있습니다.

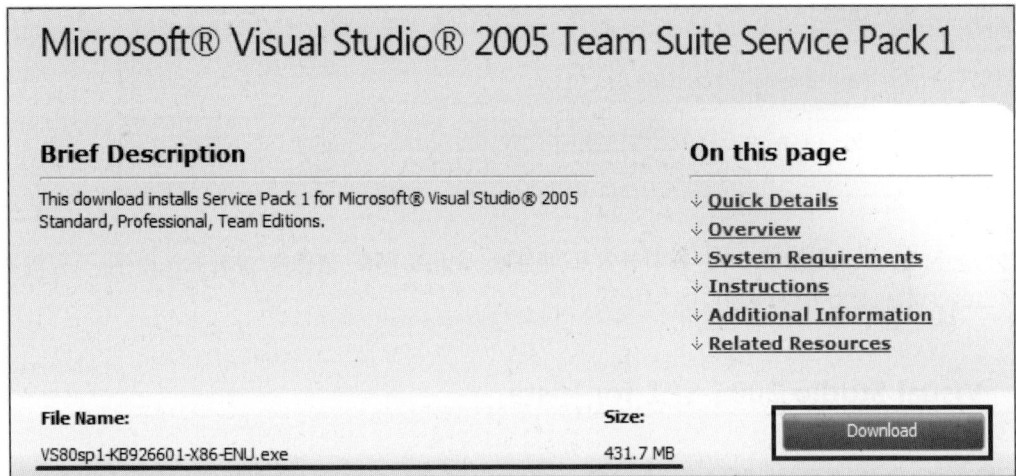

http://www.microsoft.com/downloads/en/details.aspx?FamilyID=bb4a75ab-e2d4-4c96-b39d-37baf6b5b1dc&displaylang=en

영문 Visual Studio 2005에 대한 Service Pack 1은 위 링크이고, VS80sp1-KB926601-X86-ENU.exe를 다운로드 받을 수 있습니다.

한글 Visual Studio 2005를 설치하였을 경우는 한글을 영문을 설치하였을 경우는 영문에 대한 Service Pack 1을 다운로드 받아서 설치해야 합니다.

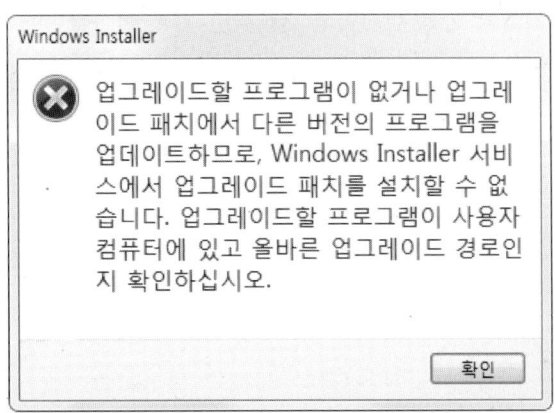

만약 영문 Visual Studio 2005를 설치했는데 한글 Service Pack 1을 설치하려고 시도하면 위와 같은 에러 메시지를 만날 수 있습니다.

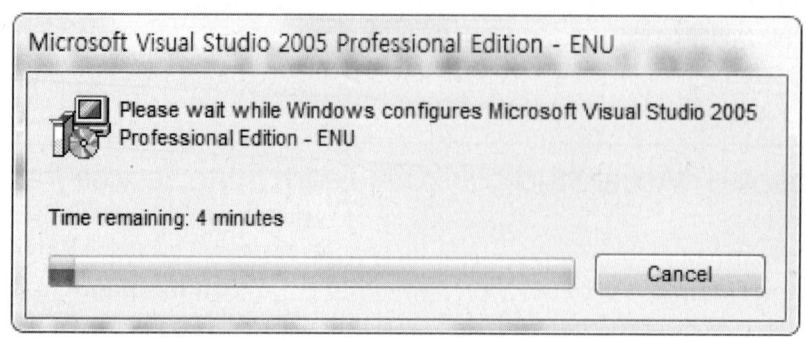

필자는 영문 Visual Studio 2005를 설치하였기 때문에 서비스 팩도 영문을 설치하였고 위 그림의 화면이 나타나면서 설치가 진행됩니다.

3.4. Visual Studio 2005 SP1 for Vista

Vista용 업데이트를 설치해야 합니다. Windows 7에서 사용하는 것이기 때문에 이 부분이 반드시 설치되어야만 합니다.

```
http://www.microsoft.com/downloads/ko-kr/details.aspx?familyid=90e2942d-3ad1-4873-a2ee-4acc0aace5b6&displaylang=ko
http://www.microsoft.com/downloads/en/details.aspx?FamilyID=90e2942d-3ad1-4873-a2ee-4acc0aace5b6&displaylang=en
```

이 부분 역시 한글과 영문 버전에 따라 다르게 설치하셔야 합니다.

위 사이트 링크들 중에서 위쪽이 한글 버전이고 아래쪽이 영문 버전입니다. 링크 주소가 혹 달라질 수도 있는데 간단하게 검색을 하면 쉽게 찾을 수 있습니다.

업데이트 설치는 특별한 문제없이 정상적으로 진행됩니다.

3.5. Windows Embedded CE 6.0 Evaluation

http://msdn.microsoft.com/ko-kr/windowsembedded/ce/dd430902(en-us).aspx#getst

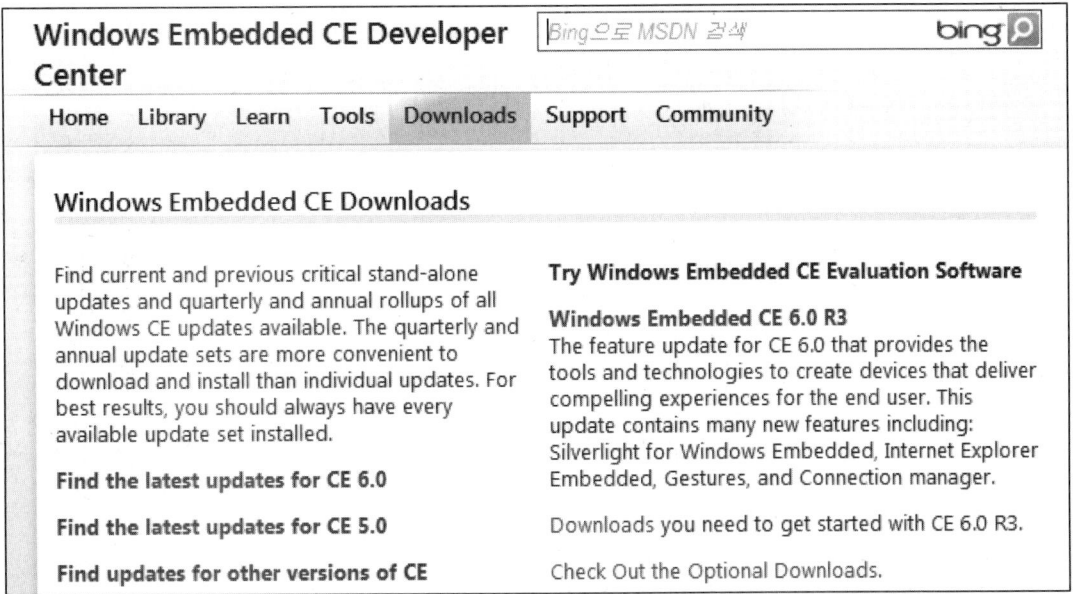

이제부터는 위 링크의 자료를 다운로드 해서 설치하는 작업을 진행합니다. 위 사이트에 설치를 진행해야 할 각종 사이트가 정리되어 있기 때문에 무척 편리합니다.

http://www.microsoft.com/downloads/en/details.aspx?FamilyID=7e286847-6e06-4a0c-8cac-ca7d4c09cb56&DisplayLang=en

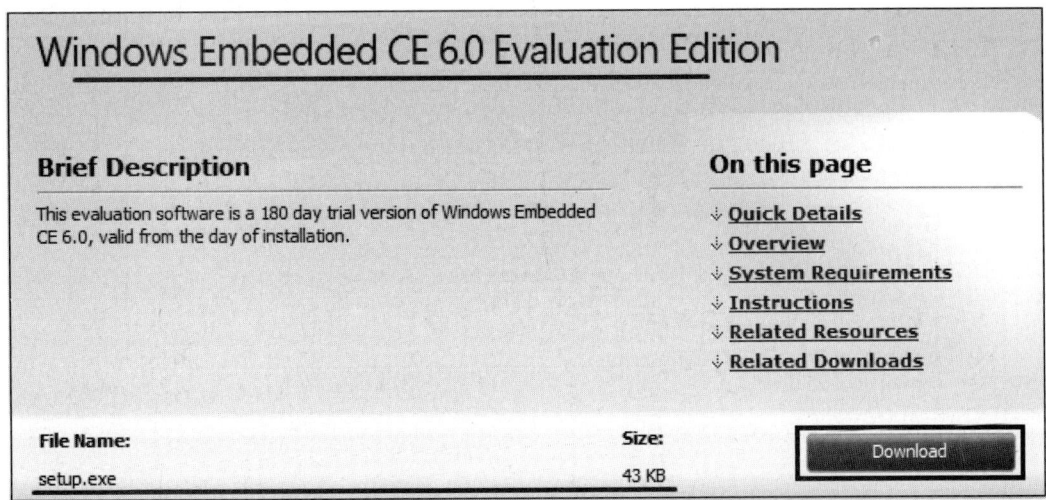

setup.exe를 다운로드 받아서 설치를 진행합니다.

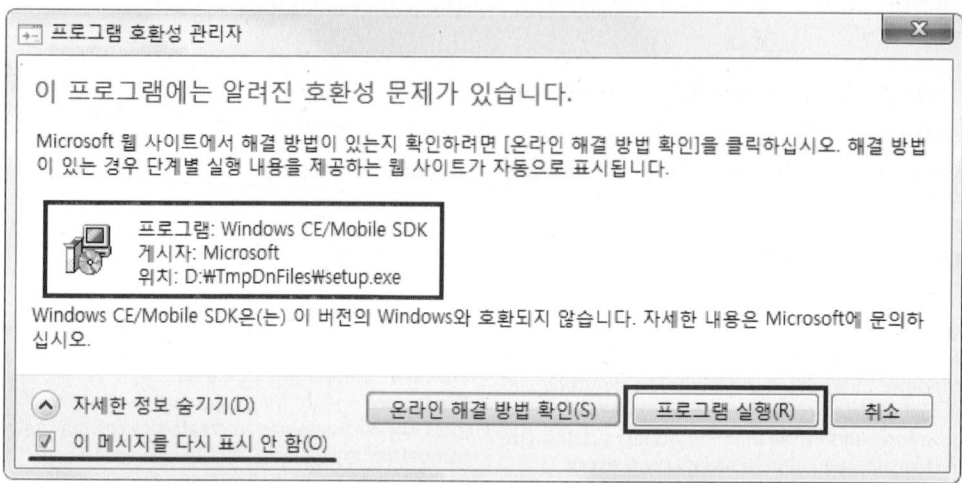

역시 호환성의 문제에 대한 창이 나타나지만 무시하고 계속 진행합니다.

3.6. Windows 7 소프트웨어 업데이트 설치

이 시점에서 Windows 7 소프트웨어 업데이트를 수행해서 설치하도록 하겠습니다.

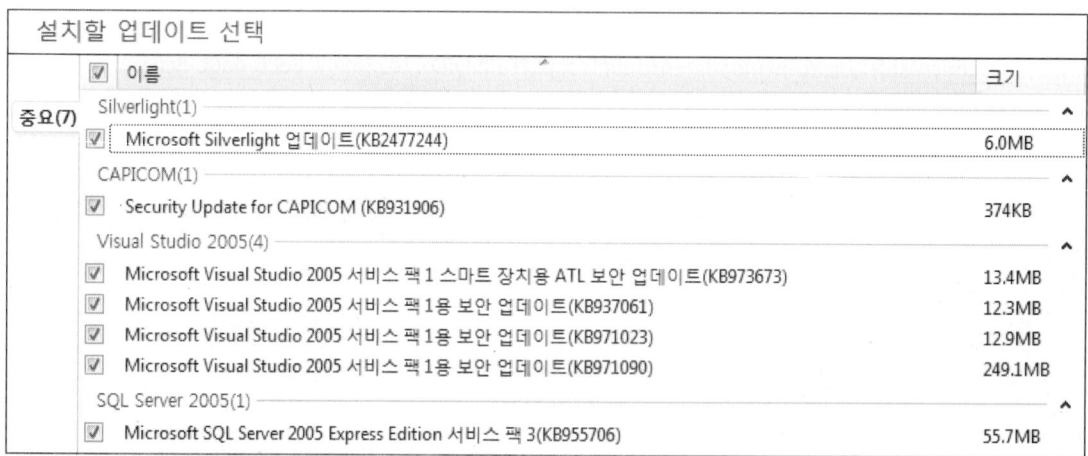

7개의 중요 업데이트를 찾았고 모두 설치하도록 하겠습니다. 업데이트 설치에는 특별히 어려운 점은 없습니다.

3. Windows 7 환경 구축 – Platform Builder 설치

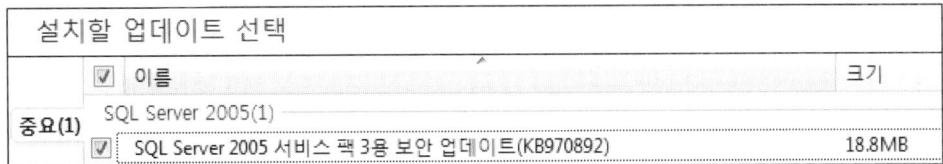

7개의 중요 업데이트를 모두 설치한 이후에 다시 검색을 해보면 하나의 중요 업데이트를 또 찾게 됩니다. 이것도 역시 설치하도록 하겠습니다.

3.7. Windows Embedded CE 6.0 SP1

Windows Embedded CE 6.0 Platform Builder Service Pack 1을 설치할 것입니다.

http://www.microsoft.com/downloads/en/details.aspx?FamilyId=BF0DC0E3-8575-4860-A8E3-290ADF242678&displaylang=en

Windows Embedded CE 6.0 Platform Builder Service Pack 1.msi를 다운로드 받을 수 있고 설치합니다. 설치는 정상적으로 종료하였습니다.

3.8. Windows Embedded CE 6.0 R2

http://www.microsoft.com/downloads/en/details.aspx?FamilyId=F41FC7C1-F0F4-4FD6-9366-B61E0AB59565&displaylang=en

setup.exe를 다운받아서 설치를 진행합니다.

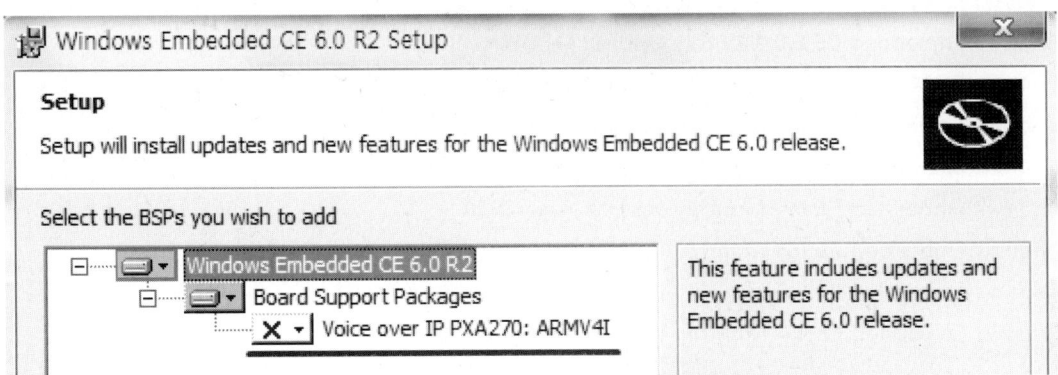

PXA270은 사용하지 않는 것이고, 디폴트로 설정되어 있지 않은 데로 진행합니다.

3.9. Windows Embedded CE 6.0 R3

http://www.microsoft.com/downloads/en/details.aspx?FamilyID=BC247D88-DDB6-4D4A-A595-8EEE3556FE46&displaylang=en

setup.exe를 다운받아서 설치를 진행합니다.

3.10. Windows Embedded CE 6.0 update package 설치

http://msdn.microsoft.com/ko-kr/windowsembedded/ce/dd430902(en-us).aspx#ce6

> **Windows Embedded CE 6.0**
>
> **Windows Embedded CE 6.0 Monthly Update November 2010**
> This is a set of updates for Windows Embedded CE 6.0 released from November 1 – November 30, 2010. These updates are fixes for operating system problems you may run into during the development and maintenance of your custom platform.
>
> ⊞ Previous Updates

Previous Updates를 확장해서 보면 모든 내용을 찾을 수 있습니다.

Previous Updates 중에서 Windows Embedded CE 6.0 Test Kit는 설치할 필요가 없습니다. 이것은 이미 들어 있는 패키지이기 때문에 추가적으로 설치를 진행할 필요가 없습니다.

Windows Embedded CE 6.0 Cumulative Product Update Rollup 2009
Windows Embedded CE 6.0 Monthly Update January 2010
Windows Embedded CE 6.0 Monthly Update February 2010
Windows Embedded CE 6.0 Monthly Update March 2010
Windows Embedded CE 6.0 Monthly Update April 2010
Windows Embedded CE 6.0 Monthly Update May 2010
Windows Embedded CE 6.0 Monthly Update June 2010
Windows Embedded CE 6.0 Monthly Update July 2010
Windows Embedded CE 6.0 Monthly Update August 2010
Windows Embedded CE 6.0 Monthly Update September 2010
Windows Embedded CE 6.0 Monthly Update October 2010
Windows Embedded CE 6.0 Monthly Update November 2010

위 순서대로 진행을 하도록 하겠습니다.

3. Windows 7 환경 구축 – Platform Builder 설치

> 만약 "Cumulative Product Update Rollup 2010"이 이미 나와 있다면 월별로 설치하는 작업을 수행할 필요는 없습니다.

3.10.1. 업데이트 스크립트 처리 문제점 해결

업데이트를 설치하는 과정에서 이전에 Windows XP에서 수행하던 것과는 달라지는 부분이 있습니다. 단순하게 실행하게 되면 문제를 일으킵니다.

Windows Embedded CE 6.0 Cumulative Product Update Rollup 2009

http://www.microsoft.com/downloads/en/details.aspx?FamilyID=0e929f91-a379-4277-80d5-a66e3b821ba1&displaylang=en

File Name:	Size:	Download files below
WinCEPB60-091231-Product-Update-Rollup-Armv4I.msi	147.7 MB	Download
WinCEPB60-091231-Product-Update-Rollup-MIPSII.msi	145.6 MB	Download
WinCEPB60-091231-Product-Update-Rollup-MIPSII_FP.msi	145.8 MB	Download

WinCEPB60-091231-Product-Update-Rollup-Armv4I.msi를 다운로드 받아 설치합니다.

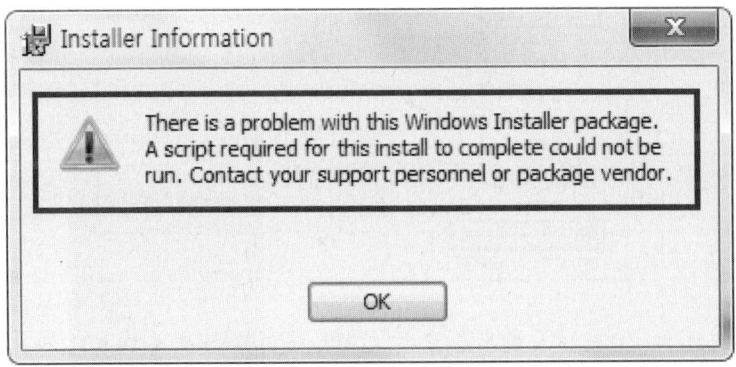

그냥 실행을 하게 되면 위와 같은 에러가 출력되면서 수행이 되지 않습니다. 이는 Vista machine에서 발생하는 보안과 관련한 문제 때문이라고 합니다.

> http://support.microsoft.com/kb/950793#appliesto
> Article ID: 950793 - Last Review: March 24, 2008 - Revision: 1.1
> When installing Windows Embedded CE 6.0 QFE on Windows Vista user gets error and QFE cannot

be installed

위 문서에 이에 대한 처리 방법이 기술되어 있습니다. 처리 방법에서 요구하는 것과 동일하게 수행을 하도록 하겠습니다.

1. Open command prompt window in **"Administrator" mode** 1.1: Right click on "Command Prompt" in Start > Accessories menu then select "Run as administrator"

"Administrator" mode로 수행한다는 것이 중요한 점입니다.

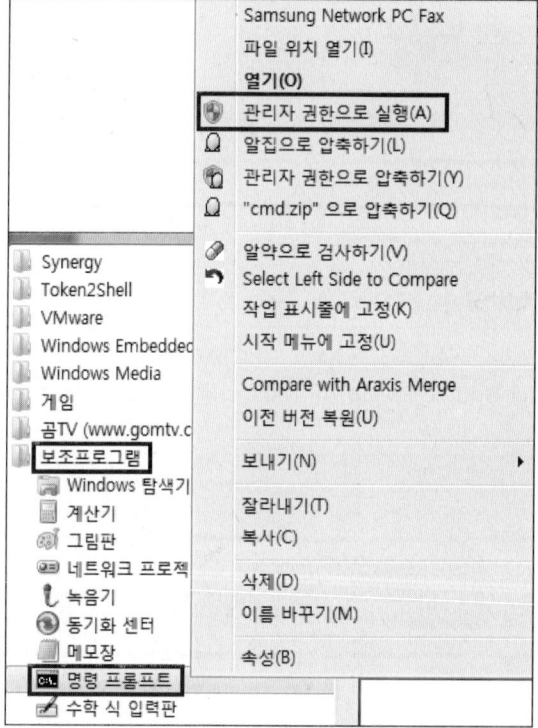

보조프로그램의 명령 프롬프트 부분에서 마우스 오른쪽 버튼을 누른 상태에서 관리자 권한으로 실행을 선택합니다.

2. Go to your folder where CE QFE MSI files are located in your Vista machine 3. Launch the MSI from the command prompt windows by directly typing the name of the file

이제부터의 설치는 그냥 커맨드 창에서 다운받은 파일을 실행하는 것뿐입니다. 다만 일반 유저 모드가 아닌 관리자 모드에서 수행한다는 점만 다를뿐입니다.

```
D:\TmpDnFiles>dir
 D 드라이브의 볼륨에는 이름이 없습니다.
 볼륨 일련 번호: C8E1-99B6

 D:\TmpDnFiles 디렉터리

2011-01-06  오후 04:48    <DIR>          .
2011-01-06  오후 04:48    <DIR>          ..
2011-01-06  오후 04:43       154,857,984 WinCEPB60-091231-Product-Update-Rollup-
Armv4I.msi
               1개 파일         154,857,984 바이트
               2개 디렉터리     159,010,033,664 바이트 남음

D:\TmpDnFiles>WinCEPB60-091231-Product-Update-Rollup-Armv4I.msi
```

정상적으로 설치 작업을 마쳤습니다. 이후의 모든 과정도 위 방법과 동일하게 수행해야 합니다.

3.10.2. 기타 업데이트 수행

기타 업데이트의 수행은 Windows XP에서의 설치 과정과 동일합니다. 사이트의 주소와 다운로드 받는 파일에 대한 것만 다시 기술하였습니다.

Windows Embedded CE 6.0 Monthly Update January 2010

http://www.microsoft.com/downloads/en/details.aspx?displaylang=en&FamilyID=0a003b66-5c00-43c2-8658-5453be22c402

WinCEPB60-100131-2010M01-Armv4I.msi

Windows Embedded CE 6.0 Monthly Update February 2010

http://www.microsoft.com/downloads/en/details.aspx?displaylang=en&FamilyID=ba593dec-28a7-4558-aafc-ae85a14f74ae

WinCEPB60-100228-2010M02-Armv4I.msi

Windows Embedded CE 6.0 Monthly Update March 2010

http://www.microsoft.com/downloads/en/details.aspx?FamilyID=4dce5160-b049-417c-a0e3-c188939133dc&displaylang=en

WinCEPB60-100331-2010M03-Armv4I.msi

Windows Embedded CE 6.0 Monthly Update April 2010

http://www.microsoft.com/downloads/en/details.aspx?displaylang=en&FamilyID=7a11fc2d-0e3b-450d-90fc-80f3e83bead5

WinCEPB60-100430-2010M04-Armv4I.msi

Windows Embedded CE 6.0 Monthly Update May 2010

http://www.microsoft.com/downloads/en/details.aspx?displaylang=en&FamilyID=66ddfa27-5543-400f-a8e6-10bfe54f85ef

WinCEPB60-100531-2010M05-Armv4I.msi

Windows Embedded CE 6.0 Monthly Update June 2010

http://www.microsoft.com/downloads/en/details.aspx?displaylang=en&FamilyID=02c60210-1037-4066-9574-5737e7eef490

WinCEPB60-100630-2010M06-Armv4I.msi

Windows Embedded CE 6.0 Monthly Update July 2010

http://www.microsoft.com/downloads/en/details.aspx?displaylang=en&FamilyID=6b422cf3-1f2c-4cad-9ada-82e9962eea18

WinCEPB60-100731-2010M07-Armv4I.msi

Windows Embedded CE 6.0 Monthly Update August 2010

http://www.microsoft.com/downloads/en/details.aspx?FamilyID=152355f1-bcc2-46ed-bd6b-15bb12910f7a

WinCEPB60-100831-2010M08-Armv4I.msi

Windows Embedded CE 6.0 Monthly Update September 2010

http://www.microsoft.com/downloads/en/details.aspx?FamilyID=28220395-979f-4a2b-b164-3dae5f97b9e6

WinCEPB60-100930-2010M09-Armv4I.msi

Windows Embedded CE 6.0 Monthly Update October 2010

http://www.microsoft.com/downloads/en/details.aspx?FamilyID=53b83bdd-4310-428a-ab88-01b1a0c51949

WinCEPB60-101031-2010M10-Armv4I.msi

Windows Embedded CE 6.0 Monthly Update November 2010

http://www.microsoft.com/downloads/en/details.aspx?FamilyID=56066fe4-2450-472a-be82-d1a48446cbac&displaylang=en

WinCEPB60-101130-2010M11-Armv4I.msi

2부 – Windows CE 6.0 Porting

4. 망고 64 하드웨어 구성

하드웨어 구성에 대한 내용은 가능한 많이 기술하지는 않을 예정입니다. 하지만 그렇다고 하더라도 독자들이 충분히 이해할 수 있는 정도의 내용은 기술할 것입니다.

하드웨어에 대해서 간단히 살펴보고 지나가도록 하겠습니다. 추가적으로 설명이 필요한 부분이 나오면 그때그때 내용을 설명하도록 할 것이며 여기서는 대략적인 내용만 기술할 것입니다.

4.1. 망고 64 하드웨어 사양

CPU	Samsung S3C6410X ARM1176JZF-S	667MHz Application Processor
Memory	Mobile DDR	128Mbytes
	SLC NAND Flash	256Mbytes
	NOR Flash	4 Mbytes [1]
Display	5" WVGA(800x480) Color TFT	with Touch Screen Interface
Audio	Wolfson WM8960 Audio Codec	with 1W Stereo Speaker Amplifier
Ethernet	SMSC LAN9220 [2]	10/100Mbps Ethernet Controller
USB	USB 1.1 Host	
	USB 2.0 OTG	
SD	SD/MMC Port 0	WiFi(Wi2Wi) or Expansion Connector
	SD/MMC Port 1	Standard SD Connector
	SD/MMC Port 2	Expansion Connector
SPI	SPI Port 0	Expansion Connector
	SPI Port 1	Expansion Connector shared with SD/MMC Port 2

Notes:

(1) 4개의 분리된 bank로 나눌 수가 있고, 각 1 Mbyte의 메모리 공간이 S3C6410에 의해서 따로따로 접근이 가능합니다. 여러 가지 다른 부트로더를 장착해서 부팅할 수 있게 만들 수 있어서 매우 편리한 기능이라 할 수 있습니다.
(2) 알파보드에는 *Cirrus Logic CS8900 10Mbps Ethernet Controller*가 장착되어 있으나 베타보드부터는 *SMSC LAN9220 10/100Mbps Ethernet Controller*가 장착되어 있습니다.

4. 망고 64 하드웨어 구성

UART	UART Port 0	GPS or Expansion Connector
	UART Port 1	Standard DSUB9
	UART Port 2	Expansion Connector
	UART Port 3	Bluetooth or Expansion Connector
JTAG	Standard ARM JTAG Interface	
TV-out	S-Video Connector	
WiFi/Bluetooth	Wi2Wi WiFi/BT combo module	Option
GPS	GPS module	Option
Power	5V/2A DC-JACK	
	Korean Standard Handset Charger	
	Charger IC	for Single-Cell Li-Ion Battery
	Li-Ion Battery Connector	
Camera Port	Camera Expansion Port	Standard Camera Interface [3]
HDD	ATA HDD Connector	
Sensors	3-Axis Acceleration Sensor	
	Pressure Sensor [4]	
Keys	General Purpose Keys	4
	Reset Key	1
	Tactile Power Key	1
	Slide Power Switch	1
Indicators	2 Indicator LEDs	Controllable GPIO ports
Connectors	Expansion Connectors	IrDA, Camera, I2S, SPI0/SPI1, SDIO0/2, EBI, UART, LCD

Notes:

(3) Interlaced와 Non-Interlaced CCIR601/656 표준 인터페이스를 지원합니다.

(4) 알파보드에는 압력센서가 장착되어 있지 않습니다.

4.2. 망고 64 부품면 (베타/릴리즈 보드)

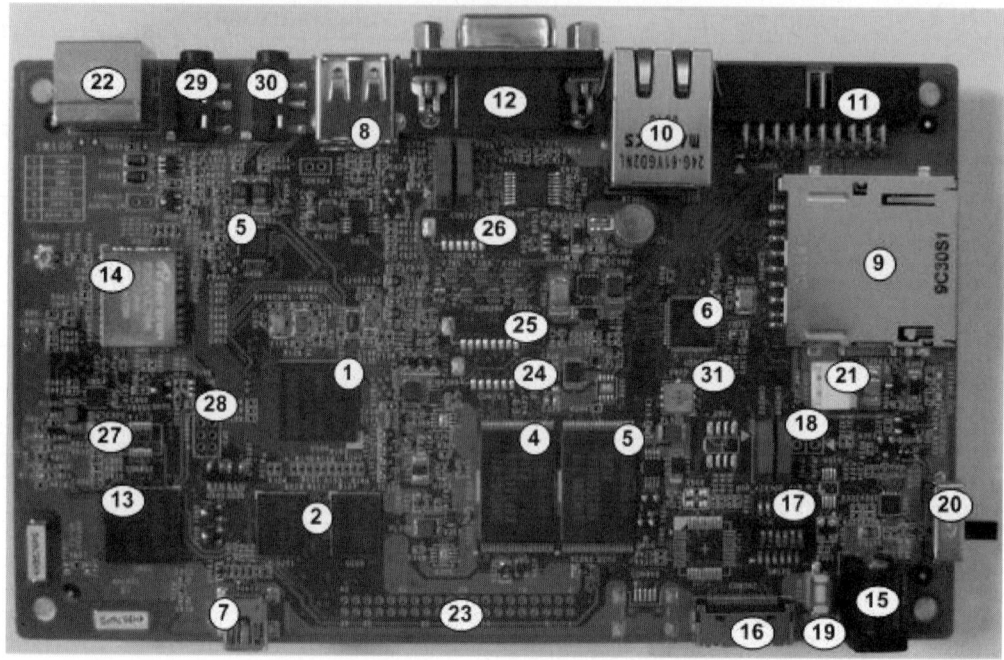

Num	Description	Num	Description
1	S3C6410X ARM1176JZF-S 667MHz AP	2	128Mbytes Mobile DDR SDRAM
3	256Mbytes SLC NAND (K9F2G08U0M)	4	4Mbytes NOR (K8P3215UQB)
5	WM8960 Audio Codec + 1W AMP	6	CS8900 10Mbps Ethernet Controller
7	USB 2.0 OTG Connector	8	USB 1.1 Host Connector
9	SD Card Slot	10	RJ45 Ethernet Connector
11	20pin ARM Standard JTAG	12	UART Port 1, DSUB9 Connector
13	WiFi/Bluetooth Combo (Option)	14	GPS Module (Option)
15	DC 5V Power JACK (5V/2A)	16	24P Korean Standard Charger Connector
17	Boot Mode Select SW [OM,GPN]	18	Board Configuration Shunts
19	Reset Switch	20	Power ON/OFF Slide Switch
21	Battery Connector (Single-Cell Li-Ion)	22	TV-Out Connector (S-Video Type)
23	LCD Expansion Connector	24	IrDA Connector [UART Port 3]
25	SPI Port 0 Connector	26	ADC Input Connector, AIN[3:0]
27	WiFi/BT Expansion [SD0, UART3]	28	GPS Expansion (UART Port 0)
29	Microphone Jack	30	Headphone Jack
31	Pressure Sensor		

4.3. 망고 64 보드 LCD면 (베타/릴리즈 보드)

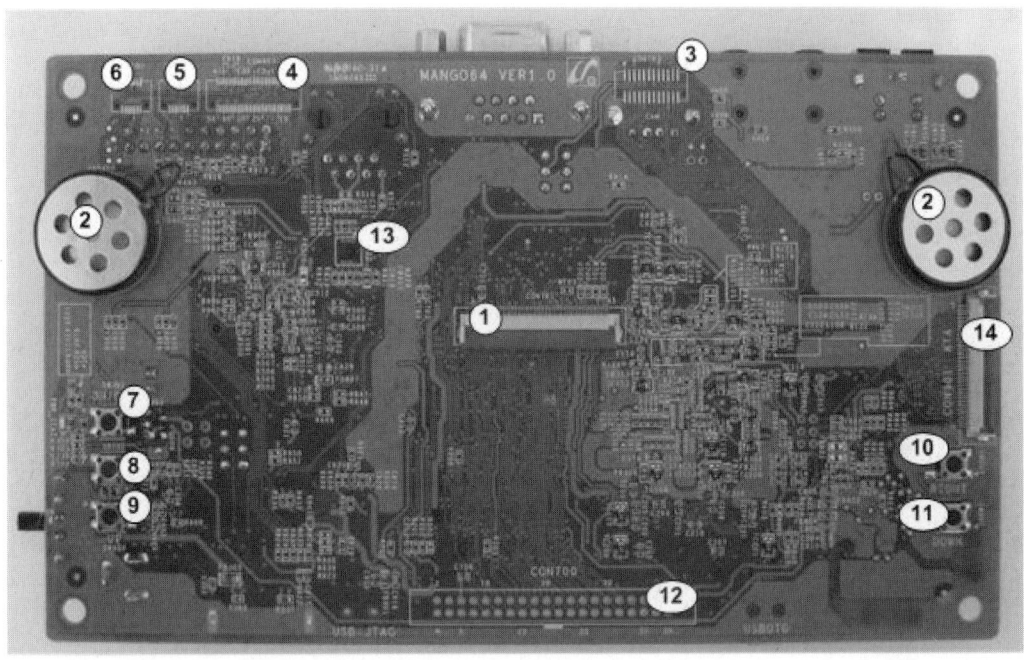

Num	Description	Num	Description
1	LCD Connector	2	Loud Speaker
3	Camera Expansion Connector	4	EBI/IO Expansion Connector
5	SPI1/SD2 Expansion Connector	6	I2S Port 2 Expansion
7	Power On/Off Switch [Tactile]	8	General Purpose Key 2 [XEINT2]
9	General Purpose Key 0 [XEINT0]	10	General Purpose Key 3 [XEINT3]
11	General Purpose Key 1 [XEINT1]	12	LCD Expansion Connector
13	3-Axis Acceleration Sensor	14	HDD Connector (Not Tested)

4.4. 망고 64 구성도

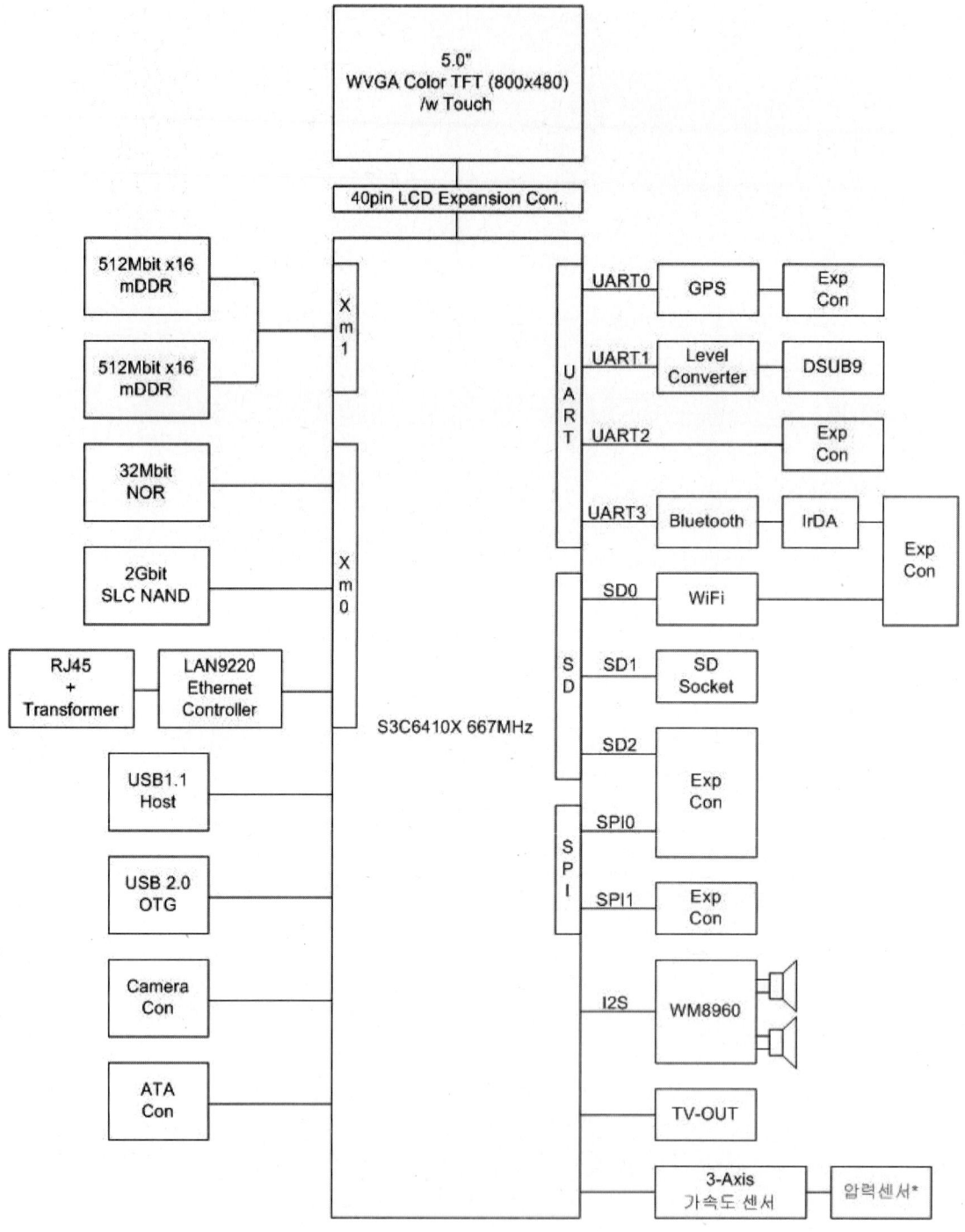

5. 망고 64 BSP

BSP는 Board Support Package의 약자로서 Target Board에 종속적인 부분은 하나의 패키지로 모아놓은 것이라고 할 수 있습니다. 추후에 이 BSP와 커널 소스를 함께 빌드 해서 망고 보드에서 구동될 수 있는 이미지를 만들어내게 되는 것입니다.

5.1. 망고 64 보드 BSP 설치

우리는 일단 망고 보드에 대한 BSP를 홈페이지에서 다운로드 받아서 설치해보고 실제로 보드에서 구동되는 모습을 먼저 살펴볼 것입니다.

5.1.1. BSP 파일 다운로드

http://crztech.iptime.org:8080/Release/mango64/wince/
위 링크에 접속하면 아래의 화면을 만날 수 있습니다.

```
Parent Directory              16-Sep-2009 19:16     -
Mango64-wince60-came..>        23-Aug-2010 11:32    37.3M
mango64-7inch-binary..>        14-May-2010 08:05    31.4M
mango64-wince-2010-1..>        17-Sep-2009 10:43    35.6M
mango64-wince-2010-1..>        17-Sep-2009 10:54    39.6M
mango64-wince60-2010..>        24-Aug-2010 08:46    43.9M
mango64-wince60-V01-..>        07-Jan-2011 04:20    78.7M
mango64-wince60-V01-..>        07-Jan-2011 04:27    30.2M
mango64-wince60-V01-..>        02-Jul-2009 20:25    76.9M
mango64-wince60-V02-..>        07-Jan-2011 04:22    48.5M
```

위 내용 중에서 아래에서 4번째 부분이 mango64-wince60-V01-000.zip이고, 가장 아래에 있는 것이 mango64-wince60-V02-000.zip 파일입니다.

그런데 위의 링크 부분을 그냥 인터넷 브라우저에서 접속하게 되면 파일이름이 모두 표시되지 않아서 조금 불편할 수 있습니다. 위 링크의 경우 FTP에 대한 것도 설치되어 운영이 되고 있습니다. FTP로 접속해서 다운로드를 하게 되면 파일 이름을 모두 볼 수 있어서 편리합니다. 특정 프로그램을 광고하는 것은 아니지만 알FTP를 이용해서 접속하는 것을 예로 들어 설명해 보도록 하겠습니다.

접속 방법에 대해서 꼭 위의 설정과 같도록 만들어야 합니다.

정확히 접속을 하게 되면 위의 파일 리스트를 얻을 수 있을 것입니다.

버전의 이름을 명명하는 방법에 대한 것을 설명 드리도록 하겠습니다.

망고64 Wince 6.0	mango64-wince60-V01-000	Samsung LCD 용
	mango64-wince60-V02-000	Foxlink LCD 용

"보드명"-소프트웨어명-VXX-XXX(Patch버전)"로 관리되고 있습니다. V01은 삼성 LCD용을 의미하고, V02는 Fox Link LCD용을 의미합니다.

5.1.2. Samsung LCD vs. Foxlink LCD - BSP 파일 비교

mango64-wince60-V01-000.zip과 mango64-wince60-V02-000.zip 파일 둘을 받아서 압축되어 있는 것을 풀어서 파일 비교 툴을 이용해서 내용이 어떻게 다른가를 비교해 보았습니다.

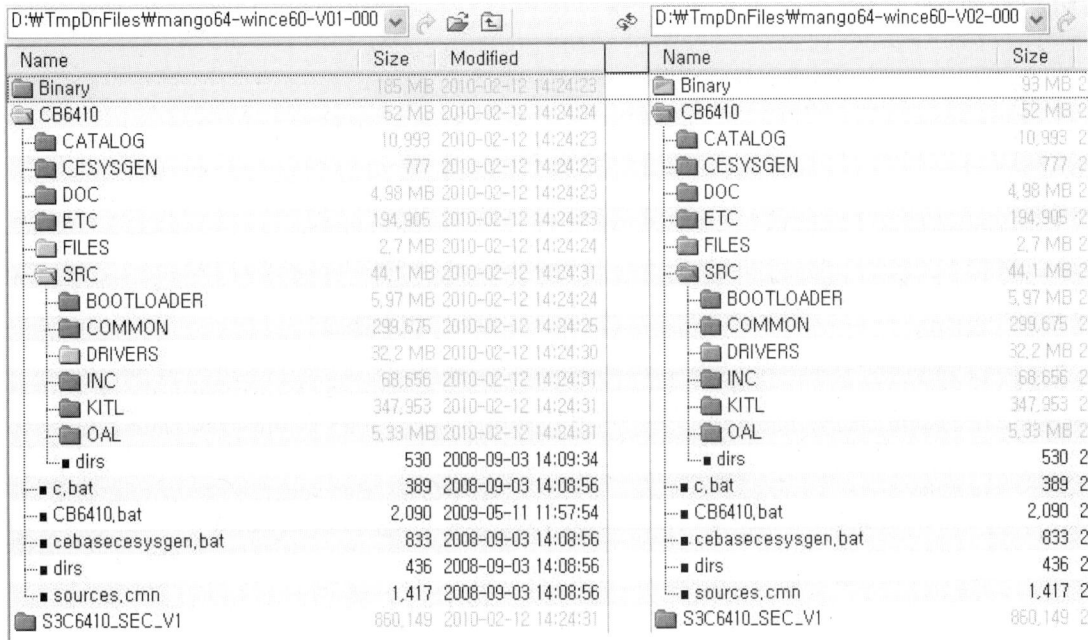

Binary 부분은 당연히 다른 것이기 때문에 비교 대상이 아니고, FILES 폴더에서 하나의 파일과 SRC/DRIVERS 부분에 2개의 폴더에 각각 하나씩의 파일이 다릅니다. 그 내용을 살펴보도록 하겠습니다.

₩mango64-wince60-**V01-000₩CB6410₩FILES₩platform.reg**

> ; for Mango64(S3C6410) beta B'd Foxlink 5.0" FL500WVR00, 12bit, by crazyboy
> ;"CalibrationData"="2102,2001 1095,2568 1093,1443 3117,1423 3117,2561"
> ;"CalibrationData"="2098,2016 1042,2658 1048,1361 3150,1345 3148,2667"
> ; for Mango64(S3C6410) Final B'd Samsung 4.8" LMS480KF01, 12bit, by crazyboy
> "CalibrationData"="2114,2004 1001,2653 1006,1363 3214,1362 3213,2647"

₩mango64-wince60-**V02-000₩CB6410₩FILES₩platform.reg**

> ; for Mango64(S3C6410) beta B'd Foxlink 5.0" FL500WVR00, 12bit, by crazyboy
> "CalibrationData"="2102,2001 1095,2568 1093,1443 3117,1423 3117,2561"
> ;"CalibrationData"="2098,2016 1042,2658 1048,1361 3150,1345 3148,2667"
> ; for Mango64(S3C6410) Final B'd Samsung 4.8" LMS480KF01, 12bit, by crazyboy

;"CalibrationData"="2114,2004 1001,2653 1006,1363 3214,1362 3213,2647"

V01의 경우는 Samsung LCD에 해당하는 Calibration Data 내용이 기술되어 있고, Foxlink LCD 관련 부분은 주석으로 막혀 있고, V02의 경우는 Foxlink LCD에 해당하는 Calibration Data 내용이 기술되어 있고, Samsung LCD 관련 부분은 주석으로 막혀 있습니다.

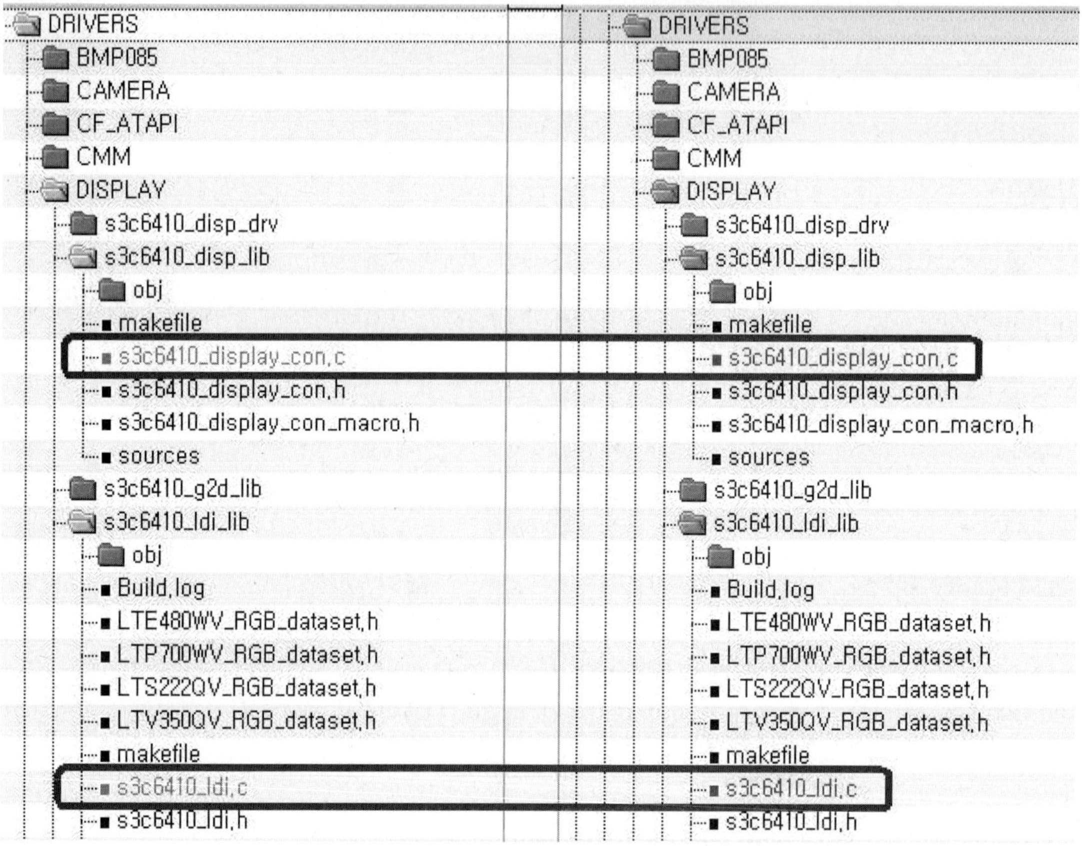

SRC/DRIVERS 부분에서는 위 그림과 같이 2개의 파일에서 차이점이 발견 됩니다.

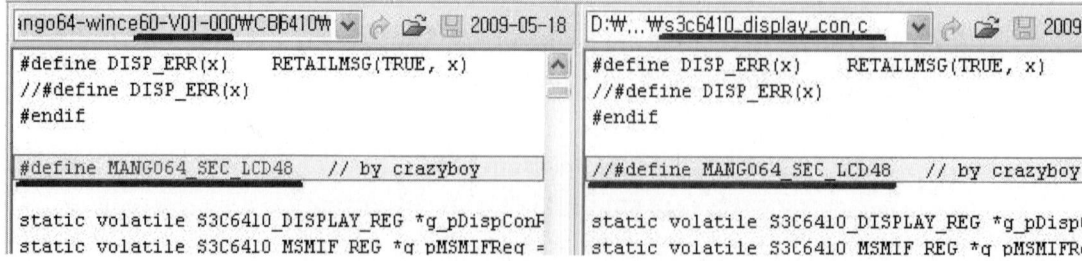

s3c6410_display_con.c를 비교한 내용이 위의 그림입니다. 그림에서 왼쪽이 V01 Samsung LCD 용입니다. MANGO64_SEC_LCD48 정의가 왼쪽에만 존재하고 오른쪽에서는 주석으로 막혀 있습니다.

5. 망고 64 BSP

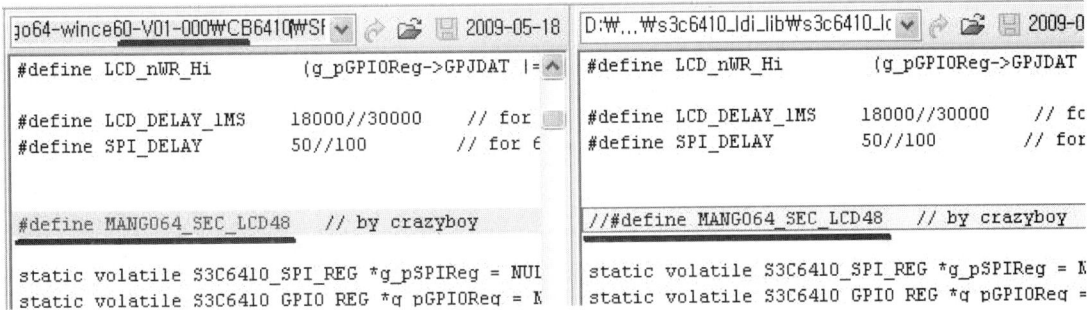

s3c6410_ldi.c를 비교한 내용이 위의 그림입니다. 그림에서 왼쪽이 V01 Samsung LCD 용입니다. s3c6410_display_con.c의 경우와 마찬가지로 MANGO64_SEC_LCD48 정의가 왼쪽에만 존재하고 오른쪽에서는 주석으로 막혀 있습니다.

> 향후의 모든 작업은 Samsung LCD(mango64-wince60-**V01**-000)를 기준으로 작업하도록 합니다. Foxlink LCD를 사용하는 분들은 위의 변경 내용만 적용해서 작업하시면 됩니다. 처음 BSP를 설치할 때만 다를 뿐 이후의 내용에서 달라지는 부분은 없기 때문에 크게 어렵지는 않을 것입니다.

5.1.3. WiFi Patch 적용

/mango64/wince	
이름	크기
..	
mango64-7inch-binary.zip	32,107KB
mango64-wince-2010-10-14.zip	40,588KB
mango64-wince-2010-10-14-binary.zip	36,456KB
mango64-wince60-2010-08-24.zip	44,945KB
Mango64-wince60-camera-bin.zip	38,208KB
mango64-wince60-V01-000.zip	80,606KB
mango64-wince60-V01-001.zip	**30,915KB**
mango64-wince60-V01-002.zip	78,795KB
mango64-wince60-V02-000.zip	49,701KB

mango64-wince60-V01-001.zip 파일을 다운로드 받을 수 있습니다.

> AP망 리스트는 보이는데, AP망을 연결하면 연결이 안 되는 문제 수정. 첨부한 소스를 Overwrite하신 후 rebuild하면 됩니다. Foxlink LCD도 동일합니다.

수정 내용에 대한 설명은 위와 같습니다. 수정된 내용을 살펴보도록 하겠습니다.

mango64-wince60-V01-001\CB6410\SRC\DRIVERS\Sdio8686\If\If_sdio\sdio_if.h

```
#ifndef _SDIO_IF_H
#define _SDIO_IF_H
#define IF_BUS_CONFIG
#define IF_RELEASE_CPU_TIME NdisMSleep(10000)
#define IF_WAITING_FW_BOOTUP    50
#define IF_WAITING_GET_HW_SPEC_READY  10000    //2500000 031407
#endif
```

sdio_if.h 헤더 파일이 하나 추가되었습니다.

mango64-wince60-V01-001\CB6410\SRC\DRIVERS\Sdio8686\SDIO8686.reg

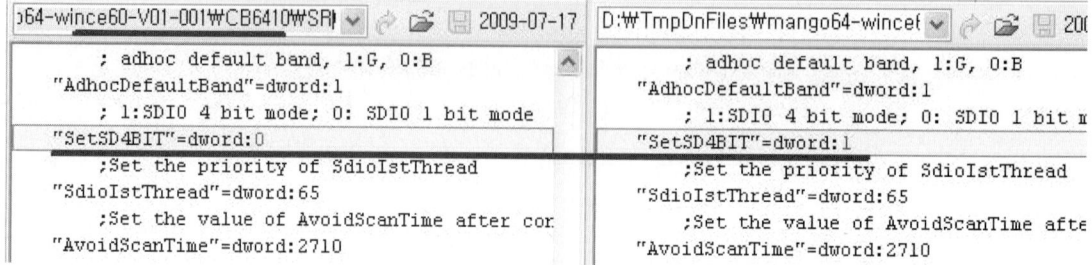

SDIO8686.reg에서는 위 그림과 같이 왼쪽의 patch 버전에서처럼 "SetSD4BIT"=dword:0로 변경이 되었습니다. 4 비트 모드로 되어 있는 부분을 1 비트 모드로 변경한 것입니다.

5.1.4. BSP 설치 작업

\mango64-wince60-V01-001의 WiFi patch를 모두 적용한 이후에 설치 작업을 진행합니다.

폴더를 살펴보면 위 그림과 같이 2개의 폴더가 존재합니다. 이들을 각각 적절한 폴더로 복사해주면 설치 작업은 완료 됩니다.

CB6410 폴더는 C:\WINCE600\PLATFORM\에 복사합니다.
S3C6410_SEC_V1 폴더는 C:\WINCE600\PLATFORM\COMMON\SRC\SOC\에 복사합니다.

5. 망고 64 BSP

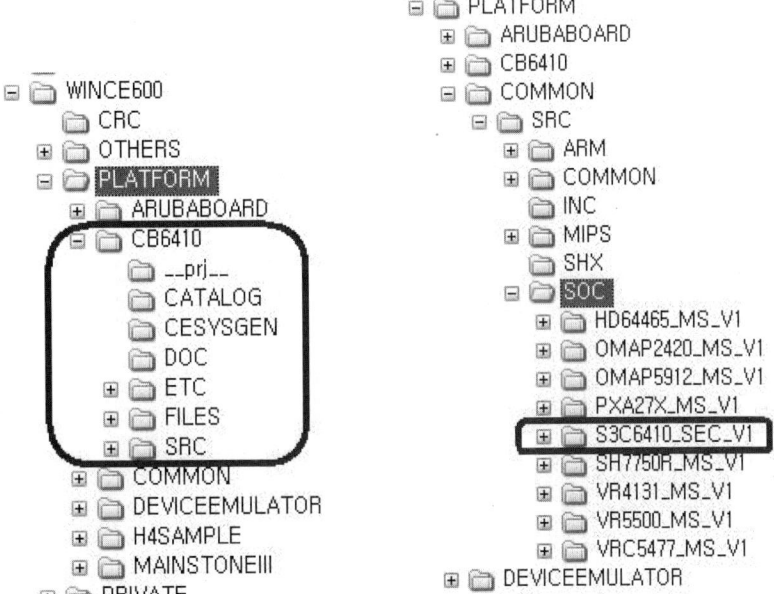

위 그림과 같이 복사 작업을 완료하였습니다.

5.2. Visual Studio 2005 최초 수행

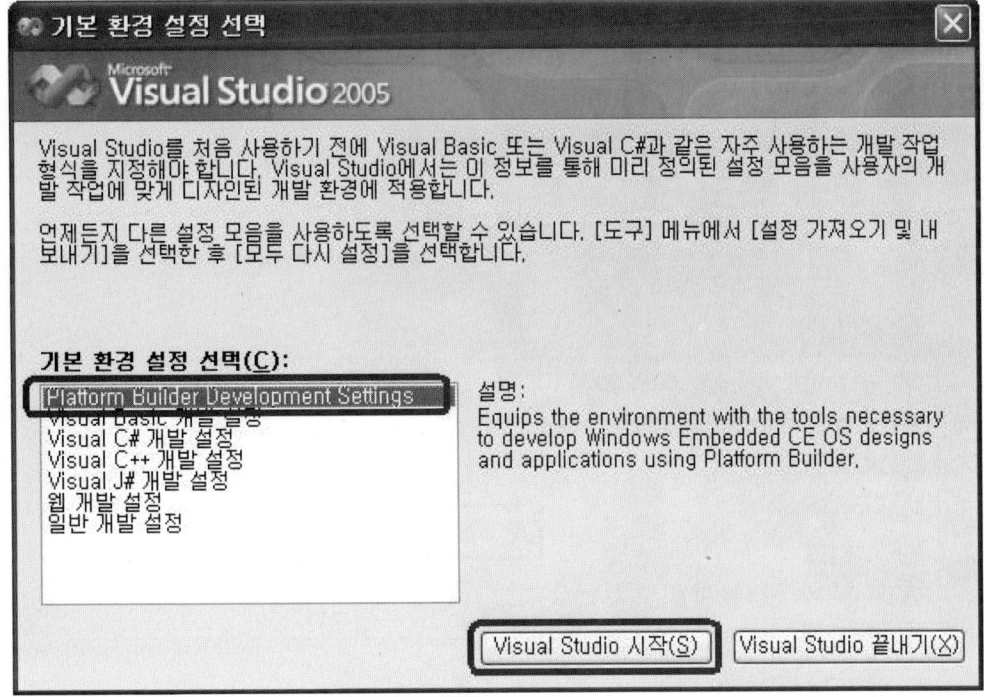

Visual studio 2005를 제일 처음 수행하게 되면 위 화면을 만날 수 있습니다. Visual studio 2005를 사용할 때 기본 환경이 되는 것을 어느 것을 사용하는가를 결정하게 됩니다.

특별히 어떠한 것을 선택한다 하더라도 문제되는 부분은 아닙니다. 나중에 얼마든지 바꿀 수 있기 때문입니다. 그리고 우리 역시 Platform Builder 개발에 대한 것뿐만 아니라 Visual C++를 이용해서 어플리케이션도 개발할 것이기 때문에 당연히 개발 환경에 대한 것은 선택할 수 있어야 합니다.

만약 Windows 7 환경에서 사용하는 경우는 실행을 시키는 방법을 조금 달리 해야 합니다. 단순하게 수행을 시키면 아래의 화면을 만날 수 있습니다.

우리가 업데이트를 설치할 때와 마찬가지로 관리자 모드로 실행할 것을 권고하고 있습니다. 그렇지 않을 경우에는 문제가 발생할 가능성도 배제할 수 없을 듯 합니다. 권고하는 데로 관리자 모드로 수행합니다.

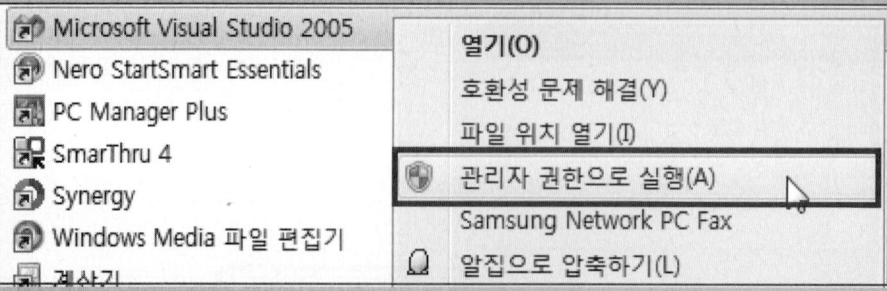

프로그램 부분에서 마우스 오른쪽 버튼을 눌러서 관리자 권한으로 실행을 선택해서 수행 합니다.

5. 망고 64 BSP

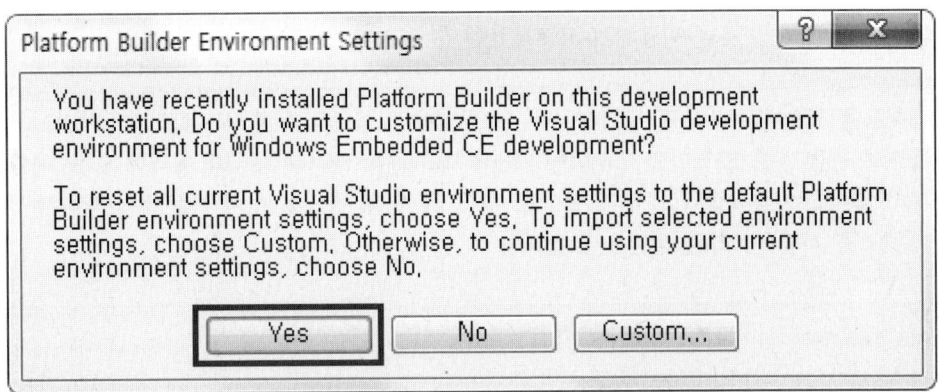

최초로 수행을 했을 경우에 위 화면을 만날 수 있습니다. Windows Embedded CE 개발을 위한 설정을 원하냐고 묻고 있는데 그렇게 하도록 Yes를 선택하면 될 것입니다. 나중에 얼마든지 바꿀 수 있기 때문에 문제될 것은 없습니다.

5.3. Visual Studio 2005에서 Project 만들기

Visual studio 2005 에서 "파일(Files)->새로 만들기->프로젝트"를 선택합니다.

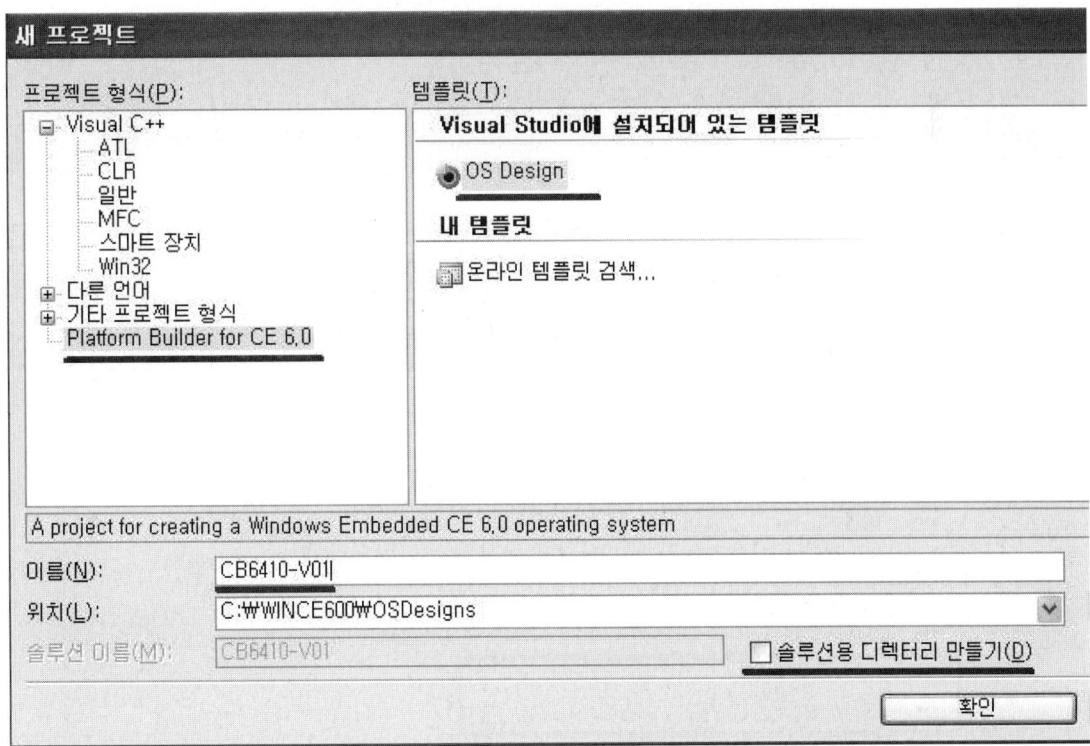

프로젝트 형식은 "Platform Builder for CE 6.0"입니다. 현재 OS Design이라는 템플릿이 Visual Studio 2005에 설치되어 있고 이것을 이용해서 프로젝트를 만들고 있는 것입니다.

프로젝트 이름을 "CB6410-V01"로 넣었습니다. "솔루션용 디렉토리 만들기" 체크 하지 않습니다."솔루션용 디렉토리 만들기"를 체크하면 C:\WINCE600\OSDesigns\CB6410-V01 폴더에 같은 이름으로 "CB6410-V01"이 또 만들어집니다. 굳이 폴더를 여러 개 만들 필요는 없기 때문에 선택하지 않고 진행합니다. 체크를 하던 안 하던 상관은 없습니다.

OS(Operating System) Design

OS design은 런타임 이미지에 포함될 요소와 기능들을 정의하는 것입니다. Visual Studio 2005에 포함된 Windows Embedded CE의 Platform Builder가 이것을 제공하고 있습니다.

OS design은 다음의 요소들을 포함하게 됩니다.
- 소프트웨어 구성 요소들과 드라이버들을 포함하는 카달로그 아이템 (Catalog Item)
- 서브프로젝트(subproject)의 형태를 갖는 추가적인 소프트웨어 요소 (이 부분은 뒤에서 따로 자세히 다루어 보겠습니다.)
- 레지스트리 설정
- 빌드 옵션 (여기에는 국가별 설정에 대한 Localization 정보와 KITL 즉 Kernel Independent Transport Layer에 기초한 디버깅과 같은 내용이 포함될 수 있습니다.)
- BSP, Board Support Package – 적어도 하나의 BSP에 대한 것이 포함되어야 할 것입니다. 여기에는 디바이스 드라이버, 하드웨어 종속적인 유틸리티 및 OAL (OEM adaptation layer)에 대한 부분이 포함됩니다.

확인을 누르고 나면 이제 본격적으로 OS Design을 만들게 됩니다. 이것은 툴에서 제공하는 OS Design Wizard의 도움을 받게 됩니다.

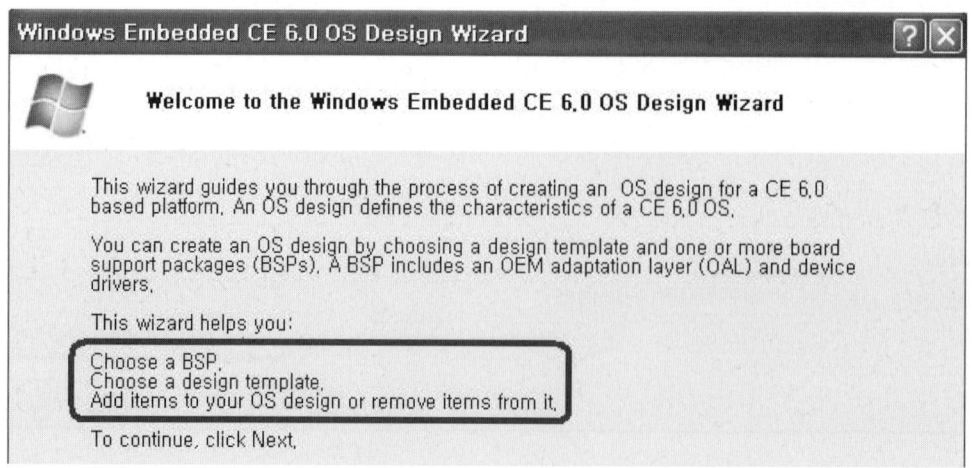

프로젝트를 만들고 있는 이 Wizard가 여러 가지로 도움을 줄 것이라는 정보를 표시하고 있습니다. 당연히 Next를 눌러서 계속 진행합니다.

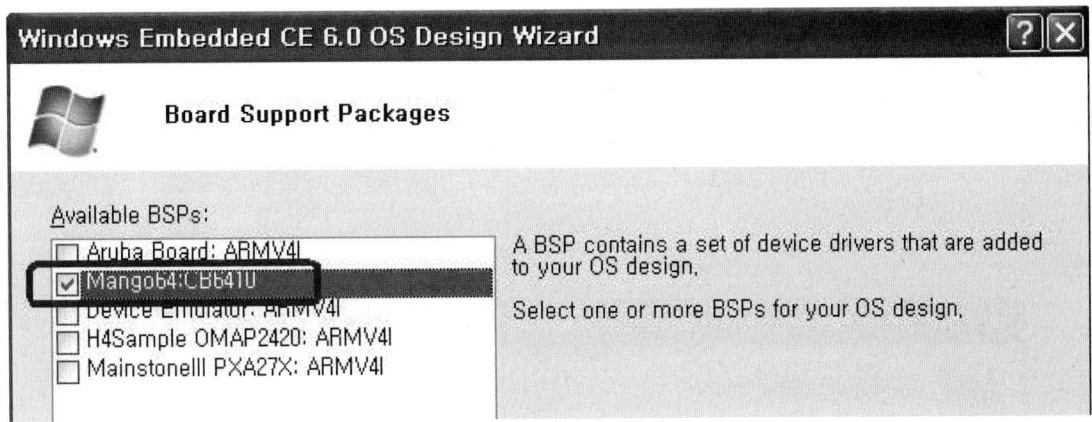

당연히 "Mango64:CB6410"을 선택하고 다음을 누릅니다.

여기에 명시된 BSP들은 기본으로 설치되어 있는 BSP들입니다. 우리는 이미 앞에서 2개의 폴더를 복사해 줌으로써 망고 64에 대한 BSP를 설치했던 것이고 그로 인해서 여기서 프로젝트를 만들면서 그 BSP를 선택할 수 있도록 나타나게 된 것입니다.

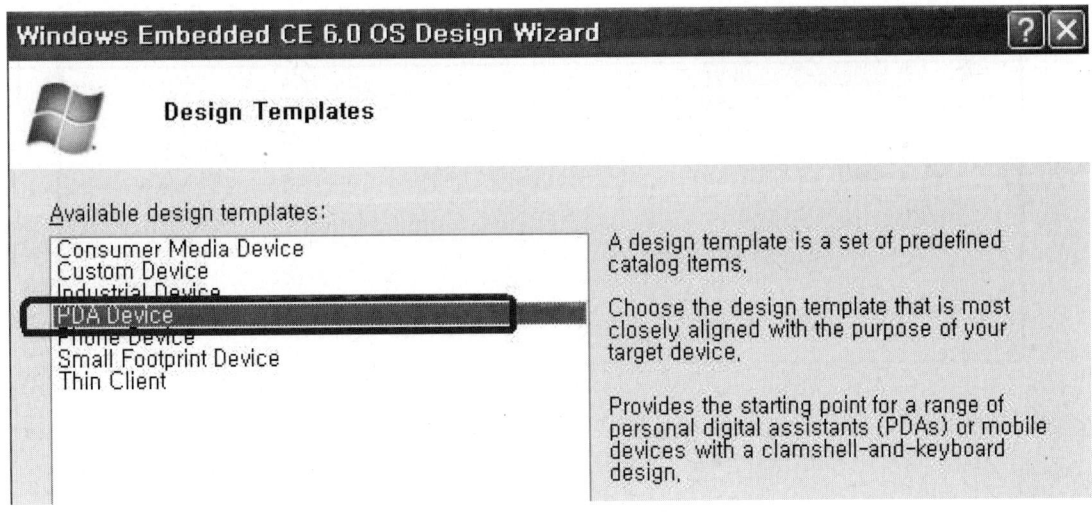

"PDA Device" 선택 후 "다음"을 클릭합니다. 사실 어떤 것을 선택하던지 뒤에서 카달로그 아이템을 변경해서 마음대로 바꿀 수 있지만 최소한의 변경으로 우리가 원하는 것을 얻기 위해서 선택을 해주는 것입니다.

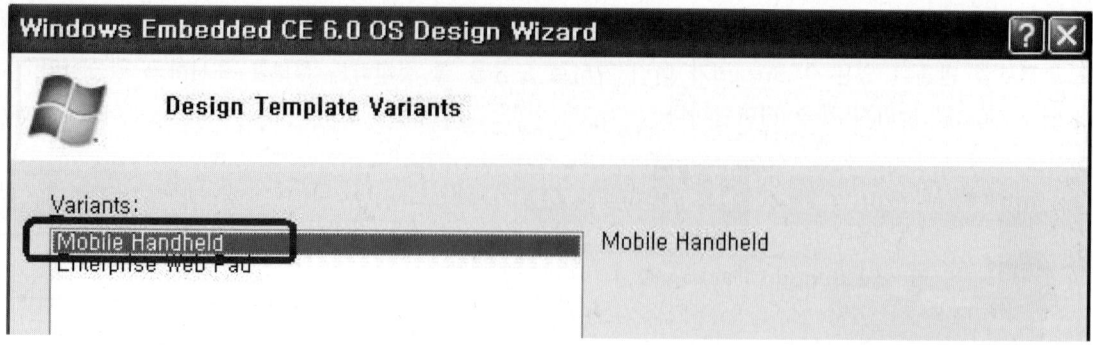

"Mobile Handheld" 선택한 후 "다음"을 클릭합니다.

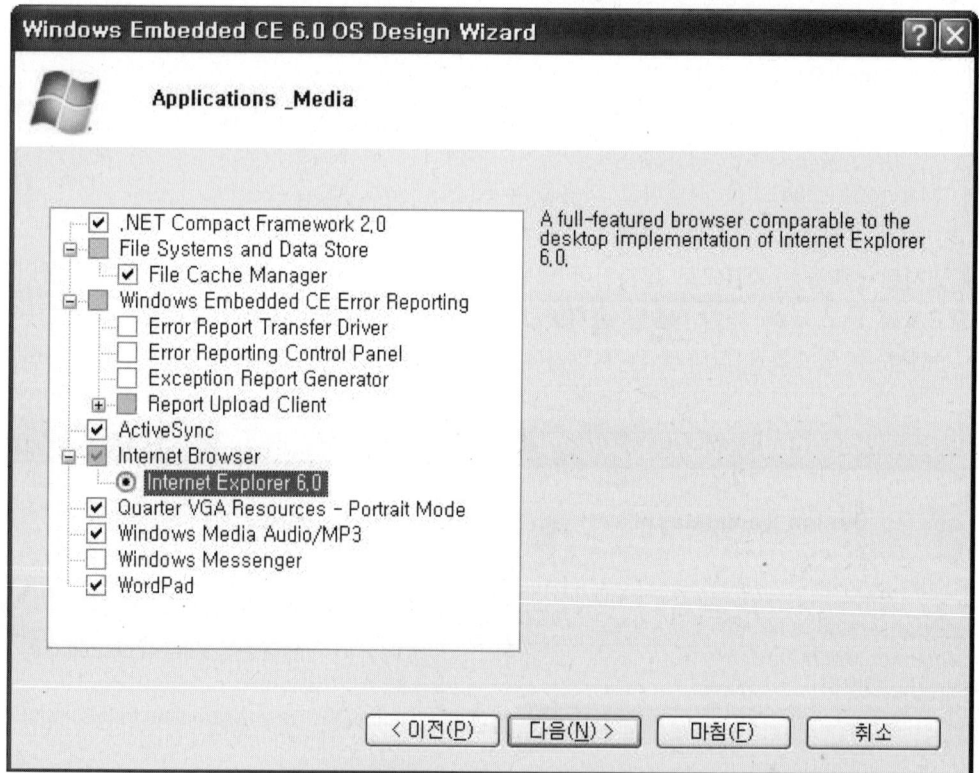

여기서 선택하는 design template은 기본적으로 향후 타겟 보드에 적용될 WinCE OS에서 포함될 요소들의 선택에 있어서 어떤 것을 기본으로 포함할 것인가를 미리 정해놓은 것에 지나지 않습니다. 어떤 것을 선택해도 나중에 마음대로 바꿀 수 있습니다.

우리는 지금 처음으로 보드에 이미지를 올리려고 하는 것이고 세부적인 내용에 대해서는 뒤에서 다루게 될 것입니다. 위에 표시된 그대로 설정하고 진행하도록 합니다. Internet Explorer 6.0은 기본으로 선택이 되어 있지 않은데 꼭 선택을 해주시고, Windows Media Audio/MP3와 WordPad도 선택해 주도록 하겠습니다.

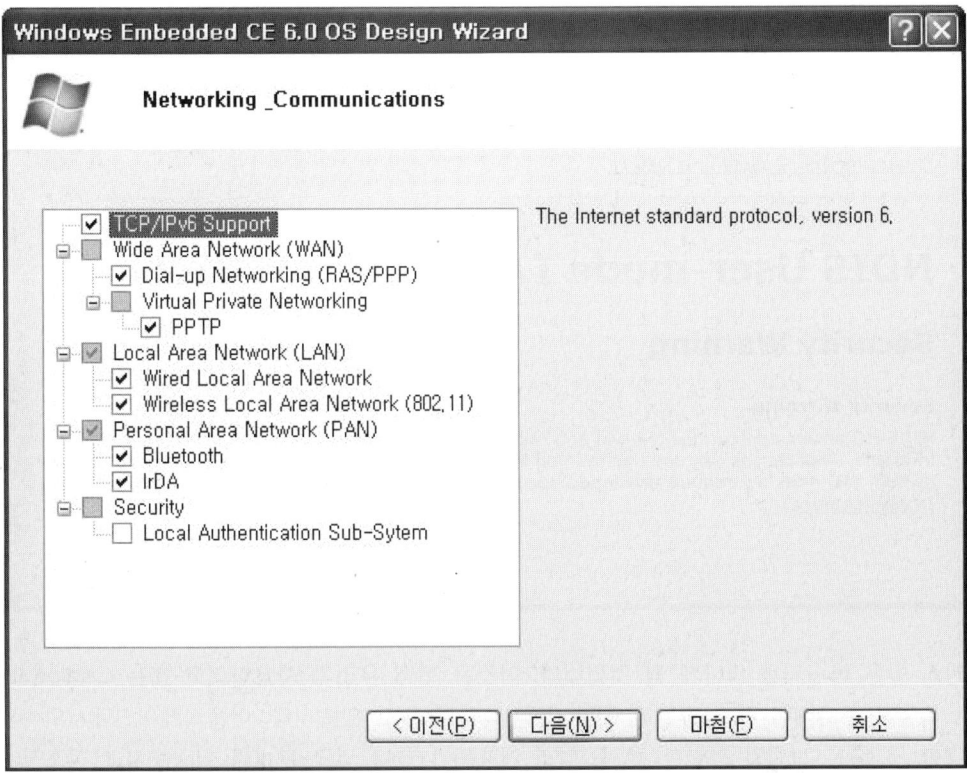

기본적으로 설정되어 있는 내용을 변경하지는 않도록 합니다. 위의 항목들을 모두 풀어 놓았습니다. 다음을 클릭합니다.

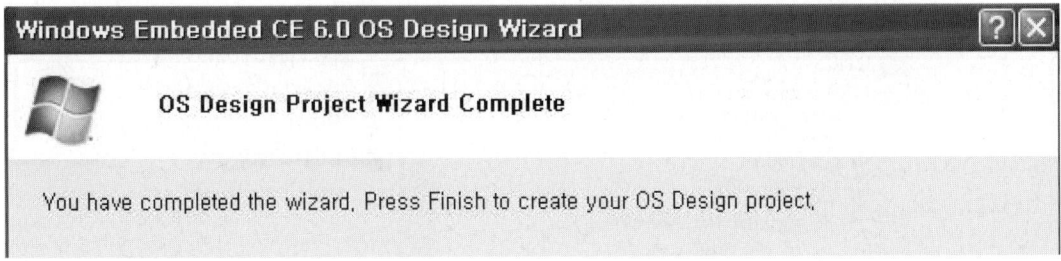

위 창을 만나게 되면 일단 현재까지의 작업은 정상적으로 수행된 것입니다. 여기서 끝내기 위해서는 "마침" 클릭하면 됩니다.

이것으로 일단 OS Design에 대한 프로젝트가 하나 완성된 것입니다.

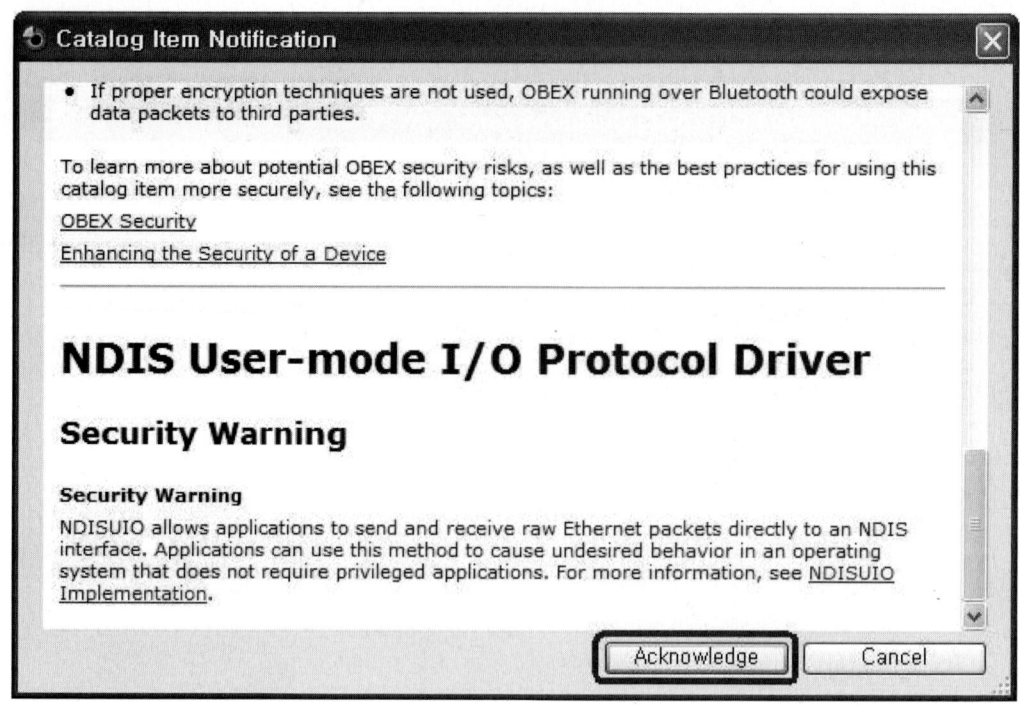

위의 창과 같은 메시지를 만나게 될 것입니다. 이것은 현재 우리가 사용하려고 하는 Catalog Item에 대해서 특별히 주의해야 할 사항들에 대한 것을 나타내 주고 있습니다. 어플리케이션에서의 사용 방법에 대한 것, 혹은 보안과 관련한 것 등 여러 내용이 나타나 있고 한번씩 읽어보시고 참조하시면 됩니다. Acknowledge를 눌러서 이를 읽었다는 것을 확인하시면 됩니다.

WINCE600 폴더를 가서 보면 위 그림과 같이 OSDesigns 부분에 CB6410-V01이라는 폴더가 새롭게 생겨있고, 그 아래에도 몇몇 폴더가 생겨 있습니다. RelDir 부분이 있는데 이곳이 우리가 빌드를 수행하게 되면 실제로 바이너리 파일이 생성될 폴더가 되겠습니다.

CB6410-V01.pbxml이나 CB6410-V01.sln을 더블 클릭하게 되면 Visual Studio 2005 프로그램이 열리면

서 위에서 만들었던 프로젝트가 로딩되게 됩니다.

Visual Studio 2005 솔루션 탐색기 부분을 보면 위와 같이 만들어진 내용을 확인할 수 있습니다.

5.4. Catalog Item 변경하기

이제는 Catalog Item을 변경해서 build를 해 보겠습니다.

> Catalog Item은 Windows CE 이미지를 만들기 위한 요소입니다. BSP, Core OS, Device Drivers로 나뉘어 있는 부분으로 여기에 명시된 내용으로 단순히 마우스로 선택을 하는 행동만으로 필요한 부분을 추가하거나 삭제하는 행동을 쉽게 할 수 있도록 구성되어 있는 것입니다.

우리는 뒤에서 Catalog Item과 관련해서 자세하게 살펴볼 예정입니다. 여기서는 망고 보드에 올려서 돌려볼 수 있는 정도의 부분만 취해서 간략하게 살펴보고 지나가도록 하겠습니다.

5.4.1. 구성 관리자 - 빌드 구성

가장 먼저 설정하여야 하는 것은 빌드 구성에 대한 부분입니다.

빌드 메뉴에서 구성 관리자를 선택해서 엽니다. 여기서 Release 모드로 Build 환경을 변경합니다.

빌드 환경 구성에는 두 가지 종류가 있는데 하나는 Debug mode이고 다른 하나는 Release mode 입니다. 특별한 상황이 아니면 항상 Release mode로 선택해서 진행합니다.

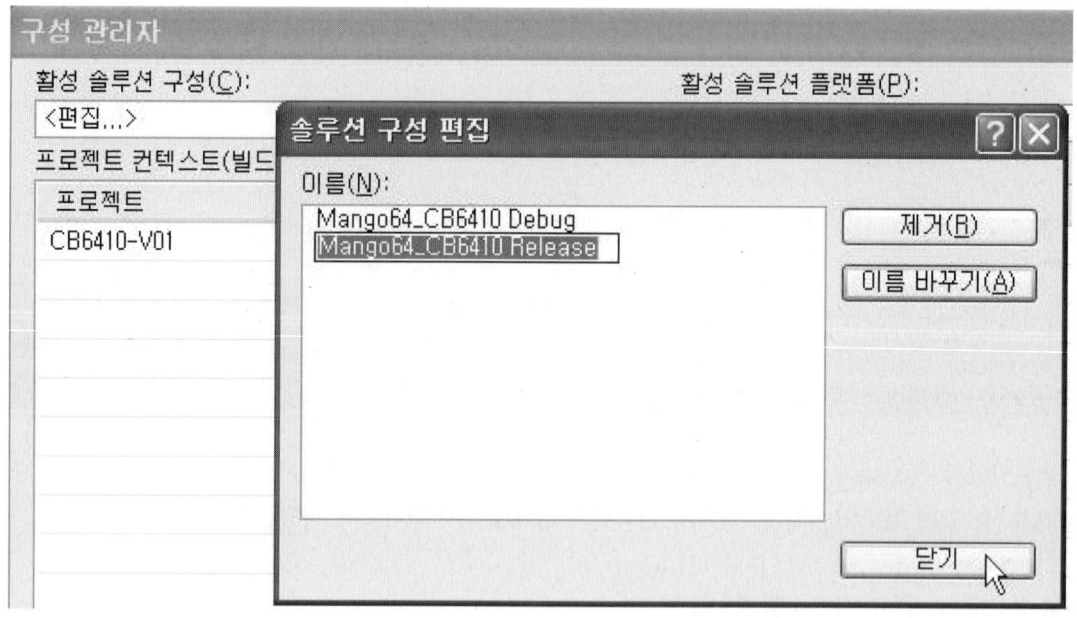

"활성 솔루션 구성" 부분에서 "Mango64_CB6410 Release"를 선택합니다. 만약 이름을 바꾸고 싶으면, "활성 솔루션 구성 -> 편집"을 선택 후 이름을 바꾸면 됩니다. 하지만 특별히 이름을 바꾸어야 할 이유는 없습니다.

5. 망고 64 BSP

위와 같이 정상적으로 설정을 마친 이후에 닫기를 눌러서 창을 닫습니다.

5.4.2. Catalog Items View

위 그림과 같이 솔루션 탐색기, Catalog Items View, 클래스 뷰 등의 탭을 발견할 수 있고, 여기서 Catalog Items View를 선택해서 설정을 진행하면 됩니다.

어떤 경우 이 Catalog Items View가 보이지 않는 경우도 있을 수 있습니다. 이럴 때는 당황하지 마시고 다시 보이도록 선택을 해주면 됩니다. 보기(View) 메뉴에서 다른 창(Other Window) > Catalog

Items View를 선택하면 다시 창이 나타나게 됩니다.

5.4.3. BSP 선택

다시 Catalog Items View로 돌아와서 본격적으로, Catalog를 변경해 보도록 하겠습니다.

아무 것도 변경하지 않은 상태에서 빌드를 수행해도 빌드가 되기는 하겠지만 여러 가지로 망고 64 보드에서 지원되는 기능들이 수행되지 않을 수 있기 때문에 여기서 제시되는 변경 사항은 그대로 맞추어서 진행해 주시기 바랍니다.

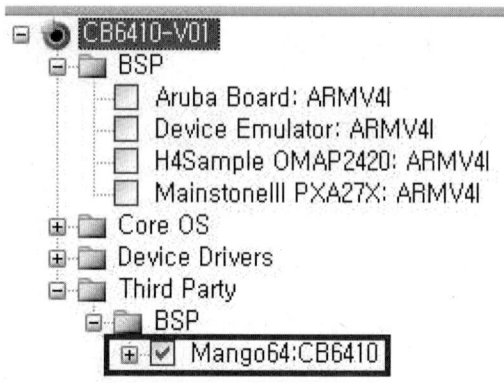

BSP 부분과 Third Party 부분을 열어보면 기존에 이미 설치되어 있었던 여러 가지 보드들과 망고 64에 대한 것이 보입니다. 우리가 사용하는 것은 망고64 보드이고 이에 대한 것만 위 그림과 같이 선택하면 됩니다.

5.4.4. Core OS (CEBASE) 선택

<Applications – End User>

기본적으로 디폴트로 선택되어 있는 것에 특별히 변경하지는 않습니다. ActiveSync가 선택되어 있고,

Help와 WordPad가 선택되어 있습니다. 응용 프로그램의 부분이기 때문에 크게 어려운 내용은 없습니다.

<Applications and Services Development>

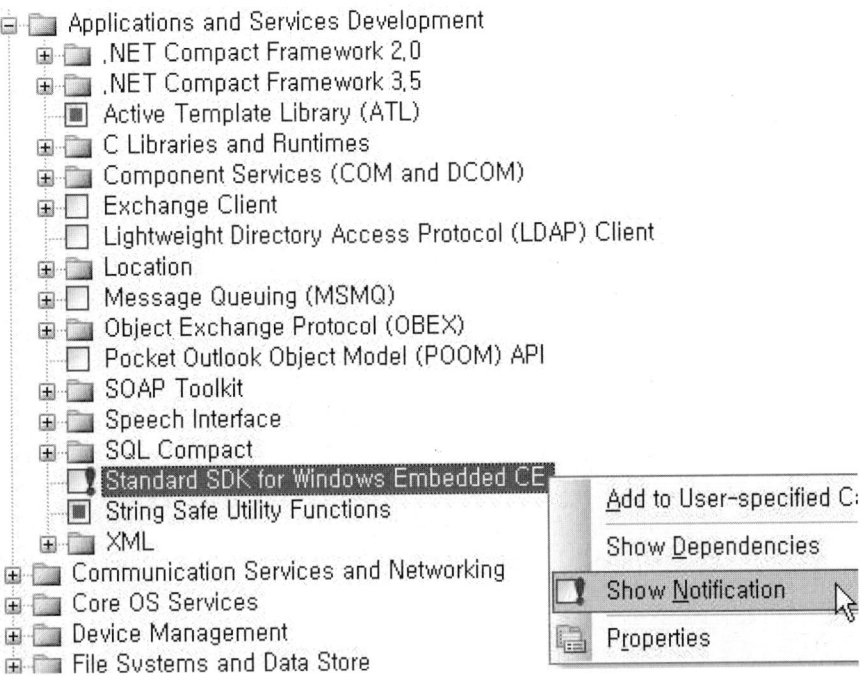

Standard SDK for Windows Embedded CE 부분에서 마우스 오른쪽 버튼을 누르고 Show Notification 을 수행하면 아래의 창을 볼 수 있습니다.

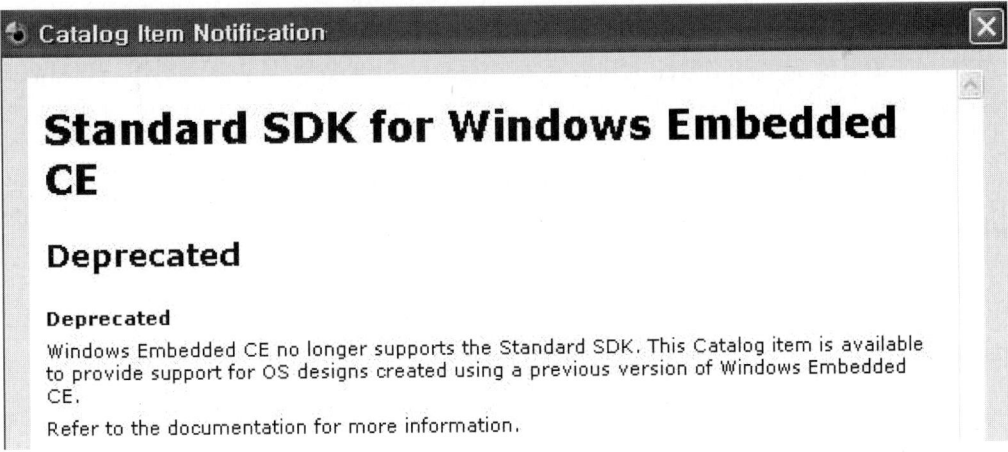

요약하자면 Windows CE 6.0부터는 Standard SDK를 더 이상 제공하지 않는다는 것입니다. 여기에 존

재하는 Catalog item은 6.0 이전 버전의 WinCE를 사용해서 OS design을 만들 경우를 위해서 포함된 것이라고 얘기하고 있습니다. 특별히 포함할 필요는 없습니다. 나머지 부분들에 대해서도 특별히 변경하는 작업을 수행하지는 않도록 하겠습니다. 뒤에서 필요할 경우 변경하도록 할 것입니다.

<Communication Services and Networking>

이 부분 역시 특별히 변경 작업은 수행하지 않습니다.

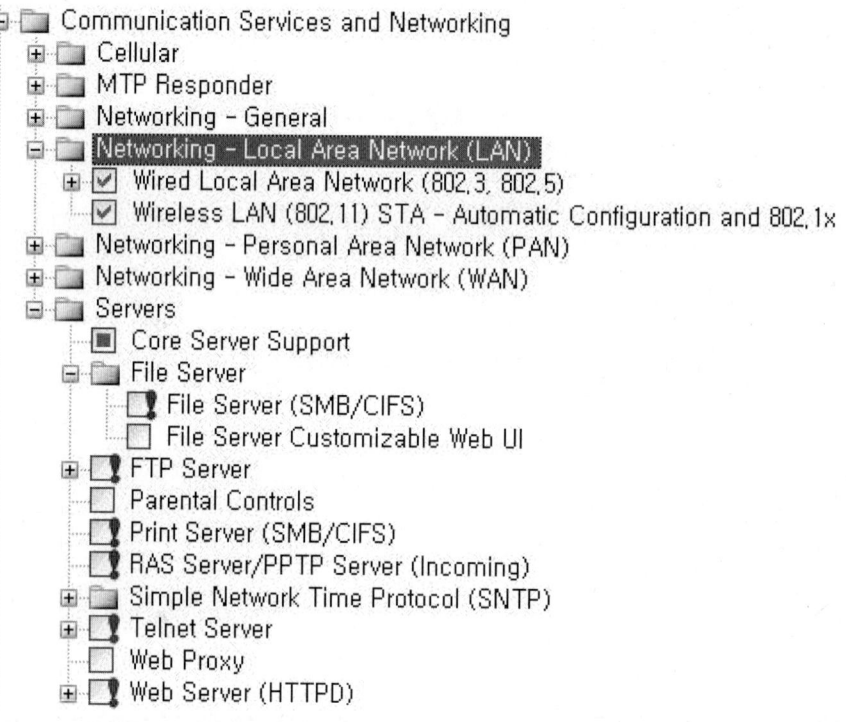

기본적인 LAN 관련한 부분만 선택된 상태로 두고 디폴트로 되어 있는 부분을 제외한 나머지는 대부분 선택하지 않습니다. 이와 관련해서는 필요한 부분이 발생할 때 그때그때 포함해서 적용하는 것으로 하겠습니다.

<Core OS Services>

5. 망고 64 BSP

위 부분에서 기본적으로 설정되어 있는 부분은 바꾸지 않고 System Event Log만 추가했습니다.

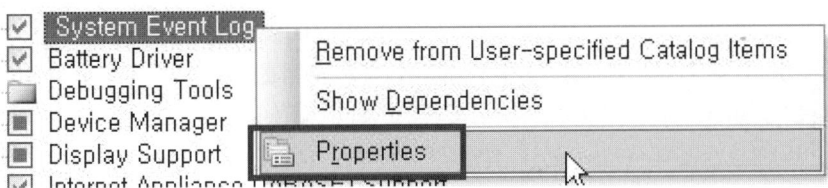

MSDN에서 이것과 관련된 부분을 찾으면 위 내용을 발견할 수 있습니다. 이 내용은 event logging feature를 포함하는 것입니다. Windows directory에 두 개의 로그 파일에 logged events를 저장하게 됩니다.

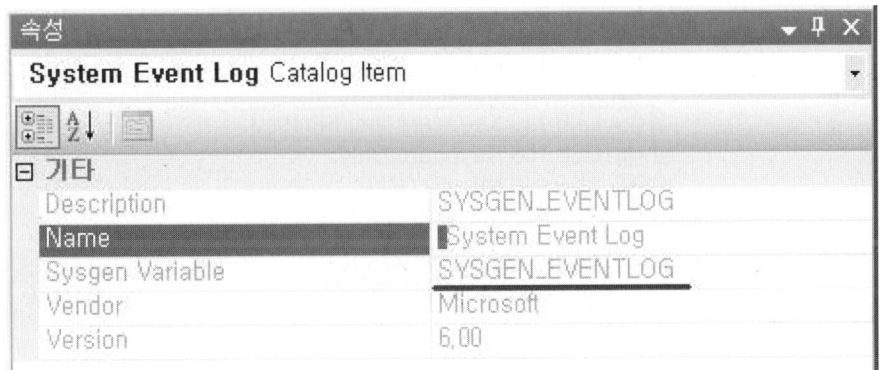

모든 Catalog Item 부분에서 마우스 오른쪽 버튼을 누르면 메뉴가 뜨고 거기에 Properties 부분을 볼 수 있습니다.

위의 표에서 보았던 SYSGEN variable에 대한 것이 여기도 나타나 있습니다. 우리가 Catalog Item에서 마우스로 클릭해서 포함시키도록 선택하게 되면 그 선택은 SYSGEN variable을 1로 만드는 작업을 하는 것입니다. 그냥 텍스트 파일에서 1로 선택해도 되겠지만 그러한 작업을 쉽게 할 수 있도록 플랫폼 빌더 툴에서 GUI로 도구를 제공해 주는 것에 지나지 않습니다. 즉, 위의 아이템의 예를 든다면 SYSGEN_EVENTLOG=1로 설정이 된다는 것을 의미합니다.

이 부분은 그럼 어디에 적용되어 있는 것일까요? 파일의 위치는 아래와 같습니다.
C:\WINCE600\OSDesigns\CB6410-V01\Wince600\CB6410_ARMV4I\PBInitEnv.bat
PBInitEnv.bat 파일 안에 이 내용이 저장되는 것입니다.

이를 확인하기 위해서 PBInitEnv.bat을 "사본 - PBInitEnv.bat"로 복사해 보겠습니다. 그리고 위의 Catalog Item 부분에서 선택했던 System Event Log 부분의 선택된 것을 해제해 보겠습니다.

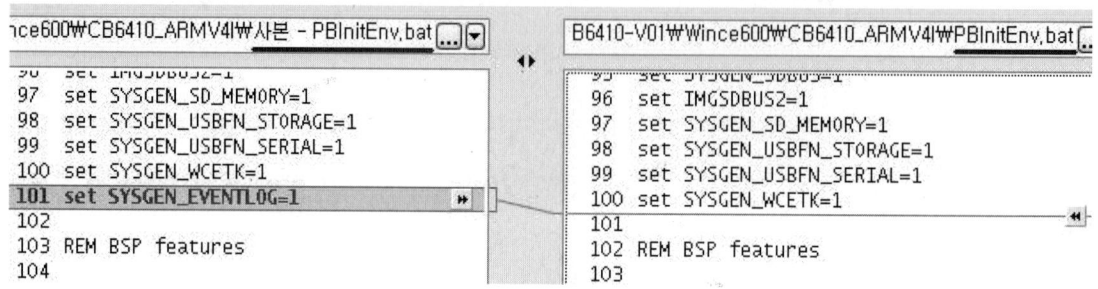

우리가 Catalog Item 부분에서 선택을 하거나 해제를 하는 동작을 수행시키자마자 바로 이 파일의 내용이 변화하는 것을 확인할 수 있습니다. 위 그림과 같이 이전에 복사했던 "사본 - PBInitEnv.bat" 부분에서는 SYSGEN_EVENTLOG=1 부분이 발견되지만 오른쪽의 지금 변경된 부분에서는 발견되지 않고 있습니다.

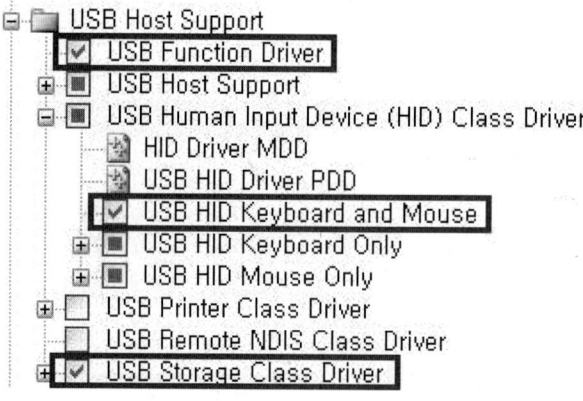

Core OS Services 중에서 USB Host Support에서 USB Function Driver, USB HID Keyboard and Mouse, USB Storage Class Driver를 선택합니다.

HID는 Human interface Device의 약자입니다. 우리가 USB 마우스나 키보드를 망고 보드에 연결해서 사용하기 위해서는 위 부분들이 포함되어야 합니다. 이를 위한 설정을 진행하고 있는 것입니다.

<Device Management>

우리가 사용하는 망고 보드와 같은 디바이스가 어떤 망에서의 하나의 노드로 작동하면서 망 관리의 요소가 되는 경우에 사용하는 부분이 되겠습니다.

5. 망고 64 BSP

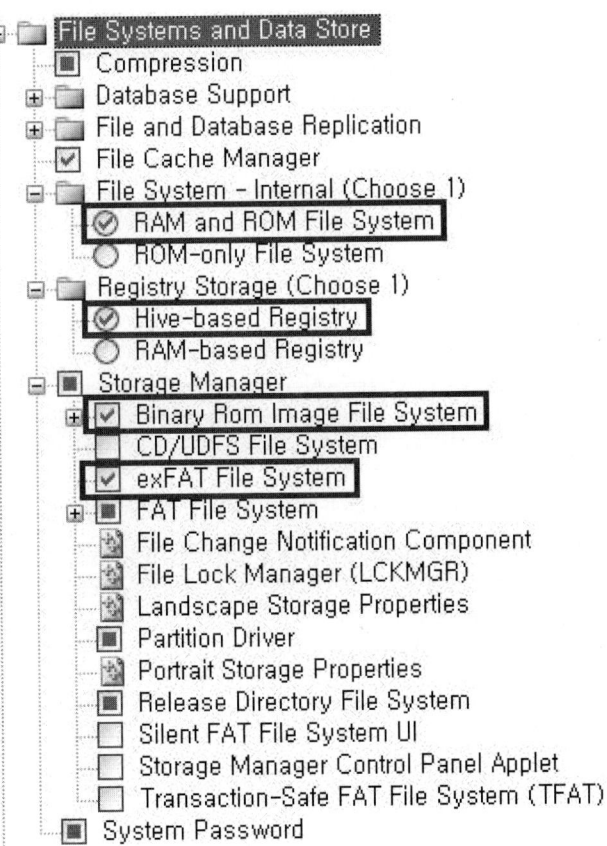

Simple Network Management Protocol (SNMP)라고 하는 인터넷에서 주로 사용하는 망 관리 프로토콜을 사용하기 위해서는 이 아이템이 반드시 선택되어야 합니다. 현재는 일단 사용하지 않도록 설정된 디폴트 부분을 변경하지 않도록 합니다.

<File Systems and Data Store>

Core OS -> CEBASE -> File Systems and Data Store에서 File System - Internal의 RAM and ROM File System을 선택합니다.

Windows Embedded CE 6.0은 시작 시에 File System을 마운트 하게 되는데 디폴트로는 File System

이 RAM에 존재하게 되고, 컨텐츠는 ROM에 존재하게 됩니다. ROM에 존재하는 컨텐츠가 NK.bin의 내용이 될 것입니다. 이것이 RAM and ROM File System입니다. 만약 외부 저장 장치와 같은 추가적인 파일 시스템이 마운트 된다면 ₩Hard_Disk와 같은 형태로 접근이 될 것입니다. 하지만 이러한 서브 폴더로 접근하는 것이 아니라 루트 파일 시스템과 같이 직접적으로 루트 폴더에서 접근을 하기를 원할 경우 ROM-only File System을 활성화 시켜야 합니다.

Registry Storage -> Hive-based Registry를 선택합니다.

RAM-based Registry를 선택하게 되면 Registry 설정이 RAM의 Object Store 부분에 저장되게 됩니다. 그러므로 만약 WinCE 구동 중에 Registry 설정을 바꾸어도 전원을 껐다가 다시 켜게 되면 설정했던 모든 내용이 사라지게 됩니다. 그러므로 설정의 내용이 전원이 꺼져도 없어지지 않게 하기 위해서는 Hive-based Registry를 선택해서 사용해야 합니다.

Hive-based Registry 선택할 경우엔 CB6410.bat 파일에서 "set IMGHIVEREG=" 부분을 "set IMGHIVEREG=1"로 수정하여야 합니다. CB6410.bat (C:₩WINCE600₩PLATFORM₩CB6410)의 내용을 아래와 같이 변경했습니다.

```
@REM For Hive Based Registry
set IMGHIVEREG=1
```

Storage Manager > Binary Rom Image file System을 선택합니다.

Binary Rom Image File System은 BinFS로 약자로 표시합니다. EBoot를 실행시켰을 때 나타나는 메뉴 중에서 BinFS를 아래 그림과 같이 발견할 수 있습니다.

```
6) Program disk image into SmartMedia card: Enabled
7) Program LAN9220 MAC address (11:22:33:44:55:66)
8) KITL Configuration: ENABLED
9) Format Boot Media for BinFS
A) Erase All Blocks
B) Mark Bad Block at Reserved Block
```

Windows CE image가 만들어졌을 때 NK.bin이 생성되는데 이것은 일반적인 바이너리 파일이 아니라 특수한 포맷의 파일이 됩니다. Romimage.exe에 의해서 생성되는 바이너리 포맷을 읽을 수 있는 것이 바로 BinFS가 됩니다. 이것을 지원하기 위해서는 반드시 위에서와 같이 선택을 해주어야 하는 것입니다. 이 파일 포맷에 대한 자세한 사항은 뒤에서 살펴볼 것입니다.

Storage Manager > exFAT File System을 선택합니다.

5. 망고 64 BSP

exFAT는 Extended file allocation으로서 Wince 6.0 에서 새롭게 추가된 파일 시스템입니다. 동영상 저장 공간과 같은 대용량의 파일을 다루기에 적합할 뿐만 아니라 Desktop PC와 디바이스 간의 파일들을 다루는데 있어서 다양한 이점을 제공합니다. 파일 크기가 4 Gbytes이상인 것도 다룰 수 있으며, 하나의 폴더에 천 개 이상의 파일도 다룰 수가 있고 각종 할당에 대한 과정도 빠르게 진행됩니다.

<Fonts>

Fonts 부분은 특별히 적용하지 않도록 합니다. 이 부분에 특별히 다른 폰트들을 추가하게 되면 NK.bin의 크기가 늘어나게 되기 때문에 가능한 설치하지 않는 것이 좋을 것입니다.

<Graphics and Multimedia Technologies>

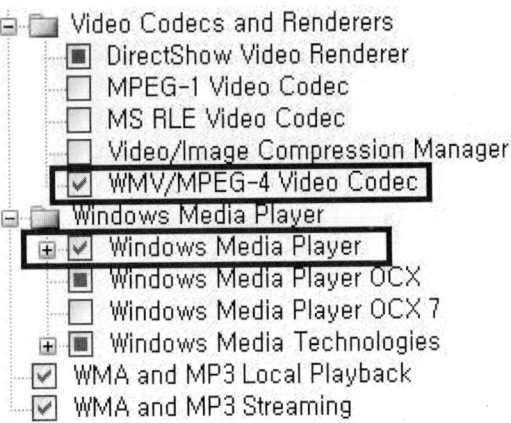

Media 부분의 "Video Codecs and Renderers"에서 WMV/MPEG-4 Video Codec을 선택합니다. 그리고 Windows Media Player를 선택합니다.

우리가 비디오를 재생하기 위해서는 반드시 코덱이 설치되어 있어야 하고 여기서는 WMV/MPEG-4 Video Codec만 선택하도록 합니다. 기본 플레이어로는 Windows Media Player를 사용하도록 선택한 것입니다.

<International>

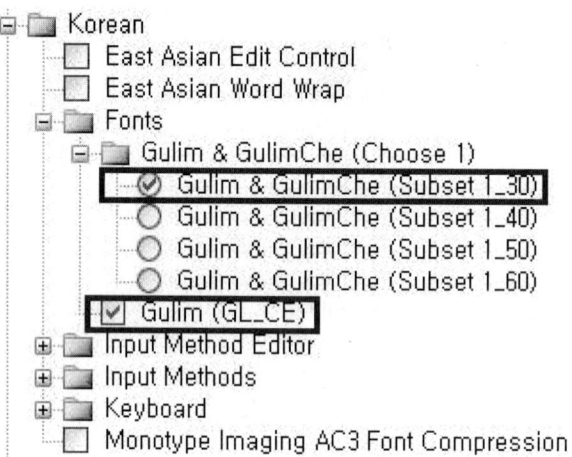

International에서 Locale Specific Support 부분의 Korean에서 Fonts 중에 Gulim & GulimChe에서 네 가지 폰트 중 하나를 선택합니다. Gulim & GulimChe (Subset 1_30)을 선택하였고, Gulim (GL_CE)를 선택했습니다.

gl_ce	Gulim (GL_CE) font for Korean language	Available only on display-based devices.	Gl_ce.ttf
gulim_1_30	Gulim (subset 1_30) font for Korean language	Available only on display-based devices.	Gulim_1_30.ttc
gulim_1_40	Gulim (subset 1_40) font for Korean language	Available only on display-based devices.	Gulim_1_40.ttc
gulim_1_50	Gulim (subset 1_50) font for Korean language	Available only on display-based devices.	Gulim_1_50.ttc
gulim_1_60	Gulim (subset 1_60) font for Korean language	Available only on display-based devices.	Gulim_1_60.ttc

Font에 대해서 MSDN을 살펴보면 위 표와 같이 폰트들에 대한 정보가 나타나 있고 이들 선택해서 설치되도록 한 것입니다.

지금까지 선택한 것들을 제외한 Internet Client Services, Security, Shell and User Interface, Voice over IP Phone Services, Windows Embedded CE Error Reporting 부분에 대해서는 디폴트로 설정되어 있는 상태에 변경을 하지 않았습니다.

5.4.5. Device Drivers 선택

이제 Device Drivers 부분에 대해서 설정하는 것을 살펴보도록 하겠습니다.

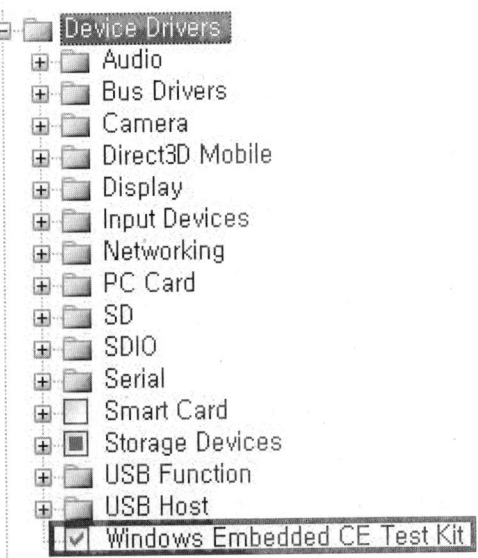

Windows Embedded CE 6.0 Test Kit (CETK)을 사용하기 위해서 반드시 설정해야 하는 부분입니다. CETK는 시험 도구로서 사용자가 자신의 디바이스 드라이버를 Windows Embedded CE OS에 맞도록 시험할 수 있는데 도움을 주는 툴이 되겠습니다. 이것을 설정함으로써 SYSGEN_WCETK 값이 1이 되도록 만들게 됩니다.

SD에서 SD Bus Driver와 SDIO에서 SDIO Memory의 SD Memory를 선택합니다.

MSDN에서 내용을 검색해 보면 Secure Digital (I/O) 2.0 호환 Bus와 Enhanced Memory Driver를 사용하기 위해서는 위 항목을 추가하면서 IMGSDBUS2를 1로 설정해야 한다고 나와 있습니다.

Catalog item	Exclude when set	Include when set	MODULE_NAME	Description
SD Memory	None.	SYSGEN_SD_MEMORY	Sdmemory.dll	SD memory card driver.
Samsung 2410 SDIO Host	None.	BSP_SDHC_SC2410	Sdhc_sc2410.dll	Driver for the Samsung 2410 SD host controller.
SDIO Standard Host Controller	None.	SYSGEN_SDHC_STANDARD	Sdhc.dll	PCI host controllers for SDA defined Standard Host Controller Register Specification v1.0.
Legacy SD Bus Driver	None.	SYSGEN_SDBUS	sdbus.dll	Microsoft standard SD bus driver. To include this version of the driver, you must set IMGSDBUS2 to 0.
SD Bus Driver	None.	SYSGEN_SDBUS	sdbus2.dll	Secure Digital (I/O) 2.0 Compliant Bus and Enhanced Memory Driver. To include this version of the SD driver, you must set IMGSDBUS2 to 1.

과거 WinCE 버전에서 업데이트가 이루어지면서 이 부분에 대해서 자동화가 되어있지 않아서 사용자가 이 부분을 따로 환경변수로 추가해서 작업해야 되었지만 지금은 이 부분이 자동으로 추가가 됩니다.

C:\WINCE600\OSDesigns\CB6410-V01\Wince600\CB6410_ARMV4I\PBInitEnv.bat

set SYSGEN_SDBUS=1
set IMGSDBUS2=1

위에서 살펴본 적이 있었던 PBInitEnv.bat 파일 내용을 보면 위와 같이 SYSGEN_SDBUS=1이 되면서 동시에 IMGSDBUS2=1도 설정이 되고 있습니다. 그러므로 사용자가 직접 환경 변수를 설정할 필요는 없습니다.

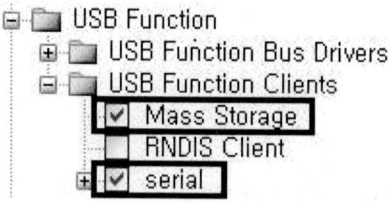

USB Function Clients에서 Mass Storage를 선택하고, serial도 함께 선택하였습니다. Mass Storage client driver와 serial modem client driver에 대한 USB 기능을 개발하기 위해서 필요한 부분입니다.

OS Design Wizard는 매우 유연하고 또한 여러 design template들을 제공합니다. Template 파일은 XML (Extensible Markup Language) 파일들입니다.

이것들은 %_WINCEROOT%\PUBLIC\CEBASE\CATALOG 폴더에 존재합니다.
%_WINCEROOT%는 C:\WINCE600 입니다.

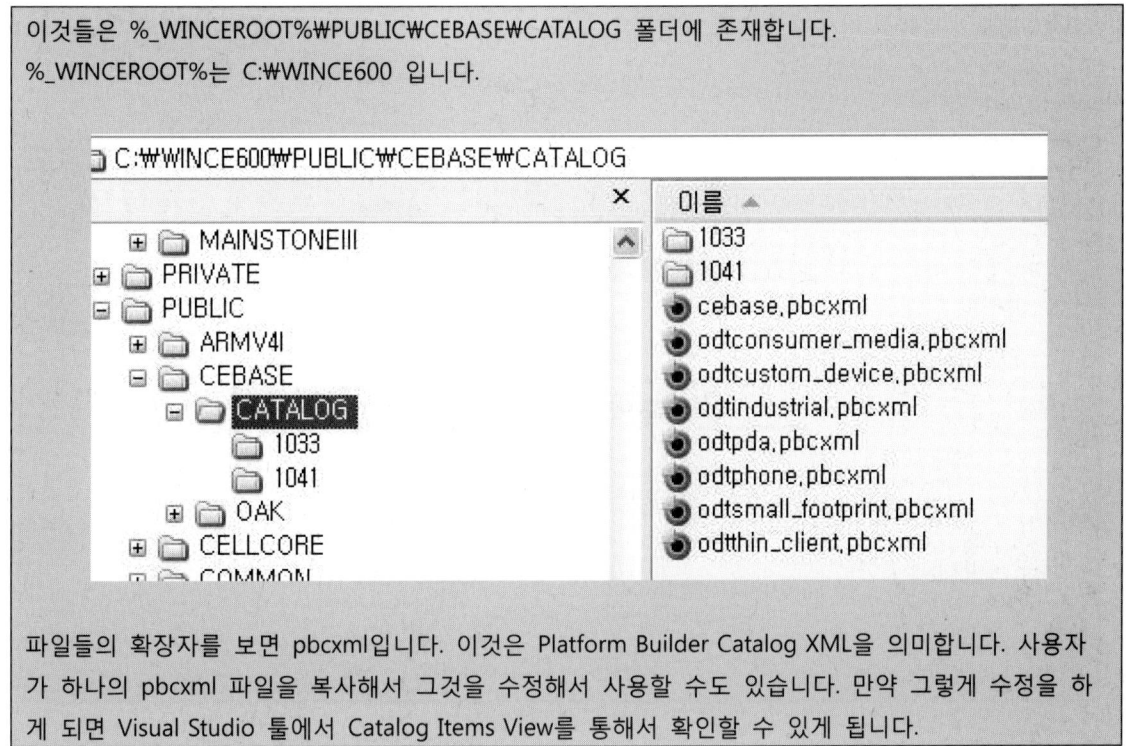

파일들의 확장자를 보면 pbcxml입니다. 이것은 Platform Builder Catalog XML을 의미합니다. 사용자가 하나의 pbcxml 파일을 복사해서 그것을 수정해서 사용할 수도 있습니다. 만약 그렇게 수정을 하게 되면 Visual Studio 툴에서 Catalog Items View를 통해서 확인할 수 있게 됩니다.

5.5. Project build 하기

5.5.1. 프로젝트 속성 선택

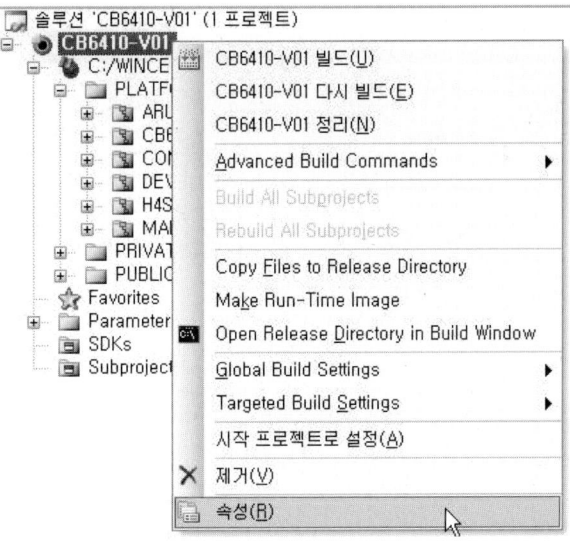

프로젝트를 빌드 하기에 앞서서 먼저 속성의 변경 작업을 수행합니다. 솔루션 탐색기로 돌아가서

CB6410-V01 부분에서 마우스 오른쪽 버튼을 누르고 속성을 선택합니다. 속성을 실행한 후에 왼쪽의 "구성 속성" 부분을 선택합니다.

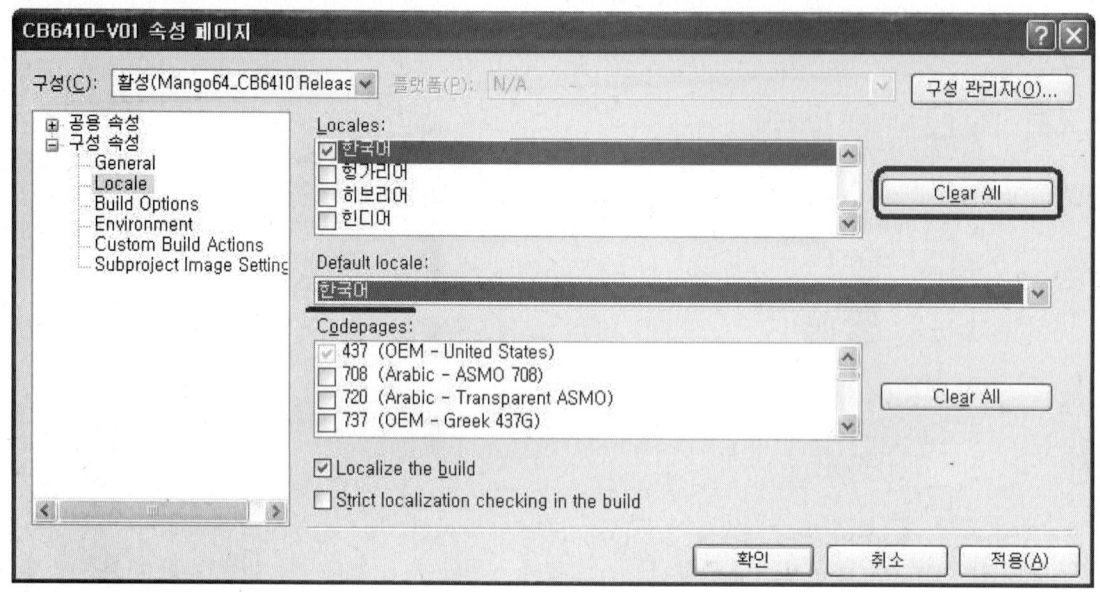

Locale 부분에서 먼저 "Locales"에서 Clear all을 수행한 이후에 영어(미국)와 한국어를 선택합니다. "Default locale"은 "한국어"를 선택합니다. 만약 다른 언어에 대한 부분을 선택할 필요가 있을 경우에는 Locales 부분에서 적절히 선택하면 됩니다. 만약 다른 언어들을 추가하시게 되면 그만큼 런타임 바이너리의 크기는 커질 수밖에 없습니다. 이점은 유념해서 작업을 수행하셔야 합니다. 뒤에서 런타임 바이너리의 크기가 커졌을 경우에 대한 대비에 대해서도 살펴볼 것입니다.

구성 속성의 Build Options 부분에서 "Enable KITL(no IMGNOKITL=1)"를 선택합니다. 나중에 KITL을 이용한 보드 연결 및 디버깅을 수행할 것이기 때문에 이 부분은 선택되어 있는 것이 좋습니다. 물론 선택하지 않는다고 해서 동작상에서 다른 점은 없습니다.

5.5.2. 프로젝트 빌드 하기

이제 빌드를 해 봅시다. 빌드 메뉴에서 **"CB6410-V01 다시 빌드"**를 선택합니다.

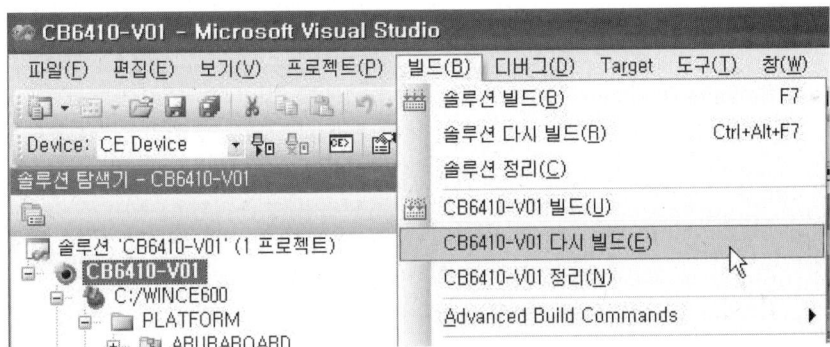

물론 우리는 한번도 빌드를 수행하지 않았기 때문에 Rebuild가 아닌 빌드를 수행해도 문제는 없겠지만 현재 홈페이지에서 제공하는 BSP가 이미 빌드가 되어있는 즉, 오브젝트 파일들도 포함된 것으로 제공되기 때문에 여기서는 다시 빌드를 통해서 오브젝트들을 지우고 빌드를 해주는 것이 좋습니다.

> 만약 빌드 에러가 발생하게 되면 뒤의 빌드 에러에 대한 대처 방법에 대한 부분을 참조하시고, 그곳의 내용으로도 해결이 되지 않는 상황은 인터넷의 검색이나 카페에 질문을 통해서 해결해 주시기 바랍니다.

```
Done!
makeimg: Check for C:\WINCE600\OSDesigns\CB6410-V01\RelDir\Mango64_CB6410_Release\PostRomImage.bat to run.
makeimg: Check for C:\WINCE600\OSDesigns\CB6410-V01\RelDir\Mango64_CB6410_Release\PostMakeImg.bat to run.
makeimg: Change directory to C:\WINCE600.
makeimg: run command: cmd /C C:\WINCE600\public\common\oak\misc\pbpostmakeimg
 C 드라이브의 볼륨에는 이름이 없습니다.
 볼륨 일련 번호: 1434-415B

 C:\WINCE600\OSDesigns\CB6410-V01\RelDir\Mango64_CB6410_Release 디렉터리

2010-03-02  오후 01:34         35,325,207 NK.bin
               1개 파일          35,325,207 바이트
               0개 디렉터리   213,284,257,792 바이트 남음

BLDDEMO: CB6410-V01 build complete.

CB6410-V01 - 0 error(s), 150 warning(s)
========== 모두 다시 빌드: 성공 1, 실패 0, 생략 0 ==========
|
```

에러 없이 수행이 된다면, 아래 폴더 위치에 STEPLDR, EBOOT, NK 이미지가 만들어 집니다.
c:\WINCE600\OSDesigns\CB6410-V01\RelDir\Mango64_CB6410_Release\
로그 역시 위와 같이 정상적으로 수행이 될 것입니다.

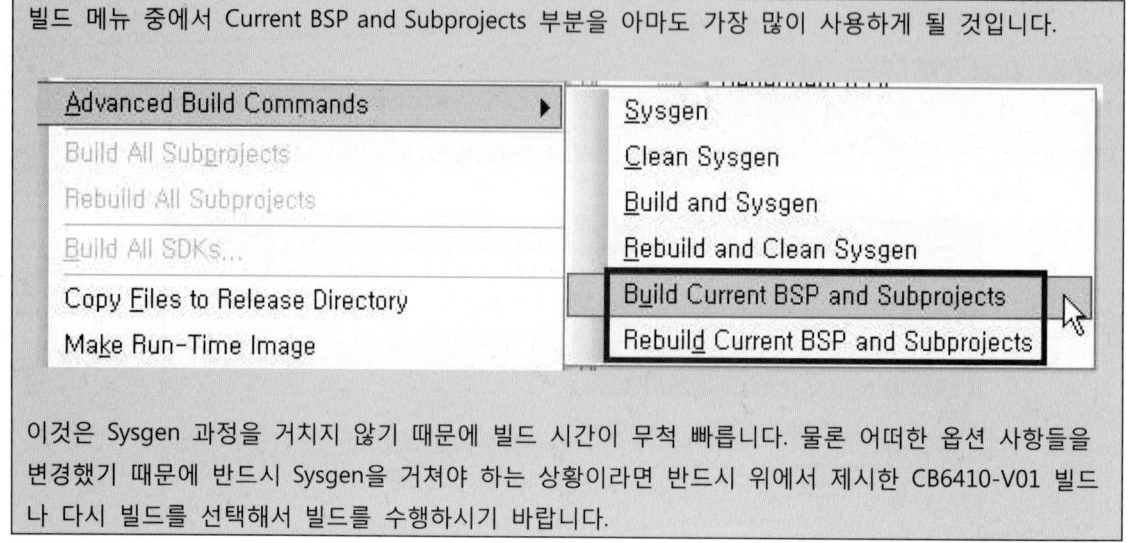

빌드 메뉴 중에서 Current BSP and Subprojects 부분을 아마도 가장 많이 사용하게 될 것입니다.

이것은 Sysgen 과정을 거치지 않기 때문에 빌드 시간이 무척 빠릅니다. 물론 어떠한 옵션 사항들을 변경했기 때문에 반드시 Sysgen을 거쳐야 하는 상황이라면 반드시 위에서 제시한 CB6410-V01 빌드나 다시 빌드를 선택해서 빌드를 수행하시기 바랍니다.

5.6. 빌드 에러 대처 방법

Windows Embedded CE를 다루면서 가장 힘든 일은 아마도 빌드를 수행하는 것이라 생각합니다. 필자의 경우도 빌드의 수행에 있어서 많은 어려움을 겪었습니다. 빌드와 관련해서 한가지 자주 발생하는 오류에 대해서 알려드리고자 합니다.

5.6.1. error SYSGEN0000

C:\WINCE600\build.log(1) : error SYSGEN0000: error(s) in sysgen phase

C:\WINCE600\build.err 파일을 보았을 때 위의 단 하나의 문장을 출력하고는 멈추는 경우가 있습니다. 이러한 에러의 경우는 사실 정확한 원인을 알기는 무척 어렵지만 PC가 수행 중에 잠시 꼬이는 경우로 판단됩니다.

발생하는 가능성 중의 가장 높은 것은 Visual Studio만 수행하는 것이 아니라 다른 어플리케이션을 무척 많이 동시에 뭔가 다른 작업을 수행하는 경우에 많이 발생합니다. Visual Studio를 수행해서 빌드를 수행하는 과정이 사실 무척 오래 걸리기 때문에, 빌드를 수행하면서 인터넷도 보고, 문서 작업도 하는 것이 보통입니다. 이럴 경우 위의 문제가 발생할 가능성이 높아집니다. 빌드를 수행하는 것은 매우 많은 리소스를 사용하게 됩니다. 이럴 때 다른 작업을 동시에 수행하는 것은 PC를 매우 부담스럽게 하는 것이고, 이로 인해서 위의 에러도 발생한다고 판단합니다.

모든 다른 어플리케이션을 종료하고 오직 Visual Studio만을 수행한 상태에서 다시 수행을 해보면 대부분은 정상적으로 빌드가 됩니다. 그래도 안 되는 경우는 PC를 리부트 한 이후에 오직 Visual Studio만을 수행해서 다시 빌드를 해보시기 바랍니다.

5.6.2. Temporary File 삭제 및 바이러스 검사 프로그램 종료

제목처럼 Windows XP가 사용하는 Temporary 파일들을 삭제하고 컴퓨터에 늘 떠 있는 바이러스 검사 프로그램을 종료시키는 작업을 통해서 문제를 해결할 수 있다는 것입니다.

build.log를 보면 아래와 같이 fatal error U1077 에러가 발생하였습니다.

```
ERROR: Res2Res: WriteResFile: Open input file
C:₩DOCUME~1₩ADMINI~1₩LOCALS~1₩Temp₩R2R2658.tmp failed.
ERROR: Res2Res: WriteResFile: Open input file
C:₩DOCUME~1₩ADMINI~1₩LOCALS~1₩Temp₩R2R2658.tmp failed.
ERROR: Res2Res: EndUpdateResource failed.
ERROR: Res2Res: EndUpdateResource failed.
Res2Res: Error adding resources (110)
NMAKE : fatal error U1077: 'res2res' : return code '0x6e'
Stop.
NMAKE : fatal error U1077: 'C:₩WINCE600₩sdk₩bin₩i386₩nmake.exe' : return code '0x2'
Stop.
```

위 에러는 Temporary 파일들이 너무 많아서 생기는 에러입니다. 먼저 Visual Studio를 종료합니다. 그 이후에 C:₩DOCUME~1₩ADMINI~1₩LOCALS~1₩Temp>로 이동해서 파일들을 적절히 삭제해 줍니다.

```
C:₩Documents and Settings₩Administrator>del /f/s/q %temp%
파일 삭제 - C:₩DOCUME~1₩ADMINI~1₩LOCALS~1₩Temp₩130ff.mst
파일 삭제 - C:₩DOCUME~1₩ADMINI~1₩LOCALS~1₩Temp₩13100.mst
파일 삭제 - C:₩DOCUME~1₩ADMINI~1₩LOCALS~1₩Temp₩13101.mst
파일 삭제 - C:₩DOCUME~1₩ADMINI~1₩LOCALS~1₩Temp₩ASPNETSetup_00000.log
```

아래 그림과 같이 알약과 같은 프로그램을 통해서도 위의 삭제를 수행할 수 있습니다. 시스템 정리 기능을 이용해서 보다 편리하게 작업이 가능합니다.

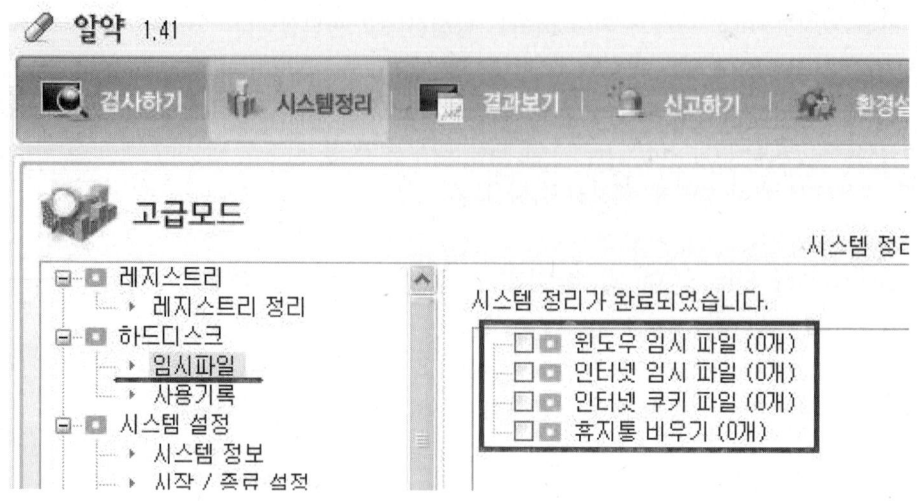

작업을 마친 이후에는 가능한 알약과 같은 프로그램을 수행시키지 않은 상태에서 빌드를 수행하는 것이 보다 에러를 적게 만드는 방법입니다.

5.7. CE 6.0 Image (Mango BSP) 다운로드 및 실행

사실 이 부분이 **Windows XP를 사용하지 않고 Windows 7이나 Virtual Machine을 사용할 경우 문제를 일으키는 지점이 됩니다.** 현재 삼성에서 제공하는 드라이버는 오직 Windows XP용뿐입니다. 물론 억지로 Windows XP용 드라이버를 이용해서 EBoot까지는 다운로드해서 수행할 수는 있지만 EBoot에서 USB로 다운로드하는 작업이 불가능하게 됩니다. 이에 대해서는 "2장 Windows XP 환경 구축 – Platform Builder 설치" 부분에서 설명 드린 바 있습니다.

EBoot를 USB를 이용해서 다운로드 받아서 실행하고 NAND에 저장해서 실행하는 작업을 수행하도록 하겠습니다.

5.7.1. DNW 실행 및 설정

DNW 툴은 아래 링크에서도 다운로드 받을 수 있습니다.

[망고64 매뉴얼] Wince 6.0 퓨징 방법
http://cafe.naver.com/embeddedcrazyboys/2305

위 링크에서 etc.zip을 다운로드 받을 수 있고, 압축을 풀면 "DNW v0.60C"와 "SMDK6410 USB Driver" 폴더가 생기게 됩니다. "DNW v0.60C"에는 DNW 실행 파일이 들어 있고, "SMDK6410 USB Driver" 폴더에는 관련 USB 드라이버가 들어 있습니다.

5. 망고 64 BSP

C:\WINCE600\PLATFORM\CB6410\ETC 를 열어서 살펴보면 위 링크에서 다운 받은 것과 완전히 동일한 파일이 들어 있습니다. 그것을 이용하셔도 됩니다.

PC와 Mini USB cable을 USBOTG 부분에 연결하고 Serial Cable을 연결합니다. 최초 수행을 하였을 경우는 아래 그림과 같은 화면을 만날 수 있습니다. 이것은 현재 PC에 USB Driver가 설치되어 있지 않기 때문에 나타나는 것입니다. 삼성 S3C6410X 관련 보드에서 USB를 사용하기 위해서는 드라이버를 적절히 설치해 주어야 합니다.

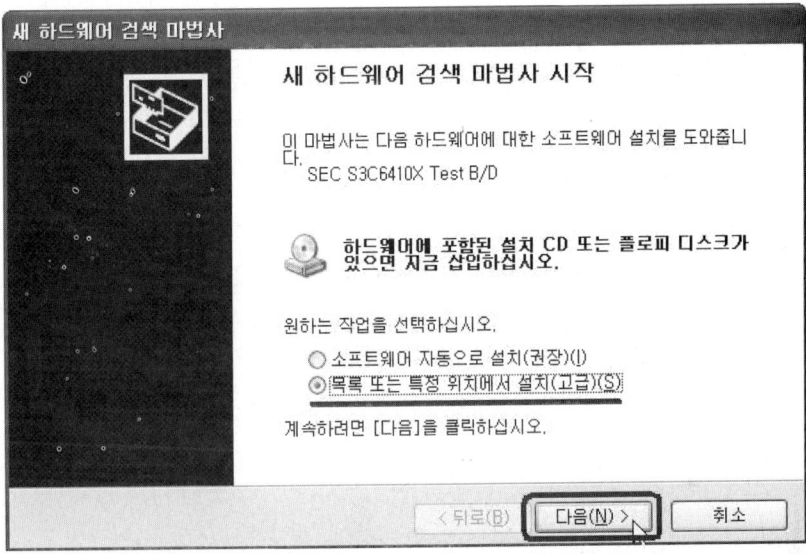

목록 또는 특정 위치에서 설치를 선택한 후에 다음을 누릅니다.

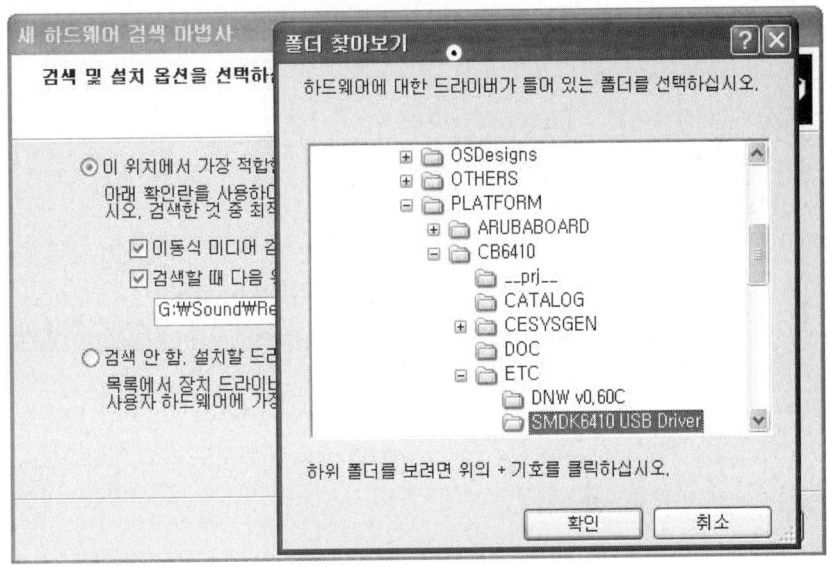

위 화면에서 검색할 위치를 지정해줍니다. USB 드라이버는 아래 위치에서 찾을 수 있습니다.
"C:₩WINCE600₩PLATFORM₩CB6410₩ETC₩SMDK6410 USB Driver"

DNW for Windows 7
http://cafe.naver.com/embeddedcrazyboys/8360

Windows 7에서 수행하시는 분들은 드라이버를 다른 것을 사용해야 합니다. 위 링크에서 다운 받은 후에 압축을 풀면 "usb DNW driver" 폴더가 생성되고 거기에 들어 있는 것을 사용하셔야 합니다. 함께 다운로드 받는 DNW 프로그램이 있는데 이것은 버전이 0.5M입니다. 이전의 다운로드 링크에서 버전 0.6C를 받을 수 있기 때문에 프로그램은 0.6C를 사용하시는 것이 좋을 것입니다. 물론 위 드라이버를 이용해서 **EBoot까지는 다운로드 해서 수행할 수 있지만 이후의 작업을 수행할 수 없기 때문에 Windows XP를 사용하셔야 합니다.**

---

http://cafe.naver.com/embeddedcrazyboys/2305
위 링크 [망고64 매뉴얼] Wince 6.0 퓨징 방법에 아래 내용이 기술되어 있습니다.
Nor Flash로 부팅 후 Stepldr와 Eboot, NK image를 하는 방법이 있고, NAND로 부팅 후 NK image만 퓨징 할 수 있습니다.

일단 Nor flash로 부팅하는 방법은 아래와 같습니다.
http://cafe.naver.com/embeddedcrazyboys/2189를 참조하시면 됩니다.
₩ETC₩DNW v0.60C에서 dnw.exe를 실행 합니다.
1. configuration에서 Download Address를 0x50030000으로 설정
2. Serial port->connect 클릭
3. Mango64 보드에서 "usbotg" 쓰여진 곳에 usb cable 연결 후 전원 인가
4. 드라이버 설치가 필요할 경우, ₩ETC₩SMDK6410 USB Driver₩에 있는 드라이버 선택하여 설치
5. DNW 출력 된 메시지에서 "0: Download & Run" 선택
7. "USB Port->Transmit->폴더에서 "Eboot.nb0" 선택
이후부터는 Wince 5.0을 퓨징 하는 방법과 동일합니다.

EBOOT에서 STEPLDR/EBOOT 퓨징하기: http://cafe.naver.com/embeddedcrazyboys/544
EBOOT에서 Wince 퓨징하기: http://cafe.naver.com/embeddedcrazyboys/533
Wince 5.0 퓨징 방법을 설명 해 놓은 것은 NAND로 부팅하여 Eboot를 이용한 퓨징 방법입니다.

위 내용은 카페에 등록되어 있는 글들을 기술한 것입니다. 위 내용을 참조하셔서 다운로드를 수행하시면 됩니다. WinCE 5.0을 기반으로 작성된 글들이지만 WinCE 6.0에서도 크게 다르지는 않습니다. 하나하나 진행을 해보도록 하겠습니다.

5. 망고 64 BSP

DNW Tool C:\WINCE600\PLATFORM\CB6410\ETC\DNW_v0.60C\DNW.exe를 실행합니다. 실행한 후 Configuration 메뉴에서 Options를 실행하면 아래 그림이 나타나고 설정은 그림과 동일하게 하시면 됩니다. **"Download Address"를 0x50030000**, COM Port는 "내컴퓨터->장치관리자"에서 usb to serial Port로 할당된 것을 참조해서 설정을 합니다. 제 경우는 COM 3로 되어 있습니다.

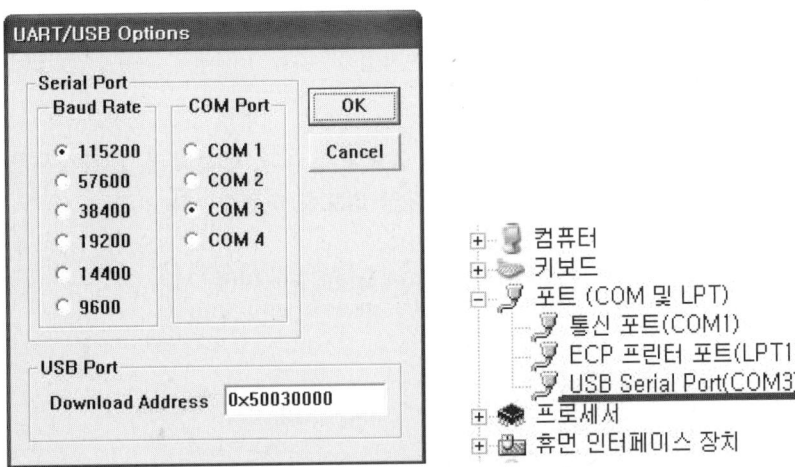

이제 설정이 끝났습니다. DNW Tool을 실행 후 "Serial Port->Connect" 클릭합니다. PC<-> USB To Serial Cable<-> 망고64 보드가 연결된 것입니다.

5.7.2. NOR Mode로 부팅하기

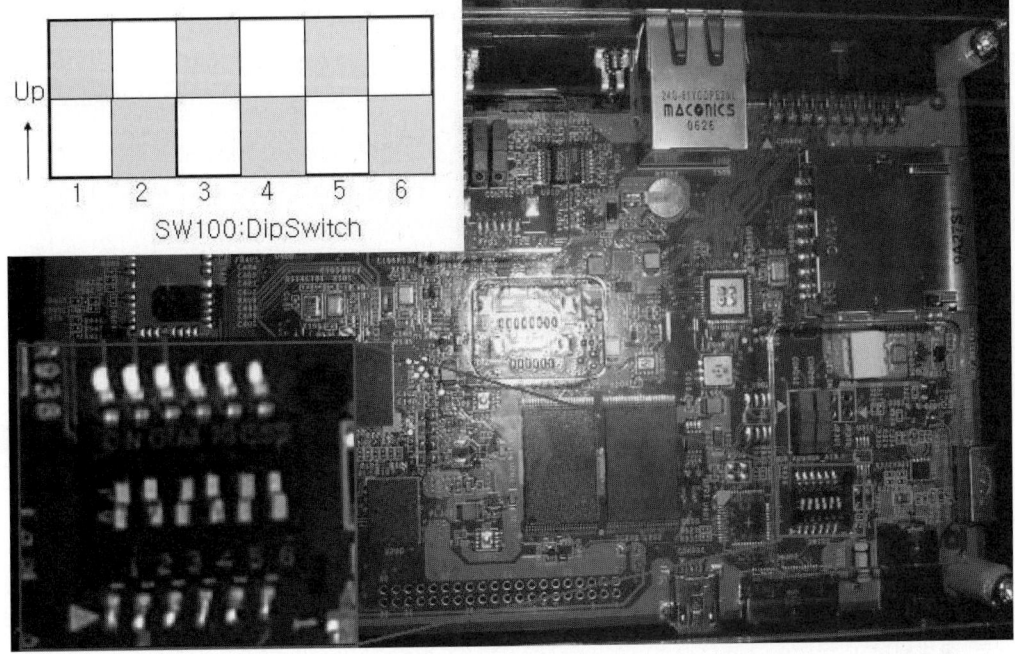

기본적으로 NOR에는 모니터 프로그램이 로딩되어 있고 그 프로그램을 이용해서 다운로드 하는 것을 먼저 살펴보도록 하겠습니다.

망고64보드 뒤 면에 SW100 스위치가 있습니다. (1번-ON, 2번->OFF, 3번->ON, 4번->OFF, 5번->ON, 6번->OFF: 그림 참조)를 하면 NOR mode로 부팅을 하도록 설정하는 것이고, 그로 인해서 Nor Flash에 있는 Monitor Program이 동작을 하게 됩니다.

그리고, 전원을 인가합니다. 그럼 DNW로 메시지가 출력이 됩니다. 아래와 같이 메시지가 출력이 되면, 정상입니다. 이제 본격적으로 Wince 이미지를 퓨징 하도록 하겠습니다.

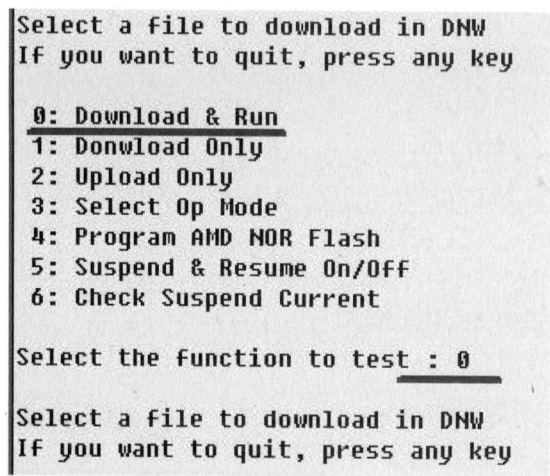

아무 키나 누르면 위와 같이 메뉴가 나타나고 여기서 0: Download & Run을 수행합니다.

> 지금 수행하는 작업은 메뉴의 이름에서도 느낄 수 있는 것처럼 Download & Run 입니다. 즉 다운로드를 받아서 그것을 메모리에 상주시킨 이후에 그곳으로 수행 위치를 점프해서 수행을 하도록 만드는 작업을 수행하는 것입니다.

이후 USB Port > Transmit를 선택해서 EBOOT.nb0를 다운로드 해서 실행해야 합니다. 제 경우는 이전에 한번 수행한 내역이 있기 때문에 메뉴 상에 표시가 되고 있는 것이고 한번도 실행하지 않았을 경우는 Transmit를 선택해서 폴더를 찾아서 다운로드 해주면 됩니다. 이전 절에서 빌드 한 것을 다운로드 하는 것입니다.

C:\WINCE600\OSDesigns\CB6410-V01\RelDir\Mango64_CB6410_Release에 들어있을 것입니다.

> 이때 다운로드 하는 파일의 이름은 EBOOT.bin이 아니고 **EBOOT.nb0**입니다. EBOOT.bin은 EBOOT가 사용하는 파일 포맷입니다. 전체 파일의 크기 실행할 위치 등등의 정보가 포함되어 있는 포맷입니다. 파일 포맷에 대한 자세한 사항은 뒤에서 살펴볼 것입니다.
>
> 이와는 달리 EBOOT.nb0는 순수한 바이너리 파일입니다. 만약 우리가 EBOOT를 띄워서 EBOOT를 이용해서 다운로드를 받을 때는 당연히 EBOOT가 인지하는 바이너리 포맷을 가지는 EBOOT.bin을 다운로드 받으면 되지만, 지금은 EBOOT가 실행된 것이 아니라 NOR에 장착된 모니터 프로그램을 이용해서 다운로드 받는 것이기 때문에 EBOOT.nb0를 다운로드 받아야 하는 것입니다.

5.7.3. Boot Loader 다운로드

```
0) IP address: 192.168.1.13
1) Subnet mask: 255.255.255.0
2) DHCP: Disabled
3) Boot delay: 5 seconds
4) Reset to factory default configuration
5) Startup image: LAUNCH EXISTING
6) Program disk image into SmartMedia card: Enabled
7) Program LAN9220 MAC address (11:22:33:44:55:66)
8) KITL Configuration: DISABLED
9) Format Boot Media for BinFS
A) Erase All Blocks
B) Mark Bad Block at Reserved Block
C) Clean Boot Option: FALSE
D) Download image now
E) Erase Reserved Block
F) Low-level format the Smart Media card
L) LAUNCH existing Boot Media image
R) Read Configuration
U) DOWNLOAD image now(USB)
W) Write Configuration Right Now
```

이전 절에서 EBOOT.nb0가 정상적으로 수행된 상태에서 5초가 지나기 전에 Space를 누르면 위 그림의 메뉴가 나타나게 됩니다.

가장 먼저 수행해야 할 부분은 A의 Erase All Blocks 입니다.

> 만약 NAND에 이미 WinCE가 포팅되어 있는 상태라면 NOR로 부팅해서 작업하는 부분을 건너 뛰고 바로 NAND에서 Eboot로 부팅해서 작업하도록 하면 이 과정을 생략해도 됩니다.

```
Enter your selection: a
All block(2048) Erase...
LB######## Error Erasing block 304!
LB######## Error Erasing block 1886!
```

2개의 블록에서 에러가 발생한 것을 볼 수 있습니다. 이것은 Bad block으로 Marking하고 향후 이 bad block을 가리키는 physical 주소를 다른 논리적 주소로 변경하는 작업이 자동적으로 수행되도록 될 것입니다.

Nand를 Erase하는 Flowchart는 K9F2G08U0M Datasheet에 나와 있습니다. 그 내용을 참조하시면 좋을 것입니다.

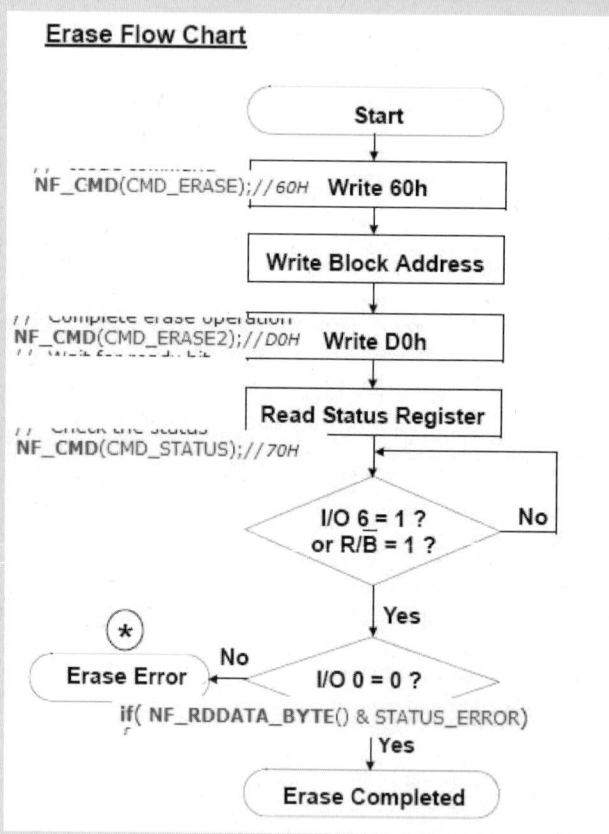

Wince 소스는 c:\WINCE600\PLATFORM\CB6410\SRC\COMMON\NANDFLASH\Fmd\fmd.cpp 의 FMD_LB_EraseBlock()에서 수행을 합니다.

소스와 Flow Chart가 동일하게 일치하는 것을 알 수 있습니다.

```
// Enable the chip
NF_nFCE_L();        // Select the flash chip.
NF_CLEAR_RB();
// Issue command
NF_CMD(CMD_ERASE);//60H
// Set up address
NF_ADDR((dwPageID) & 0xff);
NF_ADDR((dwPageID >> 8) & 0xff);
#if LB_NEED_EXT_ADDR
    NF_ADDR((dwPageID >> 16) & 0xff);
#endif
// Complete erase operation
NF_CMD(CMD_ERASE2);//D0H
// Wait for ready bit
NF_DETECT_RB();    // Wait tR(max 12us)
if ( NF_RDSTAT & STATUS_ILLACC )
{
    RETAILMSG(1, (TEXT("LB####### Error Erasing block (Illigar Access) %d! \n"), blockID));
    g_pNFConReg->NFSTAT = STATUS_ILLACC;   // Write 1 to clear.
    bRet = FALSE;
}
else
{
    // Check the status
    NF_CMD(CMD_STATUS);//70H

    if( NF_RDDATA_BYTE() & STATUS_ERROR)
    {
        RETAILMSG(1, (TEXT("LB####### Error Erasing block %d! \n"), blockID));
        bRet = FALSE;
    }
}

NF_nFCE_H();         // Select the flash chip.
```

이제 부터는 Step Loader와 EBoot를 다운로드 해서 NAND에 저장하는 작업을 수행해야 합니다.

```
0) IP address: 192.168.1.13
1) Subnet mask: 255.255.255.0
2) DHCP: Disabled
3) Boot delay: 5 seconds
4) Reset to factory default configuration
5) Startup image: LAUNCH EXISTING
6) Program disk image into SmartMedia card: Enabled
7) Program LAN9220 MAC address (11:22:33:44:55:66)
8) KITL Configuration: DISABLED
9) Format Boot Media for BinFS
A) Erase All Blocks
B) Mark Bad Block at Reserved Block
C) Clean Boot Option: FALSE
D) Download image now
E) Erase Reserved Block
F) Low-level format the Smart Media card
L) LAUNCH existing Boot Media image
R) Read Configuration
U) DOWNLOAD image now(USB)
W) Write Configuration Right Now
```

5번, 6번 메뉴를 선택해서 Launch Existing과 Smart Media card Enabled로 설정한 이후에 U를 선택해서 USB로 **STEPLDR.nb0**를 다운로드 할 수 있도록 만듭니다.

5) Startup image는 2가지의 선택 사항이 있습니다. DOWNLOAD NEW 혹은 LAUNCH EXISTING으로 설정할 수 있습니다. **LAUNCH EXISTING**으로 설정하여야 Boot delay이후에 자동으로 NAND에서 읽 어서 부팅이 됩니다. 또한 LAUNCH EXISTING으로 설정하여야 U 메뉴를 통해서 USB로 다운로드를 받은 이후에 자동으로 다운 받은 이미지가 수행되게 됩니다. 만약 DOWNLOAD NEW로 설정하였다면 다운로드 작업만 수행되고 종료되게 됩니다.

6) Program disk image into SmartMedia card 메뉴는 Disabled 되거나 Enabled로 설정할 수 있습니 다. 다운로드를 받은 이후에 그 이미지를 NAND에 저장할 것인지를 결정하는 것입니다. **Enabled로 설정되어 있어야 NAND에 저장이 됩니다.**

W) Write Configuration Right Now는 현재의 설정 상태를 저장하게 됩니다. 그러므로 위에서 변경한 옵션을 계속 유지하도록 만들고 싶을 경우 W를 선택해서 저장하도록 해야 합니다.

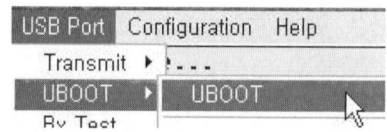

U를 누르면 위와 같이 이제 USB로 다운로드를 받을 수 있는 상태가 되면서 다운로드를 진행하기 위 해서 기다리는 상태가 됩니다.

위와 같이 USB Port 메뉴에서 UBOOT > UBOOT를 선택합니다.

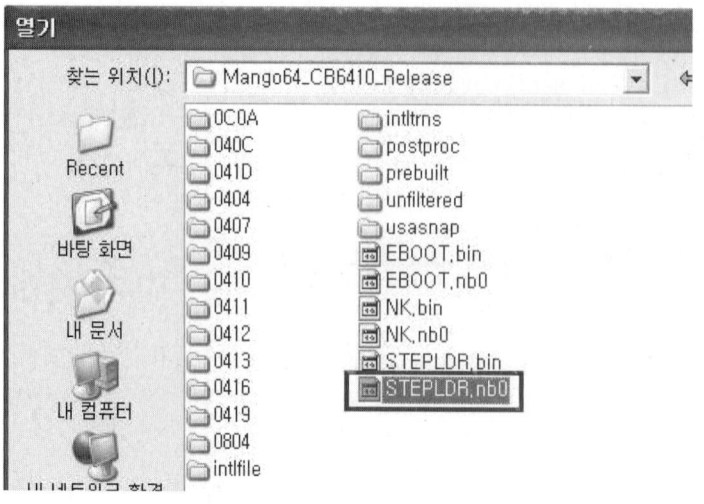

5. 망고 64 BSP

가장 먼저 다운로드 해서 저장해야 하는 것은 Step Loader 파일입니다. **STEPLDR.nb0** 파일을 선택해서 다운로드 합니다.

> EBoot에서 수행되고 있지만 Step Loader를 다운로드 받는 경우에는 STEPLDR.bin이 아니고, **STEPLDR.nb0를 다운로드 해야 합니다.** 이것은 EBoot가 수행하는 방식에 따른 것이고 그렇게 구현되어 있기 때문에 따라주어야 합니다.

```
Download BIN file information:
--------------------------------------------------
[0]: Base Address=0xfffff000   Length=0x2174
--------------------------------------------------
Stepldr image
ImageStart = 0x0, ImageLength = 0x0, LaunchAddr = 0x0

Completed file(s):
--------------------------------------------------
[0]: Address=0xFFFFF000   Length=0x2174   Name=""   Target=RAM
dwImageLength = 0x2000
dwNumBlocks = 0x1
dwBlock(0x0) X g_FlashInfo.wSectorsPerBlock(0x40) = 0x0
dwBytesPerBlock : 131072
INFO: Step loader image stored to Smart Media.  Please Reboot.  Halting...
```

위 그림과 같이 마지막에 **"INFO: Step loader image stored to Smart Media."** 메시지를 확인하면 정상적으로 다운로드가 된 것입니다. 이제 Step Loader는 정상적으로 NAND에 저장된 것입니다.

하지만 Step Loader만 저장된 상태로는 정상적으로 부팅이 이루어질 수 없습니다. 이제 EBOOT.bin도 다운로드 해서 NAND에 저장해야 합니다. 그러므로 Step Loader를 다운로드 했던 방식과 동일한 방법을 한번 더 수행해서 이번에는 EBOOT.bin을 다운로드 하도록 하겠습니다.

먼저 리부트를 수행합니다. 리부트 후에 STEPLDR을 퓨징하기 바로 전의 상황을 그대로 만듭니다. 메뉴의 상태를 동일하게 만듭니다.

> 1) NOR mode 리부트 후에 0: Download & Run을 수행
> 2) **USB Port > Transmit를 선택해서 EBOOT.nb0를 다운로드** 해서 실행
> 3) Launch Existing과 Smart Media card Enabled로 설정한 이후에 U를 선택

EBOOT도 STEPLDR과 동일한 방법으로 퓨징 하면 됩니다. 리부트를 수행한 이후에 앞에서와 같이 EBOOT메뉴에서 "U"를 입력하고 DNW의 "USB Port > UBOOT > UBOOT" 클릭 후, "C:\WINCE600\OSDesigns\CB6410-V01\RelDir\Mango64_CB6410_Release" 디렉토리에서 **EBOOT.bin**을 선택합니다.

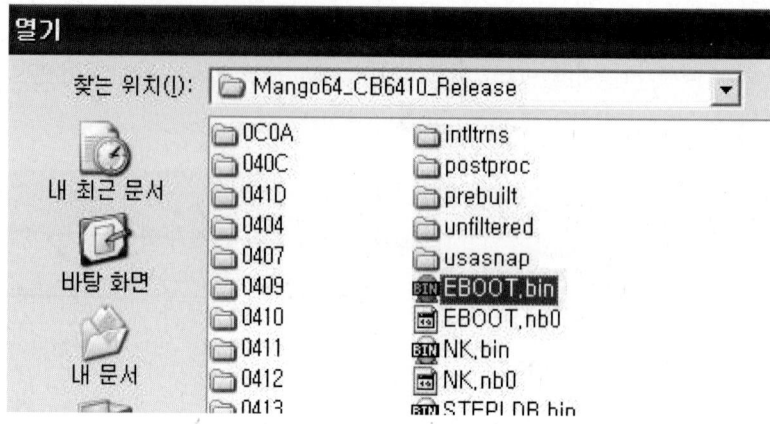

EBoot가 수행되는 상황이므로 EBOOT.nb0가 아니라 **EBOOT.bin** 파일을 선택해야 하는 것을 주의하시기 바랍니다.

```
   dwJumpAddress: 0x0
   dwStoreOffset: 0x0
}
chainInfo.dwLoadAddress: 0X00000000
chainInfo.dwFlashAddress: 0X00000000
chainInfo.dwLength: 0X00000000
}
INFO: Eboot image stored to Smart Media.  Please Reboot.  Halting...
```

위 그림과 같이 마지막에 "**INFO: Eboot image stored to Smart Media."** 메시지를 확인하면 정상적으로 다운로드가 되고 NAND에 저장된 것입니다

> NOR mode로 부팅해서 Eboot 메뉴를 표시하기 위해서 수행하는 것은 EBOOT.nb0이고, 실제 NAND에 다운로드 하기 위해서 선택하는 것은 EBOOT.bin 입니다. EBOOT.nb0는 binary format의 파일이고 이것을 Transmit 메뉴를 통해서 그대로 다운 받아서 실행하고 있는 것입니다. EBOOT.bin은 Eboot에서 활용할 수 있도록 만들어진 포멧입니다.

5.7.4. NAND Mode로 부팅하기

이제 NAND에 Step Loader와 EBoot를 정상적으로 다운로드 했기 때문에 부팅 모드를 NAND에서 부팅할 수 있도록 설정한 이후에 NAND mode로 부팅을 진행하도록 하겠습니다.

보드 뒷면에 SW100 스위치를 1번->ON, 2번->ON, 3번->OFF, 4번->OFF, 5번->ON, 6번->OFF 합니다. 그림을 참조바랍니다.

우리는 이전 절에서 이미 NAND에 정확하게 다운로드 했기 때문에 NOR mode로 부팅해서

5. 망고 64 BSP

EBOOT.nb0를 Transmit해서 실행했던 것과 동일한 메뉴를 볼 수 있습니다. 만약 정상적으로 부팅되지 않았다면 무언가 이전의 과정에서 오류가 있었다는 것이고, 이전의 과정을 다시 한번 정확하게 수행해서 정상적으로 부팅되도록 만들어야 합니다.

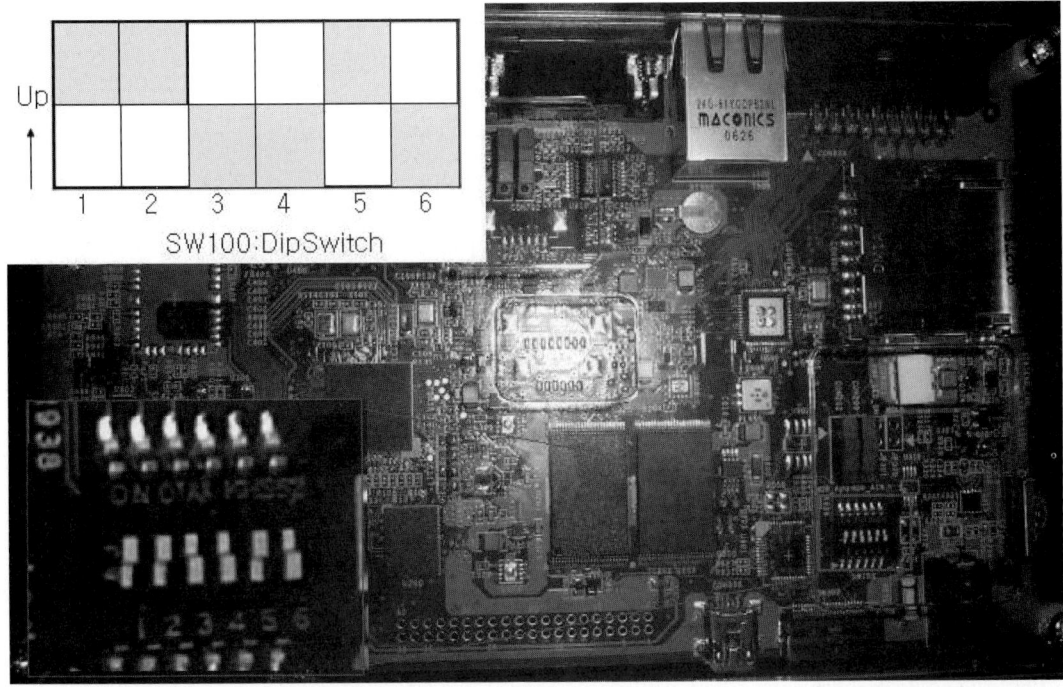

5.7.5. NAND Flash에 NK.bin 퓨징 하기

EBOOT 메뉴에서 다음과 같이 설정합니다. 메뉴 앞의 숫자나 알파벳을 입력하면 됩니다. 만약 아래와 같이 이미 설정되어 있으면 이 과정은 생략해도 됩니다.

> "5) Startup image: LAUNCH EXISTING"
> "6) Program disk image into SmartMedia card: Enable"

여기서 6번 "6) Program disk image into SmartMedia card: Enable"은 이미지를 메모리에 다운로드 한 후, NAND에 Fusing 할지 결정하는 메뉴입니다. 이 메뉴가 Disable 되어 있으면 이미지를 다운로드 한 후 바로 실행이 됩니다. 빈번하게 BSP를 수정해서 테스트하는 경우라면 이 메뉴를 Disable 하여 다운로드를 실행하면 됩니다.

NAND를 포맷해야 하는데 두 단계를 실행 합니다. "F"와 "9"를 차례로 입력합니다.

> "F) Low-level format the Smart Media card"

"9) Format Boot Media for BinFS"

첫 번째는 NAND를 모두 지우고 Bad block을 찾아서 marking해 주는 일을 하는데, 하드 디스크를 low-level format 하는 것과 동일하게 보면 됩니다. 이때, NAND 전체를 지우는 건 아니고 부트로더 영역(step loader와 EBOOT 영역)은 reserve하고 나머지 부분만 포맷합니다. 두 번째로 BinFS를 위해 포맷하는 것은 실행 이미지(NK.bin)를 위한 파일시스템을 만들어 주는 과정입니다.

```
Enter your selection: f
Reserving Blocks [0x0 - 0x5] ...
...reserve complete.
Low-level format Blocks [0x6 - 0x7ff] ...
LB######## Error Erasing block 304!
LB######## Error Erasing block 1886!
...erase complete.
```

F를 입력하였을 때 위 그림과 같이 몇몇 블록에 대해서 bad block이 발생하고 이 부분들을 marking 해주게 됩니다. 모든 Bad block을 marking을 해놓기 때문에 문제가 없게 됩니다.

9를 선택해서 BinFS로 Format하는 작업은 특별한 메시지 없이 잠시 동안 수행되고 마치게 됩니다. 반드시 수행시켜주셔야 합니다.

> NAND flash에 0번 Block에서 5번 Block까지 Reserving Block으로 설정하고, 6번 Block에서 0x7FF(2047)번 Block까지 다시 Erase를 합니다. 0번 Block부터 5번 Block은 Stebldr(Step loader)와 Eboot가 퓨징이 있으므로, 보호를 하겠다는 의미입니다.

U) DOWNLOAD image now(USB)를 선택합니다. 이후 USB Port 메뉴에서 UBOOT > UBOOT를 선택한 이후에 NK.bin을 아래 폴더에서 찾아서 다운로드 합니다.
c:\WINCE600\OSDesigns\CB6410-V01\RelDir\Mango64_CB6410_Release\

```
[UFNPDD] RESET Again
-OALIntrRequestSysIntr(irq = 100, sysIntr = 32)
-OALIntrRequestSysIntr(irq = 37, sysIntr = 33)
[TSP:INF] DdsiTouchPanelEnable() : gIntrTouch = 32
[TSP:INF] DdsiTouchPanelEnable() : gIntrTouchChanged = 33
[HSMMC0] Setting for 1 bit mode , Clock Rate = 25000000 Hz
[HSMMC0] Turn OFF the F/B delay control.
-OALIntrRequestSysIntr(irq = 32, sysIntr = 34)
[UFNPDD] RESET Again
[UFNPDD] RESET Again
[WiFi]: Firmware Version: 9.70.3.23
[PWRCON:INF] Notified [PBT_TRANSITION : useridle (0x11000000)]
```

약 10분 정도 충분히 기다리고 난 이후에 위와 같이 자동으로 리부트가 되면서 메시지를 출력하게 됩니다.

아래 화면과 같이 망고 보드에서 정상적으로 WinCE가 수행되고 있는 모습을 볼 수 있습니다.

어떤 경우는 보드에서 USB와 관련한 드라이버를 새로 검색하는 경우가 있습니다. 이 경우는 이전에 설치하였던 드라이버를 다시 한번 설치해주면 됩니다.

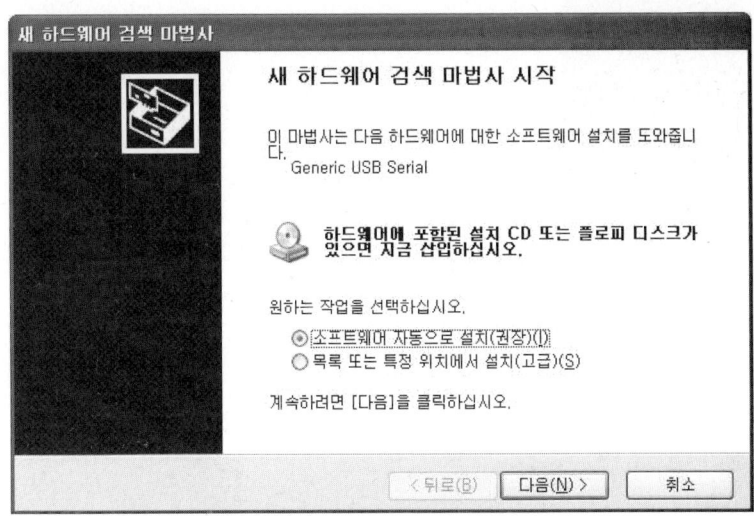

USB 드라이버는 이전의 경우와 마찬가지로 "**C:₩WINCE600₩PLATFORM₩CB6410₩ETC₩SMDK6410 USB Driver**"에서 찾아서 설치하면 됩니다. 이 과정의 그림은 아래와 같습니다.

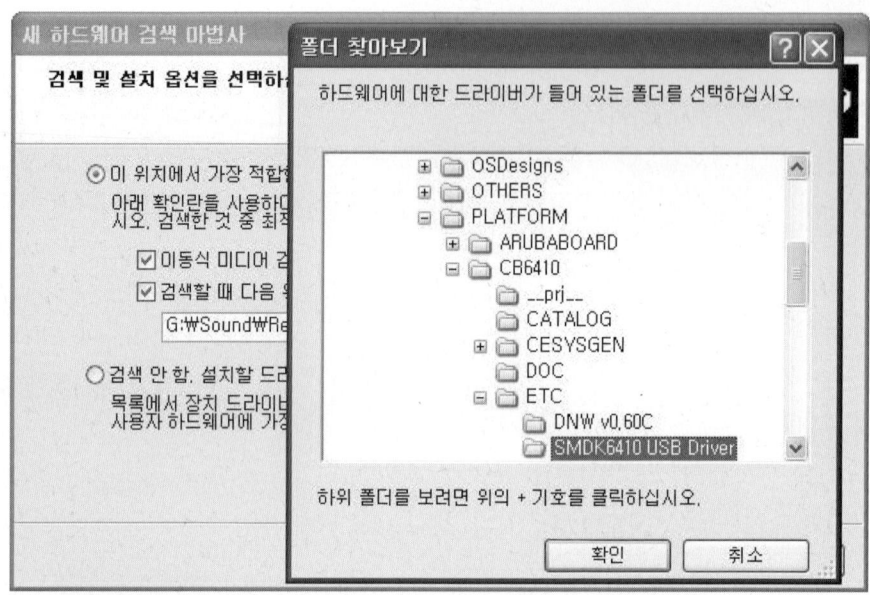

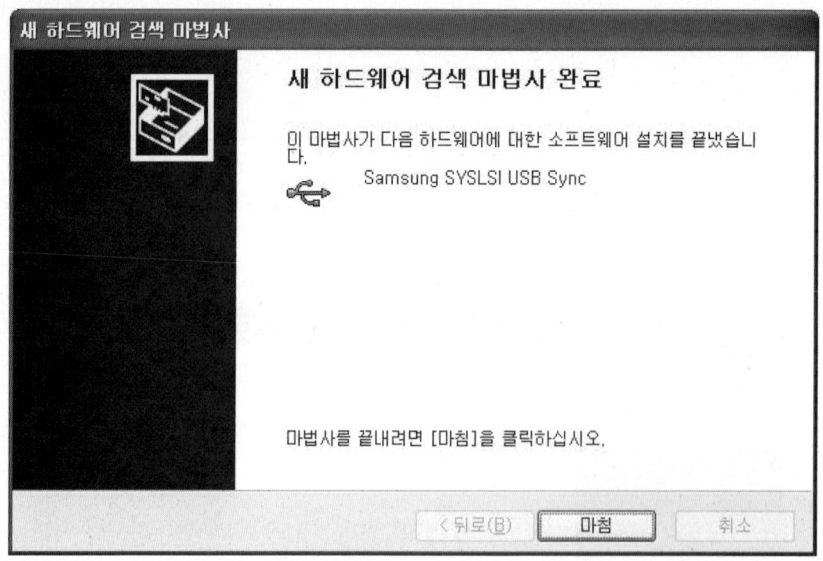

6. 최초 프로그램 Hello Mango - 망고 64

이제 SDK를 만들어서 설치하고 ActiveSync를 통해서 망고 보드와 연결하고 최초의 프로그램 Hello Mango를 만들어서 띄워보는 것까지 진행을 해보도록 합니다.

6.1. Mango 보드 SDK 만들기

가장 먼저 수행해야 하는 것은 SDK를 만들어서 설치하는 것입니다.

6.1.1. SDK 생성

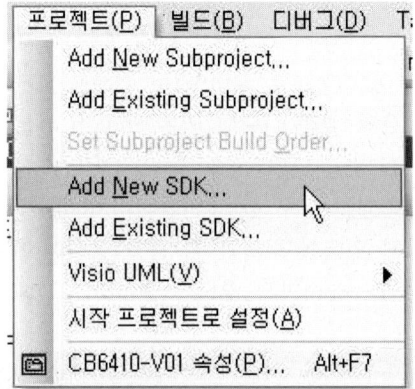

CB6410-V01 프로젝트를 열어서 메뉴에서 Add New SDK를 실행합니다. (CB6410-V01 프로젝트를 실행하고 있어야 위 메뉴가 나타납니다. CB6410-V01 내의 SDKs 부분에 생성이 됩니다)

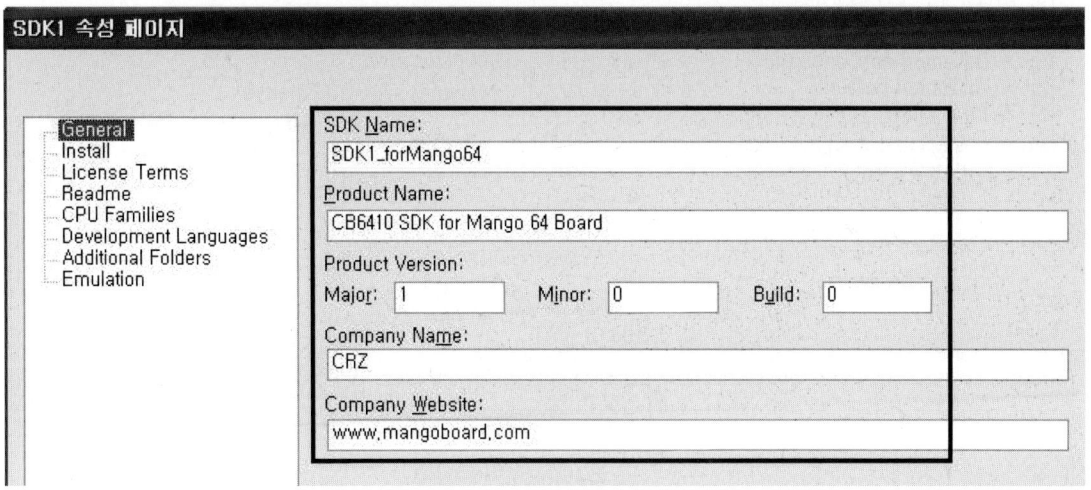

SDK Name은 SDK1_forMango64로 설정하고, Product Name은 CB6410 SDK for Mango 64 Board로 설정합니다. Version은 Major만 1로 설정했습니다. Company Name과 Website는 적절히 입력하면 됩니다.

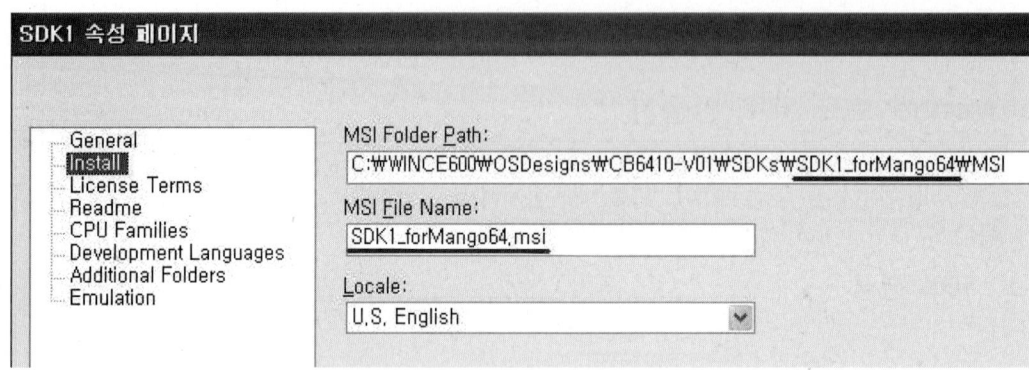

MSI Folder Path와 파일 이름 부분이 디폴트로 되어 있는 부분을 SDK1_forMango64를 이용해서 변경하였습니다. Locale 부분은 자동으로 설정이 되어 있는 English 부분을 그대로 둡니다.

License Terms나 Readme 부분에 특별한 문구 등을 만들어서 연결시켜 놓을 수 있습니다. 라이센스에 대한 것이나 SDK를 활용하는 데 있어서 주의할 점 등을 작성해서 연결하면 함께 배포가 될 수 있기 때문에 편리할 것입니다. 지금은 설정하지 않도록 합니다.

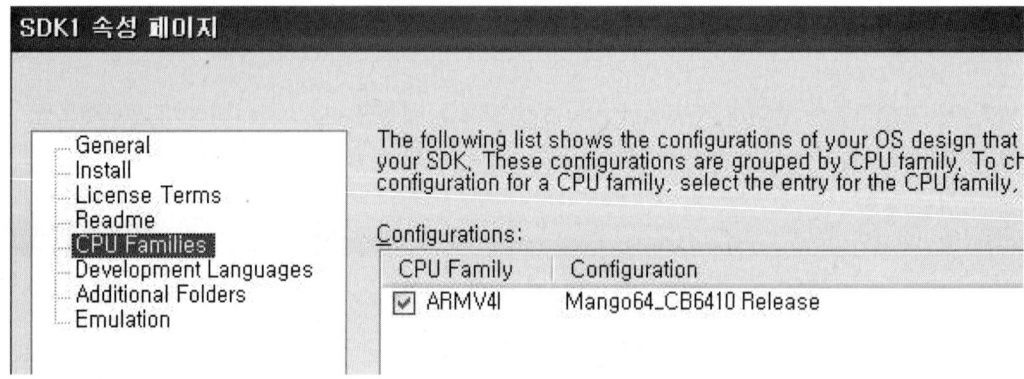

CPU Families 부분에서 ARMV4I Mango64_CB6410 Release를 선택합니다.

이외의 다른 부분들은 변경하지 않은 상태에서 확인을 누르면 위와 같은 화면을 만나게 됩니다. 기존의 CB6410-V01 프로젝트에 SDKs 부분에 SDK1_forMango64로 생성되어 있습니다.

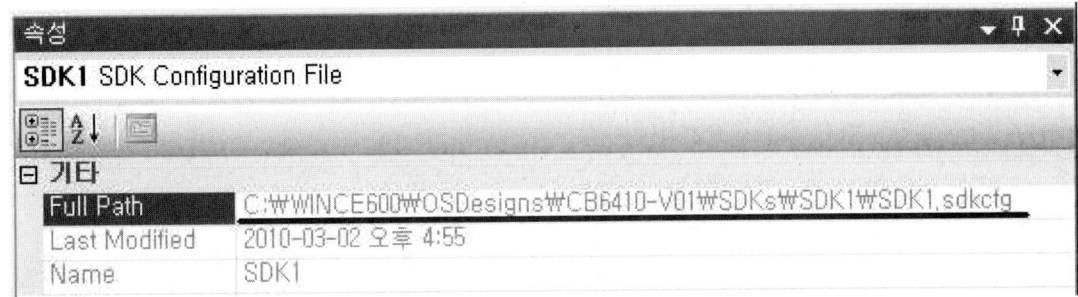

속성 부분을 보면 SDK1이 SDK Configuration File임을 알 수 있습니다. 위치는 위의 표시된 부분입니다. 기본적으로 SDK1이라고 명시된 디폴트 폴더의 이름은 변경이 안 되는 것으로 판단됩니다.

6.1.2. SDK 구성 설정

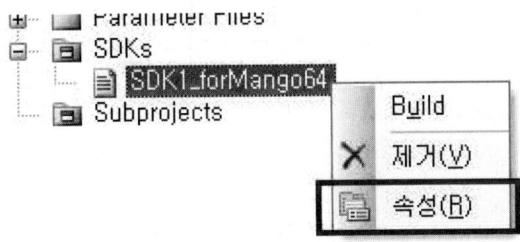

위의 SDK 생성 과정에서 설정한 모든 내용을 속성에서도 변경할 수 있습니다. SDK1_forMango64 부분에서 마우스 오른쪽 버튼을 눌러서 속성을 선택하면 SDK 생성 과정에서 설정한 모든 내용이 나타납니다. 변경이 필요한 부분은 이곳에서 변경하면 됩니다.

6.1.3. SDK Build

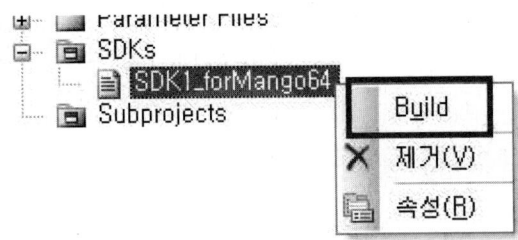

SDK1 부분에서 마우스 오른쪽 버튼을 누르면 메뉴들이 나타나고 여기서 Build를 수행하면 지금 생

성한 SDK1이 빌드 됩니다.

빌드가 성공적으로 끝나게 되면 아래와 같은 화면을 볼 수 있습니다.

```
… … … … … … … …
  -- adding C:\WINCE600\OSDesigns\CB6410-V01\SDKs\SDK1\obj\SDK1_forMango64\Lib\ARMV4I\wininet.exp
  -- adding C:\WINCE600\OSDesigns\CB6410-V01\SDKs\SDK1\obj\SDK1_forMango64\Lib\ARMV4I\wininet.lib
  -- adding C:\WINCE600\OSDesigns\CB6410-V01\SDKs\SDK1\obj\SDK1_forMango64\Lib\ARMV4I\winsock.exp
  -- adding C:\WINCE600\OSDesigns\CB6410-V01\SDKs\SDK1\obj\SDK1_forMango64\Lib\ARMV4I\winsock.lib
  -- adding C:\WINCE600\OSDesigns\CB6410-V01\SDKs\SDK1\obj\SDK1_forMango64\Lib\ARMV4I\ws2.exp
  -- adding C:\WINCE600\OSDesigns\CB6410-V01\SDKs\SDK1\obj\SDK1_forMango64\Lib\ARMV4I\ws2.lib
  -- adding C:\WINCE600\OSDesigns\CB6410-V01\SDKs\SDK1\obj\SDK1_forMango64\Lib\ARMV4I\xlock.lib
  -- adding C:\WINCE600\OSDesigns\CB6410-V01\SDKs\SDK1\obj\SDK1_forMango64\Lib\ARMV4I\xlock.pdb
  -- adding C:\WINCE600\OSDesigns\CB6410-V01\SDKs\SDK1\obj\SDK1_forMango64\MSManifest.txt
Cabinet file successfully created: C:\WINCE600\OSDesigns\CB6410-V01\SDKs\SDK1\obj\sdkfiles.cab

Committing database changes

Exported SDK to: C:\WINCE600\OSDesigns\CB6410-V01\SDKs\SDK1_forMango64\MSI\SDK1_forMango64.msi

--------------------------------------------------
C:\WINCE600\OSDesigns\CB6410-V01\SDKs\SDK1\SDK1.sdkcfg - 0 error(s), 0 warning(s)
========== 빌드: 성공 또는 최신 상태 1, 실패 0, 생략 0 ==========
```

Exported SDK가 C:\WINCE600\OSDesigns\CB6410-V01\SDKs\SDK1_forMango64\MSI\SDK1_forMango64.msi에 존재함을 알 수 있습니다.

6.2. Mango 보드 SDK 설치하기

위에서 만들어진 SDK를 설치하는 작업을 수행합니다. C:\WINCE600\OSDesigns\CB6410-V01\SDKs\SDK1_forMango64\MSI에서 SDK1_forMango64.msi를 실행합니다.

위 화면에서 Next를 누르면 라이선스 화면이 나타납니다. 우리가 특별한 라이선스 관련 내용을 추가하지 않았지만 디폴트로 생성되는 라이선스 관련 내용은 나타내게 됩니다. 라이선스 화면에서 "Accept"를 선택하고 "Next"를 클릭합니다. "User Name" 과 "Organization"에 적당한 이름을 입력하고 "Next"를 클릭합니다.

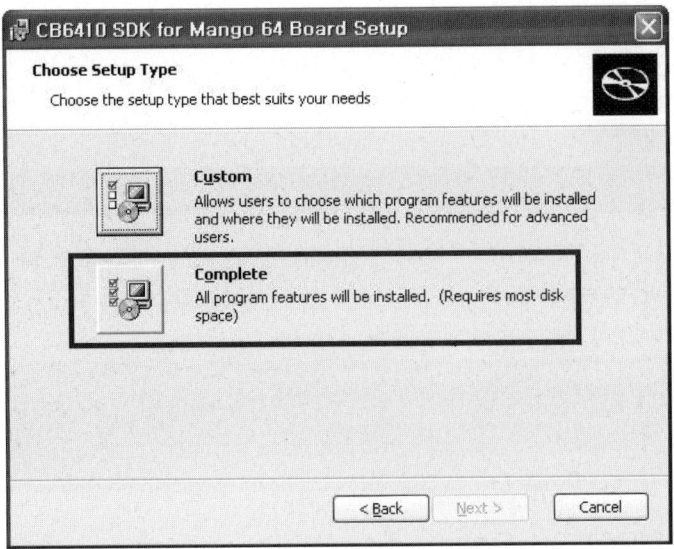

다음 화면에서 "Complete"를 클릭합니다. 이후 설치할 디렉토리를 지정해야 하는데 특별한 이유가 없으면 수정할 필요는 없습니다.

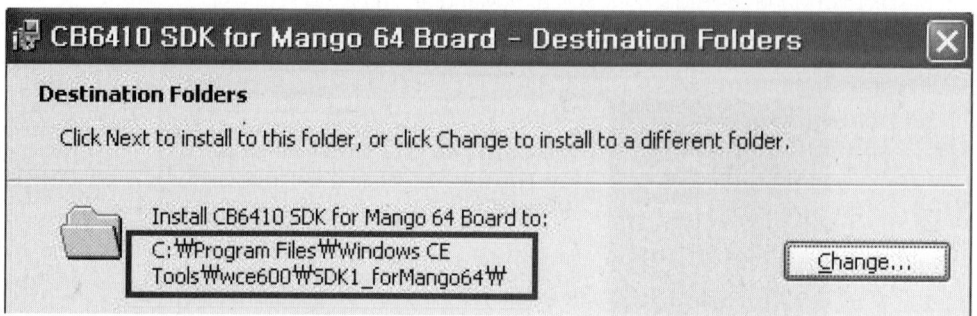

"Next"를 클릭하여 다음으로 넘어갑니다. "Install"을 클릭하여 설치를 진행합니다. 설치가 끝나면 "Finish"를 클릭하여 설치 마법사를 종료합니다.

설치 시, 지정한 디렉토리에서 SDK가 제대로 설치 되었는지 확인합니다.

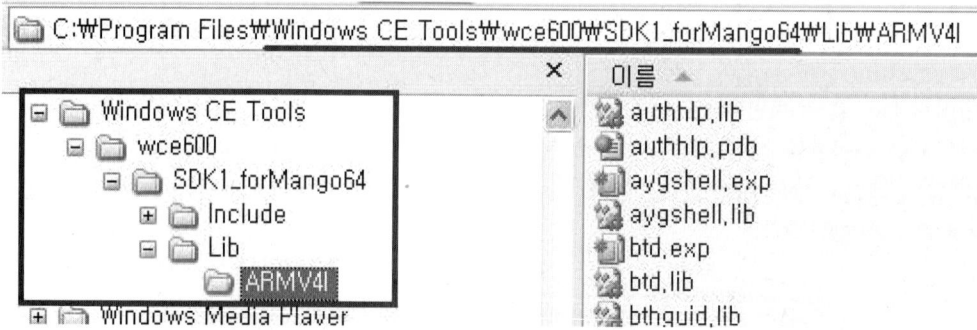

위와 같이 Program Files 폴더에서 SDK1의 설치 내용을 확인할 수 있습니다.

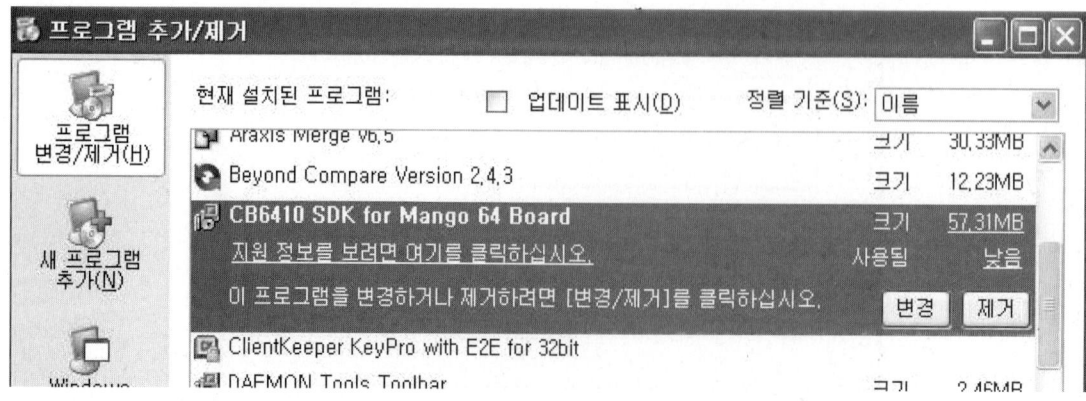

설치된 내용은 제어판의 프로그램 추가/제거 부분에서도 확인이 가능합니다. 위 내용으로 알 수 있는 것은 당연히 이 SDK를 제거할 수도 있다는 것입니다.

> 만약 우리가 OS Design의 내용을 변경해야 하는 상황이 발생하면 SDK는 어떻게 해야 할까요? 당연히 이전에 설치했던 SDK는 삭제하고 (위 프로그램 추가/제거를 통해서 삭제가 가능합니다), 새롭게 바뀐 OS Design을 근거로 SDK를 다시 빌드하고, 그 빌드로 인해서 만들어진 msi 파일을 설치해주는 작업을 다시 수행해야 합니다. 이 과정을 반드시 수행해 주어야 바뀐 OS를 근거로 SDK를 정상적으로 활용할 수 있는 것입니다.

6.3. ActiveSync 설치 및 탐색기 사용

ActiveSync는 호스트 피시와 Windows CE 혹은 Windows Mobile 기반의 단말기 사이에 동기화를 위한 툴이지만, 개발 시에는 프로그램 자동 실행과 디버깅을 위해 유용하게 사용됩니다.

ActiveSync 툴은 영어버전도 존재하고 한국어 버전도 존재합니다. 툴의 메뉴 부분만 한글로 번역이 된 것이고 영어버전이라고 해도 사용 방법에 있어서 차이가 나지는 않습니다.

다운로드 세부 정보: **ActiveSync** 4.5
Microsoft **ActiveSync** 4.5 is the latest sync software release for Windows Mobile-powered devices. **ActiveSync** provides a great synchronization experience with Windows®-powered PCs and ...
www.microsoft.com/.../details.aspx?... - 저장된 페이지 - 유사한 페이지

ActiveSync로 검색을 해보면 위 링크가 가장 먼저 나타나게 됩니다. 위의 다운로드 세부 정보: ActiveSync 4.5를 클릭하면 아래의 사이트에 접속이 됩니다.

http://www.microsoft.com/downloads/details.aspx?displaylang=ko&FamilyID=9e641c34-6f7f-404d-a04b-dc09f8141141

ActiveSync 4.5 - 한국어

간략한 설명
이 다운로드에 대한 한국어로된 지침이 곧 게시될 것입니다. 그 전에 이 다운로드에 대한 정보를 참조할 수 있도록 영문 지침을 제공해 드립니다.

이 페이지에서
- 간략한 세부 사항
- 시스템 요구 사항
- 추가 정보
- 개요
- 다운로드 지침
- 다른 사람들이 다운로드한 항목 보기

다운로드 목록으로 이동

다운로드 목록으로 이동을 클릭합니다.

이 다운로드에 포함된 파일
다음은 이 다운로드에 포함된 개별 파일에 대한 링크입니다. 원하는 파일을 다운로드하십시오.

파일 이름:	파일 크기	
eula.rtf	338 KB	다운로드
readme.doc	44 KB	다운로드
setup.msi	7.9 MB	**다운로드**

위 내용 중에서 setup.msi를 실행합니다. 다른 것들은 관련 내용들을 설명하고 있는 문서 파일이니 한번씩 읽어보면 도움이 될 것입니다. 실행을 하면 라이센스 화면에서 동의 절차를 수행하고, 사용자와 조직 이름을 입력하는 등 설치 작업은 평이합니다. 설치할 위치를 지정하는 부분도 나오는데 특별히 변경하지는 않습니다. 정상적으로 설치가 완료될 것입니다.

ActiveSync의 설치가 끝나면 망고보드와 피시를 USB 케이블로 연결한 후, 부팅합니다. WinCE 부팅이 끝나면 장치(망고보드)와 피시가 자동 연결되고 ActiveSync가 실행됩니다.

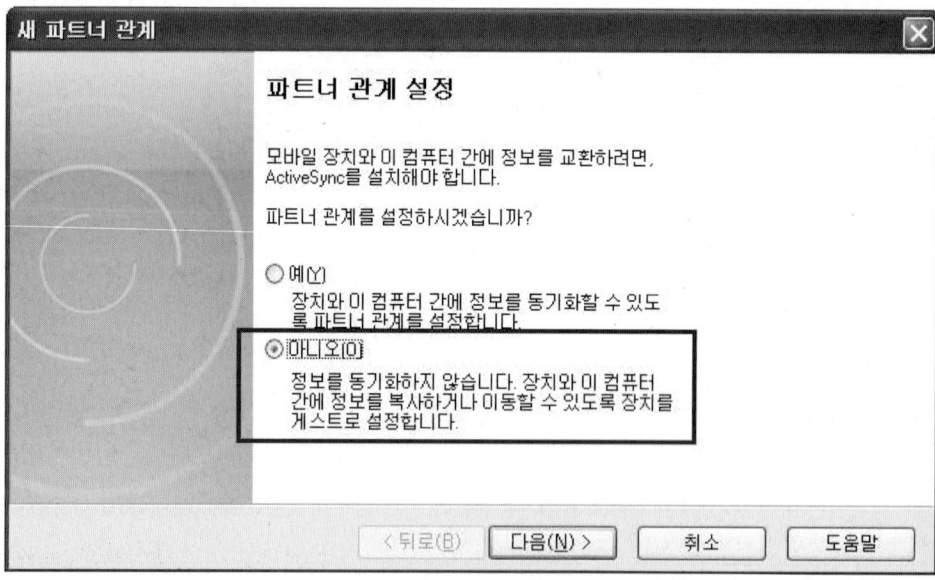

실행되면서 위 그림과 같이 파트너 관계 설정 창이 나타납니다. Partnership을 설정하는 부분인데 Yes를 선택하면 장치와 컴퓨터 간에 정보를 동기화 시키도록 관계를 설정하는 것이고, No를 선택하면 이와 같은 동기화는 수행하지 않고 다만 device와 컴퓨터 간에 정보를 복사하거나 이동하는 작업만 할 수 있도록 관계를 설정하는 것입니다. 우리의 경우는 단말기와의 동기화를 위해 연결한 것이 아니기 때문에 No로 설정하고 다음을 누릅니다.

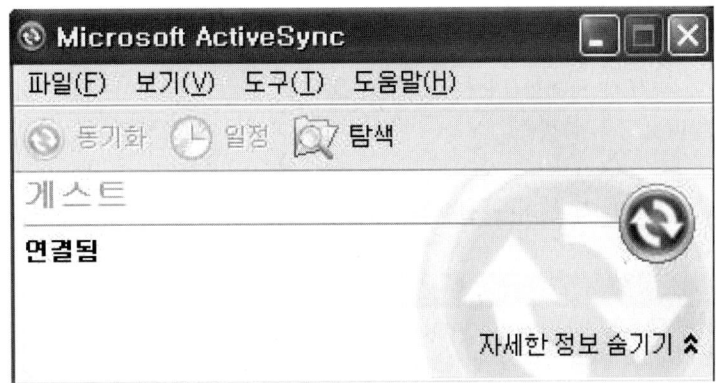

위와 같이 ActiveSync 메인 화면이 나오는데, Explore 버튼을 클릭하면 단말 장치(망고 보드)에 대한 탐색기가 뜨게 됩니다. 탐색기 사용법은 Windows 탐색기와 동일합니다.

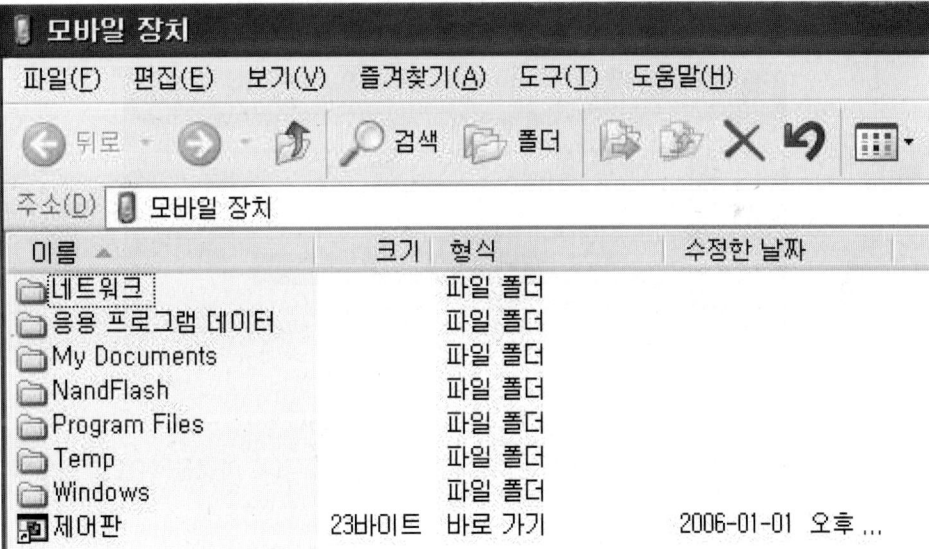

6.4. Remote Tool – 원격 이미지 캡처

Microsoft Visual Studio 2005 > Visual Studio Remote Tools 안에는 여러 가지의 Remote Tool들이 들어 있습니다. 이들에 대해서 자세한 내용은 뒤에서 살펴볼 것이고 여기서는 그 중에서 한가지 원격 이미지 캡처만을 살펴보도록 하겠습니다.

아래 그림과 같이 원격 이미지 캡처를 실행하겠습니다.

원격 이미지 캡처를 실행하면 먼저 디바이스와 연결 작업이 되어야 합니다.

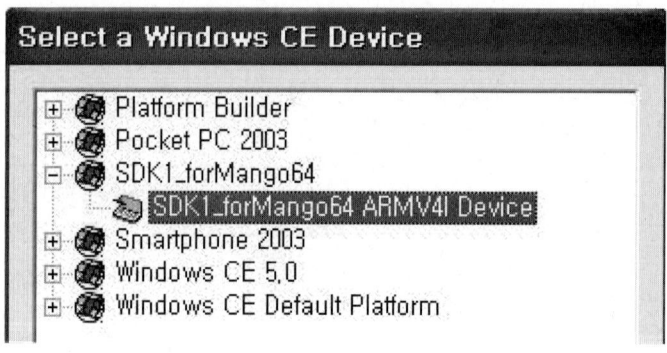

위 그림과 같이 이전에 우리가 설치한 SDK1_forMango64가 보입니다. 이것을 이용할 것입니다. OK를 누르면 바로 연결 작업이 수행됩니다.

메뉴의 툴바에서 Connect 버튼을 눌러도 동일한 작업이 수행됩니다.

6. 최초 프로그램 Hello Mango - 망고 64

위 그림과 같은 연결 작업이 종료하고 나면 자동으로 보드의 현재 화면 비트맵이 전송됩니다.

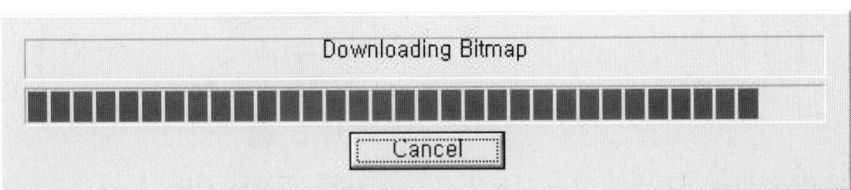

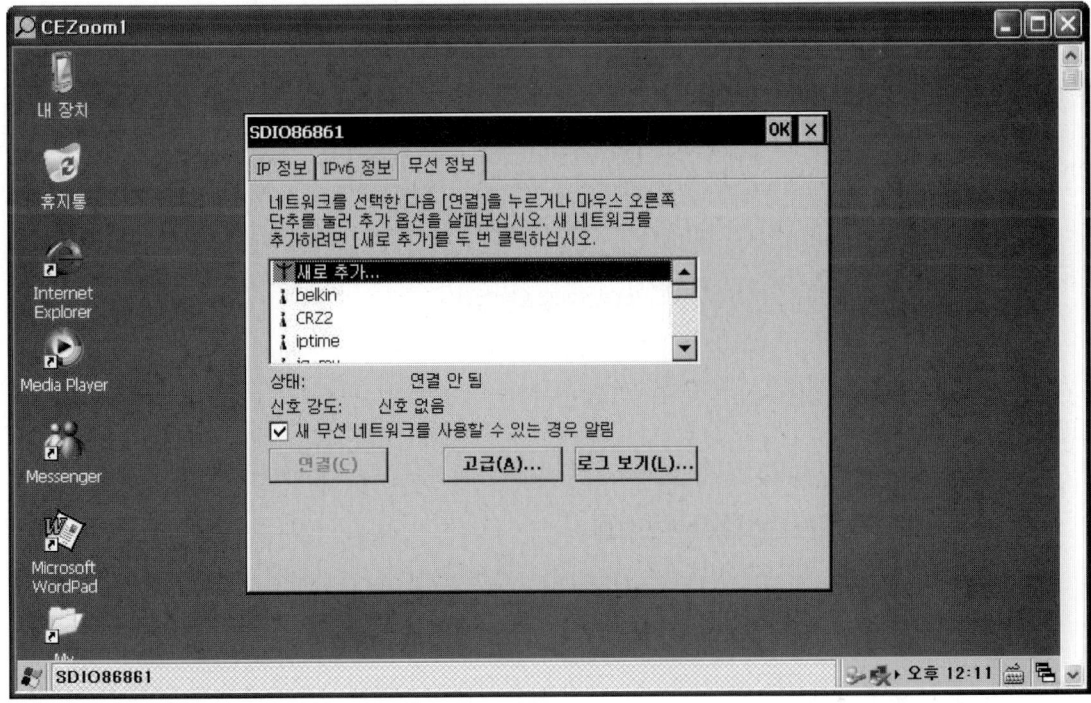

현재 망고 보드에는 WiFi를 이용해서 무선 인터넷을 선택하는 화면이 자동으로 수행되고 있습니다.

수행되는 화면은 사용자마다 다를 것입니다.

6.5. Hello Mango

이제 최초의 Windows Embedded CE 6.0 Application으로서 "Hello Mango" 메시지를 띄워보는 예제 프로그램을 만들어 보기로 합니다. 우선, 망고보드와 피시를 USB 케이블로 연결하고 망고보드를 부팅시킨 후, 앞장에서 설명한 대로 ActiveSync가 실행되어 연결된 것까지 확인합니다.

6.5.1. Visual C++를 이용한 Hello Mango

Visual Studio 2005 파일 메뉴에서 새로 만들기 > 프로젝트를 선택합니다.

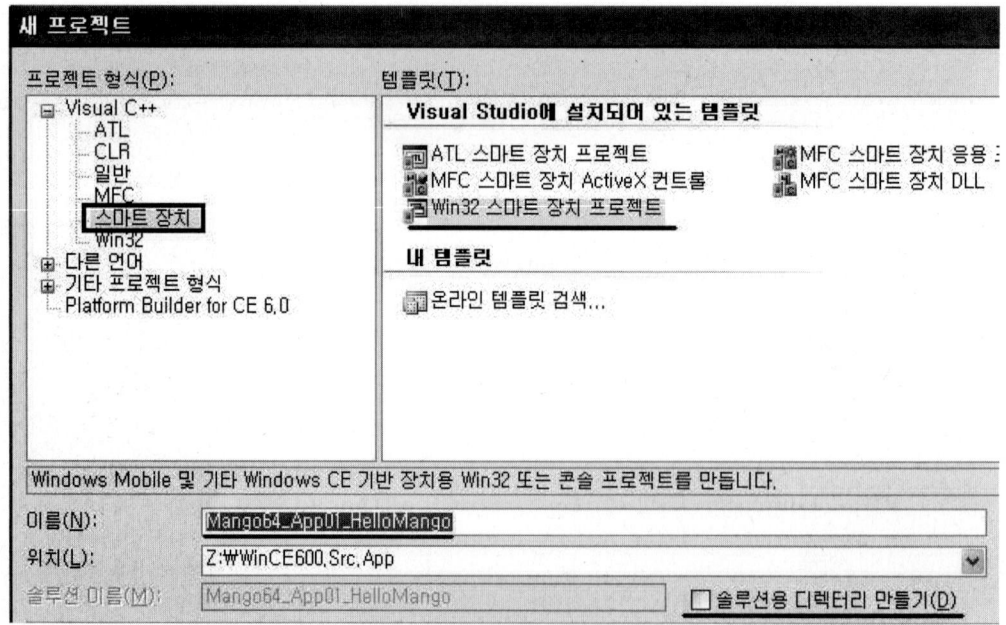

Visual C++를 이용해서 작업을 할 것입니다. 스마트 장치를 선택하고 Win32 스마트 장치 프로젝트를 선택합니다. 이름이나 폴더 등은 적절한 부분을 선택하면 됩니다. WinCE600.Src.App 폴더에

Mango64_App01_HelloMango라는 이름으로 프로젝트를 만들었습니다. 확인을 누릅니다. 역시 솔루션용 디렉터리 만들기는 선택하지 않습니다.

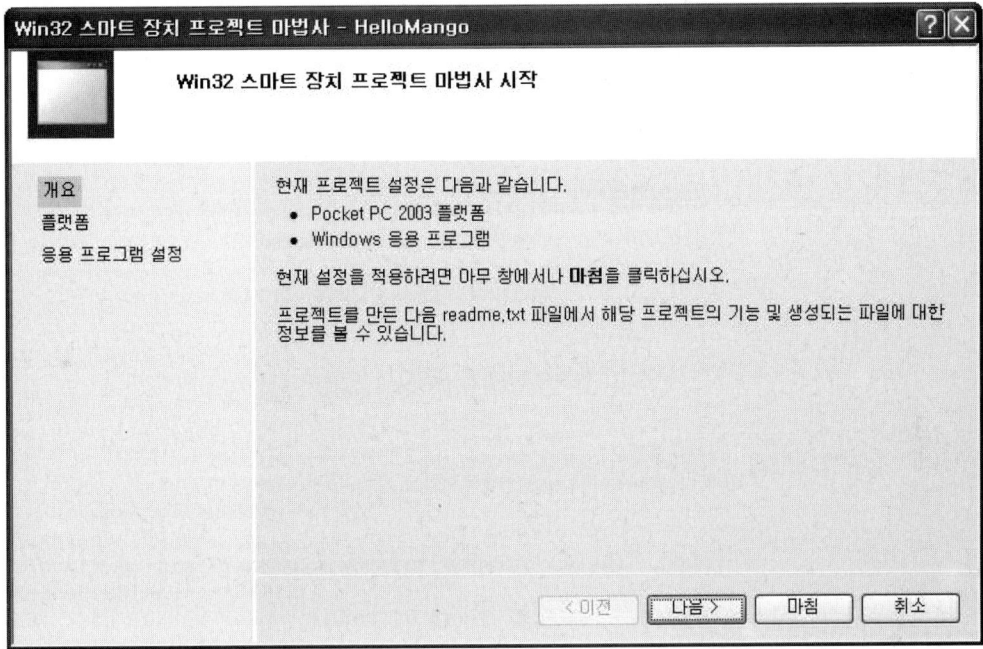

다음을 클릭합니다.

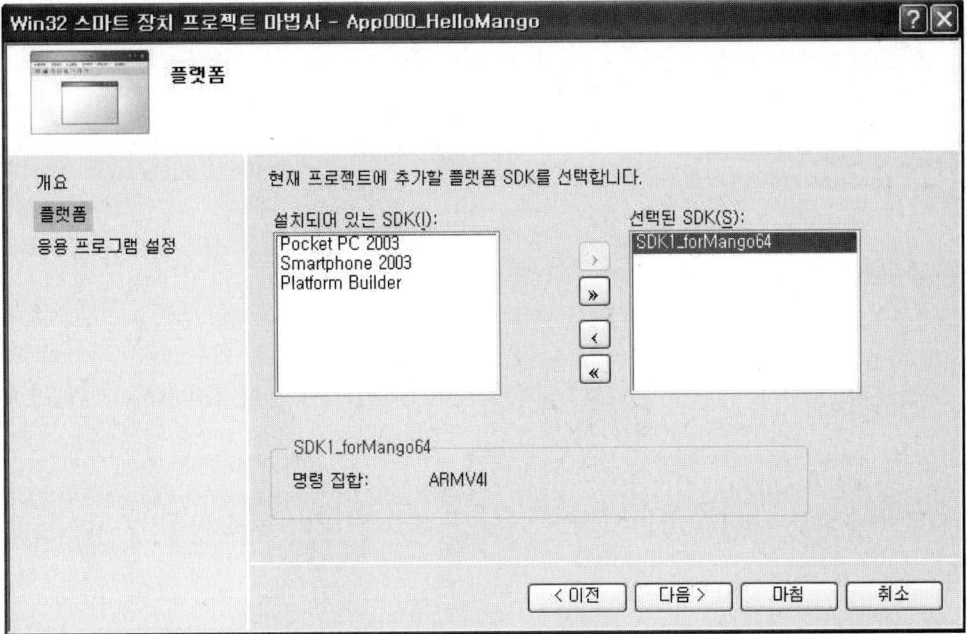

가운데에 버튼을 이용해서 선택된 SDK에 SDK1_forMango64만 남도록 만들고 다음을 클릭합니다.

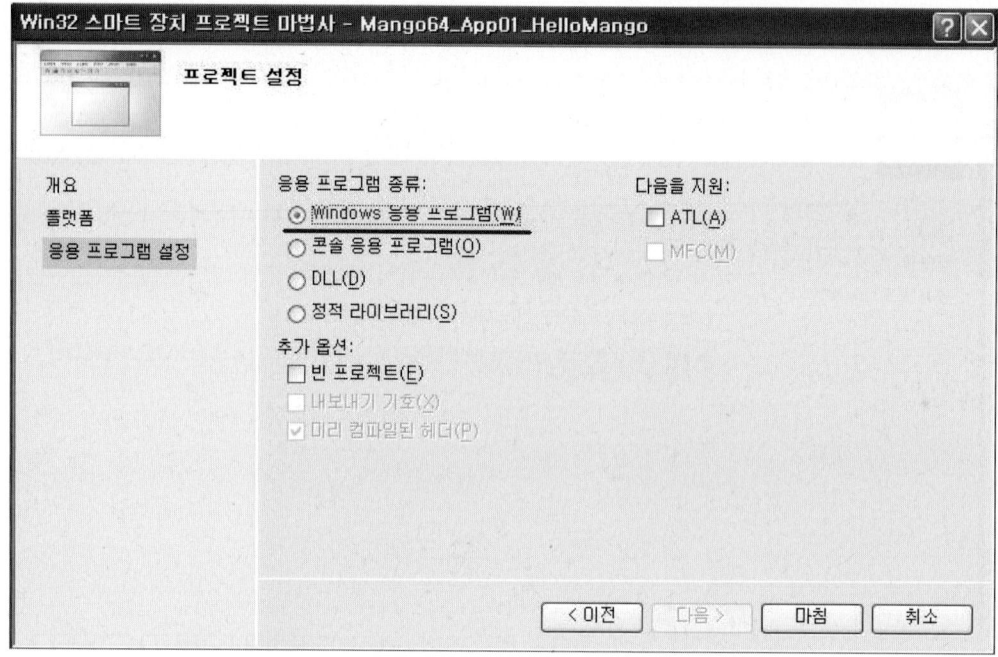

ATL은 Active Template Library로서 여기서는 굳이 선택하지 않아도 상관없습니다. Windows 응용 프로그램을 선택하고 마침을 누릅니다.

```
LRESULT CALLBACK WndProc(HWND hWnd, UINT message, WPARAM wParam, LPARAM lParam) {
    int wmId, wmEvent;
    PAINTSTRUCT ps;
    HDC hdc;

    switch (message) {
        case WM_COMMAND:
......................
            break;
        case WM_CREATE:
......................
            break;
        case WM_PAINT:
            hdc = BeginPaint(hWnd, &ps);

            // TODO: 여기에 그리기 코드를 추가합니다.
            MessageBox(NULL, _T("Hello Mango"), _T("Hello Mango Message"), MB_OK);

            EndPaint(hWnd, &ps);
            break;
        case WM_DESTROY:
......................
```

```
            break;
        default:
            return DefWindowProc(hWnd, message, wParam, lParam);
    }
    return 0;
}
```

Mango64_App01_HelloMango.cpp를 열어서 WndProc() 함수를 찾습니다. 위 코드에서 대부분의 내용은 Visual Studio 2005가 자동으로 만들어준 것입니다. 여기서 "// TODO: 여기에 ..." 부분의 아래에 MessageBox 코드를 추가합니다.

Mango64_App01_HelloMango 부분에서 마우스 오른쪽 버튼을 눌러서 빌드를 수행합니다.

```
1>------ 모두 다시 빌드 시작: 프로젝트: Mango64_App01_HelloMango, 구성: Debug
SDK1_forMango64 (ARMV4I) ------
1>'Mango64_App01_HelloMango' 프로젝트, 'Debug|SDK1_forMango64 (ARMV4I)' 구성에 사용할 중
간 파일 및 출력 파일을 삭제하고 있습니다...
1>컴파일하고 있습니다...
1>stdafx.cpp
1>컴파일하고 있습니다...
1>Mango64_App01_HelloMango.cpp
1>리소스를 컴파일하고 있습니다...
1>링크하고 있습니다...
1>빌드 로그가 "file://z:\WinCE600.Src.App\Mango64_App01_HelloMango\SDK1_forMango64
(ARMV4I)\Debug\BuildLog.htm"에 저장되었습니다.
1>Mango64_App01_HelloMango - 오류: 0개, 경고: 0개
========== 모두 다시 빌드: 성공 1, 실패 0, 생략 0 ==========
```

위와 같이 메시지를 출력하면서 정상적으로 빌드가 되었습니다.

6.5.2. Visual Studio 2005에서 장치 연결

이제 망고 보드에 연결해서 디버깅을 수행해 보도록 하겠습니다.

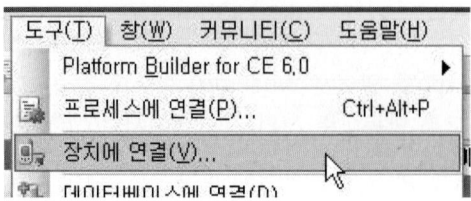

Visual Studio 2005를 실행해서 도구 메뉴에서 장치에 연결을 선택합니다.

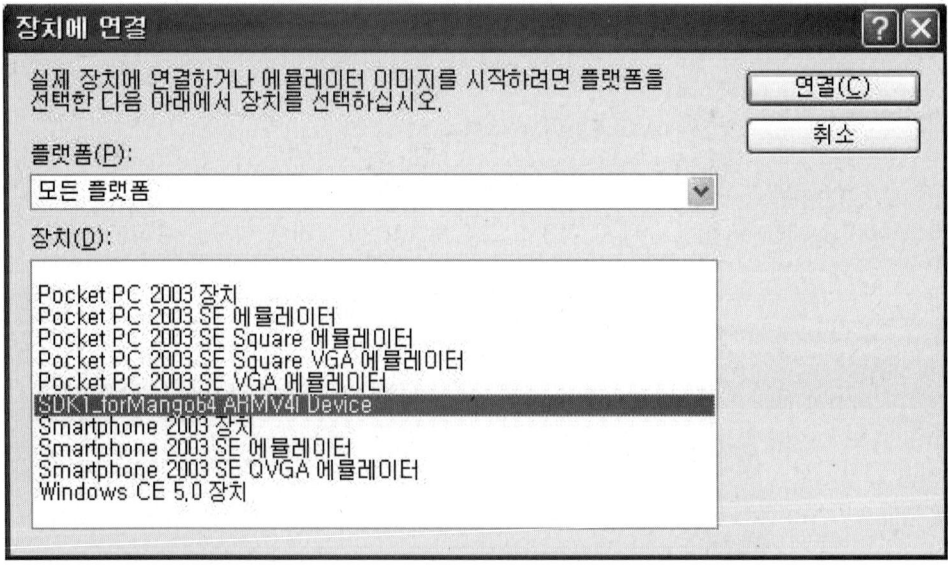

SDK1_forMango64 ARMV4I Device를 선택하고 연결을 클릭합니다.

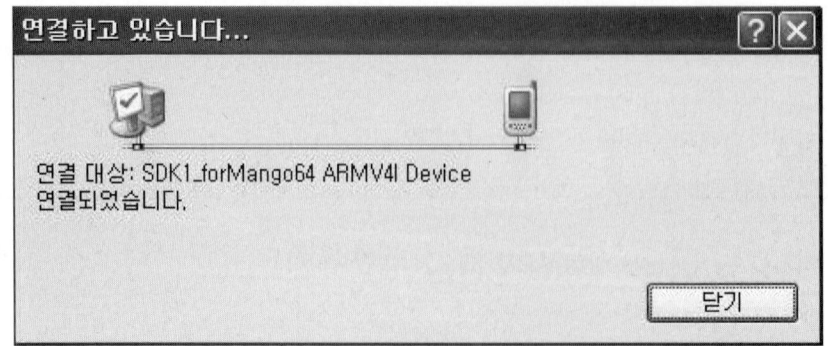

위와 같이 정상적으로 연결된 것을 확인할 수 있습니다.

6.5.3. Hello Mango 디버깅 하기

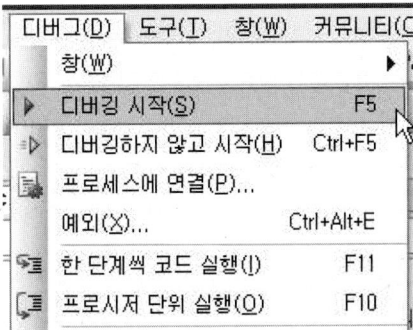

디버그 메뉴에서 디버깅 시작을 수행합니다.

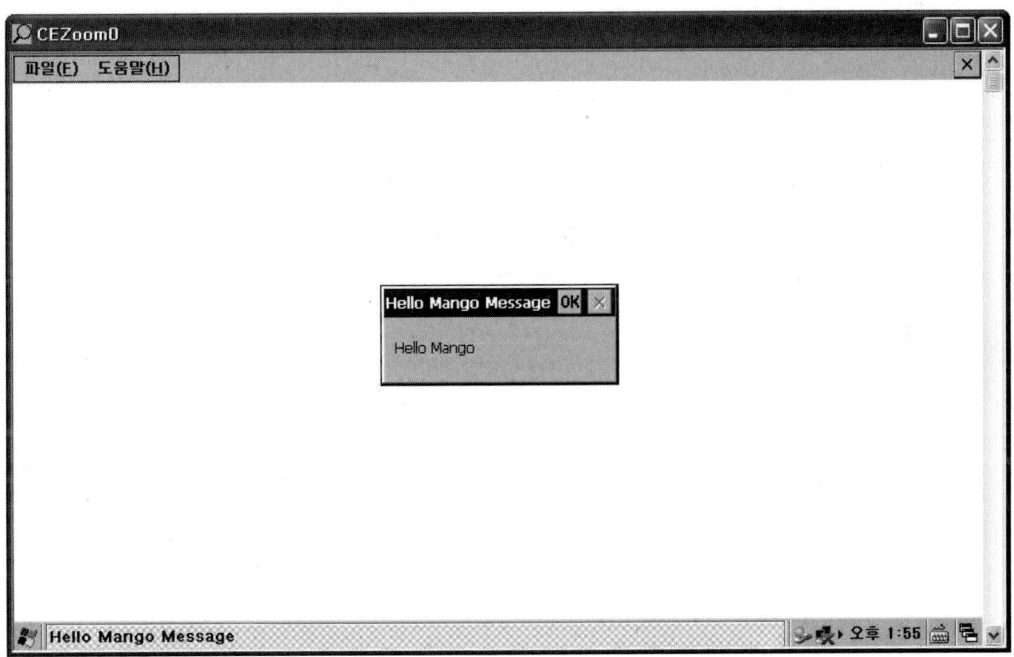

실제로 망고 보드에서 수행되고 있는 화면을 캡쳐한 것을 보면 위와 같이 Hello Mango를 출력하는 메시지 박스가 나타나 있습니다.

7. 망고 24 하드웨어 구성

망고 64의 경우와 마찬가지로 망고 24의 경우도, 하드웨어에 대한 내용은 가능한 많이 기술하지 않을 예정입니다. 하드웨어에 대해서 기술하자면 사실 하나 하나의 내용이 무척 방대한 것입니다. 여기서 그 모든 내용을 다루지는 않을 것입니다. 간단히만 살펴보고 지나가도록 하겠습니다. 추가적으로 설명이 필요한 부분이 나오면 그때그때 내용을 설명하도록 할 것이며 여기서는 대략적인 내용만 기술할 것입니다.

7.1. 망고 24 하드웨어 사양

CPU	Samsung S3C2443 ARM920T	533MHz Application Processor
Memory	Mobile SDRAM	64Mbytes
	SLC NAND Flash	256Mbytes
	NOR Flash	4Mbytes
Display	4.3" WQVGA(480x272) Color TFT	with Touch Screen Interface
Audio	Wolfson WM8960 Audio Codec	with 1W Stereo Speaker Amplifier
Ethernet	Cirrus Logic CS8900	10Mbps Ethernet Controller
USB	USB 1.1 Host	
	USB 2.0 Device	
SD	SD/MMC Port 0	WiFi(Wi2Wi)
	SD/MMC Port 1	Standard SD Connector
SPI	SPI Port 0	Expansion (SO-DIMM 200Pin)
	SPI Port 1	Expansion (SO-DIMM 200Pin)
UART	UART Port 0	GPS or Expansion Connector
	UART Port 1	Standard DSUB9
	UART Port 2	Expansion Connector
	UART Port 3	Bluetooth or Expansion Connector
JTAG	Standard ARM JTAG Interface	
WiFi/Bluetooth	Wi2Wi WiFi/BT combo module	Option
GPS	GPS module	Option
Power	5V/2A DC-JACK	
	Standard Handset Charger	
	Charger IC	for Single-Cell Li-Ion Battery
	Li-Ion Battery Connector	

Camera Port	Expansion Port	SO-DIMM 200Pin
Sensor	3-Axis Acceleration Sensor	
Keys	General Purpose Keys	4
	Reset Key	1
	Tactile Power Key	1
	Slide Power Switch	1
Connector	Expansion Connector	SO-DIMM 200Pin

7.2. 망고 24 LCD면

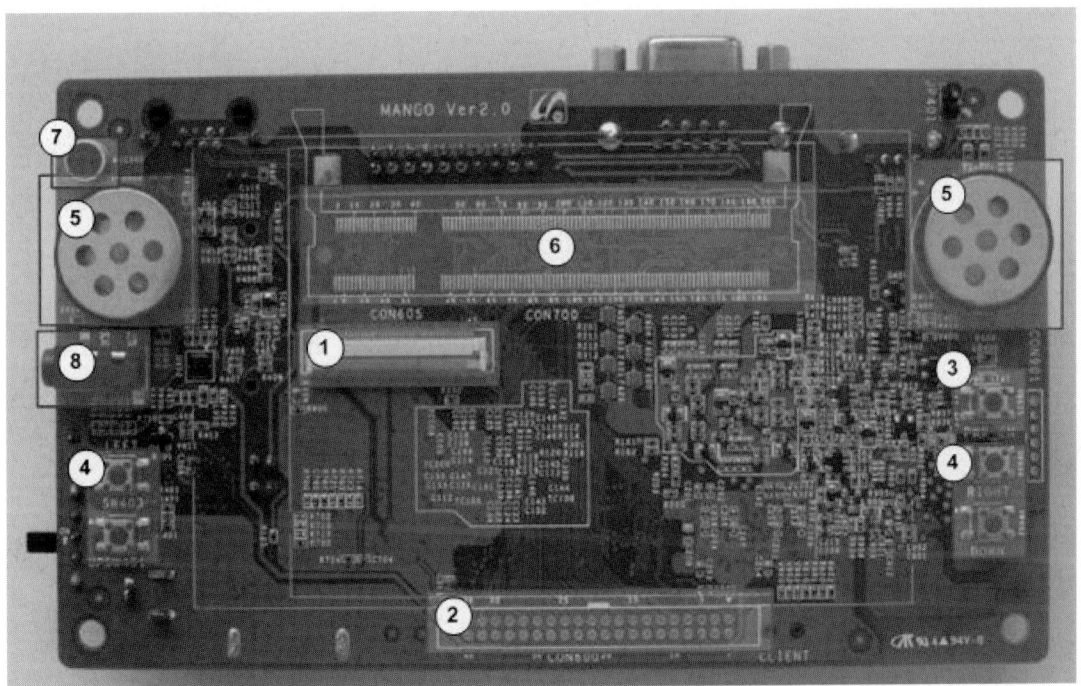

Num	Description	Num	Description
1	LCD Connector	2	LCD Expansion Connector
3	Tactile Power Switch [On/Off]	4	General Purpose Key
5	Loud Speaker	6	200Pin SO-DIMM Expansion Connector
7	Microphone	8	Audio Output Jack

7.3. 망고 24 부품면

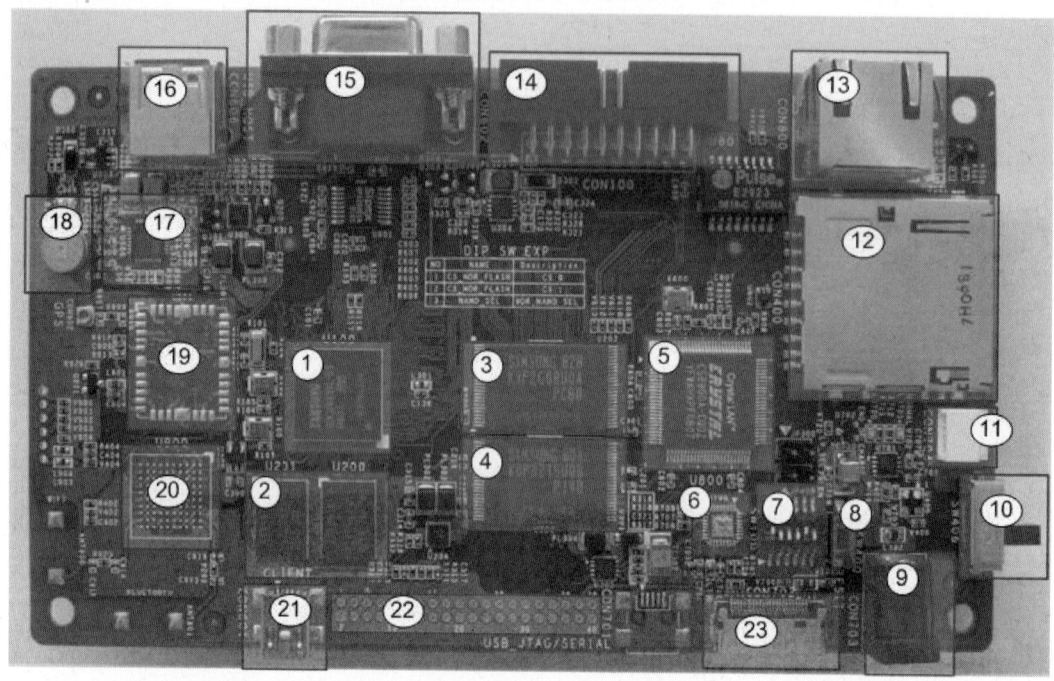

Num	Description	Num	Description
1	S3C2443 ARM920T 533MHz AP	2	64Mbytes Mobile SDRAM
3	256Mbytes NAND (K9F2G08U0M)	4	4Mbytes NOR (K8P3215UQB)
5	CS8900 10Mbps Ethernet Controller	6	USB-JTAG/Serial IC (N.M)
7	Boot Mode Select SW	8	Reset Switch
9	DC 5V Power JACK (5V/2A)	10	Power ON/OFF Slide Switch
11	Battery Connector (Single-Cell Li-Ion)	12	SD Card Slot
13	RJ45 Ethernet Connector	14	20pin ARM Standard JTAG
15	UART Port 1, DSUB9 Connector	16	USB 1.1 Host Connector
17	WM8960 Audio Codec + 1W AMP	18	RTC Battery
19	GPS Module (Option)	20	WiFi/Bluetooth Combo Module (Option)
21	USB 2.0 Device Connector	22	LCD Expansion Connector
23	24P Korean Standard Charger Connector	24	

7. 망고 24 하드웨어 구성

7.4. 망고 24 구성도

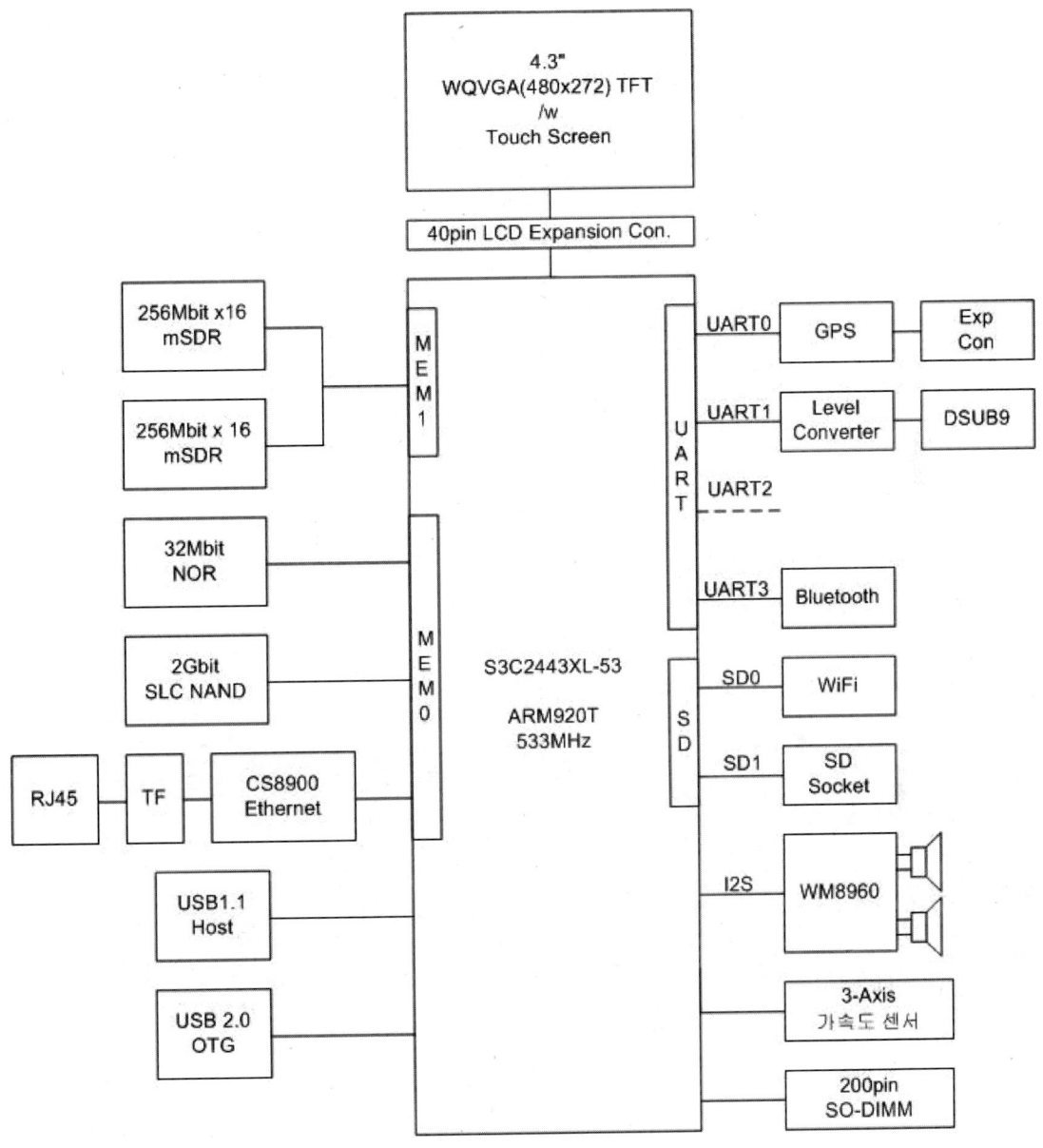

8. 망고 24 BSP

이번 장에서는 본격적으로 망고 24를 이용한 작업을 수행하게 될 것입니다.

8.1. 망고 24 BSP 설치 전 유의 사항

우리는 앞선 장에서 망고 64 BSP와 관련한 사항을 다루었습니다. 혹시 독자 여러분 중에서 망고64를 가지고 있지 않고 망고 24만 가지고 있고, 이전 장의 내용이 망고 64와 관련한 내용이기 때문에 읽지 않고 바로 이번 장으로 넘어오신 분이 계시면, <u>반드시 앞으로 돌아가서 이전에 다룬 망고 64 BSP 와 관련한 모든 부분을 읽고 나서 이번 장을 읽어 주시기 바랍니다.</u>

앞선 장에서 다룬 부분은 분명 망고 64를 위한 내용이지만 상당 부분은 망고 24에서도 달라질 필요가 없는 부분이 존재합니다. 물론 세부적인 사항에 대해서는 다른 부분이 있을 것이고 그것에 대해서는 상세히 설명드릴 것이지만 툴의 설치라든가 중복해서 설명할 필요가 없는 부분들은 여기서 다시 한번 설명하지는 않을 것입니다. 그러므로 앞 장의 내용을 읽지 않으신 분들은 실제 보드에 적용하지는 않더라도 앞 장의 내용을 한번은 읽어 보시고 적어도 어느 내용이 어느 부분에 있다라는 정도의 사항은 인지하고 이번 장을 읽어 주시기 바랍니다.

8.2. 망고 24 보드 BSP 설치

우리는 일단 망고 24 보드에 대한 BSP를 홈페이지에서 다운로드 받아서 설치해보고 실제로 보드에서 구동되는 모습을 먼저 살펴볼 것입니다.

8.2.1. 망고 24 BSP 파일 다운로드

http://crztech.iptime.org:8080/Release/mango24/wince/Wince6.0/
위 링크에 접속하면 아래의 화면을 만날 수 있습니다.

Name	Last modified	Size	Description
Parent Directory	11-Nov-2010 11:40	-	
Mango24-Wince6.0-V01..>	11-Nov-2010 11:38	17.2M	

위 링크를 접속하면 Mango24-Wince6.0-V01-000.zip 파일을 다운로드 받을 수 있습니다.

8. 망고 24 BSP

위의 링크 부분을 인터넷 브라우저에서 접속하면 파일이름이 모두 표시되지 않아서 조금 불편합니다. FTP로 접속해서 다운로드 받는 방법에 대해서 망고64 부분에서 설명 드렸습니다. 그 내용을 참조하시기 바랍니다.

Mango24-Wince6.0-V01-000.zip 파일의 압축을 풀면 CB2443 폴더를 발견할 수 있습니다. 이것이 망고 24의 BSP 입니다.

8.2.2. BSP 설치 작업

CB2443 폴더를 적절한 폴더로 복사해주면 설치 작업은 완료 됩니다.

CB2443 폴더를 C:\WINCE600\PLATFORM\에 복사합니다. 이전 망고 64 BSP 작업을 수행할 때에는 S3C6410_SEC_V1 폴더가 있어서 이것을 COMMON\SRC\SOC\에 복사하는 작업도 수행을 했습니다. 하지만 S3C2443과 관련해서는 이러한 방식이 아니라 **Platform 폴더에 CPU와 관련한 내용도 함께 들어있는 옛날 방식을 사용**합니다. 사용자에 따라서는 이 방식을 더 선호하는 분들도 계십니다.

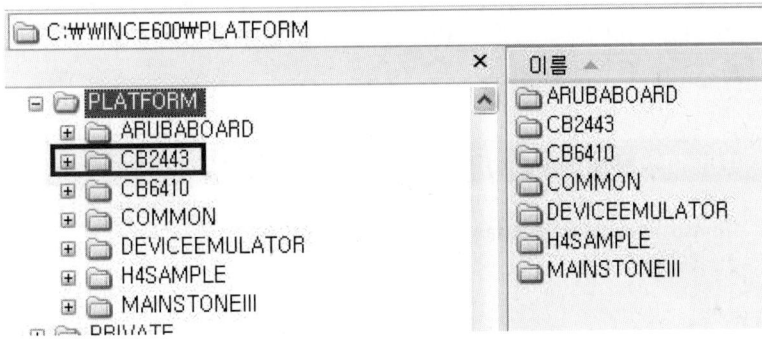

위 그림과 같이 복사 작업을 완료하였습니다.

8.3. Visual Studio 2005에서 Project 만들기

Visual studio 2005 에서 "파일(Files)->새로 만들기->프로젝트"를 선택합니다.

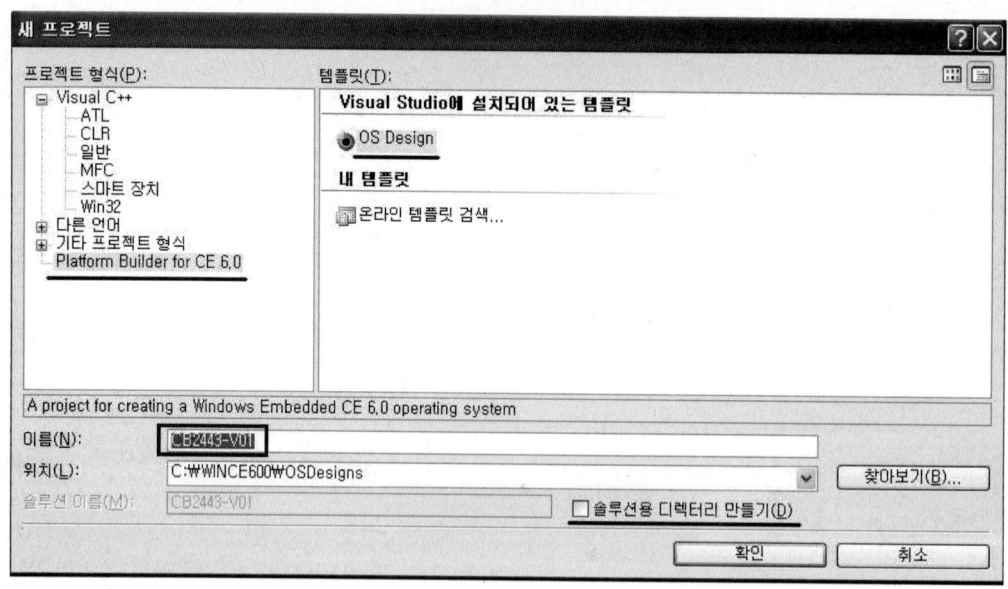

프로젝트 형식은 "Platform Builder for CE 6.0"입니다. 프로젝트 이름을 "CB2443-V01"로 넣었습니다. "솔루션용 디렉토리 만들기"는 체크 하지 않습니다. 확인을 눌러 본격적으로 OS Design을 만들게 됩니다. OS Design Wizard의 도움을 받습니다.

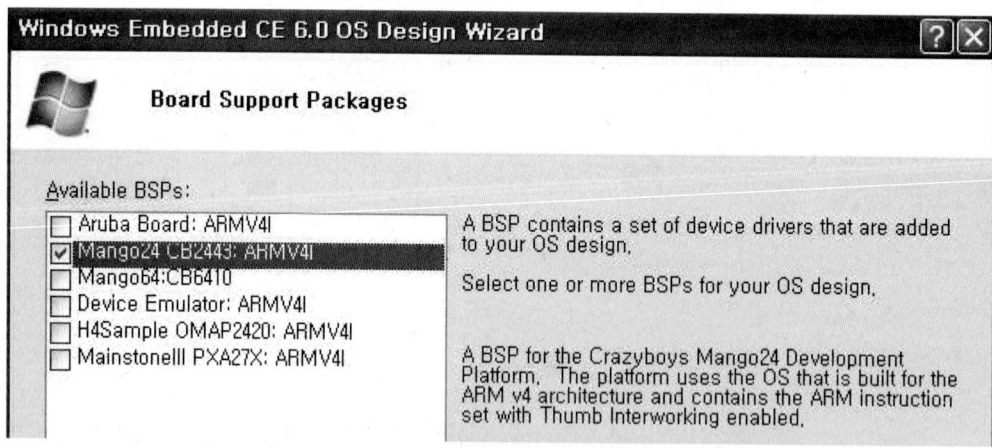

당연히 "Mango24 CB2443: ARMV4I"를 선택하고 다음을 누릅니다.

대부분 설정은 망고 64와 거의 동일합니다. 망고 64를 망고 24로 변경하는 부분에 대한 것만 다를 뿐 Catalog Item을 선택하는 것부터 빌드 옵션 및 모든 선택 사항들은 망고 64를 작업하면 했던 내용과 동일합니다. 여기서는 간단하게만 특정 선택이 필요한 부분들에 대해서만 설명하고 같은 부분이나 디폴트로 선택이 필요 없는 부분들에 대해서는 가능한 생략하도록 하겠습니다.

8. 망고 24 BSP

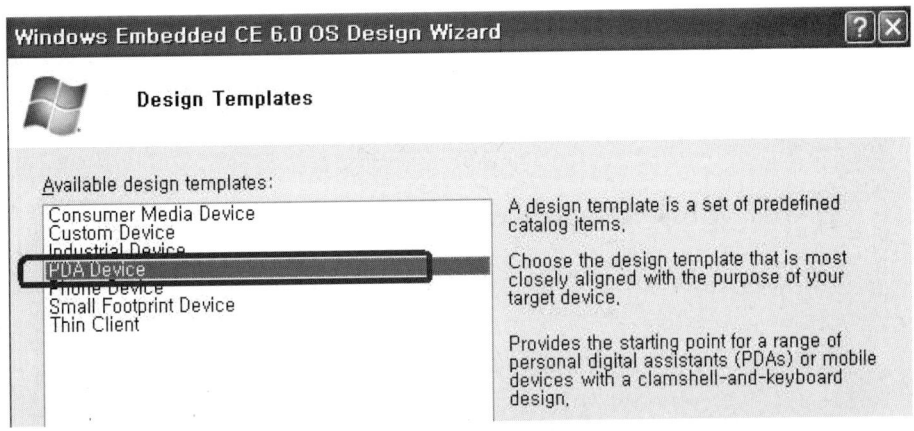

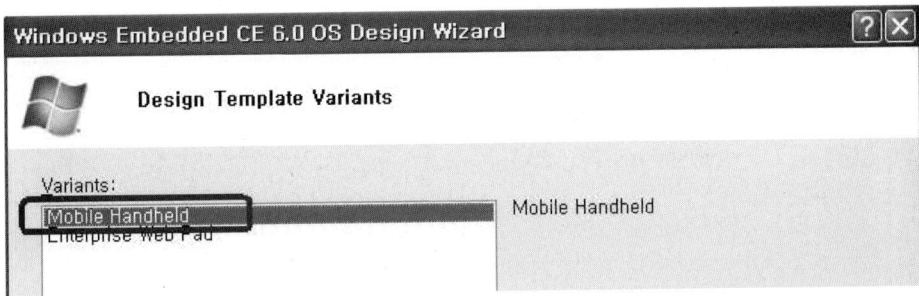

"PDA Device", "Mobile Handheld" 선택은 망고 64의 경우와 동일합니다.

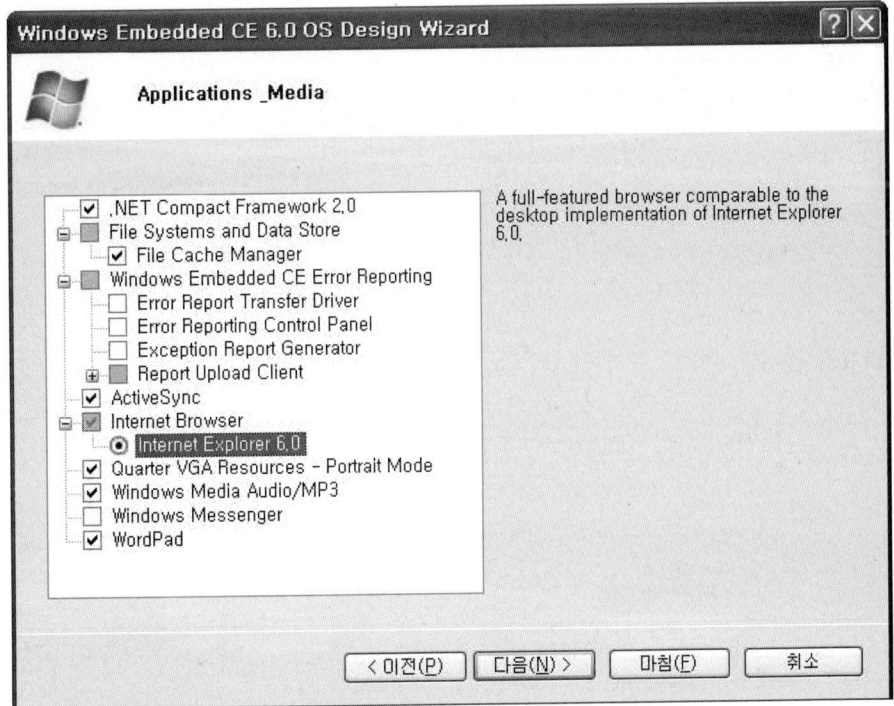

Application _Media의 경우도 망고 64의 경우와 동일합니다.

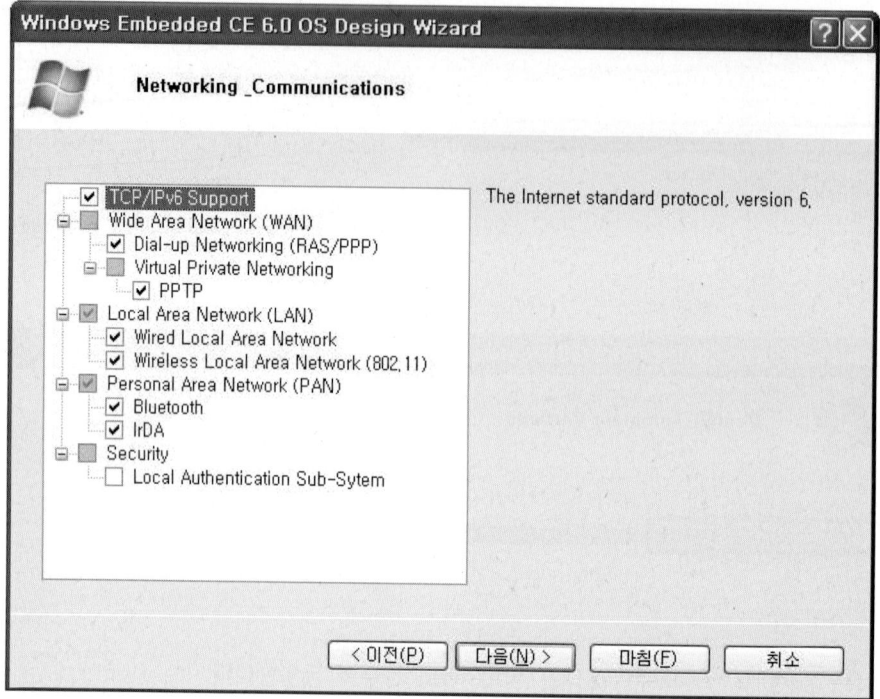

Networking _Communications의 경우도 망고 64의 경우와 동일합니다.

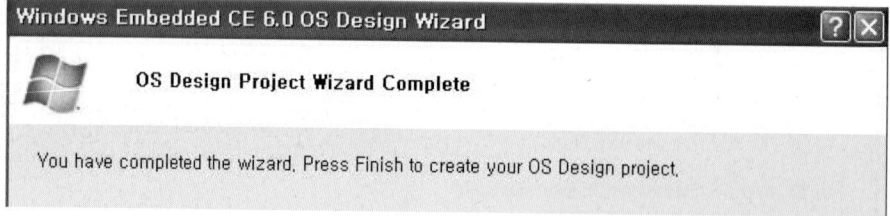

"마침" 클릭하면 됩니다. 이것으로 일단 OS Design에 대한 프로젝트가 완성된 것입니다.

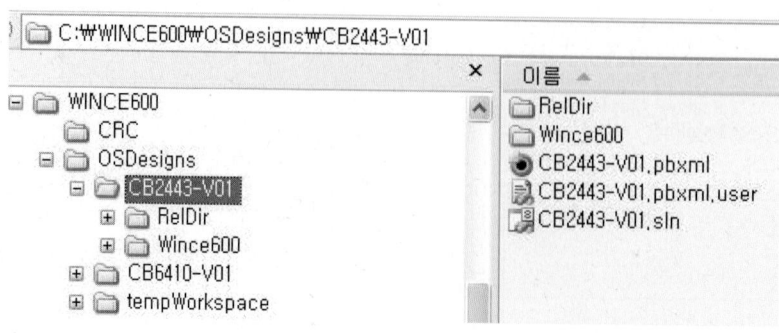

WINCE600 폴더를 가서 보면 위 그림과 같이 OSDesigns 부분에 CB6410-V01과 더불어 CB2443-V01 폴더도 생겨있습니다. RelDir 부분이 있는데 이곳이 빌드를 수행하면 바이너리 파일이 생성될 폴더입니다.

CB2443-V01.pbxml이나 CB2443-V01.sln을 더블 클릭하게 되면 Visual Studio 2005 프로그램이 열리면서 위에서 만들었던 프로젝트가 로딩 됩니다.

Visual Studio 2005 솔루션 탐색기 부분을 보면 위와 같이 만들어진 내용을 확인할 수 있습니다.

8.4. Catalog Item 변경하기

이제는 Catalog Item을 변경해서 build를 해 보겠습니다.

8.4.1. 구성 관리자 - 빌드 구성

가장 먼저 설정하여야 하는 것은 빌드 구성에 대한 부분입니다. 빌드 메뉴에서 구성 관리자를 선택해서 엽니다. 여기서 Release 모드로 Build 환경을 변경합니다.

"활성 솔루션 구성" 부분에서 "Mango24 CB2443 ARMV4I Release"를 선택합니다. 위와 같이 정상적으로 설정을 마친 이후에 닫기를 눌러서 창을 닫습니다.

8.4.2. BSP 선택

가장 먼저 BSP 선택에 대한 부분을 봅니다. 망고24 보드가 이미 설정되어 있습니다.

8.4.3. Core OS (CEBASE) 선택

<Applications – End User>

기본적으로 디폴트로 선택되어 있는 것에 특별히 변경하지는 않습니다. ActiveSync가 선택되어 있고, Help와 WordPad가 선택되어 있습니다. 망고 64와 동일 합니다.

<Applications and Services Development>, <Communication Services and Networking>

위 두 부분에 대해서 기본적으로 디폴트로 선택되어 있는 것에 특별히 변경하지는 않습니다. 망고 64와 동일 합니다.

<Core OS Services>

이 부분도 망고 64의 경우와 마찬가지로 System Event Log를 추가합니다.

8. 망고 24 BSP

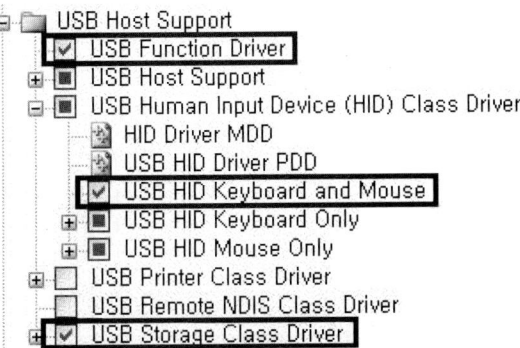

Core OS Services 중에서 USB Host Support에서 USB Function Driver, USB HID Keyboard and Mouse, USB Storage Class Driver를 선택합니다. 망고 64와 동일 합니다.

<Device Management>

설정된 디폴트 부분을 변경하지 않도록 합니다. 망고 64와 동일 합니다.

<File Systems and Data Store>

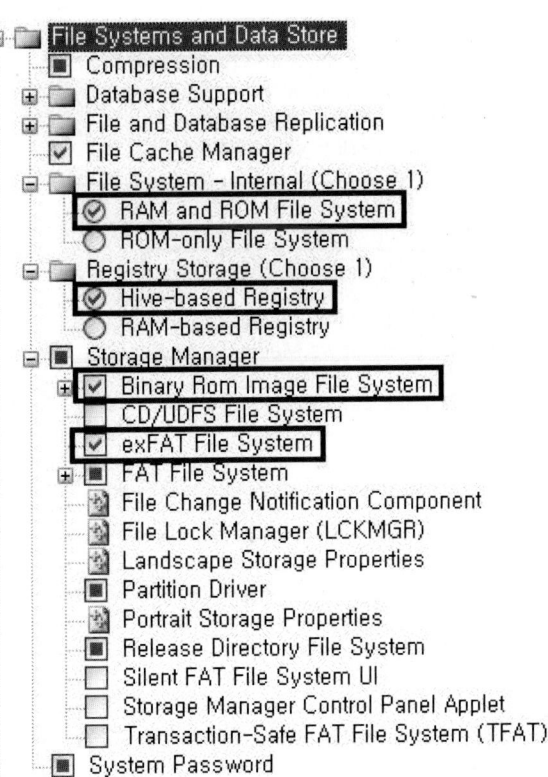

Core OS -> CEBASE -> File Systems and Data Store에서 File System – Internal의 RAM and ROM File System을 선택합니다. Registry Storage -> Hive-based Registry를 선택합니다. 망고 64와 동일 합니다.

Hive-based Registry 선택할 경우엔 cb2443.bat 파일에서 "set IMGHIVEREG=" 부분을 "set IMGHIVEREG=1"로 수정하여야 합니다. **cb2443.bat (C:\WINCE600\PLATFORM\CB2443)**의 내용을 아래와 같이 변경했습니다.

```
@REM For Hive Based Registry
set IMGHIVEREG=1
```

Storage Manager > Binary Rom Image file System을 선택합니다.
Storage Manager > exFAT File System을 선택합니다. 망고 64와 동일 합니다.

<Fonts>

Fonts 부분은 특별히 적용하지 않도록 합니다. 망고 64와 동일 합니다.

<Graphics and Multimedia Technologies>

Media 부분의 "Video Codecs and Renderers"에서 WMV/MPEG-4 Video Codec을 선택합니다. 그리고 Windows Media Player를 선택합니다. 망고 64와 동일 합니다.

<International>

International에서 Locale Specific Support 부분의 Korean에서 Fonts 중에 Gulim & GulimChe에서 네 가지 폰트 중 하나를 선택합니다. Gulim & GulimChe (Subset 1_30)을 선택하였고, Gulim (GL_CE)를 선택했습니다. 망고 64와 동일 합니다.

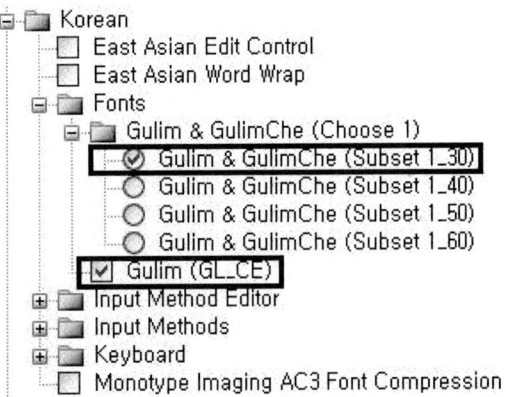

8.4.4. Device Drivers 선택

이제 Device Drivers 부분에 대해서 설정하는 것을 살펴보도록 하겠습니다.

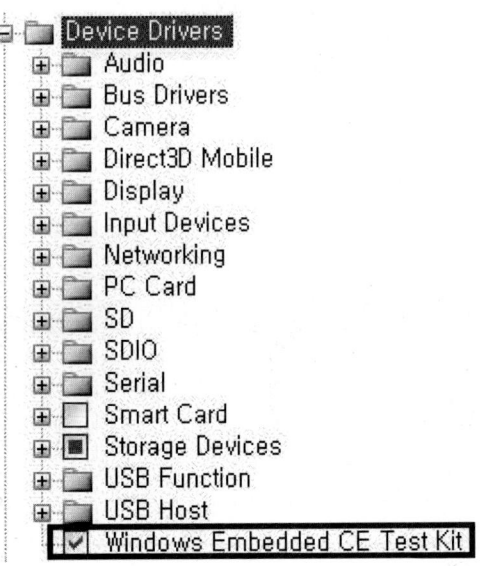

Windows Embedded CE 6.0 Test Kit (CETK)을 사용하기 위해서 반드시 설정해야 하는 부분입니다. CETK는 시험 도구로서 사용자가 자신의 디바이스 드라이버를 Windows Embedded CE OS에 맞도록 시험할 수 있는데 도움을 주는 툴이 되겠습니다. 이것을 설정함으로써 SYSGEN_WCETK 값이 1이 되도록 만들게 됩니다. 망고 64와 동일 합니다.

SD에서 SD Bus Driver와 SDIO에서 SDIO Memory의 SD Memory를 선택합니다. 역시 망고 64와 동일 합니다.

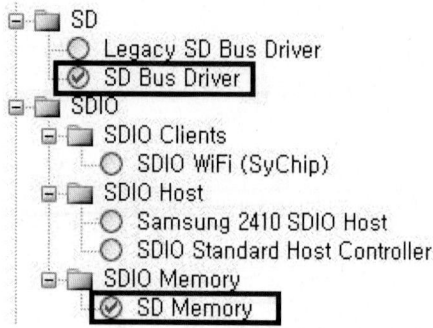

USB Function Clients에서 Mass Storage를 선택하고, serial도 함께 선택하였습니다. Mass Storage client driver와 serial modem client driver에 대한 USB 기능을 개발하기 위해서 필요한 부분이 되겠습니다. 망고 64와 동일 합니다.

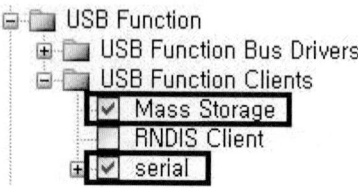

8.5. Project build 하기

8.5.1. 프로젝트 속성 선택

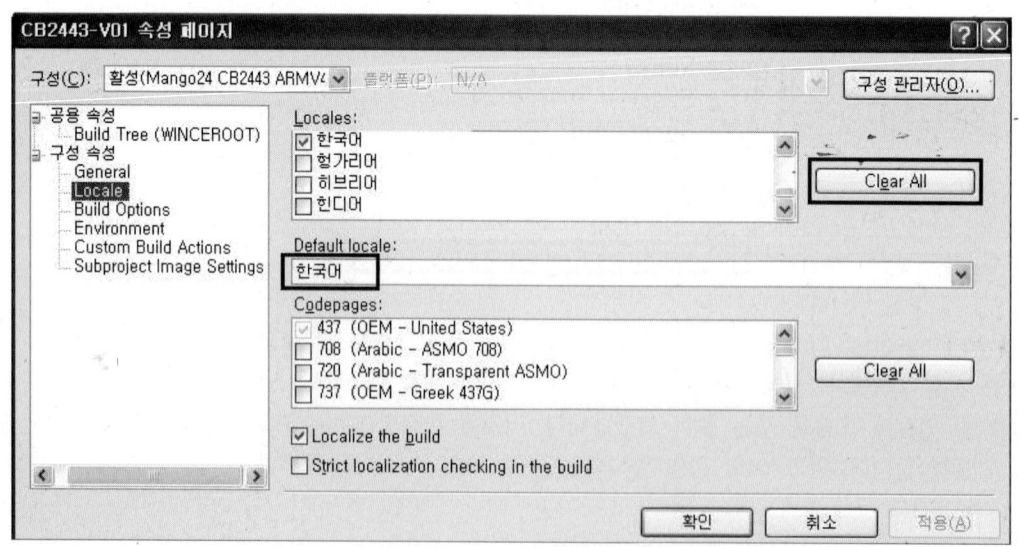

프로젝트를 빌드하기에 앞서서 먼저 속성의 변경 작업을 수행합니다. 솔루션 탐색기로 돌아가서 CB2443-V01 부분에서 마우스 오른쪽 버튼을 누르고 속성을 선택합니다. 속성을 실행한 후에 왼쪽의

"구성 속성" 부분을 선택합니다.

Locale 부분에서 먼저 "Locales"에서 Clear all을 수행한 이후에 영어(미국)와 한국어를 선택합니다. "Default locale"은 "한국어"를 선택합니다. 망고 64와 동일 합니다.

구성 속성의 Build Options 부분에서 "Enable KITL(no IMGNOKITL=1)"를 선택합니다. 나중에 KITL을 이용한 보드 연결 및 디버깅을 수행할 것이기 때문에 이 부분은 선택되어 있는 것이 좋습니다. 물론 선택하지 않는다고 해서 동작상에서 다른 점은 없습니다. 망고 64와 동일 합니다.

8.5.2. 프로젝트 빌드하기

이제 빌드를 해 봅시다. 빌드 메뉴에서 **"CB2443-V01 다시 빌드"**를 선택합니다. 이때 수행하는 방법은 이 메뉴를 이용하는 것이 좋습니다. 물론 우리는 한번도 빌드를 수행하지 않았기 때문에 CB2443-V01 빌드를 수행해도 문제는 없겠지만 현재 홈페이지에서 제공하는 BSP가 이미 빌드가 되어있는 즉, 오브젝트 파일들도 포함된 것으로 제공되기 때문에 여기서는 다시 빌드를 통해서 오브젝트들을 지우고 빌드를 해주는 것이 좋습니다.

> 만약 빌드 에러가 발생하게 되면 망고64 부분에서 설명한 빌드 에러에 대한 대처 방법 부분을 참조 하시고, 그곳의 내용으로도 해결이 되지 않는 상황은 인터넷의 검색이나 카페에 질문을 통해서 해결 해 주시기 바랍니다.

에러 없이 수행이 된다면, 아래 폴더 위치에 STEPLDR, EBOOT, NK 이미지가 만들어 집니다.
C:\WINCE600\OSDesigns\CB2443-V01\RelDir\cb2443_ARMV4I_Release\

8.6. CE 6.0 Image (Mango BSP) 다운로드 및 실행

8.6.1. DNW 실행 및 설정

DNW 툴은 아래 링크에서도 다운로드 받을 수 있습니다.

[망고64 매뉴얼] Wince 6.0 퓨징 방법
http://cafe.naver.com/embeddedcrazyboys/2305

위 링크에서 etc.zip을 다운로드 받을 수 있고, 압축을 풀면 "DNW v0.60C"와 "SMDK6410 USB Driver" 폴더가 생기게 됩니다. "DNW v0.60C"에는 DNW 실행 파일이 들어 있고, "SMDK6410 USB Driver" 폴더에는 관련 USB 드라이버가 들어 있습니다.

C:\WINCE600\PLATFORM\CB6410\ETC\를 열어서 살펴보면 위 링크에서 다운 받은 것과 완전히 동일한 파일이 들어 있습니다. 그것을 이용하셔도 됩니다.

C:\WINCE600\PLATFORM\CB2443\Etc를 열어서 보면 DNW와 USB 드라이버가 들어 있습니다. 하지만 이곳의 DNW는 **0.5L, 0.5M** 버전이 들어 있습니다. 위에서 찾은 <u>**v0.60C 버전이 좀더 최신 버전이고 가능한 이것을 사용하시는 것이 좋습니다. 드라이버 역시 위의 링크나 CB6410에 들어있는 것을 사용하시기 바랍니다.**</u>

PC와 Mini USB cable을 USBOTG 부분에 연결하고 Serial Cable을 연결합니다. 드라이버를 연결하는 부분과 관련해서는 망고 64 부분에서 설명 드렸기 때문에 여기서는 생략하도록 하겠습니다.

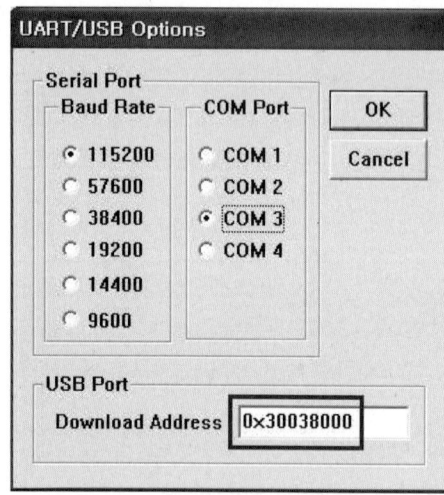

DNW Tool을 실행합니다. 실행한 후 Configuration 메뉴에서 Options를 실행하면 위 그림이 나타나고 설정은 위와 같이 하면 됩니다. (**Download Address가 0x30038000**으로 바뀐 것을 주의해야 합니다.)

"Download Address"를 0x30038000, COM Port는 "내컴퓨터->장치관리자"에서 usb to serial Port로 할당된 것을 참조해서 설정을 합니다. 제 경우는 COM 3로 되어 있습니다.

이제 설정이 끝났습니다. DNW Tool을 실행 후 "Serial Port->Connect" 클릭합니다. PC<-> USB To Serial Cable<-> 망고24 보드가 연결된 것입니다.

8.6.2. NOR Mode로 부팅하기

기본적으로 NOR에는 모니터 프로그램이 로딩되어 있고 그 프로그램을 이용해서 다운로드 하는 것을 먼저 살펴보도록 하겠습니다.

8. 망고 24 BSP

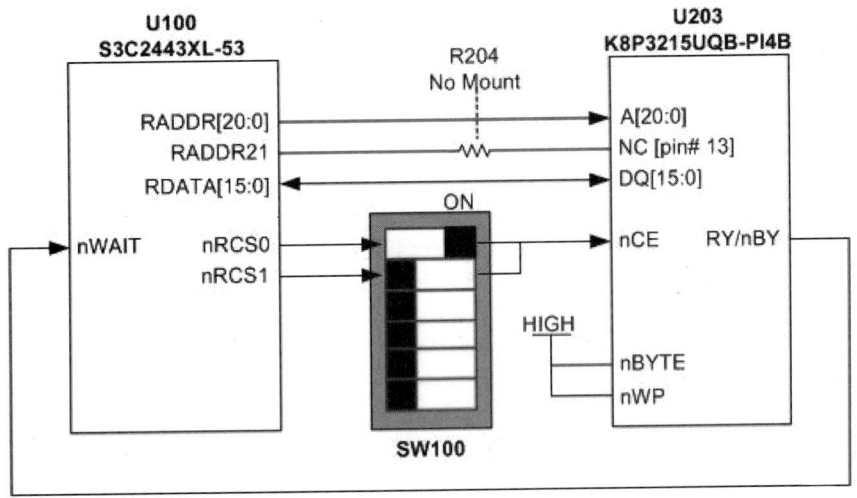

위 그림은 NOR Flash의 구성도 입니다. Boot Loader나 Firmware, RTOS 등을 위한 공간으로 4Mbytes의 NOR Flash Memory가 장착 되어 있습니다. Mango 24 보드의 NOR Flash는 "SW100" DIP 스위치 설정에 따라, S3C2443의 nRCS0 또는 nRCS1으로 연결 됩니다.

위 그림의 구성도를 보면, NOR Flash의 Chip Select 신호인 nCE에는 nRCS0와 nRCS1을 연결 할 수 있는데, 이것은 SW100 스위치의 1번/2번 버튼으로 결정 됩니다. 1번 버튼을 "ON" 위치에 둘 경우, nRCS0로 NOR Flash가 선택 되고, 2번 버튼을 "ON" 위치에 둘 경우, nRCS1으로 NOR Flash가 선택 됩니다. 여기서 주의할 점은, 1번/2번 버튼 모두를 "ON" 위치에 두거나 "OFF" 위치에 두어서는 안 되며, 둘 중 하나만 "ON" 위치에 있어야 한다는 것입니다. 둘을 같은 위치에 둘 경우, 알 수 없는 오동작이 일어날 가능성이 있습니다.

기본적으로 장착되어 있는 NOR 모니터 프로그램은 **1번 스위치만 ON을 시키고 나머지는 모두 OFF 시키도록** 해야만 동작합니다. 위 그림의 스위치 구조와 동일합니다.

```
###### Select Menu ######
    [0] Download & Run
    [1] Download Only
    [2] Test SDRAM
    [3] Clear SDRAM
    [4] Change The Console UART Ch.
    [5] Download with UART
    [6] Upload with USB 2.0 device
    [7] suspend mode test
0
Download&Run is selected.

USB host is connected. Waiting a download.
```

위와 같이 메시지가 출력이 되면, 정상입니다. 이제 본격적으로 Wince 이미지를 퓨징 하도록 하겠습니다. 아무 키나 누르면 메뉴가 나타나고 여기서 0: Download & Run을 수행합니다. 다운로드를 받아서 그것을 메모리에 상주시킨 이후에 그곳으로 수행 위치를 점프해서 수행을 하도록 만드는 작업을 수행하는 것입니다.

이후 USB Port > Transmit를 선택해서 EBOOT.nb0를 다운로드 해서 실행해야 합니다.

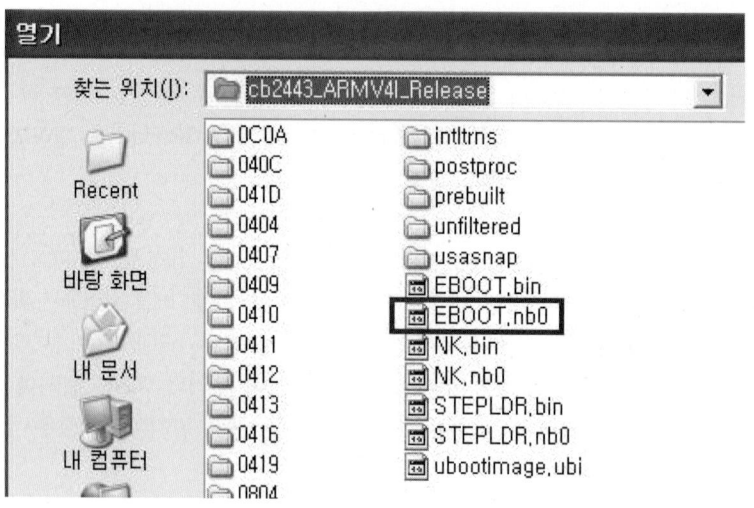

C:₩WINCE600₩OSDesigns₩CB2443-V01₩RelDir₩cb2443_ARMV4I_Release에 들어있을 것입니다. 이때 다운로드 하는 파일의 이름은 EBOOT.bin이 아니고 **EBOOT.nb0**입니다.

8.6.3. Boot Loader 다운로드

이전 절에서 EBOOT.nb0가 정상적으로 수행된 상태에서 5초가 지나기 전에 Space를 누르면 위 그림의 메뉴가 나타나게 됩니다.

가장 먼저 수행해야 할 부분은 A의 Erase All Blocks 입니다. 만약 NAND에 이미 WinCE가 포팅되어 있는 상태라면 NOR로 부팅해서 작업하는 부분을 건너 뛰고 바로 NAND에서 Eboot로 부팅해서 작업하도록 하면 이 과정을 생략해도 됩니다.

```
Ethernet Boot Loader Configuration:

0) IP address: 0.0.0.0
1) Subnet mask: 255.255.255.0
2) DHCP: Disabled
3) Boot delay: 5 seconds
4) Reset to factory default configuration
5) Startup image: LAUNCH EXISTING
6) Program disk image into SmartMedia card: Enabled
7) Program CS8900 MAC address (00:00:00:00:00:00)
8) KITL Configuration: ENABLED
9) Format Boot Media for BinFS
A) Erase All Blocks
B) Mark Bad Block at Reserved Block
C) Clean Boot Option: FALSE
D) Download image now
E) Erase Reserved Block
F) Low-level format the Smart Media card
L) LAUNCH existing Boot Media image
R) Read Configuration
U) DOWNLOAD image now(USB)
W) Write Configuration Right Now
```

```
Enter your selection: a
All block(2048) Erase...
LB######## Error Erasing block 162!
LB######## Error Erasing block 168!
LB######## Error Erasing block 170!
LB######## Error Erasing block 2012!
LB######## Error Erasing block 2014!
LB######## Error Erasing block 2018!
```

6개의 블록에서 에러가 발생한 것을 볼 수 있습니다. 이것은 Bad block으로 Marking하고 향후 이 bad block을 가리키는 physical 주소를 다른 논리적 주소로 변경하는 작업이 자동적으로 수행되도록 될 것입니다.

이제 부터는 Step Loader와 EBoot를 다운로드 해서 NAND에 저장하는 작업을 수행해야 합니다.

```
Ethernet Boot Loader Configuration:

0) IP address: 0.0.0.0
1) Subnet mask: 255.255.255.0
2) DHCP: Disabled
3) Boot delay: 5 seconds
4) Reset to factory default configuration
5) Startup image: LAUNCH EXISTING
6) Program disk image into SmartMedia card: Enabled
7) Program CS8900 MAC address (00:00:00:00:00:00)
8) KITL Configuration: ENABLED
```

5번, 6번 메뉴를 선택해서 Launch Existing과 Smart Media card Enabled로 설정한 이후에 W를 선택해서 현재의 구성 상태를 저장합니다. 이후 U를 선택해서 USB로 **STEPLDR.nb0**를 다운로드 할 수 있도록 만듭니다.

```
F) Low-level format the Smart Media card
L) LAUNCH existing Boot Media image
R) Read Configuration
U) DOWNLOAD image now(USB)
W) Write Configuration Right Now
```

```
Enter your selection: u
System ready!
Preparing for download...
INFO: *** Device Name 'SMDK24430' ***
Please send the Image through USB.
```

U를 누르면 위와 같이 이제 USB로 다운로드를 받을 수 있는 상태가 되면서 다운로드를 진행하기 위해서 기다리는 상태가 됩니다.

위와 같이 USB Port 메뉴에서 UBOOT > UBOOT를 선택합니다.

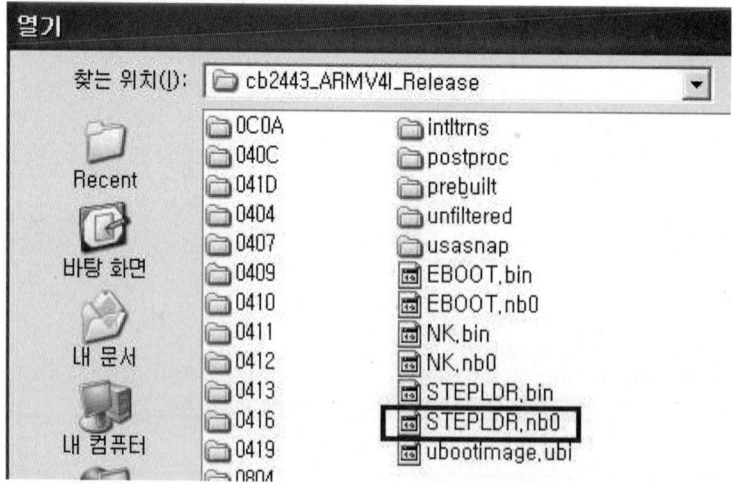

가장 먼저 다운로드 해서 저장해야 하는 것은 Step Loader 파일입니다. Step Loader의 경우는 EBoot에서 수행되고 있지만 **STEPLDR.nb0** 파일을 선택해서 다운로드 해야 합니다.

```
Download BIN file information:
------------------------------------------------
[0]: Base Address=0x0  Length=0x1000
------------------------------------------------
Stepldr image
ImageStart = 0x0, ImageLength = 0x1000, LaunchAddr = 0x0

Completed file(s):
------------------------------------------------
[0]: Address=0x0  Length=0x1000  Name="STEPLDR.nb0" Target=RAM
dwImageLength = 0x1000
dwNumBlocks = 0x1
dwBlock(0x0) X g_FlashInfo.wSectorsPerBlock(0x40) = 0x0
INFO: Step loader image stored to Smart Media.  Please Reboot.   Halting...
```

위 그림과 같이 마지막에 "**INFO: Step loader image stored to Smart Media.**" 메시지를 확인하면 정상적으로 다운로드가 된 것입니다 이제 Step Loader는 정상적으로 NAND에 저장된 것입니다. 하지만 Step Loader만 저장된 상태로는 정상적으로 부팅이 이루어질 수 없습니다. 이제 EBOOT.bin도 다운로드 해서 NAND에 저장해야 합니다. 그러므로 Step Loader를 다운로드 했던 방식과 동일한 방법을 한 번 더 수행해서 이번에는 EBOOT.bin을 다운로드 하도록 하겠습니다.

먼저 리부트를 수행합니다. 리부트 후에 STEPLDR을 퓨징하기 바로 전의 상황을 그대로 만듭니다. 메뉴의 상태를 동일하게 만듭니다.

1) NOR mode 리부트 후에 0: Download & Run을 수행
2) **USB Port > Transmit**를 선택해서 **EBOOT.nb0**를 다운로드 해서 실행
3) **Launch Existing과 Smart Media card Enabled**로 설정한 이후에 **U**를 선택 (W 메뉴를 통해서 저장을 하였다면 Launch Existing과 Smart Media card Enabled 부분은 설정된 그대로 되어 있을 것입니다.)

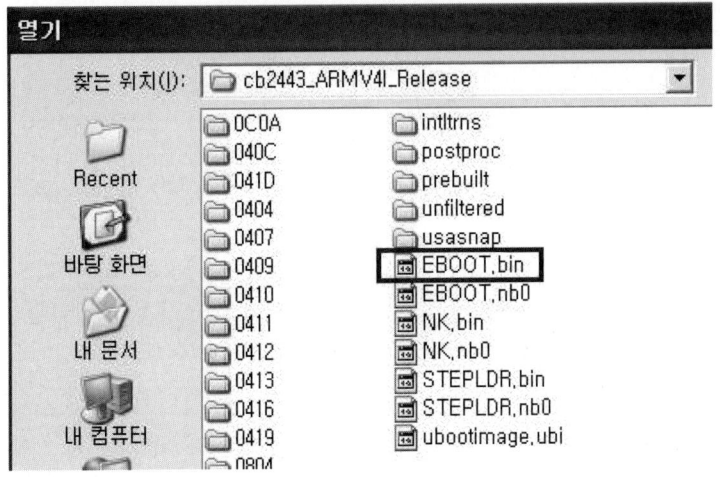

EBOOT도 STEPLDR과 동일한 방법으로 퓨징 하면 됩니다.

리부트를 수행한 이후에 앞에서와 같이 EBOOT메뉴에서 "U"를 입력하고 DNW의 "USB Port > UBOOT > UBOOT" 클릭 후, "C:₩WINCE600₩OSDesigns₩**CB2443-V01₩RelDir₩cb2443_ARMV4I_Release**" 디렉토리에서 **EBOOT.bin**을 선택합니다.

```
  dwImageType: 0x2
  dwTtlSectors: 0x0
  dwLoadAddress: 0x0
  dwJumpAddress: 0x0
  dwStoreOffset: 0x0
}
chainInfo.dwLoadAddress: 0X00000000
chainInfo.dwFlashAddress: 0X00000000
chainInfo.dwLength: 0X00000000
}
INFO: Eboot image stored to Smart Media.  Please Reboot.  Halting...
```

위 그림과 같이 마지막에 **"INFO: Eboot image stored to Smart Media."** 메시지를 확인하면 정상적으로 다운로드가 되고 NAND에 저장된 것입니다

8.6.4. NAND Mode로 부팅하기

이제 NAND에 Step Loader와 EBoot를 정상적으로 다운로드 했기 때문에 부팅 모드를 NAND에서 부팅할 수 있도록 설정한 이후에 NAND mode로 부팅을 진행하도록 하겠습니다. 망고 24 보드 뒷면에 장착되어 있는 부팅 모드 설정 스위치의 각 번호 별로 NOR/NAND 부팅 모드를 선택하는 표는 아래와 같습니다.

Button 1	Button 2	Button 5	Boot Mode
ON	OFF	OFF	NOR Boot
ON	OFF	ON	NAND Boot

NAND mode 부팅 방법은 위 표에서와 같이 스위치 1번과 5번을 ON 상태로 놓고 나머지 다른 스위치는 모두 OFF 상태로 놓는 것입니다.

현재는 NOR로 부팅했던 상황이기 때문에 **1번 스위치만 ON 되어 있을 것입니다. 여기서 추가로 5번 스위치를 ON 시키면 NAND 모드로 부팅**할 수 있습니다. 보드의 전원을 Off 시킨 이후에 5번 스위치를 ON 시키고 전원을 On 시킵니다.

우리는 이전 절에서 이미 NAND에 정확하게 다운로드 했기 때문에 NOR mode로 부팅해서

EBOOT.nb0를 Transmit해서 실행했던 것과 동일한 메뉴를 볼 수 있습니다. 만약 정상적으로 부팅되지 않았다면 무언가 이전의 과정에서 오류가 있었다는 것이고, 이전의 과정을 다시 한번 정확하게 수행해서 정상적으로 부팅되도록 만들어야 합니다.

8.6.5. NAND Flash에 NK.bin 퓨징 하기

EBOOT 메뉴에서 다음과 같이 설정합니다. 메뉴 앞의 숫자나 알파벳을 입력하면 됩니다. 만약 아래와 같이 이미 설정되어 있으면 이 과정은 생략해도 됩니다.

```
"5) Startup image: LAUNCH EXISTING"
"6) Program disk image into SmartMedia card: Enable"
```

여기서 6번 "6) Program disk image into SmartMedia card: Enable"은 이미지를 메모리에 다운로드 한 후, NAND에 Fusing 할지 결정하는 메뉴입니다. 이 메뉴가 Disable 되어 있으면 이미지를 다운로드 한 후 바로 실행이 됩니다. 빈번하게 BSP를 수정해서 테스트하는 경우라면 이 메뉴를 Disable 하여 다운로드를 실행하면 됩니다.

NAND를 포맷해야 하는데 두 단계를 실행 합니다. "F"와 "9"를 차례로 입력합니다.

```
"F) Low-level format the Smart Media card"
"9) Format Boot Media for BinFS"
```

첫 번째는 NAND를 모두 지우고 Bad block을 찾아서 marking해 주는 일을 하는데, 하드 디스크를 low-level format 하는 것과 동일하게 보면 됩니다. 이때, NAND 전체를 지우는 건 아니고 부트로더 영역(step loader와 EBOOT 영역)은 reserve하고 나머지 부분만 포맷합니다. 두 번째로 BinFS를 위해 포맷하는 것은 실행 이미지(NK.bin)를 위한 파일시스템을 만들어 주는 과정입니다.

```
Enter your selection: f
Reserving Blocks [0x0 - 0x6] ...
...reserve complete.
Low-level format Blocks [0x7 - 0x7ff] ...
LB######## Error Erasing block 162!
Erase failed. Mark to Bad block (0xa2)
LB######## Error Erasing block 168!
Erase failed. Mark to Bad block (0xa8)
LB######## Error Erasing block 170!
Erase failed. Mark to Bad block (0xaa)
LB######## Error Erasing block 2012!
Erase failed. Mark to Bad block (0x7dc)
LB######## Error Erasing block 2014!
Erase failed. Mark to Bad block (0x7de)
LB######## Error Erasing block 2018!
Erase failed. Mark to Bad block (0x7e2)
...erase complete.
```

F를 입력하였을 때 위 그림과 같이 몇몇 블록에 대해서 bad block이 발생하고 이 부분들을 marking 해주게 됩니다. 모든 Bad block을 marking을 해놓기 때문에 문제가 없게 됩니다.

> NAND flash에 0번 Block에서 6번 Block까지 Reserving Block으로 설정하고, 7번 Block에서 0x7FF(2047)번 Block까지 다시 Erase를 합니다. 0번 Block부터 6번 Block은 Stebldr(Step loader)와 Eboot가 퓨징이 있으므로, 보호를 하겠다는 의미입니다. (**Reserving Block의 번호는 망고 64의 경우와 다를 수 있습니다.**)

9를 입력해서 수행하면 대부분의 경우 아무런 메시지가 없이 잠시 후에 다시 메인 메뉴를 띄워주게 됩니다.

U) DOWNLOAD image now(USB)를 선택합니다. 이후 USB Port 메뉴에서 UBOOT > UBOOT를 선택한 이후에 NK.bin을 아래 폴더에서 찾아서 다운로드 합니다.
C:₩WINCE600₩OSDesigns₩CB2443-V01₩RelDir₩cb2443_ARMV4I_Release₩

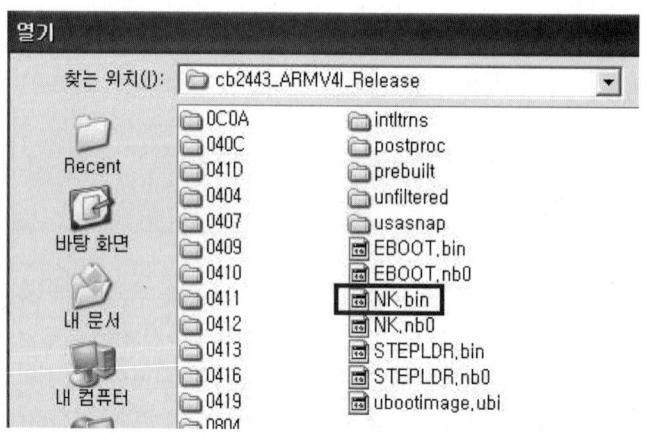

약 10분 정도 충분히 기다리고 난 이후에 위와 같이 자동으로 리부트가 되면서 메시지를 출력하게 됩니다.

아래 화면과 같이 망고 보드에서 정상적으로 WinCE가 수행되고 있는 모습을 볼 수 있습니다.

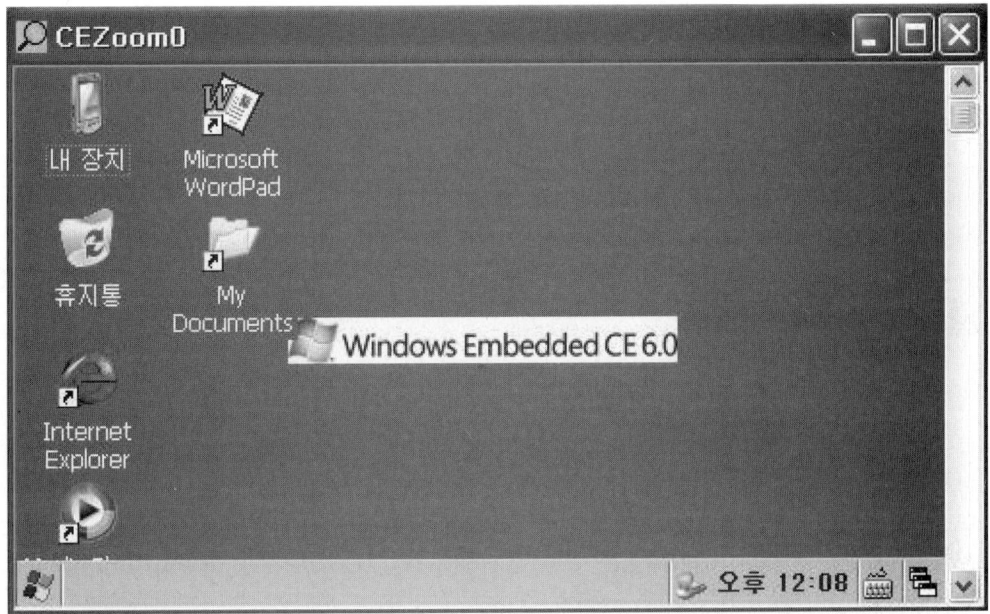

어떤 경우는 보드에서 USB와 관련한 드라이버를 새로 검색하는 경우가 있습니다. 이 경우는 이전에 설치하였던 드라이버를 다시 한번 설치해주면 됩니다. 드라이버 검색과 설치와 관련해서는 망고 64 부분에서 설명 드렸던 내용을 참조하시기 바랍니다.

9. 최초 프로그램 Hello Mango - 망고 24

이제 SDK를 만들어서 설치하고 ActiveSync를 통해서 망고 보드와 연결하고 최초의 프로그램 Hello Mango를 만들어서 띄워보는 것까지 진행을 해보도록 합니다.

9.1. 망고 24 Hello Mango 진행 전 유의 사항

지난 장에 이어서 다시 한번 강조를 드립니다.

> 우리는 앞선 장에서 망고 64 Hello Mango와 관련한 사항을 다루었습니다. 혹시 독자 여러분 중에서 망고64를 가지고 있지 않고 망고 24만 가지고 있고, 이전 장의 내용이 망고 64와 관련한 내용이기 때문에 읽지 않고 바로 이번 장으로 넘어오신 분께서 계시면, **반드시 앞으로 돌아가서 이전에 다룬 망고 64 Hello Mango와 관련한 모든 부분을 읽고 나서 이번 장을 읽어 주시기 바랍니다.**

앞선 장에서 다룬 부분은 분명 망고 64를 위한 내용이지만 상당 부분은 망고 24에서도 달라질 필요가 없는 부분이 존재합니다. 물론 세부적인 사항에 대해서는 다른 부분이 있을 것이고 그것에 대해서는 상세히 설명드릴 것이지만 툴의 설치라든가 중복해서 설명할 필요가 없는 부분들은 여기서 다시 설명하지는 않을 것입니다. 그러므로 앞 장의 내용을 읽지 않으신 분들은 실제 보드에 적용하지는 않더라도 앞 장의 내용을 한번은 읽어 보시고 적어도 어느 내용이 어느 부분에 있다라는 정도의 사항은 인지하고 이번 장을 읽어 주시기 바랍니다.

9.2. Mango 보드 SDK 만들기

9.2.1. SDK 생성

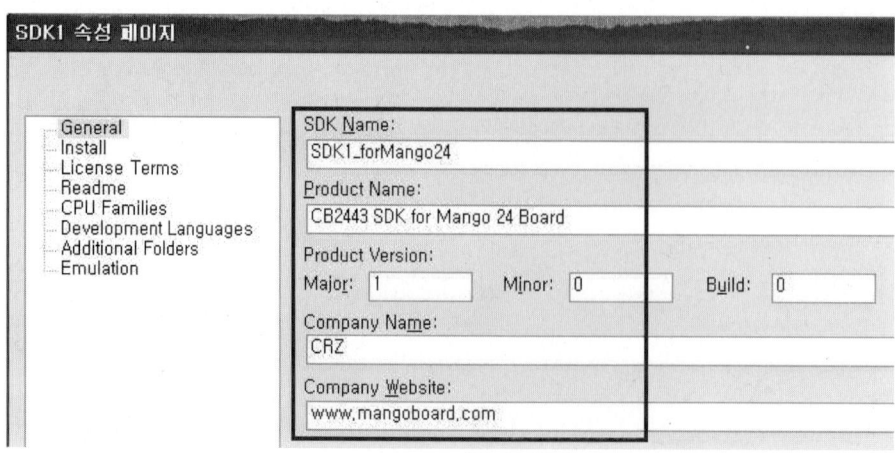

9. 최초 프로그램 Hello Mango - 망고 24

가장 먼저 수행해야 하는 것은 SDK를 만들어서 설치하는 것입니다.
CB2443-V01 프로젝트를 열어서 메뉴에서 Add New SDK를 실행합니다. (CB2443-V01 프로젝트를 실행하고 있어야 위 메뉴가 나타납니다. CB2443-V01 내의 SDKs 부분에 생성이 됩니다)

SDK Name은 SDK1_forMango24로 설정하고, Product Name은 CB2443 SDK for Mango 24 Board로 설정합니다. Version은 Major만 1로 설정했습니다. Company Name과 Website는 적절히 입력하면 됩니다.

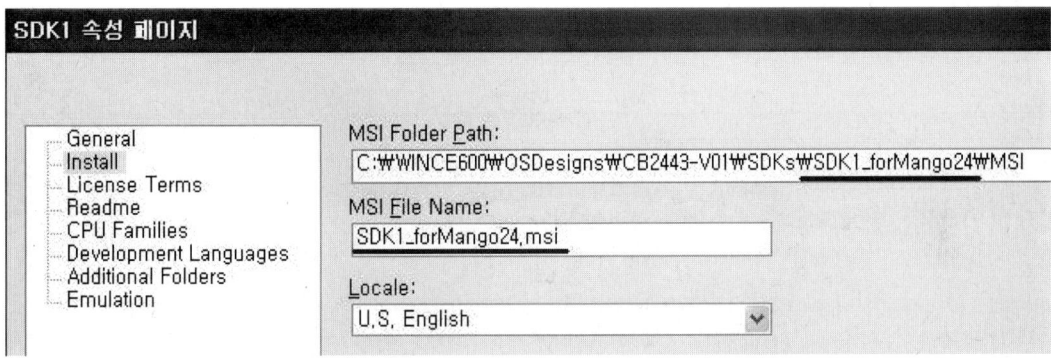

MSI Folder Path와 파일 이름 부분을 SDK1_forMango24를 이용해서 변경하였습니다.

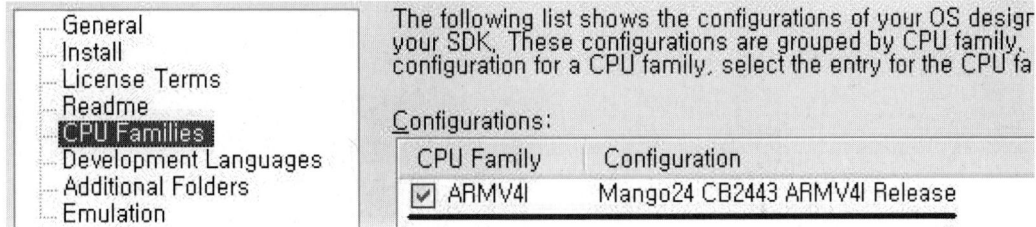

CPU Families 부분은 디폴트로 설정되어 있습니다.

이외의 다른 부분들은 변경하지 않은 상태에서 확인을 누르면 위와 같이 기존의 CB2443-V01 프로젝트 SDKs 부분에 SDK1_forMango24로 생성되어 있습니다.

9.2.2. SDK Build

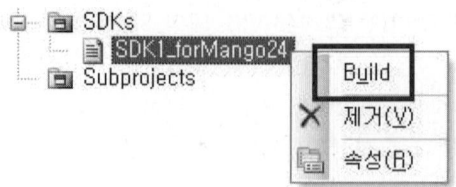

SDK1_forMango24 부분에서 마우스 오른쪽 버튼을 눌러 Build를 수행합니다.
빌드가 성공적으로 끝나게 되면 아래와 같은 화면을 볼 수 있습니다.

```
… … … … … … … …
  -- adding C:\WINCE600\OSDesigns\CB2443-
V01\SDKs\SDK1\obj\SDK1_forMango24\MSManifest.txt

Cabinet file successfully created: C:\WINCE600\OSDesigns\CB2443-
V01\SDKs\SDK1\obj\sdkfiles.cab
Committing database changes

Exported SDK to: C:\WINCE600\OSDesigns\CB2443-
V01\SDKs\SDK1_forMango24\MSI\SDK1_forMango24.msi

---------------------------------------------------
C:\WINCE600\OSDesigns\CB2443-V01\SDKs\SDK1\SDK1.sdkcfg - 0 error(s), 0 warning(s)
========== 빌드: 성공 또는 최신 상태 1, 실패 0, 생략 0 ==========
```

Exported SDK가 C:\WINCE600\OSDesigns\CB2443-
V01\SDKs\SDK1_forMango24\MSI\SDK1_forMango24.msi에 존재함을 알 수 있습니다.

9.3. Mango 보드 SDK 설치하기

위에서 만들어진 SDK를 설치하는 작업을 수행합니다. C:\WINCE600\OSDesigns\CB2443-
V01\SDKs\SDK1_forMango24\MSI에서 SDK1_forMango24.msi를 실행합니다.

> 설치 과정은 망고 64의 경우와 동일하기 때문에 그림들은 생략하도록 합니다.

라이센스 화면에서 "Accept"를 선택하고 "Next"를 클릭합니다. "User Name" 과 "Organization"에 적
당한 이름을 입력하고 "Next"를 클릭합니다. Choose Setup Type 화면에서 "Complete"를 클릭합니다.

이후 설치할 디렉토리를 지정해야 하는데 특별한 이유가 없으면 수정할 필요는 없습니다.

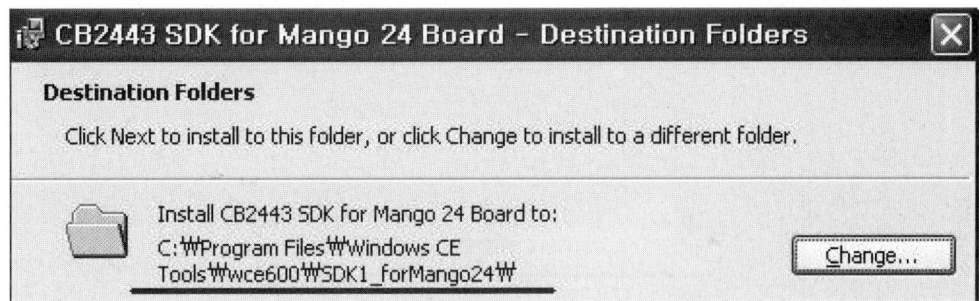

"Next"를 클릭하여 다음으로 넘어갑니다. "Install"을 클릭하여 설치를 진행합니다. 설치가 끝나면 "Finish"를 클릭하여 설치 마법사를 종료합니다.

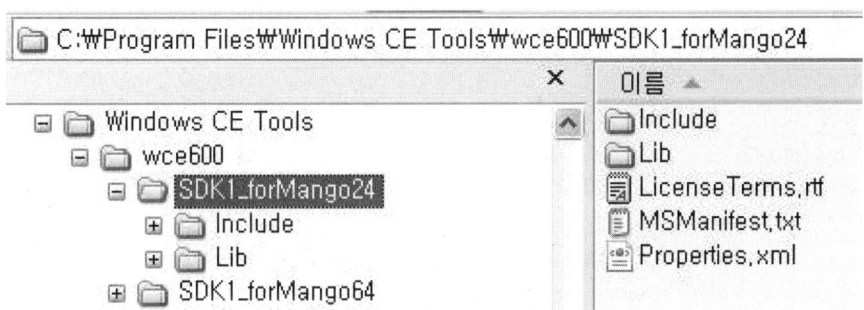

위와 같이 Program Files 폴더에서 SDK1_forMango24의 설치 내용을 확인할 수 있습니다. 이전에 설치했던 SDK1_forMango64의 내용도 함께 있는 것을 확인할 수 있습니다.

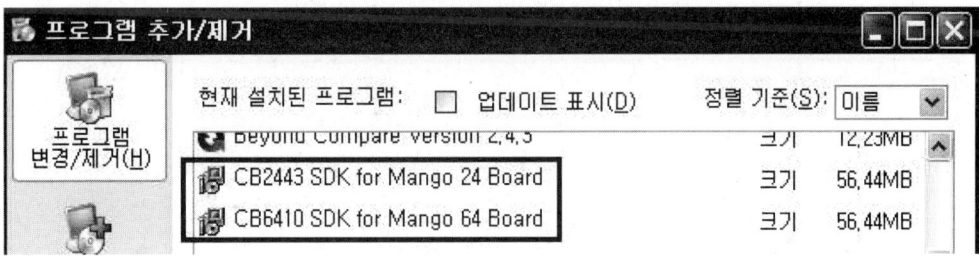

9.4. ActiveSync 설치 및 탐색기 사용

ActiveSync 설치에 대한 부분은 이전 망고 64 부분에서 상세히 설명 드렸기 때문에 생략합니다.

망고 24 보드와 피시를 USB 케이블로 연결한 후, 부팅합니다. 망고 64의 경우와 마찬가지로 연결이 되고 위의 파트너 관계 설정 창이 나타나는지 해보도록 합니다.

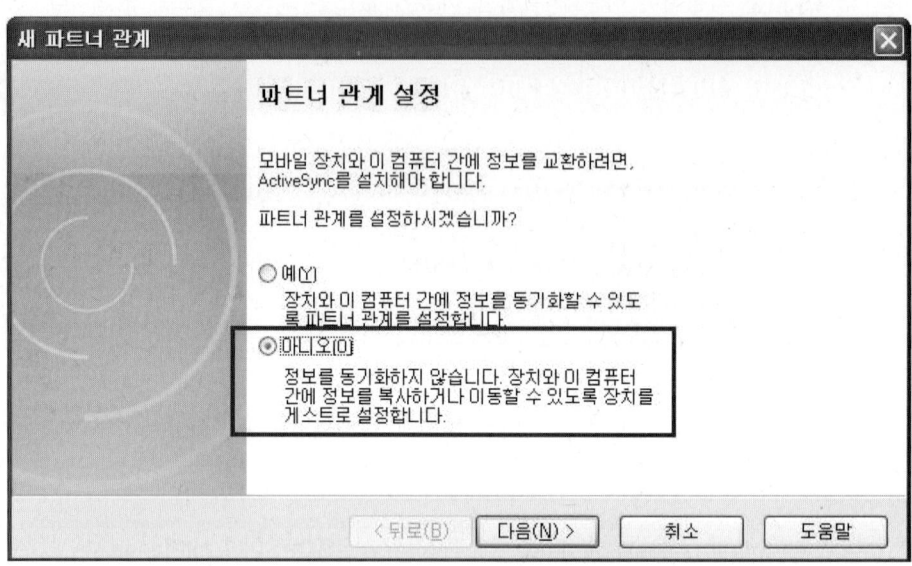

파트너 관계 설정은 No로 설정하고 다음을 누릅니다. ActiveSync 설정과 탐색 부분이 모두 정확하게 작동하는지 확인하시기 바랍니다.

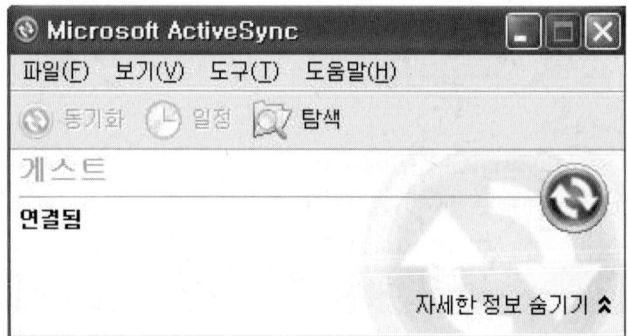

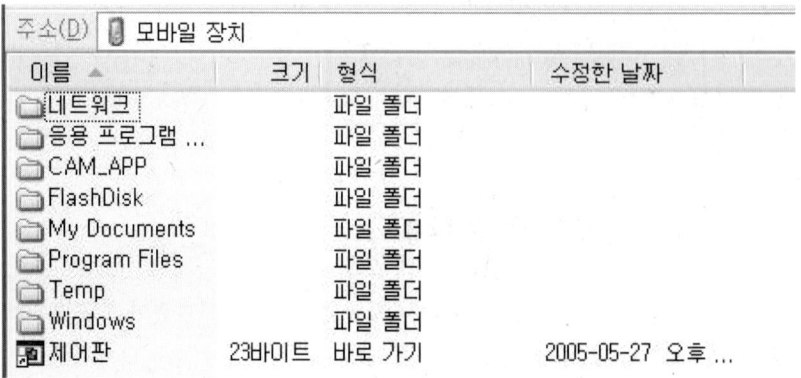

9.5. Remote Tool – 원격 이미지 캡쳐

Microsoft Visual Studio 2005 > Visual Studio Remote Tools > 원격 이미지 캡쳐를 실행합니다.

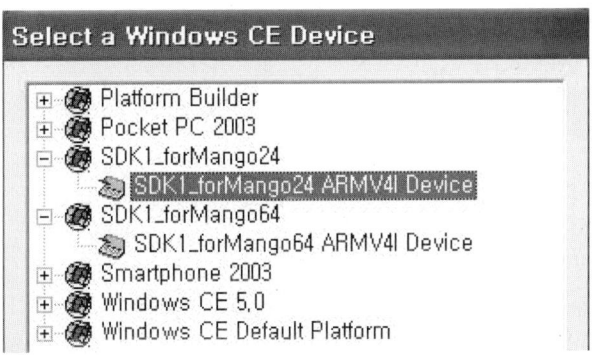

위 그림과 같이 이전에 우리가 설치한 SDK1_forMango64도 보이고, 지금 설치한 SDK1_forMango24 도 보입니다. OK를 누르면 바로 연결 작업이 수행됩니다. 메뉴의 툴바에서 Connect 버튼을 눌러도 동일한 작업이 수행됩니다. 연결 작업이 종료하고 나면 자동으로 보드의 현재 화면 비트맵이 전송됩니다.

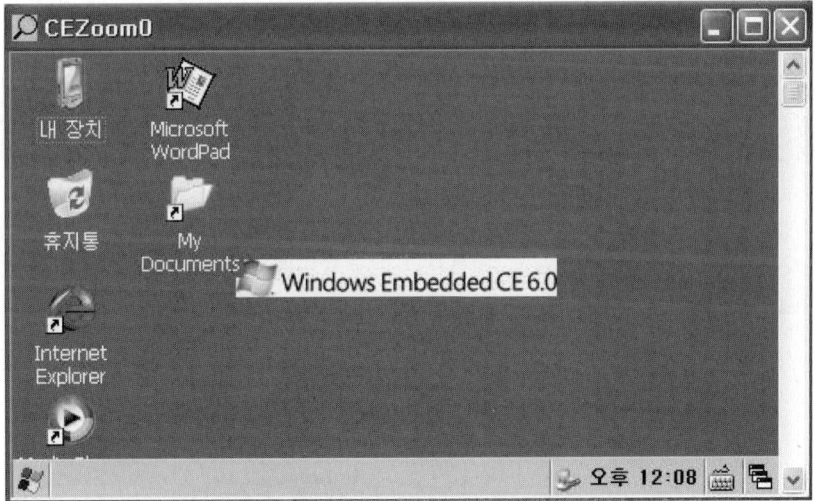

9.6. Hello Mango

망고64에서와 마찬가지로 "Hello Mango" 메시지를 띄워보는 예제 프로그램을 만들어 보기로 합니다. 우선, 망고보드와 피시를 USB 케이블로 연결하고 망고보드를 부팅시킨 후, 앞장에서 설명한 대로 ActiveSync가 실행되어 연결된 것까지 확인합니다.

이번 장의 과정 역시 망고 64의 경우와 대부분 동일하기 때문에 그림들은 간략히 설명합니다.

9.6.1. Visual C++를 이용한 Hello Mango

Visual Studio 2005 파일 메뉴에서 새로 만들기 > 프로젝트를 선택합니다.

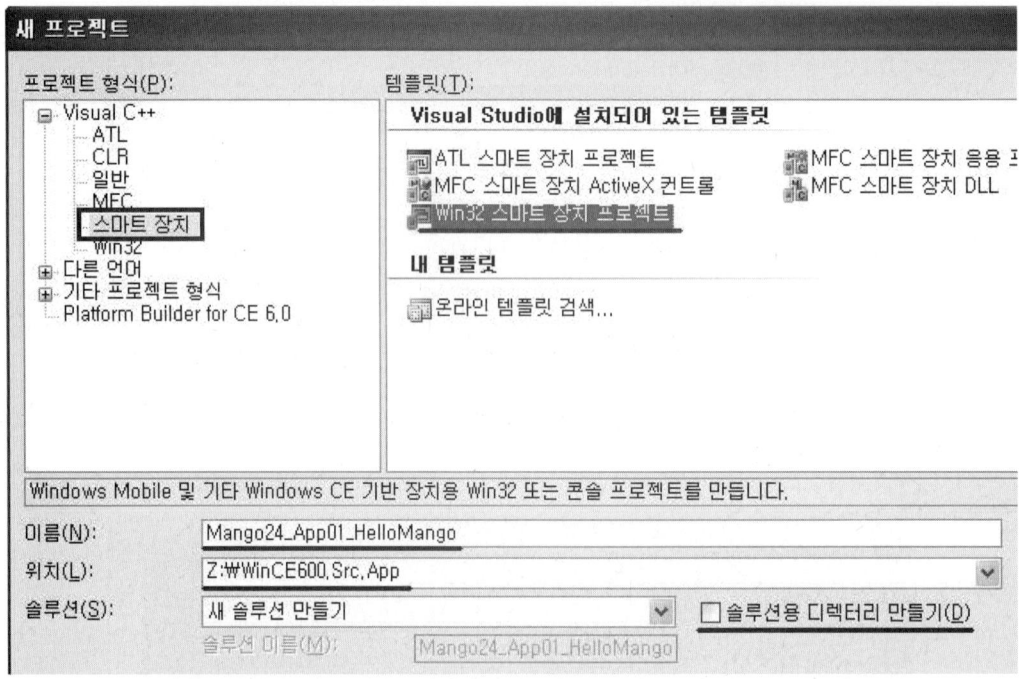

Visual C++ 스마트 장치를 선택하고 Win32 스마트 장치 프로젝트를 선택합니다. WinCE600.Src.App 폴더에 Mango24_App01_HelloMango라는 이름으로 프로젝트를 만들었습니다. 확인을 누릅니다. 솔루션용 디렉터리 만들기는 선택하지 않습니다. 다음을 클릭합니다.

가운데에 있는 버튼을 이용해서 선택된 SDK에 SDK1_forMango24만 남도록 만듭니다. 그리고 다음을 클릭합니다.

9. 최초 프로그램 Hello Mango - 망고 24

마지막 설정 부분도 망고 64의 경우와 동일하게 설정합니다.

```
LRESULT CALLBACK WndProc(HWND hWnd, UINT message, WPARAM wParam, LPARAM lParam) {
    int wmId, wmEvent;
    PAINTSTRUCT ps; HDC hdc;
    switch (message) {
..... ..... ..... ..... .....
            break;
        case WM_PAINT:
            hdc = BeginPaint(hWnd, &ps);

            // TODO: 여기에 그리기 코드를 추가합니다.
            MessageBox(NULL, _T("Hello Mango"), _T("Hello Mango Message"), MB_OK);

            EndPaint(hWnd, &ps);
            break;
        case WM_DESTROY:
..... ..... ..... ..... .....
        default:
            return DefWindowProc(hWnd, message, wParam, lParam);
    }
    return 0;
}
```

Mango24_App01_HelloMango.cpp를 열어서 WndProc() 함수를 찾습니다. 위 코드에서 대부분의 내용은 Visual Studio 2005가 자동으로 만들어준 것입니다. 여기서 "// TODO: 여기에" 부분의 아래에 MessageBox 코드를 추가합니다.

Mango24_App01_HelloMango 부분에서 마우스 오른쪽 버튼을 눌러서 빌드를 수행합니다.

```
1>------ 모두 다시 빌드 시작: 프로젝트: Mango24_App01_HelloMango, 구성: Debug SDK1_forMango24 (ARMV4I) ------
1>'Mango24_App01_HelloMango' 프로젝트, 'Debug|SDK1_forMango24 (ARMV4I)' 구성에 사용할 중
```

```
간 파일 및 출력 파일을 삭제하고 있습니다...
1>컴파일하고 있습니다...
1>stdafx.cpp
1>컴파일하고 있습니다...
1>Mango24_App01_HelloMango.cpp
1>리소스를 컴파일하고 있습니다...
1>링크하고 있습니다...
1>빌드 로그가 "file://z:\WinCE600.Src.App\Mango24_App01_HelloMango\SDK1_forMango24
(ARMV4I)\Debug\BuildLog.htm"에 저장되었습니다.
1>Mango24_App01_HelloMango - 오류: 0개, 경고: 0개
========== 모두 다시 빌드: 성공 1, 실패 0, 생략 0 ==========
```

위와 같이 메시지를 출력하면서 정상적으로 빌드가 되었습니다.

9.6.2. Visual Studio 2005에서 장치 연결

망고 보드에 연결해서 디버깅을 수행해 보도록 하겠습니다. Visual Studio 2005를 실행해서 도구 메뉴에서 장치에 연결을 선택합니다.

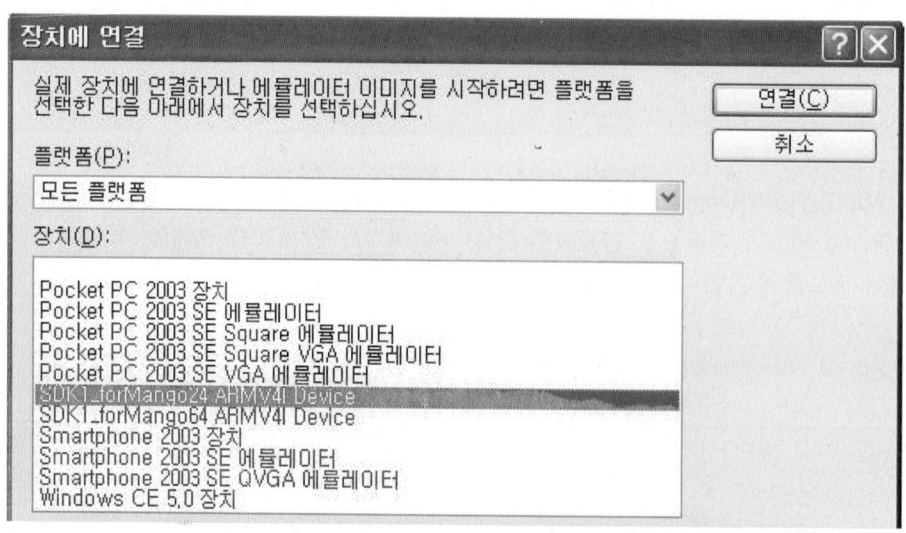

SDK1_forMango24 ARMV4I Device를 선택하고 연결을 클릭합니다. 정상적으로 연결된 것을 확인할 수 있습니다.

9.6.3. Hello Mango 디버깅 하기

디버그 메뉴에서 디버깅 시작을 수행합니다.

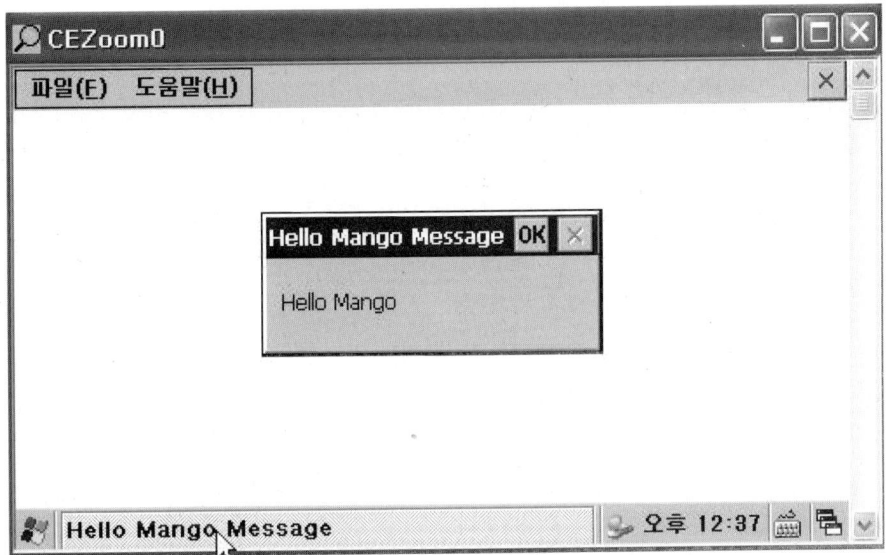

실제로 망고 보드에서 수행되고 있는 화면을 캡쳐한 것을 보면 위와 같이 Hello Mango를 출력하는 메시지 박스가 나타나 있습니다.

10. Hello Mango 두 번째와 DrawText

이번 장에서 만들 프로그램은 사실 이전에 만들었던 Hello Mango와 크게 다른 것은 없습니다. 다만 Visual Studio 2005에서 기본적으로 만들어주는 내용을 기본으로 작업하는 것이 아니라 아무 것도 없는 빈 프로젝트에서 메시지만을 띄워보는 것을 수행해 보도록 합니다.

10.1. Hello Mango 2 프로젝트 만들기

10. Hello Mango 두 번째와 DrawText

파일 > 새로 만들기 > 프로젝트를 수행합니다. 이전에 작업했던 Hello Mango 프로그램과 만드는 방법에 있어서 차이 나는 부분은 한가지뿐입니다. 빈 프로젝트에서 시작하도록 하는 부분은 뒤에 나올 것이고, 위 그림에서는 App001_HelloMango2라는 이름을 지정한 것 외에는 차이 나는 것이 없습니다. SDK1을 선택하는 것은 동일합니다.

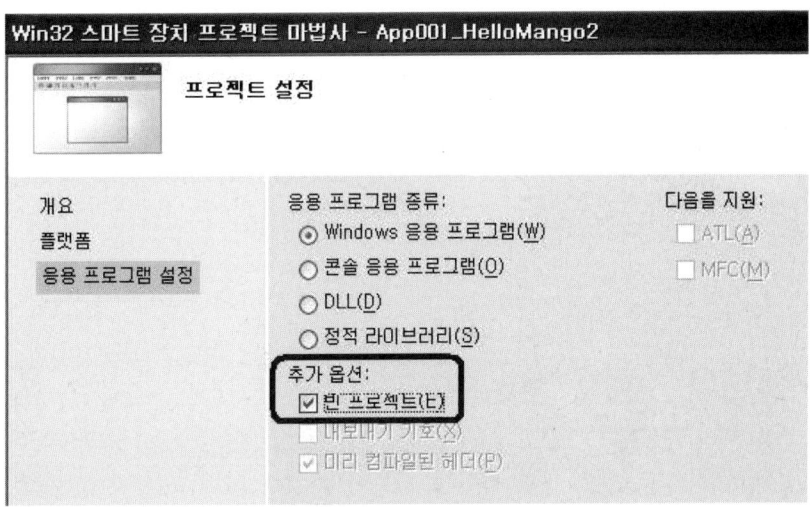

기존에 작업했던 Hello Mango 프로그램은 추가 옵션에서 빈 프로젝트를 선택하지 않았기 때문에 Visual Studio 2005는 많은 코드를 기본적으로 생성해 주었습니다. 이번 장에서 다룰 예제는 이와 같은 기본적으로 생성해 주는 코드를 이용하지 않고 아무 것도 없는 상태에서 프로그램을 만들어 가는 과정을 해보기 위해서 빈 프로젝트 옵션을 주어서 프로젝트를 만들도록 합니다.

10.2. cpp 소스 코드 만들기

프로젝트가 만들어지고 나면 App001_HelloMango2라는 이름의 프로젝트가 생성되고 그 아래에 3개의 폴더만 만들어지고 아무것도 생성되는 것은 없습니다.

소스 파일이라는 이름의 폴더에서 마우스 오른쪽 버튼을 눌러서 추가 > 새 항목을 선택합니다.

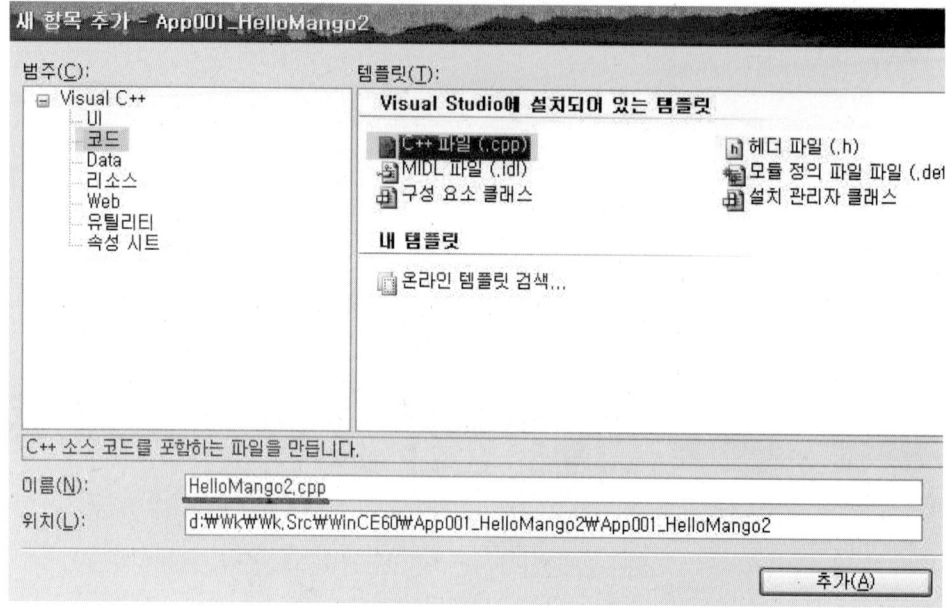

Visual C++ 부분에서 코드를 선택하고, C++ 파일을 선택합니다. 이름은 HelloMango2.cpp라는 이름으로 만들었습니다.

HelloMango2.cpp를 열어서 이곳에 아래의 내용을 기록합니다. 이 내용에 대해서는 뒤에서 자세하게 설명하도록 합니다. 여기서는 내용을 기술하고 수행만 시켜보도록 하겠습니다.

```
#include <windows.h>

int WINAPI WinMain(HINSTANCE hInstance, HINSTANCE hPrevInstance,
                   LPWSTR lpCmdLine, int nShowCmd)
{
    int iMBRtnVal;
    MessageBox(NULL, _T("Hello Mango Message"),
                     _T("Hello Mango"), MB_OK);
    iMBRtnVal = MessageBox(NULL, TEXT("Hellow Mango 2 Message"),
                  TEXT("Hellow Mango 2"), MB_YESNO | MB_ICONERROR);
    return 0;
}
```

10.3. 프로젝트 빌드 및 실행

프로젝트 빌드를 수행한 이후에 도구 메뉴에서 장치에 연결을 수행합니다.

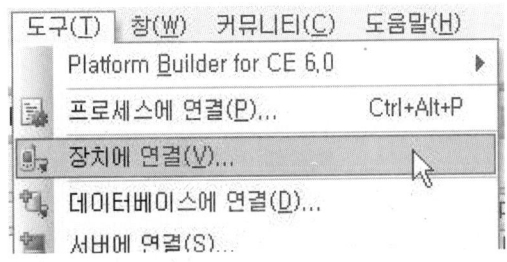

우리가 수행할 것은 이전에 이미 만들어 놓았던 SDK1을 이용하는 것입니다. 위 방법은 기존 Hello Mango를 수행하던 것과 동일합니다.

빌드를 하고 디버깅을 하여도 되고, 그냥 디버깅을 하여도 빌드가 되어 있지 않으면 자동으로 빌드가 됩니다. 디버깅을 하여도 되고, 디버깅하지 않고 시작하여도 보드에 다운로드 되어서 수행이 됩니다.

위 그림과 같이 2개의 메시지 박스가 연속해서 나타나게 됩니다. 첫 번째 메시지 박스의 OK를 누르면 바로 이어서 두 번째 메시지 박스가 나타납니다. 두 번째 메시지 박스는 버튼이 예 아니오로 두 개가 생겨 있고 또한 에러를 표시하는 아이콘도 출력되고 있는 것이 보입니다.

10.4. 소스 코드 분석

소스 코드를 분석하는 작업을 해보도록 하겠습니다.

10.4.1. windows.h 헤더 파일

```
#include <windows.h>
```

windows.h는 Win CE의 대표적인 헤더 파일이면서 여러 가지 내용이 정의된 헤더들을 include하고 있는 헤더 파일입니다. 헤더 파일의 모음이라고 생각하면 됩니다.

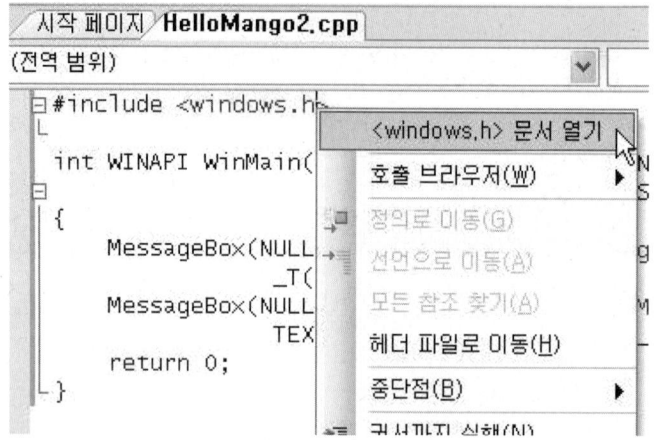

소스 코드에서 windows.h 부분을 클릭한 상태에서 마우스 오른쪽 버튼을 누르면 여러 명령들이 나타나는데 이중에 "<windows.h> 문서 열기"라는 메뉴를 실행할 수 있습니다.

```
. . . . . . . . . . .
#include <windef.h>
#include <types.h>
#include <winbase.h>
#include <wingdi.h>
#include <winuser.h>
. . . . . . . . . . .
```

<windows.h>의 내용 중에서 위 내용을 발견할 수 있습니다. <winbase.h> 부분에 우리가 코드 내에서 사용하던 WinMain의 정의가 들어 있습니다. 이 부분은 뒤에서 다시 살펴볼 것입니다.

<windows.h> 부분에서 마우스 오른쪽 버튼을 눌러서 전체 경로 복사를 수행하거나 상위 폴더 열기를 해보면 <windows.h>가 어디에 속해 있는 지를 알 수 있습니다.

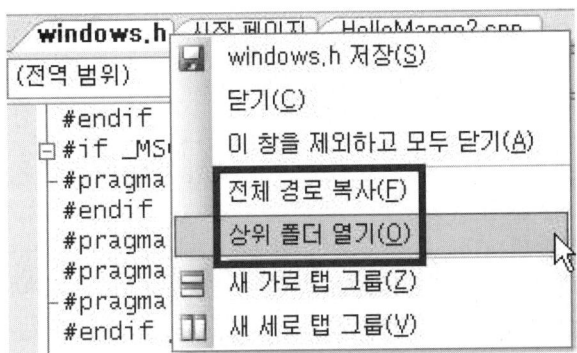

C:\Program Files\Windows CE Tools\wce600\SDK1\include\ARMV4I\windows.h 부분입니다. 이 부분은 이전에 만들었던 SDK가 설치된 바로 그 공간이 됩니다. 프로젝트에서 사용하는 SDK가 바로 Windows CE Tools에 설치된 SDK를 이용하고 있는 것을 알 수 있습니다.

원래 SDK가 만들어졌던 공간은 C:\WINCE600\OSDesigns\CB6410-V01\SDKs\SDK1\obj\SDK1 부분입니다. 이것을 설치된 부분과 한번 비교를 해보도록 하겠습니다. 비교 툴을 이용해서 두 폴더를 binary로 비교를 해보았습니다. 100% 동일한 내용임을 알 수 있습니다.

10.4.2. WinMain 함수 정의 & lpCmdLine

```
int WINAPI WinMain(HINSTANCE hInstance, HINSTANCE hPrevInstance,
                   LPWSTR lpCmdLine, int nShowCmd)
```

이제 WinMain() 함수에 대해서 알아봐야 할 것입니다. 이것은 C 코딩을 수행할 때 가장 먼저 다루게 되는 main 함수와 동일한 기능을 수행하는 부분이 되겠습니다. WinCE에서 가장 먼저 수행되는 함수가 바로 WinMain() 입니다.

<winbase.h> 부분에 우리가 코드 내에서 사용하던 WinMain의 정의가 들어 있습니다.

```
Int
WINAPI
WinMain(
    HINSTANCE hInstance,
    HINSTANCE hPrevInstance,
#ifdef UNDER_CE
```

```
    LPWSTR lpCmdLine,
#else
    LPSTR lpCmdLine,
#endif
    int nShowCmd
    );
```

<winbase.h> 부분을 살펴보면 위와 같이 동일한 형태로 정의가 되어 있는 것을 알 수 있습니다. 한 가지 다른 부분을 들자면 UNDER_CE가 정의되어 있는 경우는 lpCmdLine에 해당하는 부분이 서로 다르게 정의되어 있는 점이라고 할 수 있습니다.

UNDER_CE가 정의되어 있는 경우는 lpCmdLine을 LPWSTR로 사용하고, 정의되어 있지 않은 경우는 LPSTR로 사용하는 것입니다.

LPWSTR	유니코드 문자 배열에 대한 포인터
LPSTR	ANSI 문자 배열에 대한 포인터

상황에 따라서 바이트의 수는 달라질 수 있습니다. 하지만 간단하게 이해하는 측면에서 설명 드리면 LPWSTR은 Word 단위의 유니코드를 접근할 수 있는 문자열에 대한 포인터가 되는 것이고, LPSTR은 Byte 단위의 아스키 코드 문자열을 접근하는 포인터가 되는 것입니다. LP는 Long Pointer를 가리키는 것입니다. 이에 대한 자세한 내용은 뒤에서 보다 세세하게 살펴보겠습니다. 여기서는 이렇게만 이해하고 넘어가도록 하겠습니다.

그럼 UNDER_CE는 어디에 정의되어 있는 것일까요?

프로젝트 부분에서 마우스 오른쪽 버튼을 눌러서 속성을 수행합니다.

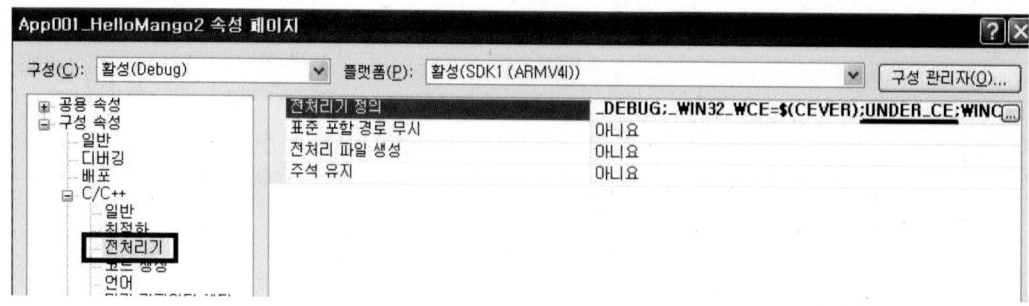

구성 속성에서 C/C++ 부분에 전처리기 부분이 있습니다. 영어로 얘기하면 Pre-Processing 부분이 되겠습니다. 빌드를 수행하기 전에 각종 define 관련한 사항을 이곳에 정의하면 되는 것입니다. 정의된 내용 중에 UNDER_CE가 정의된 것이 보입니다.

_DEBUG;_WIN32_WCE=$(CEVER);**UNDER_CE**;WINCE;DEBUG;_WINDOWS;$(ARCHFAM);$(_ARCHFAM_);_U

NICODE;UNICODE

현재 정의된 내용을 전부 보면 위와 같습니다. 그럼 LPWSTR lpCmdLine은 무엇을 의미하는 것일까요? 이것은 Command Line 문자열이 WinMain으로 넘어오게 될 경우가 있는데 이를 접근하기 위한 포인터가 됩니다. 윈도우 프로그램을 만들어서 수행시키는 경우 대부분은 이 부분이 NULL이 될 것입니다. 하지만 자동으로 수행되는 프로그램을 만들고 거기에 특정한 부분을 argument로 전달하게 할 수도 있고 이때 그 argument 문자열이 바로 이곳으로 전달되는 것입니다.

<winbase.h> 부분에 정의된 WinMain에 대한 것을 실제로 구현하고 있는 부분이 이곳이 되는 것입니다. 이제 나머지 파라미터들에 대해서 살펴보도록 하겠습니다.

10.4.3. hInstance & hPrevInstance

HINSTANCE 타입으로 선언된 hInstance는 실행 시점에 넘겨지는 현재 실행되는 instance의 handle 값이 됩니다. 이 값은 같은 프로그램이라도 실행할 때마다 달라질 것입니다. 타입은 void * 타입이 될 것이며, 프로그램이 메모리에 로드 되면서 상위로부터 부여 받는 값이 됩니다. 여기서 말하는 handle 값이라는 것은 윈도우 등을 구분하는 번호가 되겠습니다. 나중에 여러 프로그램을 진행하면서 자주 나오게 될 것입니다.

HINSTANCE hPrevInstance는 항상 0이 됩니다. 이것은 예전 Win16 API에서 활용되던 것이고 현재는 사용하지 않습니다. 이전 실행의 instance handle인데 Windows 3.1 이전에 사용되던 것입니다. 현재 사용하는 플랫폼이 Windows XP이기 때문에 이 값은 무시하셔도 상관 없습니다.

10.4.4. nShowCmd

nShowCmd는 int 타입의 정수 값으로서 프로그램이 실행할 때 Window의 초기 Display 상태를 지정하는 용도로 활용되게 됩니다. Main Window의 초기 상태를 지정한다고 생각하시면 됩니다.

C:\Program Files\Windows CE Tools\wce600\SDK1\Include\Armv4i\winuser.h에 이 내용이 정의되어 있습니다.

```
/* Flags for ShowWindow */
#define SW_HIDE             0
#define SW_SHOWNORMAL       1
#define SW_SHOWNOACTIVATE   4
#define SW_SHOW             5
#define SW_MINIMIZE         6
#define SW_SHOWNA           8
#define SW_SHOWMAXIMIZED    11
#define SW_MAXIMIZE         12
#define SW_RESTORE          13
```

내용은 위의 define 되어있는 것을 보면 쉽게 이해할 수 있습니다. 가장 기본이 되는 값은 SW_SHOW 입니다. 우리의 예제를 실제로 디버깅 해보면 이 값으로 전달되고 있는 것을 알 수 있습니다.

이 값들은 위 정의 부분에 있는 주석에서도 볼 수 있듯이 ShowWindow() 함수에 전달되는 파라미터로 사용되는 것입니다. Windows CE에서는 모든 값을 사용하지는 않습니다. SW_SHOW로 기본적인 상태로 실행하거나, SW_HIDE로 숨겨서 실행하거나, SW_SHOWNOACTIVATE로 활성화되지는 않은 상태로 보이게만 하는 3가지 내용을 주로 사용하게 됩니다.

10.4.5. MessageBox 함수

```
MessageBox(NULL, _T("Hello Mango Message"),
                _T("Hello Mango"), MB_OK);
iMBRtnVal = MessageBox(NULL, TEXT("Hellow Mango 2 Message"),
            TEXT("Hellow Mango 2"), MB_YESNO | MB_ICONERROR);
```

위 코드의 내용 중에서 위 줄에 수행되는 내용은 기존의 Hello Mango 프로그램에서 사용하던 것과 동일한 형태입니다. 여기서는 하나 더 추가해서 하나의 메시지 박스를 더 출력하는 것으로 만든 것입니다.

```
#define _T(x)          __TEXT(x)
#define TEXT(quote)    __TEXT(quote)    // r_winnt
```

여기서는 _T와 TEXT에 대해서 먼저 살펴보겠습니다. 정의되어 있는 내용을 살펴보면 결국은 __TEXT로 둘 다 변환이 되는 것을 알 수 있습니다. 같은 내용이라는 것이죠. 그럼 왜 "..."로 편하게 문자열을 표시하지 않고 이와 같이 매크로를 사용하고 있는 것일까요? 그것은 결국 각각의 언어에 따라서 표시되는 바이트 숫자가 다르기 때문에 모든 언어에 대해서 소스의 수정 없이 적절한 동작을 수행할 수 있도록 이러한 방식을 사용하고 있는 것입니다. 이에 대해서도 역시 뒤에서 보다 자세하게 다루도록 하겠습니다.

MessageBox() 함수의 내용은 그다지 어렵지 않습니다. 두 번째 파라미터로 전달되는 문자열을 dialog box 내부에 출력하게 되며, 세 번째 파라미터로 전달되는 문자열을 dialog box window의 title로 표시하게 되는 것입니다. 각각의 내용에 대해서 자세히 살펴보도록 하겠습니다.

MessageBox() 함수는 dialog box를 화면에 표시하게 되는데 이 dialog box는 system icon을 포함하고, 몇몇 버튼을 표시하게 되고, 상태나 에러 정보를 화면에 출력해 주는 역할을 하게 됩니다. return 값은 정수 값으로 사용자가 어떠한 버튼을 클릭했는가를 나타내 주게 됩니다.

10. Hello Mango 두 번째와 DrawText

```
int MessageBox(HWND hWnd, LPCTSTR lpText, LPCTSTR lpCaption, UINT uType);
```

\<Return Value\>

리턴 값은 사용자가 어떤 버튼을 눌렀는지를 표시하는 것입니다.

```
#define IDOK              1
#define IDCANCEL          2
#define IDABORT           3
#define IDRETRY           4
#define IDIGNORE          5
#define IDYES             6
#define IDNO              7
#if(WINVER >= 0x0400)
#define IDCLOSE           8
#define IDHELP            9
#endif /* WINVER >= 0x0400 */
```

각각의 내용은 위에 정의된 것과 같습니다. 우리의 경우 첫 번째 표시되는 메시지 박스는 리턴 값을 따로 저장하지 않습니다. 두 번째 표시되는 메시지 박스에서 Yes를 누르면 IDYES인 6이 리턴될 것이고, No를 누르면 IDNO인 7이 리턴될 것입니다. iMBRtnVal로 선언한 지역 변수에 이 내용이 저장될 것입니다.

\<hWnd\>

핸들 값은 메시지 박스가 만들어질 때 owner window에 대한 핸들 값을 표시하는 것입니다. 만약 이 부분이 NULL이면 메시지 박스는 아무런 owner window가 없다는 것을 의미합니다.

\<lpText\>

이 부분은 표시될 문자열을 의미합니다. 만약에 여러 라인에 걸쳐서 내용이 표시되기를 원하면 각각의 라인 사이에 carriage return과 linefeed character를 포함해서 문자열을 만들면 됩니다.

\<lpCaption\>

여기에 표시되는 문자열은 dialog box title에 표시되는 사항입니다. 만약 이 부분을 NULL로 만들면 기본이 되는 dialog box title은 Error입니다.

\<uType\>

이 부분에 들어갈 내용은 dialog box의 내용과 행동을 규정하는 부분이 되겠습니다. 우리의 경우

MB_YESNO | MB_ICONERROR로서 OR 연산을 통해서 두 가지 내용을 함께 전달하고 있습니다. 즉, Yes/No의 두 개의 버튼을 만들면서 Icon으로는 Error를 표시하는 아이콘을 만들도록 하고 있는 것입니다.

```
/* MessageBox() Flags */
#define MB_OK                       0x00000000L
#define MB_OKCANCEL                 0x00000001L
#define MB_ABORTRETRYIGNORE         0x00000002L
#define MB_YESNOCANCEL              0x00000003L
#define MB_YESNO                    0x00000004L
#define MB_RETRYCANCEL              0x00000005L

#define MB_ICONHAND                 0x00000010L
#define MB_ICONQUESTION             0x00000020L
#define MB_ICONEXCLAMATION          0x00000030L
#define MB_ICONASTERISK             0x00000040L

#if(WINVER >= 0x0400)
#define MB_ICONWARNING              MB_ICONEXCLAMATION
#define MB_ICONERROR                MB_ICONHAND
#endif /* WINVER >= 0x0400 */
```

위에 표시한 것 외에도 많은 내용이 있습니다. 독자 여러분께서 직접 찾아보시기 바랍니다.

10.5. Hello Mango 2 디버깅

이제 지금 만들어진 Hello Mango 2 프로그램을 디버깅 해보도록 하겠습니다. Visual Studio 2005를 이용해서 실제로 보드에 올려서 수행을 시키면서 함께 많은 정보를 찾을 수 있도록 디버깅을 할 수 있습니다. 각종 변수의 내용들도 확인할 수 있고, ARM CPU 내의 레지스터들의 값도 함께 확인해 볼 수 있고, 메모리 정보도 볼 수 있습니다.

```
#include <windows.h>

int WINAPI WinMain(HINSTANCE hInstance, HINSTANCE hPrevInstance,
                   LPWSTR lpCmdLine, int nShowCmd)
{
    int iMBRtnVal;

    MessageBox(NULL, _T("Hello Mango Message"),
               _T("Hello Mango"), MB_OK);
    iMBRtnVal = MessageBox(NULL, TEXT("Hellow Mango 2 Message"),
               TEXT("Hellow Mango 2"), MB_YESNO | MB_ICONERROR);
    return 0;
}
```

위 그림과 같이 첫 번째 메시지 박스 실행 부분과 return 0 부분의 왼쪽 부분을 마우스로 더블 클릭을 수행하면 빨간색 원이 표시되면서 Break Point를 지정할 수 있습니다. 이것은 프로그램이 실행하

10. Hello Mango 두 번째와 DrawText

다가 이 부분에서 자동으로 멈출 수 있도록 설정하고 있는 것입니다. 이러한 Break Point는 원하는 만큼 여러 개를 설정할 수 있습니다. 위의 경우는 두 곳을 설정한 것입니다.

이 상태에서 녹색 화살표 버튼을 눌러서 디버깅을 시작해 보겠습니다. 물론 메뉴를 통해서도 실행할 수 있고, 단축키(F5)를 활용할 수도 있습니다.

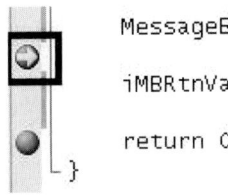

우리가 설정한 첫 번째 Break Point에서 실행이 멈춰있게 됩니다. 그 상태에서 화면의 모습은 왼쪽에 노란색 화살표가 표시되면서 멈춰있는 것을 확인할 수 있습니다. 이렇게 멈춰있는 상태에서 여러 가지 정보를 확인해 보도록 하겠습니다.

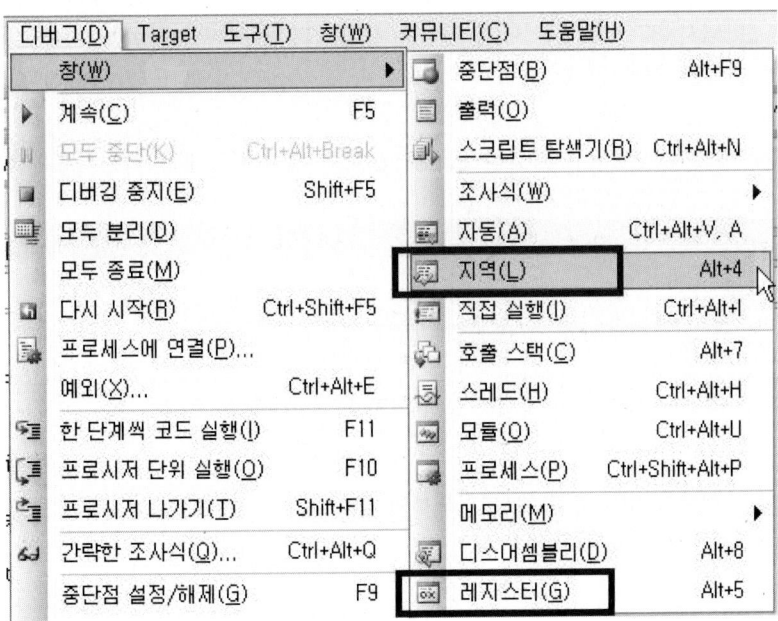

가장 먼저 확인해볼 내용은 레지스터의 내용과 Local 변수의 내용입니다. 디버그 부분에는 많은 내용

이 있는데 그 중에서 창 부분을 선택하면 여러 가지 정보를 표시하는 창들을 열어서 볼 수 있습니다. 지역을 선택해서 Local 변수들의 내용을 확인해보고, 레지스터를 선택해서 ARM의 레지스터 내용을 확인해 보겠습니다.

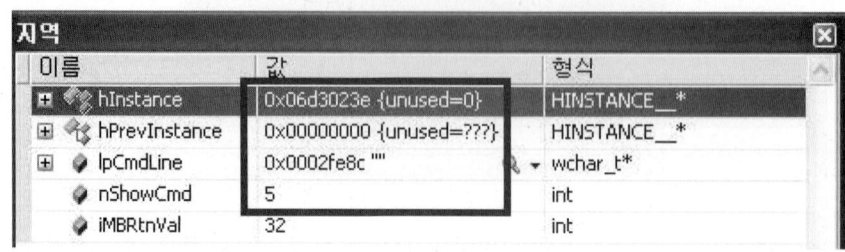

hInstance의 내용은 0x06d3023e로 값이 들어 있습니다. 이 값은 실행할 때마다 변하는 것을 확인할 수 있습니다. 직접 디버깅을 수행하면서 확인해 보시기 바랍니다. 이 값과 레지스터 R0의 값이 정확히 일치합니다.

hPrevInstance 값은 0이고 이 값 또한 R1과 동일합니다. lpCmdLine의 값은 0x0002fe8c이고 이것은 포인터 값이기 때문에 실제 이 주소 값의 메모리 부분을 확인해 보아야 합니다. 이것은 뒤에서 살펴보겠습니다. 이 값 역시 R2와 동일한 것을 알 수 있습니다. nShowCmd는 5 값으로 위에서 살펴본 SW_SHOW 값이 전달된 것을 알 수 있습니다. 역시 R3와 동일한 값이 들어 있습니다.

lpCmdLine의 값은 0x0002fe8c이고 이것은 포인터 값이고 메모리 부분을 확인하도록 합니다.

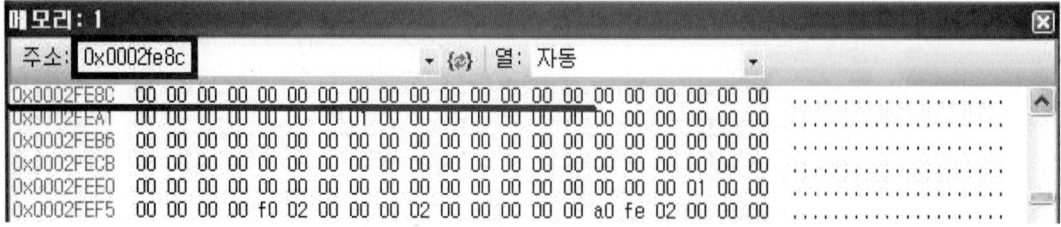

0x0002fe8c 부분을 메모리 창에 입력해서 검색하면 위 그림과 같이 그 주소 값의 내용을 볼 수 있습니다. 내용은 모두 0인 것을 알 수 있습니다. 결국 비어있는 문자열을 의미하는 것입니다. 위의 메모리 창 역시 디버그 메뉴의 창에서 메모리 부분을 선택하면 볼 수 있습니다.

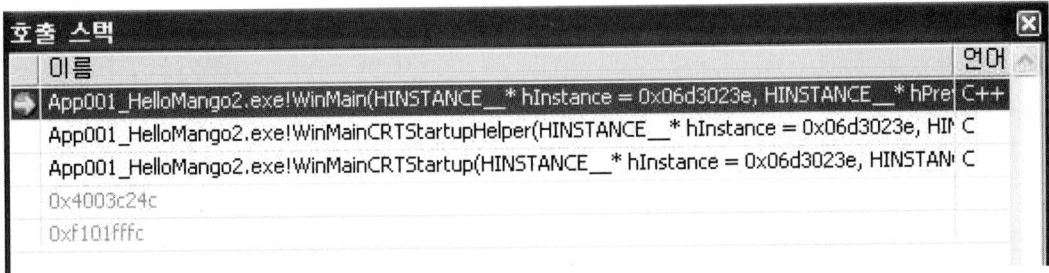

여기서 한가지를 더 살펴보면 디버그 메뉴의 창에서 호출 스택을 선택하면 위 그림의 내용을 볼 수 있습니다. 이 창은 현재의 프로그램 상태가 어떤 Call Procedure를 수행하고 있는가 하는 내용을 나타냅니다.

```
                        r12, r11, r12, asi #2
--- c:\wmzki\private\winceos\coreos\core\corelibc\crtw32\startup\pegwmain.c ----
00011080  mov     r12, sp
00011084  stmdb   sp!, {r4 - r7, r11, r12, lr}
00011088  add     r11, sp, #0x1C
0001108C  sub     sp, sp, #4
00011090  mov     r4, r3
00011094  mov     r5, r2
00011098  mov     r6, r1
0001109C  mov     r7, r0
000110A0  bl      |_cinit ( 112e4h )|
000110A4  mov     r3, r4
000110A8  mov     r2, r5
000110AC  mov     r1, r6
000110B0  mov     r0, r7
000110B4  bl      |WinMain ( 11000h )|
000110B8  str     r0, retcode
000110BC  ldr     r0, retcode
000110C0  bl      |exit ( 1120ch )|
000110C4  ldr     r0, retcode
000110C8  bl      |_exit ( 11224h )|
000110CC  sub     sp, r11, #0x1C
000110D0  ldmia   sp, {r4 - r7, r11, sp, lr}
000110D4  bx      lr
000110D8  str     lr, [sp, #-4]!
000110DC  ldr     r3, hInstance
000110E0  mov     r1, r0
000110E4  ldr     r3, hInstance
000110E8  str     r3, retcode
000110EC  ldr     r0, retcode
000110F0  bl      0001112C
000110F4  ldr     pc, hInstance
000110F8  stmdb   sp!, {r4 - r7, lr}
000110FC  mov     r4, r3
00011100  mov     r5, r2
00011104  mov     r6, r1
00011108  mov     r7, r0
0001110C  bl      |__security_init_cookie ( 11328h )|
00011110  mov     r3, r4
00011114  mov     r2, r5
00011118  mov     r1, r6
0001111C  mov     r0, r7
00011120  bl      |WinMainCRTStartupHelper ( 11080h )|
00011124  ldmia   sp!, {r4 - r7, lr}
00011128  bx      lr
_XcptFilter:
0001112C  ldr     r12, [pc, #4]
```

0xf101fffc 부분과 0x4003c24c 부분은 어셈블러 내용 중의 일부가 되고, 실질적으로 그 내용은 어떤 것인지 정확히 알 수는 없지만 시스템의 초기화 부분에서 수행되는 부분일 것으로 예상할 수 있습니다. 그 이후의 진행은 함수의 이름까지 정확하게 표시되는 것을 알 수 있습니다.

> WinMainCRTStartup()이 가장 먼저 호출되고 있으며 거기서 WinMainCRTStartupHelper()가 호출되었고, 이어서 최종적으로 WinMain이 호출된 것입니다.

물론 현재의 상황에서 WinMainCRTStartup()과 WinMainCRTStartupHelper()의 내용을 C 코드 형태로 찾아보기는 어렵습니다. 우리가 Link를 수행하는데 있어서 특별한 지정을 해주지 않게 되면 Visual Studio 내부에서 WinMainCRTStartup()을 기본적으로 최초 수행 부분으로 설정한다고만 알아두면 될 것입니다.

어셈블리 코드를 보면 bl WinMainCRTStartupHelper로 11080 번지로 jump하고 있고, 11080 번지에서 수행을 지속하다가 bl WinMain으로 11000 번지로 다시 jump하는 것입니다.

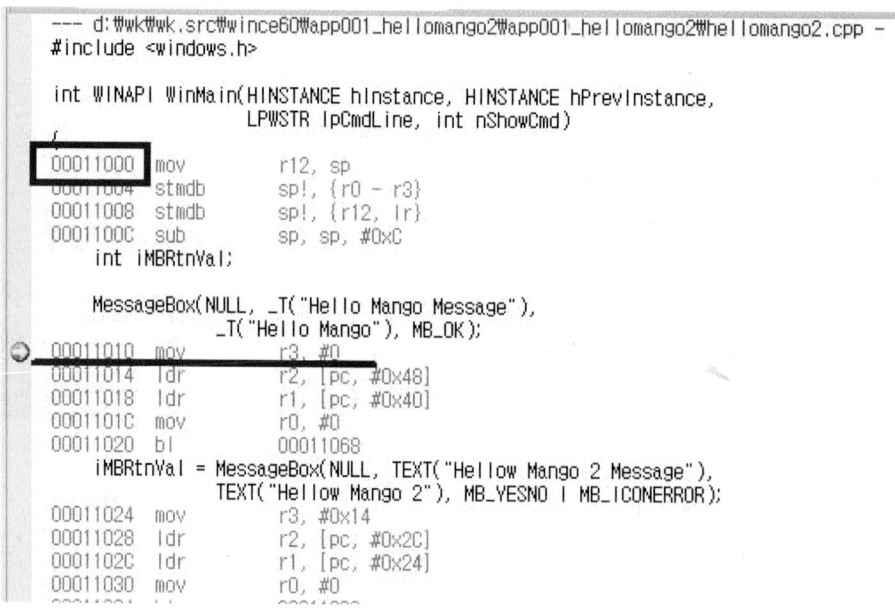

이들 주소 값에 대한 내용은 위 그림들에서 확인할 수 있습니다.

이제 디버그 수행을 계속하도록 만들고 아래 창이 보드 상에서 수행될 때까지 첫 번째 메시지 박스의 OK를 누릅니다.

10. Hello Mango 두 번째와 DrawText

위 메시지 박스가 표시되었을 때 "예(Y)"를 선택하도록 합니다.

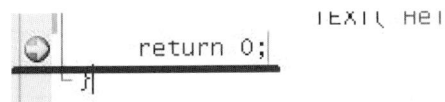

그 상태에서 화면의 모습은 return 0 부분에서 왼쪽에 노란색 화살표가 표시되면서 멈춰있는 것을 확인할 수 있습니다.

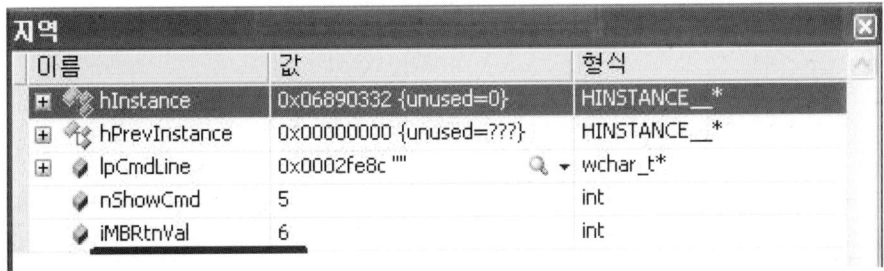

지역 변수의 내용 중에 iMBRtnVal 값이 6이 되어 있는 것을 볼 수 있습니다. 우리가 Yes를 눌렀기 때문에 이 값이 리턴된 것입니다. 만약 No를 선택했었다면 값이 7이 되었을 것입니다.

ARM-Thumb Procedure Call Standard (ATPCS)

ATPCS는 Compiler와 Assembler에서 register를 사용하는 방법에 대해서 정의해 놓은 것입니다. Function Argument 사용, Result passing (return), Stack 사용, General purpose register 사용 등등을 정의한 것입니다.

이 내용 중에서 레지스터 0번부터 3번까지의 4개의 레지스터는 함수의 콜이 이루어지는 상황에서 파라미터로 전달되는 4개를 각각 R0부터 R3까지 네 곳의 레지스터에 저장하게 됩니다.

아래 그림은 ADS V1.2 Developer Guide에 나와 있는 ATPCS에 대해 정리된 자료입니다.

Register	Synonym	Special	Role in the procedure call standard
r15	-	pc	Program counter.
r14	-	lr	Link register.
r13	-	sp	Stack pointer.
r12	-	ip	Intra-procedure-call scratch register.
r11	v8	-	ARM-state variable register 8.
r10	v7	sl	ARM-state variable register 7. Stack limit pointer in stack-checked variants.
r9	v6	sb	ARM-state variable register 6. Static base in RWPI variants.
r8	v5	-	ARM-state variable register 5.
r7	v4	-	Variable register 4.
r6	v3	-	Variable register 3.
r5	v2	-	Variable register 2.
r4	v1	-	Variable register 1.
r3	a4	-	Argument/result/scratch register 4.
r2	a3	-	Argument/result/scratch register 3.
r1	a2	-	Argument/result/scratch register 2.
r0	a1	-	Argument/result/scratch register 1.

http://cafe.naver.com/embeddedcrazyboys/1891
http://cafe.naver.com/embeddedcrazyboys/2005
위 두 곳의 링크를 참조 바랍니다.

10.6. DrawText 함수 이용 출력

일단 프로젝트를 만들어야 합니다. 이번에는 Hello Mango 2에서 사용하였던 비어있는 프로젝트를 만드는 것이 아니라, 오히려 가장 처음에 진행했던 Hello Mango 프로젝트와 비슷한 상황입니다.

10.6.1. 소스 추가 내용

기존 Hello Mango 프로그램에서는 아래와 같이 메시지 박스를 이용해서 화면에 글자를 출력했었습니다.

```
case WM_PAINT:
    hdc = BeginPaint(hWnd, &ps);
    MessageBox(NULL, _T("Hello Mango"), _T("Hello Mango Message"), MB_OK);
    EndPaint(hWnd, &ps);
    break;
```

WM_PAINT 메시지를 받을 경우에 화면에 메시지 박스를 띄워주는 것이었습니다. 이번에는 이 코드의 내용을 먼저 변경해서 메시지 박스를 띄워주지 않고 Main Window 화면에 글씨를 적어 넣는 부분을 해보도록 하겠습니다.

```
case WM_PAINT:
        hdc = BeginPaint(hWnd, &ps);
        RECT rect;
        // Get the size of the client rectangle
        GetClientRect (hWnd, &rect);
        DrawText (hdc, TEXT ("Hello Mango"), -1,
                &rect, DT_CENTER | DT_VCENTER);

        EndPaint(hWnd, &ps);
        break;
```

변경된 코드의 내용은 위와 같습니다. RECT라는 것이 추가되었고, GetClientRect라는 함수를 사용하고 있으며, 그 rect 변수를 이용해서 DrawText를 화면에 출력하고 있는 것입니다. 자세한 내용은 뒤에서 설명을 드릴 것이고, 일단 이것을 망고 보드 위에서 수행을 먼저 시켜보도록 하겠습니다.

10.6.2. DrawText 화면 출력 실행 결과

실행한 내용은 무척 단순합니다. 모든 화면이나 내용은 Visual Studio에서 기본적으로 만들어 준 내용을 그대로 이용하고 있는 것이고, 다만 Main Window에 문자열 하나만 써 놓은 것입니다.

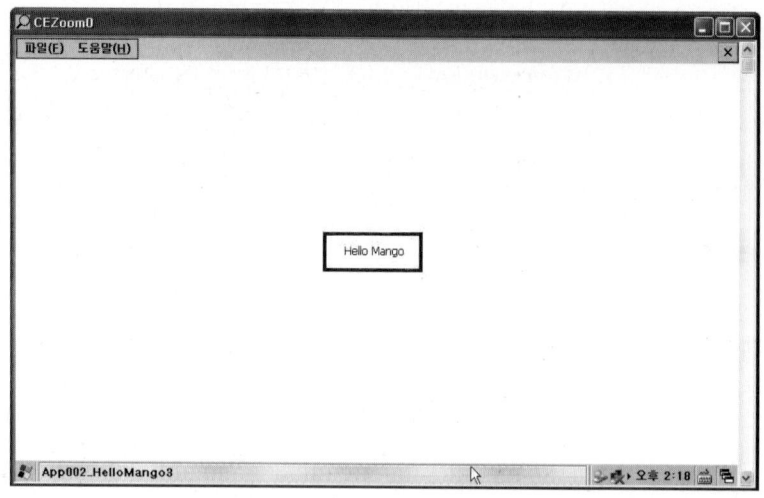

10.6.3. DrawText 출력 코드 분석

<WM_PAINT>

```
case WM_PAINT:
    ...........
    break;
```

WinCE application을 만들기 위해서 가장 먼저 해야 하는 일은 CreateWindow()를 통해서 Window를 생성하는 일일 것입니다. 이를 위해서 RegisterClass()를 통해서 Class를 등록해야 하는데 이 작업 중에서 window procedure에 대한 포인터를 등록해야 하는 부분이 있는데 WndProc() 함수는 RegisterClass()를 통해서 window procedure에 대한 포인터 부분에 등록이 된 함수인 것입니다.

윈도우 프로그램은 거의 모든 부분이 메시지로 이루어진다고 해도 과언이 아닙니다. 이벤트가 발생했을 때 (이때의 이벤트는 사용자의 행동을 포함할 뿐만 아니라 시스템 자체에서 발생하는 모든 이벤트를 포함하는 것입니다.) WinCE OS는 메시지를 만들게 되고, 이 메시지는 Message Queue에 저장이 됩니다. 저장될 Message Queue는 그 메시지를 수신할 window를 소유하고 있는 application의 Message Queue에 저장되게 됩니다. application은 그 메시지를 수신해서 적절한 함수를 불러주게 되면 그 메시지는 WinCE OS에 의해서 window procedure로 전달되게 됩니다. 이렇게 전달을 받기 위한 window procedure가 바로 WndProc()이 되는 것입니다.

가능한 간단하게 설명한 것이고 진행을 해 나가면서 보다 자세한 설명들이 될 것입니다. WndProc()은 거대한 switch 문으로 되어 있습니다. 넘겨진 메시지에 따라서 각각의 경우에 처리하는 내용이 구성되고 있는 것입니다. 물론 이러한 방식이 문제가 있는 것은 아닙니다. 하지만 switch 문이 점점 커져서 결국에는 너무나도 방대한 함수가 되어 버리는 문제가 있고, 관리하기에도 여간 불편한 게 아닙니다. 이 부분은 이 장의 뒤 부분에서 좀더 효율적인 방법으로 변경시켜 보도록 하겠습니다.

WM_PAINT 메시지는 우리가 화면에 Window에 대해서 뭔가 그림을 그려야 하는 상황에서 전달되는 메시지가 됩니다. 예를 들어 설명하면 아래와 같은 상황이 됩니다.

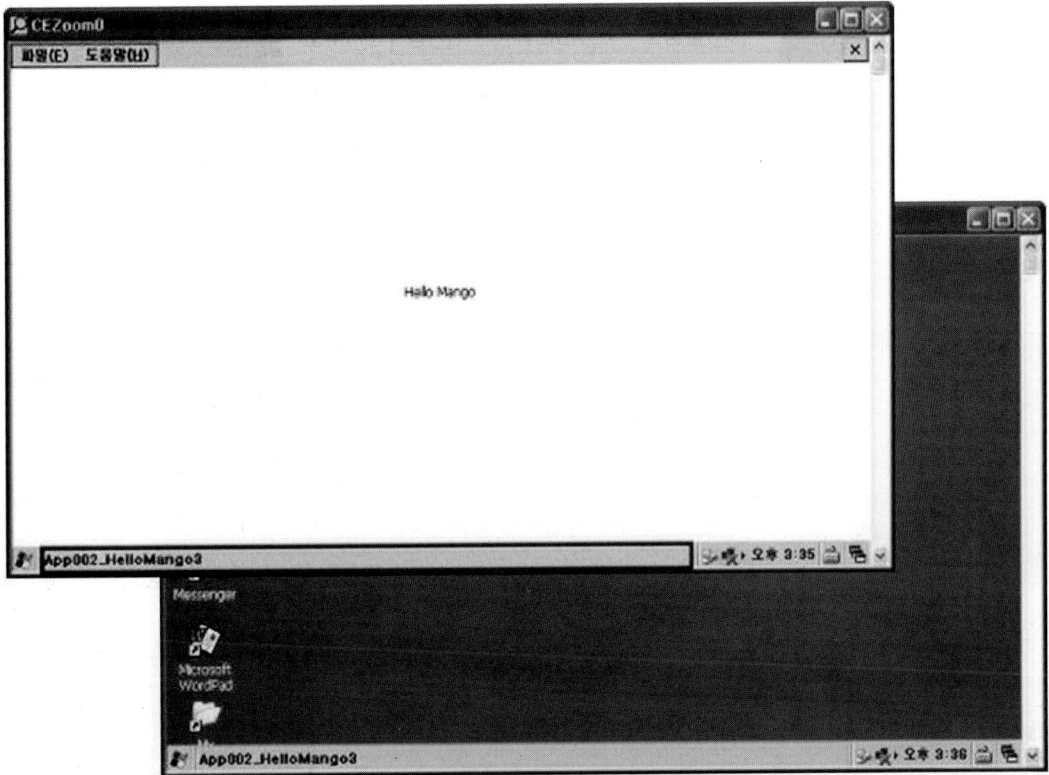

Hello Mango 3가 처음 실행될 때 WM_PAINT 메시지를 받아서 화면에 글씨를 적어 넣게 됩니다. 이때 윈도우의 하단을 클릭하면 화면이 최소화 되어서 위 그림의 뒷모습처럼 축소되어 아래로 내려가고 화면에는 아무런 것도 표시되지 않게 됩니다. 이때 다시 아래로 내려간 App002_HelloMango3 부분을 클릭하면 다시 화면이 이전 모습으로 돌아가는데 이때 WM_PAINT 메시지가 다시 만들어져서 application에 전달되는 것입니다. 즉, 화면에 뭔가 그려야 될 상황이 발생할 때마다 이 메시지가 전달된다고 생각하면 됩니다.

\<Paint Structure, BeginPaint & EndPaint\>

```
hdc = BeginPaint(hWnd, &ps);
............
EndPaint(hWnd, &ps);
```

그림을 그리기 위해서는 항상 그리는 작업을 시작하기 전에 BeginPaint()를 호출해 주어야 하고, 모든 그리는 작업을 종료한 이후에는 EndPaint()를 불러주어야 합니다. BeginPaint()를 호출하게 되면 이것은 Device Context Handle을 return해 주게 됩니다. Device Context는 우리가 뭔가 작업을 수행하게 될 장치에 대한 논리적인 접근 형태라고 생각하면 됩니다. 실제적인 하드웨어 디바이스와 application에서의 접근을 분리해서 다루게 되는 것입니다.

<Rectangle Structure, GetClientRect>

```
RECT rect;
// Get the size of the client rectangle
GetClientRect (hWnd, &rect);
```

GetClientRect를 호출함으로써 hWnd에 주어진 윈도우의 클라이언트 영역에 대한 좌표를 얻어오는 것입니다.

```
typedef struct _RECT {
   LONG left;
   LONG top;
   LONG right;
   LONG bottom;
} RECT;
```

RECT 구조는 위와 같고, 이 부분에 각각의 값에 대한 정보가 채워지게 됩니다.

<DrawText>

```
DrawText (hdc, TEXT ("Hello Mango"), -1,
         &rect, DT_CENTER | DT_VCENTER);
```

RECT 구조에 대한 것을 보내주고 그 영역에 글씨를 써주는 함수입니다. 가장 처음의 파라미터는 BeginPaint()를 호출해서 얻은 Device Context Handle을 주어야 합니다. 마지막 파라미터인 포맷에 대한 부분에는 위치와 관련한 옵션 사항이 전달됩니다. 영역의 중간에 그리고 VCENTER는 Vertical 부분에서도 중간에 위치한다는 것을 의미합니다.

3부 – Windows CE 6.0 기초 학습

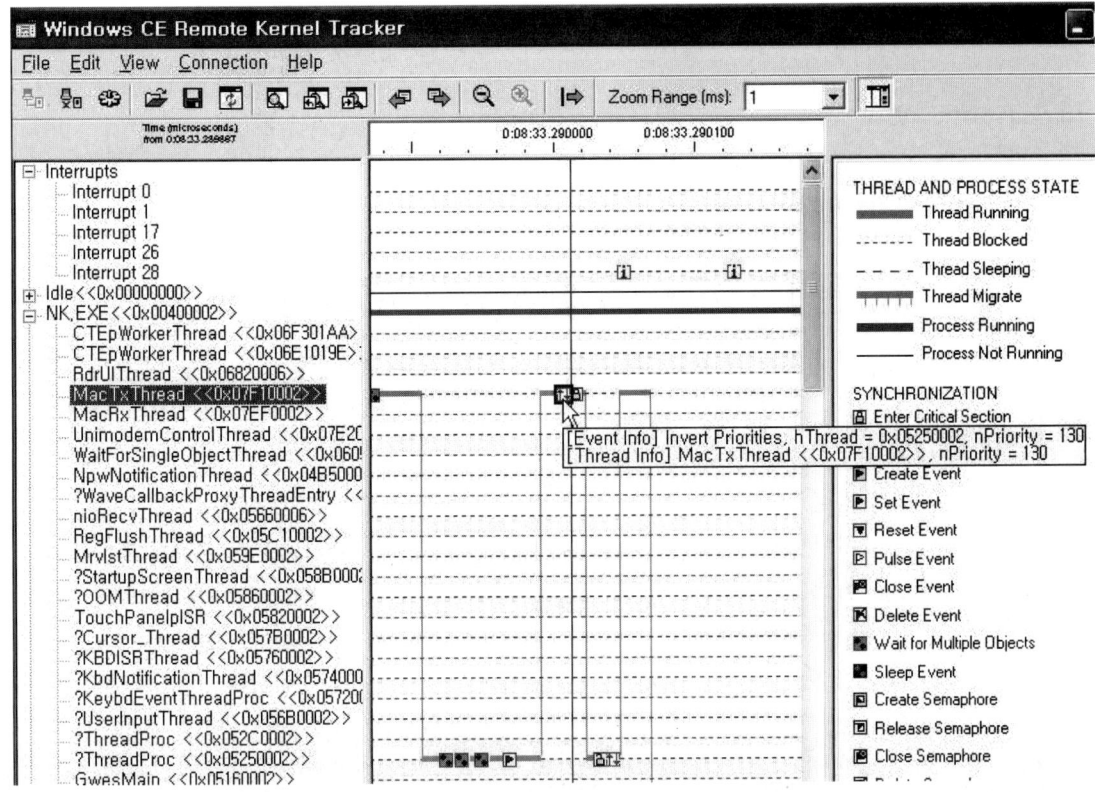

11. 망고 보드로 Windows CE를 다뤄보기

이제 망고 보드를 이용해서 재미있게 Windows CE의 세계에 빠져보도록 합니다. 이번 장은 첫 시간으로 부담 없이 그냥 PC의 윈도우를 쓰는 것처럼 보드의 Windows CE를 그냥 써보도록 하겠습니다.

11.1. ActiveSync 연결

11.1.1. ActiveSync 연결 상태

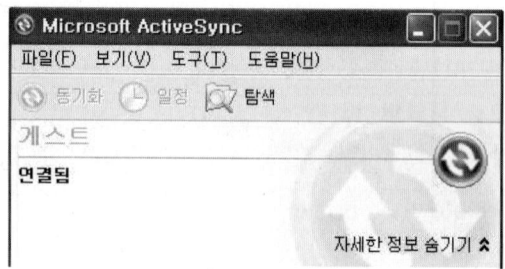

위와 같은 ActiveSync 연결은 지난 번에 이미 공부한 내용입니다. 초기 화면이 부팅된 이후에 위와 같이 ActiveSync가 연결된 상태까지를 만듭니다. 당연히 USB 케이블이 연결되어 있어야 위 연결 상태가 가능할 것입니다. 이에 대해서는 앞서 배운 과정을 참조하시면 될 것입니다.

앞으로의 모든 과정에서 위와 같은 ActiveSync 연결 상태는 기본적으로 되어 있어야만 합니다. Visual Studio 툴과 망고 보드 간에 데이터 전송은 늘 ActiveSync를 이용하게 됩니다.

11.1.2. 새 파트너 관계 창 띄우지 않기

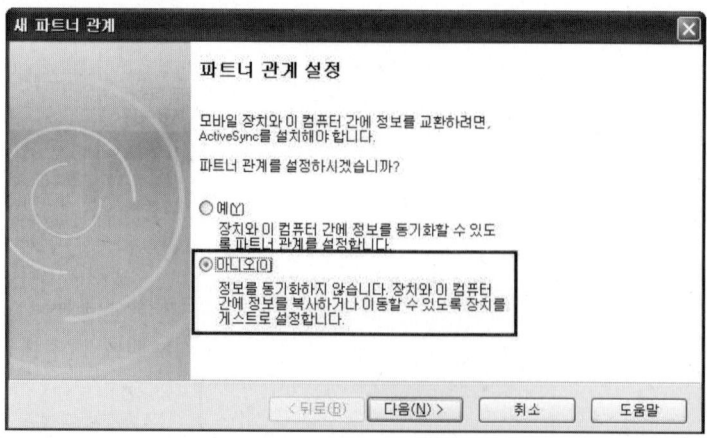

ActiveSync 연결이 되면 늘 위의 새 파트너 관계 설정에 대한 창이 뜨게 됩니다. 사실 늘 아니오로 설정해야 하는데 이것이 여간 귀찮은 것이 아닙니다. 이 부분이 다시는 창이 뜨지 않도록 설정하는 방법이 있습니다.

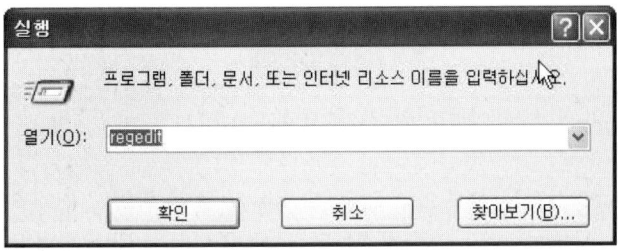

실행에서 regedit을 실행해서 레지스트리 편집기를 엽니다.

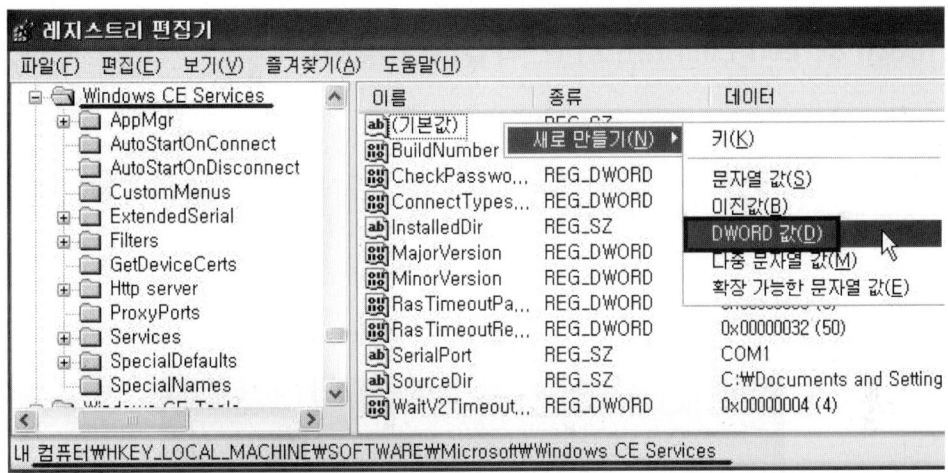

[HKEY_LOCAL_MACHINE\SOFTWARE\Microsoft\Windows CE Services] 부분을 찾아가서 화면 오른쪽의 아무 위치에서나 마우스 오른쪽 버튼을 눌러서 새로 만들기 > DWORD 값을 수행합니다.

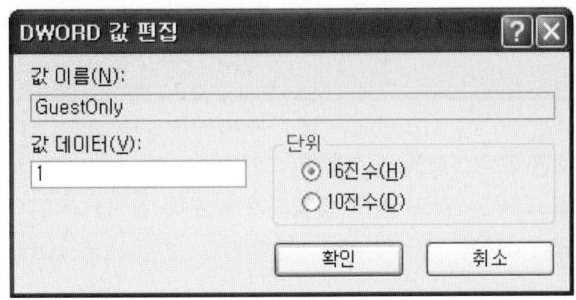

만들어진 값의 이름을 GuestOnly라고 명시한 이후에 더블클릭을 해서 값을 1로 설정합니다.

위 과정이 끝나면 GuestOnly라는 이름의 1 값을 가지는 항목이 위와 같이 추가됩니다. 이 레지스트리 값이 존재하게 되면 ActiveSync가 호출될 때 더 이상 연결되는 디바이스와의 파트너 관계에 대해 사용자가 어떻게 할 것인가를 묻지 않게 됩니다. 이후 망고 보드를 리부트 해서 다시 연결해 보면 새 파트너 관계 설정 창은 뜨지 않고 바로 연결이 되는 것을 확인할 수 있습니다.

11.2. Touch Screen Calibration (스타일러스 설정)

이번 장은 무척 간단한 부분입니다. 우리가 망고 보드를 사용함에 있어서 마우스를 사용한다면 상관이 없지만 터치 스크린을 직접 사용하는 경우에 있어서는 반드시 터치의 보정 작업을 수행해야 합니다. 이를 어떻게 수행할 수 있는지에 대한 방법을 알아보도록 하겠습니다.

11.2.1. 제어판 스타일러스 실행

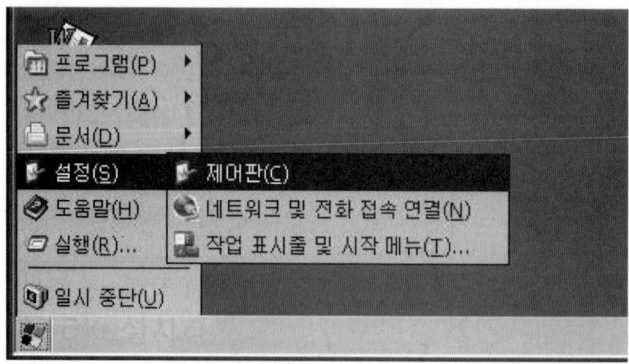

화면의 맨 왼쪽 아래를 보면 프로그램을 실행할 수 있는 부분이 있습니다. 여기서 설정의 제어판을 실행합니다. PC의 윈도우를 다루는 것과 거의 동일하기 때문에 참 쉽습니다. (망고 64의 경우나 망고 24의 경우나 큰 차이는 없습니다.)

제어판에는 여러 가지 많은 부분에 대한 설정을 진행할 수 있는 항목들이 있습니다. PC에서 제어판을 쓰는 경우와 사실은 크게 다르지 않은 부분이라 어렵지는 않을 것입니다.

제어판의 항목 중에서 스타일러스 부분을 선택해서 실행합니다. 실행하게 되면 두 번 누르기 항목과 보정에 대한 탭을 볼 수 있습니다.

11.2.2. 스타일러스 두 번 누르기 설정

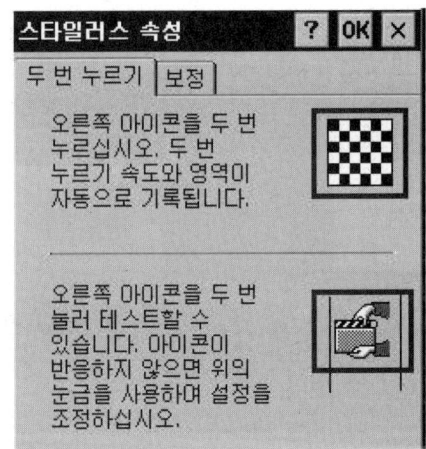

위 그림에서 위쪽의 바둑판 모양은 더블 클릭에 대한 설정을 진행하는 부분이 되고, 아래 부분의 그림은 위에서 진행한 설정을 시험하는 공간이 됩니다. 바둑판 모양의 부분을 한번 클릭하고 다시 한 번 클릭하는 시간을 간격을 실제 더블클릭이 발생했다고 인지할 수 있는 시간으로 재 설정하는 것입니다.

그렇게 설정을 한 이후에 시험을 해보면 영화 Scene 번호를 표시하는 것과 같은 그림의 막대가 올라갔다가 내려갔다가 하는 모습을 보실 수 있습니다.

11.2.3. 스타일러스 보정 설정

이제 보정 부분 탭을 선택해서 실제 터치 입력에 대한 보정 작업을 수행하도록 합니다.

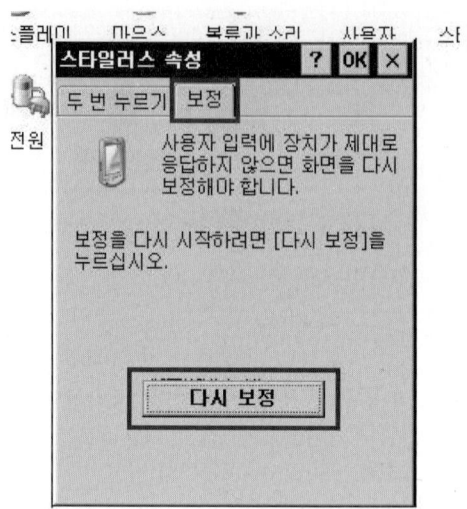

위 그림에서 다시 보정을 선택합니다.

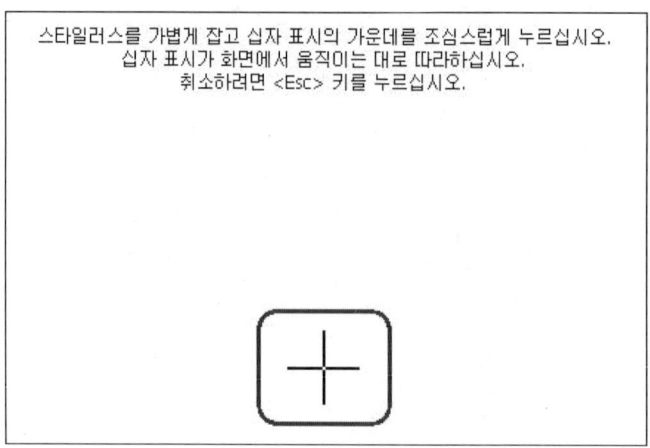

위와 같은 그림을 만나게 되고 위 그림에서의 십자 표시 부분에 터치를 수행하면 됩니다. 모두 5번의 십자 표시에 대한 설정을 마치면 보정 작업이 종료하는 것입니다.

향후부터는 보정된 좌표로 동작할 것이기 때문에 보다 정확한 터치 입력이 가능해 집니다.

11.3. 키보드, 마우스의 사용

11.3.1. Virtual 키보드 사용

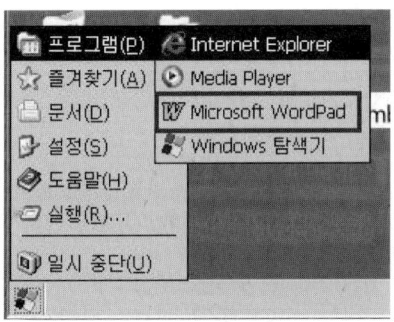

우리는 OS를 만들면서 기본적으로 WordPad를 포함시켰고 이것을 실행해 보도록 하겠습니다.

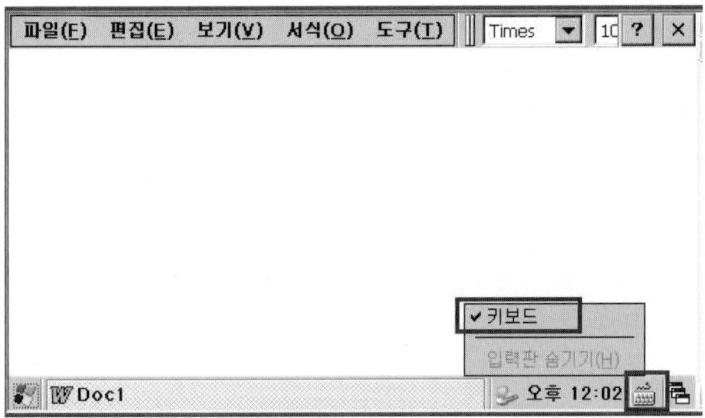

문자를 입력하는 손쉬운 방법은 Virtual Keyboard를 활용하는 것입니다. Win CE 화면의 오른쪽 아래에 키보드 모양의 아이콘을 클릭하면 키보드라는 것을 발견할 수 있습니다. 이것을 클릭하면 메뉴가 나타나고 여기서 키보드를 누릅니다.

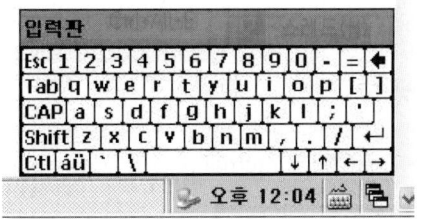

위 그림처럼 입력판이 나타나게 되고 이것을 적절히 선택해서 입력을 하면 됩니다.

11.3.2. USB 키보드/마우스 사용

위 과정을 스타일러스를 이용해서 터치 스크린에서 작업하는 것은 사실 조금은 까다롭습니다.

우리는 카달로그 아이템에서 위와 같이 HID Keyboard와 Mouse에 대해서 Host 지원이 될 수 있도록 선택을 하였습니다. 이것을 이용해서 쉽게 작업을 할 수 있습니다. 일반적으로 사용하는 USB mouse를 보드의 위쪽 Host 위치에 연결하면 마치 PC를 다루는 것처럼 보드에서 마우스가 움직이는 것을 볼 수 있습니다. 모두들 PC에서 사용하는 USB 키보드와 마우스를 망고 보드에 연결해서 직접 수행을 시켜보시기 바랍니다.

현재 망고24나 64나 모두 USB 마우스는 잘 작동을 합니다. 하지만 망고64의 경우 USB 키보드의 동작이 잘 되지 않고 있습니다. 위 카달로그 아이템에서의 내용을 보면 "USB HID Keyboard and Mouse"로서 당연히 USB Keyboard도 동작을 하여야 합니다. 하지만 현재의 망고64 상태는 USB Keyboard가 작동하지 않습니다. 이 부분이 작동하도록 하기 위해서는 추가되어야 할 카달로그 아이템이 있습니다.

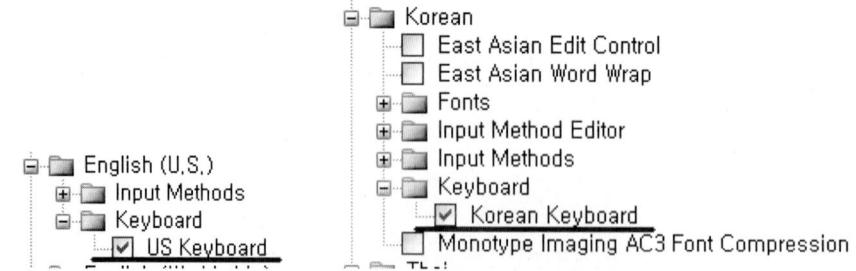

카달로그 아이템에서 Core OS > CEBASE > International > Locale Specific Support 부분에서 두 부분을 선택해 주었습니다.

12. MSDN 활용 도움말 참조하기

우리가 공부를 하면서 아마도 가장 많이 활용해야 하는 부분이 MSDN일 것입니다. 책을 보거나 자료를 찾는 것보다 더 많은 정보를 가지고 있는 것은 마이크로소프트이고 그곳에서 제공하는 도움말을 충분히 활용하는 것이 보다 쉽게 Windows CE를 공부할 수 있는 지름길입니다.

12.1. Visual Studio 2005 설명서 실행

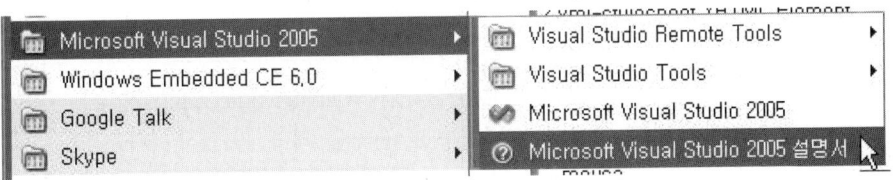

위 그림과 같이 프로그램 실행 부분에서 Visual Studio 2005 설명서를 실행시킵니다.

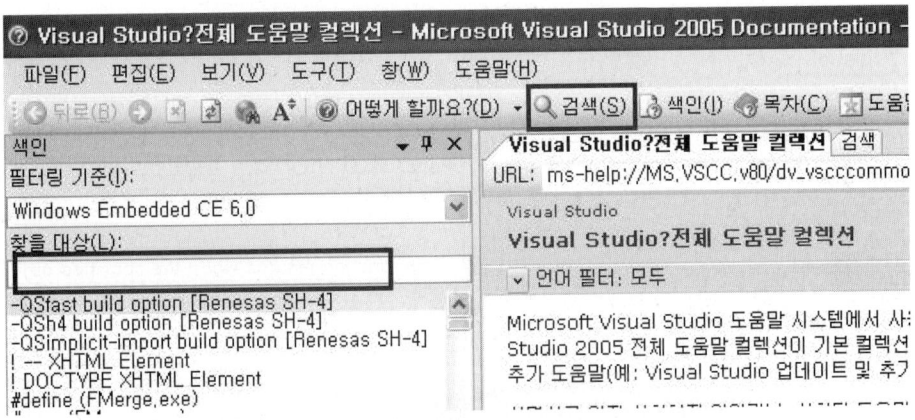

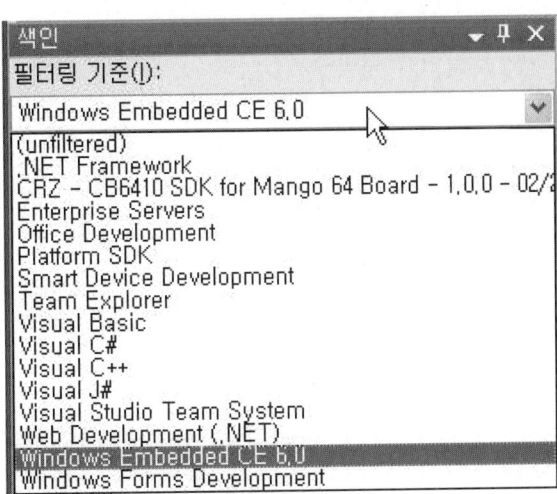

왼쪽에 나타나 있는 찾을 대상 부분에 직접 입력을 하면 보다 쉽게 접근이 가능하고, 위쪽의 툴바 부분에 검색을 이용하면 PC에 설치한 MSDN 만을 이용하는 것이 아니라 온라인으로 검색하는 것까지 한꺼번에 할 수 있기 때문에 보다 편리하게 찾을 수가 있습니다.

필터링 기준을 보면 현재 설치되어 있는 매우 많은 부분들 중에서 특정한 것만 선택해서 검색을 할 수도 있는 것을 알 수 있습니다.

12.2. MSDN 검색

WaitForSingleObject 함수를 한번 찾아보도록 하겠습니다. WaitForSingleObject 함수는 이벤트가 발생하기까지 기다리는 작업을 하는 것인데 뒤에서 우리도 공부를 하게 될 것입니다.

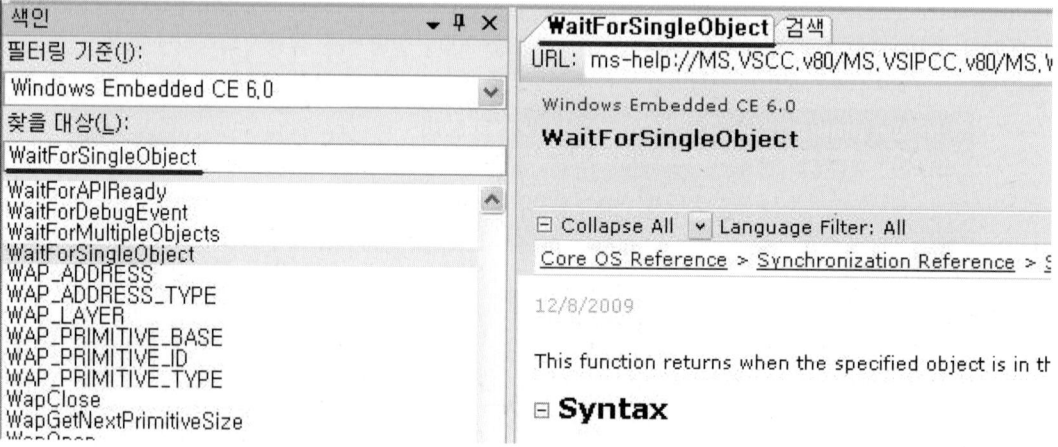

필터링 기준을 디폴트인 Windows Embedded CE 6.0으로 놓은 상태에서 찾을 대상 부분에 WaitForSingleObject 함수를 적어 넣었습니다. w, a, i, t … 등으로 글자를 쳐 나감에 따라서 해당하는 글자가 위치한 곳으로 바로 이동을 하게 됩니다.

WaitForSingleObject 함수를 필터링 되어 있는 곳에서 찾아 선택하면 바로 오른쪽에 그에 대한 설명이 나오니까 무척 편리합니다. 당연히 어떤 변수이든 함수이든 그것이 어디에 속하는지 알고 있다면 이러한 방식으로 찾는 것이 가장 빠른 방법일 것입니다.

그런데 실제 우리가 공부를 하는 과정에서는 이렇게 어디에 속해 있는지 바로 아는 경우는 거의 없을 것입니다. 당연한 얘기이겠지만 아무것도 모르는 상태에서 공부를 하는 것이고 특정한 내용이 어디에 속하는지를 안다는 것이 더 이상할 것입니다. 이렇듯 정확한 위치를 알지 못하는 경우에는 당연히 검색을 이용해야 합니다. 이제 위쪽의 툴바 부분에서 검색을 실행해 보도록 하겠습니다.

12. MSDN 활용 도움말 참조하기

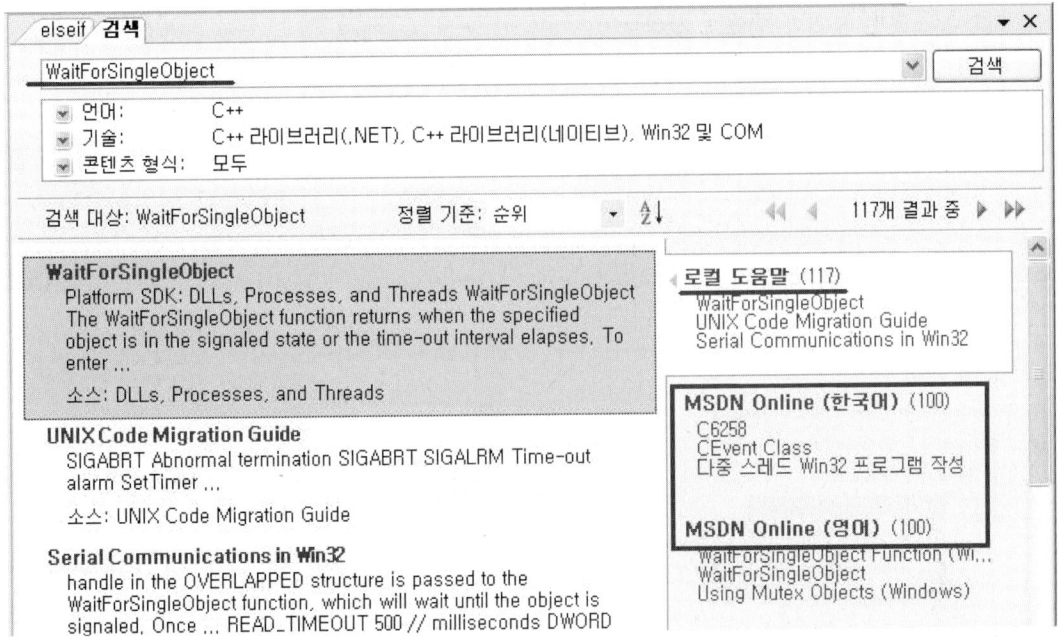

WaitForSingleObject 함수를 검색 해보았습니다. 기본적으로 모든 곳을 검색해서 오른쪽에 표시를 해줍니다. PC에 설치된 로컬 도움말 부분이 가장 기본이 되는 부분이고 MSDN Online을 이용해서도 검색을 수행해서 결과를 알려주고 있습니다.

12.3. 마이크로소프트 정보 사이트

http://msdn.microsoft.com/en-us/windowsembedded/ce/default.aspx

기본적으로 위의 Windows Embedded CE Developer Center 사이트를 참조하면 많은 정보를 체계적으로 제공 받을 수 있습니다. MS의 문서를 포함해서 실제 개발을 담당하는 사람들의 동영상 강의도 볼 수 있습니다.

http://msdn.microsoft.com/en-us/library/ee504813.aspx

위 링크에 접속하면 우리가 위에서 찾아보았던 MSDN 관련 자료들을 폴더 별로 구분해서 내용을 검토할 수 있습니다.

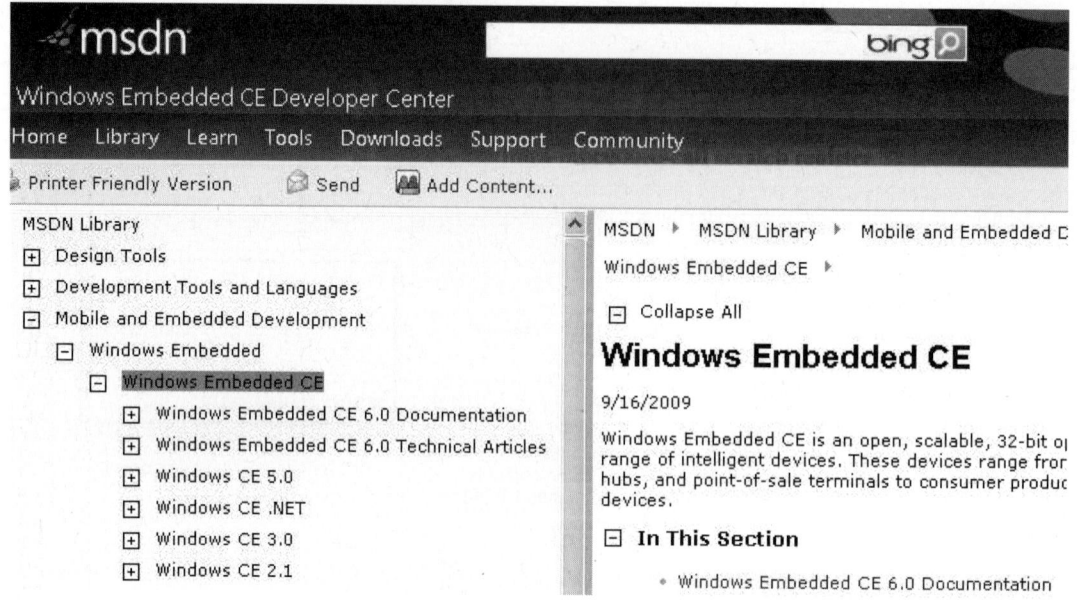

너무나도 많은 문서가 있기 때문에 모든 것을 살펴보기는 어려울 것입니다. 하지만 이곳의 문서를 얼마나 많이 읽었느냐가 WinCE 개발자의 실력을 가늠한다고 해도 과언이 아닙니다. 열심히 읽어야 할 것입니다.

이제 우리가 살펴보는 모든 내용을 MSDN을 이용해서 검색하고 그 내용을 검토하는 것을 쉽게 할 수 있는 방법을 배웠습니다. 이를 이용해서 많은 정보를 찾아보고 익히기 바랍니다.

13. Source Insight 프로젝트 파일 추가하기

저는 소스 코드를 편집하는 도구로서 Source Insight 툴을 사용합니다. 매우 편리한 툴이고 소스 코드를 분석하는데 있어서는 탁월한 기능을 제공해주고 있습니다. 툴을 광고한다거나 툴의 사용법을 설명하려는 것은 아니기 때문에 자세한 기술은 하지 않을 것입니다.

모든 개발자가 자신이 좋아하는 툴을 이용할 수 있고, 실제로는 Visual Studio 2005만을 사용해도 되지만 각각의 툴마다의 장단점이 있기 때문에 하나의 툴만을 고집할 이유는 없을 것입니다. Visual Studio 2005는 실제로 무척 좋은 훌륭한 도구임에는 틀림없으나 소스를 편집하거나 기존에 존재하는 코드를 분석하는 용도로 활용하는데 있어서는 여러 가지로 작업을 해주어야 하는 일이 많고 불편한 점이 존재합니다. 우리는 뒤에서 Visual Studio 2005를 사용하는데 있어서 편리한 방법들에 대해서도 살펴볼 것입니다.

필자가 활용하는 방법만이 진리일 수는 없고 이 방법보다 좋은 방법이 많이 있을 것입니다. 혹시라도 이러한 방법을 모르는 분들을 위해서 소개하는 것입니다.

13.1. WINCE600 부분 일부 폴더 삭제

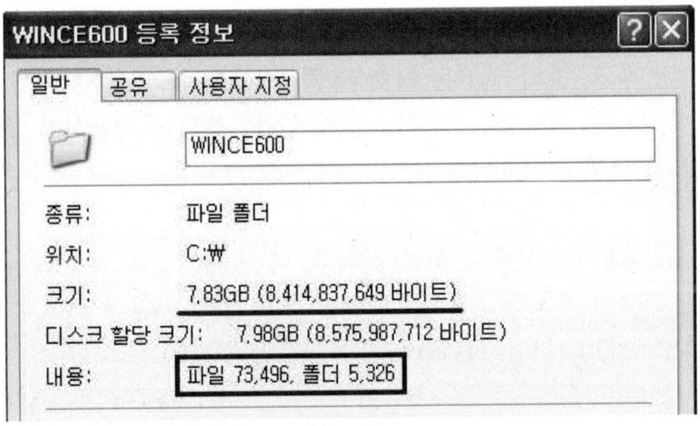

현재 상태에서 WINCE600에 들어있는 폴더의 등록 정보를 살펴보면 위 그림과 같이 무려 7만개가 넘는 개수에 8 Gbytes 가까운 공간임을 알 수 있습니다. 물론 위 측정에는 컴파일 된 결과인 object 파일도 있고, 바이너리 파일도 있기 때문에 소스 편집 툴로 소스들을 가져올 때 7만개의 파일을 모두 접근할 필요는 없습니다. (실제로 Source Insight에서 모두 다 가져오게 되면 2만개가 넘는 파일을 포함시켜야 합니다)

하지만 WinCE는 무척 방대한 양의 코드들로 이루어져 있고 이들 코드를 모두 편집 툴에서 읽어서 사용한다면 이는 편리하기는 하겠지만 너무 비 효율적인 방법입니다. 사실 우리는 망고 보드에서만 작업을 하기 때문에 망고 보드 이외의 것들을 제외 함으로써 보다 적은 수의 코드만을 볼 수 있게 한다면 작업하는데 보다 편리할 수 있을 것입니다.

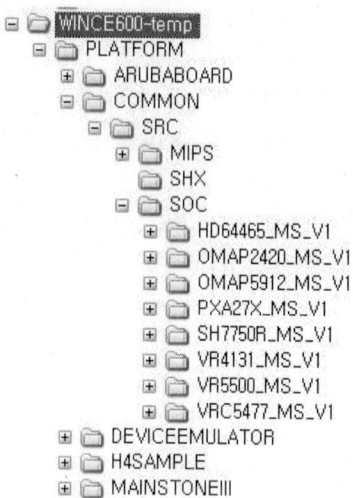

저는 위와 같이 WINCE600-temp라는 폴더를 만들어서 이곳에 필요 없는 파일들을 이동시켜 놓았습니다. 실제 빌드를 수행할 때 참조하지 않는 부분이기 때문에 플랫폼 빌더가 모르는 곳으로 이동한 것입니다.

우리가 사용하는 BSP는 PLATFORM에서 CB6410 부분과 CB2443 부분입니다. 물론 COMMON 폴더는 사용하는 것이 있기 때문에 그 중의 일부는 남겨두어야 합니다. PLATFORM에서 ARUBABOARD, DEVICEEMULATOR, H4SAMPLE, MAINSTONEIII 이렇게 4개의 폴더는 사용하지 않기 때문에 옮겨놓았습니다.

COMMON 부분의 코드는 대부분 사용이 되는 것이고, 이 중에서 SRC 부분의 일부만 이동을 시켰습니다. 우리가 사용하는 CPU는 ARM이고 MIPS, SHX는 필요 없기 때문에 이동하였습니다. SOC 폴더에서는 S3C6410_SEC_V1만 남기고 나머지는 모두 이동시켰습니다.

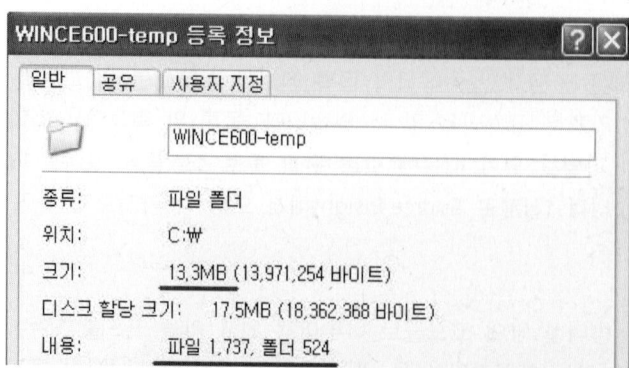

13. Source Insight 프로젝트 파일 추가하기

이렇게 이동을 시키면 모두 1737개의 파일을 사용하지 않을 수 있으니 편리할 것입니다. (크기는 그다지 크지 않지만 2천 개 가까운 파일을 제외시킬 수 있다는 것이 좋을 것입니다.)

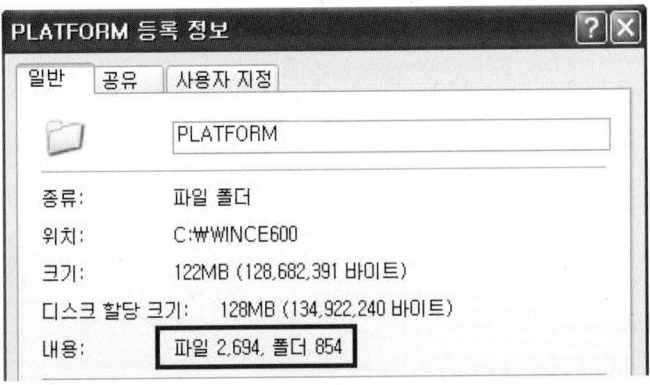

이제 PLATFORM 폴더에 남아있는 파일은 총 2694개 파일이고, 상당 수의 개수가 줄어들었습니다. 물론 여기에는 망고 64용 망고 24용 BSP도 모두 포함되어 있기 때문에 어느 하나의 보드만을 이용하는 독자들의 경우는 크기나 개수가 조금씩은 다를 것입니다.

> 속성을 통해서 측정한 파일의 개수는 상황에 따라서 매우 달라질 수 있습니다. 개수 자체에 대해서는 크게 신경 쓰지 않으셔도 됩니다. 다만 이러한 방식으로 보다 효율적인 소스 코드의 관리가 가능하다는 것을 알려드리는 것입니다.

13.2. Source Insight 프로젝트에 파일 추가

이제 본격적으로 Source Insight를 이용하는 방법에 대해서 살펴보도록 하겠습니다.

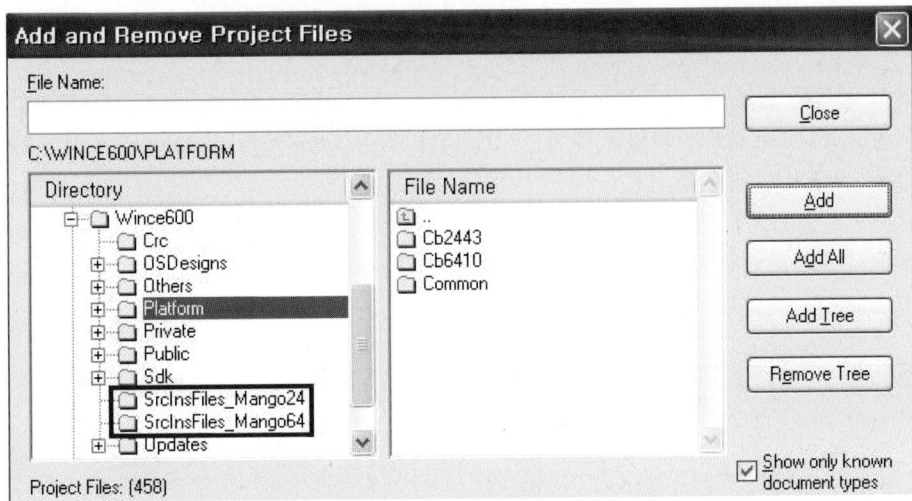

메뉴 중에서 Add & Remove Project Files를 선택합니다. 이제 PLATFORM 부분을 Source Insight 프로젝트에 포함시키도록 하겠습니다. 프로젝트는 제 경우는 당연히 두 개가 있습니다. 각각 망고 64용 망고 24용입니다.

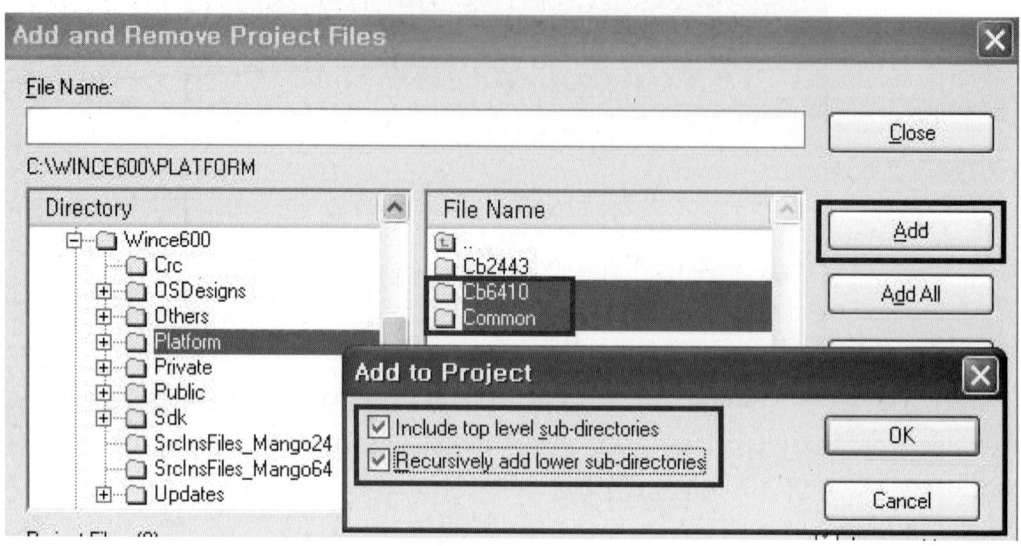

Add를 눌러서 sub-directories까지 모두 포함하도록 설정하였습니다. 위 그림은 망고 64 프로젝트에서 파일을 추가하고 있는 모습입니다.

위 그림에서 왼쪽은 망고 64 프로젝트를 위해서 최초로 프로그램을 만들어서 파일을 추가한 경우고 오른쪽은 망고 24 프로젝트에 파일을 추가한 것입니다. 각각 CB6410과 COMMON, CB2443과 COMMON을 포함시킨 경우입니다.

우리가 위에서 살펴보았을 때 PLATFORM 폴더에 남아있는 파일은 무척 많았는데 실제로 Source Insight 프로젝트에 포함되는 파일 개수는 매우 적어진 것을 알 수 있습니다.

여러분께서 위 동작을 수행할 때 위에서 제시된 것보다 적게 검색된다면 저와 비교해서 Document type이 더 적은 것이고, 보다 많게 검색된다면 저보다 Document type의 종류가 많은 것입니다. 기본적으로 Source Insight에 포함시킬 Document type 정보에 따라서 자동으로 추가를 해주는 것이기 때문에 이에 대한 사항이 철저하게 검토되어야 합니다. 물론 자동으로 추가시키는 방식이 아니라 전체를 추가하거나 임의로 파일을 선택해서 추가해주는 방법도 있겠지만 그보다는 Document type을 적절히 변경해 주어서 자동으로 선택되도록 해주는 것이 좋은 방법입니다. 이 부분에 대해서는 뒤에서 살펴보도록 하겠습니다.

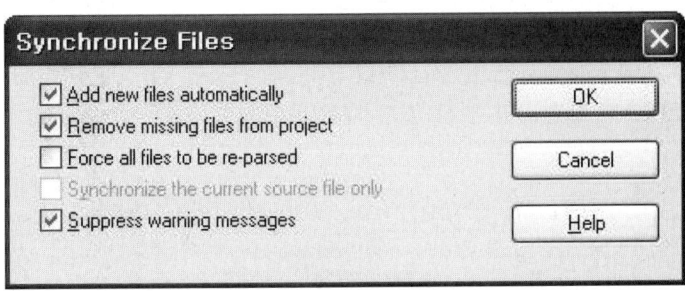

프로젝트에 파일들을 포함한 이후에는 Synchronize Files를 수행해 주어야 합니다. 이것으로 인해서 모든 파일들이 연결되어 쉽게 검색이 가능하게 되는 것입니다.

13.3. Undefined 항목 검색 및 새로운 파일 추가

우리가 BSP를 설치하기 위해서 복사했던 것이 C:\WINCE600\PLATFORM\CB6410 부분과 C:\WINCE600\PLATFORM\COMMON\SRC\SOC\S3C6410_SEC_V1 부분이었기 때문에 (망고 24의 경우라면 C:\WINCE600\PLATFORM\CB2443 부분만) PLATFORM 폴더에 있는 부분들만 모두 추가해도 상당 부분의 코드를 볼 수 있습니다. 하지만 이 코드들만으로 WinCE 바이너리가 구성되는 것은 아닙니다. 공통으로 사용하는 것들이나 각종 드라이버 파일 및 WinCE 커널과 관련한 것 등 많은 부분이 빠져 있고 오직 BSP에 대한 것만 추가된 것입니다. 모두를 설치할 필요는 없고 꼭 필요한 것들만 추가하는 방법을 알아보도록 하겠습니다.

main.c (C:\WINCE600\PLATFORM\CB6410\SRC\BOOTLOADER\EBOOT)를 열어보겠습니다. 이 파일은 EBOOT 부트로더의 main이 들어있는 파일입니다. (이것은 망고 64의 파일이지만 망고 24의 경우도 크게 다르지는 않습니다.)

```
00072:
00073: //for Device ID Of Args
00074: UCHAR              *g_DevID;
00075:
00076:
00077: EDBG_ADDR          g_DeviceAddr; // NOTE: global used so it remains in scope throughout download process
00078:                                   // since eboot library code keeps a global pointer to the variable provided.
00079:
00080: DWORD              wNUM_BLOCKS;
00081:
00082: void main(void)
00083: {
00084:     //GPIOTest_Function();
00085:     OTGDEV_SetSoftDisconnect();
00086:     BootloaderMain();
00087:
00088:     // Should never get here.
00089:     //
00090:     SpinForever();
00091: }
00092:
```

내용 중에 한 부분을 보겠습니다. EDBG_ADDR라는 부분의 형태를 보면 다른 것들과는 달리 색깔도 들어가지 않고 그냥 검은색의 평범한 폰트로 되어 있는 것을 알 수 있습니다. 이것이 의미하는 바는 현재 프로젝트에 포함된 내용 중에 EDBG_ADDR라는 것이 정의된 부분이 없다는 것을 나타내는 것입니다. EDBG_ADDR는 EDBG_ADDR g_DeviceAddr의 형태로 마치 char, int 등과 마찬가지로 데이터 타입의 한가지 형태처럼 사용하고 있는 것입니다. 그런데 이것을 정의한 곳이 없는 것이죠. 이유는 정의된 파일이 프로젝트에 포함되어 있지 않기 때문입니다. 이것을 찾아보도록 하겠습니다.

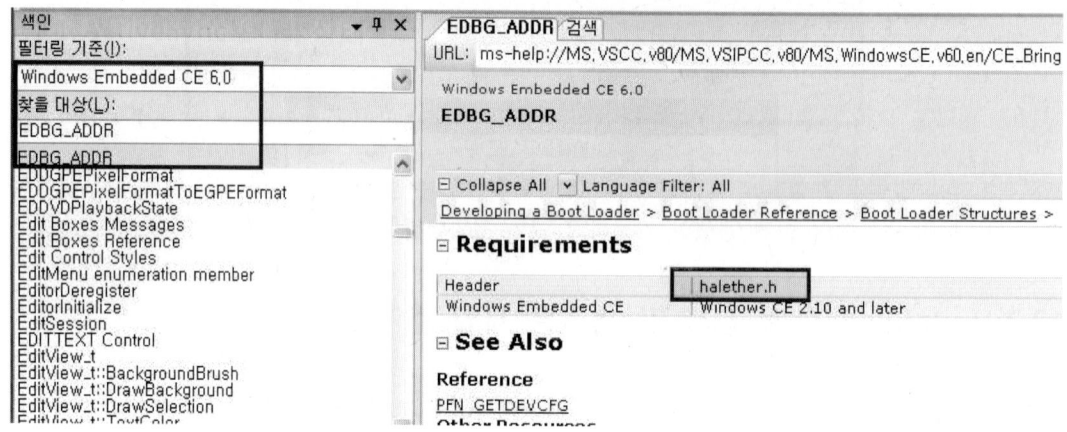

앞서 배웠던 도움말을 찾는 방법으로 EDBG_ADDR를 검색해 보았습니다. 다행이 발견이 되었고, halether.h가 반드시 헤더 파일로 정의되어 있어야 한다는 것을 알 수 있습니다. 이것이 우리가 찾는 중요한 부분이 되겠습니다.

그럼 halether.h는 어디에 있을까요?

WINCE600 폴더에서 halether.h를 검색해 보았습니다. 위의 두 군데 위치에서 발견이 되고 있습니다. 두 개가 발견되었는데 어떤 것을 사용해야 하는 것일까요?

지금의 상황은 파일이 단 두 개밖에 없기 때문에 단순하지만 상황은 이렇게 단순하게 나타나지 않을 가능성이 훨씬 높습니다. 여러 가지로 지식이 없으면 선택하기 어려운 경우들도 발생하게 됩니다. 하나하나 경우에 맞게 익히는 방법밖에는 없습니다.

한가지 주의해야 할 점이 위 그림의 아래쪽에 있는 C:\WINCE600\OSDesigns\CB6410-V01\Wince600\CB6410_ARMV4I\cesysgen\oak\inc 부분은 우리가 소스 프로젝트에 포함시킬 파일이 아니라는 것입니다.

13. Source Insight 프로젝트 파일 추가하기

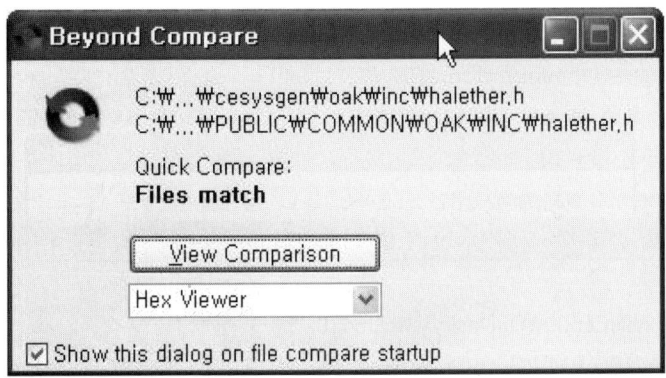

위 그림은 위의 두 파일을 파일 비교 툴을 이용해서 Hex Viewer를 통해서 바이너리 레벨에서 비교를 해본 것입니다. Files match로 완전하게 동일한 파일이라는 것을 알 수 있습니다. 결국 두 파일 중 하나는 다른 곳에서 복사가 되었다고 생각할 수 있습니다. 바로 C:\WINCE600\OSDesigns\CB6410-V01\Wince600\CB6410_ARMV4I\cesysgen\oak\inc 부분에 존재하는 halether.h가 빌드를 수행하는 Sysgen 과정 중에 C:\WINCE600\PUBLIC\COMMON\OAK\INC에서 위 곳으로 복사가 된 것입니다.

이것을 확인하기 위해서 CB6410-V01 정리를 수행해 보도록 하겠습니다.

위와 같이 빌드 메뉴에서 CB6410-V01 정리를 수행합니다.

```
------ 정리 시작: 프로젝트: CB6410-V01, 구성: Mango64_CB6410 Release Platform Builder (_TGTCPU)
------
Starting Build: cleanos.bat
===============
CLEAN.BAT: Cleaning Sysgen directory "C:\WINCE600\OSDesigns\CB6410-V01\Wince600\CB6410_ARMV4I\cesysgen"
CLEAN.BAT: Cleaning platform directory C:\WINCE600\platform\CB6410\target\ARMV4I\retail
CLEAN.BAT: Cleaning platform directory C:\WINCE600\platform\CB6410\lib\ARMV4I\retail
CLEAN.BAT: Cleaning platform common directory
```

```
C:\WINCE600\platform\common\target\ARMV4I\retail
CLEAN.BAT: Cleaning platform common directory
C:\WINCE600\platform\common\lib\ARMV4I\retail
CLEAN.BAT: Cleaning flat release directory "C:\WINCE600\OSDesigns\CB6410-
V01\RelDir\Mango64_CB6410_Release"
CB6410-V01 - 0 error(s), 0 warning(s)
========== 정리: 성공 1, 실패 0, 생략 0 ==========
```

위 로그를 보면 C:\WINCE600\OSDesigns\CB6410-V01\Wince600\CB6410_ARMV4I\cesysgen\oak\inc가 포함된 "C:\WINCE600\OSDesigns\CB6410-V01\Wince600\CB6410_ARMV4I\cesysgen"을 clean하는 부분이 보입니다.

위 과정을 수행한 이후에 C:\WINCE600\OSDesigns\CB6410-V01\Wince600\CB6410_ARMV4I\cesysgen\oak\inc 부분에 가보면 아무런 파일도 없이 모두 사라져 있는 것을 발견할 수 있습니다. 즉, clean 작업 시 여기에 있는 파일들을 모두 삭제해 버리는 것입니다. 그러므로 다시는 clean을 하지 않을 것이 아닌 한 이곳의 파일들을 수정하는 것은 위험한 작업이 될 것입니다.

CB6410-V01 다시 빌드를 수행해 보도록 하겠습니다. 수행되는 로그 중에서 가장 초반 부분에 있는 내용을 살펴보도록 하겠습니다.

```
------ 모두 다시 빌드 시작: 프로젝트: CB6410-V01, 구성: Mango64_CB6410 Release Platform Builder
(_TGTCPU) ------
Starting Build: blddemo clean -q
===============
BLDDEMO: Clean option specified
BLDDEMO: Cleaning C:\WINCE600\OSDesigns\CB6410-
V01\Wince600\CB6410_ARMV4I\cesysgen
BLDDEMO: Cleaning C:\WINCE600\platform\CB6410\cesysgen\files
BLDDEMO: Generating OS Design Folders
```

13. Source Insight 프로젝트 파일 추가하기

```
BLDDEMO: Done Generating OS Design Folders
BLDDEMO: Generating OS Design Files to C:\WINCE600\OSDesigns\CB6410-
V01\Wince600\CB6410_ARMV4I\oak
BLDDEMO: Done Generating OS Design Files
CEBUILD: Deleting old build logs
CEBUILD: Skipping directly to SYSGEN phase
Building dep trees: winceos dcom gdiex ie script servers shellsdk shell rdp wceshellfe wceappsfe
directx voip datasync netcfv2 netcfv35 sqlcompact SQLCE cellcore ostest mediaapps speech FP_VOIP
CB6410-V01
CEBUILD: Running sysgen   preproc (for COMMON)
Starting sysgen phase for project ( common )
```

clean시에 했던 동작과 동일한 작업을 위에서도 하고 있습니다. 이후에 Sysgen 작업을 통해서 지워 버렸던 파일들을 다시 복사해 오는 과정을 거칠 것입니다.

우리는 원하는 파일인 halether.h가 C:\WINCE600\PUBLIC\COMMON\OAK\INC에 존재한다는 것을 알았고 이 부분에 존재하는 파일들은 당연히 Source Insight 프로젝트에 포함시켜야 할 것입니다.

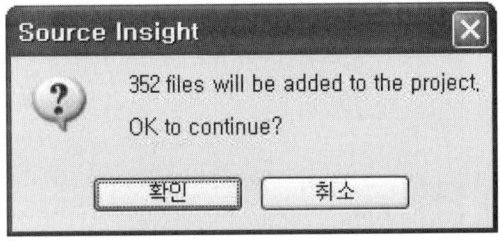

C:\WINCE600\PUBLIC\COMMON\OAK\INC에 있는 모든 파일들을 프로젝트에 포함시켰습니다. 프로젝트에 파일들을 포함한 이후에 Synchronize Files를 수행해 주었습니다.

```
00070: //for KITL Configuration Of Args
00071: OAL_KITL_ARGS          *g_KITLConfig;
00072:
00073: //for Device ID Of Args
00074: UCHAR                  *g_DevID;
00075:
00076:
00077: EDBG_ADDR              g_DeviceAddr; // NOTE: globa
00078:                                      // since eboot library
00079:
00080: DWORD                  wNUM_BLOCKS;
00081:
```

위 그림처럼 EDBG_ADDR가 색깔도 변해있고 참조도 가능한 상태가 되어 있습니다.

```
00164: /*
00165:  * @struct EDBG_ADDR | Addressing info for the debug Ethernet subsystem
00166:  *
00167:  * For speed, all values are stored in net byte order (big endian).  Use the
00168:  * htonl/ntohl/htons/ntohs macros to convert to/from local byte order.
00169:  */
00170: typedef struct _EDBG_ADDR {
00171:     DWORD  dwIP;        // @field IP address (net byte order)
00172:     USHORT wMAC[3];     // @field Ethernet address (net byte order)
00173:     USHORT wPort;       // @field UDP port # (net byte order) - only used if appropriate
00174:
00175: } EDBG_ADDR;
```

자 이제 Source Insight 편집기 안에서 EDBG_ADDR로 접근할 수 있고 어떤 것인지를 알 수 있습니다. 3가지 멤버를 가지고 있는 structure입니다. 여기서 보면 USHORT가 또다시 정의가 되지 않은 타입인 것을 알 수 있습니다. 이것 또한 위의 과정을 통해서 해볼 수 있을 것입니다. 이 부분은 독자들께서 각자의 소스 코드에 맞도록 직접 해보시기 바랍니다.

13.4. Document type 추가 방법

Source Insight 를 쓰다 보면 .c 나 .h 는 쉽게 프로젝트 안으로 파일들을 한꺼번에 로딩할 수가 있는데 좀 특이한 확장자를 가지는 것들은 일일이 Add 를 시켜야 하기 때문에 좀 불편합니다. 적은 수의 파일을 가지는 프로젝트를 진행할 때는 사실 별 문제가 아니지만 현재 우리가 사용하는 WinCE 와 같이 엄청난 파일 개수를 자랑하는 프로젝트에서는 조금 문제가 됩니다. 물론 Document Type 과 관계없이 모든 파일을 추가하는 옵션을 사용하면 모두 추가할 수 있기 때문에 문제가 없겠지만 그렇게 하기에는 필요 없는 파일들이 너무 많아지게 됩니다. 결국 Document Type 을 추가하거나 수정해서 이 부분이 잘 수행될 수 있도록 변경하는 것이 가장 좋은 방법입니다.

방법은 2 가지가 있습니다. **Document Type 을 새롭게 추가하는 방법이 있고 기존에 존재하는 Document Type 을 변경하는 방법이 있습니다.** 두 가지 방법 모두 Document Option 을 변경해서 작업해야 하는 것입니다.

Options 메뉴에서 Document Options 를 선택하거나 Alt 키를 누른 상태에서 T 를 눌러도 됩니다.

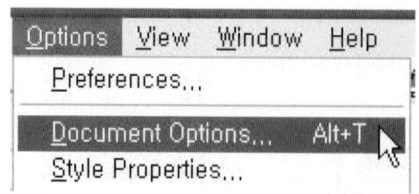

Document Options 에서 Add Type 을 선택해서 타입 이름과 확장자 이름을 추가하면 새로운 Document Type 을 하나 만들게 됩니다.

13. Source Insight 프로젝트 파일 추가하기

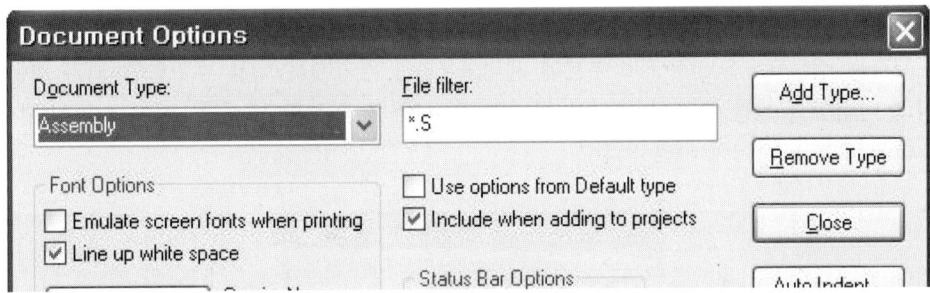

Assembly 라는 이름은 원래 존재하지 않았던 것이고, 이를 *.S 로 표시해서 하나 추가한 것입니다. 이때 옵션 중에서 "Include when adding to projects" 부분을 선택하는 것이 중요합니다. 이 옵션이 선택되어 있어야 우리가 소스 파일을 추가할 때 툴이 자동으로 파일을 가져올 수 있기 때문입니다.

위와 같이 새로운 Document Type 을 만들어서 사용해도 되지만 가장 간단한 것은 기존에 존재하는 타입에 확장자 부분만 추가하는 것입니다. 저의 경우도 WinCE Source Insight 프로젝트 파일에 추가하기 위해서 아래와 같이 추가해서 만들었습니다.

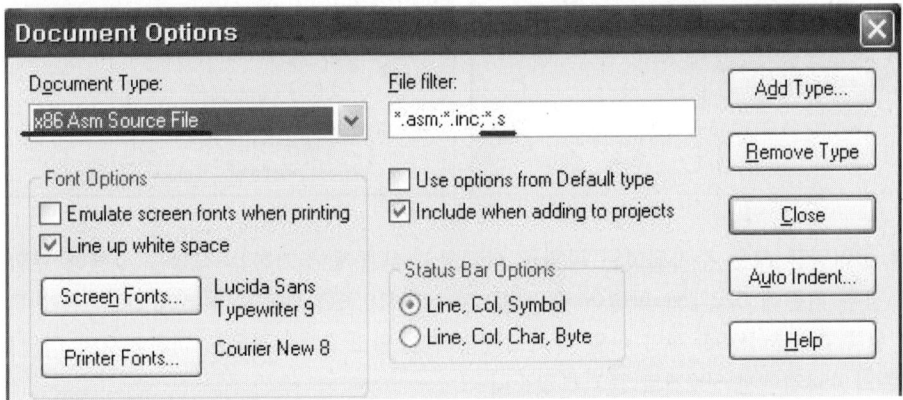

위 내용은 s 라는 확장자 이름을 가지는 어셈블리 파일을 참조하기 위해서 추가한 것입니다.

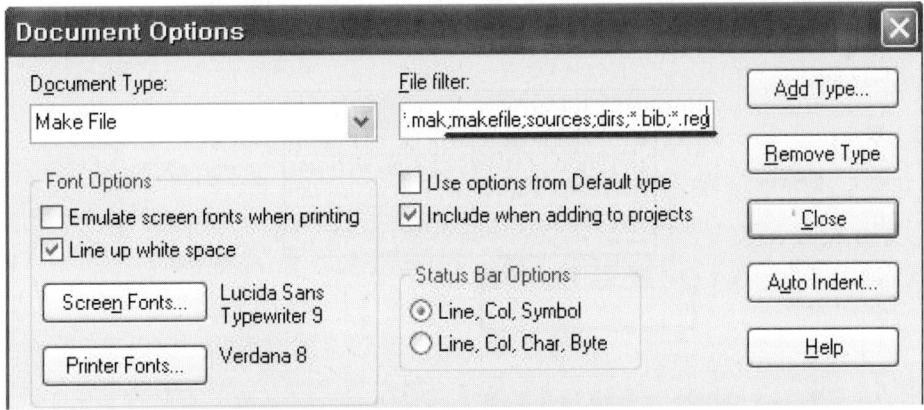

기존에 존재하는 x86 Asm Source File 부분에 세미콜론(;)만 추가해서 *.s를 추가하면 되기 때문에 무척 간단하고 이러한 방식을 주로 사용하게 됩니다. 위 내용은 이러한 똑 같은 방식으로 기존에 들어 있는 MakeFile 부분을 수정한 내용입니다.

> WinCE에서는 **makefile, sources, dirs, *.bib, *.reg** 파일들이 빌드 과정을 수행하는데 있어서 많은 역할을 수행하게 됩니다. 이 부분들이 원래 디폴트 부분에는 없기 때문에 추가를 한 것입니다.

위와 같이 기존에 있는 타입과 가장 비슷한 부분에 filter 부분을 세미콜론(;)으로 구분해서 적어주기만 하면 쉽게 추가를 할 수 있습니다. 확장자가 아니라 makefile, sources, dirs 등으로 파일의 이름을 직접 넣어주어도 됩니다.

이제는 다시 프로젝트에 파일들을 추가하게 되면 이전에는 자동으로 포함되지 않던 파일들이 위에 추가한 조건에 맞는 파일들은 프로젝트로 추가되는 것을 확인할 수 있습니다.

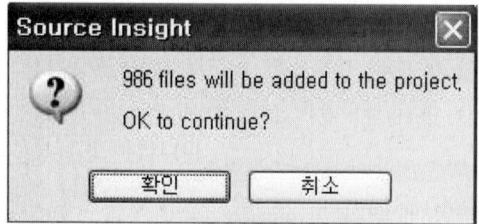 

프로젝트에 들어있던 모든 추가되었던 파일을 삭제하고 새롭게 추가하는 작업을 수행해 보았습니다. 망고 64의 경우 기존에 622개의 파일이 추가되었던 CB6410, COMMON 부분에 대한 추가 작업에서 위 그림의 왼쪽 부분처럼 986개의 파일 추가되었습니다. 망고 24의 경우도 마찬가지의 작업을 수행했는데 기존의 458개에서 500개로 증가하였습니다.

지금까지 다룬 내용이 모든 관련된 사항을 다루고 있는 것은 아닐 것입니다. 하지만 한가지의 방법을 알게 됨으로써 앞으로의 소스 코드를 분석하는 작업에서 많은 도움을 받을 수 있는 도구를 얻는 계기가 되었으면 합니다.

14. EBoot만 다시 빌드하기

실제 작업을 하다 보면 빌드를 수행해야 하는 상황이 무척이나 많이 나타나게 됩니다. 그런데 이때마다 모두 다시 빌드를 수행하는 것은 당연히 너무나도 비효율적인 방법일 것입니다.

물론 CB6410-V01 빌드를 수행하면 NK.bin이 만들어지는 과정까지 수행하게 되고 그러면 완벽하게 빌드되는 것을 확인할 수 있겠지만 코딩을 하면서 구현을 하는 상황에서는 그보다는 작업한 내용만 빌드하기를 원할 때가 많습니다. 이때 그 부분만 빌드하는 방법을 알아보도록 하겠습니다.

14.1. 일부만 빌드하기 위한 옵션

일단 가장 중요한 것은 옵션을 설정하는 것입니다.

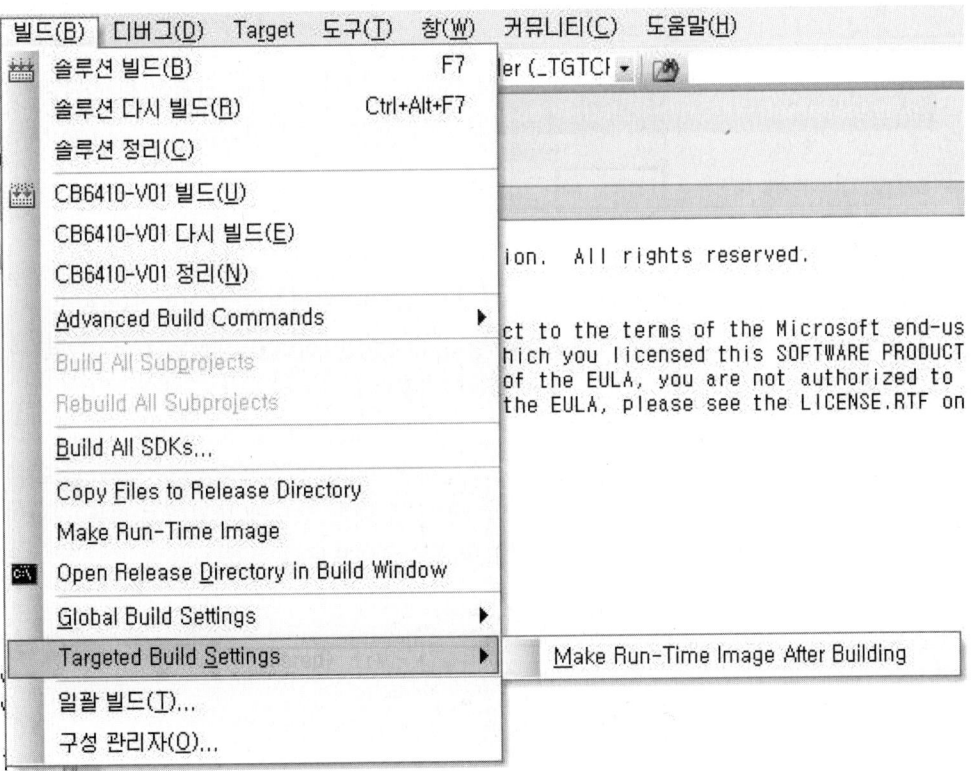

빌드 메뉴에서 "Targeted Build Settings" 부분을 보면 "Make Run-Time image After Building" 부분이 있는데 기본적으로 이 부분이 선택이 되어 있습니다. 이것을 위 그림처럼 선택되지 않도록 변경하는 것이 중요합니다. 영어를 해석해보면 빌드를 끝내고 난 이후에 "Run-Time image"를 만들라는 옵션인 것을 알 수 있습니다.

이 옵션을 선택하지 말아야 우리가 원하는 부분만 빌드를 수행할 수 있는 것입니다. **이 옵션이 선택되어 있으면 원하는 부분만 빌드되는 것이 아니라 최종 목적지인 NK.bin까지 다시 만들게 됩니다.**

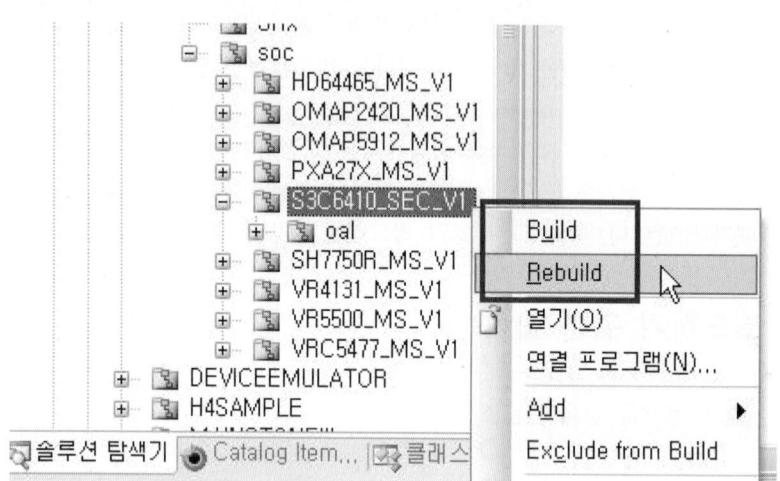

위 옵션을 해제한 지금부터는 원하는 폴더 위치에서 마우스 오른쪽 버튼을 눌러서 Build나 Rebuild를 선택하면 무척 빠르게 빌드 작업이 수행되는 것을 확인할 수 있습니다.

14.2. EBoot만 빌드하기

Platform Builder에서 Sysgen을 실행하는 것은 매우 오래 걸리는 작업입니다. 여러 사람들이 WinCE 개발은 빌드와의 전쟁이라고 과장되게 표현하기도 합니다. 가능한 이러한 작업을 효율적으로 만들어서 빠르게 하면 그만큼 개발의 시간을 단축할 수 있는 것입니다.

빌드 메뉴에서 CB6410-V01나 CB2443-V01 빌드를 수행하면 EBoot, STEPLDR 등도 함께 빌드가 됩니다. 하지만 너무 오래 걸리는 작업이고 상황에 따라 EBoot에 대한 코드만 변경해야 하는 상황이 발생합니다. 이번 장에서는 EBoot만 빌드하는 방법에 대해서 알아보도록 하겠습니다.

아래 설명 내용은 망고 64와 관련한 것이지만 내용은 망고 24에서도 크게 다르지 않습니다. 망고 64 관련 설명들의 디렉토리 위치 부분을 CB6410으로 되어 있는 부분을 CB2443으로 바꾸어서 적절한 위치를 찾아 수행해 보시기 바랍니다.

먼저 C:\WINCE600\OSDesigns\CB6410-V01\RelDir\Mango64_CB6410_Release에 가서 EBOOT.bin을 삭제합니다. 그리고 나중에 빌드가 잘 되었는지 확인할 수 있도록 합니다.

아래 그림처럼 솔루션 탐색기에서 PLATFORM/CB6410/src/bootloader/eboot 부분에서 마우스 오른쪽 버튼을 누르면 메뉴가 나타납니다. Build나 Rebuild를 누르면 빌드가 진행됩니다. Build를 눌러보겠습니다.

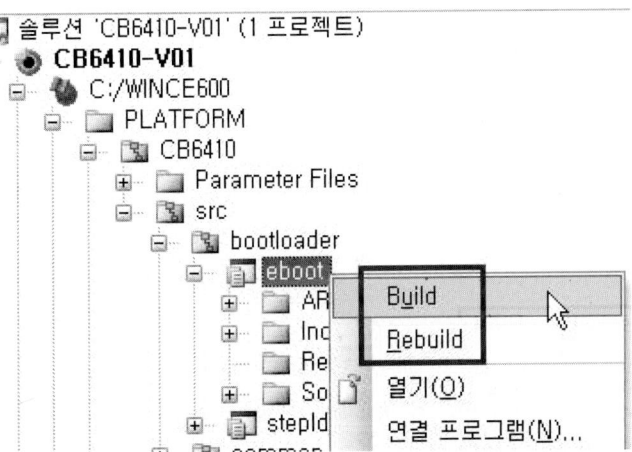

이제 C:\WINCE600\OSDesigns\CB6410-V01\RelDir\Mango64_CB6410_Release에 가서 삭제했던 EBOOT.bin이 생성되어 있나를 살펴보면 위 그림처럼 잘 만들어진 것을 확인할 수 있습니다.

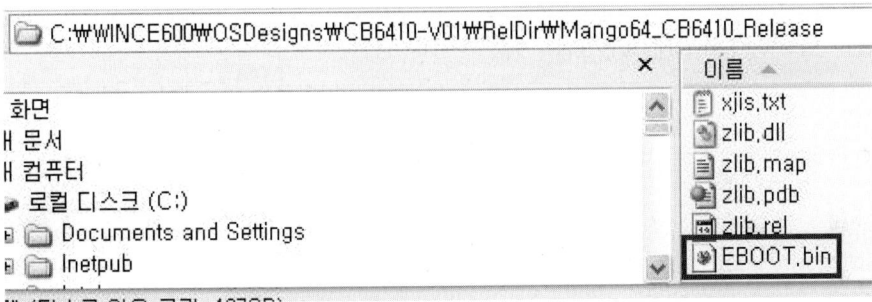

14.3. EBoot만 빌드하기에서 주의할 점

사실 위의 EBoot만 빌드하기라는 작업은 무척이나 단순한 작업입니다. 별다른 어려움도 없고 누구나 쉽게 할 수 있는 것입니다. 하지만 모든 일이 그렇듯 주의할 점이 있습니다. 그러한 상황에 대해서 예를 들어서 설명 드리도록 하겠습니다.

```
Download BIN file information:
--------------------------------------------------
[0]: Base Address=0x80100000   Length=0x24188a8
--------------------------------------------------
RAM image
rom_offset=0x0.
ImageStart = 0x80100000, ImageLength = 0x24188A8, LaunchAddr = 0x801074A8
```

```
Completed file(s):
--------------------------------------------------------------------
[0]: Address=0x80100000   Length=0x24188A8   Name="" Target=RAM
ROMHDR at Address 80100044h
+WriteOSImageToBootMedia: g_dwTocEntry =1, ImageStart: 0x80100000, ImageLength: 0x24188a8,
LaunchAddr:0x801074a8
INFO: OEMLaunch: Found chain extenstion: '' @ 0x80100000
Writing single region/multi-region update, dwBINFSPartLength: 37849256
```

위 내용은 EBoot에서 NK.bin을 다운로드 하는 상황에서 DNW에 표시된 로그 정보 입니다. 우리의 관심은 ImageStart, ImageLength, LaunchAddr의 출력문입니다. NK.bin이 로드 될 주소와 크기 등에 대한 정보를 출력해주고 있습니다.

"ImageStart ="으로 한번 소스 코드에서 검색을 수행해보도록 하겠습니다.

```
---- ImageStart = Matches (4 in 1 files) ----
blcommon.c (C:\WINCE600\PLATFORM\COMMON\SRC\COMMON\BOOT\BLCOMMON):  KITLOutputDebugString("ImageStart = 0x%x,
blcommon.c (C:\WINCE600\PLATFORM\COMMON\SRC\COMMON\BOOT\BLCOMMON):  KITLOutputDebugString("ImageStart = 0x%x,
blcommon.c (C:\WINCE600\PLATFORM\COMMON\SRC\COMMON\BOOT\BLCOMMON):  KITLOutputDebugString("ImageStart = 0x%x,
blcommon.c (C:\WINCE600\PLATFORM\COMMON\SRC\COMMON\BOOT\BLCOMMON):  KITLOutputDebugString("ImageStart = 0x%x,
```

blcommon.c 파일 내에서 모두 네 군데에서 출력문이 나타나 있는 것을 볼 수 있습니다.

```
---- ImageStart = Matches (4 in 1 files) ----
Blcommon.c (c:\wince600\platform\common\src\common\boot\blcommon):  KITLOutputDebugString("[
Blcommon.c (c:\wince600\platform\common\src\common\boot\blcommon):  KITLOutputDebugString("[
Blcommon.c (c:\wince600\platform\common\src\common\boot\blcommon):  KITLOutputDebugString("[
Blcommon.c (c:\wince600\platform\common\src\common\boot\blcommon):  KITLOutputDebugString("[
```

위 그림은 망고 24의 프로젝트 파일에서 찾은 내용입니다. 내용만 보았을 때는 위의 망고 64의 경우와 어디가 다른지 알 수가 없습니다. 각각의 부분은 DownloadSignedBin(), DownloadSignedNB0(), DownloadBin(), DownloadNB0() 함수에서 출력이 되고 있습니다. 그런데 과연 어떤 함수일까요? 물론 전후 사정을 잘 살펴보면 어느 함수일지를 찾을 수 있겠지만 이를 보다 분명히 하기 위해서 출력문을 좀 변경하도록 하겠습니다.

```
KITLOutputDebugString("[%s] ImageStart = 0x%x, ImageLength = 0x%x, LaunchAddr = 0x%x\r\n",
__FUNCTION__, *pdwImageStart, *pdwImageLength, *pdwLaunchAddr);
```

물론 우리는 아직 KITLOutputDebugString이라는 함수가 무슨 역할을 수행하는지 잘 알지 못합니다. 하지만 이름으로 추정해보면 어떤 문자열을 화면에 출력해주는 것이라 생각됩니다.

14. EBoot만 다시 빌드하기

출력문 맨 앞에 [%s]로 문자열을 찍도록 만든 이후에, __FUNCTION__을 역시 맨 앞에 넣어 주었습니다. __FUNCTION__은 함수의 이름을 문자열로 전달해 주게 됩니다. 위와 같은 변경을 찾았던 네 군데 모두에 적용을 하였습니다. 결국 4가지의 함수 중에서 한가지의 곳에서 호출이 일어났을 것이고 그 함수가 어디인지를 알 수 있게 되는 것입니다.

이제 위에서 배웠던 빌드 방법으로 EBoot만 빌드하기를 수행해서 EBOOT.bin을 만든 이후에, DNW에서 EBOOT.bin을 다운로드 해서 NAND에 저장하고, 그 다운로드 한 EBOOT.bin을 이용해서 다시 부팅을 시작해서, NK.bin을 다운로드 한 이후에 출력되는 부분을 보도록 하겠습니다.

그러나, 출력문의 내용은 전혀 바뀌지 않습니다. 왜 그럴까요?

분명히 EBoot가 출력해주는 부분을 변경하고, 빌드 된 결과를 보아도 분명하게 EBOOT.bin이 생성되었고 그것을 정상적으로 다운로드 해서 실행해서 결과를 본 것인데 왜 원하는 결과가 나오지 않는 것일까요? 만약 이 상황에서 CB6410-V01 빌드를 수행하면 원하는 결과를 얻을 수 있을까요? 맞습니다. 원하는 결과를 얻을 수 있습니다.

그렇다면 **EBoot만 빌드하기와 CB6410-V01 빌드가 다른 결과를 보이는 것일까요?** 물론 아닙니다. 원인은 다른 곳에 있습니다. 우리가 수정한 파일은 **blcommon.c** 파일 입니다. blcommon이라는 이름에서 보여지듯이 boot loader 공통 파일입니다. 이 파일은 우리가 빌드한 eboot 부분에 없는 파일입니다. 아래 그림을 잘 보시기 바랍니다.

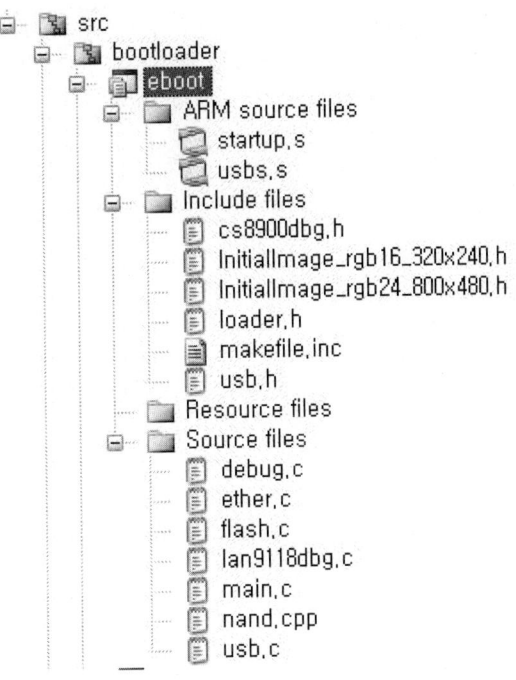

빌드 했던 eboot 부분을 모두 확장해서 살펴보았습니다. 어느 곳에도 blcommon.c 파일을 찾을 수가 없습니다. 그럼 이 파일은 과연 어디에 있는 것일까요?

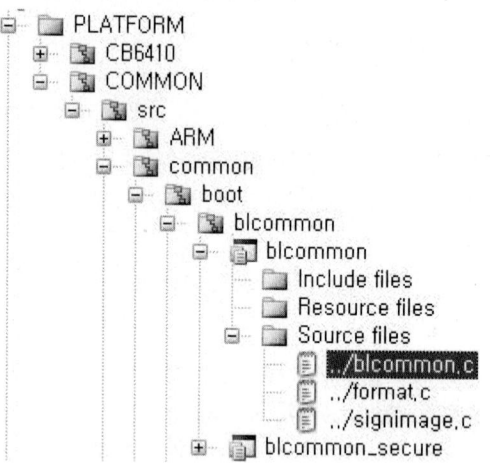

바로 PLATFORM/COMMON 부분에서 src/common/boot/blcommon 부분에 존재하고 있습니다. (이 내역은 위에서 검색을 수행했던 SourceInsight의 내용에서도 분명히 알 수 있습니다.) 다른 곳에 존재하는 파일을 열심히 고치고, 엉뚱한 부분을 빌드 했기 때문에 결과가 정확하게 반영되지 않았던 것입니다.

실제로 개발을 진행해 나가면서 이러한 실수를 많이 하게 됩니다. 정확히 변경했다고 생각하고 같은 빌드 방법으로 계속 시험을 해 나가는데 결과는 늘 똑같이 나오는 상황이 생기는 것입니다. 아주 오랜 시간이 지난 이후에야 비로소 잘못된 방법으로 빌드를 하고 있었구나 깨닫게 되고 많은 시간을 낭비한 이후가 되는 것입니다. EBOOT.bin은 자신이 가지고 있는 파일들만 컴파일 해서 바이너리를 만드는 것이 아니라 Common 부분에 있는 것들도 포함해서 작업을 하게 됩니다.

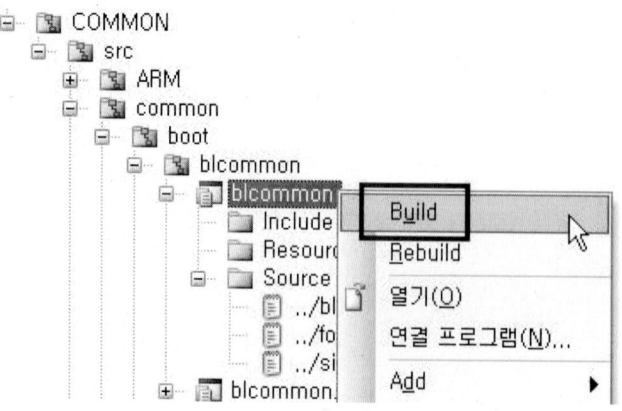

자 이제 blcommon 부분에서 마우스 오른쪽 버튼을 눌러서 빌드를 진행해 보겠습니다.

14. EBoot만 다시 빌드하기

```
BUILD: [00:0000000006:PROGC ] Checking for SDK include directory: C:\WINCE600\sdk\CE\inc.
BUILD: [00:0000000007:PROGC ] Scan
C:\WINCE600\PLATFORM\COMMON\src\common\boot\blcommon\blcommon\
BUILD: [00:0000000008:PROGC ] Saving C:\WINCE600\PLATFORM\COMMON\Build.dat.
BUILD: [00:0000000013:PROGC ] Building COMPILE Pass in
C:\WINCE600\PLATFORM\COMMON\src\common\boot\blcommon\blcommon\ directory.
BUILD: [01:0000000023:PROGC ] Compiling ..\blcommon.c
BUILD: [01:0000000026:PROGC ] Compiling ..\format.c
BUILD: [01:0000000029:PROGC ] Compiling ..\signimage.c
BUILD: [00:0000000036:PROGC ] Building LIB Pass in
C:\WINCE600\PLATFORM\COMMON\src\common\boot\blcommon\blcommon\ directory.
BUILD: [01:0000000046:PROGC ] Linking
C:\WINCE600\platform\common\lib\ARMV4I\retail\oal_blcommon.lib
BUILD: [00:0000000048:PROGC ] Saving C:\WINCE600\PLATFORM\COMMON\Build.dat.
BUILD: [00:0000000050:PROGC ] Done.
```

위 로그의 내용을 보면 blcommon.c가 비로소 컴파일이 되고 있는 모습이 보입니다. 그리고 중요한 부분이 마지막 부분에 있습니다. 바로 **oal_blcommon.lib**를 링크하고 있는 것입니다. 여기서 컴파일한 오브젝트들을 모아서 oal_blcommon.lib라는 라이브러리로 만들고 있는 것입니다. 결국 이 라이브러리를 EBoot 빌드를 수행할 때 가져다가 사용하고 있는 것입니다. 그렇기 때문에 이쪽을 빌드 해서 라이브러리를 변경해 놓지 않으면 예전에 만들어져 있던 오래된 라이브러리를 이용해서 빌드를 하게 되고 최신의 내용이 적용되지 않았던 것입니다.

한가지 알아야 할 사항은 우리는 망고 64 프로젝트와 망고 24 프로젝트를 어떻게 만들었나를 생각해야 합니다. 각각 CB6410과 CB2443을 BSP로 포함시켰는데 그러면서 추가로 포함시켰던 것은 바로 PLATFORM 폴더의 COMMON 부분이었습니다. 결국 필자의 경우처럼 망고 64와 망고 24를 동시에 사용하고 있는 사람은 **망고 64 프로젝트에서 COMMON에 있는 blcommon을 빌드하고 나면 이는 망고 24 프로젝트에도 그대로 영향을 미치게 된다**는 것입니다.

C:\WINCE600\PLATFORM\CB6410\SRC\BOOTLOADER\EBOOT에 보면 sources 파일이 있습니다.

```
TARGETLIBS= \
    $(_PLATCOMMONLIB)\$(_CPUDEPPATH)\oal_cache_s3c6410.lib      \
    $(_PLATCOMMONLIB)\$(_CPUDEPPATH)\s3c6410_system_lib.lib     \
    $(_PLATCOMMONLIB)\$(_CPUINDPATH)\oal_kitl.lib               \
    $(_PLATCOMMONLIB)\$(_CPUINDPATH)\oal_log.lib                \
    $(_PLATCOMMONLIB)\$(_CPUINDPATH)\oal_blnk.lib               \
    $(_PLATCOMMONLIB)\$(_CPUINDPATH)\oal_blcommon.lib           \
```

```
$(_PLATCOMMONLIB)\$(_CPUINDPATH)\oal_blmemory_arm.lib    \
$(_COMMONOAKROOT)\lib\$(_CPUINDPATH)\bootpart.lib        \
$(_COMMONOAKROOT)\lib\$(_CPUINDPATH)\eboot.lib           \
$(_COMMONOAKROOT)\lib\$(_CPUINDPATH)\ne2kdbg.lib         \
$(_COMMONOAKROOT)\lib\$(_CPUINDPATH)\ddk_io.lib          \
$(_COMMONOAKROOT)\lib\$(_CPUINDPATH)\fulllibc.lib        \
$(_COMMONOAKROOT)\lib\$(_CPUINDPATH)\gsnull.lib          \
$(_COMMONOAKROOT)\lib\$(_CPUDEPPATH)\rne_mdd.lib \
$(_TARGETPLATROOT)\lib\$(_CPUINDPATH)\s3c6410_args.lib       \
$(_TARGETPLATROOT)\lib\$(_CPUINDPATH)\nandflash_lib.lib      \
$(_TARGETPLATROOT)\lib\$(_CPUINDPATH)\s3c6410_disp_lib.lib   \
$(_TARGETPLATROOT)\lib\$(_CPUINDPATH)\s3c6410_ldi_lib.lib    \
```

위 내용에서 EBoot가 만들어지면서 oal_blcommon.lib를 참조하고 있는 것을 확인할 수 있습니다.

이제 라이브러리도 변경이 되었고, 이 상태에서 EBoot만 빌드하기를 수행해서 EBOOT.bin을 만든 이후에, DNW에서 EBOOT.bin을 다운로드 해서 NAND에 저장하고, 그 다운로드 한 EBOOT.bin을 이용해서 다시 부팅을 시작해서, NK.bin을 다운로드 한 이후에 출력되는 부분을 보도록 하겠습니다.

```
Download BIN file information:
--------------------------------------------------
[0]: Base Address=0x80100000  Length=0x24188a8
--------------------------------------------------
RAM image
rom offset=0x0.
[DownloadBin]  ImageStart = 0x80100000, ImageLength = 0x24188A8, LaunchAddr =
0x801074A8
```

이제 비로소 출력문이 변경이 되었습니다. [DownloadBin]이 추가로 출력되어 있습니다. 결국 DownloadBin() 함수에서 위 출력문이 출력된 것이라는 것을 알 수 있습니다.

14.4. Build시에 Assembly 코드 뽑아내기

어셈블리 코드를 보길 원하는 해당 드라이버나 APP의 **Sources**에 아래 사항을 추가하고 빌드 하면 obj 파일과 함께 cod 파일이 생성됩니다. cod 파일이 어셈블리 코드입니다.
CDEFINES= $(CDEFINES) /FAcs

C:\WINCE600\PLATFORM\CB2443\Src\Bootloader\Eboot에서 sources 파일을 열었습니다.

```
ADEFINES=-pd "_TGTCPU SETS \"$(_TGTCPU)\"" $(ADEFINES)
```

```
CDEFINES=$(CDEFINES) -DPPSH_PROTOCOL_NOTIMEOUT -DCOREDLL
LDEFINES=-subsystem:native /DEBUG /DEBUGTYPE:CV /FIXED:NO
```

위와 같이 CDEFINES를 발견할 수 있었습니다. ADEFINES, CDEFINES, LDEFINES는 각각 어떻게 다른 것일까요?

ADEFINES	커맨드 라인 옵션인데 **assembler에게 전달됩니다.**
CDEFINES	compiler DEFINE statements 입니다.
LDEFINES	linker에게 주어질 flag들을 정의하는 것입니다.

앞자리의 A는 Assembler, C는 Compiler, L은 Linker를 의미하는 것입니다.

CDEFINES에 대한 설명을 보면 다른 것들과는 달리 다른 말도 써 있습니다.

> These DEFINE statements are added at the end of the standard DEFINE statements put in by Makefile.def.

해석을 해보면 Makefile.def에 의해 지정된 기본 DEFINE statements의 끝에 추가된다고 합니다.
Makefile.def 파일은 아래의 폴더에 들어 있습니다.
C:\WINCE600\PUBLIC\COMMON\OAK\MISC

/FAcs라는 옵션에 대해서 좀더 알아보도록 합니다.

/F로 시작하는 옵션은 Output 파일에 대한 옵션입니다.
/FA 옵션은 Assembly code를 포함한 listing 파일을 생성해줍니다.
그 뒤에 추가되는 값에 따라서 machine code와 source code도 생성할 수 있습니다.

Option	Listing contents; file extension
/FA	Assembly code; .asm
/FAc	Machine and assembly code; .cod
/FAs	Source and assembly code; .asm
/FAcs	**Machine, source, and assembly code; .cod**

표로 정리된 내용을 보면 위와 같습니다. 결국 /FAcs는 .cod 파일로 Assembly code를 포함하면서 machine code와 source code도 함께 생성해주는 것을 알 수 있습니다.

... ...

```
SOURCES= ₩
    startup.s    ₩
    util.s       ₩
    main.c       ₩
    debug.c      ₩
    ether.c      ₩
    flash.c      ₩
    nand.cpp     ₩
    usb.c        ₩
    usbs.s           ₩

WINCETARGETFILES=BootImage

CDEFINES= $(CDEFINES) /FAcs
```

C:₩WINCE600₩PLATFORM₩CB2443₩Src₩Bootloader₩Eboot에서
sources 파일을 위와 같이 가장 뒤에 추가해서 수정하였습니다.

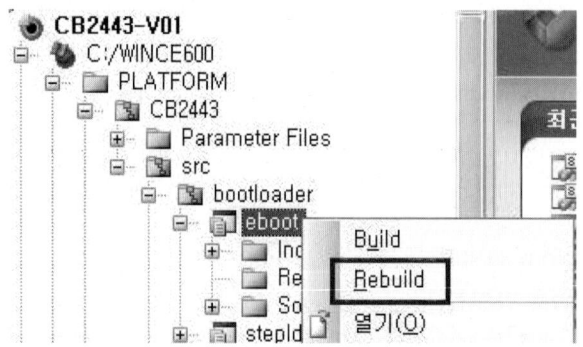

CB2443에서 bootloader 부분의 eboot 부분에서
마우스 오른쪽 버튼을 눌러 Rebuild를 수행했습니다.

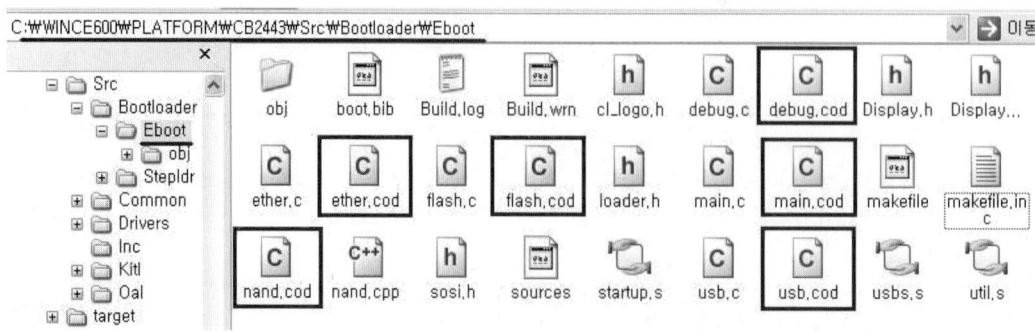

14. EBoot만 다시 빌드하기

Cod 파일들이 소스 파일이 있는 폴더에 생깁니다.
C:\WINCE600\PLATFORM\CB2443\Src\Bootloader\Eboot에서 발견할 수 있습니다.

```
2243 ; 1154 :
2244 ; 1155 :        case STANDARD_SYNCH_FRAME:
2245 ; 1156 :            g_uEp0State = EP0_STATE_INIT;
2246
2247    00270 e3a03000    mov         r3, #0
2248    00274       |$LN82@HandleEven|
2249    00274 e58e3000    str         r3, [lr]
2250    00278       |$LN1@HandleEven|
```

usb.cod를 열어서 보면 위 그림과 같이 소스 코드, 머신 코드와 함께 어셈블리 코드가 잘 나타나 있습니다.

15. Visual Studio 2005 메뉴 설명

이번 장에서는 Visual Studio 2005에 존재하는 메뉴들 중에서 전반적으로 툴을 사용함에 있어서 기본적으로는 알아두어야 할 부분들을 취합해서 설명하도록 하겠습니다.

15.1. 도구 메뉴 옵션 설명

Visual Studio 2005의 도구 메뉴에서 옵션을 선택하면 여기에서 툴과 관련한 많은 옵션 사항들을 설정할 수 있습니다. 이 중에서 몇 가지 알아야 할 부분들에 대해서 설명하도록 합니다.

15.1.1. Multiprocessor Build 지원

요즘 나오는 컴퓨터들은 대부분 듀얼 코어를 지원합니다. 제가 사용하는 컴퓨터도 그렇고요. 더하게는 8-코어까지 나오고 있습니다. 이렇게 여러 개의 코어를 가지고 있을 때 빌드 옵션을 주어서 이를 활용할 수 있도록 지원하고 있습니다.

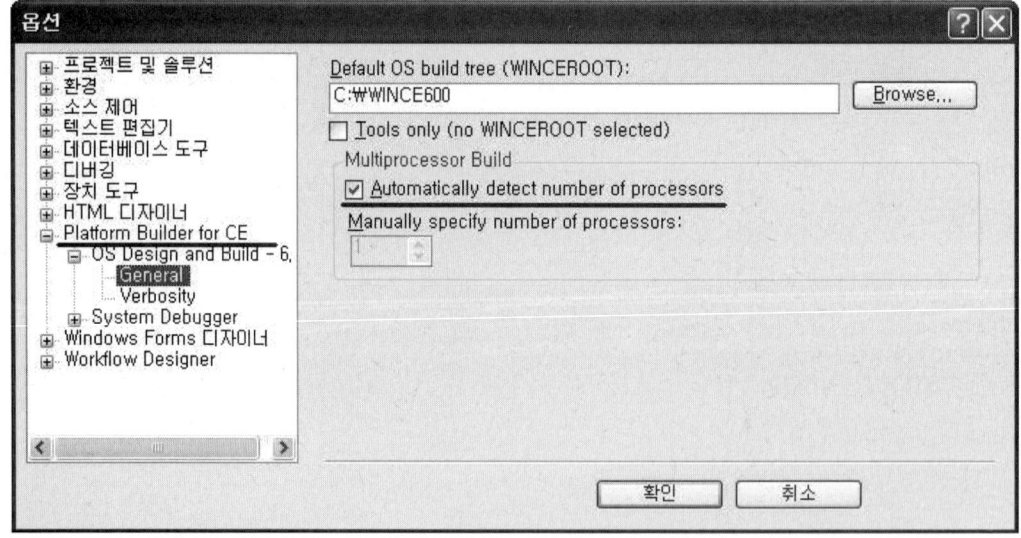

왼쪽의 Platform Builder for CE 부분에서 OS Design and Build 부분에서 "Automatically detect number of processors" 부분을 선택하면 툴에서 자동으로 프로세서의 수를 검사해서 사용하게 됩니다. 디폴트로는 선택되지 않고 프로세서 수가 1로 설정되어 있는데 이것을 선택하는 것이 조금이라도 빨리 빌드를 할 수 있는 방법이 될 것입니다. 물론 대부분의 빌드 작업에서 CPU의 성능으로 인한 문제 보다는 파일을 접근하고 메모리를 access하는 속도에 매우 민감하기 때문에 위와 같이 CPU를 멀티 코어로 변경한다고 해서 빌드 속도가 현저하게 빨라지지는 않습니다. 실제로 측정을 해보면 거의 차이가 없었습니다. 하지만 이렇게 설정하고 진행하는 것이 보다 유리할 것입니다.

15.1.2. 최대 병렬 프로젝트 빌드 수

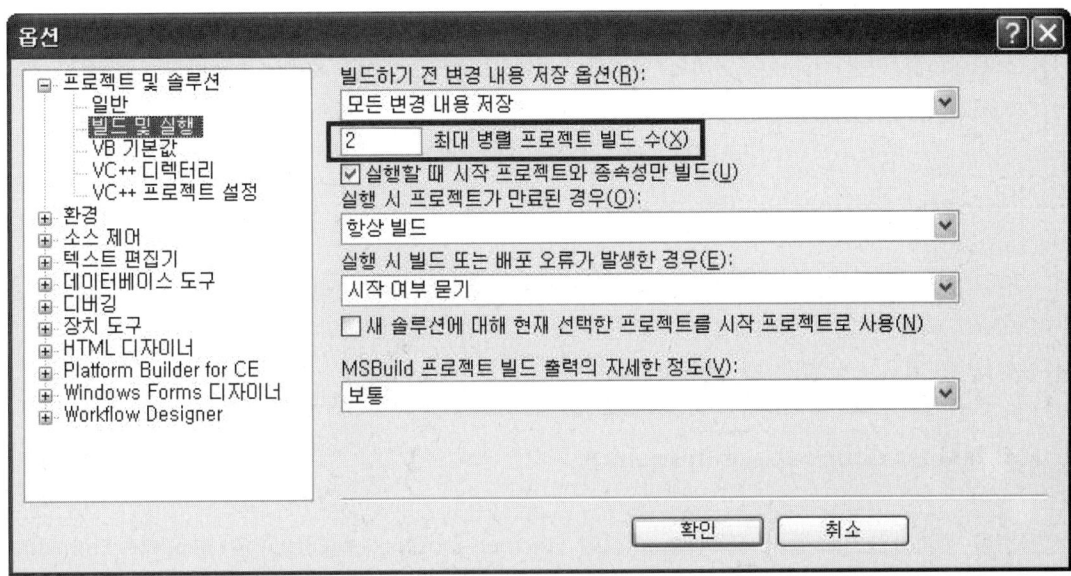

기본적으로 이 값은 설정되어 있는 프로세서의 수와 관계가 있습니다. 우리가 비록 CPU Core의 수를 알려주지 않았다고 해도 자동으로 검사해서 이 값을 설정하고 있다고 합니다. 제 경우는 듀얼 코어 이기 때문에 2로 설정되어 있는 것입니다.

15.2. CB6410-V01 구성 속성 중 Build Options

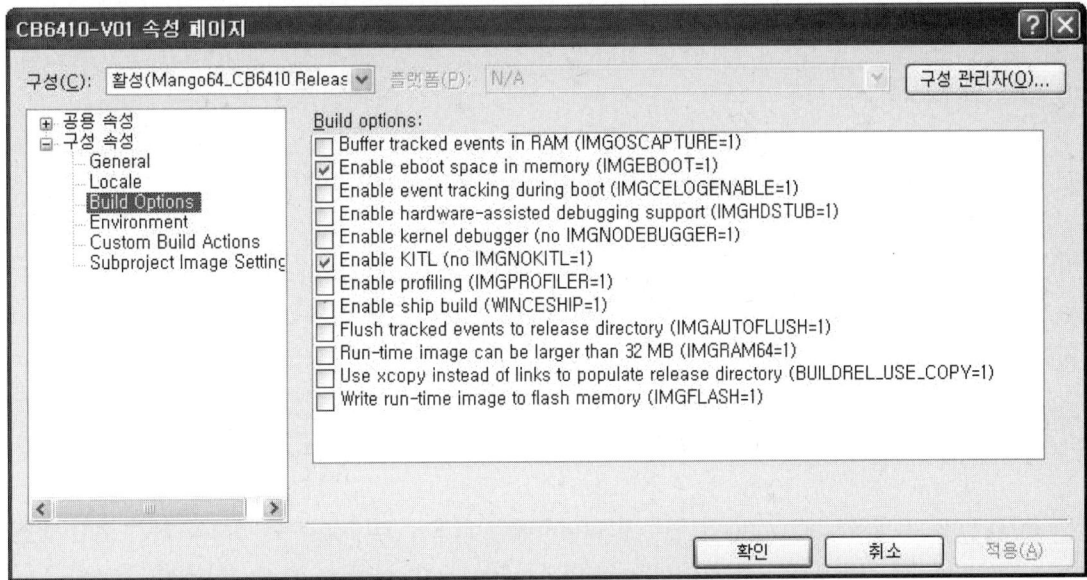

솔루션 탐색기에서 CB6410-V01 부분에서 마우스 오른쪽 버튼을 누르고 속성을 선택합니다. 이 중에서 Build Options 부분을 살펴봅니다. 구성 속성의 Build Options 부분은 이전에 빌드를 수행하면서 일부 설정을 진행했던 부분입니다. Catalog Item과는 별개로 여러 가지 중요한 속성들을 설정할 수 있는 부분입니다. 주로 debugging이나 빌드 이미지에 대한 설정들을 하게 됩니다. 각각의 항목 모두에 대해서 자세히 알아보도록 하겠습니다.

15.2.1. Buffer tracked events in RAM

이 옵션을 선택하게 되면 Platform Builder는 CE 이미지에 OSCapture.exe를 포함하게 됩니다. 포함된 OSCapture.exe는 OS에서 발생하는 이벤트들을 RAM에 저장해 놓게 되며, 추후 이것을 파일로 저장하거나 볼 수 있도록 만들게 됩니다.

15.2.2. Enable eboot space in memory

이 옵션을 선택하면 시스템이 시작하는 시점에 Ethernet boot loader (EBOOT)가 Windows Embedded CE OS에 데이터를 전달할 수 있도록 해주게 됩니다. 부팅이 되는 시점에 OS로 하여금 데이터를 읽을 수 있도록 부트로더가 메모리에 공간을 잡아주게 되는 것입니다. 이를 위해서는 config.bib에서 메모리가 확보되어 있어야 합니다.

15.2.3. Enable event tracking during boot

이벤트 트래킹을 부팅이 되는 동안에도 할 수 있도록 하는 것입니다. 보통의 경우라면 정상적으로 부팅이 되고 그 이후에야 비로소 로그 데이터에 대한 트래킹이 될 테지만 이 옵션을 선택하면 부팅 과정에서도 트래킹이 될 수 있기 때문에 보다 많은 정보를 볼 수 있게 됩니다. 커널과 파일 시스템에 대한 초기화 과정이 마무리 되기 이전에 event tracking이 시작하게 되는 것입니다.

15.2.4. Enable hardware-assisted debugging support

이 옵션은 Third-party 하드웨어 디버깅 툴을 사용하기 위한 것입니다. 하드웨어 디버거가 정상적으로 디버깅을 수행할 수 있도록 하기 위해서 exdi2와 호환되는 JTAG을 이용한 디버깅이 될 수 있도록 해주는 것입니다. 그런데 문제는 exdi2를 지원하는 디버거가 그리 많지는 않다고 합니다.

15.2.5. Enable kernel debugger

Windows Embedded CE debugger가 런타임 이미지에서 코드를 디버깅할 수 있도록 하기 위한 옵션이 되겠습니다. 이 커널 디버거는 Platform Builder와 KITL (Kernel Independent Transport Layer)을 통

해 런타임으로 상호작용하게 됩니다.

이 옵션을 선택해서 빌드한 이미지가 타겟 디바이스에서 동작하게 되면 타겟 디바이스에서 발생하는 디버깅 정보가 Host PC로 전달되게 됩니다. 이 옵션을 선택하게 되면 IMGNODEBUGGER 값이 0이 되고 해제하게 되면 IMGNODEBUGGER 값이 1이 됩니다.

15.2.6. Enable KITL

이 옵션은 런타임 이미지에 KITL을 포함시키게 됩니다. KITL은 매우 유용한 디버깅 기능으로 개발자에게 Kernel debugger를 사용할 수 있도록 해주게 됩니다. 타겟 디바이스의 파일 시스템, 레지스트리 및 실행 코드까지 여러 가지 정보와 상호 작용할 수 있도록 해줍니다.

최종적으로 릴리즈 할 때는 이 옵션을 빼는 것이 좋습니다. 당연히 이 옵션이 있을 경우 성능 면에서 불이익이 있기 때문입니다.

15.2.7. Enable profiling

이 옵션을 선택해야만 런타임 이미지에 kernel profiler가 활성화 됩니다. 여러 가지 타이밍 정보나 성능 데이터를 취합하기 위해서는 반드시 설정되어야 하는 옵션입니다. kernel profiler는 타겟 디바이스에서 Windows Embedded CE가 동작하는 성능을 측정할 수 있는 매우 유용한 도구 입니다. 이 부분은 뒤에서 Remote Tool에 관련해서 공부를 수행할 때 다시 보게 될 것입니다.

15.2.8. Enable ship build

이 옵션은 컴파일을 수행하는 시점에 -DSHIP_BUILD 플래그를 정의하도록 만드는 것입니다. 이 플래그는 조건부 컴파일을 수행하도록 사용할 수 있습니다. 만약 설정되면 OS가 디버그 메시지를 출력하지 못하도록 하고, 설정되지 않았다면 디버그 메시지를 출력하도록 설정할 수 있을 것입니다. 실제 개발 단계가 아니라 양산 시점에 이 플래그를 설정해서 디버그 메시지 없이 양산을 하도록 할 수 있을 것입니다.

makefile.def (C:\WINCE600\PUBLIC\COMMON\OAK\MISC)

```
!IF "$(WINCESHIP)" != ""
CDEBUG_DEFINES=$(CDEBUG_DEFINES) -DSHIP_BUILD
!ENDIF
```

makefile.def에 SHIP_BUILD 부분이 정의되어 있습니다. SHIP_BUILD는 Release 모드에서만 설정할 수 있고, Debug 모드에서는 할 수 없습니다.

15.2.9. Flush tracked events to release directory

우리는 위에서 "Buffer tracked events in RAM" 옵션을 통해서 런타임 이미지에 OSCapture.exe를 포함할 수 있게 하는 것을 공부했습니다. 이 옵션은 런타임 이미지에 CeLogFlush.exe를 포함하도록 만드는 것입니다. 이것은 자동으로 OSCapture.exe에 의해 취합된 로그 데이터를 Celog.clg라는 파일로 만들어주는 기능을 하게 됩니다. Host PC의 release directory에 저장이 됩니다. 이 옵션을 선택하면 event tracking을 또한 활성화 시키게 됩니다.

15.2.10. Run-time image can be larger than 32 MB

결론부터 먼저 말씀 드리면 이 옵션은 크게 신경 쓸 필요는 없는 옵션입니다.

> 이 옵션을 보면서 한가지 의문이 들게 됩니다. 이전에 BSP를 빌드 하면서 이 옵션은 선택하지 않았습니다. 그런데 만들어진 NK.bin이나 NK.nb0 (이들에 대해서는 뒤에서 자세히 분석할 것입니다.)를 확인해보면 32 MB 보다는 큽니다. 그렇다면 이 옵션을 선택하지 않으면 문제가 되는 것은 아닌가 하는 생각이 듭니다.

옵션을 읽어보면 마치 32 MB 이상의 이미지를 만들기 위해서는 반드시 이 옵션이 선택되어야 하는 것으로 보입니다. 하지만 꼭 그런 것은 아닙니다.

```
☐ Flush tracked events to release directory (IMGAUTOFLUSH=1)
☐ Run-time image can be larger than 32 MB (IMGRAM64=1)
☐ Use xcopy instead of links to populate release directory (BUILDREL_USE_COPY=1)
```

옵션의 내용을 잘 살펴보겠습니다. IMGRAM64=1 이라는 것이 보입니다. 이것은 이 옵션을 선택하였을 때의 결과를 표시하고 있는 것입니다. 이 옵션을 선택했을 때 일어나는 결과는 오직 IMGRAM64를 1로 만드는 것뿐입니다. 만약 IMGRAM64를 아무 곳에서도 사용하지 않는다면 이 옵션을 선택하는 것과 선택하지 않는 것은 아무런 차이도 없게 됩니다.

Enabling a Run-Time Image Size Larger Than 32 MB
http://msdn.microsoft.com/en-us/library/aa448521.aspx

이 옵션과 관련한 MSDN의 부분은 위 링크입니다. 여기서 말하고 있는 내용은 이 옵션을 선택하면 32 MB가 넘는 이미지를 빌드할 수 있도록 해주지만 만약 64 MB가 넘는 이미지를 빌드하기를 원할 경우는 이 옵션을 선택하면 안 된다고 적혀 있습니다. 이런 경우는 IMGRAM128과 같은 적절한 환경 변수를 설정해야 한다는 것입니다.

IMG Environment Variables

15. Visual Studio 2005 메뉴 설명

http://msdn.microsoft.com/en-us/library/ms923572.aspx

환경 변수와 관련한 위 링크를 살펴보면 아래의 표를 발견할 수 있습니다.

IMGRAM16	Configures the run-time image for 16 MB of RAM.
IMGRAM32	Configures the run-time image for 32 MB of RAM.
IMGRAM64	Configures the run-time image for 64 MB of RAM.
IMGRAM128	Configures the run-time image for 128 MB of RAM.
IMGRAM256	Configures the run-time image for 256 MB of RAM.
IMGRAM512	Configures the run-time image for 512 MB of RAM.

위 내용은 마치 각각의 메모리 경우에 따라서 왼쪽의 환경 변수를 설정해야 하는 것으로 생각됩니다. 물론 그 내용은 맞을 수 있습니다. 이 환경 변수를 사용한다는 가정하에서 그렇다는 것입니다. 우리는 이 환경 변수를 사용하지 않고 있습니다. 그리고 대부분의 BSP에서도 특별히 이 부분을 심각하게 다루지는 않습니다. 그 이유는 대부분의 경우 타겟 보드의 메모리 부분은 이미 결정이 되어 있기 때문에 그 내용에 맞도록 설정을 하는 부분을 고정하기 때문입니다.

뒤에서 우리는 config.bib라는 파일을 살펴볼 것입니다. NK.bin의 크기를 조절하는 작업을 수행할 것이고 그때 자세히 검토가 될 것입니다. 여기서는 그 내용을 보려는 것이 아니고 만약 위의 환경 변수가 사용된다면 어떻게 사용될 것인가 하는 예를 들어 드리겠습니다.

```
#if defined IMGRAM16
    … … … … …
#elif defined IMGRAM32
    … … … … …
#elif defined IMGRAM64
    … … … … …
#else
    NK      80400000    01FFC000    NANDIMAGE
    RAM     80400000    06400000    RAM
#endif
```

\PLATFORM\CB6410\FILES 폴더에서 config.bib 부분에 보면 이와 관련한 정의가 들어 있습니다. 물론 그 안에는 IMGRAM 관련 내용은 전혀 없습니다. 만약 이러한 값을 환경 변수로 설정하고 그것을 활용한다면 위와 같은 방식으로 활용할 수 있다는 것을 보여드리는 것입니다.

리눅스에서 검색을 수행할 때 주로 사용하는 grep 명령을 Windows에서도 사용이 가능합니다.

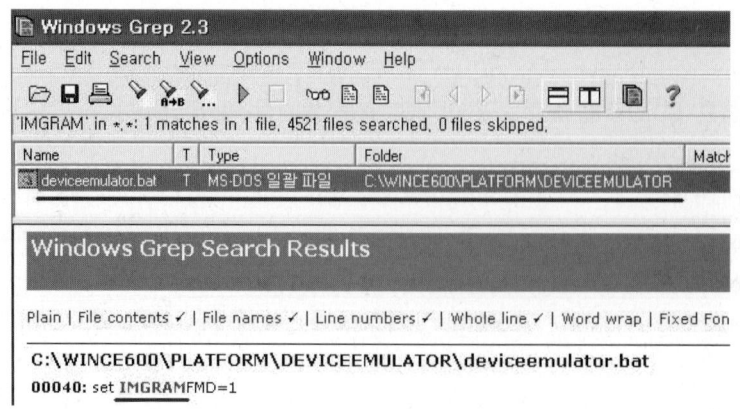

이것이 가능하게 해주는 Windows Grep 2.3을 이용해서 검색을 해 보았습니다. 오직 한군데에서 IMGRAM 관련 내용을 찾을 수 있었는데 이 부분마저 PLATFORM\DEVICEEMULATOR 부분에서 사용하는 것이고 우리는 이미 이 부분은 WINCE600-temp로 옮겨놓은 상태입니다.

15.2.11. Use xcopy instead of links to populate release directory

이 옵션은 파일에 대해서 copylink를 사용하는 대신에 xcopy를 사용함으로써 실질적인 복사본을 가지게 해줍니다. copylink는 실제로 복사를 하지 않고 hard link 만을 만들게 됩니다. 이 옵션을 사용하기 위해서는 개발 컴퓨터에서 NTFS 파일 시스템을 사용해야만 합니다.

위 내용을 이해하기 위해서 일단 실험을 통해서 검사를 해보는 것이 좋을 것입니다.

망고 64의 경우이지만 망고 24도 크게 다르지는 않습니다. 메뉴 중에서 "Copy Files to Release Directory" 부분을 수행합니다.

```
------ 빌드 시작: 프로젝트: CB6410-V01, 구성: Mango64_CB6410 Release Platform Builder (_TGTCPU)
Starting Build: buildrel
```

15. Visual Studio 2005 메뉴 설명

```
BUILDREL: Using copylink command
BUILDREL: cleaning up "C:\WINCE600\OSDesigns\CB6410-V01\RelDir\Mango64_CB6410_Release"
Generating PBWorkspace localization and project files
Done Generating PBWorkspace localization and project files
BUILDREL: Copying SYSGENED binaries from C:\WINCE600\OSDesigns\CB6410-
V01\Wince600\CB6410_ARMV4I\cesysgen\oak
... ... ... ... ... ...
BUILDREL: Copying PLATFORMCOMMON binaries from C:\WINCE600\platform\common
1개 파일이 복사되었습니다.
CB6410-V01 - 0 error(s), 0 warning(s)
========== 빌드: 성공 또는 최신 상태 1, 실패 0, 생략 0 ==========
```

위와 같은 메시지를 출력하면서 수행되는데 약 50초의 시간이 걸렸습니다.

buildrel이 수행되고 있는 것이고, 출력된 메시지를 보면 copylink 명령을 사용한다는 것을 알 수 있습니다. copylink는 Windows XP에서 제공하는 명령이 아니라 Windows CE에서 제공되는 것입니다.

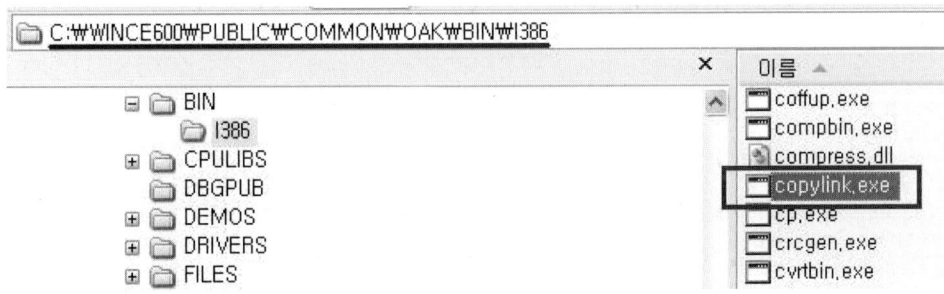

C:\WINCE600\PUBLIC\COMMON\OAK\BIN\I386에 보면 많은 명령들이 존재하고 그 중의 하나가 copylink.exe인 것입니다.

자, 이제는 옵션을 켜고 같은 작업을 진행해 보겠습니다.

```
□ Run-time image can be larger than 32 MB (IMGRAM64=1)
☑ Use xcopy instead of links to populate release directory (BUILDREL_USE_COPY=1)
□ Write run-time image to flash memory (IMGFLASH=1)
```

```
------ 빌드 시작: 프로젝트: CB6410-V01, 구성: Mango64_CB6410 Release Platform Builder (_TGTCPU)
Starting Build: buildrel
BUILDREL: Using xcopy command
BUILDREL: cleaning up "C:\WINCE600\OSDesigns\CB6410-V01\RelDir\Mango64_CB6410_Release"
```

```
Generating PBWorkspace localization and project files
Done Generating PBWorkspace localization and project files
BUILDREL: Copying SYSGENED binaries from C:\WINCE600\OSDesigns\CB6410-
V01\Wince600\CB6410_ARMV4I\cesysgen\oak
5412개 파일이 복사되었습니다.
CB6410-V01 - 0 error(s), 0 warning(s)
========== 빌드: 성공 또는 최신 상태 1, 실패 0, 생략 0 ==========
```

이번에는 약 2분 20초 정도의 시간이 걸렸습니다.

필자는 위의 시험을 VMware 상의 Virtual Machine을 이용하고 있기 때문에 위와 같이 오랜 시간이 걸리는 것입니다. 위 시험을 PC 환경에서도 시험을 해보았는데 옵션을 켜지 않았을 경우 19초, 옵션을 켰을 경우는 44초의 시간이 걸렸습니다.

출력된 메시지를 보면 이번에는 copylink를 사용하는 것이 아니라 xcopy를 사용하고 있습니다. xcopy는 Windows CE에서 제공하는 명령이 아니고 Windows XP에서 제공하는 명령입니다. 말 그대로 복사를 수행하는 것이죠. 위 내용 중에 "5412개 파일이 복사되었습니다."라는 문구가 보입니다. 즉, xcopy 명령을 이용해서 실제로 복사본이 저장되는 것입니다.

로그 메시지를 각각 비교해 보면 그 차이를 더욱 분명하게 느낄 수 있습니다. xcopy를 이용하는 경우에만 위에서와 같이 복사되었다는 문구를 출력해주고 있는 것입니다.

15. Visual Studio 2005 메뉴 설명

특별한 문제가 있지 않는 한 굳이 이 옵션을 켜고 빌드를 수행할 이유는 없습니다. 때로 링크만 만드는 게 아니고 분명히 복사가 되어야 하는 경우도 있습니다. 그런 상황이 아니라면 이 옵션은 늘 끄고 사용하시기 바랍니다.

15.2.12. Write run-time image to flash memory

이 옵션을 설정함으로써 EBOOT로 하여금 타겟 디바이스의 flash memory에 런타임 이미지를 write 하도록 합니다. EBOOT가 다운로드를 한 이후에 이미지를 플래시에 기록되도록 하게 만드는 옵션입니다. 이 부분은 EBOOT를 실행시킨 이후에 얼마든지 바꿀 수 있는 부분이어서 활용할 필요는 거의 없습니다.

15.3. CB6410-V01 구성 속성 중 Environment Options

구성 속성 중에서 Environment 부분을 선택하면 디폴트로는 아무 것도 들어있지 않습니다.

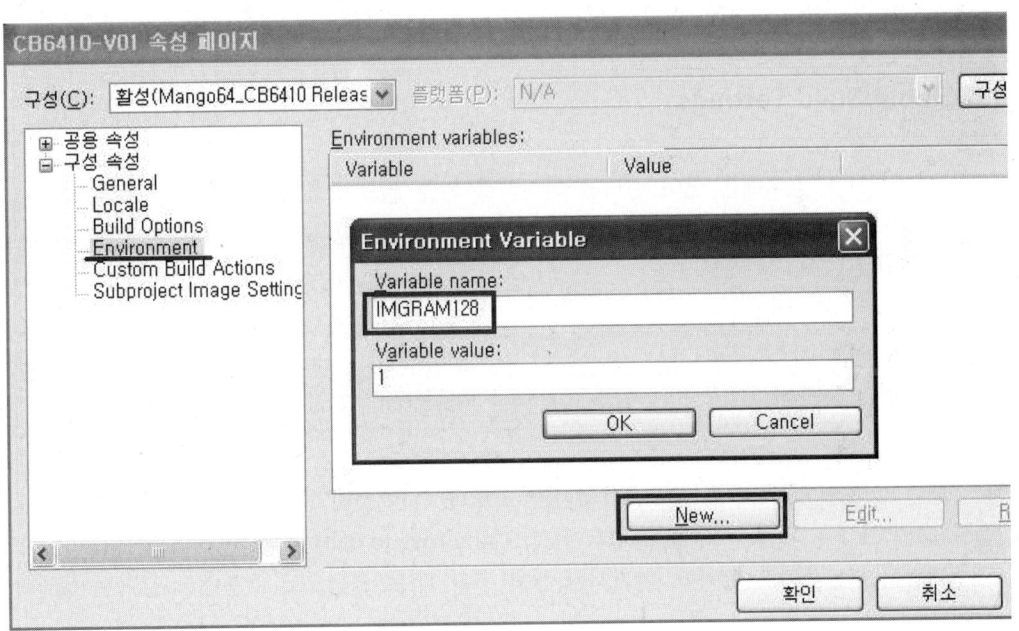

New를 선택해서 환경 변수 이름과 값을 입력해서 넣어줄 수 있습니다. 위에서 우리가 검토했던 것 중에서 IMGRAM128 등과 같은 변수를 만들어서 이곳에 넣어줄 수 있는 것입니다.

플랫폼 빌더 툴은 빌드 프로세스 상에서 여기에 적히는 환경 변수 값을 이용해서 빌드 작업을 수행 하게 되는 것입니다. 대부분의 작업은 Catalog Item을 변경하는 것으로 수행할 수 있지만 위에 예를 든 것처럼 그곳에서 지원하지 않는 그리고 특별히 만들어 주고 싶은 값을 지정해서 추가할 수 있습니다.

15.4. Build 메뉴 설명

빌드 프로세스와 관련한 사항은 무척 중요한 부분입니다. 빌드 프로세스는 뒤에서 심화학습을 하는 부분에서 보다 자세하게 다룰 예정입니다. 여기서는 빌드 메뉴에 있는 내용만 잠시 살펴보고 지나가도록 하겠습니다. Visual Studio 2005에서 빌드 메뉴에 있는 부분을 하나씩 살펴보도록 하겠습니다.

15.4.1. Targeted Build Settings

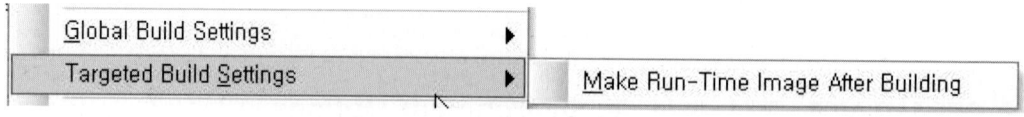

이 부분에 대해서는 이전에도 잠시 살펴본 적이 있습니다. EBoot만 다시 빌드하기를 공부하면서 보았던 부분입니다. 일부분을 빌드한 이후에도 런타임 이미지가 만들어지도록 하려면 이 부분을 설정하는 것입니다. 굳이 설정할 필요가 없기 때문에 위 그림처럼 해제하고 사용하는 것이 좋습니다.

15.4.2. Global Build Settings

위의 일부분만 빌드할 경우에는 굳이 런타임 이미지를 만들 필요가 없겠지만 전체 프로젝트를 빌드할 경우에는 런타임 이미지를 만들어주는 것이 보다 유리할 것입니다. Make run-time image after build 부분은 선택되도록 한 것입니다.

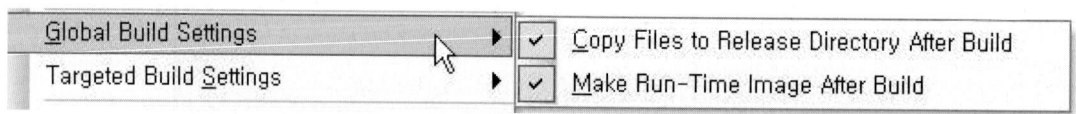

빌드를 수행한 이후에 Release directory로 복사가 되도록 하는 것이 좋을 것입니다. 이 부분도 설정된 디폴트 상태 그대로 두는 것이 좋습니다. 위의 "Copy Files to Release Directory" 부분은 따로 명령으로 존재하는 부분이기도 합니다. 여기서 옵션을 끄고, 따로 명령으로 수행해도 결과는 동일하게 나오게 됩니다.

15.4.3. Advanced Build Commands

과거 Windows CE 5.0 시절에 가능한 하지 말아야 하는 빌드 명령이 아래의 2가지 명령이었습니다. 현재 Windows CE 6.0으로 오면서 Visual Studio 2005에 그 명령들은 Advanced Build Commands 부분에 아래 그림과 같이 포함되어 있습니다.

15. Visual Studio 2005 메뉴 설명

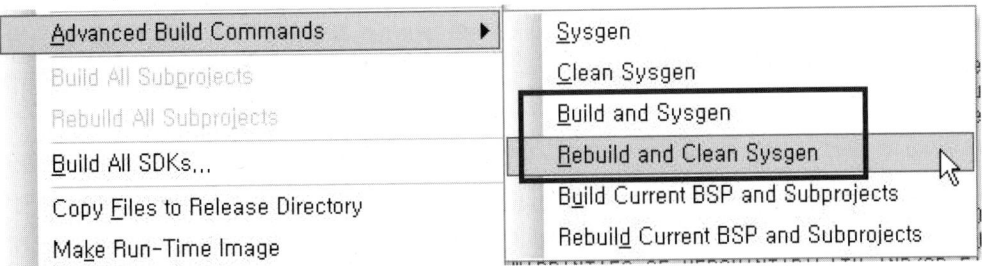

2가지 명령은 Build and Sysgen과 Rebuild and Clean Sysgen 입니다. 이 2가지 명령은 여전히 가능한 사용하지 말아야 하는 명령입니다.

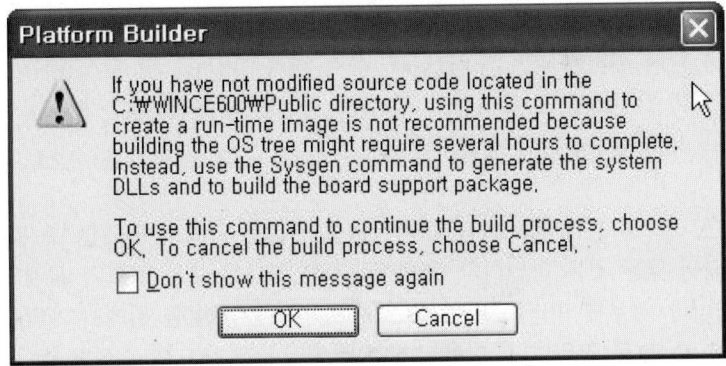

Build and Sysgen을 실행할 경우 위와 같은 팝업 창이 뜹니다. C:\WINCE600\PUBLIC 부분은 변경하지 않았다면 이 명령을 이용해서 런타임 이미지를 만드는 것은 권할만한 것은 아니라고 얘기하고 있습니다. 이러한 이유는 Public 부분까지 빌드를 수행하느라 너무나도 오래 작업이 걸릴 것이라는 것입니다. 대신 Sysgen을 이용해서 시스템 DLL들을 만들고 BSP를 빌드할 것을 권고하고 있습니다.

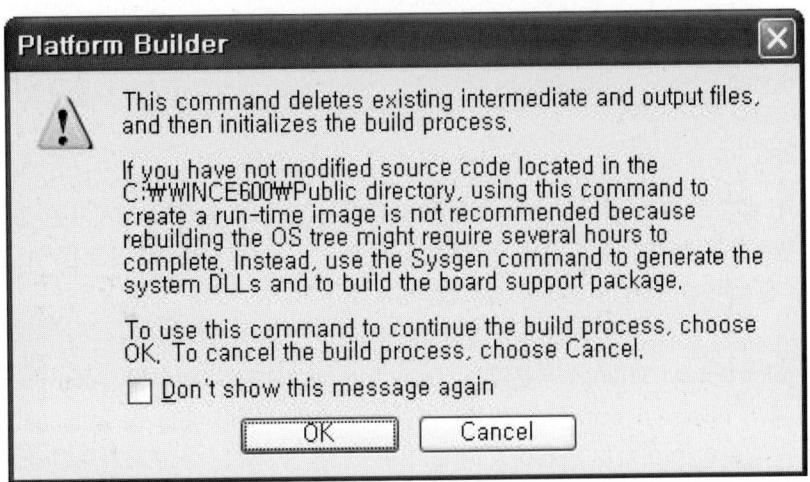

Rebuild and Clean Sysgen을 실행할 경우는 팝업 창의 메시지가 좀더 길어졌습니다. 위의 경우와 비교해서 달라진 부분은 맨 앞부분입니다. intermediate와 output 파일들을 모두 지우고 빌드 프로세스를 초기화 한다는 말이 추가되어 있습니다.

실제로 PUBLIC 부분의 내용을 변경할 이유는 거의 없을 것입니다. 물론 소스 코드의 일부를 살펴볼 수 있고 그 내용을 변경하고 싶은 욕구를 느낄 수 있을 것이고 프로젝트의 상황에 따라서 변경이 필요한 경우도 있을 것입니다. 위 두 가지 명령에 대한 팝업창의 내용 만으로는 시간만 조금 오래 걸릴 뿐 특별한 문제는 없다고 생각할 수 있습니다. 하지만 그렇지 않습니다.

> **위 두 개의 명령은 절대로 수행하시면 안됩니다.** 만약 혹시라도 실수로 수행하게 되면 **Windows Embedded CE**를 다시 설치해야 할 수도 있습니다. 필자는 과연 어떤 일이 일어날지 궁금해서 수행을 해 보았고, 결국 빌드 에러가 발생하였고, 그 이후부터는 기본적인 빌드도 수행할 수 없었습니다. 결국 플랫폼 빌더를 다시 설치해야만 하였습니다. 독자 여러분께서는 이 빌드 메뉴는 권고대로 절대로 실행하지 마시기 바랍니다. 만약 혹시라도 재 설치 작업을 해야 할 경우 반드시 **WINCE600** 폴더 자체를 전부 지우고 새로 설치하시기 바랍니다.

Windows CE는 많은 코드를 공개하고 있습니다. 실제로도 많은 코드를 확인할 수 있습니다. 그러나 모든 코드가 공개되어 있는 것은 아닙니다. 위의 두 가지 명령은 모든 코드가 공개되기 전에는 사용할 수 없는 부분입니다. 경우에 따라서 마이크로소프트와 제품 개발을 위해서 계약을 맺고 모든 소스 코드를 제공받을 수 있을 것입니다. 이런 경우에는 자유롭게 코드를 수정할 수 있고 그때에야 비로소 위의 명령들을 실행할 수 있는 것입니다.

Advanced Build Commands와 관련해서 MSDN에서의 내용을 검토해 보도록 하겠습니다.
http://msdn.microsoft.com/en-us/library/ee482590.aspx
위 링크를 참조하시면 원본 내용을 살펴보실 수 있습니다.

Advanced Build Commands에는 총 6개의 메뉴가 있습니다. 각각에 대해서 살펴보겠습니다.

<Sysgen>

"**blddemo –q**"가 실행됩니다. OS design의 파일들에 대해서 Sysgen 툴을 실행시키는 명령입니다. SYSGEN 관련 변수들을 변경하였을 경우 이 명령을 수행하면 됩니다. 대체적으로는 카달로그 아이템을 변경할 경우 Sysgen을 다시 수행해야 할 것입니다.

위에서 살펴본 Global Build Settings 부분에서 "Copy Files to Release Directory After Build"가 선택되어 있다면 파일들이 release directory로 복사될 것입니다. 또한 "Make Run-Time Image After Build"가 선택되어 있다면 런타임 이미지도 만들어질 것입니다.

<Clean Sysgen>

"blddemo clean –q"가 실행됩니다. 위의 Sysgen과 다른 점은 clean을 더 수행하고 있다는 것뿐입니다. SYSGEN 변수들을 지우고 OS design 파일들에 대한 Sysgen을 수행하고 BSP를 컴파일하고, BSP에 대한 Sysgen을 수행하고, subproject들을 빌드 하게 됩니다.

위 Sysgen의 경우와 마찬가지로 Global Build Settings 부분에서 "Copy Files to Release Directory After Build"가 선택되어 있다면 파일들이 release directory로 복사될 것입니다. 또한 "Make Run-Time Image After Build"가 선택되어 있다면 런타임 이미지도 만들어질 것입니다. 이 Global Build Settings 과 관련한 사항은 이 이후의 모든 빌드 메뉴에서도 마찬가지 입니다.

Sysgen이나 Clean Sysgen이나 SYSGEN 관련 변수들을 변경하였을 경우, 즉 대체적으로 카달로그 아이템을 변경할 경우가 아니면 수행할 필요가 없습니다. 오직 소스 코드만을 변경했을 경우는 필요 없는 작업이 됩니다.

<Build and Sysgen>

Blddemo가 실행됩니다. Public 부분에 대한 빌드를 수행하고 OS design 파일들에 대한 Sysgen을 수행하게 됩니다. %_WINCEROOT%\Public 부분에 대한 변경이 되었을 경우 이 명령을 사용할 수 있습니다. 하지만 **결코 사용하지 않는 것이 좋습니다.** 이전에도 말씀 드렸던 것처럼 모든 소스 코드가 공개된 것이 아니기 때문에 이 빌드 명령은 정상적으로 완료될 수 없습니다.

%_WINCEROOT%에 임의로 만든 폴더가 있고 이것을 OS design에 포함시켰다면 이 부분도 빌드에 포함될 것입니다. OS design에 포함된 Subproject들도 빌드 과정에 포함됩니다.

결코 이 메뉴는 실행하면 안됩니다. 이 명령은 OS tree를 먼저 빌드한 이후에 Sysgen을 수행하기 때문입니다. OS tree는 마이크로소프트에서 제공하는 소스 코드를 다시 빌드 하게 되는데 이 과정은 불필요할 뿐만 아니라 매우 위험합니다.

<Rebuild and Clean Sysgen>

"blddemo clean cleanplat –c"가 실행됩니다. 역시 위의 "Build and Sysgen" 명령과 마찬가지로 Public 부분에 대한 빌드를 수행하고 OS design 파일들에 대한 Sysgen을 수행하게 되는데 다른 점은 수행 전에 Clean 작업을 한번 더 한다는 것뿐입니다. <u>이 명령 또한 결코 사용하지 않는 것이 좋습니다.</u>

결코 이 메뉴는 실행하면 안됩니다. 이 명령은 OS tree를 먼저 빌드한 이후에 Sysgen을 수행하기 때문입니다. OS tree는 마이크로소프트에서 제공하는 소스 코드를 다시 빌드 하게 되는데 이 과정은 불

필요할 뿐만 아니라 매우 위험합니다. Rebuild and Clean Sysgen은 라이브러리들에 대한 삭제 작업을 수행하기 때문에 이들 라이브러리들을 복구하기 위해서는 Windows Embedded CE 6.0을 재 설치해야만 합니다.

<Build Current BSP and Subprojects>

"**blddemo -qbsp**"가 실행됩니다. BSP 소스코드와 subproject 코드를 빌드하고 BSP 파일들에 대한 Sysgen 툴을 수행합니다. BSP 부분이나 사용자가 만든 subproject 코드의 변경이 있는 경우에 이 명령을 이용하면 좋습니다. 만약 카달로그 아이템 등을 변경하였을 경우에는 이 명령을 수행해서는 안 됩니다. 카달로그 아이템 등을 변경하는 경우는 반드시 OS에 대한 Sysgen이 수행되어야 하는데 이 명령은 OS에 대해서는 Sysgen을 수행하지 않습니다.

<Rebuild Current BSP and Subprojects>

"**blddemo -qbsp -c**"가 실행됩니다. "Build Current BSP and Subprojects"와 마찬가지로 BSP 소스코드와 subproject 코드를 빌드하고 BSP 파일들에 대한 Sysgen 툴을 수행합니다. 다만 그 부분들을 완전히 재 빌드를 수행한다는 점만 다릅니다.

"Build Current BSP and Subprojects"와 "Rebuild Current BSP and Subprojects"는 매우 유용하고 빠른 빌드가 가능한 좋은 명령입니다. 사실 카달로그 아이템 등을 변경하는 작업은 그리 자주 수행하는 것이 아니기 때문에 위 두 명령을 자주 사용하게 되면 보다 빠른 개발 작업을 수행할 수 있습니다.

15.4.4. 빌드 솔루션 & OS design

전체 빌드와 관련한 메뉴는 아래의 6가지 입니다. 망고 24를 사용하는 경우에는 CB6410 부분이 CB2443으로 변한 모습으로 되어있을 것입니다.

만약 Visual Studio 2005에 프로젝트를 만들 때 하나의 솔루션에 하나의 프로젝트를 만들었다면 (물론 저도 그렇게 사용하고 있고 대부분 그러실 것이라고 생각합니다. 굳이 다른 프로젝트를 하나의 솔루션에 만들어서 상황을 복잡하게 만들 필요는 전혀 없습니다.) 솔루션 빌드/다시 빌드나 CB6410-V01와 CB2443-V01 빌드/다시 빌드는 동일한 것입니다. 그러므로 어느 것을 사용하셔도 결과는 동일합니다.

<Build Solution / Build "OS design name">

OS와 모든 포함된 서브 프로젝트들을 빌드 합니다. 또한 런타임 이미지를 생성해 주게 됩니다.

<Rebuild Solution / Rebuild "OS design name">

이전에 만들어졌던 OS 모듈들을 모두 삭제한 이후에, OS와 모든 포함된 서브 프로젝트들을 빌드 합니다. 또한 런타임 이미지를 생성해 주게 됩니다.

<Clean Solution / Clean "OS design name">

이전에 만들어졌던 OS 모듈들을 모두 삭제합니다.

결국 위 내용으로 **Rebuild = Clean + Build** 라는 것을 알 수 있습니다.

16. NK.bin과 NK.nb0 파일 포맷 분석

빌드를 수행한 이후에 생성되는 파일을 보면 NK.bin과 NK.nb0가 생겨 있습니다. 우리는 이중에서 NK.bin을 다운로드 해서 보드에서 Windows CE를 구동해 보았습니다. 이번 장에서는 이들 파일 포맷을 분석해서 보다 많은 이해를 할 수 있도록 하겠습니다.

16.1. Windows CE 바이너리 이미지 데이터 포맷 개요

런타임 이미지를 만들어주는 것은 Romimage.exe라는 곳에서 수행을 해주게 됩니다. 그런데 Romimage.exe가 런타임 이미지를 만들 때 사용하는 디폴트 파일 포맷이 바로 bin 파일 포맷입니다. 물론 이것은 설정을 함에 따라서 다른 파일 포맷으로 변경할 수 있습니다. 그렇지만 그러한 사항은 굳이 알 필요는 없습니다.

> sre 라는 확장자를 가지는 Motorola S-record data format이 있습니다. 이 포맷은 출력 가능한 ASCII 포맷입니다. 눈으로 읽을 수 있다는 것이 특징입니다. 개발 워크스테이션에서 타겟 디바이스로 쉽게 데이터를 로딩할 수 있다는 장점이 있습니다.
>
> Absolute Binary Data Format도 있는데 이것은 ROM에 있는 데이터의 바이트 단위 mirror image입니다. 런타임 이미지의 Raw 바이너리 이미지라고 할 수 있습니다. 헤더 정보 같은 것도 전혀 없습니다. abx라는 확장자를 가질 수 있습니다. nb0를 가지는 파일도 마찬가지의 파일입니다. 그렇기 때문에 이러한 형태의 파일은 bin 파일보다 클 수 밖에 없습니다.

binary image (.bin) 파일 포맷은 여러 개의 섹션으로 구분되어 있습니다. 각각의 섹션은 이미지의 시작 주소, 크기, 그리고 그 섹션에 대한 checksum을 가지고 있는 헤더를 가지고 있습니다. Romimage.exe는 논리적인 섹션으로 구성된 데이터를 이용하게 됩니다. 이러한 논리적인 섹션은 text section, data section 등으로 불리게 됩니다. 이것들을 이용해서 bin 파일을 만드는 것입니다.

모든 섹션들을 다 기록한 이후에 마지막에는 레코드들의 주소를 넣었던 자리를 0으로 만들고, 다음 4 바이트에 분기할 주소를 적어 넣은 후에 마지막으로 4 바이트의 0으로 끝내게 됩니다.

위에서 설정을 변경하면 다른 파일 포맷으로도 런타임 이미지를 만들 수 있다고 말씀 드렸는데 사실 다른 포맷에 비해서 bin 파일 포맷은 그 크기가 작습니다. 이유는 논리적인 섹션으로 구성 함으로서 실제 저장이 이루어지는 공간에 무수히 많은 0을 기록할 필요가 없어지게 됩니다. 이러한 부분은 뒤에서 구체적으로 파일 포맷을 살펴보면서 느끼실 수 있을 것입니다. 파일의 크기가 작다는 것은 실제 타겟 보드에 다운로드 할 때 더욱 빠르게 다운로드 할 수 있다는 것을 의미하기 때문에 큰 장점이 됩니다.

16.2. NK.bin과 NK.nb0 분석

이제 실제 망고 보드에서 수행하였던 NK.bin을 직접 열어서 분석을 해보도록 하겠습니다. 바이너리 데이터를 읽을 수 있는 에디터를 사용하셔야 할 것입니다. 저는 UltraEdit를 이용하였습니다.

16.2.1. Sync 바이트

필드	바이트	내용
Sync 바이트 (optional)	7	Byte 0는 B, 하나의 .bin file format이라는 것을 의미 Bytes 1-6은 0, 0, 0, F, F, ₩n (New Line)이 됩니다.

위에서 하나의 .bin file format이라고 적혀 있는데 바이트 0이 B가 아니고 다른 문자가 오면 다른 의미가 될 수 있습니다. 바이트 0가 X가 되면 확장 bin 파일 포맷으로 하나의 bin 파일 내에 여러 개의 이미지를 포함하고 있는 것을 의미합니다.

망고 64로 빌드 된 NK.bin을 열어서 실제 위 내용이 어떻게 되어 있는 지를 살펴보도록 하겠습니다. 실제로 망고 24 NK.bin의 경우도 마찬가지이기 때문에 분석을 하는 데 있어서 큰 어려움은 없으실 것입니다.

```
            0  1  2  3  4  5  6  7  8  9  a  b  c  d  e  f
00000000h: 42 30 30 30 46 46 0A 00 00 10 80 1C CA 2D 02 00 ; B000FF....Ê-..
00000010h: 00 10 80 04 00 00 00 00 2F 01 00 00 28 1D 00 EA 40 ; ..□..../...(..
00000020h: 00 10 80 08 00 00 00 00 94 02 00 00 45 43 45 43 24 ; ..□....?..ECEC$
00000030h: A1 3D 82 48 00 10 80 04 00 00 00 00 F4 00 00 00 24 ; ?권..□....?..$
00000040h: A1 2D 02 00 10 10 80 18 FE 00 00 E4 C4 4A 00 00 ; ?....□.?.握J..
00000050h: 00 00 00 FD 8F 98 4B 00 00 00 00 02 00 00 00 20 ; ...?뷀.......
00000060h: 00 00 00 A4 73 00 00 A4 67 00 00 24 A1 3D 82 00 ; ...좠..쩩..$??
```

파일의 가장 앞 부분을 보면 "42 30 30 30 46 46 0A"로 되어 있는 것을 알 수 있습니다. 이 내용이 위에서 얘기한 Sync 바이트가 됩니다.

```
Dec Hx Oct Char
 0   0  000 NUL (null)
 1   1  001 SOH (start of heading)
 2   2  002 STX (start of text)
 3   3  003 ETX (end of text)
 4   4  004 EOT (end of transmission)
 5   5  005 ENQ (enquiry)
 6   6  006 ACK (acknowledge)
 7   7  007 BEL (bell)
 8   8  010 BS  (backspace)
 9   9  011 TAB (horizontal tab)
10   A  012 LF  (NL line feed, new line)
11   B  013 VT  (vertical tab)
```

\n으로 표현되는 New Line은 바이트로 0x0A가 됩니다.

16.2.2. 런타임 이미지의 시작 주소와 크기

다음으로 나오는 것은 런타임 이미지의 시작 주소와 크기 부분입니다.

필드	바이트	내용
런타임 이미지 주소	4	런타임 이미지의 Physical 시작 주소
런타임 이미지 크기	4	런타임 이미지의 Physical 바이트 크기

우리가 EBoot를 이용해서 NK.bin을 다운로드 할 때 출력되는 메시지를 먼저 보도록 하겠습니다.

```
Download BIN file information:
-----------------------------------------------
[0]: Base Address=0x80100000  Length=0x22dca1c
-----------------------------------------------
RAM image
rom_offset=0x0.
ImageStart = 0x80100000, ImageLength = 0x22DCA1C, LaunchAddr = 0x801074A8
```

바로 이 부분에서 ImageStart, ImageLength로 표시된 부분이 바로 이 부분입니다. (LaunchAddr 부분은 뒤에서 살펴볼 것입니다.)

```
           0  1  2  3  4  5  6  7  8  9  a  b  c  d  e  f
00000000h: 42 30 30 30 46 46 0A 00 00 10 80 1C CA 2D 02 00 ; B000FF....□.?..
00000010h: 00 10 80 04 00 00 00 00 2F 01 00 00 28 1D 00 EA 40 ; ..□...../...(..?
00000020h: 00 10 80 08 00 00 00 00 94 02 00 00 45 43 45 43 24 ; ..□.....?..ECEC$
00000030h: A1 3D 82 48 00 10 80 04 00 00 00 00 F4 00 00 00 24 ; ?퀫..□.....?..$
00000040h: A1 2D 02 00 10 10 80 18 FE 00 00 E4 C4 4A 00 00 ; ?....□.?..握J..
00000050h: 00 00 00 FD 8F 98 4B 00 00 00 00 02 00 00 00 20 ; ...?矍.....
00000060h: 00 00 00 A4 73 00 00 A4 67 00 00 24 A1 3D 82 00 ; ...좪..쩩..$??
00000070h:
```

Little vs. Big Endian

우리가 위의 에디터에서 보는 순서와 실제 4 바이트 값의 내용은 바이트의 순서가 정 반대 입니다. 이것은 우리가 사용하는 PC가 Little Endian을 사용하기 때문입니다. 저장해야 할 상위 바이트가 실제 파일에서는 맨 뒤로 저장이 되는 것입니다. 만약 Big Endian을 사용하는 컴퓨터라면 "80 10 00 00"으로 저장되었을 것입니다.

바로 이 부분에서 4 바이트 두 개를 발견할 수 있습니다. 앞의 4 바이트 부분이 시작 주소로서 **0x80100000**을 의미합니다. 그 뒤의 4 바이트는 이미지의 크기를 나타냅니다. 보면 0x022DCA1C임을 알 수 있습니다. DNW에서 출력된 값과 정확하게 일치하고 있습니다. 십진수로 고쳐보면 약 35 메가 바이트의 크기라는 것을 알 수 있습니다.

16.2.3. 데이터 레코드

그 다음에 나오는 데이터는 레코드들입니다. 이것은 하나일 수도 있고 대부분의 경우는 여러 개가 될 것입니다.

필드	바이트	내용
레코드 주소	4	데이터 레코드의 물리적 시작 주소입니다. 만약 이 값이 0이라면, 파일의 끝을 의미합니다. 0이 되어 파일의 끝이 되면 바로 뒤의 레코드 크기 부분에 런타임 이미지의 시작 주소를 포함하게 됩니다.
레코드 크기	4	레코드 데이터의 크기를 바이트 단위로 표시합니다.
레코드 checksum	4	레코드 데이터를 바이트 단위로 모두 더한 결과입니다. 이때 Signed 값이라고 가정하고 계산을 하게 됩니다.
레코드 데이터	레코드 크기	레코드 데이터

이제부터는 NK.bin과 NK.nb0를 함께 살펴보는 것이 좋습니다.

```
            0  1  2  3  4  5  6  7  8  9  a  b  c  d  e  f
00000000h: 42 30 30 30 46 46 0A 00 00 10 80 1C CA 2D 02 00 ; B000FF....Ñ.?..
00000010h: 00 10 80 04 00 00 00 2F 01 00 00 28 1D 00 EA 40 ; ..Ñ..../...(..?
00000020h: 00 10 80 08 00 00 00 94 02 00 00 45 43 45 43 24 ; ..Ñ....?.ECEC$
00000030h: A1 3D 82 48 00 10 80 04 00 00 00 F4 00 00 00 24 ; ?卦.Ñ....?..$
00000040h: A1 2D 02 00 10 10 80 18 FE 00 00 E4 C4 4A 00 00 ; ?...Ñ.?.握J..
00000050h: 00 00 00 FD 8F 98 4B 00 00 00 02 00 00 00 20 ; ...?豊...
00000060h: 00 00 00 A4 73 00 00 A4 67 00 00 24 A1 3D 82 00 ; ...갑..쩍..$??
00000070h: 00 00 00 00 00 00 00 00 00 00 00 00 00 00 00 00
```

위 내용이 바로 첫 번째 레코드입니다. 첫 번째 레코드 중에서 첫 번째 4 바이트는 **0x80100000** 입니다. 이것은 실제 레코드가 저장될 위치에 대한 정보가 되겠습니다. 그 다음 4 바이트는 0x4 입니다. 즉, 레코드의 크기가 4 바이트라는 것을 의미합니다. 그 다음 4 바이트는 0x0000012F 입니다. 이 값은 Checksum 값인데 이것은 데이터 레코드를 살펴본 이후에 봐야 합니다.

마지막으로 레코드 부분인데 우리는 이 레코드의 크기가 4 바이트라는 것을 이미 알았습니다. 레코드의 내용은 0xEA001D28 입니다. 자 그럼 여기서 Checksum을 구해보도록 하겠습니다.

0xEA + 0x00 + 0x1D + 0x28 = 0x12F 입니다. 이 값이 그 앞의 Checksum 부분에 저장되어 있는 것입니다. 결국 먼저 이 Checksum을 확인하고 그 다음의 모든 레코드를 읽은 이후에 Checksum을

계산해서 이전에 읽었던 Checksum과 같은지 확인하게 되면 레코드를 정상적으로 수신했는지를 바로 알 수 있게 되는 것입니다.

그럼 이 내용이 NK.nb0에는 어떤 모습을 하고 있는지 살펴보겠습니다.

```
           0  1  2  3  4  5  6  7  8  9  a  b  c  d  e  f
00000000h: 28 1D 00 EA 00 00 00 00 00 00 00 00 00 00 00 00
00000010h: 00 00 00 00 00 00 00 00 00 00 00 00 00 00 00 00
00000020h: 00 00 00 00 00 00 00 00 00 00 00 00 00 00 00 00
00000030h: 00 00 00 00 00 00 00 00 00 00 00 00 00 00 00 00
00000040h: 45 43 45 43 24 A1 3D 82 24 A1 2D 02 00 00 00 00
00000050h: 00 00 00 00 00 00 00 00 00 00 00 00 00 00 00 00
00000060h: 00 00 00 00 00 00 00 00 00 00 00 00 00 00 00 00
00000070h: 00 00 00 00 00 00 00 00 00 00 00 00 00 00 00 00
```

위 내용은 NK.nb0를 열어서 본 것입니다. 아무런 정보 없이 제일 처음 나오는 값이 0xEA001D28 입니다. 결국 NK.nb0는 데이터 레코드를 그대로 적어 놓은 바이너리 파일이기 때문에 시작 주소나 크기 등등의 아무런 정보 없이 데이터 레코드 만을 가지고 있는 것입니다.

NK.nb0는 레코드만을 가지고 있기 때문에 NK.nb0를 다운로드 해서 저장하기 위해서는 반드시 어디에 저장을 해야 하는가 하는 bin 파일 포맷에서 처음 알았던 시작 주소인 0x80100000을 반드시 알려주어야 bin 파일 포맷으로 저장하는 것과 동일한 기능을 할 수 있는 것입니다.

다음 데이터를 계속 보도록 합니다.

```
           0  1  2  3  4  5  6  7  8  9  a  b  c  d  e  f
00000000h: 42 30 30 30 46 46 0A 00 00 10 80 1C CA 2D 02 00 ; B000FF....ㅁ.?.
00000010h: 00 10 80 04 00 00 00 2F 01 00 00 28 1D 00 EA 40 ; ..ㅁ..../...(.?@
00000020h: 00 10 80 08 00 00 00 94 02 00 00 45 43 45 43 24 ; ..ㅁ....?..ECEC$
00000030h: A1 3D 82 48 00 10 80 04 00 00 00 F4 00 00 00 24 ; ?꽏..ㅁ....?..$
00000040h: A1 2D 02 00 10 80 18 FE 00 00 E4 C4 4A 00 00 00 ; ?....ㅁ.?.摠J...
00000050h: 00 00 00 FD 8F 98 4B 00 00 00 00 02 00 00 00 20 ; ...?뾇
00000060h: 00 00 00 A4 73 00 00 A4 67 00 00 24 A1 3D 82 00 ; ...곪..쩩..$??
```

다음은 2개의 레코드를 살펴볼 것입니다. 첫 번째 레코드는 시작 주소가 0x80100040이고 다음 레코드는 0x80100048 입니다. 첫 번째 레코드의 크기가 8 바이트이고 다음 레코드의 시작 주소가 0x80100048이기 때문에 사실은 12 바이트를 한번에 하나의 레코드로 저장해도 문제는 없을 것입니다.

시작 주소	레코드 크기	Checksum	레코드
0x80100040	8 바이트	0x294	0x43454345 0x823DA124
0x80100048	4 바이트	0xF4	0x022DA124

16. NK.bin과 NK.nb0 파일 포맷 분석

이러한 방식으로 나누어서 저장하는 이유는 바이너리 파일을 만들 때 이들이 다른 Section에 있어서 일 가능성이 높습니다. 물론 하나의 레코드로 만들어서 저장한다고 해서 달라질 것은 전혀 없습니다.

```
          0  1  2  3  4  5  6  7  8  9  a  b  c  d  e  f
00000000h: 28 1D 00 EA 00 00 00 00 00 00 00 00 00 00 00 00
00000010h: 00 00 00 00 00 00 00 00 00 00 00 00 00 00 00 00
00000020h: 00 00 00 00 00 00 00 00 00 00 00 00 00 00 00 00
00000030h: 00 00 00 00 00 00 00 00 00 00 00 00 00 00 00 00
00000040h: 45 43 45 43 24 A1 3D 82 24 A1 2D 02 00 00 00 00
00000050h: 00 00 00 00 00 00 00 00 00 00 00 00 00 00 00 00
00000060h: 00 00 00 00 00 00 00 00 00 00 00 00 00 00 00 00
00000070h: 00 00 00 00 00 00 00 00 00 00 00 00 00 00 00 00
```

위 내용은 NK.nb0의 내용입니다. NK.nb0는 12 바이트를 전혀 구분 없이 0x40번지 위치에 저장하고 있는 것을 알 수 있습니다.

다음의 레코드를 보면 nb0와 bin의 극명한 차이를 느낄 수 있습니다.

```
          0  1  2  3  4  5  6  7  8  9  a  b  c  d  e  f
00000000h: 42 30 30 30 46 46 0A 00 00 10 80 1C CA 2D 02 00 ; B000FF....□.?..
00000010h: 00 10 80 04 00 00 00 2F 01 00 00 28 1D 00 EA 40 ; ..□..../...(..?
00000020h: 00 10 80 08 00 00 00 94 02 00 00 45 43 45 43 24 ; ..□....?..ECEC$
00000030h: A1 3D 82 48 00 10 80 04 00 00 00 F4 00 00 00 24 ; ?젨..□....?..$
00000040h: A1 2D 02 00 10 10 80 18 FE 00 00 E4 C4 4A 00 00 ; ?....□.?.握J..
00000050h: 00 00 00 FD 8F 98 4B 00 00 00 00 02 00 00 00 20 ; ...?醫
00000060h: 00 00 A4 73 00 00 A4 67 00 00 24 A1 3D 82 00 00 ; ...좎..쟱..$??
```

레코드 시작 주소는 0x80101000 입니다. nb0 파일을 보면 0x40부터 0x1000까지는 모두 0으로 채워져 있는 것을 알 수 있습니다. nb0에서는 주소에 대한 정보를 저장할 수 없기 때문에 어쩔 수 없이 저장되어야 할 offset인 0x1000 부분까지를 0으로 채울 수 밖에는 없는 것입니다.

```
D:\TmpDnFiles\NK.bin                              D:\TmpDnFiles\NK.nb0
                        00 10 80 04 00 00 00      00 00 00 00 00 00 00 00 00 00 00 00 00 00 00 00
F4 00 00 00 24 A1 2D 02 00 10 10 80 18 FE 00 00   00 00 00                   00             00 00
E4 C4 4A 00 00 00 00 00 FD 8F 98 4B 00 00 00 00   00 00 00 00 00 FD 8F 98 4B 00 00 00 00
02 00 00 00 20 00 00 00 A4 73 00 00 A4 67 00 00   02 00 00 00 20 00 00 00 A4 73 00 00 A4 67 00 00
24 A1 3D 82 00 00 00 00 00 00 00 00 00 00 00 00   24 A1 3D 82 00 00 00 00 00 00 00 00 00 00 00 00
00 00 00 00 00 00 00 00 00 00 00 00 00 00 00 00   00 00 00 00 00 00 00 00 00 00 00 00 00 00 00 00
00 00 00 00 00 00 00 00 00 00 00 00 00 00 00 00   00 00 00 00 00 00 00 00 00 00 00 00 00 00 00 00
6B 65 72 6E 65 6C 2E 64 6C 6C 00 00 00 00 00 00   6B 65 72 6E 65 6C 2E 64 6C 6C 00 00 00 00 00 00
33 40 00 00 01 41 44 00 50 10 40 09 05 40 00 00   33 40 00 00 01 41 44 00 50 10 40 09 05 40 00 00
01 4C 53 00 50 10 40 09 78 20 00 00 01 4C 53 00   01 4C 53 00 50 10 40 09 78 20 00 00 01 4C 53 00
EC 10 29 80 F0 C0 00 00 01 4B 53 00 EC 10 29 81   EC 10 29 80 F0 C0 00 00 01 4B 53 00 EC 10 29 81
00 00 00 00 04 52 54 00 EC 10 39 81 0B 90 00 00   00 00 00 00 04 52 54 00 EC 10 39 81 0B 90 00 00
04 52 54 00 EC 10 39 81 C9 D0 00 00 04 52 54 00   04 52 54 00 EC 10 39 81 C9 D0 00 00 04 52 54 00
EC 10 39 81 4C E0 00 00 04 52 54 00 86 11 00 13   EC 10 39 81 4C E0 00 00 04 52 54 00 86 11 00 13
BA 50 00 00 44 4C 00 0B 10 20 00 CC A0 00 00      BA 50 00 00 44 4C 00 0B 10 20 00 CC A0 00 00
05 4E 47 00 B7 10 50 90 08 60 00 00 06 33 43 00   05 4E 47 00 B7 10 50 90 08 60 00 00 06 33 43 00
B7 10 00 92 76 04 00 00 06 33 43 00 00 00 00 00   B7 10 00 92 76 04 00 00 06 33 43 00 00 00 00 00
80 00 00 00 08 00 00 00 88 00 00 00 22 22 00 00   80 00 00 00 08 00 00 00 88 00 00 00 22 22 00 00
```

이제는 상당히 큰 크기의 레코드 입니다. 레코드의 크기가 0xFE18 입니다. 이 레코드를 NK.bin과 NK.nb0에서 비교해 보면 위 그림과 같습니다.

16.2.4. 마지막 레코드

이제 마지막으로 레코드의 끝 부분을 보도록 하겠습니다.

우리는 앞에서 전체 이미지의 크기가 0x022DCA1C임을 알았습니다. 이 부분을 NK.nb0에서 먼저 살펴보도록 하겠습니다.

```
          0  1  2  3  4  5  6  7  8  9  a  b  c  d  e  f
022dc9e0h: AC 06 25 82 01 00 00 00 00 EB F9 2D 83 0D C9 01 ;
022dc9f0h: 00 18 02 00 00 18 02 00 D0 CC 0D 81 24 27 3B 82 ;
022dca00h: 01 00 00 00 00 5F D2 29 61 87 C9 01 00 62 00 00 
022dca10h: 00 62 00 00 DC CC 0D 81 24 3F 3D 82 00 00 00 00 
022dca20h: 00 00 00 00 00 00 00 00 00 00 00 00 00 00 00 00 
022dca30h: 00 00 00 00 00 00 00 00 00 00 00 00 00 00 00 00 
022dca40h: 00 00 00 00 00 00 00 00 00 00 00 00 00 00 00 00 
022dca50h: 00 00 00 00 00 00 00 00 00 00 00 00 00 00 00 00 
022dca60h: 00 00 00 00 00 00 00 00 00 00 00 00 00 00 00 00 
022dca70h: 00 00 00 00 00 00 00 00 00 00 00 00 00 00 00 00 ;
022dca80h: 00 00 00 00 00 00 00 00 00 00 00 00 00 00 00 00
```

NK.nb0에서 0x022DCA1C 부분을 보면 의미 있는 데이터의 끝이 바로 이곳임을 알 수 있습니다. 그 뒤로도 엄청난 양의 0이 자리하고 있습니다.

```
          0  1  2  3  4  5  6  7  8  9  a  b  c  d  e  f
02266cd0h: 0A 00 00 B4 CC 0D 81 14 44 6E 81 01 00 00 00 00 
02266ce0h: 91 97 2B 83 0D C9 01 75 20 16 00 75 20 16 00 F0 
02266cf0h: 1F 8F 80 AC 06 25 82 01 00 00 00 00 EB F9 2D 83 
02266d00h: 0D C9 01 00 18 02 00 00 18 02 00 D0 CC 0D 81 24 
02266d10h: 27 3B 82 01 00 00 00 00 5F D2 29 61 87 C9 01 00 
02266d20h: 62 00 00 00 62 00 00 DC CC 0D 81 24 3F 3D 82 00 
02266d30h: 00 00 00 A8 74 10 80 00 00 00 00
```

우리가 NK.nb0에서 마지막으로 의미 있는 데이터 레코드를 NK.bin의 마지막 부분에서 발견할 수 있습니다. 그 바로 뒤에 0으로 된 4 바이트를 발견합니다. 이제 비로소 bin 파일의 마지막에 도착한 것입니다. 여기서 바로 다음의 4 바이트는 **0x801074A8** 입니다.

우리가 EBoot를 이용해서 NK.bin을 다운로드 할 때 출력되는 메시지를 다시 보도록 하겠습니다. 마지막으로 발견했던 4 바이트, 0x801074A8가 LaunchAddr에 적혀있는 것과 같은 것을 알 수 있습니다. 이 주소가 바로 런타임 이미지를 다운로드 한 이후에 최초로 Jump할 주소가 되는 것입니다.

```
Download BIN file information:
--------------------------------------------------
[0]: Base Address=0x80100000  Length=0x22dca1c
--------------------------------------------------
RAM image
rom_offset=0x0.
ImageStart = 0x80100000, ImageLength = 0x22DCA1C, LaunchAddr = 0x801074A8
```

16.2.5. EBoot 메뉴 - "Format Boot Media for BinFS"

NAND Flash에 NK.bin을 EBoot로 퓨징 할 때 EBoot 메뉴 중에서 수행했던 것 중에서 9번 메뉴 "Format Boot Media for BinFS"이 있었습니다.

"9) Format Boot Media for BinFS"

지금까지 설명한 부분과 이 내용이 관련이 있는 것입니다. BinFS는 Binary Rom Image File System의 약자입니다. 이 파일 시스템으로 포맷이 되어 있어야 binary image (.bin) file format을 읽을 수 있는 것입니다.

우리가 지금까지 살펴본 것처럼 bin 파일 포맷은 전체 크기를 그대로 파일로 만들지 않고 섹션으로 나누어서 주소와 데이터만을 전송하고 있습니다. 그러므로 만약 저장을 하려고 하는 공간에 0이 아닌 다른 값이 들어있을 경우에는 원하지 않는 값이 로딩되는 결과를 낳을 수 있습니다. 위와 같이 9번 메뉴를 통해서 포맷을 해주어야만 우리가 원하는 결과를 얻을 수 있는 것입니다.

17. Visual Studio Remote Tools

우리는 이미 원격 이미지 캡처(Remote Zoom-in)에 대해서는 살펴 보았습니다. 여기서는 다른 Remote Tool들을 차례로 살펴보도록 하겠습니다. 여기서는 실제 사용법이나 내용을 자세하게 보는 것이 아니라 이러한 툴이 있으니 사용할 수 있다라는 정보를 제공하는 것이라고 생각해 주시기 바랍니다.

17.1. 개요

Remote tool	Description
Remote Call Profiler	Provides profiling and analysis tools within a graphical user interface (GUI) that enable you to identify algorithmic bottlenecks in your applications.
Remote File Viewer	Displays a hierarchical view of the file system on a target device.
Remote Heap Walker	Displays information about heap identifiers and flags for processes that are running on a target device.
Remote Kernel Tracker	Provides a visual representation of OS and application events occurring on a target device.
Remote Performance Monitor	Measures the performance of a target device.
Remote Process Viewer	Displays a list of processes and threads running on a target device.
Remote Registry Editor	Displays the registry for a target device and enables you to manage the registry.
Remote Spy	Displays a list of windows opened on a target device and messages generated by those windows.
Remote System Information	Displays system settings and properties for a target device.
Remote Zoom-in	Displays an image from the screen of a target device.

도움말에서 찾아보면 위와 같이 총 10개의 툴이 나옵니다.

위 그림과 같이 Visual Studio 2005 부분을 보면 툴 6개가 실행 가능한 상태가 되어 있습니다. 모두 10개의 툴이 있는데 여기에는 왜 6개 밖에 없을까요? Microsoft 회사의 의도는 정확히 알기 어렵습니다. 하지만 참 사용자들을 불편하게 한다는 생각이 듭니다. 여기에 있는 툴들 6개는 쉽게 실행이 됩니다. 하지만 나머지 4개의 툴을 실행하는 것은 매우 힘든 과정을 거쳐서 방법을 찾아 냈습니다. 이에 대해서 자세히 말씀 드리겠습니다.

17. Visual Studio Remote Tools

시작 폴더에 설치되어 있는 6개 툴의 한글로 되어 있는 툴의 이름과 위 표에서의 영어 이름은 아래와 같이 매칭됩니다.

원격 이미지 캡처	Remote Zoom-in
원격 감시	Remote Spy
원격 레지스트리 편집기	Remote Registry Editor
원격 파일 뷰어	Remote File Viewer
원격 프로세스 뷰어	Remote Process Viewer
원격 힙 워커	Remote Heap Walker

없는 것은 아래의 4가지 입니다.
- Remote Call Profiler
- Remote Kernel Tracker
- Remote Performance Monitor
- Remote System information

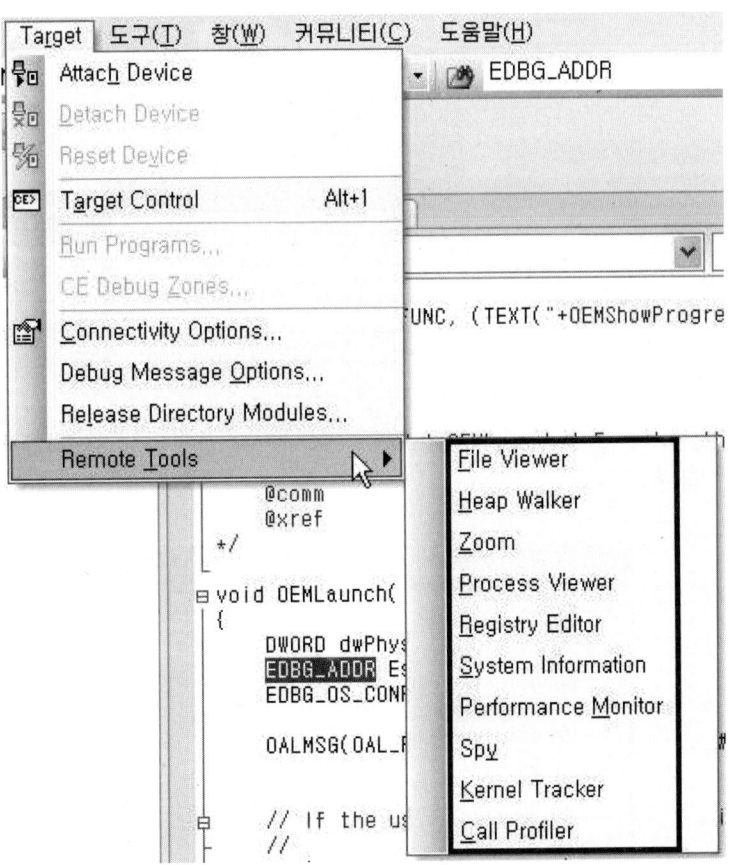

Visual Studio 2005를 실행해서 Target 메뉴를 보면 Remote Tools라는 부분이 보이고 여기에는 10개의 툴을 모두 발견할 수 있습니다. 하지만 하나도 사용할 수가 없습니다. 물론 실행은 되지만 망고 보드 디바이스와 연결이 되지 않습니다. 이를 실행할 수 있게 만들기 위해서는 적절한 수정이 필요합니다. 이를 실행할 수 있게 만드는 방법에 대해서 뒤에서 살펴볼 것이고, 여기서는 먼저 시작 폴더에 들어있는 Remote Tool 실행 부분을 먼저 살펴보겠습니다.

17.2. 시작 폴더의 Remote Tool 실행하기

먼저 시작 폴더에 있는 Remote Tool을 먼저 실행해 보도록 하겠습니다. 시작 폴더에 있는 Remote Tool은 이미 이전에 원격 이미지 캡처를 해봤기 때문에 어렵지 않을 것입니다. 그냥 복습을 한다는 기분으로 따라 해 주시기 바랍니다.

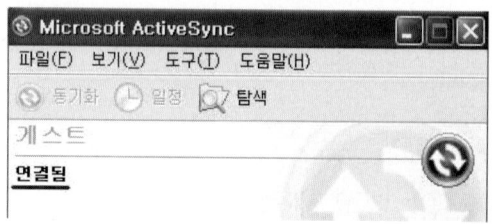

당연히 위와 같이 ActiveSync가 연결된 상태여야 합니다.

원격 레지스트리 편집기를 띄워 보겠습니다. 물론 다른 나머지 경우도 마찬가지의 상황입니다. 연결의 방식은 동일한 것입니다.

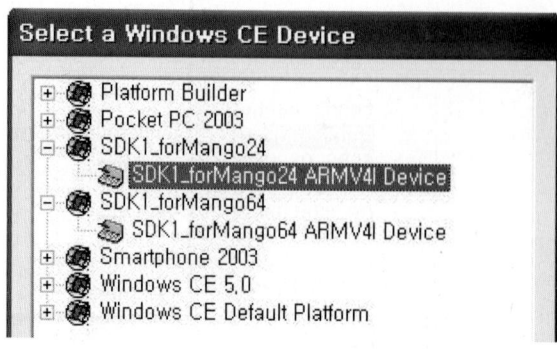

SDK1_forMango24 ARMV4I Device나 SDK1_forMango64를 각자 가지고 있는 보드에 맞게 선택하면 됩니다.

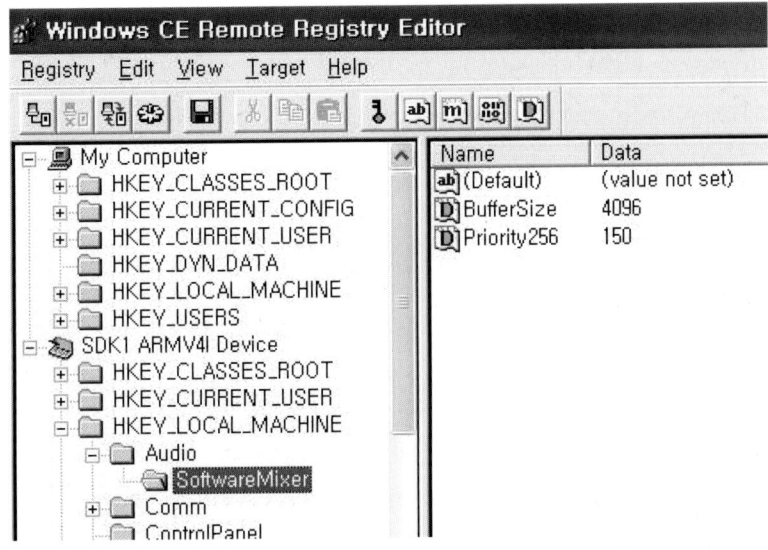

이후의 연결 진행은 자동으로 이루어지고 위와 같이 창이 뜨게 됩니다. 시작 폴더에 들어있는 것들은 이렇게 쉽게 연결되고 사용할 수 있습니다.

17.3. 시작 폴더에 없는 Remote Tool 실행하기

Visual Studio 2005 툴을 열어서 Remote Tool을 사용하기 위해서는 추가적인 작업이 필요합니다. 실제 이와 관련해서 동일한 문제를 보고한 내용을 인터넷을 검색해보면 많이 발견할 수 있습니다. 하지만 이것을 버그로 보고한 부분이나 Patch는 제공되지 않고 있는 상황입니다. 일단은 문제를 해결할 수 있는 방법을 말씀 드리겠습니다.

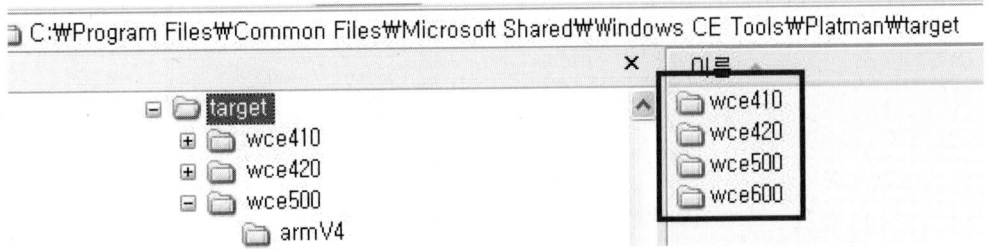

C:\Program Files\Common Files\Microsoft Shared\Windows CE Tools\Platman\target
문제가 되는 부분은 바로 위의 내용입니다. 위의 폴더를 보면 4개의 폴더를 발견할 수 있습니다.

wce410, wce420, wce500 세 폴더를 살펴보면 모두 armV4, armV4i, armV4t의 세 개의 폴더를 포함하고 있는 것을 알 수 있습니다. 하지만 wce600의 내용을 보면 armV4i만 존재하고 있습니다.

일단 해결 방법을 먼저 말씀 드리면 wce600 폴더 내에 armV4 폴더를 새로 만들고, 여기에 armV4i에 들어있는 모든 내용을 새로 만든 armV4 폴더로 모두 복사하는 것입니다.

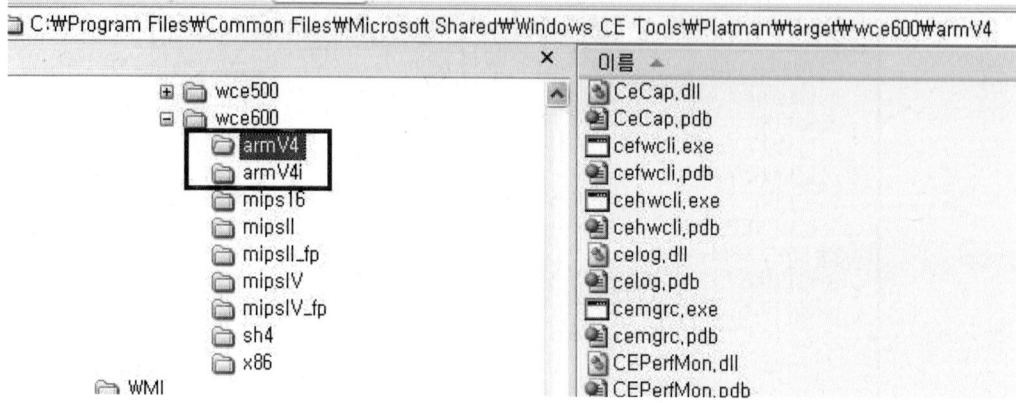

위의 armV4와 armV4i를 비교하면 완전히 동일한 것이 될 것입니다. armV4i에 있는 모든 내용을 armV4로 복사해 두었습니다.

이러한 방법은 완전한 해결책은 아닐 것입니다. 사실 이에 대한 정확한 원인은 알려진 바가 없습니다. 추측하건대 설치의 수순과 관련한 것이라고 예상할 뿐입니다. 하지만 저는 정확한 수순으로 프로그램을 설치하였고, 이 과정은 여러 번 반복했습니다. 우리나라뿐만 아니라 외국에서도 이러한 현상에 대한 보고가 여러 개 있는 것으로 보아서 이것은 명백한 Microsoft 툴의 버그라고 생각됩니다.

Remote Tools 메뉴에서 Kernel Tracker를 실행합니다.

역시 이 경우에도 마찬가지로 ActiveSync가 연결된 상태여야 합니다.

17. Visual Studio Remote Tools

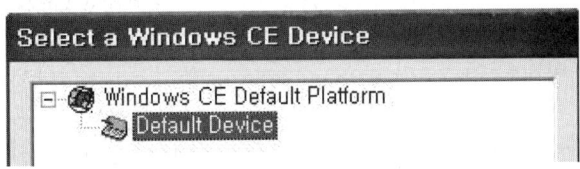

처음에 나타나는 Default Device 부분에서 Cancel을 선택해야 합니다. 물론 적절한 설정이 이루어진 이후에는 당연히 여기서 선택을 해서 실행할 수 있지만 지금은 처음으로 시작하는 것이기 때문에 여기서는 취소를 선택합니다.

Connection 메뉴에서 Configure 부분을 선택해도 되고 툴바 부분의 아이콘을 눌러도 동일한 설정 화면이 나타나게 됩니다.

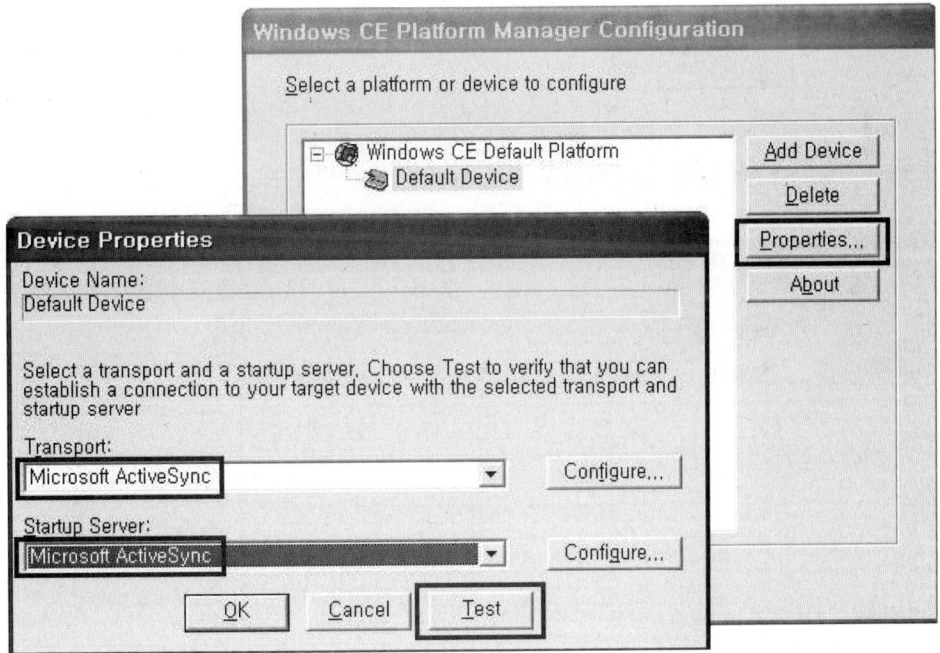

Default Device 부분에서 Properties를 선택하면 나타나는 창에서 Transport 부분과 Startup Server 부분을 모두 Microsoft ActiveSync로 설정을 해줍니다. 그리고 나서 옆의 Test를 버튼을 누르면 현 상태

에 대해서 시험을 해보는 과정이 나타나게 됩니다. 물론 이 과정을 거치지 않고 OK를 바로 눌러서 끝내도 무방합니다. 하지만 그럴 경우는 Test를 진행하지 않았다는 메시지가 나오니까 여기서 Test를 눌러서 진행하는 것이 바람직할 것입니다.

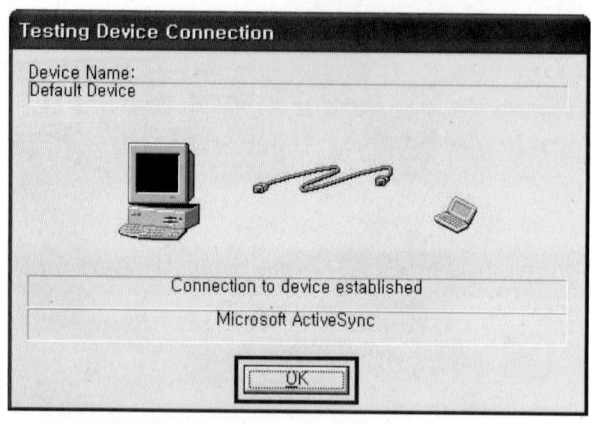

정상적으로 연결이 시험되면 위와 같이 버튼이 OK로 바뀝니다.

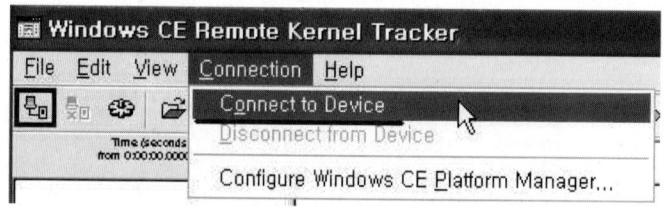

Connection 메뉴에서 Connect를 선택하거나 툴바에서 버튼을 선택합니다.

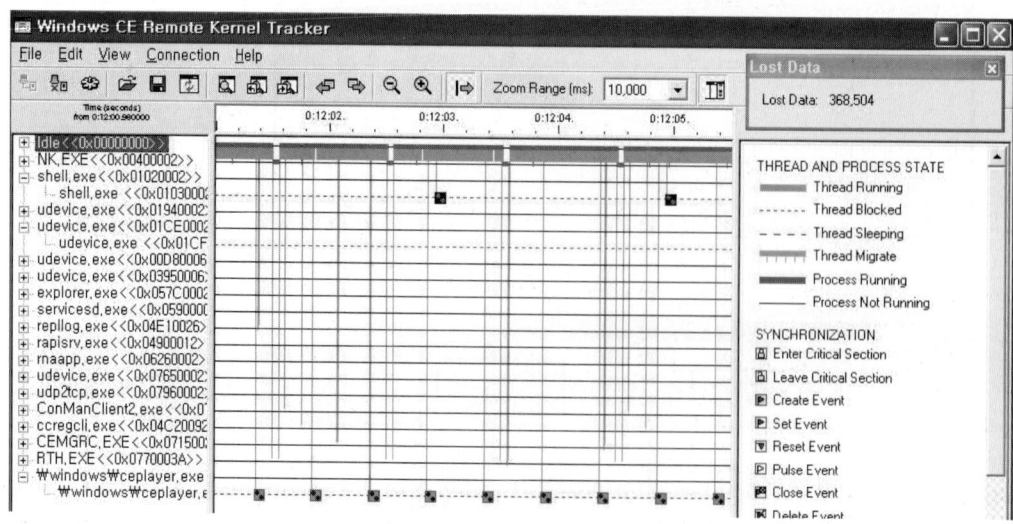

17.4. 모든 툴을 사용하기 위한 기본 설정 작업

모든 툴을 정상적으로 사용하기 위해서는 기본적으로 설정되어야 하는 부분이 있습니다. 이에 대한 것을 알아보도록 하겠습니다.

적절한 빌드 옵션과 Catalog Item을 변경해야 합니다. 그리고 변경한 것을 이용해서 망고 보드 OS Design을 새로 빌드 해야 합니다.

17.4.1. 빌드 옵션 변경

현재까지 우리가 사용하는 것에서는 Profiling이 지원되지 않습니다. 이 부분을 지원하기 위해서 프로젝트 메뉴의 속성 부분의 구성 속성에서 빌드 옵션 부분을 엽니다.

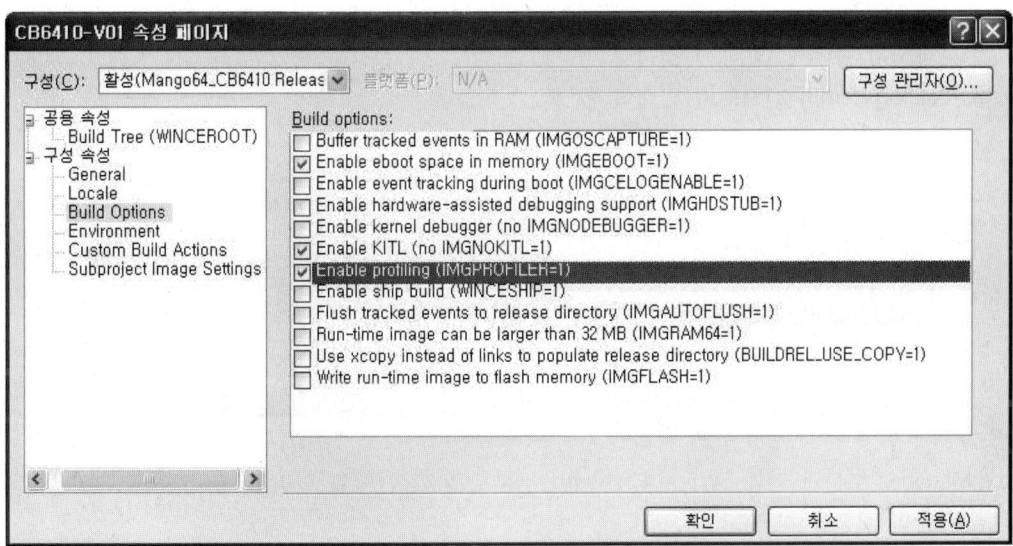

위 그림과 같이 Enable profiling 부분을 선택합니다. 이것은 물론 뒤에 나오는 Remote Call Profiler를 실행하기 위해서는 필수적으로 선택되어야 하는 부분입니다.

17.4.2. Catalog Item 변경

변경이 되어야 할 Catalog Item들이 있습니다. 모든 설정해야 하는 Catalog Item들은 Core OS의 CEBASE 부분에 있습니다.

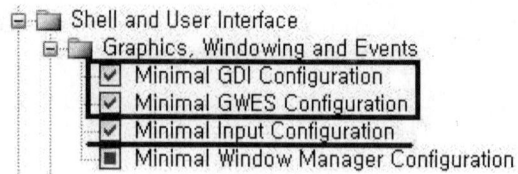

Shell and User Interface 부분에서 "Graphics, Windowing and Events"의 두 가지 아이템을 포함시켜주어야 합니다. 이것은 Zoom과 Spy 툴에서 꼭 필요한 것입니다.

Minimal GDI Configuration을 설정함으로써 graphics device interface (GDI)가 TrueType fonts, text drawing, palette 기능 등을 지원할 수 있도록 합니다. 이것을 설정하기 위해서는 Minimal Input Configuration 부분도 설정이 되어 있어야 합니다. 그 때문에 위 그림에서 이 부분이 선택되어 있는 것입니다. 또한 National Language Support (NLS) 혹은 English (US) National Language Support Only catalog item의 둘 중의 하나를 또한 선택해야 합니다. 이 부분은 뒤에서 선택할 예정이기 때문에 뒤에서 설명 드리도록 하겠습니다.

Minimal GWES(Graphics, Windowing, and Events Subsystem) Configuration은 기본적인 windowing에 대한 것과 메시지 큐 부분에 대한 것을 제공하게 됩니다. 이 설정을 하기 위해서는 또한 device manager catalog item이 선택되어 있어야 합니다.

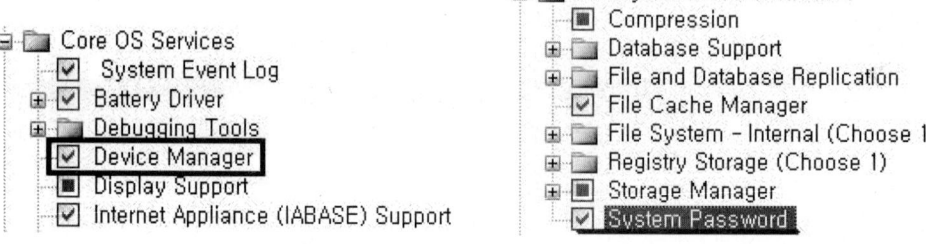

Device Manager 부분과 함께 System Password 부분도 함께 선택이 되어야 합니다. 이 부분들에 대해서 위와 같이 설정을 하였습니다.

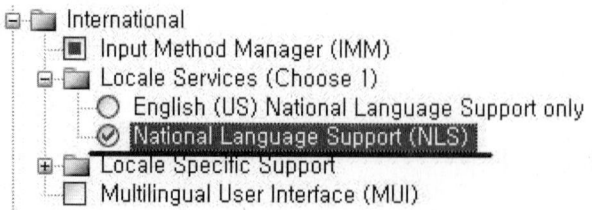

Call Profiler 툴을 위해서도 그렇고 위에서도 잠시 봤던 것처럼 위의 National Language Support (NLS) 아이템은 선택이 되어있는 것이 좋습니다. 이것을 선택하는 방법 외에 English only를 선택하고 Standard String Functions 아이템을 선택하는 방법도 있는데 필자는 NLS를 선택하는 방법을 사용하

17. Visual Studio Remote Tools

였습니다.

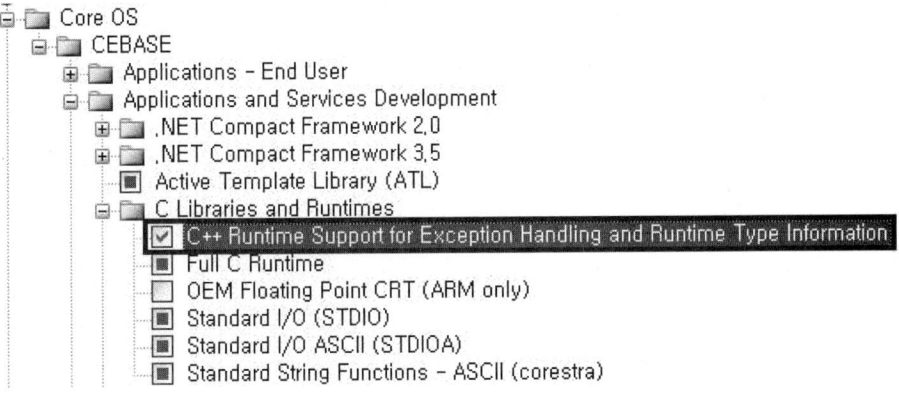

위와 같이 C Libraries and Runtimes 부분에서 'C++ Runtime Support for Exception Handling and Runtime Type Information' 부분을 반드시 포함시켜 주어야 합니다.

| C++ Runtime Support for Exception Handling and Runtime Type Information | SYSGEN_CPP_EH_AND_RTTI | Includes support for compiler C++ exception handling the same as the desktop C++ compilers. |

MSDN에서 찾아보면 이것은 C++ exception handling 부분을 지원하는 부분입니다.

17.5. 각 툴에 대한 설명

17.5.1. 원격 이미지 캡쳐(Remote Zoom-in)

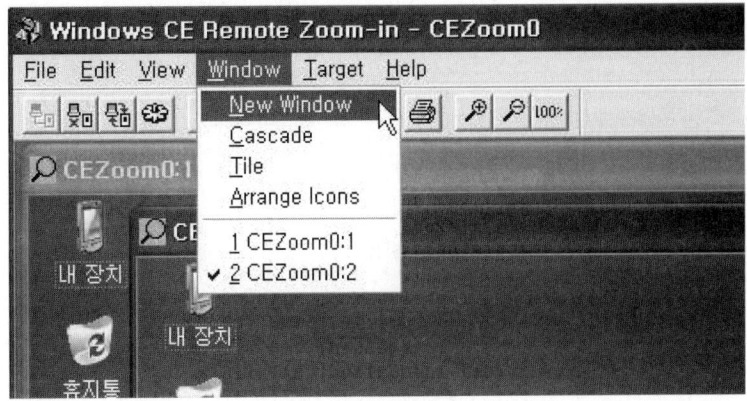

원격 이미지 캡쳐 (Remote Zoom-in)는 현재 디바이스에서 출력하는 screen image 내용을 툴로 전송

해주는 기능을 가지고 있는 매우 단순한 것입니다.

타겟 디바이스에서 읽어오는 이미지는 스크린에 출력되는 이미지이고 bitmap (.bmp) 파일로 전달이 됩니다. 읽어온 이미지는 크기를 줄이거나 늘리거나 저장하거나 하는 여러 가지 기능을 수행할 수 있고, 한번 연결된 상태에서는 Refresh만 수행하면 바로 타겟 디바이스의 이미지를 다시 읽어올 수 있습니다.

Window 메뉴에서 New Window를 선택하면 하나의 이미지 캡처 어플리케이션 상에서 여러 개의 이미지를 동시에 가져와서 비교해 볼 수 있습니다.

17.5.2. 원격 파일 뷰어 (Remote File Viewer)

원격 파일 뷰어는 망고 보드와 같은 타겟 디바이스에 존재하는 파일 시스템에 대한 구조를 볼 수 있는 기능을 제공합니다. 마치 PC에서 windows 탐색기를 열었을 때와 동일한 화면을 제공하는 것이라고 생각하시면 됩니다.

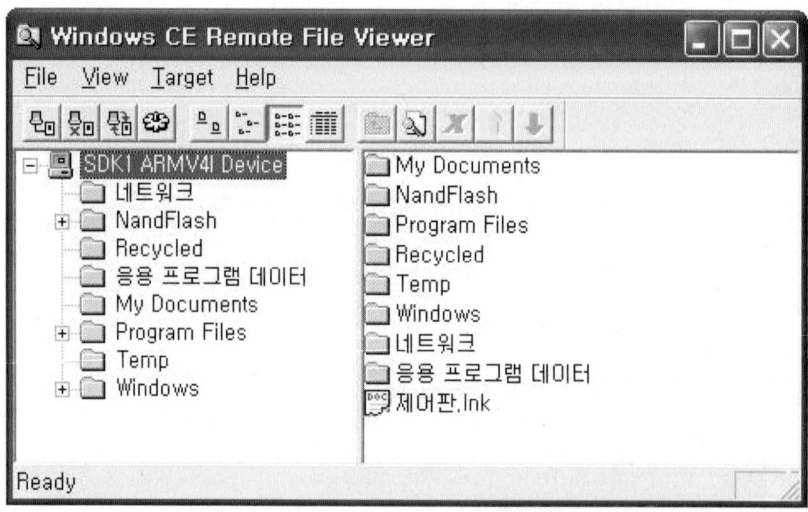

타겟 디바이스에 대한 file system을 관리할 수 있는 도구입니다. PC로부터 파일을 디바이스로 export 할 수도 있고, 반대로 타겟 디바이스에 있는 파일을 PC로 import 할 수도 있습니다.

17.5.3. 원격 힙 워커 (Remote Heap Walker)

Remote Heap Walker는 타겟 디바이스에서 수행 중인 프로세스들에 대한 heap ID와 플래그들에 대한 정보를 출력해 주는 툴입니다. 프로세스가 사용하는 시스템 메모리를 보여줌으로써 어플리케이션이 할당한 메모리가 해제되었는지를 감시할 수 있도록 해줍니다.

17. Visual Studio Remote Tools

아래의 표는 Remote Heap Walker의 세 가지 window에 대해서 보여주고 있습니다.

Window	내용 설명
Process List	Remote Heap Walker의 디폴트 윈도우입니다. 각 프로세스에 대한 default heap과 연관된 flag의 이름을 보여줍니다. 여기서 각 프로세스에 대한 Heap List window를 열 수 있습니다.
Heap List	선택된 프로세스에 대한 정보를 가지고 있는 부분입니다. 힙 내부의 블록에 대해 두 가지로 구분해서 표시하고 있습니다. Fixed flag는 object가 버려질 수 없다는 것을 의미하고, Free flag는 object가 버려질 수 있다는 것을 의미합니다.
Heap Dump	선택된 메모리 주소에 대한 정보를 출력해 줍니다. Heap List window에서 선택해서 이 윈도우를 열 수 있습니다.

아래는 망고 보드에서 수행해서 실제로 해본 결과를 그림으로 보여주고 있습니다. Process List에서 shell.exe를 선택해서 보았습니다.

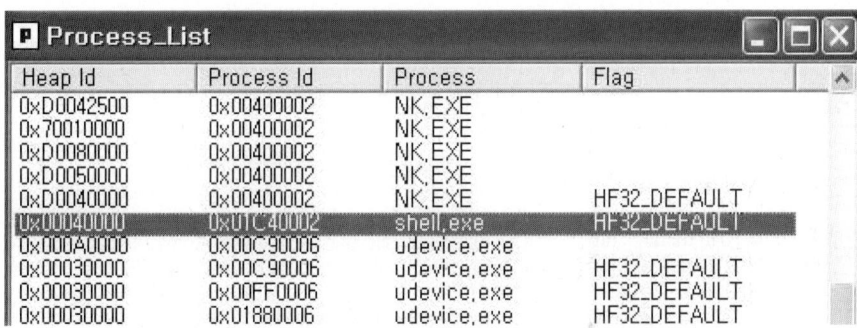

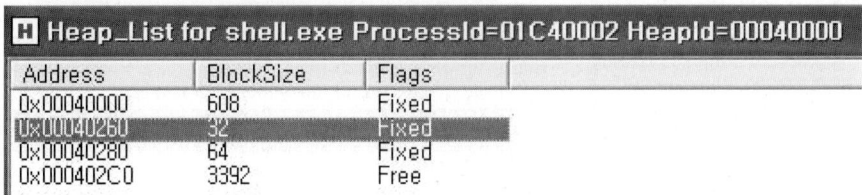

각각의 창에서 해당 부분을 마우스로 더블 클릭하면 각각의 창이 나타납니다.

17.5.4. 원격 감시 (Remote Spy)

원격 감시 (Remote Spy)는 타겟 디바이스에서 수행 중인 어플리케이션과 연관된 윈도우에서 수신된 메시지들을 표시해주는 기능을 가지고 있습니다. 원격 감시는 타겟 디바이스에서 열려있는 윈도우들의 리스트를 표시해줍니다. 선택된 윈도우에 대해서는 property 부분도 볼 수 있습니다.

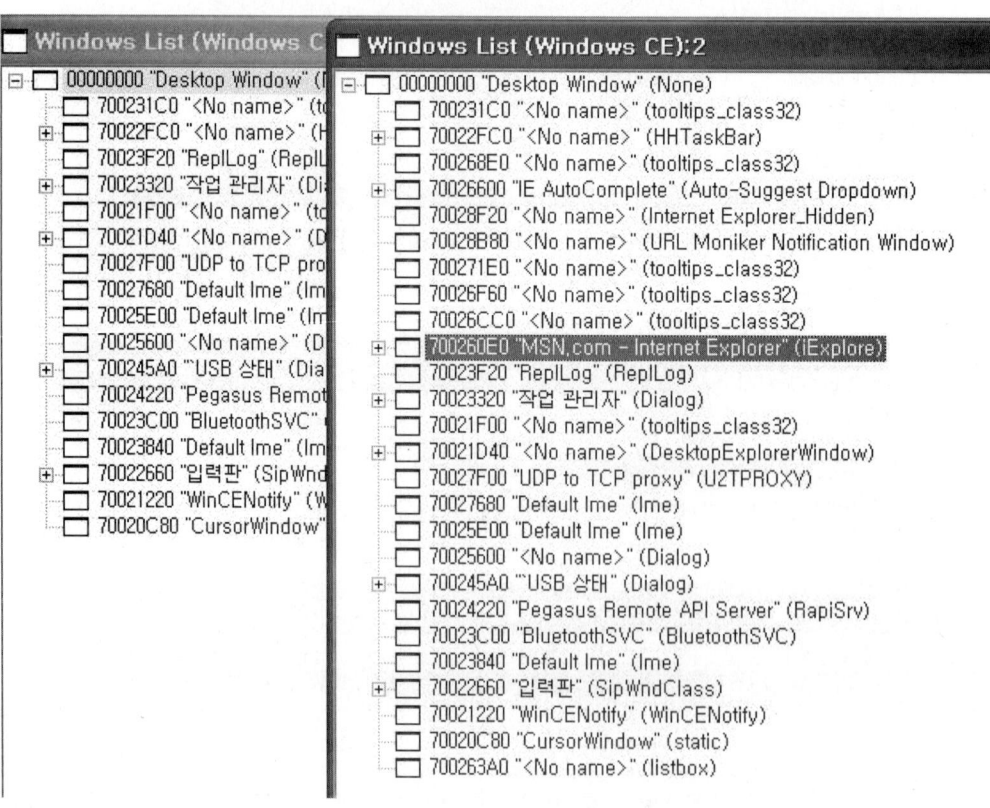

연결된 상태에서 SDIO86861 부분에 대한 것만 자세히 살펴보면 위 그림과 같이 내부의 버튼이나 고정된 윈도우들에 대한 것까지 아주 자세한 정보가 출력되는 것을 볼 수 있습니다.

위 그림에서 뒤쪽에 있는 내용은 바탕 화면만 있는 상태의 내용이었고 앞 부분에 있는 것이

17. Visual Studio Remote Tools

explorer를 수행한 상태에서 본 내용입니다. 이렇게 여러 개의 창을 열어서 동시에 표시할 수 있습니다.

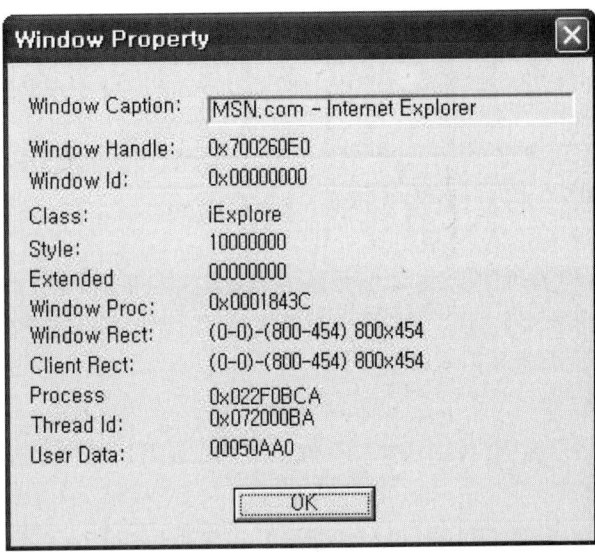

내용 중의 하나를 선택해서 Property를 볼 수도 있습니다.

원격 감시는 Read-only 툴이고 이것을 실행해서 너무 자주 정보를 표시하게 되면 디바이스에서 수행되는 성능에 좋지 않은 영향을 줄 수 있습니다.

17.5.5. 원격 레지스트리 편집기 (Remote Registry Editor)

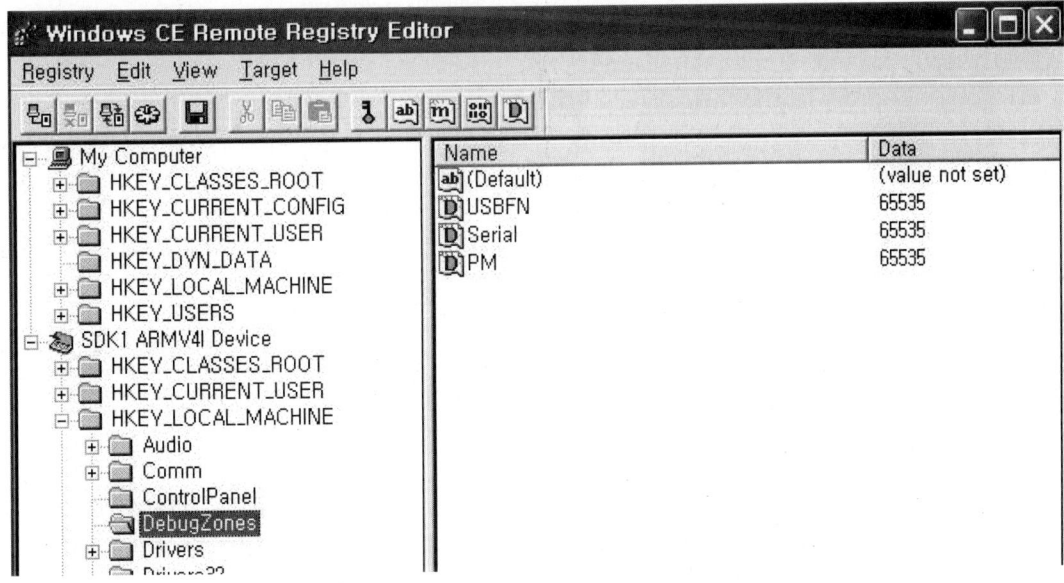

Remote Registry Editor는 타겟 디바이스의 registry를 보여주고 이를 관리할 수 있도록 해줍니다. 레지스트리 항목에 대해서 추가하거나 지우거나 편집할 수 있습니다. 타겟 디바이스의 registry는 디바이스의 Object Store에 존재합니다.

모양이나 툴의 동장 방식은 PC의 regedit 프로그램과도 크게 다르지 않습니다. 내 컴퓨터에 대한 레지스트리 정보도 여기서 함께 볼 수가 있습니다. 레지스트리에 대한 것은 Windows CE에서 무척 중요한 부분입니다. 앞으로도 많이 다루게 될 부분일 것입니다.

HKEY_CLASSES_ROOT는 어플리케이션들과 연관된 파일들을 나타내고, HKEY_CURRENT_USER는 타겟 디바이스에 로그인 된 사용자에 대한 정보를 포함하고 있고, HKEY_LOCAL_MACHINE은 타겟 디바이스에 대한 설정 정보들을 포함하고 있습니다.

17.5.6. 원격 프로세스 뷰어 (Remote Process Viewer)

Remote Process Viewer는 타겟 디바이스에서 수행중인 프로세스들과 Thread들에 대한 정보를 보여주는 툴입니다.

Process	PID	Base Priority	# Threads	Base Addr	Access Key	Window
NK.EXE	00400002	3	88	80100000	00000000	CursorWindow
shell.exe	01C40002	3	1	00010000	00000000	
udevice.exe	00C90006	3	8	00010000	00000000	
udevice.exe	00FF0006	3	1	00010000	00000000	
udevice.exe	01880006	3	1	00010000	00000000	
udevice.exe	039C0016	3	2	00010000	00000000	
explorer.exe	05990002	3	4	00010000	00000000	
servicesd.exe	05AC0002	3	9	00010000	00000000	
repllog.exe	052A0022	3	2	00010000	00000000	
rapisrv.exe	05980022	3	2	00010000	00000000	
rnaapp.exe	061B0002	3	2	00010000	00000000	
udevice.exe	07530002	3	1	00010000	00000000	
udp2tcp.exe	07840002	3	3	00010000	00000000	
ConManClient2.exe	0767000A	3	5	00010000	00000000	
ccpwcli.exe	05E900A2	3	5	00010000	00000000	

Thread ID	Current PID	Thread Priority	Access Key
059F0016	05990002	251	00000000
0534001E	00400002	251	00000000
048C000A	05990002	251	00000000
059A0002	00400002	251	00000000

Module	Module ID	Proc Count	Global Count	Base Addr	Base Size	hModule	Full Path
ceshell.dll	84163B80	1	2	40ED0000	307200	84163B80	₩Windows₩ws2.dll
coredll.dll	863DE630	1	15	40010000	610304	863DE630	₩Windows₩coredll.dll
zlib.dll	8438FDD4	1	1	40120000	53248	8438FDD4	₩Windows₩coredll.dll
fpcrt.dll	84163520	1	4	400B0000	73728	84163520	₩Windows₩coredll.dll
imaging.dll	8438FC9C	1	1	405C0000	372736	8438FC9C	₩Windows₩coredll.dll
ole32.dll	8610E378	1	4	40480000	499712	8610E378	₩Windows₩coredll.dll
aygshell.dll	842F8708	1	1	40EC0000	57344	842F8708	₩Windows₩coredll.dll
commctrl.dll	841637E8	1	4	40130000	413696	841637E8	₩Windows₩coredll.dll
iceext.dll	84162240	1	1	40680000	28672	84162240	₩Windows₩coredll.dll
shcore.dll	84163CC8	1	2	40F20000	28672	84163CC8	₩Windows₩coredll.dll
oleaut32.dll	84163364	1	1	40500000	217088	84163364	₩Windows₩coredll.dll
rpcrt4.dll	8610E52C	1	4	40560000	335872	8610E52C	₩Windows₩coredll.dll
lpcrt.dll	8610E674	1	4	40350000	20480	8610E674	₩Windows₩coredll.dll

17. Visual Studio Remote Tools

Pane	내용 설명
Process pane	툴의 창 중에 가장 위에 있는 것으로 디바이스에서 수행되는 프로세스에 대한 정보를 표시하고 있습니다.
Thread pane	툴의 창 중에 중간에 있는 것으로 위의 Process pane에서 선택된 프로세스에 연관된 thread들에 대한 정보를 표시합니다.
Module pane	툴의 창 중에 가장 아래에 있는 것으로 Process pane에서 선택된 프로세스에 연관된 module들에 대한 정보를 표시합니다.

Process pane에서는 특정 프로세스를 선택함에 따라서 그 아래의 두 개의 pane이 모두 변경이 됩니다. 위 그림은 explorer.exe 프로세스를 선택한 상태를 보여주고 있습니다.

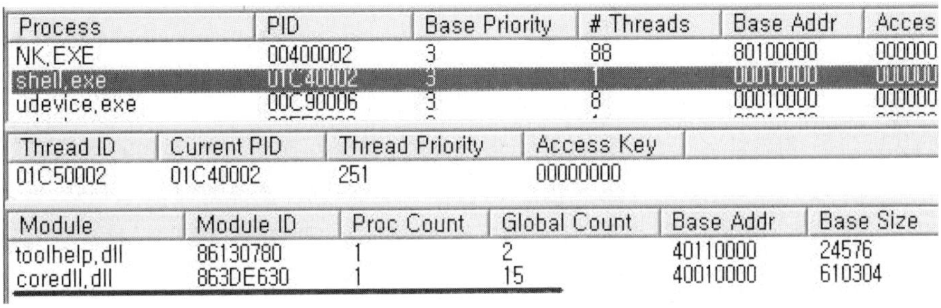

위 그림은 shell.exe 프로세스를 선택한 상태입니다. 위의 두 개의 그림은 서로 다른 프로세스를 선택한 그림입니다. 그런데 module 중에서 coredll.dll을 보면 두 프로세스에서 같은 모듈이 연관되어 있는 것을 알 수 있습니다.

Process vs. Thread

Windows Embedded CE의 실행 단위는 Thread입니다. 각각의 Thread는 자신의 Context를 가집니다. Context라면 Stack에 대한 정보 등과 같은 것을 말합니다. Thread는 Process Container에서 수행되게 됩니다. Container라고 표시하는 것과 같이 프로세스는 여러 실행 단위인 Thread를 포함하는 바구니와 같다고 생각하면 됩니다. 각 프로세스는 반드시 하나 이상의 Thread를 가지고 있어야 합니다. 프로세스 내의 모든 Thread는 공통의 주소 공간을 사용합니다. 하나의 Thread에 의해서 할당된 메모리를 프로세스 내의 모든 Thread가 접근 가능한 것입니다.

17.5.7. Remote Call Profiler

Remote Call Profiler는 사용자의 어플리케이션 내에서 어딘가 bottleneck이 걸렸을 때 이곳이 어디인가를 찾아낼 수 있도록 만들어주는 툴입니다. 일종의 분석 툴이라고 할 수 있습니다. 상당히 복잡한 툴이고 분석해낼 수 있는 부분이 무척 많은 고급 툴입니다. 취합된 정보를 이용해서 어떠한 방식으로 보고 분석할 것인지를 결정할 수도 있습니다. Timeline window를 사용해서 각 profile이 수행되는 시간의 범위 중에서 어느 한 지점을 확대해서 볼 수 있는 기능도 제공하고 있습니다. 또한 프로세스 간에 그리고 Thread 간의 profiling도 지원하고 사용자가 정의하는 performance counter 또한 지원하고 있습니다. 각 profile이 수행되는 동안에 Remote Call Profiler는 경과한 시간과 어플리케이션의 시간을 측정해서 보관하게 됩니다.

> MSDN에서 권고하는 내용 중에는 Catalog Item 중에서 "Standard String Functions - ASCII (corestra)"를 포함하도록 되어 있습니다. 하지만 이것은 꼭 그런 것은 아닙니다. 우리는 위에서 Remote Tool을 위한 Catalog Item 변경 중에서 **National Language Support (NLS) 아이템을 선택했습니다. 이것을 선택한 경우에는 Standard String Functions 아이템을 선택하지 않아도 상관없습니다.** 만약 NLS 대신에 English only를 선택하는 경우에는 반드시 "Standard String Functions - ASCII (corestra)"를 포함해야 합니다.

Remote Call Profiler를 이용해서 측정을 하기 위해서는 어플리케이션에서 일정 역할을 해주어야 합니다. 즉, 모든 함수의 시작과 종료에서 Remote Call Profiler에게 자신의 동작에 관련해서 알려주어야 하는 것입니다. 이를 처리할 수 있도록 반드시 이에 대한 설정이 되어있는 상태에서 빌드가 되어야 합니다. 그러므로 이 처리를 위한 시간 부분은 조금의 지연이 발생할 수밖에 없습니다. 물론 이 정도의 지연 부분이 심각한 영향을 줄 수도 있는 경우가 있겠지만 대부분의 경우는 심각한 문제는 없을 것입니다.

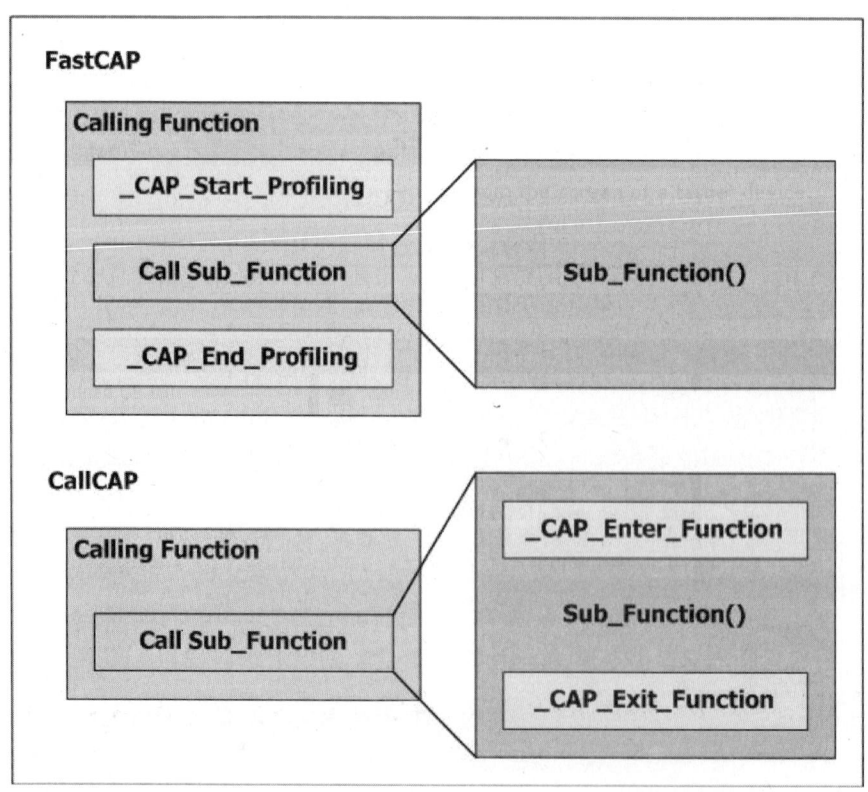

어플리케이션에서 Remote Call Profiler에게 자신의 동작에 관련해서 알려주는 동작은 2가지 방식이 있습니다. 각각 CallCAP과 FastCAP이라고 불립니다. 두 가지 방식 모두 어떤 서비스 코드를 삽입해 넣어주는 것은 동일합니다. 하지만 그 서비스 코드를 어디에 삽입할 것인가에 따라서 나뉘는 방식이 라고 이해하시면 됩니다.

FastCAP은 각 함수가 호출되기 전과 return된 이후에 서비스 코드를 삽입해 넣습니다. CallCAP은 어떤 함수가 호출 되자마자 그리고 함수에서 return이 되기 바로 전에 서비스 코드를 삽입해 넣는 것입니다. 결국 약간의 시간 차이가 날뿐 크게 다른 방식은 아닙니다. 위 그림에서 _CAP으로 되어 있는 함수들이 Visual Studio 2005에서 삽입해 주는 서비스 코드들의 이름이 되겠습니다.

FastCAP과 관련한 기능은 x86 프로세서에서는 지원되지 않습니다. 그 외의 프로세서에서는 두 가지 방식 모두가 지원됩니다. 우리는 ARM을 사용하기 때문에 두 방식 모두 지원이 되고 있습니다. 두 방식 모두를 시험해 보았는데 기본적으로 크게 다른 방식이 아니기 때문에 사용자가 느끼기에는 다른 점을 발견하기 매우 어렵습니다.

우리는 이미 이 부분을 지원하기 위해서 프로젝트 메뉴의 속성 부분의 구성 속성에서 빌드 옵션 부분에서 Enable profiling 부분을 설정해 주었습니다. 만약 이 부분을 수행하지 않으셨다면 앞 부분에서 이와 관련한 설정 부분을 변경해서 OS를 다시 빌드해서 구동시켜야 합니다.

Call profiler는 어플리케이션에서 함수의 콜에서 특정한 호출을 해줘야 하는 것입니다. 그러므로 어플리케이션을 이에 맞도록 새롭게 만들어야 합니다. 이전에 사용했던 적이 있는 최초의 프로그램 Mango24_App01_HelloMango와 Mango64_App01_HelloMango를 새로 빌드 해서 적용하도록 하겠습니다.

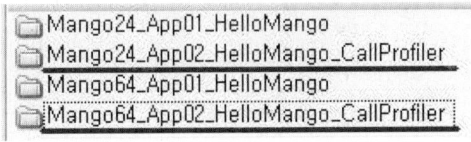

Mango24_App01_HelloMango를 그대로 복사해서 Mango24_App02_HelloMango_CallProfiler로 만들고, Mango64_App01_HelloMango를 복사해서 Mango64_App02_HelloMango_CallProfiler로 만들었습니다. 물론 소스를 변경한다던가 하는 작업을 수행하지는 않을 것이지만 예를 들기 위해서 새로 복사해서 만든 것입니다.

파일 메뉴의 열기에서 프로젝트/솔루션 부분을 선택해서 지금 복사한 xxx_App02_HelloMango_CallProfiler에서 xxx_App01_HelloMango.sln을 오픈 합니다. 폴더를 그대로 복사했기 때문에 프로젝트의 이름과 솔루션 파일들의 이름은 이전의 xxx_App01_HelloMango의 이름을 그대로 가지고 있을 것입니다. 프로젝트 부분에서 마우스 오른쪽 버튼을 눌러 속성을 선택합니다.

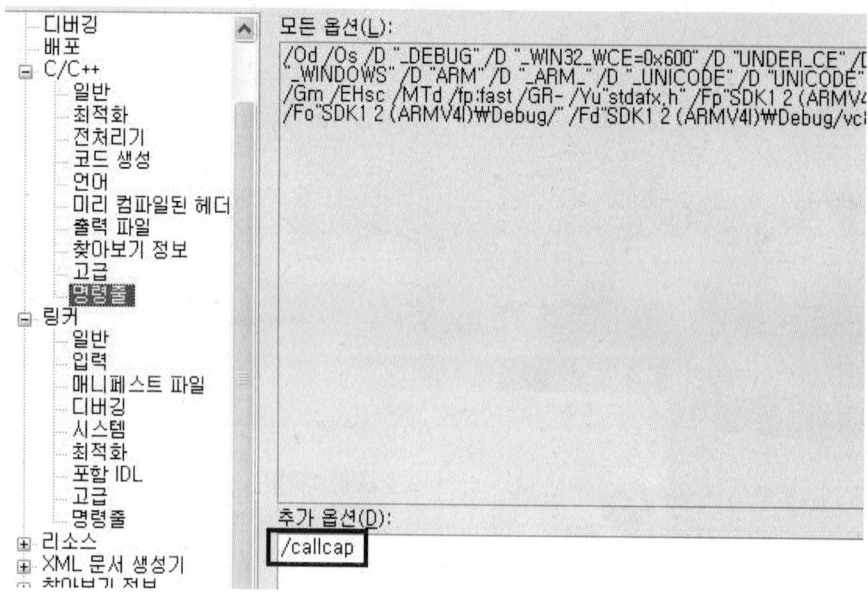

소스를 빌드할 때 /callcap이나 /fastcap 옵션을 주어서 빌드를 해야 합니다. 저는 /callcap 옵션과 /fastcap 옵션 모두 시험을 해 보았습니다. 결과는 큰 차이는 없습니다.

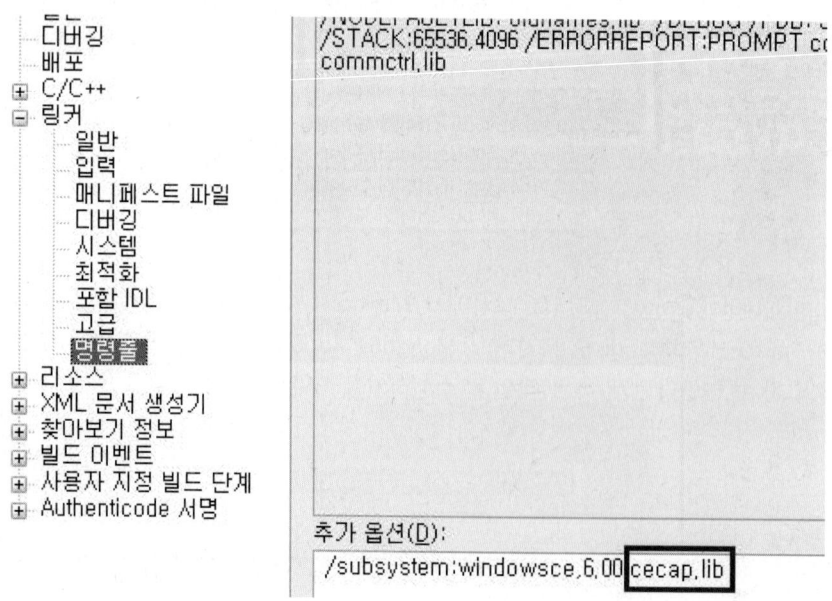

17. Visual Studio Remote Tools

또 추가적으로 넣어주어야 하는 부분은 링크 부분입니다. Visual Studio는 빌드를 수행하면서 서비스 코드를 코드에 삽입하게 되고 이 서비스 코드는 라이브러리에 포함되어 있습니다. 이 라이브러리를 이곳에서 링크 시켜야 하는 것입니다. 링커 명령줄 부분에 cecap.lib를 추가합니다.

만약 위와 같이 라이브러리를 링크시키지 않고 빌드를 수행하면 아래와 같은 에러를 만나게 될 것입니다.

/callcap 시의 에러 메시지

1>App000_HelloMango.obj: error LNK2019: _CAP_Exit_Function 외부 기호(참조 위치: WinMain 함수)에서 확인하지 못했습니다.
1>App000_HelloMango.obj: error LNK2019: _CAP_Enter_Function 외부 기호(참조 위치: WinMain 함수)에서 확인하지 못했습니다.

/fastcap 시의 에러 메시지

1>App000_HelloMango.obj: error LNK2019: _CAP_End_Profiling 외부 기호(참조 위치: WinMain 함수)에서 확인하지 못했습니다.
1>App000_HelloMango.obj: error LNK2019: _CAP_Start_Profiling 외부 기호(참조 위치: WinMain 함수)에서 확인하지 못했습니다.

위 에러 메시지에서 나타나는 함수의 이름을 보면서 우리는 Visual Studio가 추가해주는 서비스 코드의 이름을 유추할 수 있습니다.

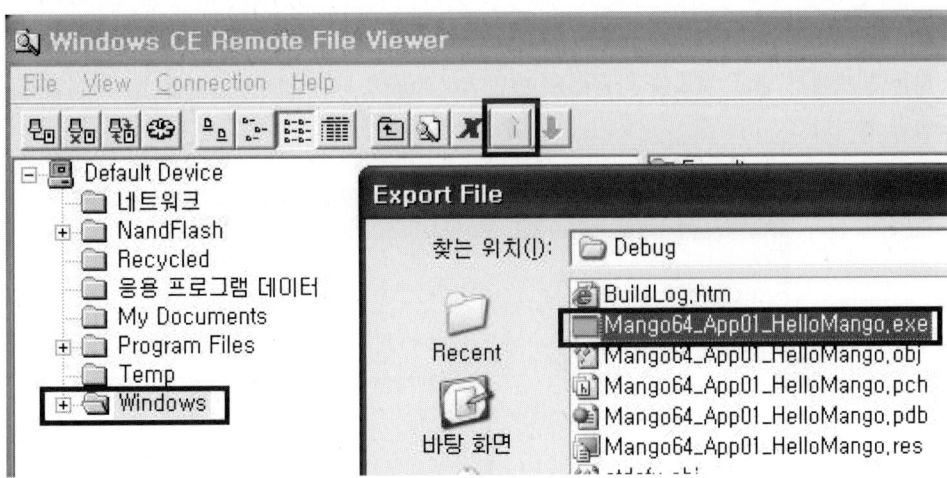

이제는 Remote File Viewer를 수행해서 지금 빌드한 프로그램을 Windows 폴더로 다운로드를 받습니다. 이때 이용하는 것이 위쪽 화살표 모양의 export 명령이 되겠습니다.

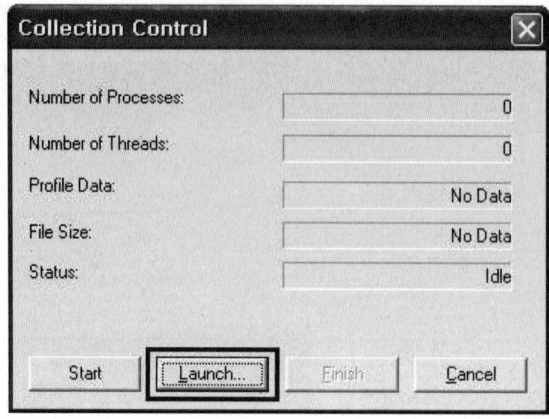

Visual Studio에서 Target > Remote Tools > Call Profiler를 수행해서 망고 보드와 연결하는 작업을 마친 이후에는 위 그림과 같은 화면이 나타나게 됩니다. 여기서 Launch 버튼을 누릅니다.

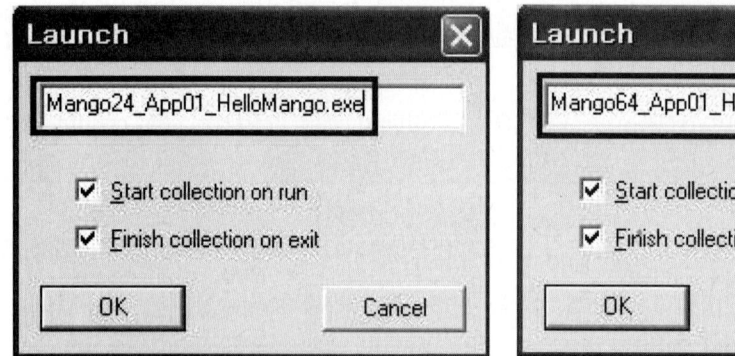 

우리가 지금 빌드해서 망고 보드에 다운로드 했던 xxx_App01_HelloMango.exe를 위 그림과 같이 추가해 주어야 합니다.

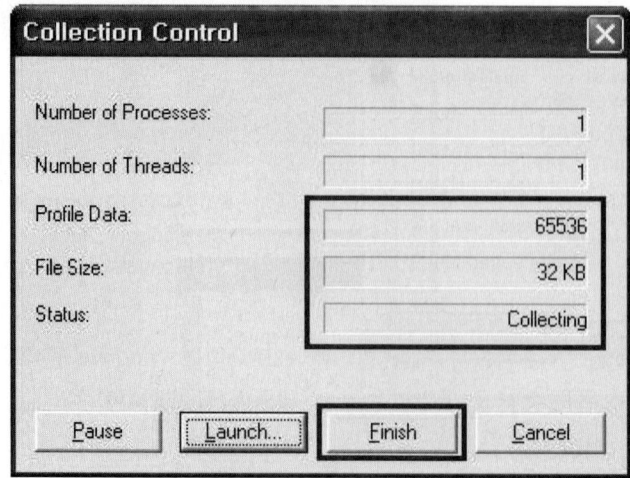

이제 자동으로 측정이 시작되었고, 망고 보드의 화면에는 Hello Mango가 수행됩니다. 이제 Finish를 누릅니다.

아래 그림이 전체적인 Call Profiler의 수행 결과에 대한 것입니다. 무척 복잡한 툴이고 사용 방법 또한 배워야 할 것이 많습니다. 어플리케이션을 개발하는 분들에게는 유용한 툴일 것입니다. 현재 수행한 Hello Mango의 경우는 거의 수행하는 내용이 없기 때문에 특별한 것은 없습니다.

나중에 보다 복잡한 어플리케이션 프로그램을 만들게 되면 이 툴을 이용해서 어떤 부분에서 얼마만큼의 시간을 소모하고 있는지를 시뮬레이션 해볼 수 있기 때문에 무척 유용한 툴이 될 것입니다. 나중에 각자 수행을 시켜보시기 바랍니다.

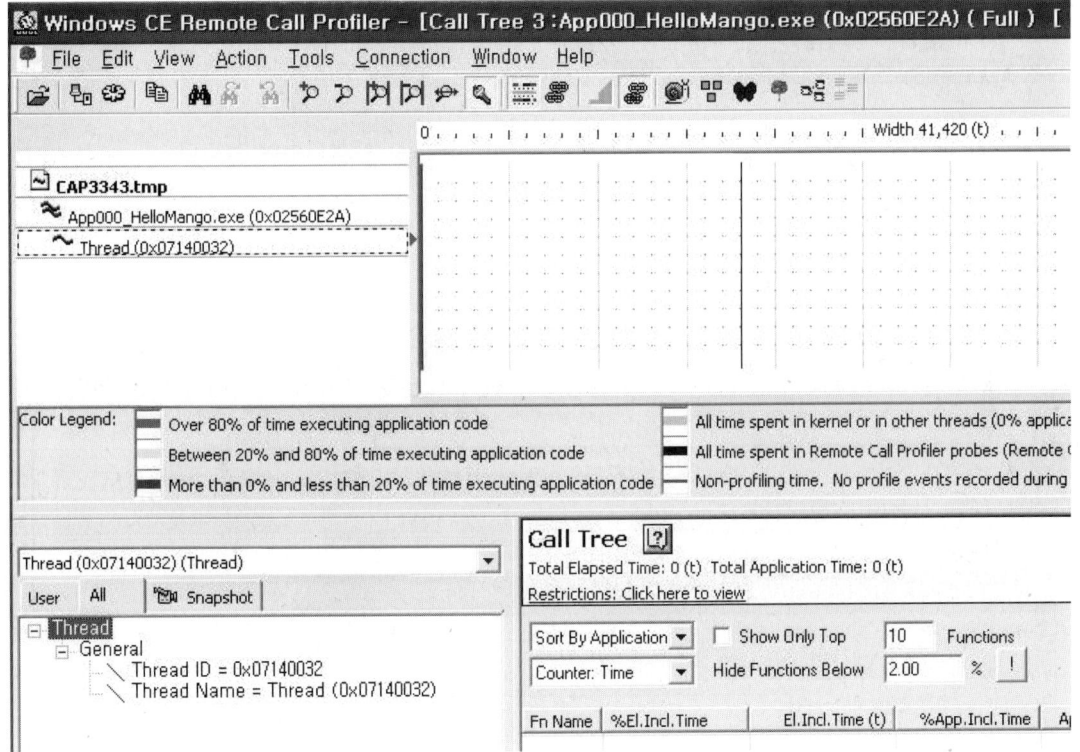

17.5.8. Remote Kernel Tracker

Remote Kernel Tracker는 타겟 디바이스에서 발생하는 OS와 어플리케이션의 이벤트들을 보여주는 툴입니다. 변화하는 모습을 실시간으로 볼 수 있다는 점은 매우 큰 장점이라고 할 수 있습니다.

Remote Kernel Tracker는 실시간으로 다음의 내용을 볼 수 있습니다.

- Thread 상호 작용
- 내부 의존 관계
- 시스템 상태 정보
- 시스템 이벤트들 (발생했을 때 수행되었던 Thread에 매칭된)
- 시스템 인터럽트들
- 시스템 내의 모든 프로세스와 Thread들 (이들이 생성되고, 수행되고, 멈추고, Sleep 상태가 되는 시점을 포함합니다.)

config.bib (C:\WINCE600\PLATFORM\CB6410\FILES)

```
IF IMGPROFILER
    PROFILE=ON
ELSE
    PROFILE=OFF
ENDIF
```

config.bib 파일을 보면 위와 같이 작성되어 있고 이것이 반드시 포함되어야 합니다.

☑ Enable profiling (IMGPROFILER=1)
☐ Enable ship build (WINCESHIP=1)

프로젝트의 옵션 부분에서 Enable profiling을 선택했고 이것은 IMGPROFILER를 1로 만드는 것입니다. 그러므로 위의 config.bib 부분에서 이것이 설정되어 있기 때문에 PROFILE이 ON이 되는 것입니다.

이전에 배웠던 Remote Call Profiler와 Remote Kernel Tracker는 동시에 사용할 수가 없습니다. 이점에 유의해서 사용해야 할 것입니다.

아래 그림은 Remote Kernel Tracker의 실행 화면입니다. Zoom을 설정할 수 있고 1 msec에서부터 1,000,000 msec까지 간격을 조정할 수 있습니다. 어떤 특정 순간에 이벤트의 발생 인터럽트의 처리 등을 화면으로 매우 섬세하게 살펴볼 수 있기 때문에 무척이나 유용한 툴이 되겠습니다. 많은 활용이 필요한 툴입니다.

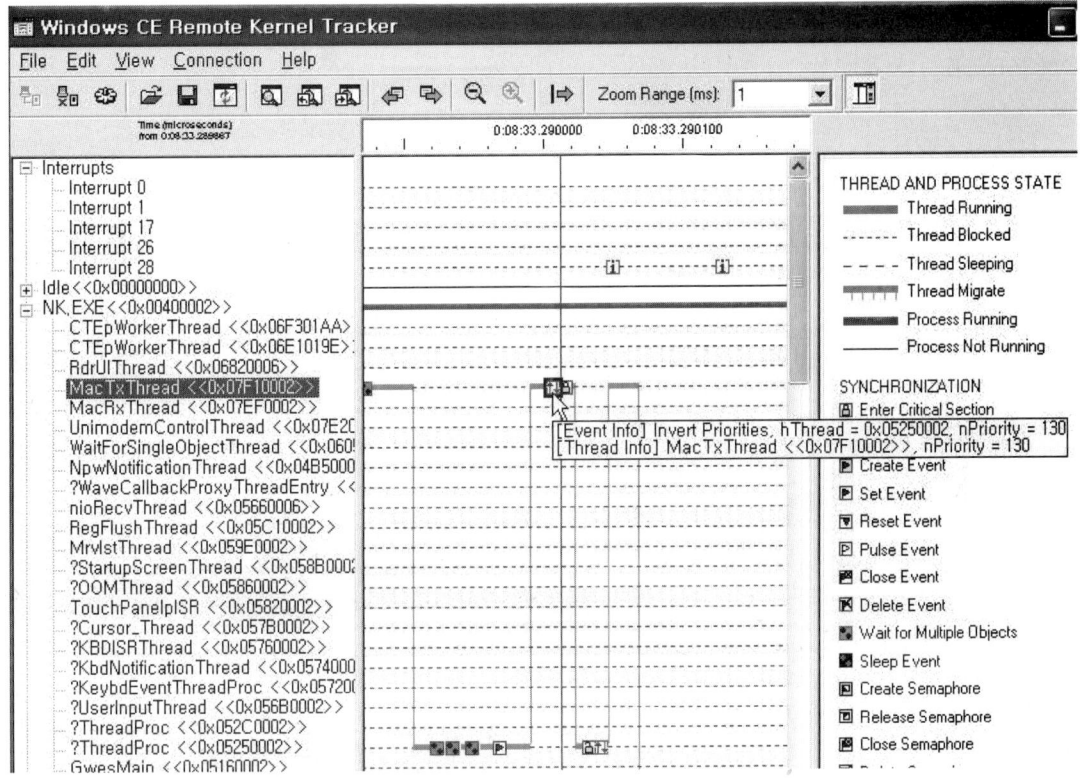

17.5.9. Remote Performance Monitor

Remote Performance Monitor는 타겟 디바이스의 성능을 측정합니다. CPU, Thread, 프로세스, 시스템 메모리 등의 성능과 관련한 것들의 행동을 측정할 수 있습니다. 이러한 요소들을 performance object라고 부릅니다.

각각의 performance object는 연관된 performance counter들을 가지게 됩니다. 이 counter는 정보들을 제공해주게 되는데 디바이스의 사용에 대한 것, queue length, 그리고 delay 및 throughput과 내부 congestion 등을 측정하는데 사용하는 정보 역시 제공하게 됩니다.

Remote Performance Monitor는 다음의 performance object들을 지원합니다.

- Remote Access Server (RAS)
- Internet Control Message Protocol (ICMP)
- TCP
- IP

- User Datagram Protocol (UDP)
- Memory
- Battery
- System
- Process
- Thread

최초로 프로그램을 실행하면 위와 같이 아무 것도 나타나지 않는 상태가 됩니다. 여기서 +로 되어 있는 버튼을 눌러서 실제 모니터링을 수행할 오브젝트를 선택해서 추가해 주어야 합니다.

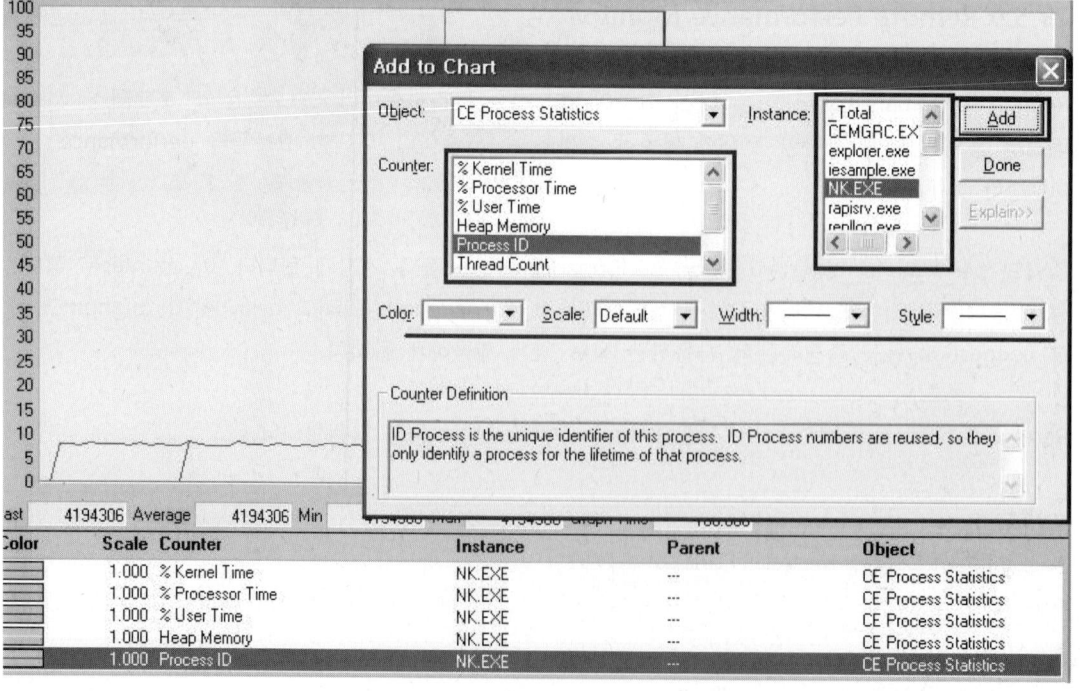

17. Visual Studio Remote Tools

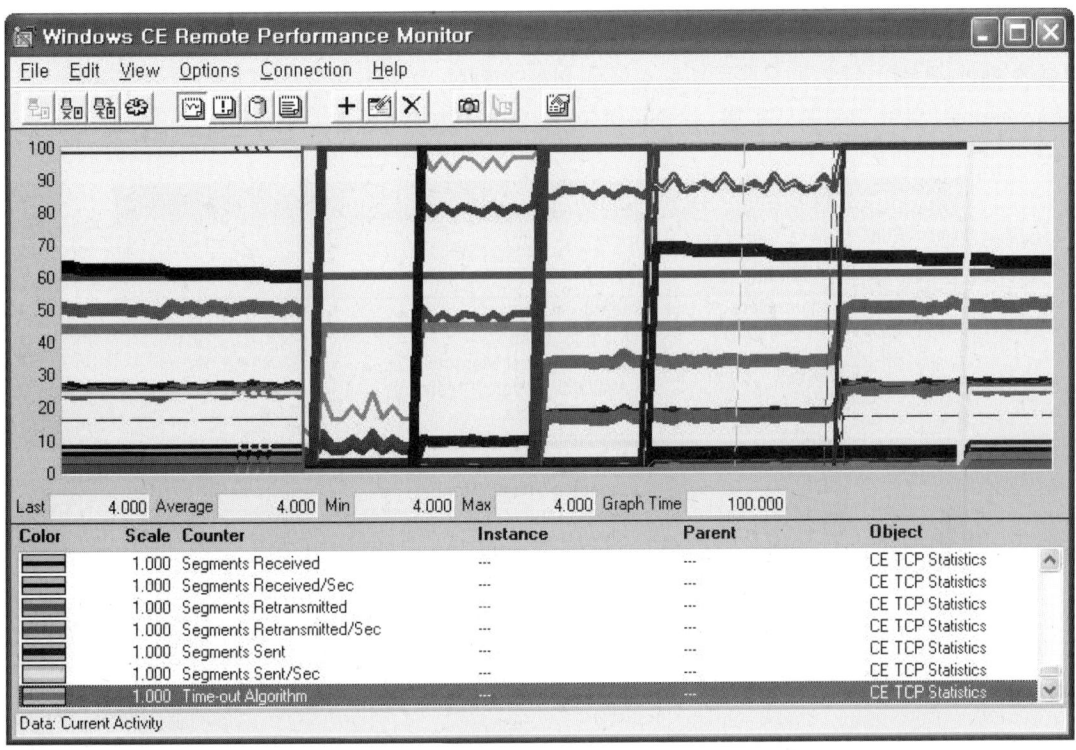

추가를 수행해주는 과정 속에서 Add를 누르면 바로 하단에 항목이 추가되고 그 추가된 것에 색깔도 부여되고 측정이 시작됩니다. 삭제는 아래 단의 항목을 선택하고 삭제를 수행하면 바로 삭제가 됩니다. 위의 그림은 거의 모든 항목들을 추가한 상태에서의 측정 과정을 보여주고 있습니다. 이렇게 많은 항목을 추가하면 시스템의 속도는 현저히 늦어집니다. 그러므로 꼭 필요한 부분만 선별해서 측정을 하는 것이 보다 유리할 것입니다.

17.5.10. Remote System information

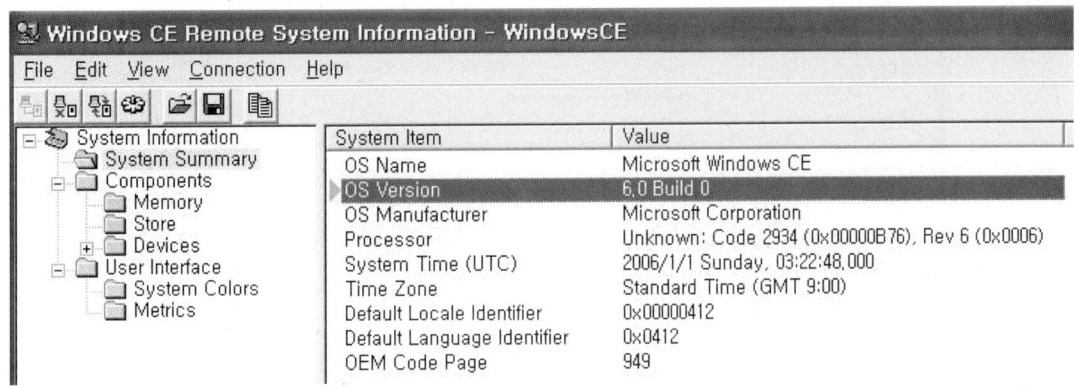

Remote System Information은 타겟 디바이스의 시스템 설정에 대한 것과 속성들에 대한 것을 표시해주는 간단한 툴입니다. 화면은 File View나 레지스트리 편집기와도 많이 유사합니다. 왼쪽에 표시할 부분에 대한 구분이 나오고 오른쪽에는 선택된 항목에 대한 정보가 출력됩니다. Remote System Information은 위의 그림에서도 볼 수 있듯이 매우 일반적인 정보들을 나타내주는 툴입니다.

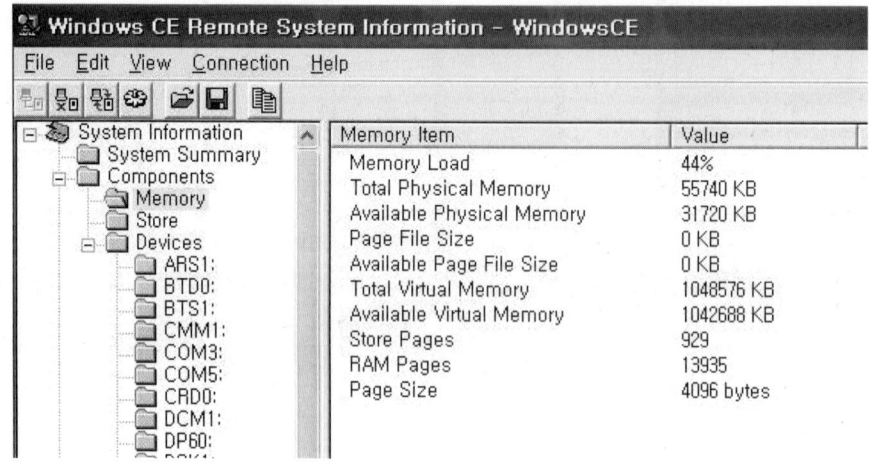

위와 같이 메모리에 대한 정보도 볼 수 있고, 각종 디바이스에 대한 정보들도 볼 수 있습니다.

17.6. Visual Studio 2005에서 Remote Tool 추가하기

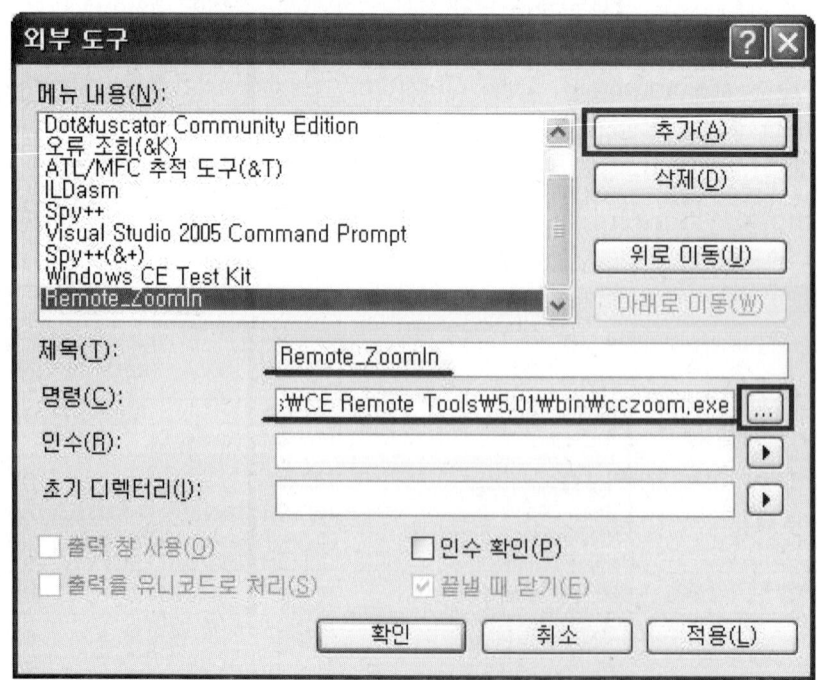

17. Visual Studio Remote Tools

시작 메뉴에서 수행할 수 있는 6가지의 원격 툴을 Visual Studio 2005 메뉴에 추가해서 넣는 방법이 존재합니다. 도구 메뉴를 보면 외부 도구라는 부분이 있습니다. 이것을 실행합니다.

추가를 눌러서 새로운 항목을 만들고 적절한 이름을 부여합니다. 저는 Remote_ZoomIn이라고 이름을 붙였습니다. 그리고 명령 부분의 탐색 버튼을 눌러서 C:\Program Files\CE Remote Tools\5.01\bin\cczoom.exe를 찾아서 선택합니다.

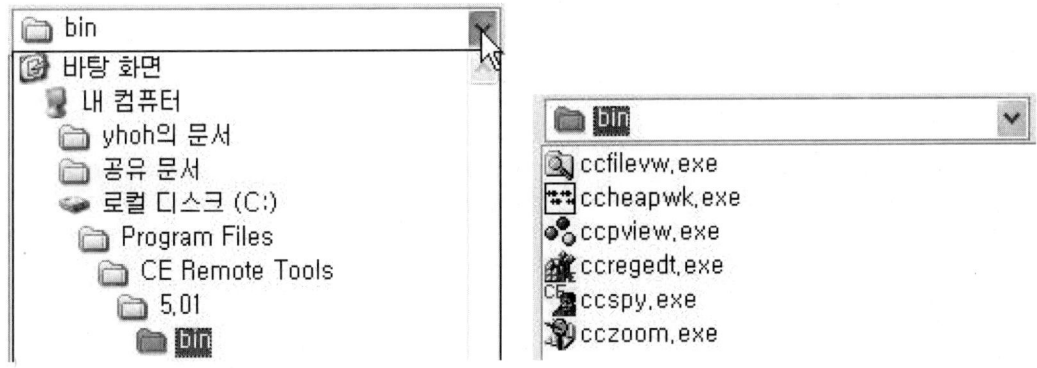

위 그림에서와 같이 시작 폴더에서 실행할 수 있는 6개의 툴이 있는 것을 볼 수 있습니다.

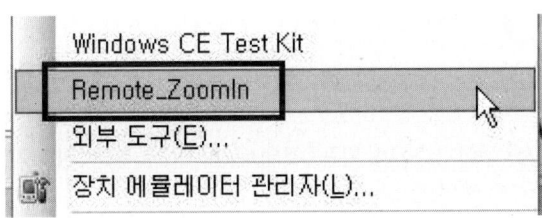

모든 작업을 마치면 도구 메뉴를 보면 Remote_ZoomIn이 메뉴에 추가되어 있습니다. 이제 이곳에서도 툴을 수행할 수 있게 된 것입니다.

18. 환경 변수 (Environment Variable)와 OS Design 파일

이번 장에서는 환경 변수와 관련해서 일부분만 정리를 하고 지나가도록 하겠습니다.

18.1. _WINCEROOT

환경 변수 중에서 가장 근간이 되는 값 중의 하나가 바로 _WINCEROOT 입니다.

Visual Studio 2005를 열어서 도구 메뉴에서 옵션을 선택해서 열어 봅니다.

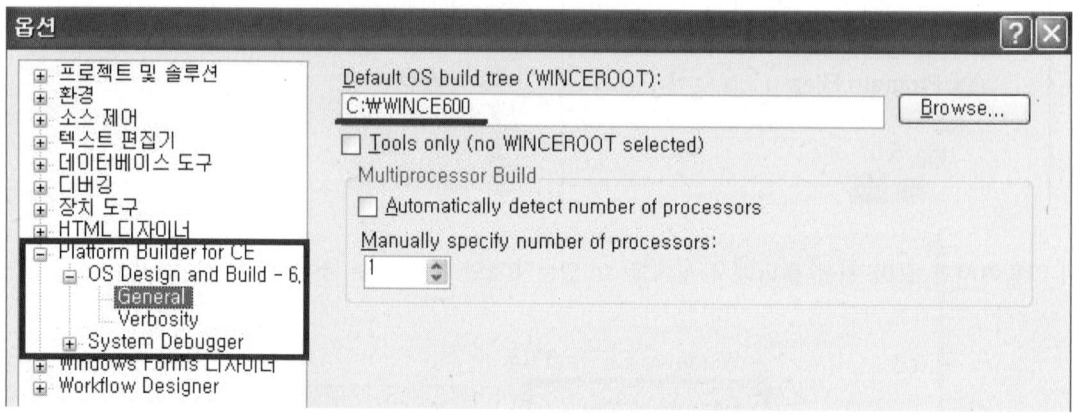

_WINCEROOT는 위 부분에서 정의가 되어 있는 것입니다. 이 부분이 정의가 되어있지 않으면 빌드의 과정에서 에러가 출력되면서 모든 작업이 되지 않습니다.

_WINCEROOT를 접근하는 곳은 두 곳입니다. 하나는 makefile이고 다른 하나는 windows batch file 입니다. makefile에서는 **$(_WINCEROOT)**의 형태로 접근하고, windows batch file에서는 **%_WINCEROOT%**의 형태로 접근을 하게 됩니다.

C:\WINCE600\PUBLIC\COMMON\OAK\MISC\wince.bat를 열어서 한번 보겠습니다.

```
if "%_PLATFORMROOT%" == "" goto else_25
    for %%i in (%_PLATFORMROOT%) do set _PLATFORMDRIVE=%%~di
  goto endif_25
  :else_25
    set _PLATFORMROOT=%_WINCEROOT%\platform
    set _PLATFORMDRIVE=%_WINCEDRIVE%
  :endif_25
```

wince.bat 파일은 환경 변수의 설정을 위해서 가장 먼저 수행되는 파일입니다. 위 내용은 여기에 들어있는 내용 중의 일부입니다. 만약 %_PLATFORMROOT%가 정의되어 있지 않으면 else_25 부분으로 가게 되고, 여기에서 _PLATFORMROOT를 정의하고 있는 것입니다.

_PLATFORMROOT는 %_WINCEROOT%\platform으로 정의하고 있는 것입니다. 이와 같이 여러 곳에 걸쳐서 폴더나 파일들에 대한 이름을 적절히 지정해서 사용하고 있습니다.

여기서 모든 내용을 기술하는 것은 무의미하고 그때그때 필요한 사항이 있을 때마다 기술할 것이고, 독자 여러분께서도 직접 찾아보시기 바랍니다. 일단은 현재 설정된 환경 변수를 어떻게 확인하는 지를 아는 것이 중요할 것입니다.

18.2. 환경 변수 확인

환경 변수 모두를 가장 쉽게 확인해볼 수 있는 방법이 있습니다.

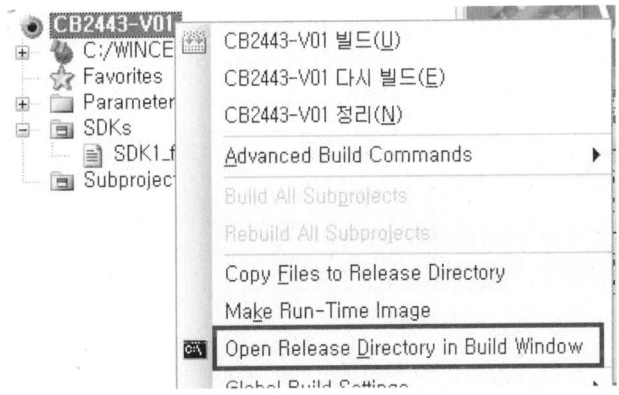

CB2443-V01 (망고 64 경우는 CB6410-V01) 부분에서 마우스 오른쪽 버튼을 누르고 "Open Release Directory in Build Window" 메뉴를 선택합니다.

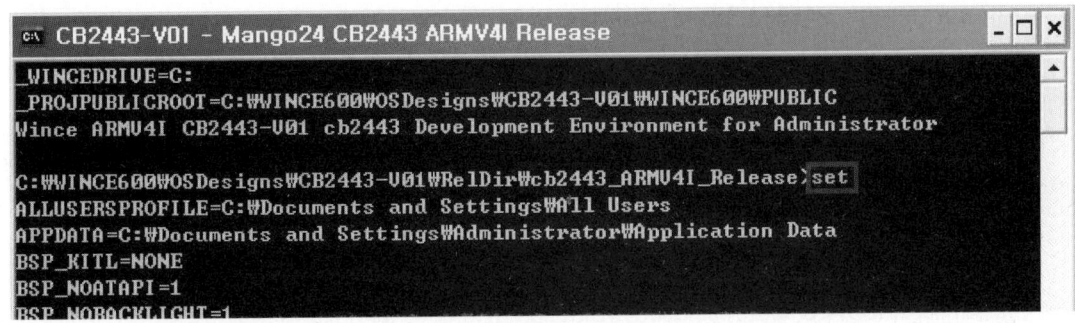

자동으로 윈도우 커맨드 창이 뜨게 됩니다. 여기서 set라고 입력하면 현재 설정되어 있는 모든 환경 변수가 모두 출력됩니다. 아래 설명하는 것은 망고 24에서 수행한 결과입니다 하지만 망고 64의 경우도 크게 다르지는 않습니다. 실제로 해보면 망고 24와 64는 디렉토리 이름과 관련한 것을 제외하면 오직 BSP와 관련한 부분만 다르고 동일한 것을 알 수 있습니다.

> 위에서 수행한 set로 볼 수 있는 환경 변수는 모든 것을 포함하는 것입니다. 그러므로 여기에 없는 것은 실제로 활용할 수 없는 환경 변수가 되는 것입니다. 우리가 OS Design을 통해 빌드 이미지를 만들기 위한 모든 정보가 포함되어 있다고 생각하시면 됩니다. 여기에는 BSP에 관한 것, Sysgen을 위한 것 등등 많은 내용이 들어 있습니다.

내용을 확인해 보면 BSP에 대한 부분, 툴에서 설정한 환경 변수들, Catalog Item 설정 정보들, 각종 디렉토리에 대한 정보들이 기록되어 있는 것을 확인할 수 있습니다.

18.2.1. 시스템 환경 변수

set으로 확인할 수 있는 환경 변수 중에서는 Windows Embedded CE와는 상관없는 부분이 포함되어 있습니다. 물론 완전히 상관이 없다고 말할 수는 없습니다만 CE와 보다는 XP OS 자체와 연관 있는 환경 변수들을 의미합니다.

```
ALLUSERSPROFILE=C:\Documents and Settings\All Users
APPDATA=C:\Documents and Settings\Administrator\Application Data
CommonProgramFiles=C:\Program Files\Common Files
COMPUTERNAME=YHOH-4110593FD9
ComSpec=C:\WINDOWS\system32\cmd.exe
FP_NO_HOST_CHECK=NO
HOMEDRIVE=C:
HOMEPATH=\Documents and Settings\Administrator
LOGONSERVER=\\YHOH-4110593FD9
NUMBER_OF_PROCESSORS=2
OS=Windows_NT
Path=C:\WINCE600\sdk\bin\i386\ARM;C:\WINCE600\sdk\bin\i386;C:\WINCE600\sdk\bin\i386\ARM;C:\WINCE600\public\common\oak\Bin\i386;C:\WINCE600\private\bin\i386;C:\WINCE600\private\bat;C:\WINCE600\public\common\oak\misc;C:\WINCE600\developr\Administrator;C:\WINDOWS\system32;C:\WINDOWS;C:\WINDOWS\System32\Wbem;C:\WINDOWS\system32\WindowsPowerShell\v1.0;c:\Program Files\Microsoft SQL Server\90\Tools\binn;C:\Program Files\IDM Computer Solutions\UltraEdit-32;C:\Program Files\ESTsoft\ALZip;C:\Program Files\ESTsoft\ALZip;C:\WINDOWS\system32;C:\WINDOWS;C:\Program Fi
```

```
les\Microsoft Platform Builder\6.00\cepb\IdeVS
PATHEXT=.COM;.EXE;.BAT;.CMD;.VBS;.VBE;.JS;.JSE;.WSF;.WSH;.PSC1
PROCESSOR_ARCHITECTURE=x86
PROCESSOR_IDENTIFIER=x86 Family 6 Model 23 Stepping 10, GenuineIntel
PROCESSOR_LEVEL=6
PROCESSOR_REVISION=170a
ProgramFiles=C:\Program Files
PROMPT=$P$G
SESSIONNAME=Console
SystemDrive=C:
SystemRoot=C:\WINDOWS
TEMP=C:\DOCUME~1\ADMINI~1\LOCALS~1\Temp
TMP=C:\DOCUME~1\ADMINI~1\LOCALS~1\Temp
USERDOMAIN=YHOH-4110593FD9
USERNAME=Administrator
USERPROFILE=C:\Documents and Settings\Administrator
VS80COMNTOOLS=C:\Program Files\Microsoft Visual Studio 8\Common7\Tools\
windir=C:\WINDOWS
```

18.2.2. BSP 환경 변수

그 다음으로 확인되는 것은 BSP 관련 환경 변수 들입니다.

```
BSP_KITL=NONE
BSP_NOATAPI=1
BSP_NOBACKLIGHT=1
BSP_NOBATTERY=1
BSP_NOCAMERA=1
BSP_NOCS8900=1
BSP_NOHSMMC=1
BSP_NOIRDA=1
BSP_NONLED=1
BSP_NOPCCARD=1
BSP_NOPCIBUS=1
BSP_NOPOST=1
BSP_NOPWRBTN=1
BSP_NOSD=1
BSP_NOUSBSER=1
```

`BSP_USBFNCLASS=SERIAL`

http://msdn.microsoft.com/en-us/library/aa909549.aspx
http://msdn.microsoft.com/en-us/library/aa908645.aspx
위 MSDN 링크에서 관련 내용을 확인할 수 있습니다.

Environment variable	Description
BSP_DISPLAY_RAGEXL	ATI display driver, Ddi_ragexl.dll를 설정에 추가
BSP_DISPLAY_FLAT	FLAT display driver, Ddi_flat.dll를 설정에 추가
BSP_DISPLAY_RFLAT	rotated-FLAT display driver, Ddi_rflat.dll를 추가
BSP_DISPLAY_S3V	S3 Virge Display Driver를 추가
BSP_NIC_DP83815	DP83815 (MacPhyter) NDIS miniport driver를 추가
BSP_NIC_ISLP2NDS_PCMCIA	Intersil miniport driver를 추가
BSP_NIC_NE2000_ISA	ISA NE2000 NIC driver를 추가
BSP_NIC_NE2000_PCI	PCI NE2000 NIC driver를 추가
BSP_NIC_NE2000_PCMCIA	PCMCIA NE2000 NIC driver를 추가
BSP_NIC_PCX500_PCMCIA	Cisco miniport driver를 추가 (Cisco Aironet 340/350 series 지원)
BSP_NIC_RTL8139	RTL8139 NIC driver를 추가
BSP_NIC_RTL8180	Nativewifi RTL8180 wireless support를 추가. AP mode로 설정
BSP_NIC_RTL8180_STA	Nativewifi RTL8180 wireless support를 추가. default STA mode.
BSP_NIC_XIRCCE2_PCMCIA	XIRCOM miniport driver를 추가
BSP_PCCARDATADISK	ATA cards를 위해 Atadisk.dll 대신에 Atapi.dll을 사용
BSP_CREDSVC_IN_DEVICE	credential manager를 활성화시킴. OS design이 Services.exe를 포함하고 있더라도 Devices.exe에서 구동되도록 설정함.
BSP_DISPLAY_MQ200	MQ200 display driver; Ddi_mq200.dll를 추가
BSP_DISPLAY_NOP	stub display driver, Ddi_nop.dll를 설정에 추가
BSP_NIC_DC21X4	DEC21140 NDIS miniport driver를 추가
BSP_NIC_AR6K_PCMCIA	AR6000 WiFi CF adapter를 추가
BSP_NIC_AR6K_SDIO	AR6000 WiFi SDIO adapter를 추가
BSP_NIC_E100BEX	Intel i82559 PCI NIC를 위한 Intel EtherExpress PRO Ethernet Network Driver를 추가
BSP_NOTIFY_IN_DEVICE	Device.exe에서의 notification subsystem engine 활성화. 설정되어 있지 않고, Services.exe가 포함되어 있으면 engine은 Services.exe에서 수행됨.
BSP_SDHC_ELLEN	TE4370 Evaluation Board에 대한 standard SDIO host controller 할당

BSP_CREDSVC_IN_DEVICE	credential manager를 활성화시킴. OS design이 Services.exe를 포함하고 있더라도 Devices.exe에서 구동되도록 설정함.
BSP_DISPLAY_MQ200	MQ200 display driver; Ddi_mq200.dll를 추가
BSP_DISPLAY_NOP	stub display driver, Ddi_nop.dll를 설정에 추가
BSP_NIC_DC21X4	DEC21140 NDIS miniport driver를 추가
BSP_NIC_AR6K_PCMCIA	AR6000 WiFi CF adapter를 추가

BSP 관련 환경 변수에는 두 가지의 카테고리가 있습니다. BSP 변수와 BSP_NO 변수가 그것입니다. BSP 변수는 각 디바이스에 대해서 디폴트 드라이버 구현을 선택하는 것입니다. 위 표에 이것들에 대한 예제가 기술되어 있는 것입니다. 예를 들어서 타겟 디바이스가 RTL8139 NIC를 사용한다고 하면 BSP_NIC_RTL8139를 1로 만드는 것과 같은 것입니다.

반면 BSP_NO 변수는 BSP나 타겟 디바이스에서 지원되지 않는 것을 정의하기 위해서 사용하는 것입니다. 아래에 그에 대한 예가 나와 있습니다. 망고 24나 64 BSP의 경우도 BSP 변수와 BSP_NO 변수가 모두 들어 있습니다.

Environment variable	Description
BSP_NOAUDIO	audio 에 대한 지원을 제거
BSP_NOCOMCARD	ComCard 와 Com 16550 serial drivers 에 대한 지원을 제거
BSP_NODISPLAY	displays 에 대한 지원을 제거
BSP_NOETHER	Ethernet 에 대한 지원을 제거
BSP_NOGSM	CSMI 와 RIL drivers 에 대한 지원을 제거 이 부분은 오직 TI FSample BSP 에서만 적용 가능.
BSP_NOIDE	IDE 에 대한 지원을 제거
BSP_NOPCCARD	PC Card 에 대한 지원을 제거
BSP_NOPCIBUS	PCI bus 에 대한 지원을 제거
BSP_NOPCMCIA	PCMCIA 에 대한 지원을 제거
BSP_NORNDIS	RNDIS 에 대한 지원을 제거
BSP_NOSHAREETH	shared Ethernet 에 대한 지원을 제거
BSP_NOTOUCH	touch drivers 에 대한 지원을 제거
BSP_NOUSB	USB 에 대한 지원을 제거

BSP 환경 변수는 빌드 프로세스의 post-sysgen 단계에서 사용 됩니다. 디바이스 드라이버나 소프트웨어 탑재에 대한 것을 결정하기 위해서 platform.bib나 platform.reg에서 사용됩니다.

18.2.3. IMG 환경 변수

다음은 IMG 환경 변수에 대해서 살펴 보겠습니다.

```
IMGEBOOT=1
IMGHIVEREG=1
IMGNODEBUGGER=1
IMGNOLOC=0
IMGNOTALLKMODE=1
IMGPROFILER=1
IMGSDBUS2=1
IMGSTRICTLOC=0
```

이들에 대한 것은 이전에 빌드 옵션을 검토한 부분에서 본 적이 있습니다.

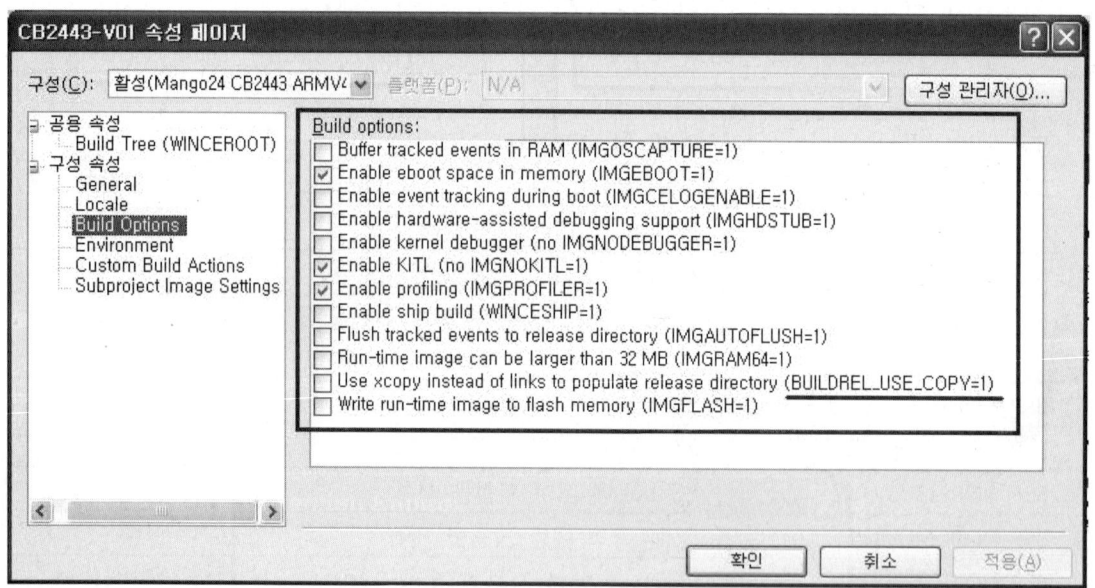

위의 빌드 옵션 부분이 IMG 환경 변수들이고 위의 내용 중에서 BUILDREL_USE_COPY 부분만 기타 환경 변수 입니다. 각각에 대한 내용은 이전에 자세히 다룬 적이 있기 때문에 생략하도록 하겠습니다.

http://msdn.microsoft.com/en-us/library/aa909715.aspx
IMG 환경 변수는 위 링크를 참조하면 되겠습니다.

18.2.4. Sysgen 변수

엄밀하게 말하면 Sysgen 변수는 환경 변수는 아닙니다. 우리가 set을 통해서 값을 읽어올 수가 있기 때문에 그리고 다른 것들과 비교해서 큰 차이를 느끼지 못하기 때문에 이것도 환경 변수라고 생각하기 쉽고 또 그렇게 생각한다고 해서 크게 문제되는 것은 아니지만 정확하게 마이크로소프트의 Windows CE에 대한 문서를 참고하면 Sysgen 변수는 독립적으로 Sysgen 변수라고 부르고 있고, 다른 환경 변수들은 Environment Variables라고 부르고 있습니다.

```
SYSGEN_AS_BASE=1
SYSGEN_AS_FILE=1
SYSGEN_AUDIO=1
... ... ... ... ... ...
SYSGEN_USB_HID_CLIENTS=1
SYSGEN_USB_STORAGE=1
SYSGEN_WCETK=1
```

Sysgen 변수는 Catalog Item을 변경해서 추가시켜주면 포함되는 변수입니다. 이것을 이용해서 Sysgen을 통해 필요한 부분이 OS Design에 포함되는 것입니다.

예전에도 한번 본적이 있지만 다시 한번 말씀 드립니다. Sysgen 변수들이 정의되어 있는 파일의 위치는 아래와 같습니다.
C:\WINCE600\OSDesigns\CB6410-V01\Wince600\CB6410_ARMV4I\PBInitEnv.bat
C:\WINCE600\OSDesigns\CB2443-V01\Wince600\cb2443_ARMV4I\PBInitEnv.bat

PBInitEnv.bat 파일 안에 이 내용이 저장되는 것입니다. 이 파일을 찬찬히 보면 여기에 대부분의 주요한 환경 변수들이 저장되어 있는 것을 알 수 있습니다.

```
REM Call wince.bat
call C:\WINCE600\public\COMMON\OAK\MISC\wince.bat ARMV4I CB6410-V01 CB6410
```

```
REM Call wince.bat
call C:\WINCE600\public\COMMON\OAK\MISC\wince.bat ARMV4I CB2443-V01 cb2443
```

이 파일의 내용을 보면 중간에 wince.bat 파일을 호출하는 부분을 찾을 수 있습니다.

18.2.5. PRJ 환경 변수

PRJ 환경 변수는 OS Design에서 프로젝트에 특징적인 내용을 설정하고자 하는 부분입니다.

```
PRJ_ENABLE_FSREGHIVE=1
PRJ_ENABLE_REGFLUSH_THREAD=1
```

망고 24의 환경 변수 부분에서 PRJ 환경 변수는 위의 두 가지뿐입니다. 이것이 원래 정의된 곳은 아래의 위치에서 찾을 수 있습니다.

```
@REM For Hive Based Registry
set IMGHIVEREG=1
if /i "%IMGHIVEREG%"=="1" set PRJ_ENABLE_FSREGHIVE=1
if /i "%IMGHIVEREG%"=="1" set PRJ_ENABLE_REGFLUSH_THREAD=1
```

위 파일은 Cb2443.bat (c:\wince600\platform\cb2443)에 들어있는 내용입니다. HIVE Registry를 위해서 IMGHIVEREG 부분을 1로 설정하였고 이 부분에 따라서 두 가지 PRJ 환경 변수를 1로 설정하고 있는 것입니다. Cb2443.bat나 CB6410.bat 파일은 위와 같이 중요한 환경 변수들을 설정하는 파일이 되겠습니다.

18.2.6. 기타 환경 변수

이제 마지막으로 살펴볼 것은 Miscellaneous Environment Variables 입니다. 아래 내용은 기타 환경 변수들 중의 일부입니다.

```
PBWORKSPACE=C:\WINCE600\OSDesigns\CB2443-V01\CB2443-V01.pbxml
PBWORKSPACEROOT=C:\WINCE600\OSDesigns\CB2443-V01
WINCEDEBUG=retail
WINCEMAP=1
WINCEREL=1
_CURSLMTREE=CB2443-V01
_DEPTREES=winceos dcom gdiex ie script servers shellsdk shell rdp wceshellfe wce appsfe directx voip datasync netcfv2 netcfv35 sqlcompact SQLCE cellcore ostest mediaapps speech FP_VOIP CB2443-V01
_FLATRELEASEDIR=C:\WINCE600\OSDesigns\CB2443-V01\RelDir\cb2443_ARMV4I_Release
_MAKEENVROOT=C:\WINCE600\public\common\oak\misc
_PLATFORMROOT=C:\WINCE600\platform
```

18. 환경 변수 (Environment Variable)와 OS Design 파일

```
_PRIVATEROOT=C:\WINCE600\private
_PROJECTDDKROOT=C:\WINCE600\OSDesigns\CB2443-V01\Wince600\cb2443_ARMV4I\ddk
_PROJECTOAKROOT=C:\WINCE600\OSDesigns\CB2443-V01\Wince600\cb2443_ARMV4I\oak
_PROJECTROOT=C:\WINCE600\OSDesigns\CB2443-V01\Wince600\cb2443_ARMV4I
_PROJECTSDKROOT=C:\WINCE600\OSDesigns\CB2443-V01\Wince600\cb2443_ARMV4I\sdk
_PROJPUBLICROOT=C:\WINCE600\OSDesigns\CB2443-V01\WINCE600\PUBLIC
_PUBLICROOT=C:\WINCE600\public
_SDKROOT=C:\WINCE600\sdk
_TARGETPLATROOT=C:\WINCE600\platform\cb2443
_TGTCPU=ARMV4I
_TGTCPUFAMILY=ARM
_TGTCPUISA=V4I
_TGTOS=CE
_TGTPLAT=cb2443
_TGTPROJ=CB2443-V01
_TOOLSSDKROOT=C:\WINCE600\tools\public\ext
_USER_SYSGEN_BAT_FILES=C:\WINCE600\OSDesigns\CB2443-
01\Wince600\cb2443_ARMV4I\OAK\MISC\CB2443-V01.bat
_WINCECALLED=1
_WINCEROOT=C:\WINCE600
```

위의 내용은 대부분은 폴더의 위치에 대한 정보들을 가지고 있고 이해하는데 크게 어려운 점은 없습니다. 위 내용 중 일부에 대해서 살펴보도록 하겠습니다.

WINCEDEBUG=retail

WINCEDEBUG 부분은 우리가 빌드를 릴리즈 모드로 했기 때문에 retail로 설정되어 있는 것입니다. 만약에 디버그 모드로 빌드를 하게 되면 이 값이 debug로 변하게 됩니다.

WINCEREL=1

Makeimg.exe에 의해서 사용됩니다. 이것을 1로 설정하는 것은 권고되는 사항입니다. 설정이 되어 있어야 %_FLATRELEASEDIR% 폴더로 빌드 된 요소들이 릴리즈 되게 됩니다.

BSP (CB2443 또는 CB6410 폴더)의 내용만으로 WinCE image를 만들 수는 없습니다. BSP에는 Target Board에 의존적인 코드들만 들었기 때문입니다. 공통으로 사용할 수 있는 부분에 대해서는 BSP 부분에 들어있는 것이 아니라 따로 관리됩니다. _PUBLICROOT가 그것으로 아래와 같이 정의되어 있습니다.

```
_PUBLICROOT=%_WINCEROOT%\public
```

공통의 요소를 모두 포함해서 WinCE image를 만들어야 하는 것은 아닙니다. 제품의 종류에 따라서 그 종류 수만큼 다양한 WinCE image가 만들어질 수 있는 것입니다. 여기에 추가적으로 개발자가 직접 만든 기능들도 포함될 수 있습니다. 개발자가 만든 프로젝트를 추가할 수 있는 것입니다. 이 부분은 서브 프로젝트이고 이와 관련해서는 뒤에서 살펴볼 것입니다.

http://msdn.microsoft.com/en-us/library/ee478982.aspx
위 링크를 참조하면 Windows CE 빌드 환경에 대한 내용을 참조할 수 있습니다.

```
_TGTCPU=ARMV4I
_TGTPLAT=cb2443
_TGTPROJ=CB2443-V01
```

위 세 가지 환경 변수는 무척 중요하게 활용됩니다. 만약 Wince.bat를 커맨드 창에서 수행시켜서 빌드를 수행한다면 위의 3가지 파라미터는 주요한 값으로 사용되게 됩니다.
사용이 될 때는 %_TGTCPU%, %_TGTPROJ%, %_TGTPLAT%로 접근이 될 것입니다.

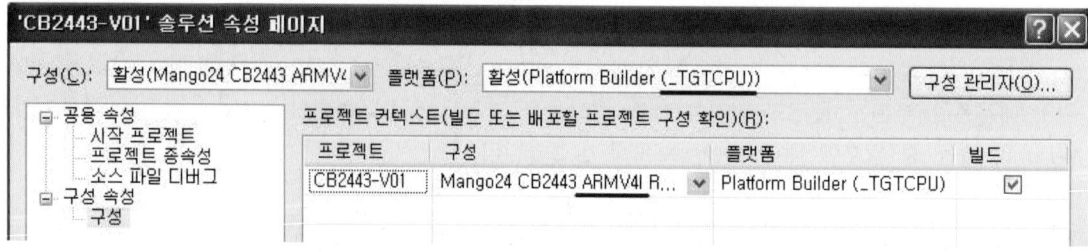

_TGTPROJ 부분은 프로젝트를 만들면서 이름을 CB2443-V01 혹은 CB6410-V01로 주었고 이것이 그대로 적용됩니다. 솔루션에 대한 속성 부분을 보면 _TGTCPU가 ARMV4I로 설정되었음을 알 수 있습니다. _TGTPLAT 정보는 BSP에 들어있는 것입니다.

C:\WINCE600\PLATFORM\CB2443 부분을 보면 cb2443.cec가 들어있는데 이것은 사실 전혀 필요 없는 파일입니다. 이것은 Windows CE 5.0의 잔재입니다. 5.0 시절에는 catalog 파일을 읽어서 BSP를 인식했으나 6.0에 오면서 이 부분은 다르게 바뀌었습니다. 각 **BSP 폴더에는 CATALOG라는 폴더가 있고 그 안에 pbcxml 파일을 가지고 있습니다. 반드시 이것이 있어야 하고 Visual Studio 2005를 실행할 때 이 부분을 읽어서 BSP로 등록을 해주게 되는 것입니다.**

다음의 환경 변수가 Wince.bat이 수행되기 전에 설정되어 있지 않으면, Wince.bat는 이들을 디폴트 값으로 설정을 해주게 됩니다.

18. 환경 변수 (Environment Variable)와 OS Design 파일

```
set _FLATRELEASEDIR=%_WINCEROOT%\release
set _PROJECTROOT=%_PUBLICROOT%\%_TGTPROJ%
```

%_WINCEROOT%는 반드시 Wince.bat이 수행되기 전에 설정되어 있어야만 합니다. 그렇지 않으면 에러를 내면서 종료하게 됩니다.

```
_FLATRELEASEDIR=C:\WINCE600\OSDesigns\CB2443-V01\RelDir\cb2443_ARMV4I_Release
_PROJECTROOT=C:\WINCE600\OSDesigns\CB2443-V01\Wince600\cb2443_ARMV4I
```

우리의 경우는 _FLATRELEASEDIR, _PROJECTROOT가 위와 같이 이미 정의되어 있습니다. 그러므로 Wince.bat에서 디폴트 값으로 설정되지는 않을 것입니다.

Wince.bat 내에서는 여러 환경 변수들을 설정하게 됩니다. 추가적으로 몇몇 batch 파일을 호출해서 그들이 포함하고 있는 환경 변수들도 이용할 수 있게 됩니다.

다음의 표는 Wince.bat에서 호출되는 batch 파일들에 대한 내용입니다.

Batch file	Description
Setenv.bat	build window에 대한 private 환경 변수를 설정합니다. 반드시 %_WINCEROOT%\Developr\%USERNAME% 부분에 존재해야 합니다. (현재 우리는 사용하지 않고 있지 않습니다.)
%_TGTPLAT%.bat	OS design과 연관된 OS 의존적인 환경 변수들을 설정합니다. 반드시 %_WINCEROOT%\Platform\%_TGTPLAT% 부분에 존재해야 합니다. (C:\WINCE600\PLATFORM\CB2443**cb2443.bat**나 C:\WINCE600\PLATFORM\CB6410**CB6410.bat** 입니다.)
%_TGTPROJ%.bat	프로젝트 의존적인 환경 변수들을 설정하게 됩니다. C:\WINCE600\OSDesigns\CB2443-V01\Wince600\cb2443_ARMV4I\OAK\MISC**CB2443-V01.bat** C:\WINCE600\OSDesigns\CB6410-V01\Wince600\CB6410_ARMV4I\OAK\MISC**CB6410-V01.bat**

Wince.bat는 C:\WINCE600\PUBLIC\COMMON\OAK\MISC에 존재합니다. Setenv.bat를 찾아보면 역시 같은 위치에 존재합니다.

```
@REM --- Load the developer's private environment initialization
    if exist %_WINCEROOT%\developr\%USERNAME%\setenv.bat
```

```
call %_WINCEROOT%\developr\%USERNAME%\setenv.bat %1 %2 %3 %4 %5 %6 %7 %8 %9
```

Wince.bat에는 위와 같이 setenv.bat를 호출하고 있습니다. 하지만 우리의 경우 WINCEROOT에 developr 폴더가 존재하지 않습니다. 그러므로 이 파일은 호출되지 않습니다.

18.3. OS Design Path와 파일

%_WINCEROOT%\OSDesigns 폴더에 OS 이미지를 만들기 위한 폴더를 만들게 됩니다.

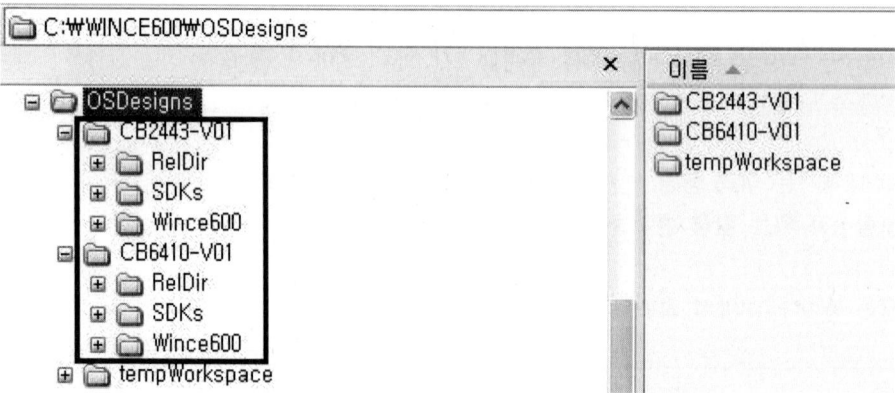

위와 같이 우리가 프로젝트를 처음 만들었을 때의 이름 그대로 폴더가 만들어져 있습니다.

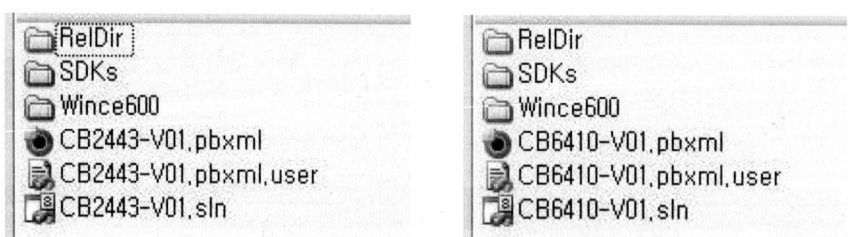

우리는 <Solution Name>과 <OS Design Name>을 동일하게 주었습니다. 그러므로 sln 확장자를 가지는 솔루션 이름과, pbxml 확장자를 가지는 OS 디자인 이름이 동일한 것입니다.

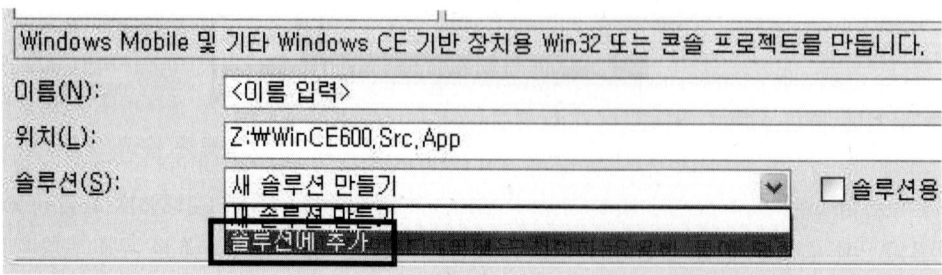

18. 환경 변수 (Environment Variable)와 OS Design 파일

솔루션은 Visual Studio 2005 툴에서 어떤 프로젝트들을 담는 바구니와 같은 것입니다. 이곳에 여러 개의 프로젝트를 포함시킬 수 있습니다. 위 그림은 프로젝트를 새로 생성할 때의 그림들 중의 하나 이고 이때 솔루션 부분을 예전에는 새 솔루션 만들기를 선택하였기 때문에 프로젝트마다 하나의 솔 루션이 생겼던 것인데 만약 이 부분을 솔루션에 추가로 선택하게 되면 현재 열려있는 솔루션에 새 프로젝트가 하나 추가되게 됩니다.

<Solution Name>.sln은 Visual Studio 2005의 솔루션 파일이 됩니다. 프로젝트의 고유한 정보들을 이 곳에 저장하게 됩니다. 파일 이름은 대체적으로 OS design 이름과 동일하게 만들게 됩니다.

<Solution Name>.suo는 Visual Studio 2005의 user options (.suo) 파일입니다. 이 파일은 없을 수도 있습니다. 여기에는 사용자의 설정에 관련한 내용이 저장되게 됩니다. 대체적으로 Visual Studio 2005 를 열어서 여러 가지 View에 대한 상태를 변경했을 때 그 정보가 저장됩니다. 역시 이름은 대체적으 로 OS design 이름과 동일하게 만들게 됩니다.

<OS Design Name>.pbxml은 사용자의 OS 디자인에 대한 catalog 파일이 됩니다. 이 파일에는 선택 된 catalog 구성 요소에 대한 것과 OS 디자인에서 설정된 모든 내용이 들어 있습니다.

19. Config.bib 설정 변경 작업

이번 장에서 해볼 작업은 NK.bin의 최대 크기를 줄이고 메모리를 늘리는 작업을 해볼 것입니다. 이러한 작업을 통해서 여러 상황으로 변경되는 환경에 맞추어서 작업을 할 수 있는 여러 지식들을 알아가는 기회로 삼을 것입니다.

물론 이번 장에서 해볼 것이 NK.bin의 최대 크기를 줄이는 것이지만 반대로 NK.bin이 가질 수 있는 최대 크기를 현재보다 더 크게 설정할 수도 있을 것입니다. 하지만 책의 전체에 걸쳐서 그러한 상황은 나타나지 않을 것입니다. 하지만 이번 장의 공부를 통해서 독자 여러분께서 실제 상황에서 그러한 경우가 발생하더라도 적절히 대처할 수 있으리라 생각하십니다.

> 일단 실제 변경 작업은 망고64에서만 진행될 것입니다. 망고24의 경우는 메모리 자체가 64 MB로서 이미 최대 크기가 40 MB 정도로 적게 잡혀 있습니다. 더 이상 줄일 여지가 많지 않은 상황입니다. 망고64의 경우는 63 MB로 잡혀있는 최대 크기를 10 MB 이상 줄여서 RAM 영역을 늘리는 작업을 해보도록 하겠습니다. 망고24를 사용하시는 분들의 경우 이를 참조해서 혹시라도 발생하는 상황에는 충분히 대처하실 수 있을 것입니다. 망고24의 경우는 사이즈의 변경이 아니고 FSRAMPERCENT 부분만 변경하도록 하겠습니다.

19.1. Binary Image Builder 파일

작업을 진행하기 전에 먼저 확장자 bib를 가지고 있는 Binary Image Builder File에 대해서 먼저 알아보도록 하겠습니다.

19.1.1. OS Design 구성 파일

OS Design 구성 파일에는 두 가지 종류가 있습니다. 플랫폼 빌더는 빌드 과정을 진행하면서 사용하는 여러 구성 파일들이 있는데 이를 두 가지의 주요한 카테고리로 구분 할 수 있습니다.

- 소스 코드 구성 파일 (source code configuration files)
- 런타임 이미지 구성 파일 (Run-Time image configuration files)

소스 코드 구성 파일은 소스 코드를 빌드 하는데 있어서 어떻게 동작시킬 것인가를 규정하는 파일들을 말하는 것입니다.

타입	내용
Dirs 파일	소스 코드를 포함하는 폴더들에 대한 정보를 알려줍니다.
Makefile 파일	소스 코드를 컴파일하고 링크하는데 필요한 각종 변수 및 정

	보들을 저장하고 있습니다.
Def 파일 (Module-Definition)	실행 파일이나 라이브러리를 정의하는 정보를 포함합니다.
Sources 파일	소스 코드를 빌드 하는데 필요한 매크로 및 소스 코드 이름 정보들도 포함하고 있습니다.

위 내용은 우리가 뒤에서 디바이스 드라이버를 만들면서 자세하게 다루게 될 것입니다.

런타임 이미지 구성 파일은 런타임 이미지를 만들기 위해서 어떻게 작업할 것인가에 관한 모든 정보들을 제공하는 파일들이 되겠습니다. 아래의 표는 이들의 종류가 어떤 것들이 있는 가를 나타내 주고 있습니다.

타입	내용
Binary Image Builder 파일	런타임 이미지에 포함될 모듈과 파일들을 정의하고 있습니다.
Registry 파일	런타임 이미지에 대한 레지스트리 키와 값들을 정의합니다.
File System 파일	런타임 이미지에 대한 파일 시스템 디렉토리, 파일, 및 링크들에 대해 정의하고 있습니다.
Database 파일	런타임 이미지의 오브젝트 저장소에 포함될 데이터베이스에 대해 정의하고 있습니다.
String 파일	사용자에게 보여질 문자열에 대해 정의합니다.

우리는 뒤에서 config.bib를 살펴볼 것인데 이것이 바로 위의 런타임 이미지 구성 파일 중에서 Binary Image Builder 파일입니다.

19.1.2. Binary Image Builder 구성

Binary Image Builder 파일은 타겟 디바이스의 메모리에 모듈이나 파일들을 어떻게 적재할 것인지를 결정하는 부분이라고 할 수 있습니다. 이 파일의 내용에는 다음과 같은 것들이 포함될 것입니다.

섹션	내용
MEMORY	물리적인 메모리에 대한 정보를 정의합니다. 시작 주소, 크기, 타입 등등을 정의하게 됩니다. Config.bib 파일에 이에 대한 정보가 들어 있습니다.
CONFIG	Romimage.exe가 작업을 수행할 때 참조해야 할 옵션 사항들을 정의하게 됩니다. 이 부분 역시 Config.bib 파일에 정보가 들어 있습니다.
MODULES	Romimage.exe가 메모리 영역에 적재시켜야 할 오브젝트 모듈들에 대해 정의하게 됩니다. platform.bib 파일에 정보가 들어 있습니다.
FILES	파일들에 대한 적재 정보를 담고 있습니다. 이 부분 역시 platform.bib 파일에 정보가 들어 있습니다.

platform.bib을 보면 아래와 같은 내용을 찾을 수 있습니다. 어떠한 모듈들을 적재시킬 것인가에 대한 정보를 알려주고 있는 것입니다. 이 부분은 뒤에서 자세하게 살펴볼 기회가 있을 것입니다.

```
IF BSP_NOUSB !
    ohci2.dll    $(_FLATRELEASEDIR)\ohci2.dll                    NK    SHK
ENDIF BSP_NOUSB !
```

위 표에서도 본 것처럼 Config.bib에는 런타임 이미지에 대한 MEMORY와 CONFIG 정보를 담고 있습니다. MEMORY 섹션에는 이름, 주소, 크기 등등을 정의해서 런타임 이미지에 대한 메모리 테이블을 정의하고 있습니다.

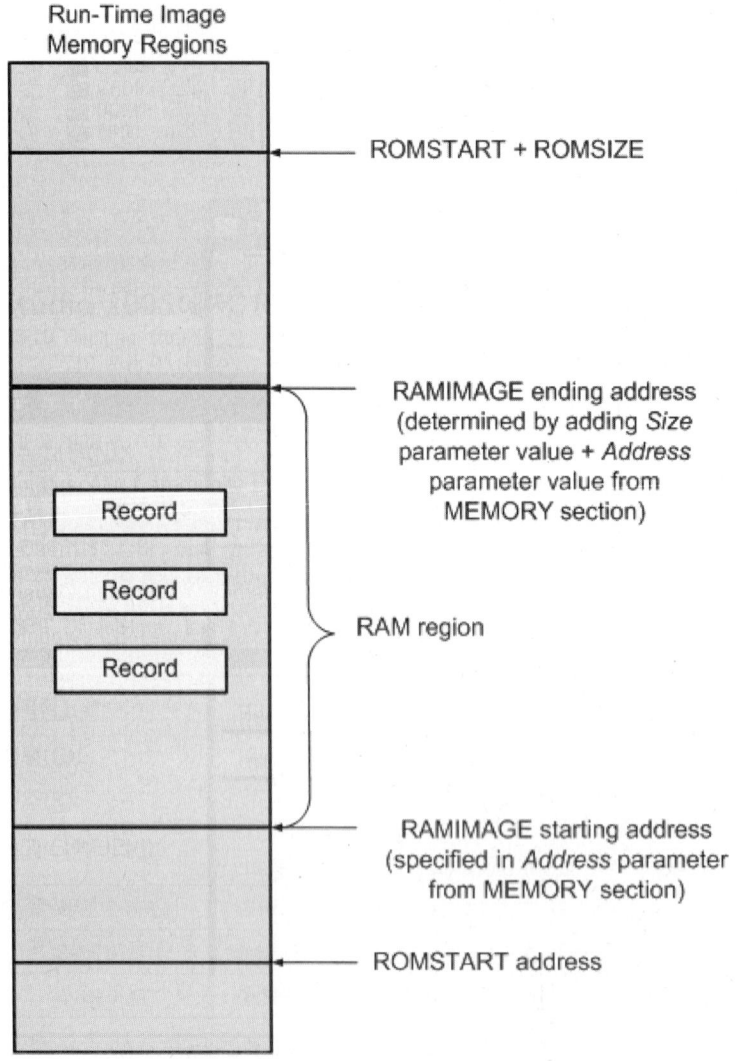

19. Config.bib 설정 변경 작업

위 그림은 MSDN 사이트에서 발췌한 것입니다. MEMORY 섹션에 RAM과 ROM으로 명시해서 주소와 크기 정보를 설정하게 됩니다. 주소는 시작 주소를 명시하게 되고, 크기를 줌으로써 끝에 대한 정보는 유추할 수 있습니다. 런타임 이미지는 RAMIMAGE 타입으로 정의하고, RAM 영역은 RAM 타입으로 정의하게 됩니다.

19.2. 현 상태 메모리 구성 파악

현재의 구조를 먼저 파악해야 할 것입니다. 망고64와 망고24의 Config.bib 파일을 분석해서 현재 런타임 이미지를 적재하는 방법을 어떻게 구성하고 있는지 먼저 조사해 보도록 하겠습니다.

19.2.1. NAND, RAM 구성 (망고64)

일단 아래의 그림을 참조 바랍니다. 아래의 그림은 망고64에 현재 적용되어 있는 내용을 기준으로 그림을 그린 것입니다.

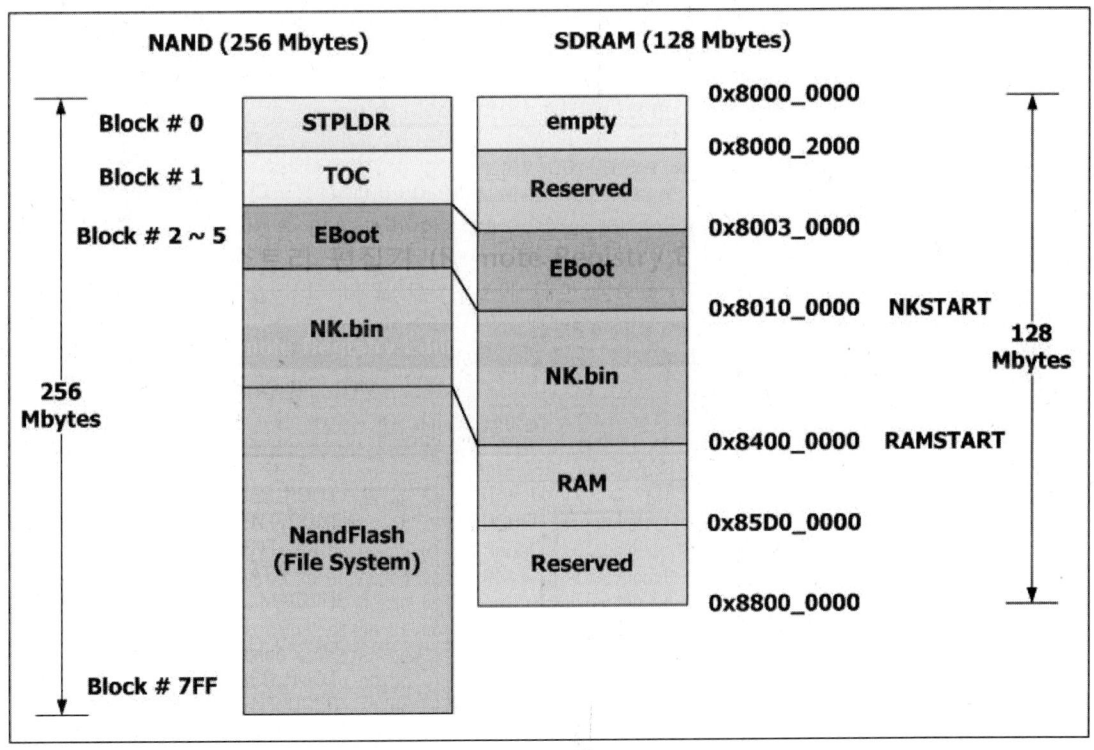

위 내용을 어디서 알 수 있을까요? 바로 C:\WINCE600\PLATFORM\CB6410\FILES 부분에 존재하는 config.bib 파일을 보면 그 내용을 알 수 있습니다.

19.2.2. config.bib 내용 (망고64)

```
IF IMGMULTIXIP!
........................
ENDIF


IF IMGMULTIXIP
........................
ENDIF
```

config.bib 파일을 보면 위와 같은 부분을 먼저 발견할 수 있습니다. IMGMULTIXIP 뒤에 붙어있는 느낌표(!)는 NOT을 의미합니다. 결국 위 내용은 IMGMULTIXIP가 선언되어 있는가 그렇지 않은가에 따라서 처리되는 부분이 달라지는 것입니다. 우리의 경우는 IMGMULTIXIP를 사용하지 않기 때문에 NOT로 처리된 "IF IMGMULTIXIP!" 부분만 살펴보면 됩니다.

IMGMULTIXIP는 Image Multiple XIP를 의미합니다. XIP는 eXecute In Place로서, CPU가 OS를 Flash(NOR)나 ROM으로부터 직접 읽어와 실행하는 것을 의미합니다. 이 경우 "NK.nb0"를 WinCE image로 사용합니다. Multiple XIP는 "NK.bin"을 다수의 Binary Image file로 분리하여 구성하는 형태를 말합니다. 우리의 경우는 위 기능을 이용하지 않고 있습니다.

config.bib 파일에서 확장자인 bib가 의미하는 것은 Binary Image Builder입니다. 즉, 이미지 파일을 만들기 위해서 어떻게 구성할 것인지를 참조하는 파일임을 알 수 있습니다.

```
#define    NKNAME      NK
#define    NKSTART     80100000
#define    NKLEN       03F00000    ; 63MB (Max size, to match image_cfg.* files.
                                   ; This will be auto-sized)
#define    RAMNAME     RAM
#define    RAMSTART    84000000
#define    RAMLEN      01D00000    ; 29MB (Will be auto-sized from the end of NK)
```

이제 "IF IMGMULTIXIP!" 부분에 정의되어 있는 내용을 보도록 합니다. NKSTART로 되어 있는 부분이 RAM으로 NK.bin image가 로딩되는 시작 주소가 됩니다. 0x80100000으로 되어 있는 것에서 알 수 있듯이 앞부분 1M 영역은 다른 용도로 사용하게 되고 그 이후부터 NK image가 로드 되는 것입니다.

여기서 수정이 필요한 부분은 바로 NKLEN 부분입니다. 현재 63 MB로 잡혀있는 크기를 줄일 것이기 때문에 이 부분을 수정해야 합니다. 크기만 줄이면 되는 것이 아니라 그에 맞도록 모든 부분을 변경 해 주어야 합니다.

NKSTART에 NKLEN을 더하면 0x84000000이 되고, 거기에 RAMLEN을 더하면 0x85D00000이 됩니다. 실제 RAM은 망고보드의 경우 128 Mbytes이고 이것은 Hex로 0x8000000입니다. 그럼 나머지 영역은 무엇으로 사용하는 것일까요? 그에 대한 정의가 나와 있는 부분이 바로 아래의 표 입니다.

AUD_DMA	80002000	00002000	RESERVED
TEMPS	80010000	00010000	RESERVED
DBGSER_DMA	80022000	00002000	RESERVED
ARGS	80020800	00000800	RESERVED
SER_DMA	80024000	00002000	RESERVED
IR_DMA	80026000	00002000	RESERVED
SLEEP	80028000	00002000	RESERVED
EDBG	80030000	00020000	RESERVED
CMM	**85D00000**	**00300000**	**RESERVED**
FIMG_BUF	**86000000**	**00800000**	**RESERVED**
DISPLAY	**86800000**	**00C00000**	**RESERVED**
MFC_JPEG	**87400000**	**00C00000**	**RESERVED**

NAND와 SDRAM에 관한 위의 그림에서도 알 수 있지만 바로 위의 표가 reserved 영역에 대한 구성을 나타내주고 있습니다. 0x85D00000부터 끝까지 영역이 reserved 영역으로 여러 가지 용도로 활용되고 있습니다. 만약 NK.bin의 크기를 지금보다 늘려서 로딩하기 위해서는 이 영역에 대한 값도 변경해야 할 것입니다.

19.2.3.image_cfg.h 내용 (망고64)

위에서 살펴본 config.bib 파일 내용 중에서 NKLEN 부분에 있는 주석을 자세히 살펴보면 아래와 같은 내용을 발견할 수 있습니다.

```
#define    NKLEN         03F00000     ; 63MB (Max size, to match image_cfg.* files.
                                      ; This will be auto-sized)
```

image_cfg라는 이름을 가진 파일들과 매칭이 되어야 한다는 언급이 되어 있습니다. 그렇기 때문에 이 이름의 파일들을 검색해 보도록 하겠습니다.

이름	위치
image_cfg.h	C:₩WINCE600₩PLATFORM₩CB6410₩SRC₩INC
image_cfg.inc	C:₩WINCE600₩PLATFORM₩CB6410₩SRC₩INC

2개의 파일을 찾을 수 있습니다. 그 중에서 먼저 image_cfg.h를 보도록 하겠습니다.

```
// NK Area
#define IMAGE_NK_OFFSET              (0x00100000)
#define IMAGE_NK_PA_START            (DRAM_BASE_PA_START+IMAGE_NK_OFFSET)
#define IMAGE_NK_CA_START            (DRAM_BASE_CA_START+IMAGE_NK_OFFSET)
#define IMAGE_NK_UA_START            (DRAM_BASE_UA_START+IMAGE_NK_OFFSET)
#define IMAGE_NK_SIZE      (0x03F00000)   // Set Max Size, This will be tailored automatically
```

위 내용에서 변경이 필요한 부분은 IMAGE_NK_SIZE 입니다. 당연히 줄여주어야 할 것입니다. 만약에 늘려야 하는 상황이어도 마찬가지로 Config.bib에 수정한 것과 같도록 이 부분도 변경해야 합니다.

```
// DRAM Base Address
#define DRAM_BASE_PA_START           (0x50000000)
#define DRAM_BASE_CA_START           (0x80000000)
#define DRAM_BASE_UA_START           (0xA0000000)
#define DRAM_SIZE                    (0x08000000)
```

위 내용 중에서 PA, CA, UA가 가리키는 말은 Physical Address, Cached Address, Uncached Address를 의미합니다. Cached, Uncached의 구분은 MMU 기능을 사용하는 데에 있어서 필수적인 부분이 되겠습니다.

```
// CMM memory
#define IMAGE_CMM_BUFFER_OFFSET            (0x05D00000)
#define IMAGE_CMM_BUFFER_PA_START (DRAM_BASE_PA_START+IMAGE_CMM_BUFFER_OFFSET)
#define IMAGE_CMM_BUFFER_UA_START (DRAM_BASE_UA_START+IMAGE_CMM_BUFFER_OFFSET)
#define IMAGE_CMM_BUFFER_SIZE              (0x00300000)
```

내용 중에 CMM Buffer의 시작 부분도 변경이 필요할 경우는 변경되어야 할 것입니다. 우리의 경우 NK 크기를 줄이고 그 줄인 것을 모두 RAM 크기를 늘리는 데 사용할 것이기 때문에 굳이 변경할 필요는 없습니다.

19.2.4. image_cfg.inc 내용 (망고64)

image_cfg.inc의 내용은 image_cfg.h의 내용과 크게 다르지 않습니다. 다만 inc라는 확장자가 붙어있는 파일은 h 확장자가 붙은 파일과 마찬가지로 include를 통해서 참조되는 파일입니다. 다만 C 소스 코드에서 사용되는 것이 아니라 어셈블리 부분에서 사용되는 것입니다.

19. Config.bib 설정 변경 작업

```
---- image_cfg.inc Matches (3 in 3 files) ----
startup.s (C:\WINCE600\PLATFORM\CB6410\SRC\BOOTLOADER\EBOOT):      INCLUDE    image_cfg.inc
startup.s (C:\WINCE600\PLATFORM\CB6410\SRC\BOOTLOADER\STEPLDR):    INCLUDE    image_cfg.inc
startup.s (C:\WINCE600\PLATFORM\CB6410\SRC\OAL\OALLIB):            INCLUDE    image_cfg.inc
```

소스 코드 내에서 검색을 해보면 위와 같이 INCLUDE image_cfg.inc 형태로 참조가 되고 있는 것을 볼 수 있습니다.

IMAGE_NK_SIZE	EQU	(0x03F00000)

여기에서도 당연히 NK_SIZE는 변경이 필요합니다. h 헤더 파일과 다른 점이라면 선언의 방식입니다. #define을 사용하지 않고 EQU를 사용해서 정의 하고 있습니다.

19.2.5. NAND 영역 위치 정보

이제 망고24에 대한 것을 알아봐야 하는데 그 전에 위에서 살펴본 그림에서 NAND 영역에 Step loader, TOC, EBoot에 대한 것은 어떻게 구분되는 것인지에 대해서 먼저 보도록 하겠습니다.

TOC 영역은 Table of Contents의 의미로 이곳에는 향후 사용하게 될 NK.bin, Kernel.dll 등등의 위치에 대한 정보를 가지고 있습니다. 실제로 부팅이 되어서 실행이 되는 상황에서 TOC 부분을 참조해서 그 위치 정보를 이용해서 참조하게 되는 것입니다.

Loader.h (₩src₩bootloader₩eboot)

// NAND Boot (loads into SteppingStone) @ Block 0	
#define NBOOT_BLOCK	0
#define NBOOT_BLOCK_SIZE	1
#define NBOOT_SECTOR	BLOCK_TO_SECTOR(NBOOT_BLOCK)
// TOC @ Block 1	
#define TOC_BLOCK	1
#define TOC_BLOCK_SIZE	1
#define TOC_SECTOR	BLOCK_TO_SECTOR(TOC_BLOCK)
// Eboot @ Block 2	
#define EBOOT_BLOCK	2
#define EBOOT_SECTOR_SIZE	FILE_TO_SECTOR_SIZE(EBOOT_RAM_IMAGE_SIZE)
#define EBOOT_BLOCK_SIZE	**SECTOR_TO_BLOCK(EBOOT_SECTOR_SIZE)**
#define EBOOT_SECTOR	BLOCK_TO_SECTOR(EBOOT_BLOCK)

```
#define RESERVED_BOOT_BLOCKS        (NBOOT_BLOCK_SIZE + TOC_BLOCK_SIZE +
EBOOT_BLOCK_SIZE)

// Images start after OEM Reserved Blocks
#define IMAGE_START_BLOCK           RESERVED_BOOT_BLOCKS
#define IMAGE_START_SECTOR          BLOCK_TO_SECTOR(IMAGE_START_BLOCK)
```

위 내용은 BSP 폴더에서 EBoot 부분에 있는 Loader.h의 내용입니다. 망고24나 망고64나 내용은 완전히 동일한 내용을 담고 있습니다. NAND 부트를 위한 영역으로 첫 번째 블록을 사용하고, 그 다음 블록은 TOC 영역으로 사용하고, 그 다음에 EBOOT를 저장할 영역으로 사용하고 있습니다.

그런데 여기서 한가지 차이점이 있는 것이 있습니다. 망고64와 망고24의 경우 현재 EBOOT를 위한 영역으로 할당한 부분이 서로 다르다는 것입니다.

망고64 EBOOT Format 메뉴 실행	망고24 EBOOT Format 메뉴 실행
Enter your selection: f	Enter your selection: f
Reserving Blocks [0x0 - 0x**5**] ...	Reserving Blocks [0x0 - 0x**6**] ...
...reserve complete.	...reserve complete.
Low-level format Blocks [0x6 - 0x7ff] ...	Low-level format Blocks [0x7 - 0x7ff] ...

위와 같이 EBoot에서 포맷 명령을 주어서 수행된 결과를 보면 망고 64의 경우는 0번 블록부터 5번 블록까지를 Reserve한 이후에 나머지 영역을 포맷하는데 망고24의 경우는 6번 블록까지를 Reserve 하게 됩니다. 이유는 정의되어 있는 EBOOT의 크기 때문입니다.

Image_cfg.h (c:\wince600\platform\cb6410\src\inc)

// Eboot Area	
#define IMAGE_EBOOT_OFFSET	(0x00030000)
#define IMAGE_EBOOT_PA_START	(DRAM_BASE_PA_START+IMAGE_EBOOT_OFFSET)
#define IMAGE_EBOOT_CA_START	(DRAM_BASE_CA_START+IMAGE_EBOOT_OFFSET)
#define IMAGE_EBOOT_UA_START	(DRAM_BASE_UA_START+IMAGE_EBOOT_OFFSET)
#define IMAGE_EBOOT_SIZE	**(0x00080000)**

Loader.h (c:\wince600\platform\cb2443\src\bootloader\eboot)

#define EBOOT_RAM_IMAGE_BASE	0x80038000
#define EBOOT_RAM_IMAGE_SIZE	0x000A0000

각각의 경우 EBOOT의 크기를 저장하고 있는 부분은 위와 같습니다. 여기서 망고24의 경우가

0xA0000으로 망고64보다 훨씬 크게 잡아 놓고 있는 것을 알 수 있습니다.

또한 EBOOT가 램으로 올라갈 때의 위치에 대한 부분도 망고64는 30000 번지의 오프셋 위치에 저장되는 반면, 망고24는 0x80038000으로 위치에 대한 부분이 달라진 것을 알 수 있습니다. 바로 이러한 이유 때문에 앞서 BSP 포팅 결과를 망고보드에 올릴 때 최초 EBOOT.nb0를 다운로드 하는 주소 값이 망고64의 경우는 0x50030000이었고, 망고24의 경우는 0x30038000이었던 것입니다. 우리가 위에서 EBOOT의 위치에 대한 정보를 변경하게 되면 망고보드에 EBOOT.nb0를 다운로드 하는 주소값 역시 변경해 주어야 합니다.

19.2.6. 망고24 config.bib 내용 검토

그럼 망고24의 경우는 어떨지 그 부분에 대해서도 살펴보고 그림을 그려보도록 하겠습니다.

Config.bib (c:\wince600\platform\cb2443\files)

```
MEMORY
IF IMGMULTIXIP!
IF WINCEDEBUG = retail
    NK        80200000    02900000    RAMIMAGE
    RAM       82B00000    01500000    RAM
ELSE
    NK        80200000    02800000    RAMIMAGE
    RAM       82A00000    01500000    RAM
ENDIF
    FLASH     92000000    00100000    RESERVED
ENDIF
```

망고64와 마찬가지로 IMGMULTIXIP! 부분을 볼 것이고, WINCEDEBUG = retail로 되어 있는 부분이 릴리즈 모드로 빌드 하는 것을 나타내기 때문에 이 부분을 참조할 것입니다.

NKSTART라는 이름으로 정의된 부분은 없지만 편의상 NKSTART라고 부르도록 하겠습니다. NK 부분에서 최초에 쓰여있는 부분이 바로 NKSTART 부분이 되겠습니다. 80200000으로 되어 있습니다. 망고64에서는 80100000으로 되어 있었는데 그것에 비해서 뒤로 1M 영역이 밀려 있습니다. 아마도 80100000부터 80200000 부분을 다른 용도로 활용하고 있는 것으로 판단됩니다.

RAMSTART 부분도 정의된 것은 없지만 역시 편의상 그렇게 부르겠습니다. RAMSTART는 이전의 NKSTART에서 NK의 크기인 2900000을 더한 82B00000 부분이 되겠습니다. 크기는 1500000 입니다. 2B00000에 1500000을 더하면 4000000이 되어서 64 MB 메모리의 끝까지 차지하게 됩니다. 이제 위 내용을 근거로 망고24의 경우에 대한 그림을 그려보면 아래 그림과 같습니다.

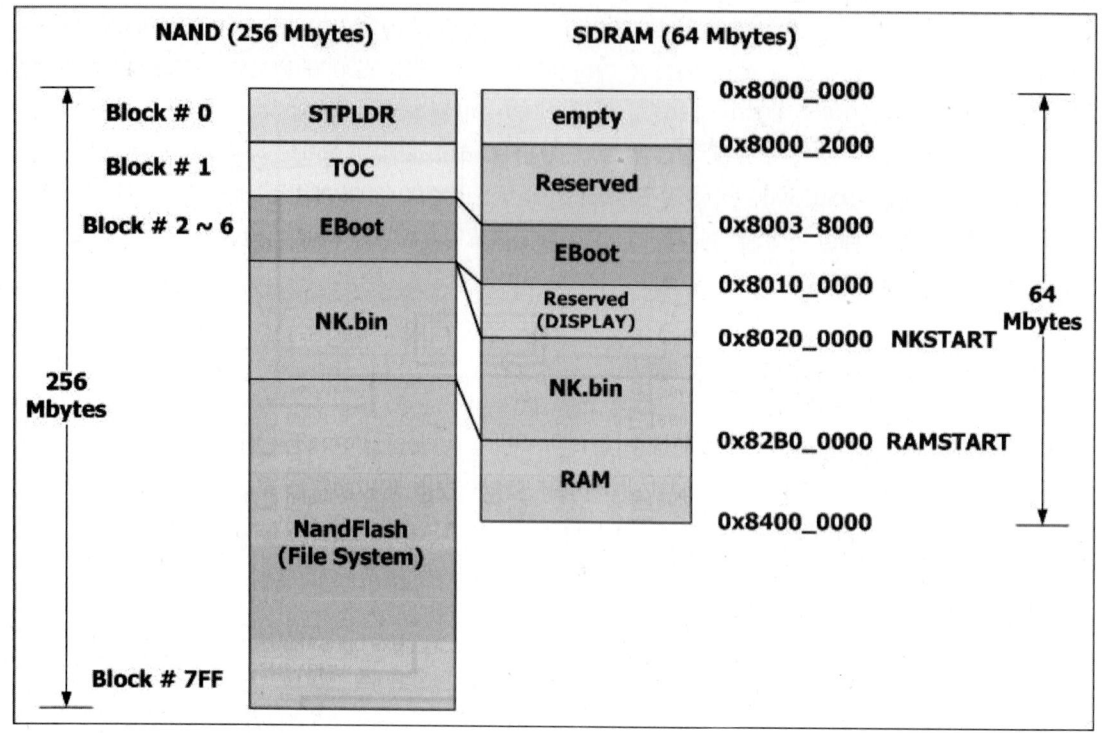

19.3. 망고64 NK 크기 변경

19.3.1. 전체 변경 파일 및 변경 목표

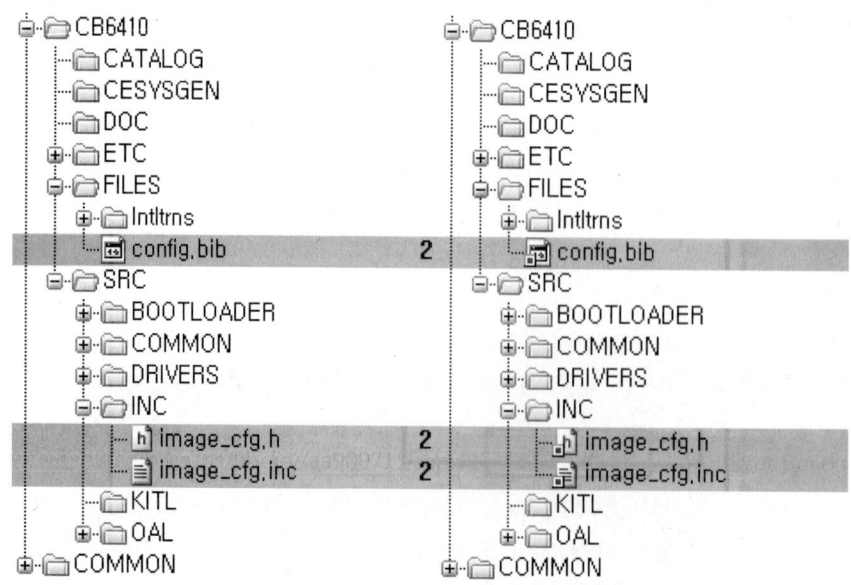

실제 변경이 일어난 3개의 파일을 비교해 보면 위 그림과 같습니다. 실제 변경 사항에 대해서 하나 하나 살펴보도록 하겠습니다.

우리의 목표는 0x3F00000 (63MB)로 되어 있는 NK.bin 파일의 최대값을 0x2F00000 (47MB)로 변경해서 약 16MB 정도 크기를 줄이는 것입니다. 대략의 상황을 그림으로 만들면 위 그림과 같습니다. NK.bin이 작아지고 그에 따라서 줄어든 영역만큼 RAM 영역이 늘어나도록 설정하는 것입니다. 다른 Reserved 영역은 변경하지 않도록 합니다.

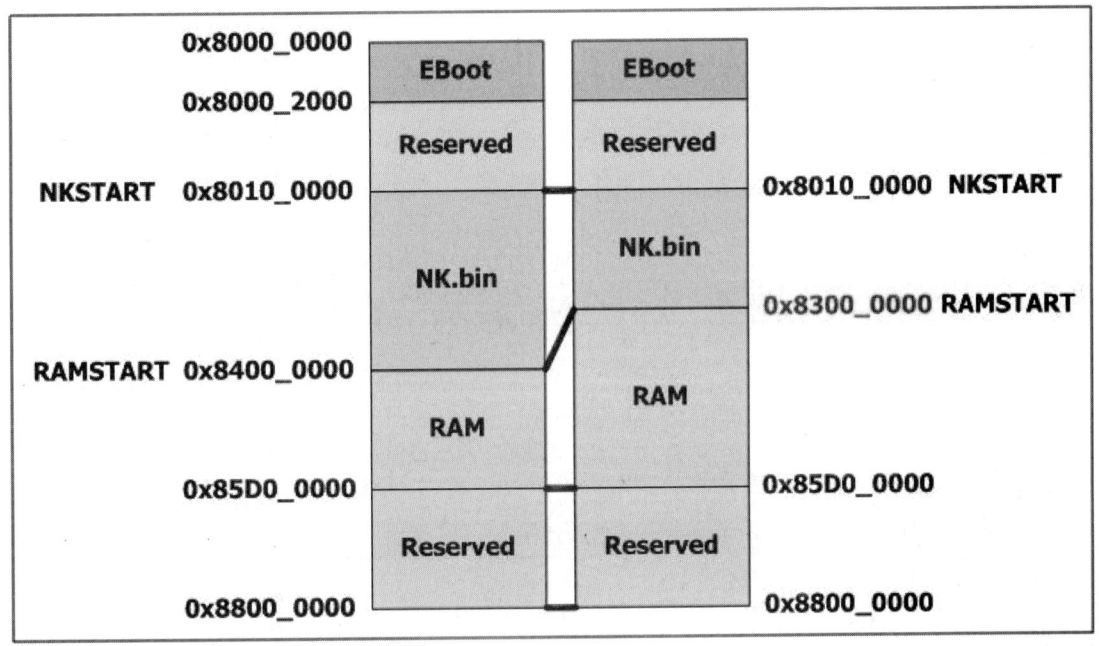

19.3.2. config.bib 변경 내용

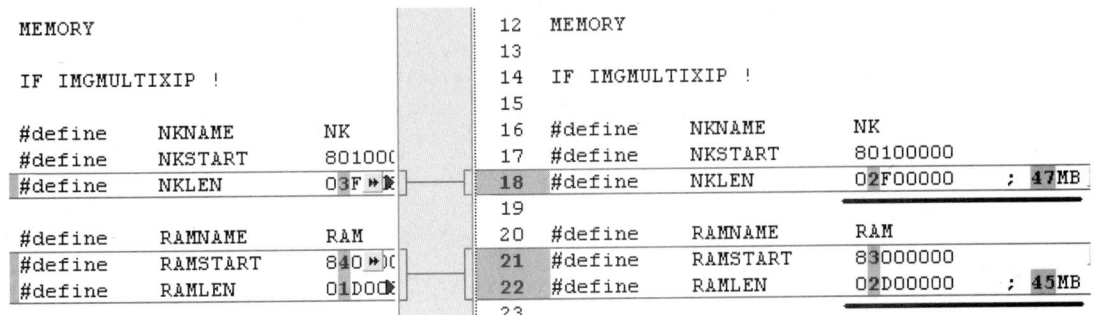

NKLEN 부분을 0x02F00000으로 변경하였고, 이에 따라서 RAM이 시작하는 부분인 RAMSTART 부분이 (NKSTART + NKLEN)인 0x83000000으로 변경됩니다. 그리고 RAM의 크기를 기존의 29 Mbytes에

서 15MB 늘어난 45 Mbytes로 설정하였습니다.

19.3.3. image_cfg.h 변경 내용

₩CB6410₩SRC₩INC₩image_cfg.h

```
76    #define EBOOT_BINFS_BUFFER_SIZE      (0x00030000)
77
78    #define EBOOT_USB_BUFFER_OFFSET      (0x01000000)
79    #define EBOOT_USB_BUFFER_PA_START    (DRAM_BASE_PA_START+)
80    #define EBOOT_USB_BUFFER_CA_START    (DRAM_BASE_CA_START+)
81    #define EBOOT_USB_BUFFER_UA_START    (DRAM_BASE_UA_START+)
82
```

EBOOT_USB_BUFFER_OFFSET에 대해서 소스 내에서 활용되는 부분은 2군데 입니다. usb.h와 kitlusbser.h입니다. 그런데 kitlusbser.h 부분은 사실 필요가 없는 부분입니다. 아무 곳에서도 활용되지 않고 있고 오직 EBoot 부분의 USB 다운로드를 위해서 활용되는 부분입니다.

usb.h (C:₩WINCE600₩PLATFORM₩CB6410₩SRC₩BOOTLOADER₩EBOOT)

#define DMABUFFER   (EBOOT_USB_BUFFER_CA_START)

```
92    // NK Area
93    #define IMAGE_NK_OFFSET      (0x00100000)
94    #define IMAGE_NK_PA_START    (DRAM_BASE_PA_START+
95    #define IMAGE_NK_CA_START    (DRAM_BASE_CA_START+
96    #define IMAGE_NK_UA_START    (DRAM_BASE_UA_START+
97    #define IMAGE_NK_SIZE        (0x02F00000)  // Set
98
```

IMAGE_NK_SIZE 부분 역시 동일하게 0x02F00000으로 변경하였습니다.

19.3.4. image_cfg.inc 변경 내용

```
44
45    EBOOT_USB_BUFFER_OFFSET      EQU    (0x01000000)
46    EBOOT_USB_BUFFER_PA_START    EQU    (DRAM_BASE_PA_START+EBO
47    EBOOT_USB_BUFFER_CA_START    EQU    (DRAM_BASE_CA_START+EBO
48    EBOOT_USB_BUFFER_UA_START    EQU    (DRAM_BASE_UA_START+EBO
49
50    ;//-----------------------------------------------------
51
52    ;// NK Area
53    IMAGE_NK_OFFSET      EQU    (0x00100000)
54    IMAGE_NK_PA_START    EQU    (DRAM_BASE_PA_START+IMAGE_N
55    IMAGE_NK_CA_START    EQU    (DRAM_BASE_CA_START+IMAGE_N
56    IMAGE_NK_UA_START    EQU    (DRAM_BASE_UA_START+IMAGE_N
57    IMAGE_NK_SIZE        EQU    (0x02F00000)  ; Set Max si
58
```

image_cfg.inc 부분은 image_cfg.h의 변경 부분과 동일하게 변경하면 됩니다.

19.3.5. 크기 변경 작업 후 주의사항

모든 작업을 마친 이후에 망고64에 실제로 다운로드를 수행해서 실행하는 순간에 주의해야 하는 부분은 NK.bin만 다운로드 하면 안되고 반드시 NAND에 아무 것도 없는 상태에서 다운로드 하는 것처럼 Stepldr.nb0부터 시작해서 EBOOT.bin, NK.bin을 차례로 다운로드 해서 수행해야 한다는 것입니다.

우리가 이전에 공부하였던 것처럼 NAND에 아무것도 없는 상황에서 NOR로 부팅하고, NAND를 모두 erase하고 EBOOT.nb0를 Transmit해서 실행해서 이를 이용해서 Stepldr.nb0을 NAND에 퓨징하고, 이후 EBOOT.bin을 퓨징하고, 그리고 NAND로 부팅해서 지금 퓨징 한 EBoot를 이용하도록 한 이후에 비로소 NK.bin을 다운로드 해야 하는 것입니다. 물론 경우에 따라서는 이렇게 하지 않아도 정상적으로 동작할 수 있지만 대부분의 경우 이번 장에서 수행하는 크기나 주소의 변경이 발생할 경우는 이렇게 다운로드를 해야만 정확한 수행이 될 수 있는 것입니다.

19.4. 망고24 FSRAMPERCENT 변경

망고24의 경우는 NK의 크기를 변경하는 작업을 수행하지 않았습니다. 다만 FSRAMPERCENT를 수정하였습니다. 이것은 저장 메모리와 프로그램 메모리의 비율에 대한 설정입니다.

메모리는 프로그램 메모리와 저장 메모리로 이용될 수 있습니다. 프로그램이 동작하는 과정에서 stack이나 heap의 영역으로 사용하는 메모리 영역이 프로그램 메모리 영역이 될 것이고, 여러 용도로 저장을 하는 용도로 사용하는 영역이 저장 메모리 영역이 될 것입니다. 여기서는 바로 전체 메모리 중에서 저장 메모리의 영역 크기를 얼마로 잡을 것인가를 결정하는 곳입니다.

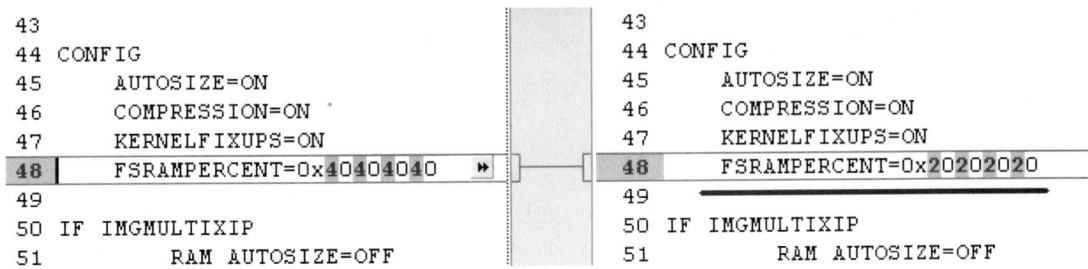

위 그림에서 왼쪽이 기존의 내용이고 오른쪽이 변경된 것입니다. 0x40404040으로 되어 있던 것을 0x20202020으로 변경하였습니다. (현재 망고64의 경우는 지금 망고24에서 변경한 것과 같은 0x20202020으로 되어 있습니다.)

http://msdn.microsoft.com/en-us/library/ms924546.aspx
위 링크에 가보면 이에 대한 설명이 나와 있습니다. 내용을 보도록 하겠습니다.

FSRAMPERCENT에 저장되는 4 바이트 크기의 값은 각각의 바이트가 의미를 가집니다. 바이트의 수치는 Mega byte 당 몇 개의 4-KB 크기의 블록이 File System에 할당될 것인가를 나타내는 값입니다. FSRAMPERCENT라는 이름이 File System RAM PERCENT를 의미하고 있는 것입니다.

> byte 0 = # of 4-KB blocks per MB in the first two MB
> byte 1 = # of 4-KB blocks per MB in the second two MB
> byte 2 = # of 4-KB blocks per MB in the third two MB
> byte 3 = # of 4-KB blocks per MB in the remaining memory

바이트 0부터 시작해서 2까지는 매 두 Mbytes에서 Mbytes 당 몇 개의 4-KB 블록을 할당할 것인지를 결정하는 것입니다. 설정할 수 있는 값은 각 바이트마다 0x10 (Dec 16)부터 0xFF (Dec 255)까지입니다. 비록 4-KB 블록의 크기로 계산이 되기는 하지만 실제적인 할당은 RAM에서 연속된 영역에 할당될 것입니다. 최소의 크기는 FSRAMPERCENT를 0x00000020으로 설정하는 것으로, 이렇게 설정한다는 것은 4-KB 블록을 0x20개 즉 32개를 사용한다는 것이므로, 4 X 32 = 128 Kbytes의 공간만을 File System의 용도로 활용하겠다는 것입니다.

디폴트 값은 FSRAMPERCENT를 0x80808080으로 설정하는 것으로, 0x80은 128개의 4-KB 블록을 MB 당 사용한다는 것이므로 512 Kbytes가 되고 결국 1 MB 당 정확히 절반을 차지하게 됩니다. 모든 바이트가 0x80으로 설정되어 있기 때문에 전체 메모리의 50%가 File System을 위해 할당되게 되는 것입니다.

0x20202020으로 설정하게 되면, 0x20 x 4KB = 128KB가 되고 결국 1 Mbyte에서 128KB가 차지하는 영역의 비율은 12.5%가 됩니다. 만약 이것을 0x10101010으로 바꾼다면 정확히 그 반으로 6.25%의 영역만을 File System을 위해 할당되도록 만들게 되는 것입니다. 망고24의 경우는 NK의 크기를 변경하지는 않았지만 파일 시스템 영역으로 할당되는 부분을 줄여서 실제로 활용할 수 있는 메모리의 영역을 조금 늘리게 하는 효과를 만들기 위해서 이렇게 변경하고 있는 것입니다.

마지막 예로서 FSRAMPERCENT가 0x10203040로 되어 있다면 어떻게 될 것인가? 64개의 4-KB 블록, 48개의 4-KB 블록, 32개의 4-KB 블록, 16개의 4-KB 블록이 각 MB당 할당되는 것이기 때문에 ((64 + 48 + 32 + 16) * 4KB) / 4MB 로 이와 같은 계산식으로 비율을 계산할 수 있을 것입니다. 계산을 해보면 640 / 4096 = 0.15625로 약 15.6%의 공간을 File System으로 잡게 되는 것입니다. 멀티미디어 파일 등의 재생과 같은 많은 메모리를 요구하는 작업을 진행하기 위해서는 프로그램 동작상의 메모리 부분이 커야 합니다. 그러므로 가능한 File System으로 할당되는 부분을 줄일 필요가 있습니다.

19.5. 한글 폰트 제거 (망고24)

현재의 망고24의 NK.bin의 크기를 살펴보겠습니다. 37,986,679 바이트를 차지하고 있는 것을 알 수 있습니다. 망고24의 경우 NK의 최대 크기는 앞서 살펴본 것처럼 41 MB 입니다. 그럼 현재의 크기에 비교해서 마진이 그리 많지 않은 상태인 것입니다.

그럼 NK.bin의 크기를 줄일 수 있는 가장 좋은 방법은 무엇일까요? 카달로그 아이템에서 필요 없는 부분을 삭제하게 되면 제거 할 때마다 그에 해당하는 크기만큼 줄어들게 됩니다. 여기서는 그 중에서 한글 폰트를 제거해서 크기를 줄이는 방법을 알아보고자 합니다.

카달로그 아이템에서 Core OS > CEBASE > International > Locale Specific Support > Korean 부분에서 우리는 굴림체에 대한 폰트를 추가하였습니다. 이 부분을 아래 그림에서처럼 제거하도록 합니다.

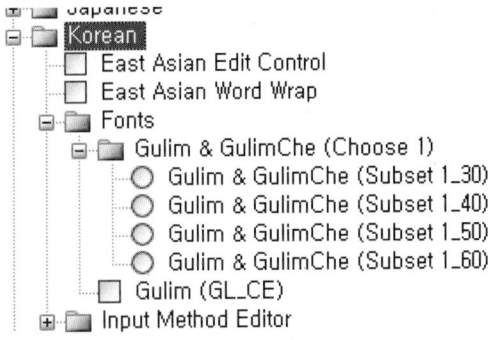

이렇게 카달로그 아이템을 제거한 이후에 빌드 속성에서 한 부분을 더 수정해 주어야 합니다.

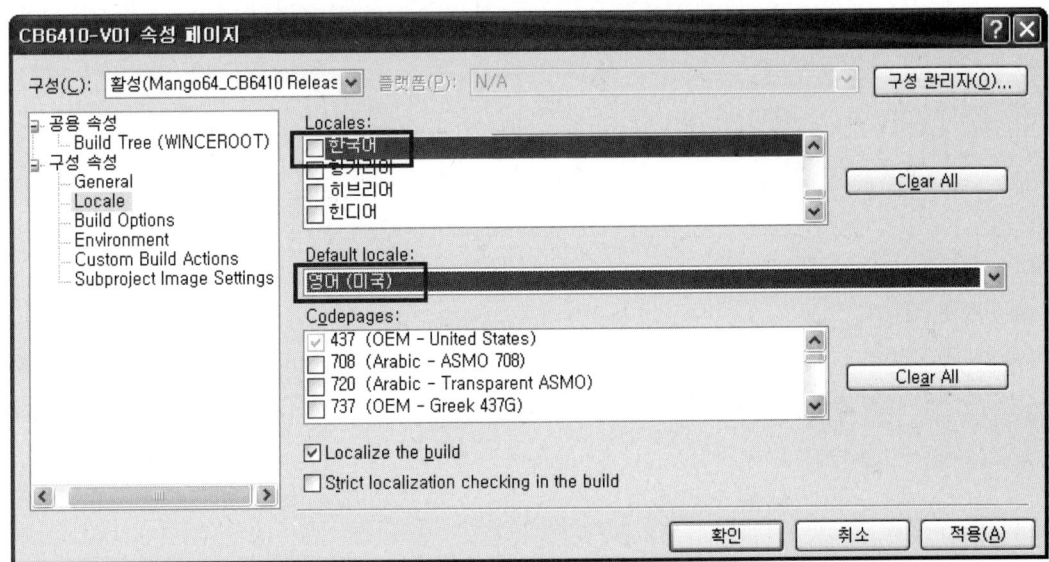

속성의 Locale 부분에서 선택되어 있던 한국어 부분을 선택 해제하고, Default locale 부분을 영어로 변경합니다. 이렇게 작업한 이후에 빌드를 해보면 망고24 NK.bin의 크기가 30,657,583으로 바뀐 것을 확인할 수 있습니다. 이제 이 정도의 크기라면 현재의 메모리 구조에서도 상당한 여유가 있는 상태가 될 것입니다.

이번 장에서 살펴본 내용은 어떤 구체적인 변화를 가하려고 하는 것은 아닙니다. 다만 이러한 방법에 대한 것을 인지하고 있어야 실제적으로 Windows CE를 활용하는 상황에서 발생하는 여러 문제들에 대해서 대처할 수 있는 능력을 키울 수 있기 때문에 그러한 내용 중의 한가지를 제시하고 있는 것입니다.

20. Nk.exe 부팅 프로세스

이번 장에서는 부팅 프로세스와 관련해서 아주 간단하게만 살펴보고 지나갈 것입니다.

Windows CE의 상당히 복잡한 부분 중의 하나가 빌드 프로세스이고, 또 다른 복잡한 부분이 부팅의 과정이며 전체적인 구조에 대한 이해일 것입니다.

Windows CE의 구조와 부팅 과정 등등에 대해서 분석하는 것만으로도 무척이나 방대한 양을 채울 수 있을 것입니다. 하지만 그러한 내용에 대한 설명은 우리가 기초적인 지식들이 많이 쌓인 이후에 접해야 할 부분들입니다. 여기서는 부팅 과정 중에서 아주 일부분의 내용만 살짝 보고 지나가는 기회로 삼을 것입니다.

20.1. 전체 부팅 함수 호출 순서

http://msdn.microsoft.com/en-us/library/ee482950.aspx
위 링크를 살펴보면 Windows Embedded CE R3 버전에서의 부팅 프로세스에 대한 설명을 찾을 수 있습니다. 이번 장에서는 이 내용을 근거로 해서 소스 코드와 비교하면서 내용을 살펴보도록 하겠습니다.

Nk.exe
- StartUp
- KernelStart or KernelInitialize
- <Main kernel initialization function>
- OEMInitDebugSerial
- OEMInit
- KernelInit
- HeapInit
- InitMemoryPool
- ProcInit
- SchedInit
- FirstSchedule
- SystemStartupFunc
- IOCTL_HAL_POSTINIT

위 링크를 찾아가면 위 그림에서 보이는 내용을 발견할 수 있습니다. 내용에 나타나 있는 것이 모두 함수들은 아니고, 함수들의 순서가 꼭 부팅의 순서와 일치하는 것은 아니지만 대체적으로는 부팅의 과정에서 호출되는 함수들의 리스트이며 순서도 거의 일치하고 있습니다.

이 내용을 망고24와 망고64의 코드와 비교해서 전체적인 부팅의 과정을 그림으로 그려보면 아래의 그림과 같습니다.

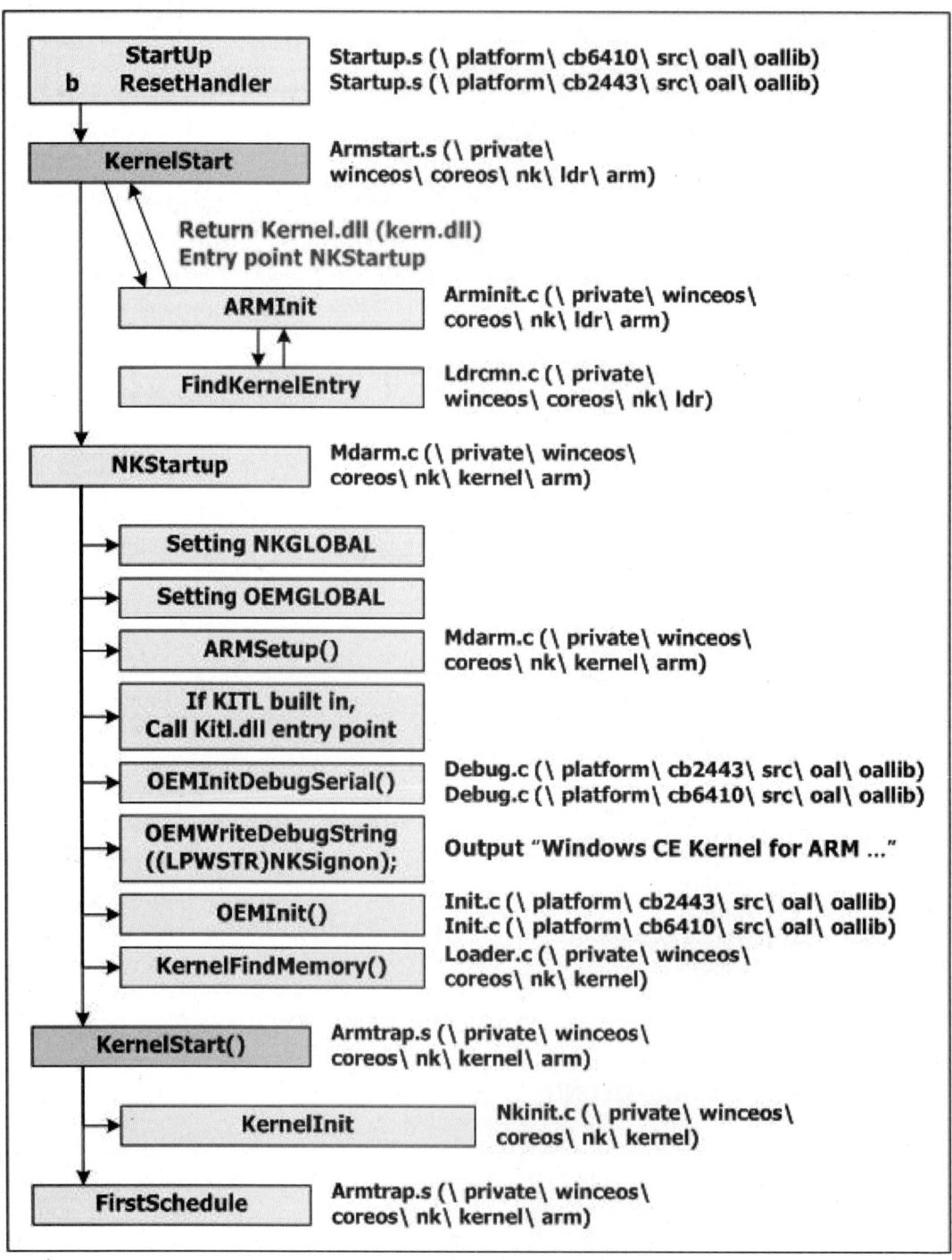

20.2. KernelStart

위의 그림을 자세히 보면 KernelStart라는 같은 이름을 가지는 부분이 두 군데 존재하는 것을 발견할 수 있습니다. 이 부분이 분석을 하는데 어려움을 주는 요소이기도 합니다.

NKStartup이 불리기 전에 불리는 KernelStart는 Armstart.s
(c:\wince600\private\winceos\coreos\nk\ldr\arm)에 들어있는 어셈블리 코드이고, 뒤의 KernelStart는 NKStartup에서 호출되는 함수로서 Armtrap.s
(c:\wince600\private\winceos\coreos\nk\kernel\arm)에 들어있는 어셈블리 코드입니다.

먼저 뒤 부분의 KernelStart를 살펴보겠습니다.

Armtrap.s (c:\wince600\private\winceos\coreos\nk\kernel\arm)

```
;-------------------------------------------------------------------------------
; KernelStart - called after NKStartup finished setting up to startup kernel,
;-------------------------------------------------------------------------------
        LEAF_ENTRY KernelStart

        ldr     r4, =KData                  ; (r4) = ptr to KDataStruct
        ldr     r0, =APIRet
        str     r0, [r4, #pAPIReturn]       ; set API return address

        mov     r1, #SVC_MODE
        msr     cpsr_c, r1                  ; switch to Supervisor Mode w/IRQs enabled
        CALL    KernelInit                  ; initialize scheduler, etc.
        mov     r0, #0                      ; no current thread
        mov     r1, #ID_RESCHEDULE
        b       FirstSchedule

        ENTRY_END
```

위의 코드를 보면 중간에 스케줄러를 초기화하기 위해서 KernelInit을 호출하고 있고, 최종적으로 FirstSchedule을 호출하고 끝내게 됩니다. FirstSchedule을 호출한 이후에 다시는 이곳으로 돌아오지는 않게 됩니다. KernelInit에서 수행하는 내용과 관련해서는 그림으로 간략하게 정리했습니다. 구체적인 내용은 코드를 참조하시기 바랍니다.

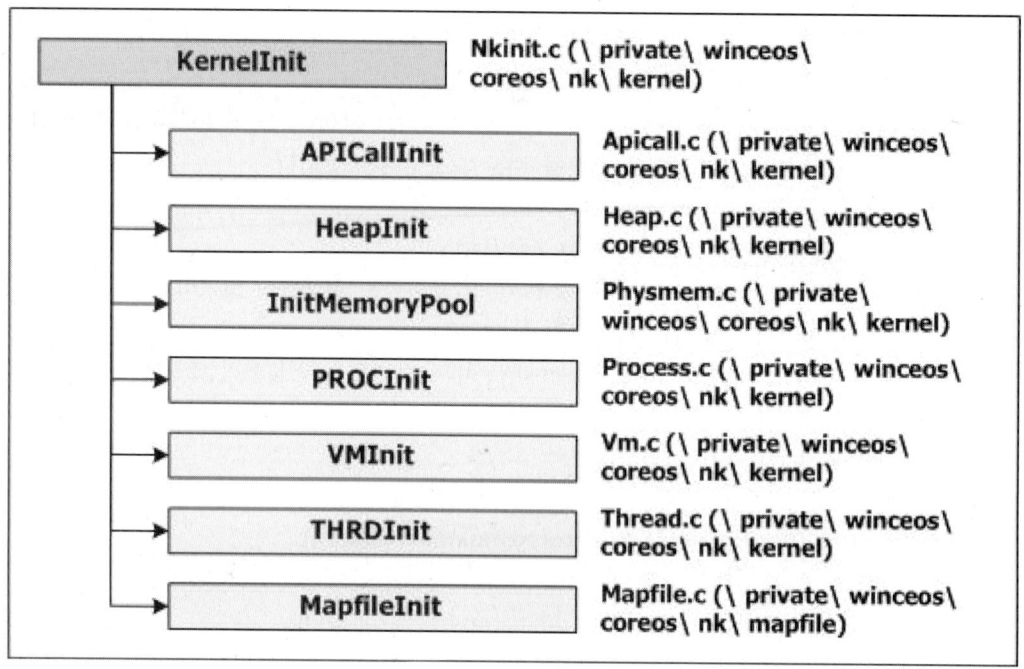

20.3. kernel.dll과 NKStartup

Common.bib (c:\wince600\public\common\oak\files)

```
IF IMGPROFILER
    kernel.dll      $(_FLATRELEASEDIR)\kernprof.dll        NK   SHZ
ENDIF IMGPROFILER


IF IMGPROFILER !
    kernel.dll      $(_FLATRELEASEDIR)\kern.dll            NK   SHZ
ENDIF IMGPROFILER !
```

위 내용을 보면 IMGPROFILER가 정의된 경우와 그렇지 않은 경우로 나뉘어서 DLL 파일이 다른 것을 알 수 있습니다. IMGPROFILER가 정의된 경우는 kernprof.dll이 kernel.dll로 로딩되는 것이고, 그렇지 않은 경우는 kern.dll이 로딩되는 것입니다. 위 bib 파일에 대한 것은 뒤에서 디바이스 드라이버를 공부하는 부분에서 보다 자세하게 공부할 수 있을 것입니다.

Makefile (c:\wince600\public\common\cesysgen)

```
nk::$(NK_COMPONENTS) $(NK_REPLACE_COMPONENTS)
    @copy $(SG_INPUT_LIB)\oemstub.pdb $(SG_OUTPUT_OAKLIB)
    @copy $(SG_INPUT_LIB)\oemstub.lib $(SG_OUTPUT_OAKLIB)
    set TARGETTYPE=DYNLINK
```

20. Nk.exe 부팅 프로세스

```
set TARGETNAME=kern
set RELEASETYPE=OAK
set DLLENTRY=NKStartup
set DEFFILE=NO_DEF_FILE
set TARGETLIBS=
set SOURCELIBS=%%NKLIBS%% $(SG_INPUT_LIB)\nkmain.lib $(SG_INPUT_LIB)\fulllibc.lib
$(MAKECMD) /NOLOGO NOLIBC=1 kern.dll


nkprof::nk
    set TARGETTYPE=DYNLINK
    set TARGETNAME=kernprof
    set RELEASETYPE=OAK
    set DLLENTRY=NKStartup
    set DEFFILE=NO_DEF_FILE
    set TARGETLIBS=
    set SOURCELIBS=%%NKLIBS%% $(SG_INPUT_LIB)\nkprmain.lib $(SG_INPUT_LIB)\fulllibc.lib
    $(MAKECMD) /NOLOGO NOLIBC=1 kernprof.dll
```

Kern.dll과 kernprof.dll에 해당하는 각각의 Makefile 정보가 위와 같습니다. 모든 경우에 있어서 DLLENTRY (이 부분이 시작 위치가 됩니다)는 NKStartup임을 알 수 있습니다.

아래 내용은 KernelStart의 내용입니다.

Armstart.s (c:\wince600\private\winceos\coreos\nk\ldr\arm)

```
; continue initialization in C
        add     r0, sp, #KData-KStack       ; (r0) = ptr to KDataStruct
        str     r6, [r0, #pAddrMap]         ; store VA of OEMAddressTable in KData
        bl      ARMInit                     ; call C function to perform the rest of initializations
        ; upon return, (r0) = entry point of kernel.dll
        mov     r12, r0
        ldr     r0, =KData
        mov     pc, r12                     ; jump to entry of kernel.dll
```

위 코드에서는 ARMInit을 호출하게 됩니다.

```
LPVOID ARMInit (struct KDataStruct *pKData) {
    KernelRelocate (pTOC); /* Initialize kernel globals */
```

```
    /* The only argument passed to the entry point of kernel.dll is the address */
    /* of KData, we need to put everything we need to pass to in in KData. */
    pKData->dwTOCAddr          = (DWORD) pTOC;
    pKData->dwOEMInitGlobalsAddr = (DWORD) OEMInitGlobals;

    SetOsAxsDataBlockPointer(pKData);
    return FindKernelEntry (pTOC);
}
```

ARMInit의 내용은 위와 같고 여기서 FindKernelEntry를 호출하는 것이 보입니다.

```
// FindKernelEntry - find the kernel entry point to kernel.dll
LPVOID   FindKernelEntry ( ROMHDR *const pTOC ) {
    ULONG      loop;   e32_rom    *e32rp = NULL;   TOCentry   *tocptr;
    // find kernel.dll (case sensitive)
    tocptr = (TOCentry *)(pTOC+1);   // toc entries follow the header
    for (loop = 0; loop < pTOC->nummods; loop++) {
        if (_stricmp (tocptr->lpszFileName, KERNDLL) == 0) {
            e32rp = (e32_rom *)(tocptr->ulE32Offset);
            break;
        }
        tocptr++;
    }
    return (LPVOID) (e32rp? (e32rp->e32_vbase + e32rp->e32_entryrva) : 0);
}
```

FindKernelEntry 함수에서는 kernel.dll의 entry point를 구하게 됩니다. 그 값을 리턴 하게 되는 것입니다. 위의 KernelStart 함수 내에서 ARMInit을 통해서 넘겨받은 kernel.dll의 entry point인 NKStartup의 위치가 R0에 저장되어 있을 것입니다. 이것을 R12로 잠시 저장한 상태에서, NKStartup에 넘겨줄 파라미터인 KData를 R0에 저장하고, 이전에 저장했던 R12로 PC 값을 바꾸어서, 결국 NKStartup이 호출되도록 하고 있는 것입니다.

20.4. NKStartup

이 장의 가장 앞 부분에 있었던 그림에서도 보았듯이 NKStartup에서 수행되는 일은 무척 많이 있습니다. 간단하게 정리해 보면 아래와 같습니다.

- Setting NKGLOBAL & OEMGLOBAL
- ARMSetup()
- If KITL built in, Call Kitl.dll entry point
- OEMInitDebugSerial()
- OEMWriteDebugString ((LPWSTR)NKSignon);
- OEMInit()
- KernelFindMemory()

20.4.1. Setting NKGLOBAL & OEMGLOBAL

이전 버전의 Windows CE에서는 Kernel, OEM adaptation layer (OAL), 그리고 KITL (Kernel Independent Transport Layer)들이 하나의 실행 파일로 빌드가 되었습니다. 그렇게 하나의 실행 파일로 빌드 될 때의 장점이라면 다른 구성 요소 부분으로의 접근이 extern으로 선언하는 것만으로 쉽게 이루어질 수 있다는 것입니다.

하지만 Windows CE 6.0에서는 더 이상 이러한 방법으로 다른 구성 요소의 부분으로 접근할 수는 없습니다. 왜냐하면 Kernel, OAL, KITL이 모두 각각 다른 실행 파일로 빌드 되기 때문입니다. 그러므로 Kernel에서 OAL에 있는 어떤 구성 요소를 접근할 때 단순히 extern으로 변수를 선언해서 접근할 방법은 없어졌습니다.

하지만 각각의 구성 요소들 간에는 정보를 공유할 부분이 존재하고 이를 위해서 특별한 구조체를 정의하고 있습니다. Kernel과 OAL간의 정보 공유를 위해서 정의하는 구조체가 아래의 것들입니다.

프로그래밍 요소	내용
OEMGLOBAL	구조체는 OAL이 BSP migration을 위해서 반드시 구현해야 하는 모든 함수들과 정의될 필요가 있는 모든 변수들을 정의하는 것입니다.
NKGLOBAL	구조체는 Kernel이 export하는 모든 함수와 변수들을 정의하는 것입니다. OAL은 이 글로벌 구조체를 통해서만 Kernel 함수를 접근할 수 있습니다.

Nkglobal.h (c:\wince600\public\common\oak\inc)

```
typedef struct _NKGLOBAL {
… … … … … …
} NKGLOBAL, *PNKGLOBAL;
```

Oemglobal.h (c:\wince600\public\common\oak\inc)

```
typedef struct _OEMGLOBAL{
```

```
… … … … … …
} OEMGLOBAL, *POEMGLOBAL;
```

OEMGLOBAL과 NKGLOBAL은 위와 같이 정의가 되어 있는 매우 방대한 양의 구조체입니다. 여기서 이들의 내용을 다룰 것은 아닙니다. 다만 이들이 어떻게 선언되어 있고 해당 선언 부분에 대한 포인터가 어떻게 연결되는가만 살펴보도록 하겠습니다.

Nkglobal.c (c:₩wince600₩private₩winceos₩coreos₩nk₩kernel)

```
static NKGLOBAL   nkglobal = {
… … … … … …
};
PNKGLOBAL   g_pNKGlobal   = &nkglobal;
```

nkglobal이라는 이름으로 하나의 글로벌 변수를 만들고 이에 대한 포인터를 또 다른 글로벌 변수인 g_pNKGlobal에 저장하고 있는 것입니다.

Oemglobal.c (c:₩wince600₩private₩winceos₩coreos₩nk₩oemmain)

```
static OEMGLOBAL OemGlobal ={
… … … … … …
};
POEMGLOBAL g_pOemGlobal = &OemGlobal;
```

Nkglobal과 마찬가지로 OemGlobal이라는 이름으로 하나의 글로벌 변수를 만들고 이에 대한 포인터를 또 다른 글로벌 변수인 g_pOemGlobal에 저장하고 있습니다.

그런데 여기서 한가지 중요한 사실이 존재합니다. g_pNKGlobal과 g_pOemGlobal은 위에서만 정의된 것이 아니라는 것입니다.

Nkstub.c (c:₩wince600₩private₩winceos₩coreos₩nk₩nkstub)

```
PNKGLOBAL g_pNKGlobal;
```

Oemstub.c (c:₩wince600₩private₩winceos₩coreos₩nk₩oemstub)

```
POEMGLOBAL g_pOemGlobal;
```

각각 stub이라는 이름이 붙어있는 파일이 존재하고 여기에 g_pNKGlobal과 g_pOemGlobal 이름을 가진 변수가 역시 글로벌 변수로 정의되어 있습니다. Nkstub.c 부분은 나중에 nkstub.lib로 만들어지게 됩니다.

20. Nk.exe 부팅 프로세스

```
TARGETLIBS= \
    $(_TARGETPLATROOT)\lib\$(_CPUDEPPATH)\oal.lib \
    $(_COMMONOAKROOT)\lib\$(_CPUDEPPATH)\nkstub.lib \
    $(_COMMONOAKROOT)\lib\$(_CPUDEPPATH)\nkldr.lib \
    $(_COMMONOAKROOT)\lib\$(_CPUDEPPATH)\oemmain.lib \
    $(_TARGETPLATROOT)\lib\$(_CPUINDPATH)\oal_abort_s3c2443.lib \
    $(_TARGETPLATROOT)\lib\$(_CPUINDPATH)\oal_cache_s3c2443.lib \
    $(_TARGETPLATROOT)\lib\$(_CPUINDPATH)\oal_memory_s3c2443.lib \
```

위 그림은 Sources (c:\wince600\platform\cb2443\src\oal\oalexe) 파일에 들어 있는 내용입니다. g_pNKGlobal이라는 변수를 선언해 놓고, 그 파일을 라이브러리로 만들어서 그것을 OAL을 빌드 할 때 포함시키고 있는 것입니다.

```
!IFNDEF NK_COMPONENTS
NK_COMPONENTS=nkcompr nkmapfile nklogger nkmsgq oemstub
!ENDIF
```

반대로 Kernel의 입장에서는 이 oemstub을 라이브러리로 포함하고 있는 것입니다. Kernel과 OAL이 각각 상대편의 주요한 구조체 변수에 대한 포인터를 선언해 놓고 이를 이용하려고 하고 있는 것입니다.

그렇다면 KITL의 경우는 어떨까요? Sources (c:\wince600\platform\cb2443\src\kitl)의 내용을 살펴보도록 하겠습니다.

```
TARGETLIBS=\
    $(_COMMONOAKROOT)\lib\$(_CPUDEPPATH)\kitlcore.lib      \
    $(_COMMONOAKROOT)\lib\$(_CPUDEPPATH)\nkstub.lib        \
    $(_COMMONOAKROOT)\lib\$(_CPUDEPPATH)\oemstub.lib       \
    $(_PLATCOMMONLIB)\$(_CPUDEPPATH)\kitl_log.lib          \
    $(_PLATCOMMONLIB)\$(_CPUDEPPATH)\oal_kitl.lib          \
```

위와 같이 nkstub.lib와 oemstub.lib를 둘 다 포함하고 있는 것을 알 수 있습니다. Windows CE 6.0이 되면서 NK.exe의 하나의 실행 파일로만 존재하던 것을 여러 실행 파일로 바꾸면서 서로의 정보 교환을 위한 작업을 위와 같이 하고 있는 것입니다. 그럼 이들 포인터 변수들에 대한 주소 할당은 어떤 식으로 이루어지는 것일까요?

```
LPVOID ARMInit (struct KDataStruct *pKData) {
… … … … … …
    pKData->dwOEMInitGlobalsAddr = (DWORD) OEMInitGlobals;
… … … … … …
}
```

여기서 먼저 보아야 할 부분은 이전에 살펴보았던 ARMInit 함수입니다. 그 내용 중에서 위 부분이 있습니다. OEMInitGlobals이라는 함수의 포인터를 pKData->dwOEMInitGlobalsAddr에 할당하고 있고 이 pKData 포인터는 NKStartup에 전달됩니다.

```
void NKStartup (struct KDataStruct * pKData) {
… … … … … …
    pfnInitGlob = (PFN_OEMInitGlobals) pKData->dwOEMInitGlobalsAddr;
    g_pOemGlobal = pfnInitGlob (g_pNKGlobal);
… … … … … …
```

위의 두 줄의 내용에 그 비밀이 존재합니다. ARMInit 함수에서 dwOEMInitGlobalsAddr에 이미 OEMInitGlobals이라는 함수의 포인터를 저장해 놓았습니다. 그 함수를 함수 포인터 변수인 pfnInitGlob에 저장하고 그 함수를 호출하고 있습니다. 그러면서 파라미터로 g_pNKGlobal을 보내주고 있는 것입니다.

Oemglobal.c (c:\wince600\private\winceos\coreos\nk\oemmain)
```
POEMGLOBAL OEMInitGlobals (PNKGLOBAL pNKGlobal) {
    g_pNKGlobal  = pNKGlobal;
… … … … … …
    return g_pOemGlobal;
}
```

OEMInitGlobals 함수에서 수행하는 일은 참 재미있습니다. g_pNKGlobal에 넘겨온 g_pNKGlobal 값을 넣어주고 있고, 이 함수가 리턴 하는 g_pOemGlobal을 받아서 NKStartup에서는 그것을 g_pOemGlobal에 저장하는 것입니다. 얼핏 보면 무척 쓸데없는 작업을 수행하는 것처럼 보입니다. 하지만 이것이 커널과 OAL 사이에서 추가적으로 정의해 놓았던 포인터 변수에 각각 상대방의 구조체에 대한 포인터를 저장하게 되는 작업이 이루어지는 것입니다.

20.4.2. OEMInitDebugSerial()

이제 위에서 설명 드린 내용이 어떻게 이루어지는 가를 극명하게 볼 수 있는 부분이 바로 나타나게 됩니다.

```
void NKStartup (struct KDataStruct * pKData) {
… … … … … …
    OEMInitDebugSerial ();
… … … … … …
```

NKStartup에서는 위와 같이 OEMInitDebugSerial ()을 호출하고 있습니다. 많은 사람들이 코드를 보면서 오해를 하는 부분이 OEMInitDebugSerial() 함수가 OAL 부분에 존재하기 때문에 그것이 직접 호출되는 것이라고 생각합니다. 하지만 현재 수행되는 NKStartup은 커널의 부분이고 OAL 부분의 것을 직접 호출할 수는 없습니다.

```
void OEMInitDebugSerial (void) {
    g_pOemGlobal->pfnInitDebugSerial ();
}
```

OEMInitDebugSerial() 함수는 위의 것이 호출되는 것입니다. 위에서 g_pOemGlobal에 OAL의 OEMGLOBAL 부분에 대한 포인터를 저장하였고, 그 포인터가 가리키는 pfnInitDebugSerial 함수를 호출하고 있는 것입니다.

```
typedef struct _OEMGLOBAL {
    DWORD                  dwVersion;
    PFN_InitDebugSerial    pfnInitDebugSerial;
... ... ... ... ... ...
```

pfnInitDebugSerial 부분은 위와 같이 OEMGLOBAL에서 두 번째 멤버 변수입니다.

```
static OEMGLOBAL OemGlobal = {
    MAKELONG (CE_MINOR_VER, CE_MAJOR_VER),   // DWORD    dwVersion;
    OEMInitDebugSerial,                       // PFN_InitDebugSerial    pfnInitDebugSerial;
... ... ... ... ... ...
```

이 pfnInitDebugSerial 멤버는 위와 같이 OEMInitDebugSerial로 초기화 되고 있습니다. 비로소 OAL 부분의 OEMInitDebugSerial 함수가 연결되는 것입니다.

```
VOID OEMInitDebugSerial(){
    S3C2443_IOPORT_REG *pIOPortReg;
    pIOPortReg = (S3C2443_IOPORT_REG*)OALPAtoVA(S3C2443_BASE_REG_PA_IOPORT, FALSE);
    CLRREG32(&pIOPortReg->GPHCON, (3 << 4)|(3 << 6));
    SETREG32(&pIOPortReg->GPHCON, (2 << 4)|(2 << 6));
    SETREG32(&pIOPortReg->GPHUDP, (1 << 4)|(1 << 6));
    g_pUARTReg = (S3C2443_UART_REG *)OALPAtoVA(S3C2443_BASE_REG_PA_UART1, FALSE);
    OUTREG32(&g_pUARTReg->UFCON,  BSP_UART1_UFCON);
    OUTREG32(&g_pUARTReg->UMCON,  BSP_UART1_UMCON);
    OUTREG32(&g_pUARTReg->ULCON,  BSP_UART1_ULCON);
    OUTREG32(&g_pUARTReg->UCON,   BSP_UART1_UCON);
```

```
        OUTREG32(&g_pUARTReg->UBRDIV, BSP_UART1_UBRDIV);
}
```

위 내용을 분석할 것은 아닙니다. 결국 타겟 보드의 GPIO를 초기화 해서 실제로 UART로 디버그 메시지를 출력할 수 있는 상태로 만드는 작업이 수행될 수 있도록 호출이 일어나는 과정을 이해하시는 것이 중요합니다.

20.4.3. OEMWriteDebugString ((LPWSTR)NKSignon);

```
void NKStartup (struct KDataStruct * pKData) {
… … … … … …
    OEMWriteDebugString ((LPWSTR)NKSignon);
… … … .… … …
```

OEMWriteDebugString 부분도 위에서 설명한 OEMInitDebugSerial과 마찬가지의 상황입니다.

```
Windows CE Kernel for ARM (Thumb Enabled) Built on Oct 20 2009 at 18:39:19
```

최초에 수행이 될 때 위와 같은 출력이 나오게 됩니다. 이 내용은 아래 부분에 정의되어 있습니다.
Mdarm.c (c:\wince600\private\winceos\coreos\nk\kernel\arm)

```
const wchar_t NKSignon[] = TEXT("Windows CE Kernel for ARM (Thumb Enabled)") TEXT(" Built on ")
TEXT(__DATE__) TEXT(" at ") TEXT(__TIME__) TEXT("\r\n");
```

NKStartup에서 OEMWriteDebugString을 호출하면 이것은 아래 Oemstub에 들어있는 함수가 불리게 됩니다.

```
void OEMWriteDebugString (unsigned short * str) {
    g_pOemGlobal->pfnWriteDebugString (str);
}
```

OEMInitDebugSerial의 경우와 마찬가지로 g_pOemGlobal 포인터가 가리키는 pfnWriteDebugString이 호출되고 이것은 Debug.c의 OEMWriteDebugString가 호출되게 만듭니다.

Debug.c (c:\wince600\platform\common\src\common\other)
```
VOID OEMWriteDebugString(UINT16 *string) {
    while (*string != L'\0') OEMWriteDebugByte((UINT8)*string++);
```

}

함수의 내용은 간단합니다. 유니코드로 되어 있는 문자열을 받아서 유니코드 문자열의 끝을 나타내는 0x0000이 올 때까지 계속 OEMWriteDebugByte를 호출하는 것입니다. 유니코드와 관련해서는 뒷장에서 보다 자세히 살펴볼 것입니다.

```
VOID OEMWriteDebugByte(UINT8 ch) {
    // Wait for transmit buffer to be empty
    while ((INREG32(&g_pUARTReg->UTRSTAT) & 0x02) == 0);

    // Send character
    OUTREG32(&g_pUARTReg->UTXH, ch);
}
```

OEMWriteDebugByte의 내용은 S3C6410 하드웨어의 UART 부분으로 데이터를 송신해서 그것이 사용자의 터미널로 보내질 수 있도록 만드는 함수가 되겠습니다.

20.4.4. OEMInit()

OEMInit 역시 같은 방식입니다. g_pOemGlobal->pfnInitPlatform이 호출됩니다.

```
Void OEMInit (void) {
    g_pOemGlobal->pfnInitPlatform ();
}
```

pfnInitPlatform은 Init.c의 OEMInit()와 연결되어 있습니다.

Init.c (c:\wince600\platform\cb2443\src\oal\oallib)

```
void OEMInit() {
    … … … … … …
}
```

OEMInit을 통해서 하드웨어에서 수행되어야 할 각종 초기화 작업이 이루어지게 됩니다.

21. UNICODE와 화면출력 함수들

디버깅과 관련한 가장 기본이 되는 것은 역시 화면에 뭔가를 출력해 주는 것입니다. printf 라는 우리가 흔히 알고 있는 표준 입출력 함수를 사용해서 프로그램 수행 시에 각종 정보를 화면에 찍어주는 것은 모두들 알고 있을 것입니다. Windows CE에서는 printf를 사용해서 화면에 출력하지는 않습니다. 보다 복잡한 내용을 알아야 합니다. 이제부터 하나씩 알아보도록 하겠습니다.

21.1. UNICODE

Windows CE에서는 문자열을 처리할 때 유니코드를 사용합니다. 유니코드라는 것은 한 바이트로 하나의 문자를 표현하던 것을 두 바이트로 늘린 것이라고 생각하면 쉽습니다. 물론 이렇게 단순하게 두 바이트다라고 만 표현하는 데는 약간 무리가 있을 수 있습니다. 이 부분도 여러 가지의 복잡한 내용이 있습니다. 다만 기존의 ASCII 문자열을 표현할 때 기존 코드 그대로 에다가 0을 가지는 한 바이트를 추가해서 두 바이트로 표현할 수 있다고 생각하면 무척 단순합니다. 물론 이런 기본적인 ASCII 문자가 아닌 것들은 해당 비트 열을 두 바이트 전체로 나타내줄 것입니다.

문제는 이렇듯 문자를 표현하는 곳에 0이 올 수 있다는 것에서 발생하게 됩니다. 우리가 흔히 알고 있는 strcpy, strcmp 등등의 함수들은 0이 올 때 이것은 문자열의 끝이라고 인지합니다. 하지만 유니코드에서는 0이라고 해서 문자열의 끝은 아닌 것이지요. 결국 유니코드를 사용할 때는 이를 처리할 수 있는 함수들을 적절히 사용해야 한다는 것입니다. 유니코드에서 문자열의 끝은 0x0000입니다. 즉 두 바이트 모두 0일 때 문자열이 끝났다고 인지하는 것입니다.

유니코드의 사용은 사실 한글과 같은 언어의 표현을 위한 것입니다. 세계 각국에 서로 다른 언어가 존재하고 이들 모든 언어를 적절히 표현하기 위해서는 유니코드를 사용할 수밖에 없습니다. 기존의 ASCII 문자열로는 오직 영어와 비슷한 문자들만을 처리할 수 있을 뿐입니다.

21.1.1. TCHAR 정의

우리가 기존에 유니코드를 사용하지 않는다고 했을 때 문자열을 표현하기 위해서는 아래와 같이 선언해서 사용했을 것입니다.

```
char string[100];
```

하지만 유니코드로 문자열을 표현하기 위해서는 다른 방법을 사용해야 합니다. 이를 위해서 지원하는 타입은 사실 하나는 아니고 여러 종류가 있습니다.

```
wchar_t string[100];
```

```
WCHAR string[100];
```

위 두 문장은 정확히 같은 내용을 가집니다.

```
typedef unsigned short wchar_t;
typedef wchar_t WCHAR;
```

찾아보면 이들이 위와 같이 정의되어 있는 것을 알 수 있습니다. 결국 unsigned short라는 것으로 정의가 되어 있는 것이고 경우에 따라 달라질 수는 있겠지만 16비트로 표현될 것입니다. WCHAR라는 것도 결국 wchar_t를 이용해서 만들어진 것이지요.

Wabdefs.h (c:\wince600\public\ie\sdk\inc)
```
#ifdef UNICODE
typedef WCHAR              TCHAR;
#else
typedef char               TCHAR;
#endif
```

어느 경우는 char를 쓰고 어느 경우는 WCHAR를 쓰는 것은 사실 조금 귀찮은 일입니다. 호환성도 많이 떨어지겠죠. 이를 위해서 새로운 타입을 위와 같이 정의하고 있습니다. UNICODE라는 것이 정의되어 있으면 WCHAR를 사용하고 그렇지 않으면 char를 사용하는 TCHAR라는 것을 정의해주고 있습니다.

```
TCHAR string[100];
```

위와 같이 선언을 하게 된다면 이것은 상황에 따라 어느 것으로도 활용될 수 있기 때문에 무척 편리하다고 할 수 있습니다.

21.1.2. 스트링 표현

```
TCHAR string[100] = L"test";
```

만약 우리가 코드상에서 위와 같이 string을 선언하면서 test라는 것으로 초기화를 시켜준다고 했을 때 유니코드로 저장되기 위해서는 위와 같이 L"xxx"으로 처리를 해야 합니다. 그러면 컴파일러는 내부의 문자열을 유니코드로 변환해서 저장해주게 됩니다.

```
#define __TEXT(x)        L ## x
```

```
#define _T(x)          __TEXT(x)
#define _T(x)          __TEXT(x)
#define TEXT(quote)    __TEXT(quote)
#ifdef   UNICODE
#define __TEXT(quote) L##quote
#else    /* UNICODE */
#define __TEXT(quote) quote
#endif /* UNICODE */
#define TEXT(quote) __TEXT(quote)
```

위 내용은 한 곳에 정의된 것이 아니라 여러 곳에 정의되어 있는 것들을 모아 본 것입니다. 경우에 따라서 include하는 헤더 파일의 종류에 따라서 조금씩은 달라질 수 있습니다.

```
L"test"
_T("test")
__TEXT("test")
TEXT("test")
```

결국 위에서 제시한 네 가지가 모두 동일한 내용을 가리키고 있다는 것을 이해하시면 될 것입니다. 정의의 내용을 보면 UNICODE를 사용하는 상황이냐 아니냐에 따라서 L을 붙일 것인지 말 것인지를 결정하는 것이 __TEXT이고 이것을 TEXT로 정의해 놓고 있으니 이 부분도 위에서 말씀드린 TCHAR와 마찬가지로 일반 문자열인지 유니코드인지를 고려할 필요 없이 언제나 TEXT("xxx")의 형태로 표현하면 어느 경우에나 적용되기 때문에 사용하는데 문제가 없을 것입니다.

21.1.3. UNICODE 스트링 처리 함수

우리가 아스키 코드를 처리하는 문자열 함수로 잘 알고 있는 것들이 strcmp, strcpy, strlen 등의 함수들이 있습니다. 이러한 함수들은 유니코드 상황에서는 사용할 수 없는 것들입니다. 이를 위해서 사용할 수 있는 여러 가지 정의들이 되어 있습니다.

```
WINBASEAPI
int
WINAPI
lstrcmpA(
    __in LPCSTR lpString1,
    __in LPCSTR lpString2
    );
WINBASEAPI
```

```
int
WINAPI
lstrcmpW(
    __in LPCWSTR lpString1,
    __in LPCWSTR lpString2
    );
#ifdef UNICODE
#define lstrcmp    lstrcmpW
#else
#define lstrcmp    lstrcmpA
#endif // !UNICODE
```

위 내용을 보면 strcmp라는 함수가 아니라 lstrcmp로 정의되어 있는 것을 알 수 있습니다. UNICODE가 정의되었을 경우 lstrcmpW를 사용하게 되고 그렇지 않을 경우는 lstrcmpA를 사용하게 됩니다.

이것 외에도 lstrcat, lstrcpy, lstrlen 등도 동일하게 정의되어 있는 것을 발견할 수 있습니다. 그리고 이러한 것들뿐만 아니라 여러 가지 스트링의 처리와 관련된 많은 함수들을 찾을 수 있습니다. 실제 여러 코드들을 분석하면서 하나씩 알아가는 것이 좋을 것입니다. 여기서는 다만 이러한 부분에 대해서 간단한 소개만 드리고 있는 것입니다.

```
WINBASEAPI
int WINAPI
CompareStringA(
    IN LCID      Locale,
    IN DWORD     dwCmpFlags,
    __in IN LPCSTR   lpString1,
    IN int       cchCount1,
    __in IN LPCSTR   lpString2,
    IN int       cchCount2);
WINBASEAPI
int WINAPI
CompareStringW(
    IN LCID      Locale,
    IN DWORD     dwCmpFlags,
    __in IN LPCWSTR  lpString1,
    IN int       cchCount1,
    __in IN LPCWSTR  lpString2,
    IN int       cchCount2);
```

```
#ifdef UNICODE
#define CompareString    CompareStringW
#else
#define CompareString    CompareStringA
#endif // !UNICODE
```

위의 정의된 것을 보면 CompareString이라고 하는 기존에 우리가 알지 못했던 전혀 다른 함수들이 많이 정의가 되어 있습니다.

21.2. 화면 출력 Debug 함수들

21.2.1. OEM Debug 함수들

우리는 앞 장에서 부팅 프로세스를 공부하면서 OEMWriteDebugByte 함수에 대한 부분을 잠시 살펴 보았습니다. 여기서 내용을 좀더 자세히 보겠습니다.

CB2443 Debug.c	CB6410 Debug.c

VOID OEMWriteDebugByte(UINT8 ch) {
 // Wait for transmit buffer to be empty
 while ((INREG32
 (&g_pUARTReg->**UTRSTAT**) & 0x02) == 0);
 // Send character
 OUTREG32(&g_pUARTReg->**UTXH**, ch);
 }
	VOID OEMWriteDebugByte(UINT8 ch) {
	 // Wait for TX Buffer Empty
	 //
	 while (!(g_pUARTReg->**UTRSTAT** & 0x2));
	 // TX Character
	 g_pUARTReg->**UTXH** = ch;
	 }

위에는 망고24와 망고64의 OEMWriteDebugByte 함수를 각각 적어 놓았습니다. 서로 내용이 다른 것 처럼 보일 수도 있으나 결국은 같은 것입니다.

Transmit buffer empty	[1]	Set to 1 automatically when transmit buffer register is empty. 0 =The buffer register is not empty 1 = Empty (In Non-FIFO mode, Interrupt or DMA is requested. In FIFO mode, Interrupt or DMA is requested, when Tx FIFO Trigger Level is set to 00 (Empty)) If the UART uses the FIFO, you must check Tx FIFO Count bits and Tx FIFO Full bit in the UFSTAT register instead of this bit.

UTRSTAT 레지스터의 1번 비트가 1이어야만 송신 버퍼가 비어 있는 것이고 그렇기 때문에 실제로 송신을 수행하기 전에 1번 비트가 0인 동안은 송신하지 않고 기다리고 있는 것입니다.

UTXHn	Bit	Description
TXDATAn	[7:0]	Transmit data for UARTn

UTXH 레지스터에 넘겨받은 한 바이트의 값을 적어 넣는 것은 통신을 위한 송신 버퍼에 기록을 해 넣는 과정이 됩니다. 결국 망고24나 망고64나 그 처리 과정의 부분은 동일한 것입니다. 모든 디버그 함수들은 그 내용을 따라 가다 보면 결국은 위의 OEMWriteDebugByte로 귀결되면 그럴 수밖에는 없습니다. 당연한 결론이고 반드시 그렇게 되어야 합니다. 결국 화면에 무언가를 출력하는 것은 CPU의 역할이고 이를 처리하는 함수는 바로 위의 OEMWriteDebugByte이기 때문입니다.

```
void NKStartup (struct KDataStruct * pKData) {
… … … … … …
    g_pNKGlobal->pfnWriteDebugString = g_pOemGlobal->pfnWriteDebugString;
… … … … … …
```

NKStartup에서 위의 내용을 발견할 수 있습니다.

NKGlobal	초기값	OemGlobal	초기값
pfnWriteDebugString	ReturnFalse	pfnWriteDebugString	OEMWriteDebugString

NKGlobal에서 pfnWriteDebugString은 초기에 False를 리턴 하고 끝내는 ReturnFalse라는 함수에 연결되어 있습니다. 이후 NKStartup에서 비로소 OemGlobal의 OEMWriteDebugString과 연결되는 것입니다.

NKGlobal	초기값
pfnNKvDbgPrintfW	NKvDbgPrintfW
pfnNKwvsprintfW	NKwvsprintfW

두 가지 함수가 더 존재합니다. NKvDbgPrintfW과 NKwvsprintfW 입니다. 이들 함수에 대한 자세한 내용을 분석하는 것도 의미 있는 것이겠지만 결국은 우리가 흔히 알고 있는 printf와 같은 역할을 수행하는 것이라 보면 됩니다. %d, %f와 같은 포멧팅에 대한 작업을 수행하는 것도 이들 함수의 역할이 됩니다. 디버그 메시지를 뒤에서 살펴볼 RETAILMSG와 같은 것으로 출력을 수행했을 때 결국은 이들 함수로 연결되고 이것에서 포멧팅 작업이 수행된 이후에 문자 단위로까지 쪼개져서 결국은 OEM의 OEMWriteDebugByte가 수행되는 것입니다.

21.2.2. RETAILMSG, DEBUGMSG, ERRORMSG

우리가 디버그 메시지를 출력하기 위해서 사용하는 주요한 함수들은 RETAILMSG, DEBUGMSG, ERRORMSG 등이 있습니다. 이 외에도 다른 디버깅 용도의 함수들이 많이 있지만 일단은 이 세 함수에 대해서 살펴보도록 하겠습니다.

```
#define DEBUGMSG(cond,printf_exp)    ₩
   ((void)((cond)?(NKDbgPrintfW printf_exp),1:0))
#define RETAILMSG(cond,printf_exp)   ₩
   ((cond)?(NKDbgPrintfW printf_exp),1:0)
#define ERRORMSG(cond,printf_exp)    ₩
   ((cond)?(NKDbgPrintfW(TEXT("ERROR: %s line %d: "),TEXT(__FILE__),__LINE__), NKDbgPrintfW printf_exp),1:0)
```

세 함수는 모두 cond라는 값을 조건으로 이용하는 조건 수행 문장으로 변하는 것을 알 수 있습니다. cond 부분에 값이 참인 경우는 NKDbgPrintfW 부분이 수행되지만 그렇지 않을 경우는 0으로 치환됨으로써 아무런 수행도 하지 않는 것입니다.

```
void WINAPIV NKDbgPrintfW ( LPCWSTR lpszFmt, ... ) {
    va_list arglist;
    va_start(arglist, lpszFmt);
    NKvDbgPrintfW(lpszFmt, arglist);
    va_end(arglist);
}
```

NKDbgPrintfW 부분은 위와 같이 정의가 되어 있습니다. 이것은 넘겨지는 파라미터의 수가 제한되어 있지 않은 전형적인 printf 함수의 형태와 같은 것입니다. 결국은 NKvDbgPrintfW 함수가 호출되는 것을 알 수 있습니다.

```
RETAILMSG(MSG_COND,(TEXT("test val: %d₩n"), test_val));
RETAILMSG(1 ,(TEXT("test val: %d₩n"), test_val));
```

위 형태로 사용하면 됩니다. MSG_COND 부분을 어느 곳에선가 0이 되어 있다면 위 문장은 출력되지 않을 것이고 두 번째 문장처럼 강제적으로 1로 설정한다면 항상 출력될 것입니다. %d와 같은 printf에서 사용하는 것과 동일한 방식을 사용하기 때문에 이해하는데 크게 어려움은 없을 것입니다.

4부 – Windows CE 6.0 Device Driver

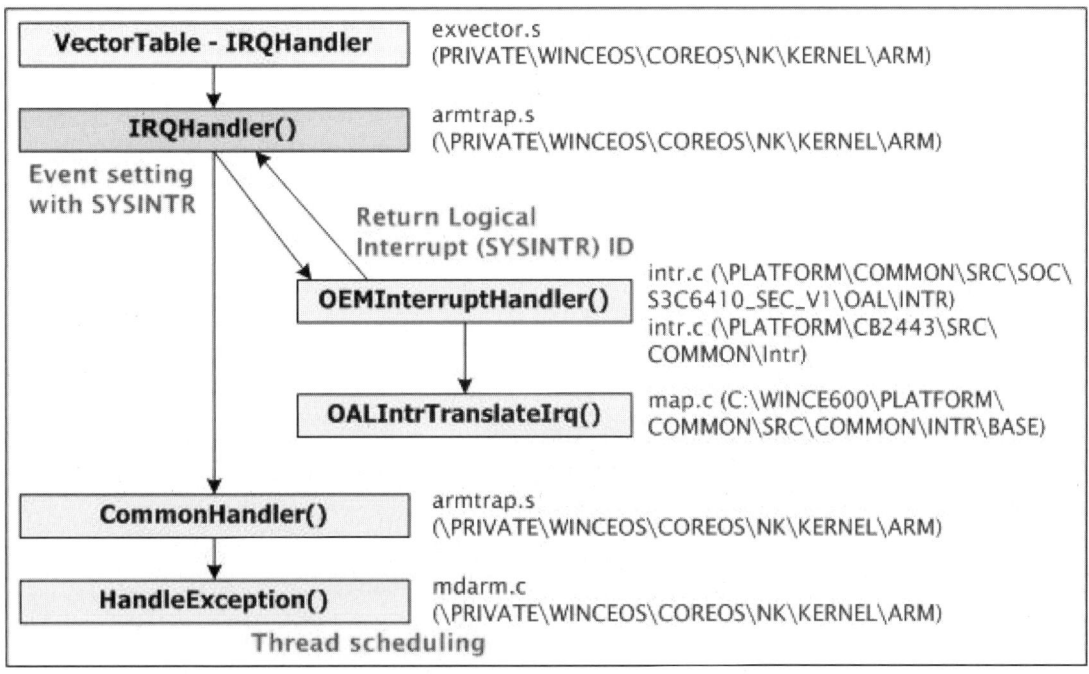

22. Device Driver 기초

이번 장부터 디바이스 드라이버에 대해서 공부할 것입니다. 우리가 공부할 디바이스 드라이버는 세 가지 입니다. 하나는 가장 간단한 버튼을 처리하는 내용을 공부하면서 인터럽트 처리에 대한 부분을 이해하게 될 것이고, 다음으로는 SMB380 3축 센서를 이용하는 드라이버에 대해 공부할 것이고, 마지막으로 MDD/PDD 구조를 가지는 카메라 디바이스 드라이버까지 공부할 것입니다. 이번 장에서는 전반적인 시스템 구조와 디바이스 드라이버의 일반적인 사항을 몇 가지 다루어 보도록 하겠습니다.

22.1. Windows CE 시스템 구조

먼저 Windows CE의 전체적인 구조를 그려보면 아래의 그림과 같습니다.

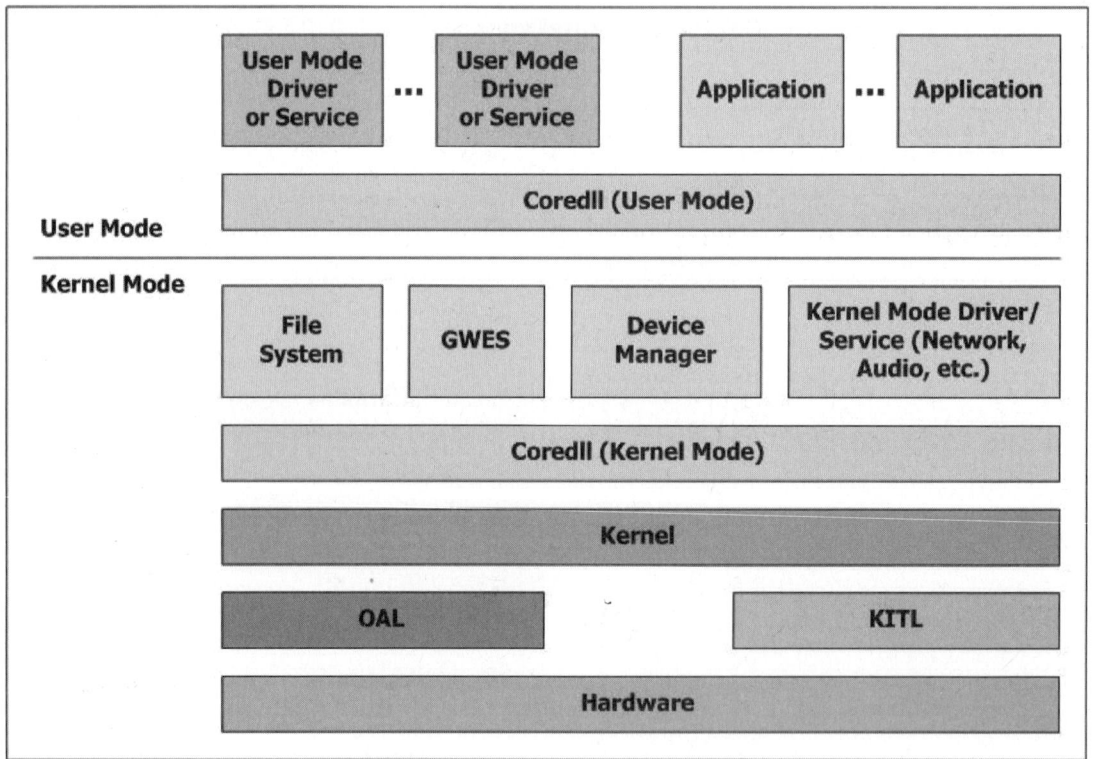

Windows CE는 Real-Time Operating System입니다. 많은 구성 요소를 가지고 있고, 프로세스, Thread 등에 대한 많은 지식을 알아야 합니다. 이 모든 것들을 한꺼번에 이해하는 것은 매우 어려운 일입니다. 이 책에서는 이러한 부분들에 대한 설명을 가능한 하지 않을 것입니다. 보다 중요한 것은 작은 부분이라도 정확히 이해하고 있어야 추후 보다 큰 그림을 그릴 수 있다고 믿기 때문입니다.

22.2. 디바이스 드라이버 개요

디바이스 드라이버는 운영제제와 하드웨어 사이에 존재하는 소프트웨어 모듈입니다. 하드웨어에 대한 제어와 운영체제(혹은 다른 디바이스 드라이버나 상위 응용프로그램)의 다른 모듈들과의 인터페이스를 포함하고 있습니다.

디바이스 드라이버는 하드웨어를 제어하는 코드와 운영체제의 API를 포함한 다양한 인터페이스 코드가 결합되어 있어 쉽지 않은 영역에 속합니다. 또한, 사소한 실수로 시스템에 치명적인 오류를 유발할 수 있어 각별한 주의가 필요하기도 합니다. 하지만 Windows CE의 드라이버 구조는 사실 알고 보면 그리 복잡하지 않고 이미 정형화된 많은 드라이버가 제공되고 있어 차분히 공부해 간다면 생각보다 어려운 일은 아닙니다.

22.2.1. Monolithic & Layered 디바이스 드라이버

> 디바이스 드라이버는 장치 특성에 따라 몇 가지 유형으로 분류됩니다.
> 계층 구조를 통해 크게 **Monolithic device driver 와 Layered device driver** 로 구분됩니다.

Monolithic driver는 디바이스 드라이버 관련 코드가 모두 하나로 되어 있는 경우입니다. 우리가 살펴볼 3가지의 디바이스 드라이버 중에서 버튼과 SMB380 3축 센서의 경우는 Monolithic driver로 개발될 것입니다.

Layered device driver는 **MDD(Model device driver)라는 상위계층과 PDD(Platform dependent driver)**라는 하위 계층으로 이루어집니다. MDD는 디바이스 드라이버의 공통된 부분을 담당하고 PDD는 특정 하드웨어에 특화된 부분을 담당하는데, 실제 드라이버 개발에서는 PDD만 개발하면 되는 경우가 많습니다. 카메라 디바이스 드라이버는 Layered device driver입니다.

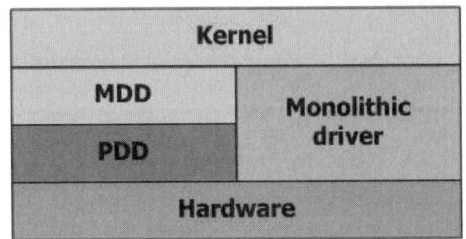

하드웨어에 밀접한 부분이 PDD가 되고 그 위에 MDD가 있는 것으로 생각하면 됩니다. 그림으로 그리자면 위와 같은 형태입니다.

> 이외에 Layered device driver 와 유사하나 **MDD 가 정형화된 드라이버 형태(DLL)로 제공**되고 이에 의해 로딩되는 PDD DLL 을 만드는 형태의 **Miniport device driver** 가 있습니다.

22.2.2. Native & Stream interface 디바이스 드라이버

Native interface device driver 는 공통된 인터페이스 규약이 없고 저마다 고유의 인터페이스가 필요한 드라이버 들입니다. 주로 **GWES.exe** 에 의해 로딩되는 Display 나 Touch 드라이버 등이 이에 속합니다. 반면에 **Stream interface device driver** 는 **통일된 인터페이스 규칙**을 따라야 하고 **디바이스 관리자(Device.exe)**에 의해 로딩되고 관리됩니다.

GWES는 다음과 같은 뜻을 가지고 있습니다. Graphics, Windowing, and Events Subsystem (GWES)

http://msdn.microsoft.com/en-us/library/aa932925.aspx
위 링크에 가보면 간단한 설명을 찾을 수 있습니다.

Item	Module	Component
User Interface Services	gwes	wmbase, gweshare, gwesmain, immthunk, msgque, gsetwinlong, foregnd, uibase, kbdui, journal, hotkey, idle, getpower, nled, msgbeep, mgbase, mgbitmap, mgblt, mgblt2, mgdc, mgdibsec, mgdraw, mgrgn, mgwinmgr, mgpalnat, mgtt, mgdrwtxt, mgpal, mgtci, mgalias, tchui, calibrui, mgdx, atom, winmgr, sbcmn, nclient, caret, clipbd, timer, accel, defwndproc, gcache, loadbmp, loadimg, syscolor, menu, cascade, column, menuscrl, drawmbar, mnoover, mnotapui, dlgmgr, dlgmnem, msgbox, msgbox28, gwectrl, btnctl, stcctl, startup, oomui, oom, startui, cmbctl, cdlctl, edctl, imgctl, lbctl, scbctl, notify, notifpub
Overlapping Menus	gwes	moverlap
Printing	gwes	mgprint
Printing	prnport	None
Printing	prnerror	None
Tap UI Menus	gwes	mtapui
Windows XP-like Sample Skin	gwes	sbcmnviewxp, nclientviewxp, gcacheviewxp, btnctlviewxp, stcctlviewxp, cmbctlviewxp, lbctlviewxp
Windows 95-like Sample Skin	gwes	sbcmnview, nclientview, gcacheview, btnctlview, stcctlview, cmbctlview, lbctlview

버튼 드라이버와 3 축 센서 SMB380 드라이버는 **Monolithic Stream interface device driver** 로 구현할 예정입니다. Monolithic 으로 하는 이유는 관련하여 Windows CE 에서 기본으로 제공하는 MDD 가 없고 계층화하여 복잡하게 할 이유가 없기 때문입니다. 또한, 정해진 규칙만 따르면 비교적 간단하게 디바이스 드라이버를 개발할 수 있는 Stream interface device driver 로 구현하는 게 여러모로 편하기 때문입니다.

22. Device Driver 기초

> Stream Interface Device Driver는 **Device를 파일처럼 다룰 수 있도록 설계되어 있습니다.**
> 인터페이스 함수가 File system에 대한 Win32 API와 동일(CreateFile(), ReadFile(), WriteFile() 등)

파일처럼 다룰 수 있는 부분이 Linux의 Device Driver와 비슷한 개념을 가지고 있습니다. Streams은 UNIX에서 처음 사용되었고 주로 Character device driver가 Streams라는 Framework에 의해 설계되었습니다. 데이터가 상위 응용프로그램에서 계층화된 커널의 각 모듈과 디바이스 드라이버를 따라 흘러가듯 처리되는 걸 뜻하는 것으로 생각하면 됩니다.

> Stream Interface Device Driver는 **DEVICE.exe Process Context 아래에서 동작됩니다.**

> Stream Interface Device Driver는 아래 규칙이 적용되어야 합니다.
> - 접두어 세 글자 정의: **DDI entry point** 함수들의 **접두어 세 글자**가 정의 되어야 함
> - **DLL 형식**으로 작성되어야 함
> - **DDI 함수들(XXX_Init 등**의 함수들)이 구현되어야 함
> - **DEF 파일**에 DDI 함수 정의: **DDI 함수들을 export** 함
> - **System Registry (platform.reg)**를 통해 Device Driver 등록이 필요함

DDI는 Device Driver Interface 입니다. entry point라는 말은 이 Device Driver에 접근하는 시작점이라는 의미입니다.

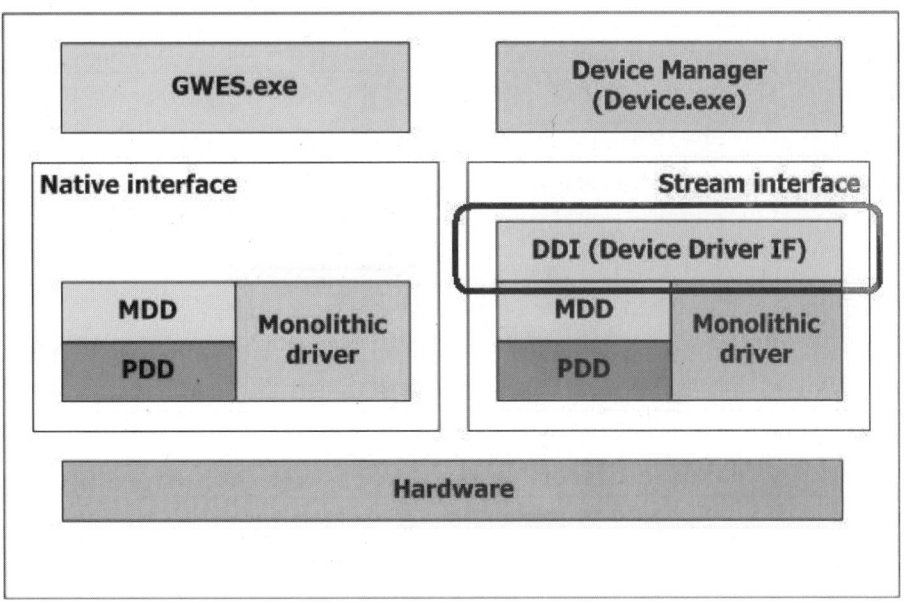

그림으로 본다면 위 그림처럼 MDD나 Monolithic driver의 앞 단에 Device.exe와의 사이에 Interface Layer로 존재하는 부분이라고 생각하시면 됩니다.

22.2.3. DDI (Device Driver Interface) 함수

DDI 함수는 드라이버와 상위 응용프로그램의 인터페이스를 정의합니다.
각각의 함수에 "XXX_" 가 공통으로 붙는데, **XXX 는 드라이버에 고유한 3 자리 접두어**입니다.

함수 형태	버튼 디바이스 드라이버	3축센서 디바이스 드라이버
XXX_Init	BTK_Init	SMB_Init
XXX_Deinit	BTK_Deinit	SMB_Deinit
XXX_PowerUp	BTK_PowerUp	SMB_PowerUp
XXX_PowerDown	BTK_PowerDown	SMB_PowerDown
XXX_Open	BTK_Open	SMB_Open
XXX_Close	BTK_Close	SMB_Close
XXX_Read	BTK_Read	SMB_Read
XXX_Write	BTK_Write	SMB_Write
XXX_Seek	BTK_Seek	SMB_Seek
XXX_IoControl	BTK_IOControl	SMB_IOControl

자세한 구현과 설명은 뒤 장에서 이어질 것입니다. 여기서는 단순한 기능에 대한 부분만 살펴보고 지나가겠습니다.

DDI 함수	내용 설명
XXX_Init	디바이스 초기화. 디바이스 매니저(Device.exe 와 Devmgr.dll 로 구성)에 의해 호출됨. 드라이버가 적재될 때 호출됨
XXX_Deinit	디바이스를 종료함 디바이스 매니저(Device.exe 와 Devmgr.dll 로 구성)에 의해 호출됨 드라이버가 등록 해제될 때 호출됨
XXX_PowerUp	디바이스가 Power Down 후에 복원될 때 호출됨 전원이 재 공급될 때 호출되므로 하드웨어를 복원해야 함 (대부분의 경우 다시 초기화 하는 작업이 수행됩니다.)
XXX_PowerDown	디바이스 전원 공급이 중단될 때 호출됨 디바이스가 소프트웨어로 shut off 및 복구 가능할 때 사용함
XXX_Open	Read/Write 를 위해 디바이스를 열 때 호출됨 응용프로그램이 CreateFile이나 OpenFile을 호출할 때 수행됨
XXX_Close	디바이스 제어를 반납할 때 호출됨 (XXX_open 에 대응됨) 응용프로그램이 CloseHandle 을 호출할 때 수행됨

DDI 함수	내용 설명
XXX_Read, XXX_Write, XXX_Seek	디바이스로부터 데이터를 읽거나 기록, 그리고 Read/Write 의 시작 위치를 지정할 때 호출됨 응용프로그램이 ReadFile 이나 WriteFile, 혹은 SetFilePointer 을 호출할 때 수행됨 (디바이스의 종류에 따라서는 전혀 필요 없을 수도 있습니다.
XXX_IoControl	디바이스에 명령을 내려 보내 제어 및 상태 정보 교환 응용프로그램이 **DeviceIoControl** 을 호출할 때 수행됨 디바이스의 기능에 따라 지원 여부 결정

이외에도 XXX_PreClose와 XXX_PreDeinit도 존재합니다.

```
XXX_PreClose
WINCE 5.0 부터 추가된 함수
Sleep 중인 Thread 를 깨워서 디바이스를 닫기 전에 남은 처리를 하도록 함
```

Blocking된 Thread가 있는데 XXX_Close가 바로 호출되어 오류가 생길 수 있는 부분을 보완한 것입니다. 바로 Close를 호출하면 문제가 발생할 수도 있는 것을 보완한 것입니다. 응용프로그램이 CloseHandle을 호출할 때 XXX_Close가 바로 호출되어야 하는데 만약 Blocking 되어서 Sleep 중이라면 XXX_PreClose가 호출된다는 것입니다.

```
XXX_PreDeinit
WINCE 5.0 부터 추가된 함수
XXX_PreClose 와 유사하게 Sleep 중인 Thread 를 깨워 디바이스 종료 전 필요한 작업 수행
```

Blocking 된 Thread 가 있는데 XXX_Deinit 이 바로 호출되어 오류가 생길 수 있는 부분을 보완한 것입니다. 해당 디바이스에 대한 모든 핸들이 close 된 후 XXX_Deinit 이 수행될 수 있도록 한 것입니다. PreClose 와 마찬가지로 Blocking 되어서 Sleep 중일 때 처리되는 것입니다.

22.3. 디바이스 드라이버 등록 함수

스트림 인터페이스 드라이버를 구현하기 전에 드라이버가 등록되는 방법에 대해 먼저 알아 보도록 하겠습니다. 스트림 인터페이스 드라이버의 등록 함수(XXX_Init)는 장치관리자(Device.exe)에 등록될 때 호출되며 아래 세가지 함수에 의해 호출될 수 있습니다.

```
RegisterDevice()
ActivateDevice()
ActivateDeviceEx()
```

스트림 인터페이스 드라이버를 등록하는 각각의 방법은 아래와 같습니다.

```
HANDLE RegisterDevice(
    LPCWSTR lpszType, DWORD dwIndex,
    LPCWSTR lpszLib, DWORD dwInfo
);
```

RegisterDevice는 시스템 레지스트리에 등록되지 않았을 때 드라이버를 등록하기 위해 사용됩니다.

인수	설명
lpszType	디바이스에 고유한 접두어에 대한 포인터. 접두어는 세 글자여야 함. 예) COM, DEV, LPT, ...
dwIndex	디바이스 인덱스. 0 ~ 9 사이의 숫자여야 함. 예) COM2의 인덱스는 2
lpszLib	디바이스 드라이버 DLL 이름에 대한 포인터 예) serial_smdk2443.dll, cb2443_smb380.dll
dwInfo	Instance information. XXX_init()이 호출될 때 인자로 전달됨.
리턴 값	0이 리턴되면 디바이스 등록 실패. 0 이외는 등록 성공이며 리턴 값은 디바이스 handle인데 XXX_Open, XXX_Deinit, XXX_PowerUp, XXX_PowerDown 함수가 호출될 때 인자로 사용됨.
사용 예	HANDLE driverHandle = RegisterDevice(L"NLG",0,L"netlog.dll",0); netlog.dll 파일을 스트림 인터페이스 드라이버로 등록 시킴. 인덱스가 0이기 때문에 드라이버를 호출할 때 아래와 같이 "NLG0"으로 해야 함. HANDLE driverFileHandle = CreateFile(L"NLG0:", GENERIC_READ, FILE_SHARE_READ, NULL, OPEN_ALWAYS, 0, NULL);

```
HANDLE ActivateDevice(
    LPCWSTR lpszDevKey, DWORD dwClientInfo
);
```

ActivateDevice 함수는 시스템 레지스트리에 있는 드라이버를 등록할 때 사용됩니다.

인수	설명
lpszDevKey	HKEY_LOCAL_MACHINE 레지스트리 아래의 시스템 레지스트리 키 스트링에 대한 포인터

22. Device Driver 기초

dwClientInfo	HKEY_LOCAL_MACHINE\Drivers\Active 아래에 ClientInfo로 등록될 인수. XXX_Init 호출될 때 사용됨.

리턴 값	0이 리턴되면 디바이스 등록 실패. 등록 성공이며 DeactivateDevice에 사용될 디바이스 handle을 리턴
사용 예	시스템 레지스트리에 다음과 같이 준비하고 [HEKY_LOCAL_MACHINE\rivers\Netlog] "DLL"="netlog.dll" "Prefix"="NLG" "Index"=0 아래과 같이 호출하면 됨 #define NETLOG_REG_KEY TEXT("Drivers\\Netlog") HANDLE driverHandle = ActivateDevice(NETLOG_REG_KEY, 4);

```
HANDLE ActivateDeviceEx(
    LPCWSTR lpszDevKey, LPCVOID lpRegEnts,
    DWORD cRegEnts, LPVOID lpvParam
);
```

ActivateDeviceEx는 ActivateDevice를 확장한 것입니다. 다양한 변수를 레지스트리의 Active 키 아래에 등록할 수 있습니다.

인수	설명
lpszDevKey	HKEY_LOCAL_MACHINE 레지스트리 아래의 시스템 레지스트리 키 스트링에 대한 포인터.
lpRegEnts	Pointer to an array of REGINI structures, 디바이스의 Active 레지스트리 키에 추가될 값들을 지정함.
cRegEnts	위의 포인터가 지정한 REGINI 구조의 배열 수.
lpvParam	사용자가 드라이버에 전달하려는 데이터에 대한 포인터. XXX_init의 두 번째 인자로 전달됨.

리턴 값	0이 리턴되면 디바이스 등록 실패. 등록 성공이며 DeactivateDevice에 사용될 디바이스 handle을 리턴
사용 예	#define NETLOG_REG_KEY TEXT("Drivers\\Netlog") HANDLE driverHandle = ActivateDeviceEx((NETLOG_REG_KEY, NULL, 0, NULL);

23. User Button 장치에 대한 이해

이번 장에서는 비교적 단순한 디바이스 드라이버를 직접 만들어 보면서 실적적인 접근을 통해 개념을 파악하고 디바이스 드라이버에 대한 막연한 두려움을 극복해 보도록 하겠습니다.

여기서 다룰 디바이스 드라이버는 기존 BSP를 기본으로 하고 망고 보드의 하드웨어를 대상으로 합니다. 망고 보드에는 여러 종류의 주변 장치에 대한 디바이스 드라이버가 올라가 있는데, 이 중에서 가장 간단한 것들 중 하나인 버튼 처리를 목표로 디바이스 드라이버를 만들도록 합니다.

Device Driver를 개발하는 작업에서 가장 먼저 되어야 하는 것을 개발하려는 디바이스에 대한 이해입니다. 결국은 디바이스를 잘 알아야 좋은 디바이스 드라이버 역시 개발할 수 있는 것입니다.

23.1. User Button 외관

망고 보드에는 파워 스위치와 리셋 버튼, 그리고 4개의 범용 버튼이 있습니다. 우리가 여기서 다룰 장치는 4개의 범용 버튼입니다. 이 버튼은 별도의 제어 IC 없이 CPU(S3C2443, S3C6410)의 범용 입출력(GPIO) 포트에 직접 연결되어 있습니다. 우선, 보드에서 버튼의 위치는 아래 그림과 같습니다.

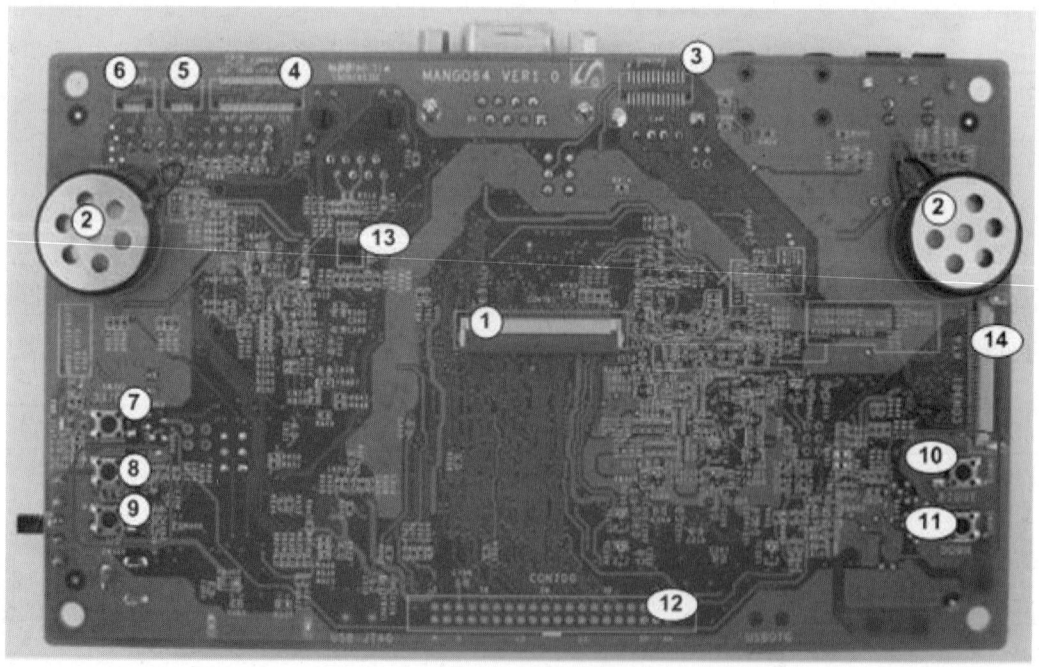

위 그림은 망고 64의 사진입니다. 그림에서 8~11까지가 범용 버튼입니다.

23. User Button 장치에 대한 이해

8	SW902	LEFT	Key 2 [XEINT2]	GPN2
9	SW900	UP	Key 0 [XEINT0]	GPN0
10	SW903	RIGHT	Key 3 [XEINT3]	GPN3
11	SW901	DOWN	Key 1 [XEINT1]	GPN1

위 그림은 망고 24의 사진입니다. 그림에서 EINT0_GPF0~3라고 쓰여있는 부분에서 실크 부분에 적혀 있는 내용을 함께 살펴 보겠습니다.

EINT0_GPF0	UP	SW401
EINT0_GPF1	DOWN	SW402
EINT0_GPF2	LEFT	SW403
EINT0_GPF3	RIGHT	SW404

각각의 부분에 위의 이름이 붙어있는 것을 볼 수 있습니다.

23.2. User Button 회로도

이제 회로도에서 4개의 버튼이 어떻게 연결되어 있는지 확인해 보도록 합니다.

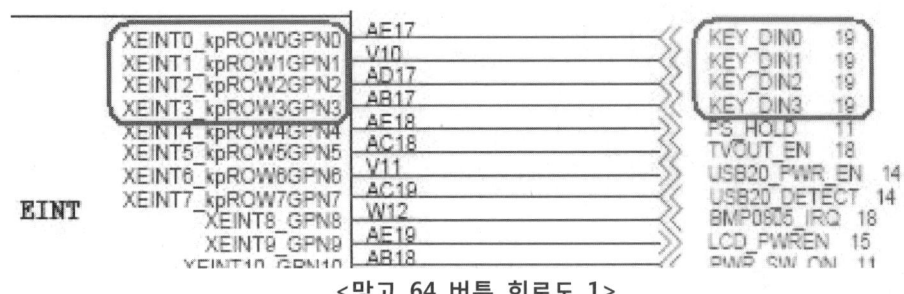

<망고 64 버튼 회로도 1>

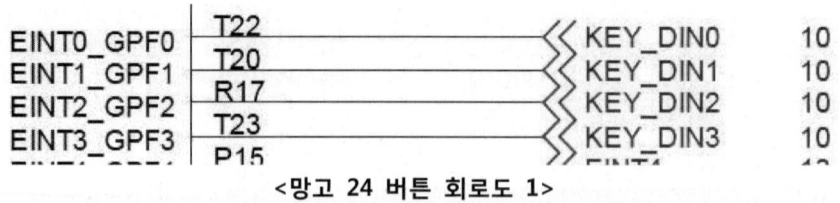

<망고 24 버튼 회로도 1>

망고 64의 경우는 4개의 버튼이 GPIO N 그룹의 0~3번 포트에 각각 연결되어 있습니다. 그리고 망고 24의 경우는 GPIO F 그룹의 0~3번 포트에 각각 연결되어 있습니다.

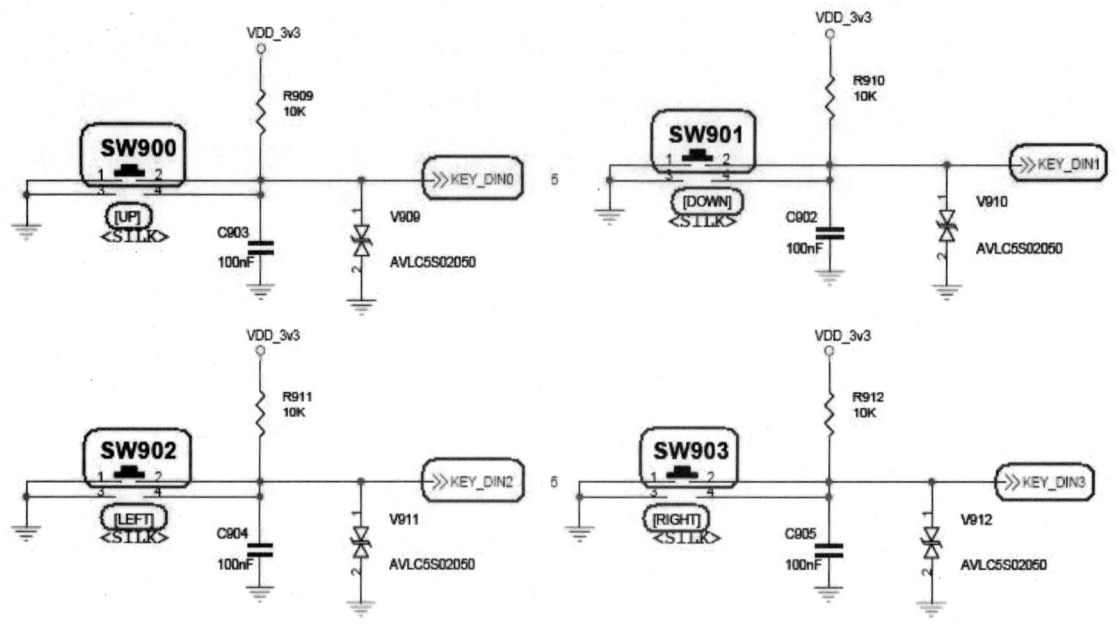

<망고 64 버튼 회로도 2>

각 포트에 연결된 버튼은 tact switch(tactile switch)이며 보드에는 UP/DOWN/LEFT/RIGHT 라는 silk로 표시되어 있습니다. tact switch는 tactile switch라고도 하는데, 보통 2개 혹은 4개의 다리를 가지고 동작 시(눌렀을 때), 딸각거리는(소리 혹은 느낌) 특징을 가집니다.

위 회로도에서 각 버튼은 평상시(누르지 않았을 때)에는 10K 오옴의 풀업 저항과 직접 연결되어서 KEY_DINx 부분으로 High(VDD_3v3)가 인가됩니다. 누르면 연결되어 Low(ground)로 되는 것을 알 수 있습니다. 따라서, 각 버튼에 연결된 GPIO 포트의 상태를 확인하여 1(High)이면 버튼이 눌리지 않은 상태이고 0(Low)이면 눌린 것으로 감지할 수 있습니다.

23. User Button 장치에 대한 이해

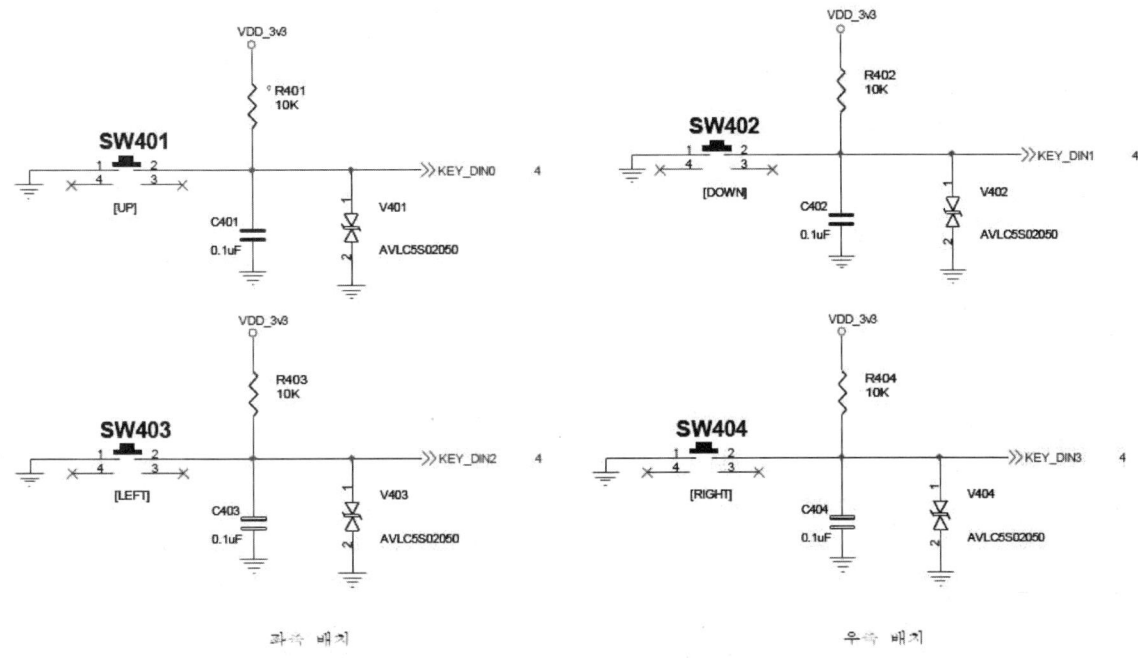

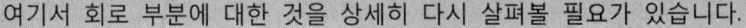
<망고 24 버튼 회로도 2>

여기서 회로 부분에 대한 것을 상세히 다시 살펴볼 필요가 있습니다.

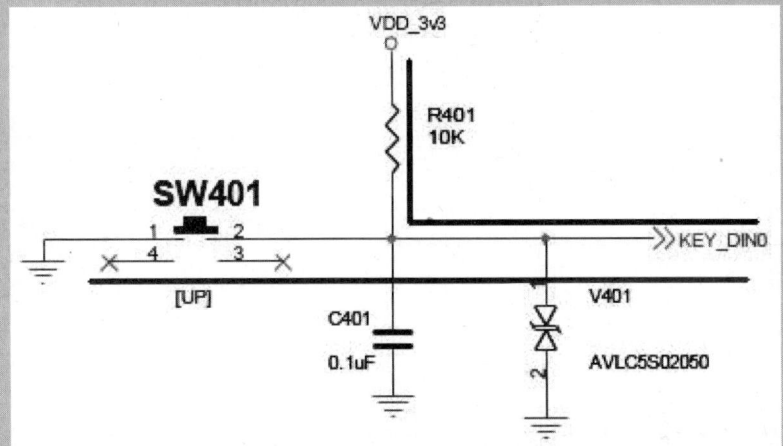

여기서는 망고24의 SW401 부분에 대한 것만 살펴보겠습니다. 나머지는 모두 동일하기 때문에 이것과 똑같이 생각하면 될 것입니다.

회로 상에서 SW401 부분은 늘 떨어져 있는 상태입니다. 사용자가 그 Key를 누르는 순간 연결이 되는 것입니다. Key가 눌려지지 않은 상황에서 KEY_DIN0 쪽으로 흐르는 것은 3.3v의 전원이 흐르게 됩니다. 이 값은 1을 의미하겠습니다. 그런데 사용자가 Key를 누르는 순간을 생각해 보도록 합니다.

> Key를 누름으로 인해서 Ground와 연결되는 것을 알 수 있습니다. 그렇게 될 경우 3.3v 쪽에 저항 10K 오옴이 영향을 미치게 됩니다. 이것은 전형적인 풀업 저항의 역할을 하게 됩니다. 결국 KEY_DIN0 쪽에 흐르던 3.3v는 급속하게 0v가 되게 되고 0 값을 가지게 될 것입니다.

결국 우리는 GPxDAT의 해당 비트가 0이 되는 가를 계속 검사하고 있으면서 0이 되는 순간 Key가 눌렸음을 알아차리고 그에 알맞은 작업을 수행하면 될 것입니다. 이러한 방식은 폴링 방식이 될 것이고 그렇지 않으면 인터럽트로 등록을 해 놓은 상태에서 키가 눌리는 순간에 인터럽트가 발생하도록 설정해 놓고 인터럽트를 처리하는 방식의 두 가지 방식 중의 하나를 사용하면 될 것입니다.

23.3. S3C2443 & S3C6410 GPIO

망고 64의 경우는 4개의 버튼이 GPIO N 그룹의 0~3번 포트에 연결되어 있고 망고 24의 경우는 GPIO F 그룹의 0~3번 포트에 연결되어 있는 것을 알았습니다. S3C6410은 187개의 multi-functional input/output port pins을 가지고 있습니다. 이것은 다음의 17가지 ports로 나뉘게 됩니다. 이 중에서 GPN 포트를 사용하는 것입니다. (GPN 포트는 총 16개 입니다.) EINT라고 쓰여 있는 부분을 확인해야 합니다. EINT라는 것은 외부 인터럽트 모드로 사용 가능하다는 것을 의미합니다.

PortName	Number of Pins.	Muxed pins	Power Inform.
GPA port	8	UART/EINT	1.8~3.3V
GPB port	7	UART/IrDA/I2C/CF/Ext.DMA/EINT	1.8~3.3V
GPC port	8	SPI/SDMMC/I2S_V40/EINT	1.8~3.3V
GPD port	5	PCM/I2S/AC97/EINT	1.8~3.3V
GPE port	5	PCM/I2S/AC97	1.8~3.3V
GPF port	16	CAMIF/PWM/EINT	1.8~3.3V
GPG port	7	SDMMC/EINT	1.8~3.3V
GPH port	10	SDMMC/KEYPAD/CF/I2S_V40/EINT	1.8~3.3V
GPI port	16	LCD	1.8~3.3V
GPJ port	12	LCD	1.8~3.3V
GPK port	16	HostIF/HIS/KEYPAD/CF	1.8~3.3V
GPL port	15	HostIF/KEYPAD/CF/OTG/EINT	1.8~3.3V
GPM port	6	HostIF/CF/EINT	1.8~3.3V
GPN port	16	EINT/KEYPAD	1.8~3.3V
GPO port	16	MemoryPort0/EINT	1.8~3.3V
GPP port	15	MemoryPort0/EINT	1.8~3.3V
GPQ port	9	MemoryPort0/EINT	1.8~3.3V

S3C2443은 147개의 multi-functional input/output port pins을 가지고 있습니다. 이것은 다음의 11가지 ports로 나뉘게 됩니다. 이중에서 망고 보드의 key input과 관련된 포트는 Port F(GPF): 8-input/output port입니다. (GPF 포트는 총 8개 입니다.) default는 input port로 사용되는 것이고, 망고

23. User Button 장치에 대한 이해

보드에서도 key에 붙어 있기 때문에 당연히 input port로 사용되는 것입니다.

- Port A(GPA): 16-output port
- Port B(GPB): 11-input/output port
- Port C(GPC): 16-input/output port
- Port D(GPD): 16-input/output port
- Port E(GPE): 16-input/output port
- **Port F(GPF): 8-input/output port**
- Port G(GPG): 16-input/output port
- Port H(GPH): 15-input/output port
- Port J(GPJ): 16-input/output port
- Port L(GPL): 15-input/output port
- Port M(GPM): 2-input port

위에서 망고 64의 경우는 EINT 부분을 확인 했는데 망고 24의 경우는 어떤지 찾아보도록 하겠습니다. 아래 그림처럼 망고 24 경우에도 GPF 부분이 EINT로 활용되는 것을 확인할 수 있습니다.

Port F	Selectable Pin Functions			
GPF7	Input/output	EINT7	–	–
GPF6	Input/output	EINT6	–	–
GPF5	Input/output	EINT5	–	–
GPF4	Input/output	EINT4	–	–
GPF3	Input/output	EINT3	–	–
GPF2	Input/output	EINT2	–	–
GPF1	Input/output	EINT1	–	–
GPF0	Input/output	EINT0	–	–

S3C2443과 S3C6410의 모든 포트에 대해서 **PORT CONFIGURATION REGISTER**와 **PORT DATA REGISTER**의 두 가지 레지스터를 가지고 있습니다. 대부분의 pin은 multiplex로 되어 있습니다. 이것은 다른 말로 하면 여러 가지 용도로 사용이 가능하다는 것입니다. 이렇듯 여러 가지 용도로 사용 가능하기 때문에 이것을 결정할 수 있는 레지스터가 필요하고 이것이 **PORT CONFIGURATION REGISTER** 입니다. 모든 포트 각각에 대해서 PORT CONFIGURATION REGISTER가 GP**A**CON부터 GP**Q**CON까지 (망고 24의 경우는 GP**M**CON까지) 있게 됩니다.

PORT DATA REGISTER는 각각의 포트의 데이터를 쓰거나 읽는 용도로 사용하게 됩니다. 만약 포트가 output port로 설정되게 되면 해당 데이터 레지스터의 해당 bit에 Write하는 것이 가능하게 되는 것입니다. 만약 포트가 input port로 설정되게 되면 해당 데이터 레지스터의 해당 bit로부터 데이터를 읽을 수 있게 되는 것입니다. 모든 포트 각각에 대해서 PORT DATA REGISTER가 GP**A**DAT부터 GP**Q**DAT까지 (망고 24의 경우는 GP**M**DAT까지) 있게 됩니다.

10.5.14 PORT N CONTROL REGISTERS

There are three control registers including GPNCON, GPNDAT and GPNPUD in the Port N Control Registers. GPNCON, GPNDAT and GPNPUD are alive part.

Register	Address	R/W	Description	Reset Value
GPNCON	0x7F008830	R/W	Port N Configuration Register	0x00
GPNDAT	0x7F008834	R/W	Port N Data Register	Undefined
GPNPUD	0x7F008838	R/W	Port N Pull-up/down Register	0x55555555

위 그림은 S3C6410의 GPN 부분에 대한 설명입니다. (여기서 GPNPUD에 대한 부분도 존재하는데 이 부분은 내부적으로 Pull-up Pull-down을 활성화 시킬 수 있도록 설정하는 부분으로 이번 장에서 특별히 사용되는 부분은 아닙니다.)

PORT F CONTROL REGISTERS (GPFCON, GPFDAT, GPFUDP)

If GPF0–GPF7 will be used for wake-up signals at power down mode, the ports will be set in interrupt mode.

Register	Address	R/W	Description	Reset Value
GPFCON	0x56000050	R/W	Configures the pins of port F	0x0
GPFDAT	0x56000054	R/W	The data register for port F	Undef.
Reserved	0x56000058	–	–	–
Reserved	0x5600005c	–	–	–

GPFCON	Bit	Description	
GPF7	[15:14]	00 = Input 10 = EINT[7]	01 = Output 11 = Reserved
GPF6	[13:12]	00 = Input 10 = EINT[6]	01 = Output 11 = Reserved
GPF5	[11:10]	00 = Input 10 = EINT[5]	01 = Output 11 = Reserved
GPF4	[9:8]	00 = Input 10 = EINT[4]	01 = Output 11 = Reserved
GPF3	[7:6]	00 = Input 10 = EINT[3]	01 = Output 11 = Reserved
GPF2	[5:4]	00 = Input 10 = EINT2]	01 = Output 11 = Reserved
GPF1	[3:2]	00 = Input 10 = EINT[1]	01 = Output 11 = Reserved
GPF0	[1:0]	00 = Input 10 = EINT[0]	01 = Output 11 = Reserved

위 그림은 S3C2443의 GPF 부분에 대한 설명입니다. GPFCON 부분에서 Reset Value 부분을 살펴보도록 합니다. GPFCON의 Reset Value가 0x0으로 되어 있는 것으로 볼 수가 있습니다. 이것이 의미하는 것은 보드가 reset이 되었을 때 가지게 되는 값을 의미하는데 기본적으로 default 값을 의미한다고

23. User Button 장치에 대한 이해

보면 됩니다. 위에서 GPFCON의 default 값이 0인 것을 알았습니다. 그럼 위의 내용 중에서 0이 의미하는 것을 살펴보면 0은 Input으로 설정되는 것임을 알 수 있습니다. 결국 우리가 GPFCON의 내용을 전혀 건드리지 않아도 Input mode로 설정이 되기 때문에 신경 쓸 필요가 없는 것입니다.

그럼 망고 64에서 사용하는 S3C6410의 경우는 어떻게 되어 있는 지 확인해 보도록 하겠습니다. 아래 그림은 S3C6410의 GPNCON의 비트 0번부터 7번까지의 내용만 취해놓은 것입니다.

GPNCON	Bit	Description		Initial State
GPN0	[1:0]	00 = Input 10 = Ext. Interrupt[0]	01 = Output 11 = Key pad ROW[0]	00
GPN1	[3:2]	00 = Input 10 = Ext. Interrupt[1]	01 = Output 11 = Key pad ROW[1]	00
GPN2	[5:4]	00 = Input 10 = Ext. Interrupt[2]	01 = Output 11 = Key pad ROW[2]	00
GPN3	[7:6]	00 = Input 10 = Ext. Interrupt[3]	01 = Output 11 = Key pad ROW[3]	00

역시 S3C2443의 경우와 마찬가지로 초기 값은 0으로 되어 있고, 0이 의미하는 것은 Input mode로 동작하는 것임을 알 수 있습니다. 이제 마지막으로 GPxDAT 레지스터를 보도록 하겠습니다.

GPNDAT	Bit	Description
GPN[15:0]	[15:0]	When the port is configured as input port, the corresponding bit is the pin state. When the port is configured as output port, the pin state is the same as the corresponding bit. When the port is configured as functional pin, the undefined value will be read.

망고 64의 S3C6410은 위와 같이 GPNDAT가 총 16 비트 값을 가집니다. 위에서 GPN 포트는 16개임을 알았습니다. 그 16개의 포트가 GPNDAT의 16 비트와 1대1로 매칭이 되는 것입니다.

GPFDAT	Bit	Description
GPF[7:0]	[7:0]	When the port is configured as an input port, the corresponding bit is the pin state. When the port is configured as an output port, the pin state is the same as the corresponding bit. When the port is configured as functional pin, the undefined value will be read.

망고 24의 S3C2443의 GPFDAT는 총 8개의 bit로 구성되어 있습니다. 각각의 bit는 GPF 8 포트의 핀 각각과 1대1로 매칭이 되는 것임을 알 수 있습니다. 즉, 우리는 이 레지스터에서 해당 bit를 읽음으로써 key가 눌렸는지 아닌지에 대한 것을 인지할 수 있는 것입니다.

24. Button Device Driver - 제작 및 등록

이번 장에서 구현할 버튼 디바이스 드라이버는 Monolithic Stream interface device driver로 구현할 것입니다. 스트림 (Stream) 인터페이스 디바이스 드라이버는 Windows CE에서 정한 몇 가지 규약만 따르면 비교적 간단하게 드라이버를 개발할 수 있습니다.

24.1. 드라이버 제작 개요

스트림 인터페이스 드라이버에 적용되는 규칙은 다음과 같습니다.
- 접두어(Prefix)가 반드시 영어 세 글자이어야 합니다. DDI (Device Driver Interface) 진입 함수의 접두어로 이 세 글자가 사용되어야 합니다. 만약 우리의 경우 BTK로 정했다고 하면 BTK_Init(), BTK_Open() 등으로 사용되는 것입니다.
- 당연히 이러한 접두어를 사용하는 BTK_Init(), BTK_Open() 등의 DDI 진입 함수들은 반드시 구현되어야 합니다.
- DLL로 구현되어야 합니다. DLL은 Dynamic Link Library의 약자 입니다.
- DEF 파일에 DDI 함수의 진입점들이 정의되고 export되어야 합니다.
- 시스템 레지스트리를 통해 디바이스 드라이버 등록이 필요합니다.

이제 위 규칙에 따른 디바이스 드라이버 설정 파일과 빌드에 필요한 환경 파일에 대해 하나씩 알아보도록 하겠습니다. 또한, 드라이버 진입점들을 기준으로 필요한 함수들을 하나씩 구현하도록 하겠습니다.

24.2. 디바이스 드라이버 폴더 생성 및 등록

Windows CE에서 기본으로 제공하는 디바이스 드라이버와는 달리 사용자가 추가하는 드라이버는 대부분 해당 BSP의 서브 디렉터리에 존재합니다. 여기서 구현하려는 버튼 드라이버도 망고 보드라는 플랫폼에만 해당하기 때문에 반드시 망고 BSP 폴더 아래에 추가하도록 합니다. 망고 보드의 Windows CE 6.0 BSP의 디바이스 드라이버는 각각 해당 보드 별로 다음 디렉터리에 위치합니다.

```
C:\WINCE600\PLATFORM\CB2443\SRC\DRIVERS
C:\WINCE600\PLATFORM\CB6410\SRC\DRIVERS
```

이미 이전 장에서 공부했던 것처럼 정의되는 폴더의 위치에 대한 환경 변수를 이용해서 이것은 다음과 같이 표현될 수 있습니다.

```
$(_TARGETPLATROOT)\SRC\DRIVERS
```

24. Button Device Driver - 제작 및 등록

플랫폼 빌더에서 정의되는 폴더 위치와 관련한 환경 변수들에 대해서는 이미 살펴보았지만 여기서 주요한 부분들에 대한 것만 다시 한번 살펴보도록 하겠습니다.
(C:\WINCE600\PUBLIC\COMMON\OAK\MISC\wince.bat 파일 참조).

<공통>

```
_WINCEROOT=C:\WINCE600
_PLATFORMROOT=C:\WINCE600\platform (=%_WINCEROOT%\PLATFORM)
_PUBLICROOT=C:\WINCE600\public
```

<망고 24>

```
_TARGETPLATROOT=C:\WINCE600\platform\cb2443
_PROJECTROOT=C:\WINCE600\OSDesigns\CB2443-V01\Wince600\cb2443_ARMV4I
_FLATRELEASEDIR=C:\WINCE600\OSDesigns\CB2443-V01\RelDir\cb2443_ARMV4I_Release
```

<망고 64>

```
_TARGETPLATROOT=C:\WINCE600\platform\CB6410
_PROJECTROOT=C:\WINCE600\OSDesigns\CB6410-V01\Wince600\CB6410_ARMV4I
_FLATRELEASEDIR=C:\WINCE600\OSDesigns\CB6410-V01\RelDir\Mango64_CB6410_Release
```

$(_TARGETPLATROOT)\SRC\DRIVERS 폴더 아래에 버튼 드라이버 디렉터리(Button)를 생성하였습니다.

```
C:\WINCE600\PLATFORM\CB2443\SRC\DRIVERS\Button
C:\WINCE600\PLATFORM\CB6410\SRC\DRIVERS\Button
```

이제 버튼 드라이버를 빌드 대상에 포함되도록 해야 합니다.

Windows CE는 서브 디렉터리를 빌드에 포함하기 위해 dirs 파일에 디렉터리 이름을 넣어줘야 한다. 따라서, 아래의 파일에 버튼 드라이버의 디렉터리 이름을 포함시켜야 한다.

```
C:\WINCE600\PLATFORM\CB2443\SRC\DRIVERS\dirs
C:\WINCE600\PLATFORM\CB6410\SRC\DRIVERS\dirs
```

C:\WINCE600\PLATFORM\CB2443\SRC\DRIVERS\dirs

```
!if 0
Copyright (c) Microsoft Corporation.   All rights reserved.
!endif
!if 0
```

```
… … … … … … …
!endif
DIRS=ceddk        ₩
            Display    ₩
      touch       ₩
      CS8900      ₩
      SMB380      ₩
      wavedev ₩
      cs8900eboot ₩
      iic         ₩
      camera           ₩
      PowerButton ₩
      Usb ₩
      Keybd       ₩
      SDHC        ₩
      Serial      ₩
      HSMMC       ₩
      atapi       ₩
      POST        ₩
      NLED ₩
      Battdrvr ₩
      Button
```

C:₩WINCE600₩PLATFORM₩CB6410₩SRC₩DRIVERS₩dirs

```
… … … … … …
DIRS =    ₩
    DrvLib      ₩
    DMA         ₩
… … … … … …
    BMP085      ₩
    UAO ₩
    Button
```

위 변경 내용과 같이 각각의 파일의 가장 아래 부분에 Button을 추가하였습니다. 이 부분은 결국 DIR 부분에 하나의 값을 추가로 입력해 주는 것입니다.

추가를 수행할 때 주의해야 할 부분은 ₩ 기호 입니다. ₩ 기호는 우리가 에디터 상에서 보았을 때는 라인이 다른 것처럼 보이지만 플랫폼 빌더 프로그램의 입장에서는 다른 라인이 아니라 하나의 라인

24. Button Device Driver - 제작 및 등록

으로 생각하도록 만들어주는 효과를 주게 됩니다. 결국 "DIRS ="로 이어지는 내용을 모두 하나의 라인에 기록한 것과 같도록 만들어 주는 것입니다. 이 점을 편집 시에 꼭 인지해야 합니다.

24.3. 빌드 환경 파일 생성 – makefile

> BSP 빌드에 필요한 환경 파일로 sources와 makefile이 있습니다.

이제 디바이스 드라이버 디렉터리(Button) 아래에 환경 파일과 소스 파일을 하나씩 만들어 가도록 하겠습니다. 우선 빌드에 필요한 파일로 sources와 makefile 파일을 만들어 보도록 합니다.

먼저 보다 쉬운 makefile에 대해서 알아 보도록 하겠습니다.

http://msdn.microsoft.com/en-us/library/aa447077.aspx
MSDN에서 이 부분에 대해 설명한 내용을 살펴보도록 하겠습니다.

Creating the OAL Sources and Makefile Files

Windows CE 빌드 프로세스는 makefile들에 의해서 이루어지게 되는데 이러한 과정은 CDEFINES와 같은 빌드 구성 정보와 include, library 파일 path 등을 sources 파일로부터 제공받아서 함께 작업이 됩니다. 하나의 sources 파일을 이용해서 OAL을 Hal.lib라는 하나의 라이브러리로 빌드 하게 됩니다. 이 라이브러리는 커널 이미지로 링크되어 만들어지게 됩니다. sources 파일과 makefile을 만드는 방법에 대해 기술되어 있습니다.

<sources 파일 만드는 법>
sources 파일은 다음 코드를 포함하고 있어야 합니다.
TARGETNAME=Oal
TARGETTYPE=LIBRARY
RELEASETYPE=PLATFORM
ARM_SOURCES=arm\startup.s
위 코드는 예로 들은 것일 뿐 이와 똑같이 코딩을 하는 것은 아닙니다. 이들에 대한 자세한 내용은 뒤에서 살펴보도록 하겠습니다.

<makefile 파일 만드는 법>
makefile 파일은 다음 코드를 포함하고 있어야 합니다.
!INCLUDE $(_MAKEENVROOT)\makefile.def

---

makefile에는 오직 위에서 얘기한 한 줄의 코드만 들어있으면 됩니다.

_MAKEENVROOT=C:\WINCE600\public\common\oak\misc

_MAKEENVROOT는 위와 같은 폴더 위치를 가지고 있는 것이고, 그곳에 가 보면 makefile.def가 존재하고 있습니다.

다른 개발 환경에서는 makefile 안에 모든 설정 정보들을 포함하고 있는 것이 보통입니다. 그런데 플랫폼 빌더는 이러한 설정 정보들을 makefile이 아닌 sources 파일에 가지고 있습니다. 그러면서 makefile에는 오직 makefile.def라는 공통의 makefile만을 포함하고 있는 조금은 특이한 방법을 사용합니다. 사용자들은 자신이 가지고 있는 makefile이나 공통의 makefile인 makefile.def를 편집하지 말아야 합니다.

Build.exe가 dirs와 sources 파일들이 존재하는 부분으로 위치를 잡은 이후에 내부 환경 변수들을 설정하게 됩니다. Nmake.exe은 공통으로 사용하는 Sources.cmm 파일에 추가적으로 각각의 폴더에 들어있는 sources 파일을 참조하는 것입니다. Makefile.def에 들어있는 링크 관련 정보를 이용해서 Nmake.exe은 sources 파일에 명시된 소스 코드들을 컴파일하고 오브젝트 모듈로 링크하게 됩니다. Nmake.exe은 Makefile.def를 이용해서 현재의 환경 변수들에 대한 정보를 컴파일러, 링커 등의 툴들에 전달해 주는 것입니다. _TGTCPUFAMILY 정보를 이용해서 해당하는 CPU 종류에 맞도록 그 아키텍처를 빌드 할 수 있는 빌드 툴로 정보를 보내주는 것입니다.

여기서 빌드와 관련한 모든 파일들에 대해서 살펴보기는 너무 방대한 양입니다. 뒤에서 하나의 챕터로 보다 자세하게 분석하도록 하겠습니다.

Drivers 폴더에 있는 다른 부분을 모두 살펴보았습니다. 모든 곳에 sources와 makefile 이들 2개의 파일이 존재하고 있었습니다. 몇몇의 경우는 MAKEFILE, SOURCES로 대문자로 되어 있는 것들도 존재합니다. makefile, sources 등의 이름은 대소문자를 구분하지는 않습니다.

```
 1 #
 2 # DO NOT EDIT THIS
 3 # file to this comp
 4 # that is shared
 5 #
 6 !INCLUDE $(_MAKEENV
```

```
 1 !if 0
 2 Copyright (c) Microsoft Corporation.  All rights reserve
 3 !endif
 4 !if 0
 5 Use of this source code is subject to the terms of the M
 6 license agreement (EULA) under which you licensed this S
 7 If you did not accept the terms of the EULA, you are not
 8 this source code. For a copy of the EULA, please see the
 9 install media.
10 !endif
11
12 #
13 # DO NOT EDIT THIS FILE!!!  Edit .\sources. if you want
14 # file to this component.  This file merely indirects to
15 # that is shared by all the components of Windows CE
16 #
17 !INCLUDE $(_MAKEENVROOT)\makefile.def
```

24. Button Device Driver - 제작 및 등록

임의로 두 개의 makefile을 비교해 보았습니다. comment로 되어 있는 부분만 다른 점이 있을 뿐 실제 내용 상으로는 차이가 없습니다. !if, !endif의 쌍으로 되어 있는 부분은 !if 0로 되어 있기 때문에 0 이라서 해석할 이유가 없기 때문에 이러한 방식으로 주석을 기록하고 있는 것입니다. 물론 이런 방식이 아니라 #을 이용해서 표시해도 다를 것은 없습니다. 가장 앞에 #이 있으면 그 라인 전체도 역시 주석을 의미하게 됩니다. 이러한 주석에 대한 사항은 sources 파일에서도 마찬가지 입니다.

```
!INCLUDE $(_MAKEENVROOT)\makefile.def
```

makefile에는 오직 하나의 문장이 존재하는 것입니다. 이 내용으로 makefile을 만들었습니다.

```
# DO NOT EDIT THIS FILE!!!
# Edit .\sources. if you want to add a new source file to this component.
!INCLUDE $(_MAKEENVROOT)\makefile.def
```

주석도 단순하게 명시했습니다. \CB2443\SRC\DRIVERS\Button\makefile과 \CB6410\SRC\DRIVERS\Button\makefile이 완전히 동일합니다.

24.4. 빌드 환경 파일 생성 – Sources

Sources 파일은 소스 파일과 이미지 생성에 필요한 정보를 제공하고 makefile은 컴파일에 필요한 정보를 가지고 있습니다. Dirs 파일은 build.exe에게 보내줄 폴더 위치에 대한 정보라면 Sources 파일은 그 폴더 내에서 참조해야 할 가장 중요한 파일이 될 것입니다.

build.exe가 Sources 파일을 발견하면 자신은 잠시 멈추고 Nmake.exe를 수행시켜서 그로 하여금 폴더에서 소스 코드를 빌드 하도록 합니다. Sources 파일 내에는 각종 환경 변수들을 설정해 둠으로써 Nmake.exe가 makefile을 해석할 때 사용될 수 있도록 합니다. 물론 makefile 내에는 오직 공통의 makefile인 makefile.def 파일만 참조할 것입니다.

Sources 파일 내에서 환경 변수를 설정하는 것은 단순합니다. 단지 변수 이름을 주고 등호(=)를 주고 값을 적어 넣으면 됩니다. TARGETNAME=S3C6410_Button과 같이 말입니다. 여기서는 다른 곳에 정의된 환경 변수의 값도 사용할 수 있습니다. $()의 내부에 다른 곳에 정의된 변수 값을 이용하는 것입니다. $(_COMMONSDKROOT)와 같이 이용할 수 있는 것입니다.

```
Sources 파일에 대해서 완전하게 이해하기 위해서는 C:\WINCE600\public\common\oak\misc에
있는 makefile.def 파일을 완전하게 분석해야 합니다. 결국 Sources 파일에서 정의한 정보들을
makefile.def 파일에서 이용하기 때문입니다.
```

Sources 파일을 만드는 가장 좋은 방법은 다른 디바이스 드라이버를 참조하여 작성하는 것입니다. 아래 적혀있는 Sources 파일을 보시면 다른 디바이스 드라이버들에 있는 것과 비슷하다는 것을 알 수 있을 것입니다.

₩CB6410₩SRC₩DRIVERS₩Button₩sources

```
TARGETNAME=S3C6410_Button
DEFFILE=S3C6410_Button.def
TARGETTYPE=DYNLINK
RELEASETYPE=PLATFORM
DLLENTRY=DllEntry
PREPROCESSDEFFILE=1
INCLUDES = $(INCLUDES);
TARGETLIBS= ₩
    $(_COMMONSDKROOT)₩lib₩$(_CPUINDPATH)₩coredll.lib ₩
    $(_COMMONOAKROOT)₩lib₩$(_CPUINDPATH)₩ceddk.lib
SOURCES= ₩
    S3C6410_Button.c
```

₩CB2443₩SRC₩DRIVERS₩Button

```
TARGETNAME=S3C2443_Button
DEFFILE=S3C2443_Button.def
TARGETTYPE=DYNLINK
RELEASETYPE=PLATFORM
DLLENTRY=DllEntry
PREPROCESSDEFFILE=1
INCLUDES = $(INCLUDES);
TARGETLIBS= ₩
    $(_COMMONSDKROOT)₩lib₩$(_CPUINDPATH)₩coredll.lib ₩
    $(_COMMONOAKROOT)₩lib₩$(_CPUINDPATH)₩ceddk.lib
SOURCES= ₩
    S3C2443_Button.c
```

망고24의 Sources 파일의 내용은 망고64의 것과 드라이버 이름이나 파일 이름을 제외하고는 완전히 동일한 것을 알 수 있습니다.

이제 하나씩 내용을 살펴보도록 하겠습니다. 사실 sources 파일에 정의할 수 있는 변수의 종류는 무척 많습니다. 약 50개 가까이 됩니다. 여기서 그 내용들을 모두 살펴볼 수는 없고, 위에서 정의된 부

24. Button Device Driver - 제작 및 등록

분들만 검토를 해보도록 하겠습니다.

TARGETNAME은 빌드 될 exe나 dll, lib의 이름이 되겠습니다. 여기에는 exe나 dll, lib와 같은 확장자는 명시하지 않습니다. Build.exe는 이 이름을 이용해서 TARGETNAME.exe나 lib, dll을 만들어 주게 됩니다. DEFFILE은 module-definition file (.def)의 이름을 적어주는 부분입니다. 이것은 export 파일이라고도 불리는데 뒤에서 자세히 살펴볼 것입니다.

TARGETTYPE은 빌드 될 타겟의 타입을 의미합니다.
아래 표의 3가지 중의 하나가 될 수 있습니다. 우리의 경우 DYNLINK를 주어서 dynamic link library로 만들고 있습니다.

Value	Description
LIBRARY	.lib file.
DYNLINK	**.dll file.**
PROGRAM	.exe file.

Static 라이브러리를 만드는 경우에는 LIBRARY로 정의를 해야 할 것이고, 어플리케이션과 같은 실행 파일로 만들 경우에는 PROGRAM으로 적어 주어야 할 것입니다.

RELEASETYPE은 Nmake.exe가 타겟 파일을 어느 폴더에 위치시킬 것인가를 결정해주게 됩니다. 여기서 PLATFORM으로 명시하는 것은 PLATFORM\<BSP>\<Target>에 위치하도록 만들어주는 것입니다. 실제로 빌드를 해서 보면 \PLATFORM\CB6410\target\ARMV4I\retail 부분에 S3C6410_Button.dll로 만들어져 있는 것을 확인할 수 있습니다. 망고 24의 경우도 BSP 이름만 다를 뿐 동일합니다. RELEASETYPE은 PLATFORM 말고도 여러 가지가 있습니다만 여기서는 설명을 생략하도록 합니다.

DLLENTRY는 dll 파일에 대해서 시작 위치를 나타내 주는 것입니다. dll의 시작 위치이기 때문에 TARGETTYPE이 DYNLINK일 때에만 의미가 있는 것입니다.

PREPROCESSDEFFILE는 이 값을 1로 설정하면 module-definition file (.def)을 먼저 프로세싱 하라고 명시해 주는 것입니다. 디폴트로는 이 값이 설정되어 있지 않기 때문에 module-definition file (.def)을 사용할 경우는 반드시 이 값을 1로 설정해 주어야 합니다.

INCLUDES는 추가적인 헤더 파일을 찾을 path를 명시해줄 수 있습니다. 이 매크로는 추가적으로 헤더를 찾을 폴더가 있을 경우에만 명시하면 됩니다. 공통 헤더 파일들은 자동으로 포함되기 때문에 굳이 명시할 필요는 없습니다. 우리의 경우는 위와 같이 $(INCLUDES)를 포함시켜서 원래 정의된 것을 여기서도 사용할 것을 명시해 주었지만 이 부분은 없어도 문제되지는 않습니다.

TARGETLIBS에는 반드시 링크가 되어야 하는 라이브러리에 대한 정보를 기술해줍니다.

뒤에서 살펴볼 것이지만 BTK_Init() 함수에서 MmMapIoSpace() 함수를 사용할 것입니다. MSDN에서 MmMapIoSpace() 함수를 찾아보면 아래 내용을 발견할 수 있습니다.

Requirements	
Header	ceddk.h
Library	**CEDDK.lib**
Windows Embedded CE	Windows CE 2.10 and later

MmMapIoSpace() 함수가 CEDDK.lib에 들어있는 것을 알 수 있습니다. 그러므로 이 함수를 이용해서 빌드를 하기 위해서는 이 라이브러리에 대한 정보를 기술해 주어야 합니다.

KernelIoControl() 함수도 사용을 하고 있는데 이 부분을 MSDN에서 찾아보면 아래 내용을 찾을 수 있습니다.

Requirements	
Header	pkfuncs.h
Library	**coredll.lib**
Windows Embedded CE	Windows CE 2.10 and later

결국 최소 위의 두 개의 라이브러리는 꼭 포함을 해야 한다는 것을 알 수 있습니다. coredll.lib 같은 경우는 많은 기본적인 함수들을 가지고 있기 때문에 대부분의 경우는 포함할 수 밖에 없을 것입니다.

한가지 주의할 점은 이렇게 라이브러리를 포함시킬 때 반드시 전체 디렉토리 구조를 전부 기술해야 한다는 것입니다. 절대 경로를 쓸 수도 있겠지만 $(_COMMONOAKROOT)\lib\$(_CPUINDPATH)\ceddk.lib 이와 같은 형태로 물론 기존에 정의된 값을 이용하는 것이 보다 좋은 방법일 것입니다. 위와 같이 $(_CPUINDPATH)를 사용해서 정의하는 것이 좋은 방법일 뿐만 아니라 반드시 이렇게 해야 하는 부분이기도 합니다.

SOURCELIBS

TARGETLIBS와는 별도로 SOURCELIBS를 정의할 수도 있습니다. 이것은 함께 링크가 될 특정 라이브러리들 (.lib 파일들)을 명시할 수 있습니다. 전형적으로 이것이 사용되는 경우는 만약 보다 적은 크기의 요소들을 지닌 라이브러리들을 사용해서 하나의 커다란 컴포넌트로 만들고자 할 때 이것을 사용할 수 있을 것입니다.

마지막으로 SOURCES를 정의하고 있습니다. 현재 빌드 될 소스 코드들의 이름을 명시해 주면 됩니다.

24.5. 빌드 환경 파일 생성 – Module-Definition File

위에서 살펴본 Sources 파일에 보면 DEFFILE을 정의하고 있습니다. 이것을 module-definition file (.def) 이라고 말씀 드렸고, export 파일이라고도 불린다고 하였습니다.

module-definition file은 드라이버 진입점들을 나열하고 export하는 파일을 나타냅니다. 물론 이 외에도 여러 가지의 내용을 추가할 수 있지만 우리가 사용하고 있는 부분들에 대해서만 검토해 보도록 하겠습니다.

Windows CE에서 정의하는 드라이버 진입 함수는 다음과 같습니다. 각 함수 앞의 XXX는 드라이버의 접두어 세 글자를 의미합니다.
- XXX_Init
- XXX_PreDeinit
- XXX_Deinit
- XXX_Open
- XXX_PreClose
- XXX_Close
- XXX_Read
- XXX_Write
- XXX_Seek
- XXX_IoControl
- XXX_PowerDown
- XXX_PowerUp

위의 진입 함수들은 Sources 파일의 DEFFILE로 정의된 파일에 포함되어야 합니다.

₩CB6410₩SRC₩DRIVERS₩Button₩S3C6410_Button.def

```
LIBRARY S3C6410_Button.dll

EXPORTS
    DllEntry
    BTK_Init
    BTK_Deinit
    BTK_Open
    BTK_Close
    BTK_Read
    BTK_Write
    BTK_Seek
```

```
    BTK_IOControl
    BTK_PowerDown
    BTK_PowerUp
```

S3C2443_Button.def 파일도 위 내용과 크게 다르지 않습니다. 위의 S3C6410_Button.dll 부분이 S3C2443_Button.dll로 바뀌는 것을 제외하면 다른 부분은 모두 동일합니다.

module-definition file은 실행 파일 (.exe)이나 dynamic-link library (DLL)를 정의하는 내용을 포함하는 파일입니다. 우리는 DLL을 만들기 위해서 사용하는 것이고, 이 과정은 빌드 프로세스에서 가장 마지막 과정이기도 합니다. 링커에게 정보를 주고 있는 것인데 위 내용에서 EXPORTS 부분에 명시된 함수들을 알려주고 있는 것이기도 합니다. 그렇기 때문에 이 파일을 export 파일이라고도 부르고 있는 것입니다. 위 내용에서 LIBRARY 부분에 지금 만들어진 DLL 파일에 대한 이름을 명시하고 EXPORTS로 함수들에 대한 정보만을 주고 있습니다. 물론 이 외에도 IMPORTS를 할 수도 있고, SECTIONS에 대한 정보도 명시할 수 있습니다만 여기서는 가장 간단한 형태만 기술하고 있습니다.

24.6. 레지스트리 등록 및 이미지에 포함하기

24.6.1. 시스템 레지스트리 등록

위의 진입 함수 이름에서 알 수 있듯이, 버튼 드라이버의 접두어는 BTK로 정의했습니다. 이 접두어는 반드시 시스템 레지스트리에 등록되어야 합니다. 시스템 레지스트리에 등록하기 위해서는 다음의 파일을 적절히 수정해야 합니다.

```
C:\WINCE600\PLATFORM\CB2443\FILES\platform.reg
C:\WINCE600\PLATFORM\CB6410\FILES\platform.reg
```

C:\WINCE600\PLATFORM\CB2443\FILES\platform.reg의 가장 뒤에 다음의 내용을 포함 시켰습니다.

```
;-------------- Key button Driver ------------------------------------------------
[HKEY_LOCAL_MACHINE\Drivers\BuiltIn\BTK]
    "Prefix"="BTK"
    "Dll"="S3C2443_Button.dll"
```

위와 같이 드라이버 등록 정보는 접두어와 DLL 파일을 포함하고 있어야 합니다. 당연히 이와 비슷한 형태로 망고 64에도 적용이 됩니다. C:\WINCE600\PLATFORM\CB6410\FILES\platform.reg 의 가장 뒤에 다음의 내용을 포함 시켰습니다.

24. Button Device Driver - 제작 및 등록

```
;-------------- Key button Driver --------------------------------------------
[HKEY_LOCAL_MACHINE\Drivers\BuiltIn\BTK]
    "Prefix"="BTK"
    "Dll"="S3C6410_Button.dll"
```

24.6.2. NK.bin 이미지에 포함시키기

우리가 만든 DLL을 커널 이미지에 포함시키기 위해서는 아래의 파일을 수정해야 합니다.

```
C:\WINCE600\PLATFORM\CB2443\FILES\platform.bib
C:\WINCE600\PLATFORM\CB6410\FILES\platform.bib
```

C:\WINCE600\PLATFORM\CB6410\FILES\platform.bib를 아래와 같이 수정하였습니다.

```
; -------------- SDIO8686 ----------------------------------------------------
IF BSP_NOSDIO8686 !
SDIO8686.dll              $(_FLATRELEASEDIR)\SDIO8686.dll           NK  SHK
ENDIF BSP_NOSDIO8686 !
; ---------------------------------------------------------------------------

; -------------- Key button Driver -------------------------------------------
s3c6410_Button.dll        $(_FLATRELEASEDIR)\s3c6410_Button.dll     NK  SHK
; ---------------------------------------------------------------------------
```

SDIO8686.dll 부분에 대한 정의 바로 뒤에 Key button driver 부분을 추가하였습니다. SDIO8686.dll 부분은 BSP_NOSDIO8686라는 환경 변수를 이용해서 이 부분을 포함시키거나 빼는 것을 보다 쉽게 수행할 수 있도록 만들고 있습니다.

```
@REM by crazyboy, 3-Axis accel(SMB380), WIFI(SDIO8686)
set BSP_NOSMB380=
set BSP_NOSDIO8686=
```

\CB6410\CB6410.bat 파일을 보면 가장 아래에 위와 같이 정의가 되어 있습니다. 만약 이 파일에서 BSP_NOSDIO8686를 1로 정의하게 되면 위의 platform.bib에서 "IF BSP_NOSDIO8686 !" 부분이 NOT (!)으로 인해서 거짓이 되고 이로 인해서 SDIO8686.dll 부분이 NK.bin 런타임 이미지에 포함되지 않게 되는 것입니다.

버튼 디바이스 드라이버 역시 이와 같은 형태로 구현할 수 있지만 일단은 항상 포함시키도록 만들기 위해서 이런 환경 변수의 선언은 하지 않았습니다.

처음에 나오는 s3c6410_Button.dll은 파일 이름을 나타내고 그 다음에 그 DLL 파일을 찾을 수 있는 Path 정보가 나옵니다. 그 다음은 Memory Type으로 어디에 적재할 것인지를 나타내는 것입니다. 우리의 경우는 NK로 NK.bin에 포함된다는 것을 나타냅니다. 그리고 나오는 SHK는 각각 System, Hidden, Kernel을 의미합니다. SH, S 등으로 일부만을 나타낼 수도 있는데 위 경우는 SHK를 모두 기술하였기 때문에 시스템 파일이면서 Hidden 파일이면서 Kernel mode 접근 권한을 가진다는 것을 나타냅니다.

망고 64의 경우와 마찬가지로 망고 24의 경우도
C:\WINCE600\PLATFORM\CB2443\FILES\platform.bib를 아래와 같이 수정하였습니다.

```
IF BSP_NOSMB380 !
    cb2443_smb380.dll        $(_FLATRELEASEDIR)\cb2443_smb380.dll        NK  SHK
ENDIF BSP_NOSMB380 !


; -------------- Key button Driver -------------------------------------------
s3c2443_Button.dll           $(_FLATRELEASEDIR)\s3c2443_Button.dll        NK  SHK
; ---------------------------------------------------------------------------
```

bib 파일은 Binary Image Builder File을 나타내는 것으로 런타임 이미지에 포함될 모듈이나 파일들에 대한 정보를 기술해 놓은 것입니다. 위에서 추가한 내용은 MODULES 부분에 추가되는 것들입니다. Binary Image Builder File에 포함되는 내용은 MEMORY, CONFIG, MODULES, FILE의 네 가지 종류가 있습니다. 이들에 대한 자세한 내용은 뒤에서 자세히 살펴볼 것입니다.

24.7. 드라이버 소스 구현

이제, 버튼 드라이버의 진입 함수부터 시작해서 버튼 드라이버에 사용된 함수들을 하나씩 설명하도록 합니다. 그런데 여기서는 그냥 문자열을 출력하는 정도로 단순하게 구현할 예정입니다. GPIO의 설정 및 인터럽트에 대한 처리 등에 대해서 다음 장에서 실제로 구현을 할 것입니다.

\CB2443\SRC\DRIVERS\Button\S3C2443_Button.c
\CB6410\SRC\DRIVERS\Button\S3C6410_Button.c
참고로 구현한 위 두 개의 파일의 내용은 현재까지는 완전히 동일합니다. 물론 이것은 이번 장까지 입니다. 다음 장부터 실제 GPIO, 인터럽트 등의 내용을 구현할 때는 많이 달라질 것입니다.

24.7.1. DllEntry

DLLENTRY=DllEntry

Sources 파일에서 우리는 DLLENTRY로 DllEntry라고 명시하였고 이 내용을 구현해 주어야 합니다. 최초 디바이스 드라이버의 시작 위치가 되는 부분입니다.

```
BOOL DllEntry( HINSTANCE hInstance, ULONG dwReason, LPVOID pReserved)
{
    switch(dwReason)
    {
    case DLL_PROCESS_ATTACH:
        RETAILMSG(1,(TEXT("BTN Driver : DLL_PROCESS_ATTACH\n")));
        break;
    case DLL_PROCESS_DETACH:
        RETAILMSG(1,(TEXT("BTN Driver : DLL_PROCESS_DETACH\n")));
        break;
    }

    return TRUE;
}
```

DllEntry는 DLL로 만들어진 드라이버 파일이 로딩될 때 처음 호출되는 함수입니다. 이 함수는 드라이버 등록 시에 불리는 것으로 시스템에 등록하고 관련된 변수의 초기화만 이뤄지는 것으로 실제 디바이스가 사용 가능한 상태와는 무관합니다. 즉, 하드웨어와 디바이스 드라이버 자체 리소스에 대한 초기화는 별도로 수행되어야 합니다. 이것은 초기화 함수(BTK_Init)에서 수행이 되어야 합니다.

프로세스나 Thread가 초기화 되거나 종료될 때 또는 LoadLibrary나 FreeLibrary 함수가 호출될 때 이 함수가 불리게 됩니다. 어떤 상황에서 호출이 되었는지를 검사할 수 있는 값이 dwReason으로 넘어오게 됩니다.

DLL_PROCESS_ATTACH	프로세스가 시작되거나 LoadLibrary의 호출로 인해서 DLL이 로딩되어서 Virtual 주소 공간으로 적재된다는 것을 나타내는 것입니다. 보통 DLL은 이 순간에 instance data에 대한 초기화를 수행하는 용도로 활용하면 될 것입니다.
DLL_THREAD_ATTACH	프로세스가 새로운 Thread를 생성했다는 것을 알려줍니다. 이때 시스템은 현재 프로세스에 attach된 모든 DLL들의 entry 함수를

	호출해주게 됩니다.
DLL_THREAD_DETACH	Thread를 종료하는 것을 나타냅니다. 만약 Thread의 자료구조들을 메모리에서 할당 받았다면 이 부분에서 메모리를 Free 시켜주어야 할 것입니다.
DLL_PROCESS_DETACH	프로세스가 종료하거나 FreeLibrary의 호출로 인해서 DLL이 Virtual 주소 공간에서 Unload 된다는 것을 의미합니다. Thread의 경우와 마찬가지로 메모리 할당이 된 부분이 있다면 이 부분에서 모두 Free를 시켜주어야 합니다.

24.7.2. BTK_Init 및 기타 함수들

BTK_Init() 함수는 장치관리자가 디바이스 드라이버를 처음 적재할 때 불립니다. 보통 이 함수에서는 장치에 대한 초기화와 드라이버 관리를 위한 자원의 초기화를 수행합니다.

```
DWORD BTK_Init(LPCTSTR pContext, DWORD dwBusContext)
{
    DWORD dwRet = 0;
    RETAILMSG(1,(TEXT("BTK_Init()\r\n")));
    dwRet = 1;
    return dwRet;
}
```

위 내용을 보면 문자열을 하나 찍어주는 것 외에는 아무것도 하지 않고 있음을 알 수 있습니다. BTK_Init의 내용은 뒤에서 가장 많이 변하게 될 부분입니다. 그때 자세히 공부하게 될 것입니다.

```
DWORD BTK_Deinit(DWORD dwContext) {
    DWORD dwRet = 0;
    RETAILMSG(1,(TEXT("BTN_Deinit()\r\n")));
    dwRet = 1;     return dwRet;
}

DWORD BTK_Open(DWORD hDeviceContext, DWORD AccessCode, DWORD ShareMode) {
    DWORD dwRet = 0;
    RETAILMSG(1,(TEXT("BTN_Open()\r\n")));
    dwRet = 1;     return dwRet;
}
```

```
DWORD BTK_Close(DWORD dwContext) {
    DWORD dwRet = 0;
    RETAILMSG(1,(TEXT("BTN_Close()\r\n")));
    dwRet = 1;    return dwRet;
}

DWORD BTK_Read(DWORD hOpenContext, LPVOID pBuffer, DWORD Count) {
    DWORD dwRet = 0;
    RETAILMSG(1,(TEXT("BTN_Read()\r\n")));
    dwRet = 1;    return dwRet;
}

DWORD BTK_Write(DWORD hOpenContext, LPCVOID pSourceBytes, DWORD NumberOfBytes) {
    DWORD dwRet = 0;
    RETAILMSG(1,(TEXT("BTN_Write()\r\n")));
    dwRet = 1;    return dwRet;
}

DWORD BTK_Seek(DWORD hOpenContext, long Amount, DWORD Type) {
    DWORD dwRet = 0;
    RETAILMSG(1,(TEXT("BTN_Seek()\r\n")));
    dwRet = 1;    return dwRet;
}

DWORD BTK_PowerUp(DWORD dwContext) {
    DWORD dwRet = 0;
    RETAILMSG(1,(TEXT("BTN_PowerUp()\r\n")));
    dwRet = 1;    return dwRet;
}

DWORD BTK_PowerDown(DWORD dwContext) {
    DWORD dwRet = 0;
    RETAILMSG(1,(TEXT("BTN_PowerDown()\r\n")));
    dwRet = 1;    return dwRet;
}

DWORD BTK_IOControl(DWORD hOpenContext, DWORD dwCode, PBYTE pBufIn,
          DWORD dwLenIn, PBYTE pBufOut, DWORD dwLenOut, PDWORD pdwActualOut) {
```

```
    DWORD dwRet = 0;
    RETAILMSG(1,(TEXT("BTK_IOControl()\r\n")));
    dwRet = 1;     return dwRet;
}
```

모든 다른 함수들 역시 위와 똑같이 문자열을 출력하는 것만을 수행하도록 구현했습니다.

사실 버튼 디바이스 드라이버의 경우에 있어서 위에서 모든 함수들에 대한 구현이 반드시 필요한 것은 아닙니다. 디바이스의 특성상 Open, Close, Read, Write와 같은 파일 입출력에 대한 부분이 거의 필요 없기 때문입니다. 여기서는 다만 디바이스 드라이버의 일반적인 사항으로 모든 함수에 대한 예를 들기 위해서 모두 기술한 것뿐입니다.

24.8. 실행 결과

이제 모든 생성 작업은 끝냈고 이를 실제로 BSP에 포함시켜서 빌드를 수행해 보도록 합니다.

```
Audio Output IRQ(DMA2) mapping: [IRQ:55->sysIRQ:23].
+OALIoCtlHalGetHWEntropy
HcdPdd_Init
InitializeOHCI
HOST CAP : 4
VBridge:: VB_INITIALIZED returns [0]

########## SMB_Init: Get chip info chipid 2, mlversion 1, alv
SMB::SMB_IOControl() Unsupported IOCTL code 321000
BTN Driver : DLL_PROCESS_ATTACH
BTK_Init()
```

<망고 24 수행 결과>

```
[MFC POWER] Power is down-OALIntrRequestSysIntr(irq = 18, sysI
SMB_Init: Get chip info chipid 2, mlversion 2, alversion 0.
PRS_Init: SMD500 pressure sensor detected. chipid 0.
BTN Driver : DLL_P[UFNPDD] OTG Cable Attached
ROCESS_ATTACH
BTK_Init()
[PWRCON:INF] PWC_IOControl(IOCTL_PWRCON_SET_POWER_ON, 7) : BLK
-OALIntrRequestSysIntr(irq = 21, sysIntr = 31)
2D Sysintr : 31
[DISP:INF] VCLK Source = LCDCLK (133000000 Hz)
```

<망고 64 수행 결과>

버튼 드라이버가 DllEntry 함수에서 DLL_PROCESS_ATTACH 경우에 대한 출력을 하고 있고, 이후 BTK_Init 함수도 호출이 된 것을 알 수 있습니다. 망고 64의 경우는 출력문이 연속해서 나타나지 않고 시간차이로 인해서 출력문의 중간이 잘려 있어서 주의해서 보아야 합니다.

이제 본격적으로 디바이스의 초기화 및 인터럽트 등에 대한 작동이 될 수 있도록 구현하는 내용을 공부해 보도록 하겠습니다.

25. Interrupt 설정 및 처리 과정

버튼 드라이버의 초기화와 관련한 코드에 대한 분석을 수행하기 전에 인터럽트에 대한 부분을 검토할 필요가 있습니다. 이번 장에서는 이 인터럽트에 대해서 간략하게 알아보도록 하겠습니다.

25.1. 인터럽트 개요

인터럽트(Interrupt)라는 것은 말 그대로 뭔가 수행이 되고 있는 중간에 잠시 멈추도록 하는 것입니다. CPU가 프로그램을 수행하는 중에 잠시 멈추고 다른 것을 수행한 이후에 다시 이전에 수행하던 행동을 지속하는 과정이 되겠습니다.

인터럽트는 몇 가지 종류가 있습니다. 크게 소프트웨어 인터럽트와 하드웨어 인터럽트로 나눌 수 있는데, 소프트웨어 인터럽트는 명령들이 수행되고 있는 중에 특정 명령으로 인해서 내부적으로 인터럽트로 처리하는 상황이 발생하는 것처럼 특정 명령에 의해서 동작하는 인터럽트를 말합니다.

하드웨어 인터럽트를 두 가지로 구분하면 내부적인 요인과 외부적인 요인으로 나눌 수 있습니다. 내부 인터럽트는 현재 수행되는 과정과 관련한 이벤트에 대한 것이라고 할 수 있습니다. 예를 들면 0으로 나누는 등과 같은 행동이나 메모리에 대한 잘못된 접근으로 인한 Abort의 발생 등과 같은 것을 들 수 있습니다.

하드웨어 인터럽트 중에서 외부적인 요인으로 발생하는 인터럽트의 예를 들면, 다양한 외부의 디바이스로부터 특정한 시그널을 인터럽트 소스로 해서 CPU 내부로 알려주는 것과 같은 것입니다. 사용자가 버튼을 누르는 행위를 수행하는 것과 같은 행동을 특정 인터럽트 소스의 핀과 연결하고 그 핀의 변화를 감지해서 CPU 내부에 인터럽트로 알려주는 것과 같은 것입니다. 바로 이에 대한 부분을 뒤에서 예를 통해서 공부해 보려고 하는 것입니다.

25.2. ARM9, ARM11 Interrupt

ARM architecture 버전 7인 일명 Cortex라고 불리는 구조 이전에는 인터럽트는 단 2가지였습니다. 우리가 사용하는 ARM9 Core인 S3C2443을 사용하는 망고24나 ARM11 Core인 S3C6410을 사용하는 망고64나 모두 그러합니다. ARM V7부터는 인터럽트의 개수가 획기적으로 늘어나서 구조가 조금 달라졌지만 예전의 경우는 단 두 가지로 모든 것을 처리하는 것입니다.

두 가지의 인터럽트가 무엇인가 하면, IRQ와 FIQ입니다. FIQ는 Fast Interrupt로 인터럽트 전환과 관련해서 IRQ보다는 좀더 빠르게 처리할 수 있도록 만들어준 것입니다. 실제로 대부분의 인터럽트는 IRQ를 이용해서 처리하게 됩니다. 보다 빠른 처리를 위해서 FIQ를 이용하기도 하지만 결국은 크게 다른 부분이 없기 때문에 IRQ만을 살펴보도록 하겠습니다.

25. Interrupt 설정 및 처리 과정

Exception type	Mode	VE[a]	Normal address	High vector address
Reset	Supervisor		0x00000000	0xFFFF0000
Undefined instructions	Undefined		0x00000004	0xFFFF0004
Software interrupt (SWI)	Supervisor		0x00000008	0xFFFF0008
Prefetch Abort (instruction fetch memory abort)	Abort		0x0000000C	0xFFFF000C
Data Abort (data access memory abort)	Abort		0x00000010	0xFFFF0010
IRQ (interrupt)	IRQ	0	0x00000018	0xFFFF0018
		1	IMPLEMENTATION DEFINED	
FIQ (fast interrupt)	FIQ	0	0x0000001C	0xFFFF001C
		1	IMPLEMENTATION DEFINED	

위 내용은 ARM architecture 문서에서 발췌한 그림입니다. 여기서 우리가 유념해서 볼 부분은 IRQ의 0xFFFF0018이라는 주소값 입니다. 물론 0x00000018 번지를 활용할 수도 있지만 Windows CE는 0xFFFF0018을 IRQ에 대한 Vector 주소로 활용하게 됩니다.

보통의 임베디드 시스템에서 메모리의 크기는 128 MB, 256, 512 등등 물론 요즘은 더 큰 크기를 가지는 것들도 많지만 위의 주소값에서 0xFFFF0018이라는 것은 그 크기를 훨씬 벗어난다는 것을 알 수 있습니다. 이것은 Virtual Address를 사용할 수 있어야 가능한 부분이 되겠습니다.

Nkarm.h (c:₩wince600₩private₩winceos₩coreos₩nk₩inc)

```
/* High memory layout
 * This structure is mapped in at the end of the 4GB virtual address space.
 *   0xFFFD0000 - first level page table (uncached) (2nd half is r/o)
 *   0xFFFD4000 - disabled for protection
 *   0xFFFE0000 - second level page tables (uncached)
 *   0xFFFE4000 - disabled for protection
 *   0xFFFF0000 - exception vectors
 *   0xFFFF0400 - not used (r/o)
 *   0xFFFF1000 - disabled for protection
 *   0xFFFF2000 - r/o (physical overlaps with vectors)
 *   0xFFFF2400 - Interrupt stack (1k)
 *   0xFFFF2800 - r/o (physical overlaps with Abort stack & FIQ stack)
 *   0xFFFF3000 - disabled for protection
```

```
*   0xFFFF4000 - r/o (physical memory overlaps with vectors & intr. stack & FIQ stack)
*   0xFFFF4900 - Abort stack (2k - 256 bytes)
*   0xFFFF5000 - disabled for protection
*   0xFFFF6000 - r/o (physical memory overlaps with vectors & intr. stack)
*   0xFFFF6800 - FIQ stack (256 bytes)
*   0xFFFF6900 - r/o (physical memory overlaps with Abort stack)
*   0xFFFF7000 - disabled
*   0xFFFFC000 - kernel stack
*   0xFFFFC800 - KDataStruct
*   0xFFFFCC00 - disabled for protection (2nd level page table for 0xFFF00000)
*/
```

Nkarm.h에서 이와 관련한 부분을 찾으면 위에서 명시한 것처럼 0xFFFF0000을 exception vector 테이블로 활용하고 있음을 알 수 있습니다.

25.3. Windows CE Interrupt

모든 디바이스는 인터럽트를 통해서 동작한다고 해도 과언이 아닙니다. 우리가 만들 버튼 디바이스 드라이버 역시 인터럽트로 동작을 할 것입니다. 사용자가 버튼을 누르는 순간을 감지해서 인터럽트를 발생시키기 되고 이를 처리하도록 구현하는 것입니다.

Windows CE OS의 입장에서 인터럽트가 발생할 경우 처리할 일은 해당 디바이스 드라이버가 적절한 처리를 할 수 있도록 이벤트를 날려주는 것으로 끝입니다. 전적으로 인터럽트 처리에 대해서는 디바이스 드라이버의 역할이라고 할 수 있습니다.

> 두 가지 종류로 인터럽트를 구분할 수 있습니다.
> - **Physical Interrupts (IRQs):** 이것은 하드웨어 라인이라고 할 수 있습니다. 이를 통해서 microprocessor에게 인터럽트 시그널을 전송할 수 있는 것입니다.
> - **Logical Interrupts (SYSINTRs):** 이것은 위의 IRQ를 매핑시켜 놓은 논리적인 것입니다. 이것은 OAL에서 정의를 하게 됩니다.

인터럽트가 처리될 때 두 가지의 중요한 부분이 동작하게 됩니다. 하나는 **Interrupt Service Request (ISR)**라 불리는 하드웨어적인 인터럽트에 대한 처리를 담당하는 루틴이고, 다른 하나는 **Interrupt Service Thread (IST)**라 불리는 Thread입니다.

인터럽트가 발생하면 CPU는 커널의 Exception Handler로 점프하게 됩니다. Exception Handler는 CPU에서 지금 발생한 인터럽트와 같거나 보다 낮은 우선순위를 갖는 모든 인터럽트를 Disable 시키게 됩니다. 그리고는 Physical Interrupt Request (IRQ)에 대한 적절한 ISR을 호출하게 됩니다.

ISR은 Logical Interrupt (SYSINTR)를 인터럽트 ID의 형태로 리턴해 주고, 인터럽트 핸들러는 현재의 인터럽트를 제외한 다른 모든 인터럽트들에 대해서 Enable을 시켜줍니다. 현재의 인터럽트의 경우는 Mask되어있는 그대로 유지하고, 이전에 Disable 시켰던 다른 인터럽트들에 대해서만 Enable을 시켜 주는 것입니다. 그리고 나서 적절한 IST 이벤트를 송신합니다.

Interrupt Service Thread (IST)가 자신의 CPU 시간이 되어서 스케줄링을 받게 되면, 비로소 이전에 송신된 IST 이벤트를 수신하게 되고, 하드웨어에 대한 서비스를 수행하는 것입니다. 모든 이벤트에 대한 처리가 끝나면 InterruptDone() 함수를 호출하게 됩니다. 이것은 차례로 OAL에서 OEMInterruptDone() 함수를 호출하게 되고, OEMInterruptDone() 함수는 현재의 인터럽트를 Enable 시켜주게 됩니다.

위 내용을 보면 인터럽트가 발생했을 때 바로 그 인터럽트에 대한 처리를 수행하는 것이 아니라 해당 인터럽트에 대한 이벤트만을 날려주고 처리가 종료된다는 점이 무척 중요합니다. 실시간 운영체제의 경우에 있어서 인터럽트에 대한 처리가 지연되는 것은 무척 심각한 결과를 초래합니다. 특히나 수많은 인터럽트에 대한 처리를 우선순위를 두고 또 중복해서 발생하는 인터럽트에 대한 처리를 수행하는 데에 있어서 이를 하드웨어적으로 지원이 되지 않는 경우에는 더더욱 이러한 지연이 발생할 여지가 많고 많은 문제가 됩니다. **Windows CE의 경우 인터럽트의 처리를 ISR과 IST로 구분함으로써 이러한 실시간성에 대해서 만족할 수 있도록 하는 것입니다.**

각각의 IRQ는 ISR과 연관되어 있고, ISR은 여러 개의 IRQ 소스에 대해서 반응을 할 수 있습니다. 인터럽트가 발생되었을 때 커널은 해당 인터럽트에 대한 등록된 ISR을 호출하고 ISR은 인터럽트 ID를 넘겨주게 됩니다. 이 ID를 이용해서 이벤트를 발생시켜주는 것이고, 실질적으로 이 인터럽트에 대한 처리는 이 이벤트를 통해서 이루어지는 것입니다. 다만, 이렇게 처리함으로 인해서 이벤트에 대한 실질적인 인터럽트에 대한 처리가 이루어지는 동안에도 다른 인터럽트가 발생하였을 경우 그 인터럽트를 받을 수 있도록 만들고 있는 것입니다.

Exception Handler는 모든 인터럽트들의 일차적인 처리 부분입니다. 인터럽트가 발생했을 때 CPU는 Exception Handler로 제어권을 넘기게 됩니다. Exception Handler는 이때 현재의 인터럽트를 처리하기 위해서 등록된 ISR을 호출하게 됩니다. ISR은 이 인터럽트를 Logical 인터럽트 ID인 SYSINTR로 변경 시켜야 할 책임이 있습니다. 또한 이것을 리턴 값으로 커널에 돌려주어야 할 책임 역시 가지고 있습니다.

커널은 이 Logical 인터럽트 ID와 연관된 이벤트를 설정합니다. 이로 인해서 Interrupt Service Thread (IST)가 스케줄 됩니다. IST는 디바이스의 인터럽트를 서비스 해야 하는 책임이 있습니다. IST는 Device Manager에 있는 thread의 context에서 수행되고, 높은 우선순위로 수행되는 전형적인 어플리케이션 thread입니다.

부팅이 되는 동안 커널은 OAL (OEM Adaptation Layer) 내의 OEMInit 함수를 호출하게 됩니다. OEMInit은 HookInterrupt 함수를 호출해서 Exception Handler로 하여금 개별 물리적인 인터럽트 라인과 어떤 ISR이 연관되는지를 알 수 있도록 합니다. OEMInterruptEnable, OEMInterruptDisable, OEMInterruptDone과 같은 OAL 내의 함수들이 인터럽트를 처리하는 동안에 사용되게 됩니다.

25.4. Interrupt 발생시의 처리과정

아래의 그림은 MSDN에서 발췌한 인터럽트에 대한 처리 과정의 그림입니다.

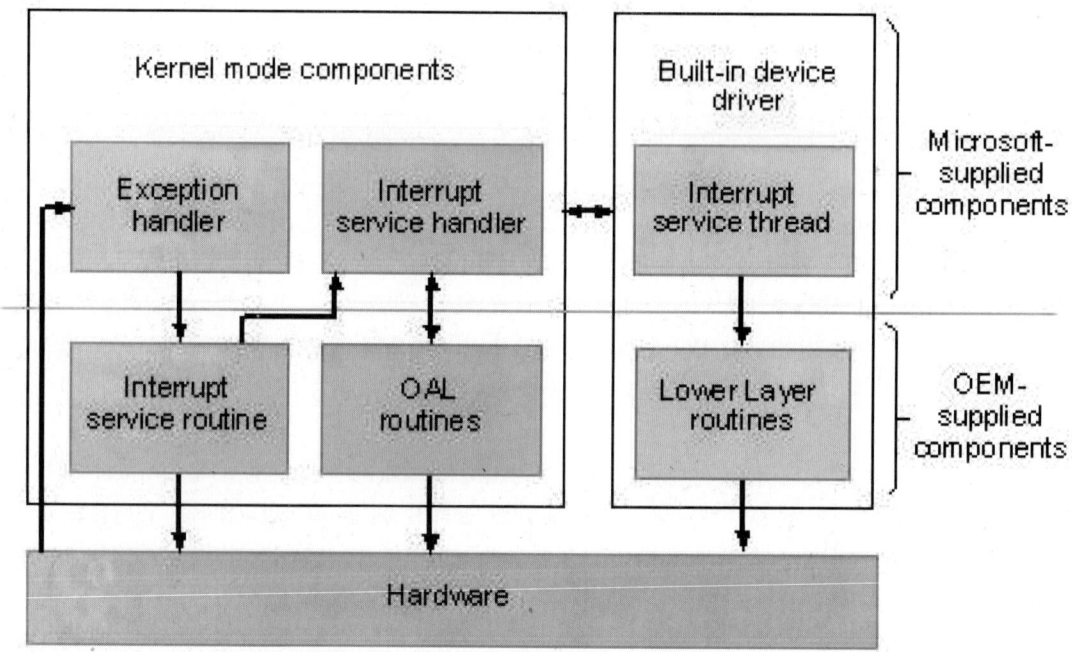

물론 실제적으로 위 그림과 100% 동일하다고는 할 수 없지만 개념적으로는 위 내용이 많은 부분을 가르쳐주고 있다고 말할 수 있습니다.

위 그림의 내용을 우리 망고24와 망고64 BSP의 경우를 직접 비교해서 검토해 보겠습니다.

exvector.s (C:\WINCE600\PRIVATE\WINCEOS\COREOS\NK\KERNEL\ARM)

VectorTable			
	DCD	-1	; reset
	DCD	UndefException	; undefined instruction
	DCD	SWIHandler	; SVC
	DCD	PrefetchAbort	; Prefetch abort

25. Interrupt 설정 및 처리 과정

DCD	DataAbortHandler		; data abort
DCD	-1		; unused vector
DCD	**IRQHandler**		**; IRQ**
DCD	FIQHandler		; FIQ

최초 IRQ가 발생하게 되면 하드웨어적으로 위의 벡터 테이블을 통해서 IRQHandler가 호출됩니다.

armtrap.s (C:\WINCE600\PRIVATE\WINCEOS\COREOS\NK\KERNEL\ARM)

```
NESTED_ENTRY IRQHandler
… … … … … …
        CALL    OEMInterruptHandler
… … … … … …
ldr     lr, =KData                      ; (lr) = ptr to KDataStruct
        cmp     r0, #SYSINTR_RESCHED
        beq     %F10
        sub     r0, r0, #SYSINTR_DEVICES
        cmp     r0, #SYSINTR_MAX_DEVICES
        ; If not a device request (and not SYSINTR_RESCHED)
        ldrhsb  r0, [lr, #bResched]     ; (r0) = reschedule flag
        bhs     %F20                    ; not a device request
        cmp     r0, #32                 ; (r0 >= 32)?
        subge   r0, r0, #32             ; r0 -= 32 if true
        ldrlt   r2, [lr, #PendEvents1]  ; (r2) = pending interrupt event mask (lower 32)
        ldrge   r2, [lr, #PendEvents2]  ; (r2) = pending interrupt event mask (upper 32)
        mov     r1, #1
        orr     r2, r2, r1, LSL r0      ; (r2) = new pending mask
        strlt   r2, [lr, #PendEvents1]  ; save it
        strge   r2, [lr, #PendEvents2]  ; save it
        ; mark reschedule needed
10      ldrb    r0, [lr, #bResched]     ; (r0) = reschedule flag
        orr     r0, r0, #1              ; set "reschedule needed bit"
        strb    r0, [lr, #bResched]     ; update flag
20      mrs     r1, spsr                ; (r1) = saved status register value
        and     r1, r1, #0x1F           ; (r1) = interrupted mode
        cmp     r1, #USER_MODE          ; previously in user mode?
        cmpne   r1, #SYSTEM_MODE        ; if not, was it system mode?
        cmpeq   r0, #1                  ; user or system: is resched == 1
        ldmnefd sp!, {r0-r3, r12, pc}^  ; can't reschedule right now so return
```

```
        sub     lr, lr, #4
        ldmfd   sp!, {r0-r3, r12}
        stmdb   lr, {r0-r3}
        ldmfd   sp!, {r0}
        str     r0, [lr]                    ; save resume address
        mov     r1, #ID_RESCHEDULE          ; (r1) = exception ID
        b       CommonHandler
        ENTRY_END IRQHandler
```

IRQHandler에서는 OEMInterruptHandler를 호출함으로써 Logical Interrupt (SYSINTR) ID를 얻어오게 됩니다. 이 부분에 대해서는 뒤에서 살펴볼 것이고, 일단 많은 어셈블리 코드를 먼저 보면, 사실 너무나도 복잡한 형태의 코드이지만 찬찬히 분석을 해보면 내용을 파악할 수 있습니다.
간략하게 말씀 드리면 얻어온 SYSINTR 값을 이용해서 향후 적절한 이벤트가 발생할 수 있도록 설정하는 부분이 됩니다.

아주 결정적으로 소스의 해석에 어려움이 있습니다. 특정 이벤트를 만들어서 우리가 원하는 IRQ와 연결시키는 작업을 수행하게 되는 InterruptInitialize() 함수와 IST Thread에서 그 만들었던 이벤트가 발생하기를 애타게 기다리는 WaitForSingleObject() 함수 등의 내용은 공개되어 있지 않습니다. 그 외에도 공개되지 않은 함수들이 상당 부분 있습니다. 그러므로 우리는 모든 내용에 대해서 완벽하게 이해하기는 사실 조금 어려운 부분이 있습니다. 하지만 너무 깊숙한 곳까지 볼 필요가 없는 상황에서는 현재 공개된 부분만으로도 많은 부분은 유추할 수가 있습니다.

뒤에서 CommonHandler 부분을 호출하면서 ID_RESCHEDULE로 부르게 되고, 이것은 결국 HandleException()으로 전달되어서 적절한 Thread가 수행될 수 있도록 만드는 것입니다. HandleException()의 경우는 ARM, MIPS, SH, X86 등 CPU의 종류에 따라서 다르게 구현되어 있습니다. 우리의 경우는 당연히 ARM 부분의 것을 참조해야 할 것입니다.

이제 OEMInterruptHandler가 Logical Interrupt (SYSINTR) ID를 구하는 것을 살펴보면 내용은 무척 단순합니다.

OEMInterruptHandler 부분만이 망고24와 망고64에서 차이 나는 부분이 됩니다. 이 부분이 OAL 부분의 코드로서 하드웨어 BSP에 따라서 코드가 달라지는 부분입니다. 여기서 해당 IRQ에 맞는 논리적인 인터럽트에 대한 ID를 리턴 해 주어야 하는 것입니다.

intr.c (C:\WINCE600\PLATFORM\COMMON\SRC\SOC\S3C6410_SEC_V1\OAL\INTR)
intr.c (C:\WINCE600\PLATFORM\CB2443\SRC\COMMON\Intr)
위 각각의 곳에 해당 BSP의 코드가 들어 있습니다.

25. Interrupt 설정 및 처리 과정

Logical Interrupt (SYSINTR) ID가 할당되는 것은 고정적인 것은 아닙니다.

nkintr.h (C:₩WINCE600₩PUBLIC₩COMMON₩OAK₩INC)

```
#define SYSINTR_UNDEFINED   (-1) // SysIntr not defined for IRQ <-> SYSINTR mapping

#define SYSINTR_NOP         0    /* no processing required */
#define SYSINTR_RESCHED     1    /* set "reschedule flag" */
#define SYSINTR_BREAK       2    /* break into debugger */
#define SYSINTR_CHAIN       3    /* continue to next handler */

// SYSINTR_DEVICES is the base for any non-OAL system interrupts
#define SYSINTR_DEVICES     8

#define SYSINTR_PROFILE            (SYSINTR_DEVICES+1)    // System Profiling
#define SYSINTR_TIMING             (SYSINTR_DEVICES+2)    // Latency Analysis
#define SYSINTR_RTC_ALARM          (SYSINTR_DEVICES+5)    // real-time clock alarm
#define SYSINTR_NETWORK_SHARED     (SYSINTR_DEVICES+6)    // Combined interrupts for network
#define SYSINTR_VMINI              (SYSINTR_DEVICES+7)    // VMini RX interrupt.

// SYSINTR_FIRMWARE is the base for any interrupts defined in the OAL
#define SYSINTR_FIRMWARE    (SYSINTR_DEVICES+8)

#define SYSINTR_MAX_DEVICES 64
#define SYSINTR_MAXIMUM     (SYSINTR_DEVICES+SYSINTR_MAX_DEVICES)
```

nkintr.h 부분에는 위의 내용이 정의되어 있습니다. 여기서 중요한 부분은 SYSINTR_FIRMWARE 부분입니다. 이 값은 8로 정의된 SYSINTR_DEVICES에 8을 더한 16으로 정해져 있습니다. 최초 초기화 때에 글로벌로 가지고 있는 변수를 UNDEFINED로 모두 초기화를 하는데 나중에 물리적인 IRQ 번호를 SYSINTR로 변환할 때 검색을 하는 방법을 그 변수에서 SYSINTR_FIRMWARE 부분부터 시작해서 SYSINTR_MAXIMUM까지 검색을 하다가 UNDEFINED가 나오는 즉시 그 부분으로 설정을 하는 것입니다.

위에 설명한 글로벌로 가지고 있는 변수는 g_oalIrq2SysIntr[] 배열입니다. 이 글로벌 변수 배열에 IRQ를 등록하면서 배열의 해당 IRQ 위치의 부분에 위에서 결정한 SYSINTR_xxx 값을 저장해 놓는 것입니다.

UINT32

```
OALIntrTranslateIrq(UINT32 irq)
{
    UINT32 sysIntr = SYSINTR_UNDEFINED;
    OALMSG(OAL_FUNC&&OAL_VERBOSE, (L"+OALIntrTranslateIrq(%d)\r\n", irq));
    if (irq >= OAL_INTR_IRQ_MAXIMUM) goto cleanUp;
    sysIntr = g_oalIrq2SysIntr[irq];

cleanUp:
    OALMSG(OAL_FUNC&&OAL_VERBOSE, (L"-OALIntrTranslateIrq(sysIntr = %d)\r\n", sysIntr));
    return sysIntr;
}
```

OEMInterruptHandler()는 결국은 OALIntrTranslateIrq()을 부르게 되는데 여기서 g_oalIrq2SysIntr[irq]와 같이 SYSINTR_xxx 값을 찾아서 리턴해 주는 것입니다. OEMInterruptHandler()는 이 리턴된 값을 받아서 자신도 그 값을 리턴하는 것입니다.

위에서 설명한 과정을 그림으로 그려보면 아래와 같습니다.

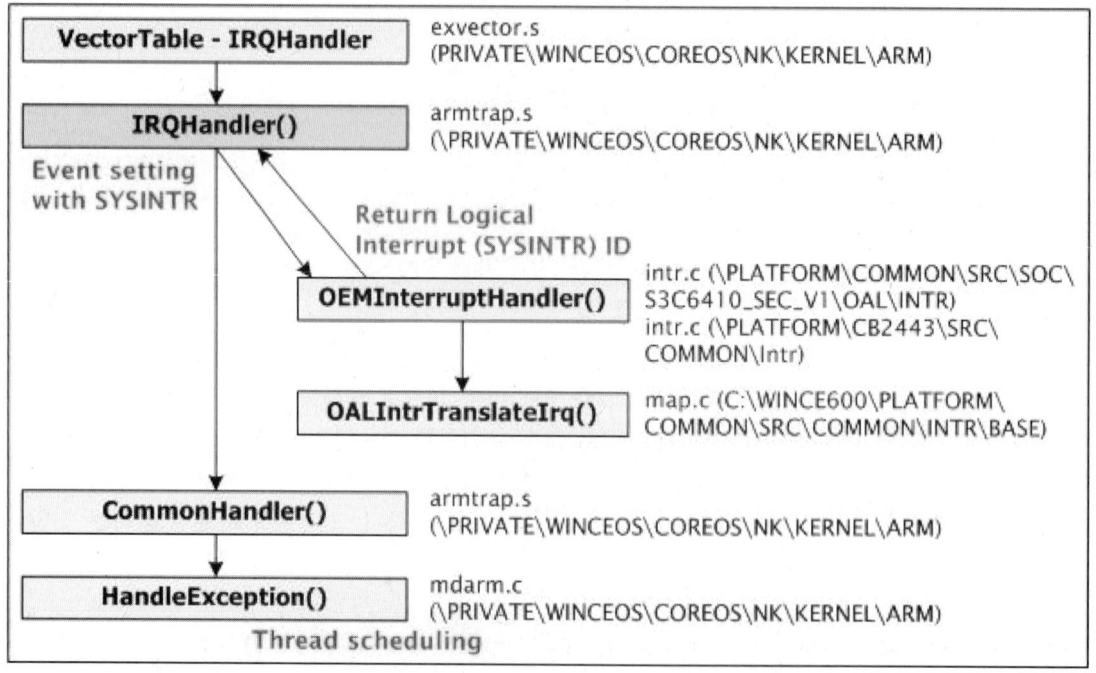

인터럽트 서비스는 두 가지로 구분이 됩니다. 하나는 커널 모드에서 동작하는 ISR이고, 다른 하나는 사용자 모드에서 동작하는 IST입니다. 몇몇 OS의 경우는 ISR 부분을 어셈블리 코드로 구현하는 경우도 있지만 Windows CE의 경우 ISR을 C 코드로 작성할 수 있습니다.

ISR은 인터럽트를 서비스 하는데 필요한 최소한의 작업만 수행해야 합니다. 다음의 작업들은 인터럽트를 서비스 하는데 필요한 최소한의 작업들을 나타냅니다.
- 만약 데이터가 다른 인터럽트로 인해서 overwrite가 될 수 있거나 잃어버릴 염려가 있을 경우는 디바이스로부터 소프트웨어 버퍼로 데이터를 읽어서 저장하게 됩니다.
- ISR은 디바이스의 인터럽트 상태를 clear해줍니다.
- ISR은 SYSINTR을 커널에 리턴해 줍니다.
- 커널은 인터럽트 이벤트를 설정해서 ISR에 연관된 IST를 unblock시키게 됩니다.
- 스케줄러는 IST를 스케줄 합니다. IST는 인터럽트의 처리를 마무리 짖게 됩니다.

CommonHandler는 UndefException, ProcessPrefAbort, DataAbortHandler, IRQHandler에서 모두 호출이 됩니다. 위의 CommonHandler 코드에 진입할 때 레지스터 R1에는 exception ID가 들어 있습니다. 이것은 추후 뒤의 HandleException()에서 두 번째 파라미터인 id에 전달되는 것입니다.

nkarm.h (C:₩WINCE600₩PRIVATE₩WINCEOS₩COREOS₩NK₩INC)

```
// Trap id values shared between C & ASM code.
#define ID_RESCHEDULE       0   // NOP used to force a reschedule
#define ID_UNDEF_INSTR      1   // undefined instruction
#define ID_SWI_INSTR        2   // SWI instruction
#define ID_PREFETCH_ABORT   3   // code page fault
#define ID_DATA_ABORT       4   // data page fault or bus error
#define ID_IRQ              5   // external h/w interrupt
```

nkarm.h에는 위와 같이 인터럽트가 발생했을 때 전달되는 ID들이 정의되어 있고, HandleException()이 호출될 때 이 ID가 전달됩니다. 이 ID 값은 IRQHandler에서 설정이 되어서 CommonHandler를 거쳐서 HandleException의 두 번째 파라미터인 id에 전달된 것입니다.

> 우리가 살펴보는 IRQ의 경우는 ID_IRQ가 전달될 것으로 생각할 수도 있지만 현재의 구현 내용은 ID_RESCHEDULE을 전달하도록 하고 있으며 ID_IRQ는 사용을 하지 않고, 다만 논리적인 인터럽트 ID를 이용해서 적절한 이벤트의 처리를 통해서 이러한 IRQ를 구현하고 있습니다.

CommonHandler는 UndefException, ProcessPrefAbort, DataAbortHandler, IRQHandler에서 모두 호출이 되는 각각의 경우에 따라서 넘겨지는 파라미터가 달라집니다.

호출되는 함수 위치	R1 레지스터에 전달되는 값
UndefException	ID_UNDEF_INSTR
ProcessPrefAbort	ID_PREFETCH_ABORT
DataAbortHandler	ID_DATA_ABORT

| IRQHandler | ID_RESCHEDULE |

25.5. 인터럽트 초기화 작업

인터럽트를 처리를 위해서 해당하는 디바이스 드라이버가 로딩된 이후에 초기화 단계에서 인터럽트를 초기화하는 작업을 수행해야 합니다.

단계는 다음의 4가지로 구분할 수 있습니다.
1) 부팅 후 최초 초기화 작업
2) 이벤트 생성 단계
3) IRQ 등록 단계
4) Thread 생성 단계

위 단계에서 첫 번째 단계는 최초 시스템이 부팅될 때 한번만 수행이 되는 것이고, 이후의 세 단계는 각 디바이스 별로 디바이스가 초기화 될 때 각각 수행되는 부분이 되겠습니다.

25.5.1. 부팅 후 최초 초기화 작업

Kernel에서 Platform의 초기화를 담당하는 OEMInit()를 호출하여 Interrupt를 초기화 합니다. 뒤에서 부팅 프로세스와 관련해서는 보다 자세히 분석하는 기회가 있을 것입니다. 여기서는 간단히 인터럽트와 관련한 부분만 살펴보고 지나가도록 하겠습니다.

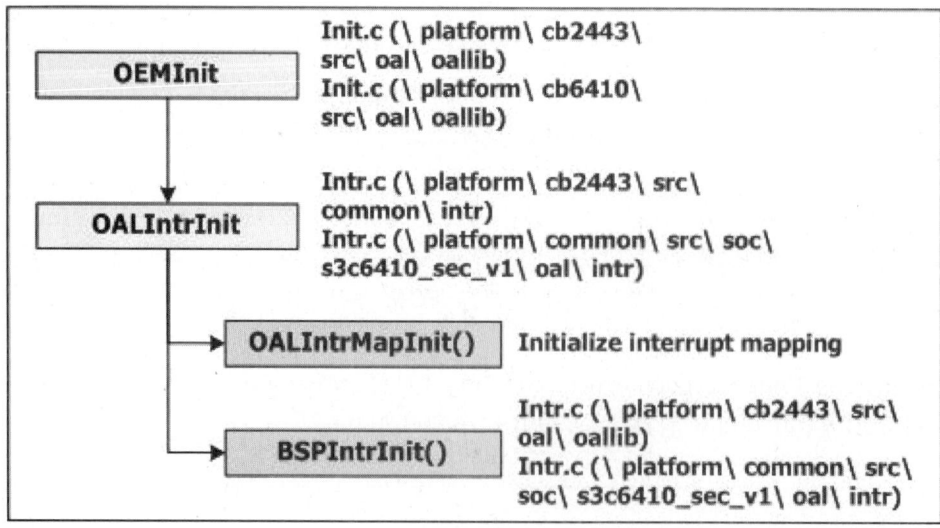

OEMInit() 함수에서는 OALIntrInit() 함수를 호출하여 Interrupt 초기화를 시작하고 OALIntrInit() 함수에서 ISR을 등록하고 OALIntrMapInit()와 BSPIntrInit() 함수를 호출하여 Interrupt 초기화를 마무리 하

게 됩니다.

```
// Initialize interrupt maps
for (i = 0; i < SYSINTR_MAXIMUM; i++) {
    g_oalSysIntr2Irq[i] = OAL_INTR_IRQ_UNDEFINED;
}
for (i = 0; i < OAL_INTR_IRQ_MAXIMUM; i++) {
    g_oalIrq2SysIntr[i] = SYSINTR_UNDEFINED;
}
```

OALIntrMapInit()에서 수행하는 것은 위 코드에서 보듯이 g_oalSysIntr2Irq와 g_oalIrq2SysIntr의 글로벌 변수에 초기치를 할당해 주는 작업을 수행하는 것입니다.

BSPIntrInit()에서는 최초로 물리적인 IRQ에 대한 값과 논리적인 인터럽트 ID에 대한 매핑을 시켜주는 작업을 수행하게 됩니다.

25.5.2. 이벤트 생성 단계와 IRQ 등록 단계

```
ISTEvent0 = CreateEvent(NULL, FALSE, FALSE, NULL);
KernelIoControl(IOCTL_HAL_REQUEST_SYSINTR, &keyIRQ0,
        sizeof(DWORD), &g_BtnButtonSysIntr0, sizeof(DWORD), NULL);
InterruptInitialize(g_BtnButtonSysIntr0, ISTEvent0, 0, 0);
```

위 코드는 다음 장에서 버튼 드라이버 부분을 공부하면서 자세히 다루어질 코드 입니다. 여기서는 대략적인 내용만 이해하도록 하겠습니다. 위 코드를 간단히 설명하면 이벤트를 만들고, 또한 물리적인 IRQ를 논리적인 인터럽트 ID로 연결하는 작업을 수행합니다. 그렇게 만들어진 논리적인 인터럽트 ID와 이벤트를 연결하는 작업을 수행하고 있는 것입니다. 사실 이벤트의 생성 단계와 IRQ 등록 단계가 명확하게 구분된다기 보다는 결국 최종적으로 InterruptInitialize를 호출하기 위한 준비를 수행하는 단계라고 생각하면 되겠습니다.

이벤트 생성 단계는 무척 단순합니다. CreateEvent() 함수를 이용해서 이벤트를 만들고 그 만들어진 이벤트에 대한 핸들 정보를 저장해 놓으면 됩니다. 향후 이렇게 만들어진 이벤트 핸들을 InterruptInitialize 함수에 전달해 줌으로써 논리적인 인터럽트와 이벤트를 서로 연결해주는 것입니다.

KernelIoControl()을 이용해서 물리적인 IRQ와 논리적인 인터럽트 ID를 연결시켜줄 수 있습니다. 이렇게 연결시킨 논리적인 인터럽트 ID를 역시 InterruptInitialize 함수에 전달해 주는 것입니다.

25.5.3. Thread 생성 단계

Thread의 생성 단계는 무척 단순합니다. CreatThread() 함수를 이용해서 향후 인터럽트에 대한 이벤트를 실제로 처리하게 될 Thread를 만들어주는 것입니다.

```
CreateThread(NULL, 0, (LPTHREAD_START_ROUTINE) BTK_IST0, pContext, 0, NULL);
```

위의 단 한 줄입니다. BTK_IST0가 Thread의 메인 함수가 되겠습니다. 이 부분에 대해서도 뒤에서 자세하게 다루어질 것입니다.

25.6. Interrupt Service Thread (IST)

25.6.1. WaitForSingleObject

Thread에서 보내는 대부분의 시간은 무한히 이벤트가 발생하기를 기다리는 것입니다. 우리는 특정 인터럽트에 대한 것을 특정 이벤트로 연결하였고 이러한 연결로 인해서 인터럽트의 발생시 OS는 이벤트를 보내주게 되고 Thread에서는 그 이벤트가 발생하기를 기다리는 것입니다.

이렇게 이벤트를 기다리는 작업을 수행하는 함수가 바로 **WaitForSingleObject()** 입니다.

WaitForSingleObject가 Thread에서 불리게 되면 그 Thread는 실행 상태가 바로 Block 상태로 바뀌게 됩니다. 이러한 Thread의 상태는 물론 WaitForSingleObject를 부르는 옵션에 따라서 Time-out 시간을 주어서 일정 시간이 지난 다음에 깨어나게 할 수도 있지만, 무한하게 기다리도록 설정하는 것이 일반적입니다. 우리가 키를 누르는 것과 같은 행동은 사실 언제 일어날지 알 수 없는 이벤트이기 때문에 그 이벤트의 발생까지 무한히 기다리고 있는 것이 합당한 행동이기 때문입니다.

커널에서 특정 IRQ에 대한 이벤트가 발생하게 되면 비로소 Block 상태에 존재하던 Thread의 상태가 Running으로 바뀌고 실제 Windows CE OS의 스케줄링에 포함되게 됩니다. 대부분의 경우 이러한 이벤트의 처리 Thread의 경우 높은 우선순위를 부여하게 되고, OS의 스케줄링에 포함되자마자 실행되게 됩니다.

25.6.2. InterruptDone

모든 처리가 끝난 이후에 불러주어야 하는 마지막 함수가 바로 InterruptDone() 입니다.

```
VOID InterruptDone(
  DWORD idInt
```

);

InterruptDone()의 함수 내용은 무척 단순합니다. 넣어주어야 하는 파라미터는 오직 우리가 이벤트를 위해서 사용했던 논리적인 인터럽트 ID 뿐입니다. 리턴 타입도 void로 아무런 리턴 값이 없습니다.

InterruptDone()을 호출하게 되면 커널은 인터럽트에 대한 처리 과정이 끝났음을 인지하게 됩니다. 이 말은 반대로 얘기하면 이 함수를 호출하지 않으면 커널이 인터럽트의 처리가 끝났는지 알 수 없다는 것과도 동일합니다. 즉, 우리가 IST에서 인터럽트 처리가 끝나게 되면 반드시 이 함수를 불러주어서 커널로 하여금 다음에 또 다른 인터럽트가 발생했을 때 다시 한번 이벤트를 발생시켜서 IST가 다시 수행될 수 있도록 준비하도록 해 주어야 하는 것입니다. 결국 InterruptDone()을 호출한 이후에는 IST는 다시 WaitForSingleObject()를 이용해서 기다리는 작업을 반복하게 되는 것입니다.

25.6.3. OEMInterruptDone

여기서 우리가 한가지 더 알아야 할 부분이 있습니다. InterruptDone() 함수의 경우 그 내용은 공개되어 있지 않습니다. 그렇기 때문에 사실 InterruptDone() 함수의 내부에서 어떤 일을 하는지 정확하게 알기는 매우 어렵습니다. 그러면 내용을 몰라도 그냥 불러주기만 하면 동작하는 데는 아무 문제가 없는 것일까요? 물론 대부분의 경우 큰 문제는 없습니다. 다만 우리가 고려해야 할 부분은 Windows CE OS의 동작에 대한 부분보다는 하드웨어에 대한 부분입니다.

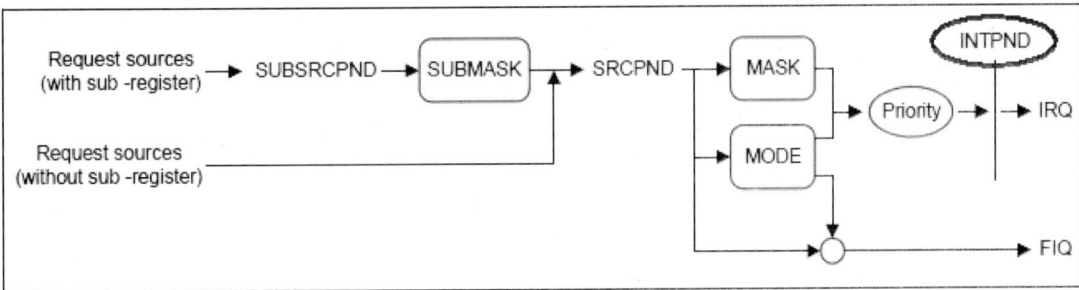

위 그림은 S3C2443 CPU의 인터럽트 처리에 대한 부분입니다. 이 내용을 자세히 살펴보려는 것은 아니고 개념을 말씀 드리고자 함입니다. Windows CE OS의 입장에서 ARM이라는 CPU에 적용하기 위해서 구현이 되었을 경우에 바라볼 수 있는 최 하위의 단은 IRQ 부분입니다. 하지만 S3C2443 CPU의 경우에 있어서 IRQ는 가장 끝 단입니다. IRQ가 발생하고 처리되기까지의 과정에서 해주어야 할 부분들이 많이 존재하고 있습니다. 이 부분을 어디에서 처리할 수 있을까요?

우리가 InterruptDone() 함수를 호출하게 되면 WinCE 커널은 자동으로 OEMInterruptDone() 함수를 호출해 줍니다. InterruptDone() 함수의 내용을 공개하지 않는 대신에 이렇게 OEMInterruptDone() 함수를 호출해준다는 원칙을 만들어서 여러 다양한 CPU에 대한 처리를 가능하도록 만드는 것입니다. 그러므로 우리는 특별히 OEMInterruptDone() 함수를 호출하지 않아도 커널에서 이 함수를 불러줄 것이 명확하기 때문에 하드웨어에 대한 특별한 처리는 이 함수에서 구현되도록 하면 되는 것입니다.

이와 같은 방식은 여러 곳에서 나타납니다. InterruptInitialize() 함수를 호출하게 되면 OEMInterruptEnable()을 자동으로 호출되도록 해주며, InterruptDisable() 함수를 호출하게 되면 OEMInterruptDisable()을 자동으로 호출되도록 해주게 됩니다.

26. Button Device Driver - Button 0 Interrupt 구현

이제 실제로 인터럽트도 발생시키고 그것을 처리하는 것을 구현해 봄으로써 보다 깊은 이해를 하는 과정을 진행하도록 하겠습니다.

26.1. S3Cxxxx_Button.c 구현

이전에 비해서 달라진 부분은 S3Cxxxx_Button.c의 소스 코드 파일 뿐입니다.

26.1.1. 주요 변수 내용

먼저 6410의 경우에 추가된 내용을 검토하도록 하겠습니다.

```
static DWORD BTK_IST0(void *pContext);
volatile S3C6410_GPIO_REG *vm_pIOPreg;    // pointer to the GPIO control registers
UINT32 g_BtnButtonSysIntr0 = SYSINTR_UNDEFINED;
HANDLE ISTEvent0;
DWORD keyIRQ0=IRQ_EINT0;
HANDLE BTK_ISTHandle;
```

BTK_IST0는 IST의 메인 함수 이름입니다. 여기서 버튼 0번에 대한 인터럽트의 처리가 수행될 것입니다. 위에서는 함수의 프로토타입만 정의하고 있는 것입니다.

S3C6410_GPIO_REG는 GPIO에 대한 레지스터들을 접근하기 위해서 그 주소값의 위치와 동일한 형태로 structure를 만들어 놓은 것입니다. 이에 대한 volatile 포인터 형태로 만들어 줌으로서 코드 내에서 자유로운 접근이 가능하도록 하고 있는 것입니다.

g_BtnButtonSysIntr0는 Logical Interrupt (SYSINTR) 값을 저장할 공간입니다. 이를 이용해서 이벤트와 연결하고, IST에서는 그 이벤트를 기다리고, 나중에 인터럽트에 대한 처리가 끝났을 때도 이 값을 이용해서 커널에 알려주게 되는 것입니다.

ISTEvent0는 IST에게 알려줄 이벤트입니다. 이것과 위의 g_BtnButtonSysIntr0의 Logical Interrupt (SYSINTR) 값과 연결해 주는 작업이 필요할 것입니다. 설정 작업에서 이 연결을 수행하기 전에 반드시 CreateEvent를 통해서 이벤트를 생성하는 작업을 수행해서 그 결과를 이 값에 저장해야 합니다.

keyIRQ0는 Logical Interrupt (SYSINTR) 값과 실제로 연관 지을 물리적인 인터럽트 값을 저장하고 있는 것입니다. 이 값은 당연히 우리가 논리적인 인터럽트를 만들어내고 나면 더 이상은 쓸모가 없는 값이 될 것입니다.

S3c6410_vintr.h (c:\wince600\platform\common\src\soc\s3c6410_sec_v1\oal\inc)

#define IRQ_EINT0	0	// 0
#define IRQ_EINT1	1	// 0
#define IRQ_EINT2	2	// 0
#define IRQ_EINT3	3	// 0

망고 24의 경우는 S3c2443_intr.h (c:\wince600\platform\cb2443\src\inc)에 위 값들이 정의되어 있고 각각의 인터럽트 값으로 정의된 숫자는 EINT0부터 EINT3까지는 동일한 값을 가지고 있습니다. 우리가 지금 사용할 IRQ_EINT0는 그대로 0 값을 가집니다.

BTK_ISTHandle은 CreateThread를 이용해서 Thread를 생성했을 때 그 핸들 값을 저장할 공간입니다. 사실 Thread를 이용해서 무언가 많은 작업을 수행하거나, Thread를 삭제하거나 하는 작업을 하게 될 경우는 이 핸들 값이 중요한 역할을 하겠지만 지금 우리가 하는 작업에서는 특별한 역할을 하고 있지는 않습니다.

망고24의 경우는 망고64에 비해서 GPIO에 대한 레지스터들을 접근하기 위한 구체에 대한 부분만 아래와 같이 다릅니다.

```
volatile PS3C2443_IOPORT_REG    vm_pIOPreg;    // pointer to the GPIO control registers
volatile PS3C2443_INTR_REG      vm_pINTreg;    // pointer to the INTERRUPT control registers
```

망고64는 하나의 구조체만을 사용하였는데 망고24는 두 개의 구조체를 사용하고 있습니다. 이는 사용될 레지스터가 다른 메모리 부분에 존재하기 때문에 그것을 접근하기 위해서는 다른 구조체를 사용해야 하기 때문입니다. 또한 망고64는 (S3C6410_GPIO_REG *)로 포인터 타입으로 선언을 하였고 위의 망고24는 그냥 구조체 타입으로 선언을 하였는데, 실은 망고24 역시 포인터 타입입니다. 구조체의 앞에 P가 붙어있고 이것이 포인터 타입으로 만들어져 있는 것입니다. 망고64도 PS3C6410_GPIO_REG를 사용하게 되면 (*)로 포인터를 만들 필요 없이 선언이 가능합니다.

26.1.2. GPIO 레지스터 접근 구조체

실제 소스들에 대한 것을 검토하기 전에 GPIO 관련 레지스터들을 접근하기 위한 구조체를 먼저 살펴보아야 합니다. 먼저 망고64를 위한 S3C6410_GPIO_REG를 보도록 합니다.

S3c6410_gpio.h (c:\wince600\platform\common\src\soc\s3c6410_sec_v1\oal\inc)

```
typedef struct
{
```

```
    UINT32 GPACON;           // 000
    UINT32 GPADAT;           // 004
    UINT32 GPAPUD;           // 008
    UINT32 GPACONSLP;        // 00c
    UINT32 GPAPUDSLP;        // 010
    UINT32 PAD1[3];          // 014~01f
… … … … … …
    UINT32 GPNCON;                // 830
    UINT32 GPNDAT;                // 834
    UINT32 GPNPUD;                // 838
… … … … … …
    UINT32 EINT0CON0;             // 900
… … … … … …
    UINT32 EINT0MASK;             // 920
    UINT32 EINT0PEND;             // 924
} S3C6410_GPIO_REG, *PS3C6410_GPIO_REG;
```

이전 절에서도 말씀 드렸지만 위 구조체를 보면 S3C6410_GPIO_REG와 PS3C6410_GPIO_REG는 같은 구조체를 나타내는 타입이며 다만 PS3C6410_GPIO_REG이 포인터 타입으로 선언되어 있는 것입니다.

여기서 우리가 사용할 값은 다섯 가지 입니다. 각각 GPNCON, GPNPUD, EINT0CON0, EINT0MASK, EINT0PEND 입니다. 이들은 모두 레지스터들이며 각각의 내용을 S3C6410 데이터 쉬트에서 찾아보면, GPNCON은 0x7F008830이고, GPNPUD는 0x7F008838이고, EINT0CON0는 0x7F008900이고, EINT0MASK는 0x7F008920, EINT0PEND는 0x7F008924 입니다.

사용하는 것은 아니지만 GPACON을 찾아보면 0x7F008000의 값을 가집니다. 위 구조체에서 GPNCON의 옆에 주석을 보면 830이라고 적혀 있습니다. 이 값은 구조체의 시작부터 정확하게 830 바이트가 떨어진 지점에 GPNCON이 위치하고 있는 것입니다. 모든 값들이 다 UINT32 타입으로 4 바이트씩의 공간을 차지하기 때문에 각각의 멤버 값들을 접근하는 것을 포인터 변수로 접근하게 되면 그 값이 바로 레지스터 주소와 일치하게 되는 것입니다. 물론 뒤에서 살펴보겠지만 이 레지스터의 주소값을 직접 사용하지는 않습니다.

망고24의 경우를 살펴보면 아래와 같습니다.

S3c2443_ioport.h (c:\wince600\platform\cb2443\src\inc)
```
typedef struct {
… … … … … …
    UINT32 GPFCON;                    // Port F - offset 0x50
```

```
... ... ... ... ... ...
    UINT32 EXTINT0;                      // external interrupt control reg 0
... ... ... ... ... ...
} S3C2443_IOPORT_REG, *PS3C2443_IOPORT_REG;
```

S3c2443_intr.h (c:\wince600\platform\cb2443\src\inc)
```
typedef struct {
    UINT32 SRCPND;                       // interrupt request status reg
    UINT32 INTMOD;                       // interrupt mode reg
    UINT32 INTMSK;                       // interrupt mask reg
    UINT32 PRIORITY;                     // priority reg
    UINT32 INTPND;                       // interrupt pending reg
    UINT32 INTOFFSET;                    // interrupt offset reg
    UINT32 SUBSRCPND;                    // SUB source pending reg
    UINT32 INTSUBMSK;                    // interrupt SUB mask reg
} S3C2443_INTR_REG, *PS3C2443_INTR_REG;
```

GPFCON, EXTINT0, INTMSK, INTPND의 네 가지 레지스터를 사용하는데, 각각 주소 값은 0x56000050, 0x56000088, 0x4A000008, 0x4A000010으로 두 개씩 서로 다른 베이스 주소를 사용하고 있는 것을 알 수 있습니다. 이를 위해서 위와 같이 두 개의 구조체를 사용하는 것입니다. 사용 방법에 대한 것은 망고64의 경우와 동일합니다.

26.1.3. BTK_Init 수정 – GPIO 포트 초기화

BTK_Init()은 장치관리자가 디바이스 드라이버를 처음 적재할 때 불립니다. 보통 이 함수에서는 장치에 대한 초기화와 드라이버 관리를 위한 자원의 초기화를 수행합니다.

다음과 같이 리소스 초기화를 수행하도록 구현하였습니다.
- GPIO 포트 설정
- 인터럽트 및 이벤트 초기화
- 인터럽트 Thread 생성 및 실행

모든 소스코드는 홈페이지나 카페를 통해서 다운 받으실 수 있습니다. 그러므로 여기에서 모든 소스 코드를 기술하지는 않습니다. 그러므로 소스코드의 편집 방식이 실제 코드와는 조금 다를 수 있고, 디버그 메시지와 같은 내용은 모두 삭제할 것입니다. 주석의 부분도 중요한 것을 제외하고는 모두 삭제할 것입니다.

```
if (vm_pIOPreg == NULL) {
```

```
        RETAILMSG(1, (TEXT("HW_Init : GPIO registers not allocated\r\n")));
        return 0;
}
```

예를 들면 위와 같은 코드는 이곳에서 굳이 적어서 설명할 이유는 없는 코드 입니다. 바로 위에서 수행한 결과가 NULL일 경우 에러로 처리하는 등과 같은 전형적인 에러를 대비하는 이런 코드는 가능한 생략할 것입니다.

그러므로 소스 코드 자체를 분석하실 경우는 원본을 다운로드 받아서 분석하시기 바랍니다. 여기서는 코드에 대한 이해를 목적으로 하는 부분이라는 것을 유념해 주시기 바랍니다.

가장 첫 부분은 GPIO에 대한 설정이기 때문에 망고64와 망고24의 경우에 가장 많은 차이가 나타나는 부분입니다.

<S3C6410_Button.c>

```
DWORD BTK_Init(DWORD dwContext) {
… … … … … …
    PHYSICAL_ADDRESS   ioPhysicalBase = {0,0};
    ioPhysicalBase.LowPart = S3C6410_BASE_REG_PA_GPIO;
    vm_pIOPreg = (S3C6410_GPIO_REG *)MmMapIoSpace
                    (ioPhysicalBase, sizeof(S3C6410_GPIO_REG), FALSE);
    // disable interrupt
    vm_pIOPreg->EINT0MASK |= (0x1<<0); // Mask EINT0
    // hardware interrupt initialization
    vm_pIOPreg->GPNCON = (vm_pIOPreg->GPNCON & ~(0x3<<0)) | (0x2<<0);
    vm_pIOPreg->GPNPUD = (vm_pIOPreg->GPNPUD & ~(0x3<<0));
    vm_pIOPreg->EINT0CON0 = (vm_pIOPreg->EINT0CON0 & ~(0x7<<0)) | (0x2<<0);
```

복잡해 보이는 코드지만 하나씩 살펴보면 어려운 것은 없습니다. 각종 에러 검사 부분과 주석 등을 제외하니 훨씬 간결해 졌습니다.

가장 먼저 살펴보아야 할 부분은 **MmMapIoSpace** 입니다.

보통 대부분의 하드웨어 장치는 인터페이스 버스나 CPU 주소 영역에 매핑 된 레지스터를 통해 제어합니다. 버튼은 각각에 연결된 GPIO 포트를 통해 제어하는데 포트 설정 및 I/O를 위해 레지스터에 접근할 수 있어야 합니다.

Register	Address	R/W	Description	Reset Value
GPNCON	0x7F008830	R/W	Port N Configuration Register	0x00
GPNDAT	0x7F008834	R/W	Port N Data Register	Undefined
GPNPUD	0x7F008838	R/W	Port N Pull-up/down Register	0x55555555

레지스터는 위 그림의 예와 같이 각각에 대한 물리 주소가 할당된다. 위의 내용은 망고64에서 관련 부분에 대한 것을 발췌한 것입니다.

위와 같이 GPIO N 포트의 설정 레지스터 GPNCON은 0x7F008830에 매핑 됩니다. 이 주소에 설정 관련된 값을 읽고 쓰는 방법으로 포트를 제어하는 것입니다. 그런데, **Windows CE는 물리 주소에 대한 직접적인 접근을 허용하지 않고 가상 주소를 통해 접근하도록 하고 있습니다.** 이 부분이 무척 중요한 부분입니다. 사실 대부분의 high level OS가 모두 가상 주소를 사용합니다. 가상 주소를 사용하는 것에 따른 많은 장점들을 가지고 있기 때문입니다. 따라서, Windows CE에는 물리 주소를 가상 주소로 변환하여 주는 방법을 제공하는데, 다음 두 가지 방법으로 가능합니다.

> 방법 1: VirtualAlloc()과 VirtualCopy()를 이용하는 방법
> 방법 2: MmMapIoSpace()를 이용하는 방법

물론 이 두 가지 방법만 존재하는 것은 아닙니다. HalTranslateBusAddress, BusTransBusAddrToVirtual 등의 함수도 있고, 그 외에도 여러 방법들이 있습니다. 개중에는 사용을 권고하지 않는 것들도 있기 때문에 MSDN을 잘 활용해서 검토 후에 사용하는 것이 좋을 것입니다.

예전에는 주로 VirtualAlloc()과 VirtualCopy()를 사용했는데, MmMapIoSpace()가 좀더 편리한 방법이라고 말씀드릴 수 있습니다. VirtualAlloc()과 VirtualCopy()를 사용하는 것은 MmMapIoSpace()에 비해서 코드도 복잡하고 주의하지 않으면 메모리 누수의 원인이 될 수 있어서 사용하는데 있어서 좀더 주의가 필요합니다. 방법 1은 VirtualAlloc()으로 가상 메모리를 할당 받고 VirtualCopy()로 물리주소와 가상주소를 매핑 해야 하는 반면, MmMapIoSpace()는 두 가지를 한번에 해주기 때문에 코드도 훨씬 간결 합니다.

```
PVOID MmMapIoSpace (
    PHYSICAL_ADDRESS PhysicalAddress,
    ULONG NumberOfBytes,
    BOOLEAN CacheEnable
);
```

MmMapIoSpace는 위와 같은 함수 구조를 가지고 있고, 넘겨주는 파라미터는 아래와 같습니다.
- PhysicalAddress: 매핑 하려는 물리 주소의 시작 주소
- NumberOfBytes: 매핑 하는 영역의 크기

26. Button Device Driver - Button 0 Interrupt 구현

- CacheEnable: TRUE는 cached, FALSE면 non-cached, 이 부분은 물리적인 주소 영역을 cached memory로 매핑 할 수 있는가의 여부를 결정하는 것입니다. 디바이스의 레지스터를 접근하기 위해서 사용하는 경우는 이 부분을 FALSE로 해야 합니다.

MmMapIoSpace는 매핑 하려는 물리 주소와 크기, 그리고 해당 영역을 cacheable한 영역으로 매핑 할지를 지정해 주는 세 개의 인자로 사용하면 됩니다.

Return Value는 매핑 된 가상 주소를 넘겨 줍니다. 만약 실패하면 NULL을 반환하게 됩니다. 보통의 경우 매핑 할 영역이 너무 커서 공간이 부족하면 실패하는 경우가 많습니다.

```
#define LARGE_INTEGER struct { unsigned long LowPart; long HighPart; }
typedef LARGE_INTEGER PHYSICAL_ADDRESS, *PPHYSICAL_ADDRESS;
```

PHYSICAL_ADDRESS는 LARGE_INTEGER로 정의된 구조체를 나타냅니다. 64비트 크기의 정수를 표현 하는 것을 가능하게 해주는 구조체인데 우리의 경우 32비트 만을 사용하면 되기 때문에 LowPart 부분에만 설정하면 됩니다. 이제 GPIO 관련 레지스터 영역을 매핑 해 보도록 합니다.

S3C6410은 GPA부터 GPQ까지 17개의 GPIO 그룹과 각 그룹별로 5에서 16개까지의 GPIO 핀을 지원 하는데, 각 그룹별로 설정 가능한 레지스터가 있습니다. 다음은 S3C6410의 데이터시트에서 GPIO 관 련 레지스터들의 주소를 참조한 것입니다.

0x7F00_0000	0x7F00_0FFF	TZPC
0x7F00_1000	0x7F00_1FFF	AC97
0x7F00_2000	0x7F00_2FFF	I2S Ch0
0x7F00_3000	0x7F00_3FFF	I2S Ch1
0x7F00_4000	0x7F00_4FFF	I2C
0x7F00_5000	0x7F00_5FFF	UART
0x7F00_6000	0x7F00_6FFF	PWM Timer
0x7F00_7000	0x7F00_7FFF	IrDA
0x7F00_8000	0x7F00_8FFF	GPIO
0x7F00_9000	0x7F00_9FFF	PCM Ch0
0x7F00_A000	0x7F00_AFFF	PCM Ch1

GPIO 관련 레지스터가 0x7F008000부터 시작되고 크기가 4K bytes(0x1000)를 넘지 않습니다. 따라서, 0x7F008000부터 실제 레지스터들이 있는 영역까지 매핑 하고 각 레지스터는 시작 주소(0x7F008000) 에 대한 상대 주소(offset)로 접근하면 됩니다. 우리가 이전에 살펴보았던 S3C6410_GPIO_REG 구조체 가 S3C6410의 GPIO 레지스터를 순서대로 정의한 것입니다.

```
#define S3C6410_BASE_REG_PA_GPIO        0x7F008000
```

S3C6410_BASE_REG_PA_GPIO 부분이 물리적인 주소값에 대한 베이스 어드레스가 되는 것입니다.

```
PHYSICAL_ADDRESS   ioPhysicalBase = {0,0};
ioPhysicalBase.LowPart = S3C6410_BASE_REG_PA_GPIO;
vm_pIOPreg = (S3C6410_GPIO_REG *)MmMapIoSpace
                    (ioPhysicalBase, sizeof(S3C6410_GPIO_REG), FALSE);
```

이제 첫 부분의 3개의 문장에 대해 해석할 수 있는 모든 내용을 공부한 것입니다. 위 코드가 이제는 무척 쉽게 느껴지실 것입니다. 주소를 변수로 잡아서 0으로 초기화하고, LowPart 부분에 미리 정의된 베이스 어드레스를 할당하고 그 값을 MmMapIoSpace 함수에 전달해서 (이때 할당 크기는 S3C6410_GPIO_REG 구조체의 크기만큼) 가상 주소를 vm_pIOPreg에 저장하는 것입니다.

이제 GPIO 포트에 대한 설정을 수행하는 부분을 살펴보겠습니다. 앞장에서 하드웨어에 대한 이해 부분에서 버튼이 GPIO로 연결되어 On/Off를 감지하도록 구성된 걸 확인한 바 있습니다. 이제 버튼과 연결된 GPIO 포트를 초기화하는 과정에 대해 알아보겠습니다.

GPIO 포트는 여러 용도의 input/output 포트로 사용하도록 설정할 수 있는데, 버튼이 연결된 **GPN 포트는 아래와 같이 EINT(external interrupt)로 사용할 수 있습니다.**

PortName	Number of Pins.	Muxed pins	Power Inform.
GPA port	8	UART/EINT	1.8~3.3V
GPB port	7	UART/IrDA/I2C/CF/Ext.DMA/EINT	1.8~3.3V
GPC port	8	SPI/SDMMC/I2S_V40/EINT	1.8~3.3V
GPD port	5	PCM/I2S/AC97/EINT	1.8~3.3V
GPE port	5	PCM/I2S/AC97	1.8~3.3V
GPF port	16	CAMIF/PWM/EINT	1.8~3.3V
GPG port	7	SDMMC/EINT	1.8~3.3V
GPH port	10	SDMMC/KEYPAD/CF/I2S_V40/EINT	1.8~3.3V
GPI port	16	LCD	1.8~3.3V
GPJ port	12	LCD	1.8~3.3V
GPK port	16	HostIF/HIS/KEYPAD/CF	1.8~3.3V
GPL port	15	HostIF/KEYPAD/CF/OTG/EINT	1.8~3.3V
GPM port	6	HostIF/CF/EINT	1.8~3.3V
GPN port	16	EINT/KEYPAD	1.8~3.3V
GPO port	16	MemoryPort0/EINT	1.8~3.3V
GPP port	15	MemoryPort0/EINT	1.8~3.3V
GPQ port	9	MemoryPort0/EINT	1.8~3.3V

EINT로 사용할 수 있다는 것은 버튼이 연결된 GPIO 포트를 인터럽트로 설정하면 키를 누르거나 놓

26. Button Device Driver - Button 0 Interrupt 구현

을 때 인터럽트가 발생하도록 하여 이를 감지할 수 있다는 것을 의미합니다. 버튼이 연결된 각 포트 (GPN0~3)는 다음의 GPN 포트에 대한 레지스터들을 통해 설정할 수 있습니다.

Register	Address	R/W	Description	Reset Value
GPNCON	0x7F008830	R/W	Port N Configuration Register	0x00
GPNDAT	0x7F008834	R/W	Port N Data Register	Undefined
GPNPUD	0x7F008838	R/W	Port N Pull-up/down Register	0x55555555

GPNCON 레지스터는 GPN 포트의 용도를 정의하는데 사용하고 GPNDAT는 각 포트에 데이터(0 또는 1)를 읽고 쓰는데 사용됩니다. (우리의 코드에서는 굳이 해당 포트에서 입력되는 값을 읽어서 처리하는 부분은 하지 않을 것이기 때문에 GPNDAT는 사용하지 않습니다.)

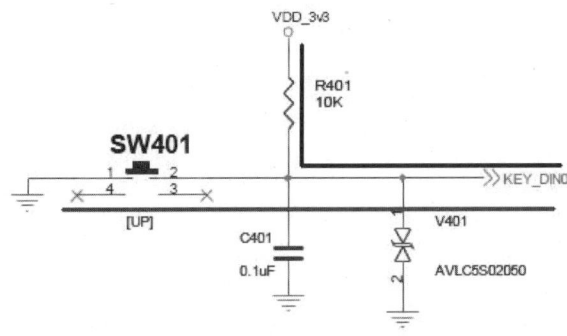

GPNPUD는 각 포트에 대해 내부 pull-up/down을 사용할 것인지 결정하는데 사용됩니다. 이미 살펴본 위 그림과 같이 우리는 외부에 이미 풀업 저항이 달려 있기 때문에 내부 저항은 연결할 필요가 없습니다.

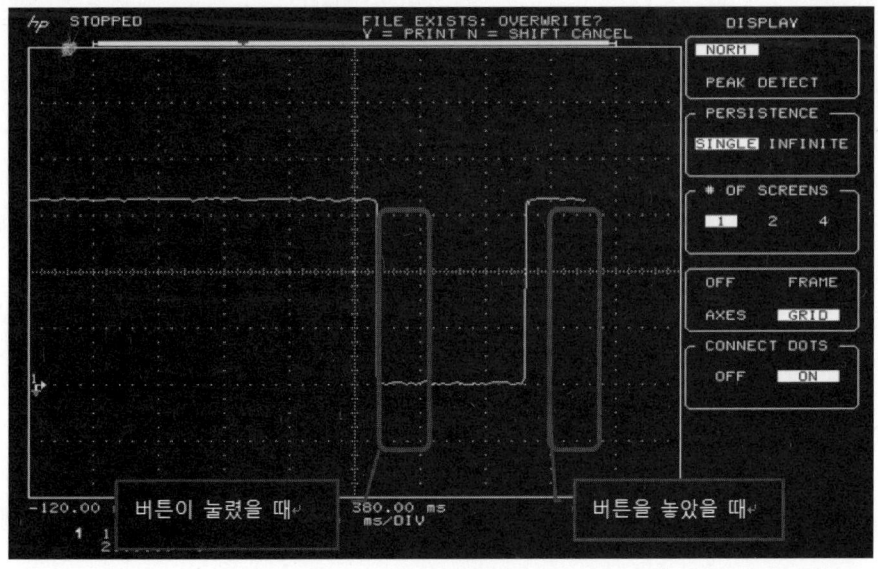

앞에서 회로도를 통해 살펴본 바와 같이 버튼은 평상시 High(3.3V pull-up)이고 눌렀을 때 Low로 떨어지도록 되어 있습니다. 위 그림은 오실로스코프를 이용해 버튼을 눌렀을 때 신호가 변하는 것을 찍어본 것입니다.

위와 같이 버튼이 눌리면 신호가 High에서 Low로 떨어지고 버튼을 놓으면 다시 High로 변하는 것을 알 수 있습니다. 버튼 드라이버는 눌리거나 놓았을 때를 감지하여야 하는데, 가장 간단한 방법은 버튼이 연결된 포트를 계속 감시하여 신호가 변경되는 것을 체크하는 것입니다. 그러나 버튼이 언제 눌릴지 모르는 상황에서 CPU가 포트를 계속 감시해야 한다는 것은 지나치게 비효율적입니다. 사실 특정 I/O 포트를 계속 감시하는 폴링 방식은 WinCE나 Linux 같은 high-level OS에서는 극히 제한적인 경우에만 사용합니다.

따라서, 여기서는 해당 포트를 인터럽트로 설정해 버튼이 눌리거나 놓이는 이벤트가 발생했을 때, 인터럽트를 받아 처리하도록 구현할 것입니다. 위의 그림에서 보는 것처럼 버튼이 눌리는 상황은 GPIO 값이 High이다가 Low로 떨어지는 순간입니다. 이것을 부르는 말이 Falling Edge 입니다. 반대의 상황은 Rising Edge입니다. 이 부분도 GPIO에서 설정이 가능합니다. 이것은 조금 뒤에 살펴볼 것입니다.

이제 남아있는 네 개의 문장을 하나씩 살펴보도록 합니다.

```
vm_pIOPreg->EINT0MASK |= (0x1<<0); // Mask EINT0
```

EINT0MASK는 인터럽트가 발생하지 못하도록 설정하는 것입니다. 0번 비트를 1로 만들어서 인터럽트의 발생을 mask해서 인터럽트가 발생하지 못하도록 설정하였습니다.

EINT0MASK	Bit	Description	Initial State
EINT3	[3]	0 = Enable Interrupt 1= Masked	1
EINT2	[2]	0 = Enable Interrupt 1= Masked	1
EINT1	[1]	0 = Enable Interrupt 1= Masked	1
EINT0	[0]	0 = Enable Interrupt 1= Masked	1

우리가 인터럽트를 이용해서 버튼을 처리하려고 하는데 갑자기 인터럽트가 발생하지 못하게 하는 것은 왜일까요? 그것은 인터럽트 부분은 하드웨어적인 부분이고 실제 소프트웨어가 처리되는 것과 하드웨어적으로 발생하는 인터럽트 간에 시간 차이가 발생하고 이로 인해서 처리에 문제가 발생하게 되는 것을 미연에 방지하기 위한 조치입니다. 일단 여기서 인터럽트 발생의 부분을 mask해서 발생하지 못하도록 설정한 이후에 모든 처리가 끝난 이후에 다시 인터럽트 mask를 해제해서 활성화시키도록 할 것입니다. 이 부분은 가장 뒤에서 나올 것입니다.

그런데 코드를 보면 (0x1 << 0)으로 사실 뒤의 shift 0은 아무 의미가 없는 코드입니다. 실제로 컴파

일이 되면 이 부분은 사라질 것입니다. 그럼에도 불구하고 이렇게 코딩을 하는 이유는 뒤에서 EINT1, ENT2, EINT3에 대한 설정을 진행할 때, (0x1 << 1), (0x1 << 2), (0x1 << 3)과 같이 보다 일관성 있게 그리고 보기 쉽게 만들기 위함입니다.

vm_pIOPreg->**GPNCON** = (vm_pIOPreg->GPNCON & **~(0x3<<0)) | (0x2<<0);**

GPNCON	Bit	Description		Initial State
GPN0	[1:0]	00 = Input 10 = Ext. Interrupt[0]	01 = Output 11 = Key pad ROW[0]	00
GPN1	[3:2]	00 = Input 10 = Ext. Interrupt[1]	01 = Output 11 = Key pad ROW[1]	00
GPN2	[5:4]	00 = Input 10 = Ext. Interrupt[2]	01 = Output 11 = Key pad ROW[2]	00
GPN3	[7:6]	00 = Input 10 = Ext. Interrupt[3]	01 = Output 11 = Key pad ROW[3]	00

GPN에 할당된 GPIO 포트들은 위와 같이 input, output, interrupt 또는 key pad row로 사용될 수 있는데, 앞서 설명한 바와 같이 interrupt로 설정하도록 하여야 합니다. 해당하는 비트들을 10으로 설정하는 것이 인터럽트로 활용되도록 설정하는 것입니다.

~(0x3<<0)를 AND 연산을 수행하게 되면 0x3인 11 값이 앞의 NOT 연산을 통해서 00으로 바뀌고 그것을 AND를 수행하기 때문에 해당하는 비트만 00으로 바꾼 이후에, 0x2인 10을 OR 연산을 해서 우리가 원하는 값을 설정하고 있는 것입니다.

vm_pIOPreg->GPNPUD = (vm_pIOPreg->GPNPUD & ~(0x3<<0));

이 부분은 GPIO 포트에 대해서 내부적으로 풀업 풀다운 저항을 활성화 시킬 것인지의 여부를 설정하는 부분이 되겠습니다.

GPNPUD	Bit	Description
GPN[n]	[2n+1:2n] n = 0~15	00 = pull-up/down disabled 01 = pull-down enabled 10 = pull-up enabled 11 = Reserved.

GPN 포트는 0번부터 15번까지 총 16개의 포트가 있고 이 번호를 n으로 해서 비트 [2n+1]과 비트 [2n] 부분의 두 비트씩이 어떤 의미를 가지는 가를 나타낸 것입니다. 만약 GPN 0번 포트는 비트 1과 0을 의미할 것이고, GPN 1번 포트는 비트 3과 2를 의미할 것입니다.

위에서도 말씀 드렸던 것처럼 우리는 이미 외부에 풀업 저항이 달려있기 때문에 내부적으로 풀업 풀다운 저항을 활성화 시킬 이유는 없습니다. 그러므로 둘 다 disable을 시키는 00으로 설정하면 됩니다. 이를 위해서 0x3을 NOT 연산을 통해서 설정하고 있는 것입니다.

다음은 마지막으로 인터럽트 방법에 대한 설정을 진행하면 끝입니다.

```
vm_pIOPreg->EINT0CON0 = (vm_pIOPreg->EINT0CON0 & ~(0x7<<0)) | (0x2<<0);
```

EINT0CON0	Bit	Description	Initial State
Reserved	[7]	Reserved	0
EINT3, 2	[6:4]	Setting the signaling method of the EINT3 and EINT2 000 = Low level　　　　001 = High level 01x = Falling edge triggered　　10x = Rising edge triggered 11x = Both edge triggered	000
Reserved	[3]	Reserved	0
EINT1, 0	[2:0]	Setting the signaling method of the EINT0 and EINT1 000 = Low level　　　　001 = High level 01x = Falling edge triggered　　10x = Rising edge triggered 11x = Both edge triggered	000

EINT0CON0는 각 포트의 어떤 상황에서 인터럽트를 발생하도록 만들 것인가를 결정합니다. 위에서 살펴본 것처럼 Falling edge나 Rising edge 혹은 둘 다에서 발생하도록 할 수도 있고, 각각의 경우 level에서도 인터럽트가 발생하게 할 수 있습니다. Level은 만약 Low level로 설정하였다면 포트가 Low 값을 가지고 있는 동안은 인터럽트가 계속 발생하게 됩니다.

이 레지스터는 EINT 두 개씩을 묶어서 한번에 설정하여야 합니다. 우리는 EINT0를 설정하려고 하지만 EINT1도 함께 설정되고 있는 것입니다. ~(0x7<<0)을 이용해서 먼저 0으로 초기화한 값에 (0x2<<0)를 OR 연산해서 Falling edge로 설정했습니다. 그러므로 버튼이 눌리는 순간에 인터럽트가 발생할 것입니다.

이제 망고24의 경우에는 어떻게 구현이 되어 있는지 살펴보도록 하겠습니다. 위에서 살펴본 코드와 상당히 비슷하기 때문에 이해하는데 어려움은 별로 없을 것입니다.

<S3C2443_Button.c>

```
DWORD BTK_Init(DWORD dwContext) {
… … … … … …
    PHYSICAL_ADDRESS   ioPhysicalBase = {0,0};
    PHYSICAL_ADDRESS   intPhysicalBase = {0,0};
    ioPhysicalBase.LowPart = S3C2443_BASE_REG_PA_IOPORT;
    intPhysicalBase.LowPart = S3C2443_BASE_REG_PA_INTR;

    vm_pIOPreg = (S3C2443_IOPORT_REG *)MmMapIoSpace
```

26. Button Device Driver - Button 0 Interrupt 구현

```
                         (ioPhysicalBase, sizeof(S3C2443_IOPORT_REG), FALSE);
vm_pINTreg = (S3C2443_INTR_REG *)MmMapIoSpace
                         (intPhysicalBase, sizeof(S3C2443_INTR_REG), FALSE);

vm_pINTreg->INTMSK |= (0x1<<0); // Mask EINT0
vm_pIOPreg->GPFCON = (vm_pIOPreg->GPFCON & ~(0x3<<0)) | (0x2<<0);
vm_pIOPreg->EXTINT0 = (vm_pIOPreg->EXTINT0 & ~(0xF<<0)) | (0xA<<0);
```

먼저 물리적인 주소의 지정은 각각 다른 영역을 접근해야 하기 때문에 두 가지를 설정해야 합니다. 각각에 대한 주소 값은 아래와 같습니다.

```
#define S3C2443_BASE_REG_PA_IOPORT        0x56000000
#define S3C2443_BASE_REG_PA_INTR          0x4A000000
```

망고64와 똑같이 이들 물리적 주소값을 이용해서 MmMapIoSpace를 통해서 가상 주소로 바뀐 값을 얻게 됩니다.

Register	Address	R/W	Description	Reset Value
INTMSK	0X4A000008	R/W	Determine which interrupt source is masked. The masked interrupt source will not be serviced. 0 = Interrupt service is available. 1 = Interrupt service is masked.	0xFFFFFFFF

INTMSK 레지스터는 각각의 비트가 해당하는 포트를 인터럽트가 발생하지 못하도록 mask하는 역할을 수행하는 것입니다.

INTMSK	Bit	Description	Initial State
EINT3	[3]	0 = Service available, 1 = Masked	1
EINT2	[2]	0 = Service available, 1 = Masked	1
EINT1	[1]	0 = Service available, 1 = Masked	1
EINT0	[0]	0 = Service available, 1 = Masked	1

EINT0를 mask해야 하기 때문에 0번 비트를 1로 설정하였습니다.

Register	Address	R/W	Description	Reset Value
GPFCON	0x56000050	R/W	Configures the pins of port F	0x0
GPFDAT	0x56000054	R/W	The data register for port F	Undef.
Reserved	0x56000058	–	–	–
Reserved	0x5600005c	–	–	–

GPFCON은 레지스터의 동작 방법에 대한 설정을 수행하는 부분입니다. 망고64의 경우와 마찬가지로 Input mode, Output mode, EINT mode 등으로 설정을 할 수 있습니다. 우리의 경우는 당연히 인터럽트 모드로 설정해야 하기 때문에 10으로 설정하도록 합니다.

GPF0	[1:0]	00 = Input 10 = EINT[0]	01 = Output 11 = Reserved

EXTINT0는 인터럽트의 방식에 대한 설정 부분이 되겠습니다.

Register	Address	R/W	Description	Reset Value
EXTINT0	0x56000088	R/W	External interrupt control register 0	0x000000
EXTINT1	0x5600008c	R/W	External interrupt control register 1	0x000000
EXTINT2	0x56000090	R/W	External interrupt control register 2	0x000000

EINT0/GPF[0]	[3]	Pull-Down Enable Control, 0=Enable, 1=Disable
EINT0	[2:0]	Setting the signaling method of the EINT0. 000 = Low level 001 = High level 01x = Falling edge triggered 10x = Rising edge triggered 11x = Both edge triggered

여기서 한가지 볼 부분이 풀다운 활성화 부분이 3번 비트에 존재하는 것입니다. 이를 Disable로 설정 하기 위해서 1로 설정하고 나머지 세 비트는 010으로 설정하기 때문에 결국 네 비트를 1010으로 설정하는 것입니다. 그래서 0xA를 OR 연산하고 있는 것입니다.

26.1.4. BTK_Init 수정 – 이벤트 생성 및 인터럽트 초기화

이 부분은 Windows CE에만 한정된 부분이고 그러므로 망고64와 망고24 간의 차이는 전혀 없는 부분입니다. 여러 에러 처리에 대한 부분과 주석 등이 있어서 길지만 그것들을 모두 제외하면 아래와 같이 매우 간결한 코드가 됩니다.

```
ISTEvent0 = CreateEvent(NULL, FALSE, FALSE, NULL);
KernelIoControl(IOCTL_HAL_REQUEST_SYSINTR, &keyIRQ0,
        sizeof(DWORD), &g_BtnButtonSysIntr0, sizeof(DWORD), NULL);
InterruptInitialize(g_BtnButtonSysIntr0, ISTEvent0, 0, 0);
```

간단하게 먼저 말씀 드리면 CreateEvent를 통해서 하나의 이벤트를 만듭니다. 그리고, KernelIoControl을 통해서 물리적인 인터럽트를 논리적인 인터럽트로 변환하는 작업을 거친 이후에 이전에 만들었던 이벤트를 변환한 논리적인 인터럽트와 InterruptInitialize를 이용해서 초기화 하는 작업을 수행하는 것입니다.

<CreateEvent>

CreateEvent는 이벤트 오브젝트를 만들어주는 함수입니다.

```
HANDLE CreateEvent(
    LPSECURITY_ATTRIBUTES   lpEventAttributes,
    BOOL bManualReset,
    BOOL InitialState,
    LPTSTR lpName
);
```

파라미터들 중에서 lpEventAttributes는 사용하지 않는 것입니다. 반드시 NULL을 넣어 주어야 합니다. bManualReset은 Boolean 값이고 만들어지는 이벤트 오브젝트가 생성될 때 리셋을 해주어야 하는데 이것을 사용자가 원하는 시점에 할 것인지 아니면 자동으로 되도록 할 것인지를 결정하는 부분입니다. 만약 TRUE를 주게 되면 ResetEvent 함수를 이용해서 사용자가 임의의 시점에 리셋을 시켜주어야 합니다. 리셋을 시키는 것은 이벤트 발생의 상태를 발생하지 않은 상태로 초기화 해주게 되는 것입니다. 우리는 FALSE로 주어서 자동으로 되도록 하였습니다.

bInitialState도 Boolean 값이고 만들어지는 이벤트 오브젝트의 초기 상태를 지정해 주게 됩니다. 만약 TRUE라면 초기 상태가 이벤트가 발생한 상태로 시작하는 것입니다. 우리는 FALSE로 주어서 이벤트가 발생하지 않은 상태로 만들었습니다. 마지막으로 lpName은 이벤트 오브젝트의 이름을 줄 수 있습니다. 만약 NULL로 주게 되면 이름을 가지지 않고 만들어지게 됩니다. 우리는 NULL로 주었습니다. 보면 우리가 만들고 있는 것은 CreateEvent 함수를 아주 기본적인 상태로 만들고 있음을 알 수 있습니다.

<KernelIoControl - IOCTL_HAL_REQUEST_SYSINTR>

다음은 물리적인 인터럽트를 논리적인 인터럽트 ID로 변경하기 위해서 IOCTL_HAL_REQUEST_SYSINTR를 주어서 KernelIoControl을 호출하는 부분을 살펴봅니다.

```
BOOL KernelIoControl(
    DWORD dwIoControlCode,
    LPVOID lpInBuf,
    DWORD nInBufSize,
    LPVOID lpOutBuf,
    DWORD nOutBufSize,
    LPDWORD lpBytesReturned
);
```

KernelIoControl은 위와 같이 6개의 파라미터로 구성되어 있습니다. 첫 번째의 dwIoControlCode가 OAL I/O control에서 지원되어야 하는 I/O control code 값이 됩니다. 이것이 어떻게 연결되어서 우리가 원하는 동작을 수행하는 지는 뒤에서 살펴볼 것입니다.

lpInBuf에는 동작을 수행하는데 필요한 데이터를 포함하고 있는 부분이 되겠습니다. 우리의 경우는 keyIRQ0 부분에 대한 포인터를 넘겨주고 있는데 이것은 위에서도 보았지만 IRQ_EINT0라는 물리적인 인터럽트 값을 가지고 있는 부분입니다. nInBufSize는 lpInBuf 포인터가 저장하고 있는 값의 바이트 단위의 크기가 됩니다. 우리는 단순한 DWORD 값이기 때문에 DWORD의 크기를 넘겨주었습니다.

lpOutBuf는 동작에 대한 결과를 받을 버퍼 공간에 대한 포인터를 넘겨주는 부분입니다. 우리의 경우는 논리적인 인터럽트 ID를 받아서 저장할 g_BtnButtonSysIntr0의 주소를 넘겨주었습니다. nOutBufSize는 lpOutBuf 포인터가 가리키는 부분에 저장될 값의 바이트 단위의 크기가 됩니다. 우리는 단순한 DWORD 값이기 때문에 DWORD의 크기를 넘겨주었습니다.

lpBytesReturned는 위에서 동작에 대한 결과를 받는 것이 만약 여러 바이트라면 버퍼로 잡은 공간보다 더 적게 결과를 받을 수도 있고, 그렇기 때문에 정확한 결과로 받은 바이트 수를 알아야 할 필요가 있습니다. 이 경우 이 부분에 그 값을 받을 포인터 변수를 지정하면 됩니다. 우리의 경우는 단순한 하나의 DWORD 값만 받을 것이기 때문에 이 부분은 필요 없고 NULL로 지정하였습니다.

Oal_ioctl_tab.h (c:\wince600\platform\common\src\inc)

```
{ IOCTL_HAL_TRANSLATE_IRQ,       0,   OALIoCtlHalRequestSysIntr   },
{ IOCTL_HAL_REQUEST_SYSINTR,     0,   OALIoCtlHalRequestSysIntr   },
{ IOCTL_HAL_RELEASE_SYSINTR,     0,   OALIoCtlHalReleaseSysIntr   },
{ IOCTL_HAL_REQUEST_IRQ,         0,   OALIoCtlHalRequestIrq       },
{ IOCTL_HAL_INITREGISTRY,        0,   OALIoCtlHalInitRegistry     },
{ IOCTL_HAL_INIT_RTC,            0,   OALIoCtlHalInitRTC          },
{ IOCTL_HAL_REBOOT,              0,   OALIoCtlHalReboot           },
```

Oal_ioctl_tab.h에 보면 위와 같은 내용이 정의되어 있습니다. 이것이 전부는 아니고 일부를 가져온 것입니다. 우리가 KernelIoControl을 호출할 때 보내는 dwIoControlCode 값에 따라서 불려야 할 함수를 정의하고 있는 것입니다. 여기에서 IOCTL_HAL_REQUEST_SYSINTR를 발견할 수 있습니다. 결국은 OALIoCtlHalRequestSysIntr가 호출된다는 것을 알 수 있습니다.

OALIoCtlHalRequestSysIntr는 수행 중에 OALIntrRequestSysIntr를 호출하게 되고, 이 함수의 내용을 살펴보도록 합니다.

```
// Find next available SYSINTR value...
for (sysIntr = SYSINTR_FIRMWARE; sysIntr < SYSINTR_MAXIMUM; sysIntr++) {
```

26. Button Device Driver - Button 0 Interrupt 구현

```
        if (g_oalSysIntr2Irq[sysIntr] == OAL_INTR_IRQ_UNDEFINED) break;
}
```

OALIntrRequestSysIntr 함수의 내용 중에서 아주 중요한 부분을 발견할 수 있습니다. 바로 위의 코드입니다. 이전에 논리적인 인터럽트 ID를 구하는 방법에 대한 것을 공부한 적이 있는데 그 내용 중에 나왔던 값이 SYSINTR_FIRMWARE 입니다. 이 값부터 시작해서 현재 할당 가능한 것이 있는지 단순하게 검색을 하는 부분이 되겠습니다. 할당이 이루어지는 값은 g_oalSysIntr2Irq에 저장이 되어 있고 이 배열에서 초기에 저장되어 있는 OAL_INTR_IRQ_UNDEFINED 값을 찾게 됩니다. 이 값은 시스템이 부팅되면서 초기화를 수행할 때 모든 배열에 명시해주는 값이 됩니다. 결국 이 값이 저장되어 있다는 것은 아직 할당하지 않은 부분이라는 것을 알게 되고 그때 위의 루프를 벗어나게 되는 것입니다.

```
// Make SYSINTR -> IRQ association.
g_oalSysIntr2Irq[sysIntr] = irq;
```

루프를 벗어나서 저장을 할 적절한 위치를 찾은 이후에 위 코드에서처럼 g_oalSysIntr2Irq[sysIntr]의 sysIntr 부분에 현재의 물리적인 인터럽트를 저장해 놓는 것입니다.

```
BOOL OALIoCtlHalRequestSysIntr(
    UINT32 code, VOID* pInpBuffer, UINT32 inpSize, VOID* pOutBuffer,
    UINT32 outSize, UINT32 *pOutSize
) {
```

OALIoCtlHalRequestSysIntr 함수의 구조는 위와 같이 구성되어 있고 이것은 KernelIoControl의 파라미터 구조와 동일합니다.

```
    KernelIoControl(IOCTL_HAL_REQUEST_SYSINTR, &keyIRQ0,
            sizeof(DWORD), &g_BtnButtonSysIntr0, sizeof(DWORD), NULL);
```

우리가 위와 같이 KernelIoControl을 호출하였는데 여기서 논리적인 인터럽트 ID를 저장할 공간은 g_BtnButtonSysIntr0 부분입니다. 이 부분이 OALIoCtlHalRequestSysIntr 함수에서 pOutBuffer 부분과 일치하는 것입니다.

```
sysIntr = OALIntrRequestSysIntr(...);
*(UINT32*)pOutBuffer = sysIntr; // Store obtained SYSINTR
rc = (sysIntr != SYSINTR_UNDEFINED);
return rc;
```

OALIoCtlHalRequestSysIntr 함수의 마지막 부분은 위와 같이 처리가 됩니다. OALIntrRequestSysIntr을

통해서 얻어온 논리적인 인터럽트 ID를 pOutBuffer 포인터가 위치하는 부분에 저장하고, 인터럽트 ID가 SYSINTR_UNDEFINED가 아닌지를 검사한 Boolean 값을 리턴해 주고 있는 것입니다. 정상적이라면 당연히 ID는 SYSINTR_UNDEFINED가 아닐 것이고 TRUE를 리턴할 것입니다.

여기서 설명 드리는 내용만으로 완전하게 이해하시기는 힘들 것입니다. 반드시 소스 코드를 보면서 분석을 하셔야 합니다. 다만 소스를 분석하실 때 보다 쉽게 접근하실 수 있는 지름길을 소개시켜드리고 있는 것입니다. 물론 가장 중요한 부분이기도 하고요.

<InterruptInitialize>

InterruptInitialize 함수는 공개되어 있는 함수는 아닙니다. 그러므로 우리는 이 함수의 구체적인 동작에 대해서 알 수는 없습니다. 다만 내용을 유추할 뿐입니다. 위의 내용을 통해서 이벤트를 만들었고, 논리적인 인터럽트 ID를 만들었습니다. 이 둘을 연결시켜주는 동작을 수행하는 것입니다.

```
BOOL InterruptInitialize(
    DWORD idInt,
    HANDLE hEvent,
    LPVOID pvData,
    DWORD cbData
);
```

위와 같은 함수 구조를 가지고 있습니다. idInt 부분에 IST (Interrupt Service Thread)를 위한 인터럽트 ID를 전달해 주게 됩니다. 위에서 만들었던 논리적인 인터럽트 ID를 전달하면 됩니다.

hEvent 부분에는 이벤트의 핸들 값을 넘겨주면 됩니다. 위에서 만든 이벤트 핸들 값을 전달합니다. 인터럽트 ID로 지정한 부분에서 인터럽트가 발생되었을 때 발생될 이벤트를 지정하는 것입니다.

pvData는 OEMInterruptEnable에 전달될 데이터 블록의 포인터를 지정하게 됩니다. 그리고 cbData는 pvData가 가리키는 곳의 데이터 크기를 가리킵니다. 우리는 이 둘의 값을 모두 NULL로 지정해서 사용하지 않을 것입니다.

```
InterruptInitialize(g_BtnButtonSysIntr0, ISTEvent0, 0, 0);
```

위 함수가 성공을 하면 TRUE가 리턴 되고 실패하면 FALSE가 리턴 될 것입니다.

위와 같이 지정을 함으로써 이제 처리는 거의 마무리가 되어 가고 있습니다. 이제 이벤트가 발생했을 때 그것을 처리할 Thread를 만들고, mask했던 인터럽트의 mask를 풀어주면 끝나게 됩니다. 차례로 이 부분을 살펴보겠습니다.

26.1.5. BTK_Init 수정 – Thread 생성

이제 아래 부분은 Thread의 생성에 대한 부분입니다. 이 부분도 Windows CE에만 한정된 부분이고 그러므로 망고64와 망고24 간의 차이는 전혀 없는 부분입니다.

CreateThread(NULL, 0, (LPTHREAD_START_ROUTINE) BTK_IST0, dwContext, 0, NULL);

여러 에러 처리 부분과 주석을 제거하고 나면 위의 한 줄로 코드가 끝납니다. 바로 Thread를 생성하는 부분입니다.

typedef DWORD (WINAPI **LPTHREAD_START_ROUTINE**)(LPVOID pvarg);

LPTHREAD_START_ROUTINE에 대해서 먼저 살펴보면, 위와 같이 정의가 되어 있습니다. 바로 함수의 프로토타입에 대한 것을 define으로 정의하고 있는 것입니다.

static DWORD **BTK_IST0**(void *pContext)

뒤에서 볼 것이지만 잠시 먼저 보면 위의 BTK_IST0가 Thread의 메인 함수가 되는 부분입니다. 이것을 LPTHREAD_START_ROUTINE 타입으로 type-casting을 해서 CreateThread에 전달해주어서 향후 Thread가 만들어진 후에 BTK_IST0 함수를 Thread의 메인 함수가 되도록 만들어 주는 것입니다.

```
HANDLE CreateThread(
    LPSECURITY_ATTRIBUTES lpsa,
    DWORD cbStack,
    LPTHREAD_START_ROUTINE lpStartAddr,
    LPVOID lpvThreadParam,
    DWORD fdwCreate,
    LPDWORD lpIDThread
);
```

lpsa는 현재 사용하지 않는 부분이고 반드시 NULL을 넣어주어야 합니다. cbStack 부분은 STACK_SIZE_PARAM_IS_A_RESERVATION flag를 사용하지 않는다면 무시되는 부분입니다. 우리의 경우는 0을 사용합니다. 만약 STACK_SIZE_PARAM_IS_A_RESERVATION flag를 사용하게 되면, 이 파라미터 값은 새로 만들어지는 Thread에 대해서 예약된 virtual memory 공간을 명시하는 것이 됩니다.

lpStartAddr는 위에서도 살펴본 것처럼 Thread의 메인 함수가 되는 부분의 함수 포인터가 됩니다.

Thread의 시작 부분이 되는 것입니다. 여기에 NULL을 주거나 하면 에러가 발생할 것입니다. 반드시 있어야 하는 부분입니다.

lpvThreadParam 부분은 Thread에 전달되는 32 비트 파라미터 값의 포인터가 됩니다.

```
CreateThread(NULL, 0, (LPTHREAD_START_ROUTINE) BTK_IST0, pContext, 0, NULL);
```

pContext가 전달되고 있는데 이 값은 BTK_Init이 호출될 때 받은 값입니다.

```
pContext:Drivers\Active\51
```

이 값을 화면에 출력해보면 위와 같은 문자열이 출력됩니다. 이것은 우리가 지금 만들고 있는 것과 같은 Stream Interface Device Driver에 대한 Active key에 대한 레지스트리 Path를 포함하고 있는 문자열입니다. 이것을 그대로 Thread를 만들 때에도 전달해 주어야 하는 것입니다.

```
DWORD BTK_Init(LPCTSTR pContext, ...) ...
DWORD BTK_Deinit(DWORD dwContext) ...
DWORD BTK_Open(DWORD hDeviceContext, ...) ...
DWORD BTK_Close(DWORD dwContext) ...
DWORD BTK_Read(DWORD hOpenContext, ...) ...
DWORD BTK_Write(DWORD hOpenContext, ...) ...
DWORD BTK_Seek(DWORD hOpenContext, ...) ...
DWORD BTK_PowerUp(DWORD dwContext) ...
DWORD BTK_PowerDown(DWORD dwContext) ...
DWORD BTK_IOControl(DWORD hOpenContext, ...) ...
```

위의 버튼과 관련한 드라이버 함수들의 내용을 잠시 보면 모든 함수들이 Context 값을 받고 있는 것이 보입니다. 우리는 실제로 BTK_Init의 내용을 보면 최종적으로 1을 리턴 하고 있는데 이 값은 사실 특정한 디바이스 드라이버가 XXX_Init을 호출하고 난 이후에 Context를 만들 수 있고 이 만들어진 Context에 대한 핸들 값을 리턴해야 합니다. 그러면 그 값을 향후에 다른 디바이스 드라이버 관련 함수들이 호출될 때 그 값이 전달되는 것입니다.

하지만 버튼과 같은 경우에 사실 Open, Read, Write 등의 작업이 좀 불필요한 측면이 있습니다. 그렇기 때문에 특별한 작업이 필요 없고 그냥 단순히 1을 리턴 했던 것입니다. 그리고 위 함수들 중에서 hOpenContext라고 되어 있는 BTK_Read, BTK_Write, BTK_Seek, BTK_IOControl의 네 개의 함수들은 초기화 작업으로 만든 Context를 받는 것이 아니라 Open을 실제로 수행한 이후에 그 결과를 받게 됩니다. 그래서 조금 이름이 다른 것입니다.

fdwCreate 부분에는 위에서 잠시 말씀 드렸던 STACK_SIZE_PARAM_IS_A_RESERVATION과 같은 값을 넣어주는 부분입니다. 여기에 CREATE_SUSPENDED를 설정할 수도 있는데 그렇게 되면 Thread가 시작하자마자 Suspend 상태가 되고, 이후에 ResumeThread 함수를 호출해서 다시 수행되도록 하지 않는 한 계속 Suspend 상태에 머물러 있도록 할 수도 있습니다. 우리는 이 부분에 0을 넣어주었고 가장 일반적으로 수행시키는 것입니다. 바로 Run 상태가 되어서 수행이 됩니다.

lpIDThread는 Thread를 생성한 이후에 Thread에 대한 ID를 반환 받을 수 있는 공간에 대한 포인터를 넘겨주는 부분입니다. 우리는 NULL을 사용하였고, 이 경우 Thread에 대한 ID를 사용하지 않게 됩니다.

CreateThread에 대한 리턴 값은 새롭게 만들어진 Thread에 대한 핸들 값을 넘겨 받게 됩니다. 만약 이 핸들 값이 NULL이라면 뭔가 문제가 발생한 것이고 실패한 것입니다. 여기서 어떤 문제가 발생했는지를 알려면 GetLastError를 호출해서 원인을 파악해야 합니다.

```
if((BTK_ISTHandle = CreateThread(NULL, 0, (LPTHREAD_START_ROUTINE) BTK_IST0,
                    pContext, 0, NULL)) == NULL) {
    dwErr = GetLastError();
    RETAILMSG(1,(TEXT("BTN ERROR: create IST Button 0: %u\r\n"), dwErr));
    return ERROR_SUCCESS;
}
```

CreateThread 부분은 원래 위와 같이 구현이 되어 있습니다. 이 내용을 보면 CreateThread의 결과를 BTK_ISTHandle에 저장하고 있고 이것을 NULL과 비교해서 같으면 에러라는 것을 알 수 있습니다. 이와 같이 에러가 발생하였을 경우에 어떤 에러가 발생했는지를 알기 위해서 사용하는 것이 GetLastError 함수입니다. GetLastError 함수가 리턴해 주는 값은 마지막으로 발생한 에러에 대한 에러 코드 값입니다.

26.1.6. BTK_Init 수정 – GPIO 포트 초기화 완료

이제 BTK_Init의 마지막 부분입니다. BTK_Init을 종료하기 전에 GPIO에 대한 설정을 진행하는 것입니다. 당연히 GPIO에 대한 설정이기 때문에 망고64와 망고24는 다릅니다.

<S3C6410_Button.c>
```
// Clear pending
vm_pIOPreg->EINT0PEND = (0x1<<0); // EINT0

// Unmask interrupt
vm_pIOPreg->EINT0MASK &= ~(0x1<<0); // EINT0
```

처리되는 부분은 두 가지 입니다. 하나는 Pending 플래그를 Clear해주는 부분이고, 마지막으로 Mask 부분을 Unmask 시켜서 이후 인터럽트가 발생할 수 있도록 만들어 주는 것입니다. EINT0MASK 부분에 대한 것은 위에서 살펴보았기 때문에 쉬울 것입니다.

EINT0MASK	0x7F008920	R/W	External Interrupt Mask Register
EINT0PEND	0x7F008924	R/W	External Interrupt Pending Register

여기서는 EINT0PEND 부분에 대한 것만 보도록 하겠습니다.

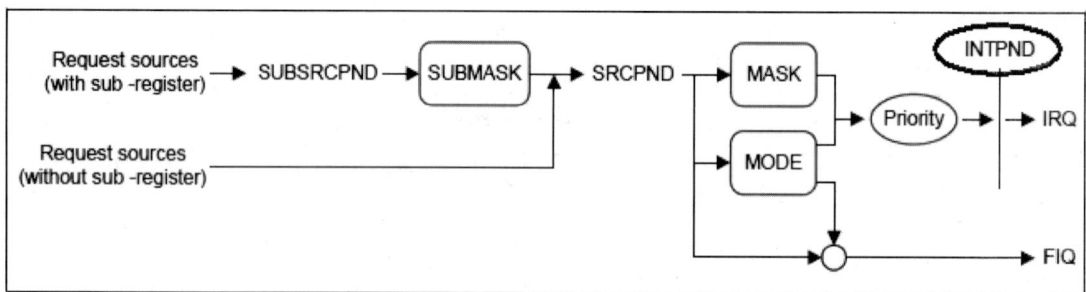

위의 그림은 S3C2443에서 발췌한 그림인데 개념을 보다 쉽게 이해할 수 있기 때문에 가져온 것입니다. Mask에 대한 설정이 완료되고 나서 인터럽트가 Mask 부분을 통과하고 나면 바로 Pending 부분에 도달하게 됩니다. 여기에서 기록된 값을 이용해서 Interrupt Controller는 ARM Core의 IRQ가 발생할 수 있도록 만드는 것입니다.

EINT0PEND	Bit	Description		Initial State
EINT3	[3]	0 = Not occur	1= Occur interrupt	0
EINT2	[2]	0 = Not occur	1= Occur interrupt	0
EINT1	[1]	0 = Not occur	1= Occur interrupt	0
EINT0	[0]	0 = Not occur	1= Occur interrupt	0

EINT0PEND의 각각의 비트에 대한 설명을 보면 위 그림과 같습니다. 0번 비트가 1이면 인터럽트가 발생했다는 것을 의미합니다.

그런데 여기서 한가지 이상한 부분이 있습니다. **vm_pIOPreg->EINT0PEND = (0x1<<0); 이 코드를 보면 EINT0PEND에다가 1을 대입하고 있습니다.** 위 레지스터의 내용을 보면 값이 1일 경우 인터럽트가 발생한 것인데, 위 코드는 그 자리에 그냥 1을 적고 있습니다. 왜 이렇게 하는 것일까요? 코드가 잘못된 것일까요?

NOTES: 1. Each bit is cleared by writing "1"

데이터 쉬트를 보면 위의 문구를 발견할 수 있습니다. 즉, 해석하자면 1을 적음으로써 각 비트를 Clear할 수 있다고 적혀 있습니다. 다시 말해서 EINT0PEND에다가 1을 대입하고 있는 것처럼 보이는 코드는 1을 대입하는 것이 아니라 해당 비트에 어떤 값이 들어있든 그 비트를 0으로 만들라는 것과 같은 것입니다.

이와 같이 몇몇 레지스터들을 해당 레지스터의 비트를 0으로 만들기 위해서 반드시 1을 대입해야 하는 부분이 있습니다. 데이터 쉬트를 꼼꼼히 읽어볼 수 밖에는 없습니다. 주의가 필요한 부분입니다.

<S3C2443_Button.c>
```
// Clear pending
vm_pINTreg->INTPND = (0x1<<0); // EINT0

// Unmask interrupt
vm_pINTreg->INTMSK &= ~(0x1<<0); // EINT0
```

망고24의 경우도 크게 다르지는 않습니다. INTMSK 부분은 이미 보았던 부분이고 INTPND 부분은 아래와 같습니다.

Register	Address	R/W	Description	Reset Value
INTPND	0X4A000010	R/W	Indicate the interrupt request status. 0 = The interrupt has not been requested. 1 = The interrupt source has asserted the interrupt request.	0x00000000

EINT3	[3]	0 = Not requested,	1 = Requested	0
EINT2	[2]	0 = Not requested,	1 = Requested	0
EINT1	[1]	0 = Not requested,	1 = Requested	0
EINT0	[0]	0 = Not requested,	1 = Requested	0

망고24의 INTPND 부분 역시 망고64 경우와 마찬가지로 1로 설정하는 것이 해당 비트를 Clear하는 것입니다.

이것으로 BTK_Init의 초기화 과정이 모두 끝났습니다. 이제 Thread에 대한 구현만 하면 실제로 보드에서 돌려볼 수 있게 됩니다.

26.1.7. BTK_IST0 구현

Thread의 코드는 두 부분으로 나뉘어 있습니다. 함수 초반에 Thread의 Priority를 지정하는 부분이 존재하고 그 이후는 while(1)으로 되어 있는 무한 루프 입니다. 초반의 코드는 망고64나 망고24나 동일한 부분이 되겠고, while 루프에서 GPIO 인터럽트에 대한 부분만 차이가 납니다.

<S3C6410_Button.c>

```
static DWORD BTK_IST0(void *pContext) {
    if (!CeSetThreadPriority(GetCurrentThread(), 100)) { return 0; }
    while (1) {
        WaitForSingleObject(ISTEvent0, INFINITE);
        인터럽트 처리 부분
    }
}
```

CeSetThreadPriority 함수는 Thread에 대한 우선순위를 지정하는 것입니다. 첫 번째 파라미터는 Thread에 대한 핸들 값을 넘겨주어야 하고 두 번째 파라미터는 0부터 255까지의 정수 값을 넘겨주게 됩니다. 번호가 낮을수록 높은 우선순위를 갖는 것입니다.

Winbase.h (c:\wince600\public\common\sdk\inc)

```
#define MAX_CE_PRIORITY_LEVELS          256        // CE support 256 priorities (0-255)
#define MAX_WIN32_PRIORITY_LEVELS       8          // WIN32 supports 8 priority (0-7)

#define PRIO_WIN32_TO_CE(prio)     ((prio)+MAX_CE_PRIORITY_LEVELS-MAX_WIN32_PRIORITY_LEVELS)

#define THREAD_PRIORITY_TIME_CRITICAL    0
#define THREAD_PRIORITY_HIGHEST          1
#define THREAD_PRIORITY_ABOVE_NORMAL     2
#define THREAD_PRIORITY_NORMAL           3
#define THREAD_PRIORITY_BELOW_NORMAL     4
#define THREAD_PRIORITY_LOWEST           5
#define THREAD_PRIORITY_ABOVE_IDLE       6
#define THREAD_PRIORITY_IDLE             7

#define CE_THREAD_PRIO_256_TIME_CRITICAL  PRIO_WIN32_TO_CE(THREAD_PRIORITY_TIME_CRITICAL)
#define CE_THREAD_PRIO_256_HIGHEST        PRIO_WIN32_TO_CE(THREAD_PRIORITY_HIGHEST)
#define CE_THREAD_PRIO_256_ABOVE_NORMAL   PRIO_WIN32_TO_CE(THREAD_PRIORITY_ABOVE_NORMAL)
#define CE_THREAD_PRIO_256_NORMAL         PRIO_WIN32_TO_CE(THREAD_PRIORITY_NORMAL)
```

```
#define CE_THREAD_PRIO_256_BELOW_NORMAL
PRIO_WIN32_TO_CE(THREAD_PRIORITY_BELOW_NORMAL)
#define CE_THREAD_PRIO_256_LOWEST     PRIO_WIN32_TO_CE(THREAD_PRIORITY_LOWEST)
#define CE_THREAD_PRIO_256_ABOVE_IDLE  PRIO_WIN32_TO_CE(THREAD_PRIORITY_ABOVE_IDLE)
#define CE_THREAD_PRIO_256_IDLE        PRIO_WIN32_TO_CE(THREAD_PRIORITY_IDLE)
```

보통 위의 CE_THREAD_PRIO_256_xxx로 정의된 값을 사용하게 되는데 예를 들어서 CE_THREAD_PRIO_256_TIME_CRITICAL 값을 계산해 보면 (256 – 8)로 248 값을 가지게 됩니다. 결국 우리가 넣어준 100이라는 값은 상당히 높은 우선순위라는 것을 알 수 있습니다.

```
WaitForSingleObject(ISTEvent0, INFINITE);
```

다음으로 while 루프에 들어 있는 WaitForSingleObject 함수가 있습니다. 이것이 Thread 내에서 가장 주요한 역할을 수행하는 함수입니다. 특정한 오브젝트가 Signal되었는지를 검사하는 함수가 되겠습니다.

```
DWORD WaitForSingleObject(
    HANDLE hHandle,
    DWORD dwMilliseconds
);
```

hHandle 부분에는 이벤트가 발생했는지를 검사할 오브젝트에 대한 핸들 값을 지정하게 됩니다. 우리의 경우는 ISTEvent0가 지정되게 됩니다. dwMilliseconds 부분에는 특정한 Time-out 값을 넣어줄 수 있습니다. 단위는 millisecond 단위 입니다. 지정된 시간이 지나게 되면 이벤트가 발생하지 않아도 리턴을 하게 됩니다. 만약 여기에 0을 넣어주면 오브젝트에 대한 상태만을 검사하는 경우가 되겠고, 바로 리턴을 하게 됩니다. 우리의 경우는 INFINITE로 주었습니다. 이것은 0xFFFFFFFF으로 설정되어있는 값이고, 무한히 기다리게 됩니다.

```
#define WAIT_OBJECT_0    0x00000000L
#define WAIT_FAILED      0xffffffffL
#define WAIT_TIMEOUT     258L
```

리턴 값은 위의 값들이 될 수 있습니다. 만약 WAIT_OBJECT_0, 즉 0이 리턴 된다면 정상적으로 이벤트가 발생한 것이고 이를 처리하면 됩니다. WAIT_TIMEOUT은 지정된 소모 시간이 종료해서 리턴 된 것을 의미합니다.

WAIT_FAILED는 다음과 같은 경우에 발생할 수 있습니다.
- 충분한 메모리 공간이 시스템에 남아있지 않은 경우

- 두 개의 Thread가 같은 인터럽트 이벤트를 기다리고 있는 경우
- 현재의 Thread가 종료되었을 경우
- hHandle로 명시한 오브젝트가 이미 삭제되었을 경우
- 오브젝트의 핸들 값이 잘못되어 있을 경우

```
vm_pIOPreg->EINT0MASK |= (0x1<<0); // Mask EINT0
vm_pIOPreg->EINT0PEND = (0x1<<0);  // Clear pending EINT0
InterruptDone(g_BtnButtonSysIntr0);
RETAILMSG(1,(TEXT(" ... ..."))); // 출력문 출력
vm_pIOPreg->EINT0MASK &= ~(0x1<<0); // Unmask EINT0
```

위 부분이 인터럽트에 대한 Thread 내에서의 주된 처리 부분입니다. 실제 하는 일은 거의 없습니다. 다만 인터럽트가 발생했다는 것을 인지하기 위해서 출력문을 출력하는 것뿐입니다.

중요한 것은 하나 수행해야 하는데 바로 InterruptDone 함수의 호출입니다. 이 함수에 기존에 사용하고 있는 논리적 인터럽트 ID를 넣어서 호출 함으로써 커널에게 인터럽트의 처리가 끝났음을 알려주어야 하는 것입니다. 이 함수는 void 함수로 리턴 값이 없습니다. 이 부분에 대해서는 다음 장에서 좀더 자세히 살펴보겠습니다.

InterruptDone의 앞 뒤로 Mask와 Pending에 대한 처리가 이루어지고 있습니다. 최초로 먼저 Mask를 1로 만들어서 하드웨어 인터럽트의 발생을 막고 이후 Pending 레지스터를 Clear해서 인터럽트가 처리되었음을 알려주고, 마지막으로 Mask 되어 있던 것을 Unmask 함으로써 모든 과정이 끝나는 것입니다.

<S3C2443_Button.c>

```
static DWORD BTK_IST0(void *pContext) {
... ... ... ... ... ...
    while (1) {
        WaitForSingleObject(ISTEvent0, INFINITE);
        vm_pINTreg->INTMSK |= (0x1<<0); // Mask EINT0
        vm_pINTreg->INTPND = (0x1<<0);   // Clear pending EINT0
        InterruptDone(g_BtnButtonSysIntr0);
        vm_pINTreg->INTMSK &= ~(0x1<<0); // Unmask EINT0
    }
}
```

망고24의 경우는 오직 GPIO에 대한 설정 부분만 다릅니다. 망고64와 마찬가지로 InterruptDone의 앞 뒤로 Mask와 Pending에 대한 처리를 하고 있습니다. 먼저 Mask를 1로 만들어서 하드웨어 인터

럽트의 발생을 막고, Pending 레지스터를 Clear해서 인터럽트가 처리되었음을 알려주고, 마지막으로 Unmask 함으로써 끝내고 있습니다.

26.2. 실행 결과

실행 결과를 살펴보면 아래와 같습니다. 우리가 넣어주었던 출력문들이 정확하게 출력되고 있는 것을 알 수 있습니다.

<망고 24 수행 결과> - 초기화

```
SMB::SMB_IOControl() Unsupported IOCTL code 321000
BTN Driver : DLL_PROCESS_ATTACH
BTK_Init() pContext:Drivers\Active\41, dwBusContext:0
KernelIoControlSC2443UsbFn!HandleUSBBusIrq: Reset
 IRQ0 success, g_BtnButtonSysIntr0:1B
InterruptInitialize Button 0 success
BTK_IST0() pContext: Drivers\Active\41
HIGH Speed
SC2443UsbFn!HandleUSBBusIrq: Reset
```

g_BtnButtonSysIntr0 값이 할당된 것을 보면 0x1B가 부여된 것을 알 수 있습니다. 내용 중에 BTK_IST0에 주어진 Context의 내용과 BTK_Init에 주어진 Context의 내용이 동일한 것도 확인할 수 있습니다.

<망고 24 수행 결과> - 버튼 0를 눌렀을 때

```
-OALIoCtlHalGetDeviceInfo(SPI = SPI_GETOEMINFO, rc = 1)
pBTN_IST: ISTEvent 0
ISTEvent0:14C000F, waitEvent:0
```

실제로 버튼 0를 누르게 되면 IST 루틴에서 출력한 출력문이 또한 정상적으로 출력되고 있습니다. waitEvent 값을 보면 0이 찍혀 있습니다. 정상적으로 이벤트를 수신했다는 것을 알 수 있습니다.

<망고 64 수행 결과> - 초기화

```
SMB_Init: Get chip info chipid 2, mlversion 2, alversion 0.
PRS_Init: SMD500 pressure sensor detected. chipid 0.
BTN Driver : DLL_PROCESS_ATTACH
BTK_Init() pContext:Drivers\Active\51, dwBusContex t:0
[UFNPDD] OTG Cable Attached
```

```
-OALIntrRequestSysIntr(irq = 0, sysIntr = 31)
KernelIoControl IRQ0 success, g_BtnButtonSysIntr0:1F
InterruptInitialize Button 0 success
BTK_IST0() pContext: Drivers\Active\51
[PWRCON:INF] PWC_IOControl(IOCTL_PWRCON_SET_POWER_ON, 7) : BLKPWR_DOMAIN_F On
```

<망고 64 수행 결과> - 버튼 0를 눌렀을 때

```
[WiFi]: Firmware Version: 9.70.3.23
pBTN_IST: ISTEvent 0
ISTEvent0:5110003, waitEvent:0
```

망고64의 수행 결과도 대동 소이 합니다.

27. InterruptDone 과정과 Button Driver 완성

우리는 이전 장에서 Button 0에 대한 처리를 구현하였습니다. 이번 장에서는 나머지 버튼 들에 대해서도 구현을 해보도록 하겠습니다. Button 0에 대한 처리와 사실 별로 다를 것은 없습니다. 하지만 보드의 상황이나 CPU에 따라서 조금씩 특별한 내용들이 있어서 쉽지 않은 부분들도 있기에 따로 장을 구분해서 살펴보는 것입니다. 먼저 그 전에 Interrupt Done 과정에 대해서 살펴보도록 하겠습니다.

27.1. InterruptDone 과정

```
vm_pIOPreg->EINT0MASK |= (0x1<<0); // Mask EINT0
vm_pIOPreg->EINT0PEND = (0x1<<0);   // Clear pending EINT0
InterruptDone(g_BtnButtonSysIntr0);
RETAILMSG(1,(TEXT(" ... ..."))); // 출력문 출력
vm_pIOPreg->EINT0MASK &= ~(0x1<<0); // Unmask EINT0
```

위 부분이 인터럽트에 대한 Thread 내에서의 주된 처리 부분입니다. 실제 하는 일은 거의 없습니다. 다만 인터럽트가 발생했다는 것을 인지하기 위해서 출력문을 출력하는 것뿐입니다.

중요한 것을 하나 수행해야 하는데 바로 InterruptDone 함수의 호출입니다. 이 함수에 기존에 사용하고 있는 논리적 인터럽트 ID를 넣어서 호출 함으로써 커널에게 인터럽트의 처리가 끝났음을 알려주어야 하는 것입니다. 이 함수는 void 함수로 리턴 값이 없습니다.

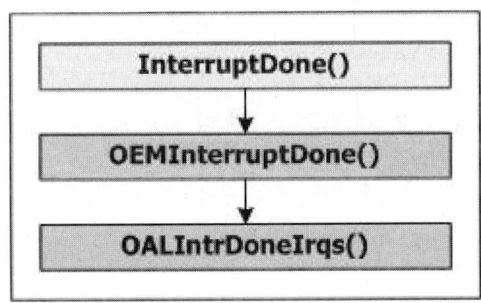

우리가 InterruptDone 함수를 호출하게 되면 커널의 코드는 내부적으로 OEMInterruptDone 함수를 호출해 주게 됩니다. 이 OEMInterruptDone 함수의 구현 사항을 보면 결국 최종적으로 OALIntrDoneIrqs 함수를 호출해 주게 됩니다. 이 OALIntrDoneIrqs 함수에서 수행해 주어야 하는 내용은 결국 인터럽트에 대한 최종적인 처리가 필요한 것을 수행해주면 됩니다.

물론 특별히 처리할 내용이 없을 경우에는 작업할 것이 없을 것입니다. 우리가 구현하고 있는 버튼에 대한 인터럽트 처리에서는 사실 특별히 작업할 내용은 없습니다. 만약 IST 루틴에서 수행하고 있

던 인터럽트 처리에서 Pending 레지스터에 대한 설정이나 Mask 레지스터에 대한 처리를 이곳에서 수행하게 할 수도 있습니다. 구현에 대한 부분은 구현 방식에 따라서 달라질 수 있는 부분입니다.

27.1.1. OEMInterruptDone 함수

```
VOID OEMInterruptDone(DWORD sysIntr) {
    OALIntrDoneIrqs(1, &g_oalSysIntr2Irq[sysIntr]);
}
```

OEMInterruptDone 함수를 보면 망고24나 망고64나 모두 동일합니다. 결국 주석 및 출력문들을 제외하면 위와 같이 단 한 줄의 코드를 수행합니다. 바로 넘겨진 논리적인 인터럽트 ID 값을 g_oalSysIntr2Irq 테이블을 이용해서 물리적인 IRQ 번호로 변경해서 그것을 파라미터로 OALIntrDoneIrqs 함수에 넘겨주게 되는 것입니다.

27.1.2. 망고24 OALIntrDoneIrqs 함수

<S3C2443_Button.c>
```
static DWORD BTK_IST0(void *pContext) {
... ... ... ... ... ...
    while (1) {
        WaitForSingleObject(ISTEvent0, INFINITE);
        vm_pINTreg->INTMSK |= (0x1<<0); // Mask EINT0
        vm_pINTreg->INTPND = (0x1<<0);  // Clear pending EINT0
        InterruptDone(g_BtnButtonSysIntr0);
        vm_pINTreg->INTMSK &= ~(0x1<<0); // Unmask EINT0
    }
}
```

2443의 IST 부분에서 불러준 InterruptDone으로 인해서 OALIntrDoneIrqs 함수가 불리게 되고, 현재 구현된 망고24에서의 OALIntrDoneIrqs 함수의 내용을 살펴보면 아래의 코드와 같습니다.

```
... ... ... ... ... ...
        } else if (irq <= IRQ_ADC) {
            mask = 1 << irq;
            OUTREG32(&g_pIntrRegs->SRCPND, mask);
            CLRREG32(&g_pIntrRegs->INTMSK, mask);
        } else if (irq <= IRQ_EINT23) {
```

27. InterruptDone 과정과 Button Driver 완성

```
            mask = 1 << (irq - IRQ_EINT4 + 4);
            OUTREG32(&g_pPortRegs->EINTPEND, mask);
            CLRREG32(&g_pPortRegs->EINTMASK, mask);
    } else if( irq <= IRQ_AUDIO) {
        } else if (irq <= IRQ_DMA5) {
        } else if (irq <= IRQ_CAM_P)
… … … … … …
```

g_oalSysIntr2Irq을 통해서 얻어진 실제의 물리적 IRQ 번호를 가지고 각 번호에 해당하는 내용을 구분해서 처리할 부분을 구현하고 있습니다. 해당 IRQ에 따라서 SRCPND와 interrupt mask와 관련한 처리를 구분해서 해주고 있는 것입니다. 위 부분에서 버튼에 대한 것은 IRQ_ADC보다 작은가 비교하는 부분에서 처리가 될 것입니다.

사실 위 부분에서 interrupt mask에 대한 처리는 이전에 IST 부분에서 수행한 것과 중복되는 부분이 됩니다. 그러므로 IST 부분에서나 혹은 이 부분에서 mask 부분은 빼주어도 수행되는 것에서는 차이가 없게 됩니다.

27.1.3. 망고64 OALIntrDoneIrqs 함수

S3C6410에 들어있는 인터럽트 컨트롤러는 2개의 VIC(Vectored Interrupt Controller)와 2개의 TZIC(TrustZone Interrupt Controller)로 구성되어 있습니다. 이들을 이용해서 64개의 인터럽트 소스들을 지원하고 있습니다.

Int. No.	Sources	Description	Group
6	INT_I2S0	INT_I2S1	INT_I2SV40	I2S 0 interrupt or I2S 1 interrupt or I2S V40 interrupt	VIC0
5	INT_I2C1	I2C 1 interrupt	VIC0
4	INT_CAMIF_P	Camera interface interrupt	VIC0
3	INT_CAMIF_C	Camera interface interrupt	VIC0
2	INT_RTC_TIC	RTC TIC interrupt	VIC0
1	INT_EINT1	External interrupt 4 ~ 11	VIC0
0	INT_EINT0	External interrupt 0 ~ 3	VIC0

64개의 인터럽트 소스 중에서 우리가 다루고 있는 외부 인터럽트 0번부터 3번까지의 인터럽트는 INT_EINT0 벡터에 할당되어 있습니다. 또한 이것은 VIC0 그룹에 존재합니다. VIC0에 32개 VIC1에 32개가 할당되어 있는 것입니다.

```
void VICTableInit(void) {
    g_pVIC0Reg->VICVECTADDR0 = PHYIRQ_EINT0;
```

```
        g_pVIC0Reg->VICVECTADDR1 = PHYIRQ_EINT1;
... ... ... ... ... ...
```

실제적으로 이에 대한 초기화 작업은 위의 VICTableInit 함수 부분에서 이루어지고 있습니다.

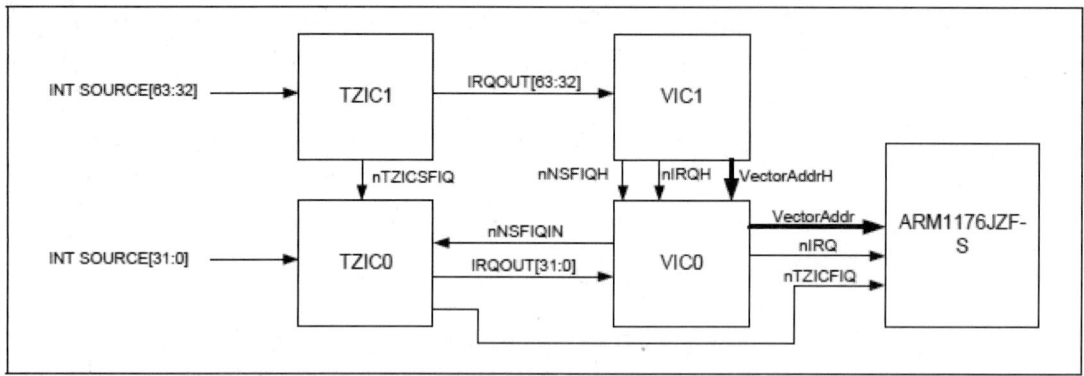

S3C6410의 인터럽트 컨트롤러 부분에 대한 블록도를 보면 위 그림과 같이 복잡한 형태로 구현되어 있고, 내부적으로 각종 벡터 인터럽트에 대해서 IRQ로 할당할 것인가 FIQ로 할당할 것인가에 대한 설정을 수행할 수도 있고, 각 인터럽트에 대해서 우선순위를 지정할 수도 있게 되어 있습니다. 이 모든 내용을 여기서 다루지는 않을 것이고 현재 구현된 부분에 대해서 살펴보도록 하겠습니다.

```
... ... ... ... ... ...
PhysicalIRQ = g_VirIrq2PhyIrq[VirtualIRQ]; // Translate to Physical IRQ
if (PhysicalIRQ < VIC1_BIT_OFFSET) {
    g_pVIC0Reg->VICINTENABLE = (0x1<<PhysicalIRQ);
} else if (PhysicalIRQ < PHYIRQ_MAX_S3C6410) {
    g_pVIC1Reg->VICINTENABLE = (0x1<<(PhysicalIRQ-VIC1_BIT_OFFSET));
}
```

망고64에 구현되어 있는 OALIntrDoneIrqs 함수의 내용은 위와 같습니다. 실제 벡터 인터럽트 부분을 최종적으로 다시 Enable 시켜주는 코드만 들어가 있는 상태입니다.

REGISTER	ADDRESS	R/W	DESCRIPTION	RESET VALUE
VIC0INTENABLE	0x7120_0010	R/W	Interrupt Enable Register (VIC0)	0x0000_0000
VIC1INTENABLE	0x7130_0010	R/W	Interrupt Enable Register (VIC1)	0x0000_0000

VIC 인터럽트 Enable 레지스터의 내용은 위와 같으며 이들 각각의 비트는 각각 해당 인터럽트 소스에 대한 것을 나타내고 있으며, 해당 비트를 1로 설정하는 것이 해당 인터럽트 소스를 활성화시켜주는 것입니다. 위의 코드에서 수행하는 내용도 해당 비트를 1로 설정하도록 하고 있는 것입니다.

27.2. Button 드라이버 완성

27.2.1. 망고64 수정 사항

```
static DWORD BTK_IST0(void *pContext);
static DWORD BTK_IST1(void *pContext);
static DWORD BTK_IST2(void *pContext);
static DWORD BTK_IST3(void *pContext);
```

위와 같이 IST 함수의 정의 부분을 추가로 작성 합니다.

```
UINT32 g_BtnButtonSysIntr0 = SYSINTR_UNDEFINED;
UINT32 g_BtnButtonSysIntr1 = SYSINTR_UNDEFINED;
UINT32 g_BtnButtonSysIntr2 = SYSINTR_UNDEFINED;
UINT32 g_BtnButtonSysIntr3 = SYSINTR_UNDEFINED;
```

논리적 인터럽트 ID로 사용할 변수 부분 정의를 추가 합니다.

```
HANDLE ISTEvent0;
HANDLE ISTEvent1;
HANDLE ISTEvent2;
HANDLE ISTEvent3;
```

IST에 전달할 이벤트를 위해서 Event1, Event2, Event3를 추가로 만듭니다.

```
DWORD keyIRQ0 = IRQ_EINT0;
DWORD keyIRQ1 = IRQ_EINT1;
DWORD keyIRQ2 = IRQ_EINT2;
DWORD keyIRQ3 = IRQ_EINT3;
```

물리적 인터럽트를 전달할 변수를 3개 더 만듭니다.

```
// disable interrupt
vm_pIOPreg->EINT0MASK |= (0x1<<0); // Mask EINT0
```

```
vm_pIOPreg->EINT0MASK |= (0x1<<1); // Mask EINT1
vm_pIOPreg->EINT0MASK |= (0x1<<2); // Mask EINT2
vm_pIOPreg->EINT0MASK |= (0x1<<3); // Mask EINT3
```

해당 인터럽트에 대한 mask 작업을 수행합니다. EINT0를 수행했던 것과 달라진 부분은 비트 부분에 대한 처리뿐입니다. 각각의 해당 비트 부분을 1로 설정하도록 구현하였습니다.

```
// hardware interrupt initialization
vm_pIOPreg->GPNCON    = (vm_pIOPreg->GPNCON & ~(0x3<<0)) | (0x2<<0);
vm_pIOPreg->GPNCON    = (vm_pIOPreg->GPNCON & ~(0x3<<2)) | (0x2<<2);
vm_pIOPreg->GPNCON    = (vm_pIOPreg->GPNCON & ~(0x3<<4)) | (0x2<<4);
vm_pIOPreg->GPNCON    = (vm_pIOPreg->GPNCON & ~(0x3<<6)) | (0x2<<6);
```

해당 GPIO 부분을 인터럽트로 동작하도록 하기 위한 설정을 진행하였습니다.

```
vm_pIOPreg->GPNPUD    = (vm_pIOPreg->GPNPUD & ~(0x3<<0));
vm_pIOPreg->GPNPUD    = (vm_pIOPreg->GPNPUD & ~(0x3<<2));
vm_pIOPreg->GPNPUD    = (vm_pIOPreg->GPNPUD & ~(0x3<<4));
vm_pIOPreg->GPNPUD    = (vm_pIOPreg->GPNPUD & ~(0x3<<6));
```

풀업 풀다운 부분을 Disable 시키는 작업 부분도 각 비트에 맞게 설정하였습니다.

```
vm_pIOPreg->EINT0CON0 = (vm_pIOPreg->EINT0CON0 & ~(0x7<<0)) | (0x2<<0);
vm_pIOPreg->EINT0CON0 = (vm_pIOPreg->EINT0CON0 & ~(0x7<<4)) | (0x2<<4);
```

인터럽트 발생 방법에 대한 것을 처리하는 부분에서 0번과 1번에 대한 부분은 이전에 이미 설정이 되어 있었고, 위에서는 2번과 3번에 대한 처리도 추가하였습니다.

```
// Create Event
ISTEvent0 = CreateEvent(NULL, FALSE, FALSE, NULL);
ISTEvent1 = CreateEvent(NULL, FALSE, FALSE, NULL);
ISTEvent2 = CreateEvent(NULL, FALSE, FALSE, NULL);
ISTEvent3 = CreateEvent(NULL, FALSE, FALSE, NULL);
```

나머지 3개의 이벤트에 대한 것도 추가합니다.

```
KernelIoControl(IOCTL_HAL_REQUEST_SYSINTR, &keyIRQ0,
                sizeof(DWORD), &g_BtnButtonSysIntr0, sizeof(DWORD), NULL);
```

27. InterruptDone 과정과 Button Driver 완성

```
InterruptInitialize(g_BtnButtonSysIntr0, ISTEvent0, 0, 0);
KernelIoControl(IOCTL_HAL_REQUEST_SYSINTR, &keyIRQ1,
            sizeof(DWORD), &g_BtnButtonSysIntr1, sizeof(DWORD), NULL);
InterruptInitialize(g_BtnButtonSysIntr1, ISTEvent1, 0, 0);
KernelIoControl(IOCTL_HAL_REQUEST_SYSINTR, &keyIRQ2,
            sizeof(DWORD), &g_BtnButtonSysIntr2, sizeof(DWORD), NULL);
InterruptInitialize(g_BtnButtonSysIntr2, ISTEvent2, 0, 0);
KernelIoControl(IOCTL_HAL_REQUEST_SYSINTR, &keyIRQ3,
            sizeof(DWORD), &g_BtnButtonSysIntr3, sizeof(DWORD), NULL);
InterruptInitialize(g_BtnButtonSysIntr3, ISTEvent3, 0, 0);
```

물리 인터럽트 IRQ와 논리 인터럽트에 대한 연결 작업을 위와 같이 나머지 3개에 대해서도 작업해 줍니다. 위의 코드는 주석과 각종 에러 처리에 대한 부분을 생략했기 때문에 위와 같이 단순한 코드로 정리가 된 것입니다. 전체 코드에 대한 부분은 최종 코드를 참조하시기 바랍니다.

```
CreateThread(NULL, 0, (LPTHREAD_START_ROUTINE)BTK_IST0, pContext, 0, NULL);
CreateThread(NULL, 0, (LPTHREAD_START_ROUTINE)BTK_IST1, pContext, 0, NULL);
CreateThread(NULL, 0, (LPTHREAD_START_ROUTINE)BTK_IST2, pContext, 0, NULL);
CreateThread(NULL, 0, (LPTHREAD_START_ROUTINE)BTK_IST3, pContext, 0, NULL);
```

추가된 IST에 대해서 CreateThread 작업을 수행합니다. 역시 주석이나 에러 처리 부분은 생략해서 코드를 단순화 시켰습니다.

```
// Clear pending
vm_pIOPreg->EINT0PEND = (0x1<<0); // EINT0
vm_pIOPreg->EINT0PEND = (0x1<<1); // EINT1
vm_pIOPreg->EINT0PEND = (0x1<<2); // EINT2
vm_pIOPreg->EINT0PEND = (0x1<<3); // EINT3
```

인터럽트 pending 부분을 Clear하도록 각각 설정합니다.

```
// Unmask interrupt
vm_pIOPreg->EINT0MASK &= ~(0x1<<0); // EINT0
vm_pIOPreg->EINT0MASK &= ~(0x1<<1); // EINT1
vm_pIOPreg->EINT0MASK &= ~(0x1<<2); // EINT2
vm_pIOPreg->EINT0MASK &= ~(0x1<<3); // EINT3
```

최종적으로 인터럽트 마스크 부분을 해제해서 인터럽트가 발생할 수 있도록 설정해 줍니다.

위 처리까지 해서 BTK_Init() 함수에 대한 변경 사항이 마무리 된 것입니다. 다음은 IST에 대한 추가 사항입니다.

```
static DWORD BTK_IST1(void *pContext) {
… … … … … …
    while (1) {
        waitEvent = WaitForSingleObject(ISTEvent1, INFINITE);
        vm_pIOPreg->EINT0MASK |= (0x1<<1); // Mask EINT1
        vm_pIOPreg->EINT0PEND = (0x1<<1);  // Clear pending EINT1
        InterruptDone(g_BtnButtonSysIntr1);
        vm_pIOPreg->EINT0MASK &= ~(0x1<<1); // Unmask EINT1
    }}

static DWORD BTK_IST2(void *pContext) {
… … … … … …
    while (1) {
        waitEvent = WaitForSingleObject(ISTEvent2, INFINITE);
        vm_pIOPreg->EINT0MASK |= (0x1<<2); // Mask EINT2
        vm_pIOPreg->EINT0PEND = (0x1<<2);  // Clear pending EINT2
        InterruptDone(g_BtnButtonSysIntr2);
        vm_pIOPreg->EINT0MASK &= ~(0x1<<2); // Unmask EINT2
    }}

static DWORD BTK_IST3(void *pContext) {
… … … … … …
    while (1) {
        waitEvent = WaitForSingleObject(ISTEvent3, INFINITE);
        vm_pIOPreg->EINT0MASK |= (0x1<<3); // Mask EINT3
        vm_pIOPreg->EINT0PEND = (0x1<<3);  // Clear pending EINT3
        InterruptDone(g_BtnButtonSysIntr3);
        vm_pIOPreg->EINT0MASK &= ~(0x1<<3); // Unmask EINT3
    }}
```

CeSetThreadPriority에 대한 부분은 동일하게 설정하였기 때문에 생략하였습니다. 나머지 설정에 대한 부분도 유추해서 해석하기에 어려운 부분은 없을 것입니다. 해당 mask 부분에 대한 설정이나 unmask하는 부분이고, 인터럽트 pending 부분을 clear하는 것이고, 각각의 경우에 맞도록 InterruptDone 함수를 해당 인터럽트 ID를 이용해서 호출하는 부분을 추가한 것입니다.

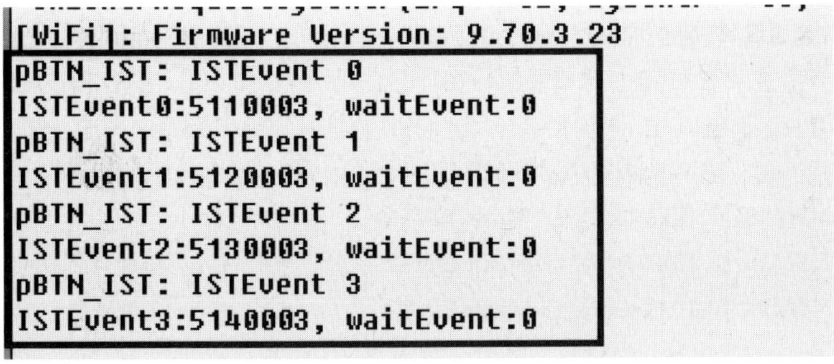

```
[WiFi]: Firmware Version: 9.70.3.23
pBTN_IST: ISTEvent 0
ISTEvent0:5110003, waitEvent:0
pBTN_IST: ISTEvent 1
ISTEvent1:5120003, waitEvent:0
pBTN_IST: ISTEvent 2
ISTEvent2:5130003, waitEvent:0
pBTN_IST: ISTEvent 3
ISTEvent3:5140003, waitEvent:0
```

변경사항을 적용한 이후에 망고64에서 수행하면 위와 같이 정상적인 결과를 얻을 수 있습니다. 각각의 버튼을 차례로 눌러보았을 때 그림과 같이 정상적인 출력 결과를 보입니다.

27.2.2. 망고24 수정 사항

이제 망고24에서의 수정 사항을 보도록 하겠습니다. 망고24의 경우도 망고64와 비교해서 크게 다르지는 않습니다.

```
static DWORD BTK_IST0(void *pContext);
static DWORD BTK_IST1(void *pContext);
static DWORD BTK_IST2(void *pContext);
static DWORD BTK_IST3(void *pContext);

UINT32 g_BtnButtonSysIntr0 = SYSINTR_UNDEFINED;
UINT32 g_BtnButtonSysIntr1 = SYSINTR_UNDEFINED;
UINT32 g_BtnButtonSysIntr2 = SYSINTR_UNDEFINED;
UINT32 g_BtnButtonSysIntr3 = SYSINTR_UNDEFINED;

HANDLE ISTEvent0;
HANDLE ISTEvent1;
HANDLE ISTEvent2;
HANDLE ISTEvent3;

DWORD keyIRQ0 = IRQ_EINT0;
DWORD keyIRQ1 = IRQ_EINT1;
DWORD keyIRQ2 = IRQ_EINT2;
DWORD keyIRQ3 = IRQ_EINT3;
```

IST 함수의 선언, 논리 인터럽트 변수 선언, 이벤트 핸들 변수 선언, 물리 인터럽트 IRQ 변수 선언 등은 망고 64와 동일합니다.

```
// disable interrupt
vm_pINTreg->INTMSK |= (0x1<<0); // Mask EINT0
vm_pINTreg->INTMSK |= (0x1<<1); // Mask EINT1
vm_pINTreg->INTMSK |= (0x1<<2); // Mask EINT2
vm_pINTreg->INTMSK |= (0x1<<3); // Mask EINT3

// hardware interrupt initialization
vm_pIOPreg->GPFCON = (vm_pIOPreg->GPFCON & ~(0x3<<0)) | (0x2<<0);
vm_pIOPreg->GPFCON = (vm_pIOPreg->GPFCON & ~(0x3<<2)) | (0x2<<2);
vm_pIOPreg->GPFCON = (vm_pIOPreg->GPFCON & ~(0x3<<4)) | (0x2<<4);
vm_pIOPreg->GPFCON = (vm_pIOPreg->GPFCON & ~(0x3<<6)) | (0x2<<6);

vm_pIOPreg->EXTINT0 = (vm_pIOPreg->EXTINT0 & ~(0xF<<0)) | (0xA<<0);
vm_pIOPreg->EXTINT0 = (vm_pIOPreg->EXTINT0 & ~(0xF<<4)) | (0xA<<4);
vm_pIOPreg->EXTINT0 = (vm_pIOPreg->EXTINT0 & ~(0xF<<8)) | (0xA<<8);
vm_pIOPreg->EXTINT0 = (vm_pIOPreg->EXTINT0 & ~(0xF<<12)) | (0xA<<12);

// Create Event
ISTEvent0 = CreateEvent(NULL, FALSE, FALSE, NULL);
ISTEvent1 = CreateEvent(NULL, FALSE, FALSE, NULL);
ISTEvent2 = CreateEvent(NULL, FALSE, FALSE, NULL);
ISTEvent3 = CreateEvent(NULL, FALSE, FALSE, NULL);
```

인터럽트 마스크에 대한 설정 및 GPIO 포트에 대한 설정, 인터럽트 방법에 대한 설정, 및 이벤트를 생성하는 단계까지 조금씩 다른 부분이 존재하지만 대부분의 경우에 있어서 이해하는데 어려움은 없을 것입니다.

KernelIoControl() 부분과 InterruptInitialize, 그리고 CreateThread 관련 부분에서 변경된 부분은 망고 64의 경우와 마찬가지 입니다. 완전히 동일한 내용이기 때문에 망고64 부분을 참조하시면 될 것입니다.

```
// Clear pending
vm_pINTreg->INTPND = (0x1<<0); // EINT0
vm_pINTreg->INTPND = (0x1<<1); // EINT1
vm_pINTreg->INTPND = (0x1<<2); // EINT2
```

27. InterruptDone 과정과 Button Driver 완성

```
vm_pINTreg->INTPND = (0x1<<3); // EINT3

// Unmask interrupt
vm_pINTreg->INTMSK &= ~(0x1<<0); // EINT0
vm_pINTreg->INTMSK &= ~(0x1<<1); // EINT1
vm_pINTreg->INTMSK &= ~(0x1<<2); // EINT2
vm_pINTreg->INTMSK &= ~(0x1<<3); // EINT3
```

BTK_Init() 함수 최종 부분에서 인터럽트 pending에 대한 처리와 인터럽트 마스크를 풀어서 활성화 시키는 부분이 추가되었습니다.

```
static DWORD BTK_IST1(void *pContext) {
... ... ... ... ... ...
    while (1) {
        waitEvent = WaitForSingleObject(ISTEvent1, INFINITE);
        vm_pINTreg->INTMSK |= (0x1<<1); // Mask EINT1
        vm_pINTreg->INTPND = (0x1<<1);  // Clear pending EINT1
        InterruptDone(g_BtnButtonSysIntr1);
        vm_pINTreg->INTMSK &= ~(0x1<<1); // Unmask EINT1
    }}

static DWORD BTK_IST2(void *pContext) {
... ... ... ... ... ...
    while (1) {
        waitEvent = WaitForSingleObject(ISTEvent2, INFINITE);
        vm_pINTreg->INTMSK |= (0x1<<2); // Mask EINT2
        vm_pINTreg->INTPND = (0x1<<2);  // Clear pending EINT2
        InterruptDone(g_BtnButtonSysIntr2);
        vm_pINTreg->INTMSK &= ~(0x1<<2); // Unmask EINT2
    }}

static DWORD BTK_IST3(void *pContext) {
... ... ... ... ... ...
    while (1) {
        waitEvent = WaitForSingleObject(ISTEvent3, INFINITE);
        vm_pINTreg->INTMSK |= (0x1<<3); // Mask EINT3
        vm_pINTreg->INTPND = (0x1<<3);  // Clear pending EINT3
        InterruptDone(g_BtnButtonSysIntr3);
```

```
        vm_pINTreg->INTMSK &= ~(0x1<<3); // Unmask EINT3
    }}
```

망고24 부분도 망고64와 마찬가지로 CeSetThreadPriority에 대한 부분은 동일하게 설정하였기 때문에 생략하였습니다. 나머지 설정에 대한 부분도 유추해서 해석하기에 어려운 부분은 없을 것입니다. 해당 mask 부분에 대한 설정이나 unmask하는 부분이고, 인터럽트 pending 부분을 clear하는 것이고, 각각의 경우에 맞도록 InterruptDone 함수를 해당 인터럽트 ID를 이용해서 호출하는 부분을 추가한 것입니다.

그러나 위와 같은 설정을 진행한 이후에 시험을 수행하면 우리가 원하는 결과를 얻을 수 없습니다. 망고24의 경우는 추가적인 작업이 진행되어야 합니다. 망고24의 경우 모든 것을 적용한 상태에서 시험을 해보면 아래와 같은 결과를 얻게 됩니다.

Button 0 시험 결과	한번 버튼을 눌렀는데 수십 번 수행됨. 수행되는 횟수는 누르는 시간에 비례함. 길게 누르고 있으면 있을수록 누른 동안은 계속 수행됨
Button 1 시험 결과	OK. 정상
Button 2 시험 결과	"USB Cable Plug out"을 출력함
Button 3 시험 결과	Not-OK. 수행되지 않음.

버튼 1에 대한 것만 정확하게 수행이 될 뿐 다른 부분은 모두 비 정상적으로 동작하고 있습니다. 잘 수행되던 버튼 0에 대한 것도 문제가 발생하였습니다. 이제 이 부분들을 차례로 수정해서 정상적으로 동작하도록 변경해 보도록 하겠습니다.

27.3. 망고24 부분 수정 과정

27.3.1. 버튼 2 처리 수정

먼저 버튼 2에 대한 것을 수정하도록 하겠습니다. 버튼 2의 경우는 "USB Cable Plug out"이 출력되었기 때문에 이를 기반으로 검색을 해보면 무엇이 문제인지 쉽게 알 수 있습니다.

Sc2443pdd.cpp (c:\wince600\platform\cb2443\src\drivers\usb\function)
```
// EINT2 Test Code by woo
UINT32 g_PlugIrq = IRQ_EINT2;          // Determined by SMDK2443 board layout.
```

원래의 코드를 보면 위와 같이 IRQ_EINT2를 다른 용도로 활용하고 있는 것을 알 수 있습니다. 이 부분은 SMDK2443 보드의 구성에 따른 것으로 보입니다. 이 부분을 변경해 주어야 합니다.

```
UINT32 g_PlugIrq = IRQ_EINT16;
```

위와 같이 변경한 이후에는 Button 2의 시험에서도 정상적으로 수행됨을 확인할 수 있습니다.

```
DWORD
HW_InitRegisters()
{
… … … … … …
//      pIOPregs->EXTINT0
//          = (READEXTINT0(pIOPregs->EXTINT0) & ~(0xf<<8)) | (1<<11) | (7<<8);
//      pIOPregs->GPFCON &= ~(3<<4);
//      pIOPregs->GPFCON |= (2<<4);
… … … … … …
    return 0;
}
```

HW_InitRegisters() 함수에서도 EINT 2번에 대한 설정을 진행하는 부분을 주석으로 막았습니다. 이 부분을 활용할 경우에는 적절한 수정이 필요할 것입니다.

27.3.2. 버튼 0 처리 수정

버튼 0 부분은 이전 장에서 정상적으로 동작하던 부분인데 그에 대한 것은 하나도 변경하지 않았는데 정상적으로 수행이 되지 않고 있습니다. 그 원인을 찾아보도록 하겠습니다.

망고24는 S3C2443 CPU를 사용하고 있고, 여기에서 인터럽트 방식에 대한 부분을 설정할 때 한가지 주의해야 할 부분이 있습니다. 인터럽트의 방식에 대한 설정 부분은 EXTINT0가 되겠습니다.

Register	Address	R/W	Description	Reset Value
EXTINT0	0x56000088	R*/W	External interrupt control register 0	0x000000
EXTINT1	0x5600008c	R*/W	External interrupt control register 1	0x000000
EXTINT2	0x56000090	R*/W	External interrupt control register 2	0x000000

EINT0/GPF[0]	[3]	Pull-Down Enable Control, 0=Enable, 1=Disable
EINT0	[2:0]	Setting the signaling method of the EINT0. 000 = Low level 001 = High level 01x = Falling edge triggered 10x = Rising edge triggered 11x = Both edge triggered

위와 같이 인터럽트가 어떻게 동작하는가를 결정하는 부분인데, 이에 대한 설정에서 주의할 부분은 위의 그림에서 찾을 수 있는 (R*) 표시 부분입니다. R은 Read에 대한 부분이고 이 부분에 별표가 붙

어 있는 것을 확인할 수 있습니다.

> **To read EXTINT0, EXTINT1, EXTINT2 extra function is necessary, Refer to 'S3C2443 GUIDE TO EXTRA GPIO'**

데이터 쉬트의 내용 중에서 위의 문구를 찾을 수 있습니다. 즉, 뭔가 특별한 방법으로 접근해야 한다는 것을 알 수 있습니다.

```
vm_pIOPreg = (S3C2443_IOPORT_REG *)
        MmMapIoSpace(ioPhysicalBase, sizeof(S3C2443_IOPORT_REG), FALSE);
vm_pIOPreg->EXTINT0 = (vm_pIOPreg->EXTINT0 & ~(0xF<<0)) | (0xA<<0);
vm_pIOPreg->EXTINT0 = (vm_pIOPreg->EXTINT0 & ~(0xF<<4)) | (0xA<<4);
vm_pIOPreg->EXTINT0 = (vm_pIOPreg->EXTINT0 & ~(0xF<<8)) | (0xA<<8);
vm_pIOPreg->EXTINT0 = (vm_pIOPreg->EXTINT0 & ~(0xF<<12)) | (0xA<<12);
```

먼저 위의 코드를 봐주시기 바랍니다. 원하는 것은 EXTINT0의 하위 16 비트에 대해서 각각의 4 비트씩을 0xA로 할당하고자 함입니다. 3번 비트를 1로 설정하는 것이 Pull-Down을 Disable 시키는 것이고, 이후 하위 비트 0에서 2번까지를 010으로 설정하는 것이 Falling edge이기 때문에 결국 네 비트를 0xA로 설정함으로써 Falling edge에서 동작하도록 만드는 것입니다.

위 코드는 아무런 문제가 없는 것으로 느껴집니다. 하지만 **위 작업이 끝난 이후에 EXTINT0를 출력해 보면 0x0A0A0A0A가 출력됩니다. 뭔가 상당히 잘못된 것이죠. 왜 그럴까요?** 먼저 위에서 데이터 쉬트의 문서 내용 중에 보았던 'S3C2443 GUIDE TO EXTRA GPIO' 부분을 참조하도록 하겠습니다.

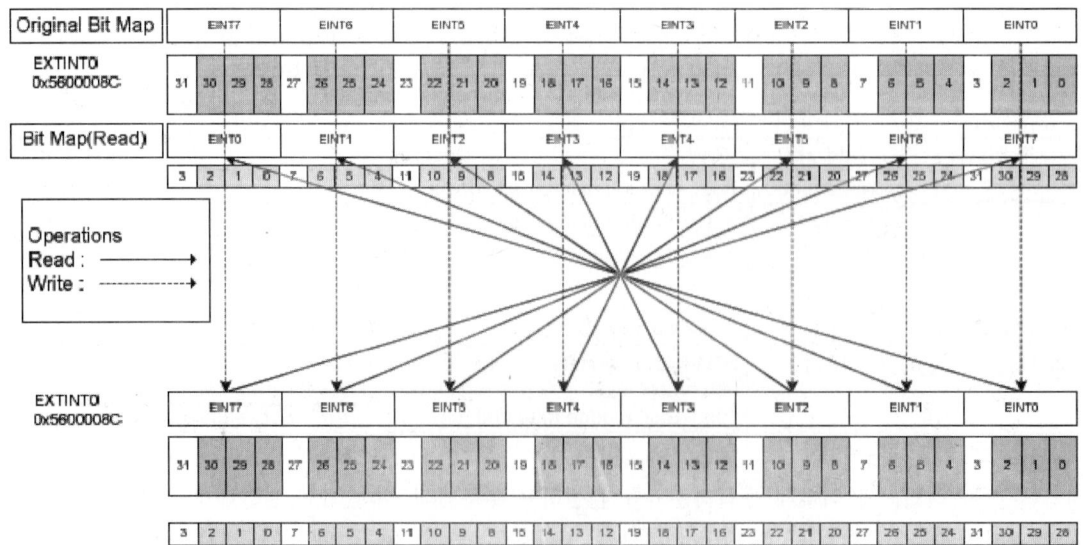

27. InterruptDone 과정과 Button Driver 완성

위의 그림을 발견할 수 있습니다. 이러한 방식으로 접근해야 하는 레지스터가 여러 개가 있는데 그중의 하나가 EXTINT0인 것입니다. 위의 내용이 무척 복잡해 보이지만 내용은 단순합니다. 결국 레지스터에 값을 쓸 때는 기존에 생각하는 것처럼 동작시켜도 되지만, 레지스터에서 데이터를 읽을 때는 4 비트씩 완전히 반대로 읽힌다는 것을 나타내는 것입니다.

이를 기반으로 위에서 처음 작업했던 코드가 왜 원하지 않는 결과를 얻었는지를 유추해 보도록 하겠습니다.

`vm_pIOPreg->EXTINT0 = (vm_pIOPreg->EXTINT0 & ~(0xF<<0)) | (0xA<<0);`

최초의 문장을 보면 오른쪽에 대입하려고 계산하는 원래 vm_pIOPreg->EXTINT0에는 0x0이 들어 있었습니다. 그러므로 4 비트씩 반대로 읽혀도 그대로 0x0이니까 별 문제는 없습니다. ~(0xF<<0)를 AND 연산해도 여전히 0이고, 0xA를 0번 shift 하니까 0xA를 그대로 저장하게 됩니다.

결국 vm_pIOPreg->EXTINT0에는 0xA가 정상적으로 저장되게 됩니다. **바로 이러한 이유로 처음 작업했던 버튼 0번 만을 인터럽트로 동작시켰을 때 아무 문제가 없었던 것입니다.**

`vm_pIOPreg->EXTINT0 = (vm_pIOPreg->EXTINT0 & ~(0xF<<4)) | (0xA<<4);`

자 이제 두 번째 문장부터 문제가 생기게 됩니다. 우리가 원하는 것은 0xAA가 저장되기를 바라는 것이지만 그렇게 되지 않습니다. vm_pIOPreg->EXTINT0로 읽어와서 두 번째의 4 비트를 0으로 만들려고 하는데 읽어온 값이, 우리의 생각에는 0xA가 저장되어 있을 것으로 생각했으나, **EXTINT0의 특성 때문에 읽은 값은 0xA가 아니라 0xA0000000이 읽히게 됩니다**. 이로 인해서 우측의 작업을 마친 이후에 실제 저장을 하려는 값은 0xA00000A0을 저장하게 됩니다. 결국 EXT0에 저장해 놓았던 것은 변경하지 않고 EXT1만 변경하려던 시도는 잘못되어 버리고, EXT7번에 0xA를 저장하는 잘못을 범하게 됩니다. 최상위 4 비트는 EXT7번이기 때문입니다.

`vm_pIOPreg->EXTINT0 = (vm_pIOPreg->EXTINT0 & ~(0xF<<8)) | (0xA<<8);`

이전에 0xA00000A0을 저장했기 때문에 위에서 vm_pIOPreg->EXTINT0로 읽힌 값은 **EXTINT0의 특성 때문에 0x0A00000A가 읽히게 됩니다**. 우측의 작업으로 인해서 최종적으로 저장하게 될 값은 0x0A000A0A가 됩니다.

`vm_pIOPreg->EXTINT0 = (vm_pIOPreg->EXTINT0 & ~(0xF<<12)) | (0xA<<12);`

이전에 0x0A000A0A를 저장했기 때문에 위에서 vm_pIOPreg->EXTINT0로 읽힌 값은 **EXTINT0의 특성 때문에 0xA0A000A0이 읽히게 됩니다**. 우측의 작업으로 인해서 최종적으로 저장하게 될 값은

0xA0A0A0A0이 됩니다.

결국 이러한 과정으로 최종적으로 값을 읽어보면 위의 저장한 결과가 뒤집힌 0x0A0A0A0A가 출력되었던 것입니다.

```
#define GETEXTINT0 ₩
((((rEXTINT0 & 0xF0000000) >> 28) | ((rEXTINT0 & 0x0F000000) >> 20) |₩
((rEXTINT0 & 0x00F00000) >> 12) | ((rEXTINT0 & 0x000F0000) >> 4) |₩
((rEXTINT0 & 0x0000F000) << 4) | ((rEXTINT0 & 0x00000F00) << 12) |₩
((rEXTINT0 & 0x000000F0) << 20) | ((rEXTINT0 & 0x0000000F) << 28) )
```

'S3C2443 GUIDE TO EXTRA GPIO' 부분을 참조하면 위와 같은 코드를 권고하고 있습니다. 각각의 읽어온 값을 4 비트씩 취해서 가장 상위의 4 비트는 가장 하위로 보내고, 가장 하위의 4 비트는 가장 상위로 보내도록 만드는 작업을 위와 같이 만든 것이고 이것을 이용하라는 것입니다.

물론 우리가 코드 상에서 위 부분을 정의해서 그것을 이용할 수도 있지만 삼성에서 제공하는 것에는 위와 관련한 부분이 존재합니다. 바로 아래의 함수들입니다.

```
extern U32 READGPACDL(U32 rGPACDL, U32 rGPACDH);
extern U32 READGPACDH(U32 rGPACDL, U32 rGPACDH);
extern U32 READEXTINT0(U32 rEXTINT0);
extern U32 READEXTINT1(U32 rEXTINT1);
extern U32 READEXTINT2(U32 rEXTINT2);
extern U32 READEINTFLT2(U32 rEINTFLT2);
extern U32 READEINTFLT3(U32 rEINTFLT3);
```

EXTINT0와 마찬가지로 읽는 작업 시에 특별하게 읽어야 하는 레지스터들에 대해서 그러한 작업을 쉽게 할 수 있도록 함수를 제공하고 있는 것입니다. EXTINT0의 경우는 READEXTINT0() 함수를 이용하면 되는 것입니다. 위에서 예로 들었던 4 비트씩 옮기는 작업을 수행해 주고 있는 함수인 것입니다.

```
vm_pIOPreg->EXTINT0 = (READEXTINT0(vm_pIOPreg->EXTINT0) & ~(0xF<<0)) | (0xA<<0);
vm_pIOPreg->EXTINT0 = (READEXTINT0(vm_pIOPreg->EXTINT0) & ~(0xF<<4)) | (0xA<<4);
vm_pIOPreg->EXTINT0 = (READEXTINT0(vm_pIOPreg->EXTINT0) & ~(0xF<<8)) | (0xA<<8);
vm_pIOPreg->EXTINT0 = (READEXTINT0(vm_pIOPreg->EXTINT0) & ~(0xF<<12)) | (0xA<<12);
```

결국 최초에 작업했던 코드를 위와 같이 READEXTINT0() 함수를 이용해서 수정하면 우리가 원하는 결과를 얻을 수 있는 것입니다. 그런데 READEXTINT0() 함수는 라이브러리 함수이고 이것을 사용하

27. InterruptDone 과정과 Button Driver 완성

기 위해서는 드라이버를 빌드 할 때 이 라이브러리에 대한 정보를 알려주어야 합니다.

```
SOURCELIBS= \
    $(_TARGETPLATROOT)\files\S3C2443REF_GPIO.lib
```

위와 같이 Sources 파일을 수정해 주어야 합니다. 원래 포함되어 있는 다른 드라이버 코드들을 보시면 위와 같은 라이브러리를 포함한 부분들이 발견되는 것을 찾을 수 있을 것입니다. 바로 EXTINT0와 같은 특수하게 읽어야 하는 레지스터들을 사용하는 부분에서 라이브러리를 포함하기 위해서 적용하고 있는 것입니다.

27.3.3. 버튼 3 처리 수정

이제 마지막으로 버튼 3에 대해서 수정 작업을 수행해야 합니다. 처리 방법은 결국 버튼 2에 대한 처리와 마찬가지입니다. 우리가 사용해야 할 EINT3에 대한 부분을 어딘가 다른 곳에서 사용하고 있는 것입니다. 이를 찾아내는 방법은 EINT3로 검색을 해서 찾을 수도 있고, 더욱 결정적인 부분은 바로 GPIO 설정에 대한 부분인 GPFCON을 조작하는 부분을 찾는 것입니다.

\CB2443\SRC\DRIVERS\Keybd\Kbdcommon\s3c2443kbd.cpp

```cpp
BOOL Ps2Keybd::KeybdPowerOn()
{
… … … … … …
// Setup KBDINT as output
//      v_pIOPregs->GPFCON &= ~(0x3 << 4);      // Clear GPF2
//      v_pIOPregs->GPFCON |= (0x2 << 4);       // Set GPF2 to EINT2 for Keyboard interrupt
//      v_pIOPregs->GPFUDP &= ~(0x3 << 4);
//      v_pIOPregs->GPFUDP |= (0x1 << 4);
//      v_pIOPregs->EXTINT0 = READEXTINT0(v_pIOPregs->EXTINT0) & ~(0x7 << 8);
//      v_pIOPregs->EXTINT0 = READEXTINT0(v_pIOPregs->EXTINT0) | (0xA << 8);
… … … … … …
// setup _PWR_OK signal (KEYBOARD)
//      v_pIOPregs->GPFCON &= ~(0x3 << 6);      // Clear GPF3
//      v_pIOPregs->GPFCON |= (1 << 6);         // Set Port GPF3 to output for _PWR_OK signal
//      v_pIOPregs->GPFUDP &= ~((0x3 << 6));
//      v_pIOPregs->GPFUDP |= ((0x1 << 6));
//      v_pIOPregs->GPFDAT &=~(1 << 3);         // set _PWR_OK to 0
… … … … … …
    while(t--) {
        volatile unsigned int read_atn = 0;
```

```
//        v_pIOPregs->GPFCON &= ~(3<<4);
//        read_atn = v_pIOPregs->GPFDAT & 0x04;
//        v_pIOPregs->GPFCON |= (2<< 4);
… … … … … …
        }
    }    //check _ATN
… … … … … …
}
```

위 부분이 버튼 3의 동작을 방해하는 코드가 되겠습니다. GPFCON으로 검색한 내용 중에서 위 부분들을 주석으로 막아서 동작되지 못하도록 설정하였습니다. 일부의 코드는 버튼 2와 겹치는 부분도 존재합니다.

버튼 3에 대한 처리 부분과 겹치는 부분이 바로 위의 함수에서 중간 부분에 기술된 내용입니다. 실제로 현재의 BSP에서 망고24와 맞지 않는 부분을 찾을 수 있고 이렇게 하나씩 수정해 나가면서 보다 많은 내용을 공부할 수 있는 것입니다.

이제 변경사항들을 적용해서 망고24에서 수행을 해보도록 하겠습니다.

```
-OALIoCtlHalGetDeviceInfo(SPI = SPI_GETOEMINFO, rc = 1)
pBTN_IST: ISTEvent 0
ISTEvent0:14C000F, waitEvent:0
pBTN_IST: ISTEvent 1
ISTEvent1:4B60003, waitEvent:0
pBTN_IST: ISTEvent 2
ISTEvent2:4B70003, waitEvent:0
pBTN_IST: ISTEvent 3
ISTEvent3:4B80003, waitEvent:0
```

위와 같이 버튼 0번부터 시작해서 3번까지 차례로 버튼을 눌러서 수행해본 결과 정상적으로 동작하고 있는 것을 확인할 수 있습니다.

28. Subproject로 MyLauncher 초기 작업

이번 장에서는 MyLauncher라는 어플리케이션 프로그램을 만들어 보도록 합니다. 이것은 어플리케이션이기는 하지만 단순한 어플리케이션이라기 보다는 여러 용도로 활용될 수 있는 기반이 되는 것으로 활용하기 위함입니다. 물론 다음 장에서 다시 MyLauncher를 만들 것이지만 이번 장에서 subproject를 만드는 방법에 대한 것을 공부하고 또한 그것을 바탕화면에도 나타내고, Windows CE 초기 화면을 다르게 만들기 위해서 초기 부팅 시 바로 실행할 수 있도록 하는 방법에 대해서도 알아보도록 하겠습니다.

그보다 먼저 Shell을 OS에 포함시키는 것부터 알아보겠습니다.

28.1. Command Shell 추가

28.1.1. Command Shell 개요

우리가 만들 어플리케이션의 이름을 MyLauncher라고 지은 이유는 뭔가 이곳에서 다른 프로그램을 수행시킬 수 있도록 만들고자 함입니다. 그런데 다른 프로그램을 수행시키도록 하는 가장 간단한 방법은 Command 창에서 텍스트 기반으로 프로그램을 수행하는 것입니다. XP에서 실행에서 cmd를 치고 화면에서 dir 등을 수행하는 것이 바로 Shell 기반으로 dir과 같은 프로그램을 수행시키는 것입니다. Windows CE에서도 이러한 Command 창을 포함시킬 수 있습니다.

Item	Module
Command Processor	Cmd
Console	Console

Command Processor와 Console Window에 대한 부분은 위의 표와 같습니다. SYSGEN_CMD를 포함하게 되면 cmd 모듈이 포함되게 되고 Command 창을 다룰 수 있게 됩니다. Console 부분은 우리가 PC에서 프로그램을 수행할 때나 혹은 리눅스와 같은 환경에서 프로그램 수행 시에 화면에 출력하도록 만들어주는 창이 되겠습니다. 이것이 포함되려면 SYSGEN_CONSOLE을 포함시켜야 합니다.

28.1.2. 카달로그 아이템 추가

이제 카달로그 아이템에서 이 부분을 추가하는 작업을 해보도록 하겠습니다. Command Shell은 Core OS > CEBASE > Shell and User Interface > Shell 부분에서 찾을 수 있습니다. Console Window를 선택하게 되면 Command Processor도 자동으로 포함이 되게 됩니다. 네모난 녹색 박스가 나타나는 것이 바로 자동으로 선택되는 것을 의미합니다. 이것은 dependency 때문입니다.

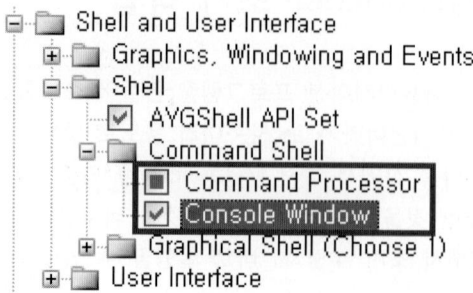

Command Processor가 포함되기 위해서는 아래의 내용이 포함되어 있어야 합니다.

- Standard IO (STDIO) Catalog item
- FormatMessage API
- Full C Run-Time Catalog item
- National Language Support (NLS) Catalog item 또는 English (US) National Language Support only Catalog item

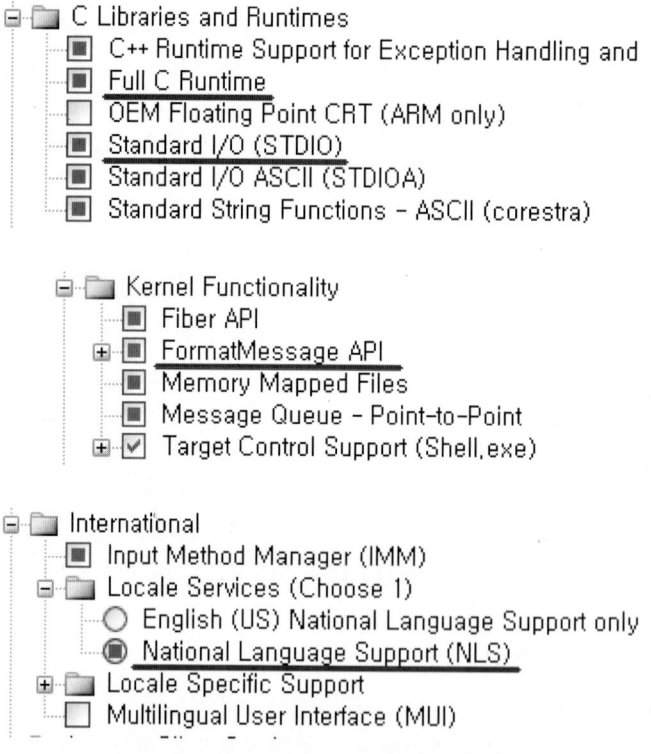

우리의 경우는 위와 같이 모든 부분이 이미 선택되어 있습니다. 그리고 설사 선택되어 있지 않다고 해도 dependency로 인해서 자동으로 포함이 될 것이기 때문에 크게 걱정할 필요는 없습니다. 각각의 카달로그 아이템의 경우 어느 위치에 있는지를 잘 모를 경우에는 내용을 Catalog Items View 부분의 검색 위치에서 검색을 하면 쉽게 찾을 수 있습니다.

28.1.3. 수행 결과

망고 보드에 올려서 수행을 해보면 아래와 같이 수행할 수 있습니다.

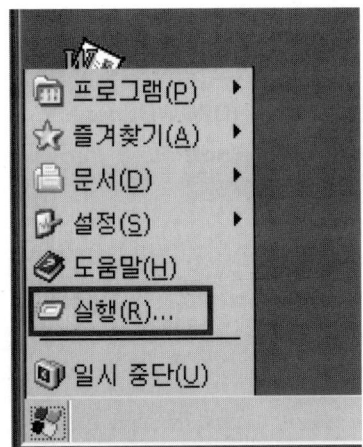 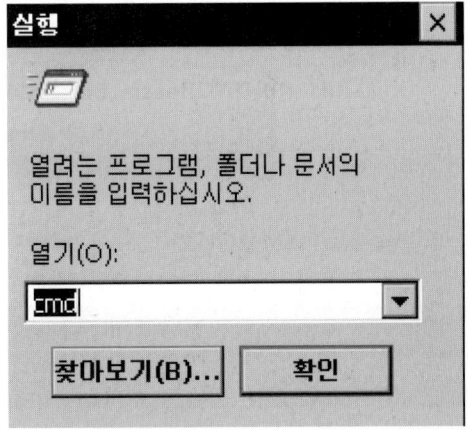

프로그램 시작 부분에서 실행을 선택하고, 거기서 cmd를 수행합니다.

```
파일(F)  편집(E)  도움말(H)
Pocket CMD v 6.00
\> dir

     디렉터리 \

98/01/01   09:00p   <DIR>      네트워크
98/01/01   09:00p   <DIR>      NandFlash
06/01/01   12:00p   <DIR>      응용 프로그램 데이터
06/01/01   09:00p              23 제어판.lnk
06/01/01   09:00p   <DIR>      My Documents
06/01/01   09:00p   <DIR>      Program Files
06/01/01   09:00p   <DIR>      Temp
06/01/01   09:00p   <DIR>      Windows

     8개 파일을 찾았고 전체 크기는 23바이트입니다.
     1개 디렉터리 6557696바이트 사용 가능

\>
```

위 그림은 망고64에서 수행된 결과를 보여줍니다. Dir을 수행했고 정상적으로 동작하고 있는 것을 확인할 수 있습니다. 만약 Command Shell을 포함하지 않은 상태에서 똑같이 실행 부분에서 cmd를 선택해서 실행하게 되면 아래 그림과 같이 cmd를 찾을 수 없다는 에러가 발생되면서 수행이 되지 않을 것입니다. 혹시라도 이러한 상황이 발생된다면 정상적으로 수행되지 않은 것이기 때문에 카달로

그 아이템 부분부터 다시 확인하고 전체를 다시 빌드해서 해보시기 바랍니다.

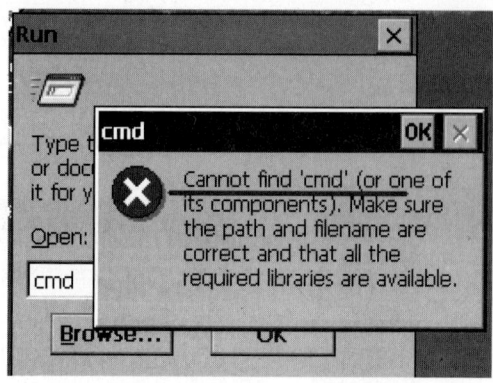

망고24에서 수행한 결과 역시 크게 다르지 않습니다. 아래 그림은 망고24에서 수행한 결과입니다.

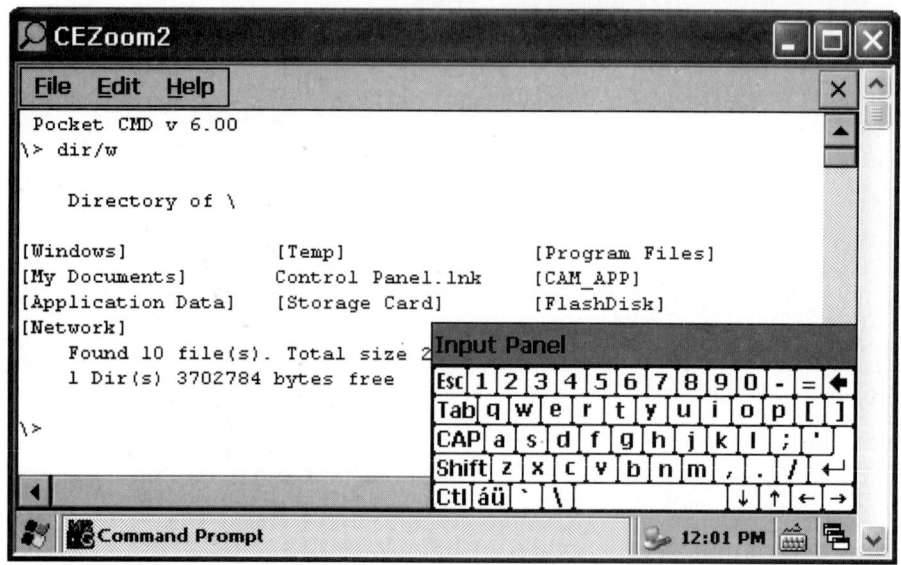

위에서 수행한 것은 dir과 같은 단순한 프로그램이었지만 뒤에서 만들 MyLauncher 또한 수행할 수 있습니다. 아래 그림은 이렇게 우리가 만든 프로그램도 수행할 수 있는 모습을 보여주고 있습니다.

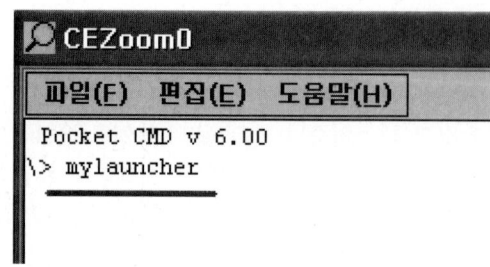

28.2. Subproject로 MyLauncher 만들기

OS Design에 특정 어플리케이션을 비롯해서 라이브러리 등을 subproject로 포함시킬 수가 있습니다. OS Design에 포함시키는 방법으로 매우 손쉽게 포함할 수 있기 때문에 무척 유용한 방법이라고 할 수 있습니다. 이제 MyLauncher 프로그램을 subproject로 만드는 방법을 살펴보도록 하겠습니다.

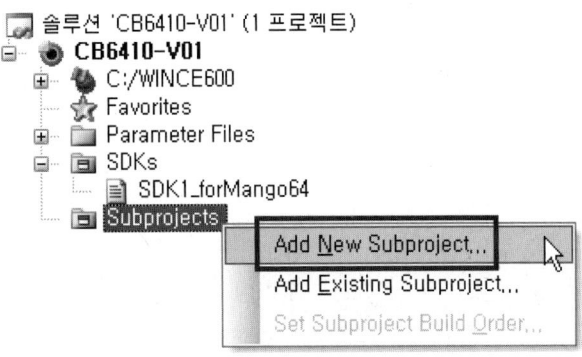

가장 처음 해야 할 일은 솔루션 뷰에서 Subprojects 부분에서 Add New Subproject를 수행하는 것입니다.

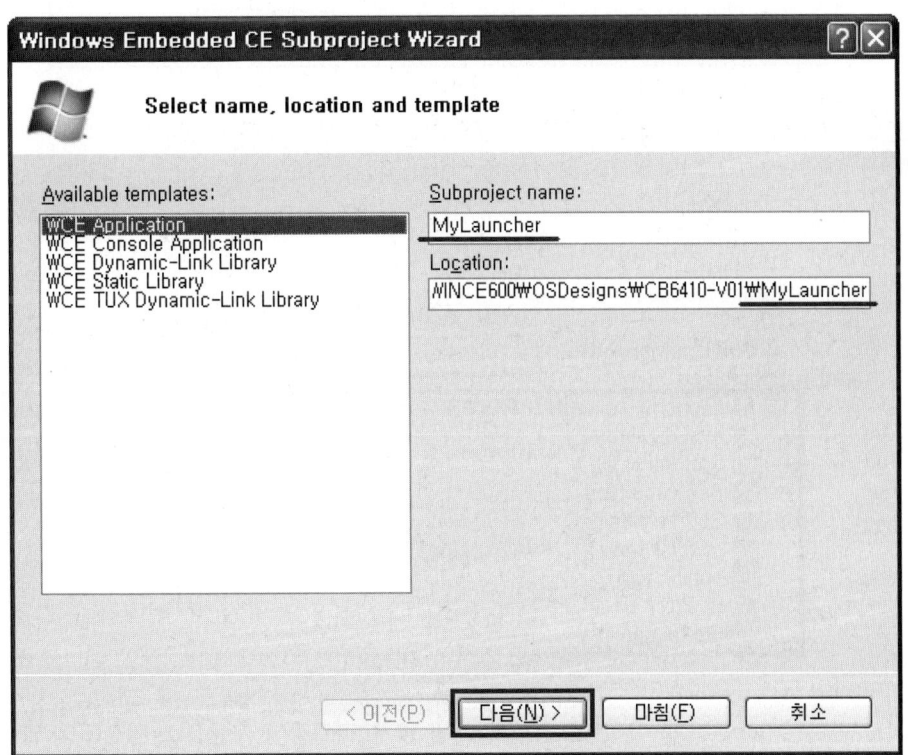

WCE Application을 선택하고 이름을 MyLauncher로 줍니다. 생기는 폴더를 보면 OSDesigns 부분이라는 것을 알 수 있습니다. 이렇게 디폴트 위치 자체도 OS Design과 밀접하게 관련되어 있는 것입니다. 물론 폴더의 위치는 다른 곳에 있어도 상관은 없습니다.

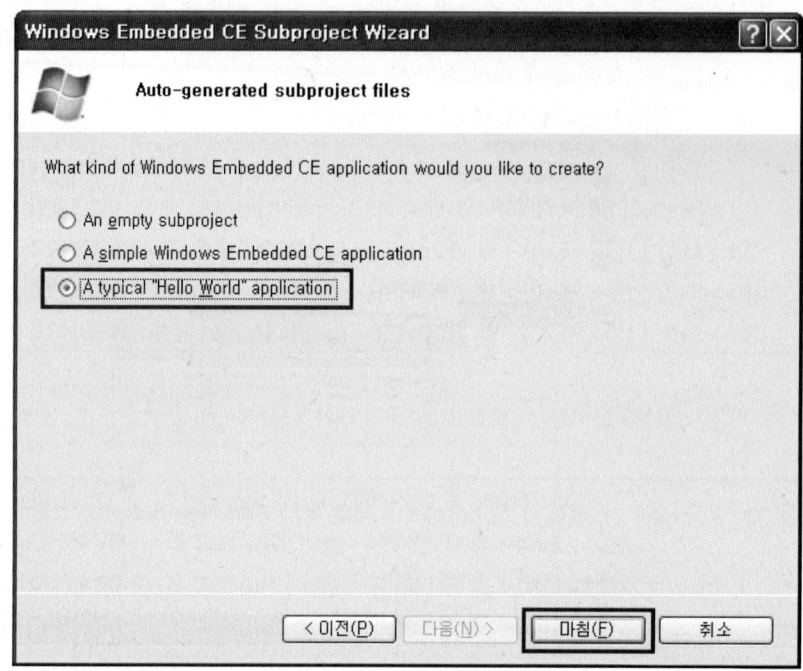

가장 단순하게 자동으로 Hello World를 출력해주는 프로그램을 만들도록 합니다.

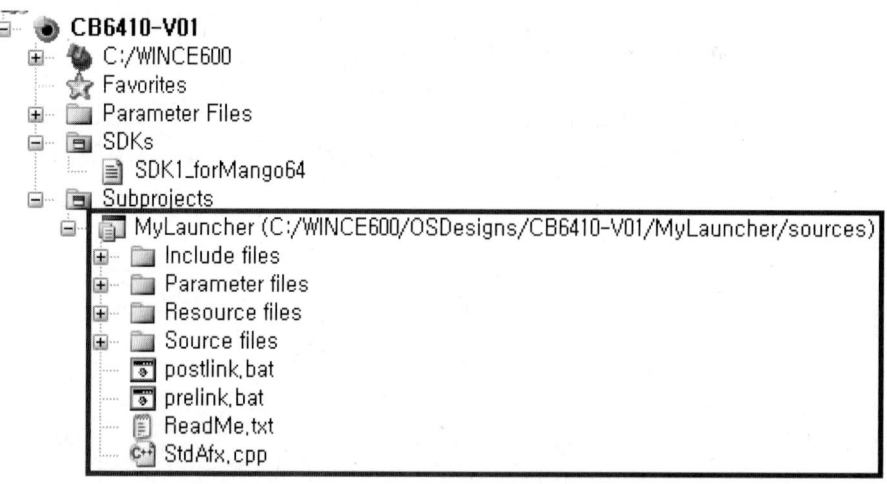

모든 동작을 마치면 Subprojects 부분에 위 그림처럼 많은 파일들이 자동으로 생성되어 있는 것을 확인할 수 있습니다. 빌드를 수행하면 자동적으로 Subproject들 역시 함께 빌드가 됩니다. 다운로드해서 수행을 해보도록 합니다.

28. Subproject로 MyLauncher 초기 작업

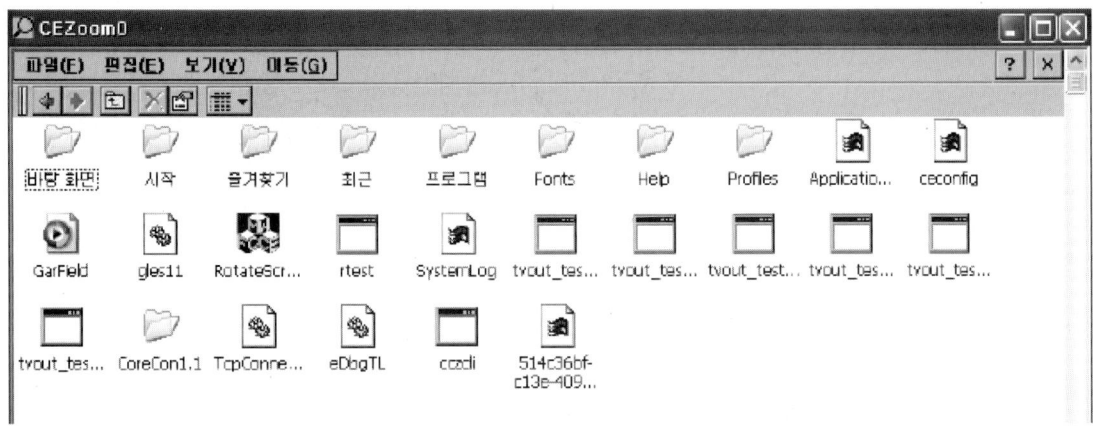

내 장치의 Windows에 들어가면 위와 같이 나타날 것입니다. 그런데 우리가 지금 빌드해서 포함시킨 MyLauncher가 보이지를 않습니다.

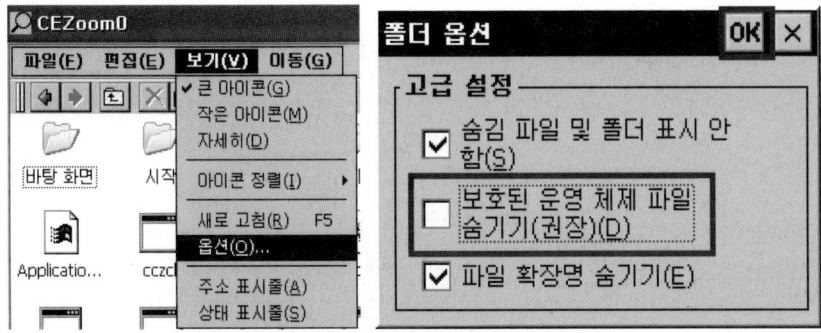

MyLauncher가 없기 때문에 나타나지 않는 것은 아닙니다. 위와 같이 보기 옵션에 들어가서 보호된 운영 체제 파일 숨기기 옵션을 해제하면 MyLauncher가 보이게 됩니다.

MyLauncher를 수행하면 그림과 같이 Hello World가 출력됩니다.

28.3. MyLauncher를 바탕화면에 보이게 하기

MyLauncher를 바탕화면에 아이콘으로 보이게 만들어서 이것을 실행할 수 있도록 하도록 합니다.

28.3.1. MyLauncher.lnk 만들기

가장 먼저 해주어야 하는 일은 MyLauncher.lnk 파일을 만드는 것입니다.

lnk 파일은 우리가 XP에서 사용하는 특정 프로그램에 대한 바로가기와 같은 개념입니다. 즉, 링크를 만들어주는 것입니다. 하지만 Windows CE에서 이 바로가기는 XP에서 사용하는 바로가기 파일과는 조금 다릅니다. Windows CE의 바로가기는 단순한 텍스트 파일입니다.

```
23#\windows\MyLauncher.exe
```

위 내용이 MyLauncher.lnk 파일의 내용입니다. 파일의 내용에서 보듯이 MyLauncher.exe 파일에 대한 위치 정보를 나타내주고 있습니다. 그런데 한가지 특별한 것은 앞에 기술된 "**23#**" 부분입니다. 여기서 숫자가 의미하는 바는 # 다음에 나오는 실행 파일에 대한 위치 정보의 문자열 개수를 의미합니다. 즉, \부터 시작해서 MyLauncher.exe의 exe까지의 문자 개수가 바로 23인 것입니다. 만약 파일의 이름 길이가 달라진다면 이 숫자 또한 바뀌어야 합니다.

MyLauncher.lnk 파일을 만들어서 저장해줄 가장 좋은 위치는 <Platform name>\FILES 부분입니다. 이곳에 저장해 둔 상태에서 적절한 변경을 통해서 NK.bin에 포함될 수 있도록 만들어 주는 것입니다.

```
BUILDREL: Copying SYSGENED binaries from C:\WINCE600\OSDesigns\CB6410-
V01\Wince600\CB6410_ARMV4I\cesysgen\oak
BUILDREL: Copying SYSGENED files from C:\WINCE600\OSDesigns\CB6410-
```

```
V01\Wince600\CB6410_ARMV4I\cesysgen\oak\files
BUILDREL: Copying PROJECT(CB6410-V01) binaries from C:\WINCE600\OSDesigns\CB6410-
V01\Wince600\CB6410_ARMV4I\oak
BUILDREL: Copying PROJECT(CB6410-V01) files from C:\WINCE600\OSDesigns\CB6410-
V01\Wince600\CB6410_ARMV4I\oak\files
BUILDREL: Copying PLATFORM binaries from C:\WINCE600\platform\CB6410
BUILDREL: Copying PLATFORM files from C:\WINCE600\platform\CB6410\files
BUILDREL: Copying PLATFORM cesysgened files from
C:\WINCE600\platform\CB6410\cesysgen\files
BUILDREL: Copying PLATFORMCOMMON binaries from C:\WINCE600\platform\common
1개 파일이 복사되었습니다.
BLDDEMO: Calling Makeimg -- Please Wait
```

위의 로그 내용에서도 알 수 있듯이 \FILES\ 부분의 내용이 빌드 중에 릴리즈 폴더로 복사가 되고 있습니다.

28.3.2. platform.bib 변경

런타임 이미지에 포함되게 하기 위해서는 적절한 작업이 필요합니다. 가장 일반적인 방법은 \FILES\platform.bib에 추가하는 것입니다.

```
FILES
;       Name                    Path                                Memory Type
… … … … … …
        GarField.wmv            $(_FLATRELEASEDIR)\GarField.wmv       NK    U
… … … … … …
        MyLauncher.lnk          $(_FLATRELEASEDIR)\MyLauncher.lnk     NK    U
```

CB2443과 CB6410의 아래에 있는 FILES 폴더에 MyLauncher.lnk를 만들었고, 이 내용은 빌드가 끝나게 되면 Release 폴더로 복사가 됩니다. $(_FLATRELEASEDIR) 부분이 그 복사가 될 릴리즈 폴더가 됩니다. 여기에 있는 내용을 NK에 추가하도록 하는 것이 바로 위의 내용인 것입니다.

위의 예를 보면 GarField.wmv라는 동영상 파일에 대한 것이 보일 것입니다. 이것은 기존에 들어있던 내용입니다. 이와 같이 바이너리 파일 또한 함께 포함시킬 수 있는 것입니다. 나중에 Test 용도로 활용하기 위해서 포함시켜 놓았던 것입니다.

위 내용 중에서 가장 뒤의 Type 부분에 있는 U가 의미하는 것은 uncompressed file을 나타냅니다. 즉, NK를 만들 때 이 파일들은 압축하지 말라는 의미입니다. 물론 모든 파일은 압축을 하지 않는 것이 디폴트입니다. 하지만 Configuration 옵션 중에서 COMPRESSION이라는 것이 있는데 이것을 ON 으로 했을 경우는 추가되는 파일들을 압축을 해서 넣게 됩니다. 그런데 위와 같이 U로 설정된 파일들은 COMPRESSION이 ON으로 되어 있을 경우에도 압축되어 저장되지 않는다는 것을 나타냅니다.

> 우리는 MyLauncher 프로그램을 subproject로 만들었습니다. 그렇기 때문에 실행 파일에 대해서 특별한 작업을 해주지 않아도 이것이 릴리즈 폴더로 복사가 되었고 실행할 수 있었습니다. 하지만 이렇게 subproject로 만들지 않고 일반 어플리케이션으로 만들었다면 이 실행파일을 NK에 포함시키는 작업 또한 함께 이루어져야 할 것입니다.
>
> **MyLauncher.exe $(_FLATRELEASEDIR)₩MyLauncher.exe NK U**
>
> MyLauncher.exe를 역시 ₩FILES₩ 부분에 복사해둔 상태에서 위 문장을 platform.bib에 MyLauncher.lnk와 함께 추가해 주어야 할 것입니다.

그런데 subproject로 만든 것은 왜 자동으로 NK에 포함이 되는 것일까요? 당연히 뭔가 작업을 해주지 않으면 그렇게 동작되지 않을 것입니다. 다만 일반 어플리케이션과는 달리 그러한 작업을 subproject의 경우는 자동으로 해주고 있는 것입니다.

₩MyLauncher₩MyLauncher.bib

```
MODULES
MyLauncher.exe   $(_FLATRELEASEDIR)₩MyLauncher.exe            NK
```

MyLauncher.bib 파일의 내용을 보면 위와 같이 MyLauncher.exe를 NK에 포함시키도록 하는 내용이 이미 포함되어 있고, 이로 인해서 NK에 포함되게 된 것입니다.

28.3.3. platform.dat 변경

이제 마지막으로 설정해주어야 하는 것은 바탕화면에 MyLauncher.lnk가 존재할 수 있도록 만드는 것입니다.

₩FILES₩platform.dat

```
Directory("₩Windows₩LOC_DESKTOP_DIR"):-File("MyLauncher.lnk","₩Windows₩MyLauncher.lnk")
```

Platform.dat 파일에 위 내용을 추가해주면 바탕화면에 MyLauncher.lnk가 포함되게 됩니다. LOC_DESKTOP_DIR이 의미하는 것이 바탕화면을 가리키게 됩니다. 그곳에 MyLauncher.lnk라는 이름으로 Windows에 있는 MyLauncher.lnk를 접근하도록 하라는 것이 됩니다.

아래 그림은 실제 실행을 해본 결과 바탕 화면에 MyLauncher 아이콘이 생겨있고 이것을 클릭해서

28. Subproject로 MyLauncher 초기 작업

실행해도 이전의 실행 결과와 동일한 수행 결과를 얻을 수 있게 됩니다. 아이콘의 모양에 대한 것도 프로젝트 내에 정의가 되어 있습니다. 그 부분도 확인을 해보시기 바랍니다.

Directory("\Windows\LOC_DESKTOP_DIR"):-File("**MyLaunch**","\Windows\MyLauncher.lnk")

만약 platform.dat에 추가하는 내용을 위와 같이 수정했을 경우에는 어떻게 될 것인지를 해보도록 하겠습니다. 나타나는 형태도 달라지고 실행에도 문제가 발생합니다. 위와 같이 File 부분의 처음에 기술되는 내용을 바꾸게 되면 이 내용이 실제 바탕화면에 아이콘 아래에 표시되는 글자를 변경해 주게 됩니다.

위 그림과 같이 아이콘 역시 디폴트 아이콘으로 바뀐 것을 알 수 있습니다. 원래는 MyLaunch.lnk였기 때문에 lnk는 표시되지 않으면서 링크를 나타내는 것이라고 판단해서 링크의 디폴트 아이콘 상태였지만 이름을 다른 것으로 바꾸었기 때문에 링크인지를 모르게 되고, 결국 실행에도 문제를 일으키게 됩니다.

28.4. MyLauncher를 부팅 후 자동 실행

MyLauncher를 Shell 프로그램과 마찬가지로 어떤 프로그램을 수행시킬 수 있도록 만드는 창의 역할을 하도록 하고 싶은 것입니다. 그러기 위해서는 초기 Windows CE가 부팅된 이후에 MyLauncher를 매번 수행하도록 하는 것은 무척 불편한 일입니다. 그러므로 초기 부팅 시 자동으로 수행되도록 하는 방법에 대해서 알아보도록 하겠습니다.

28.4.1. Dummy Shell의 개념

우리가 만들려고 하는 MyLauncher와 같은 프로그램을 DUMMYSHELL이라고 부릅니다. 혹은 MyShell이라고 부르기도 합니다. 이름이 어떻든 간에 이러한 프로그램을 개념적으로 알 수 있는 것은 아래의 그림입니다.

위 그림은 아이폰의 초기 화면입니다. 만약에 이러한 초기 화면과 똑같이 생긴 프로그램을 만들고 그것을 Windows CE 시작과 동시에 수행되도록 만들었다면 그것은 마치 아이폰을 사용하고 있다는 착각을 일으키게 될 것입니다. 바로 이러한 프로그램을 만들려는 것이기 때문에 초기에 부팅 후 아무런 동작을 하지 않아도 바로 수행되도록 해야 할 것입니다.

28.4.2. 레지스트리 수정

Windows OS는 거의 레지스트리와 함께 시작해서 레지스트리로 끝난다고 해도 과언이 아닌데 역시 부팅 과정에서 프로그램이 동작되는 순서에 대해서 정의되어 있는 부분이 레지스트리에 존재합니다.

C:\WINCE600\OSDesigns\CB6410-V01\RelDir\Mango64_CB6410_Release에 Common.reg라는 파일이 있는데 이 파일에서 아래의 내용을 발견할 수 있습니다.

```
IF IMGNOKITL !
[HKEY_LOCAL_MACHINE\init]
    "Launch10"="shell.exe"
ENDIF IMGNOKITL !
[HKEY_LOCAL_MACHINE\init]
    "Launch20"="device.dll"
IF IMGNOKITL !
[HKEY_LOCAL_MACHINE\init]
    "Depend20"=hex:0a,00
ENDIF IMGNOKITL !
[HKEY_LOCAL_MACHINE\init]
    "Launch30"="gwes.dll"
    "Depend30"=hex:14,00
[HKEY_LOCAL_MACHINE\init]
    "Launch60"="servicesStart.exe"
    "Depend60"=hex:14,00
```

[HKEY_LOCAL_MACHINE\init]에 들어있는 내용은 Windows CE가 처음 수행이 될 때 수행시켜주어야 할 것들을 명시해 놓게 됩니다.

"Launch60"="servicesStart.exe" 부분이 수행되고 나면 비로소 화면에 우리가 Windows CE가 수행되었다는 것을 느끼는 초기 화면이 뜨게 되는데 여기서 Depend60 부분에 있는 "**hex:14,00**"의 의미가 무엇인지가 조금 헷갈립니다.

디바이스가 부팅 프로세스를 진행하면서 어플리케이션을 실행시킬 때 사용하는 것이 바로 [HKEY_LOCAL_MACHINE\init] 레지스트리 입니다. 여기에는 여러 개의 모듈을 명시할 수 있는데 "LaunchXX"라는 이름으로 수행되어야 할 모듈의 이름을 주게 됩니다.

이때 함께 명시할 수 있는 내용이 의존 관계를 표현하는 "DependXX"라는 값입니다. 그 뒤에 나오는 값을 보면 "**hex:14,00**"에서 hex 14는 십진수로 20을 의미하고, 이것은 Launch20과 관계되는 값이 됩니다. 즉, Launch20에서 수행하는 모듈이 완전히 초기화된 이후에야 비로소 Launch60이 수행될 수 있다는 것을 나타내는 것입니다.

hex:14, 00, 1e, 00와 같은 형태로 두 개를 줄 수도 있습니다. 이럴 경우 hex 14인 20번이 수행되고,

또한 hex 1e인 30번까지 수행될 때까지 기다렸다가 비로소 Launch60에서 제시하는 모듈을 실행하게 되는 것입니다.

그러면 모듈의 수행이 끝났다는 것은 어떻게 알 수 있을까요? 모듈은 SignalStarted API를 사용해서 커널에게 자신의 초기화가 끝났음을 알려주어야 합니다. 커널은 이를 이용해서 모듈의 적재가 끝난 것을 인지하고 다음 모듈을 적재하는 작업을 반복하는 것입니다.

₩FILES₩platform.reg 부분에 아래와 같이 추가를 했습니다.

```
[HKEY_LOCAL_MACHINE₩init]
        "Launch70"="MyLauncher.exe"
        "Depend70"=hex:3c,00
```

Hex 3C가 의미하는 것은 십진수로 60을 나타내고 결국 "servicesStart.exe"가 수행된 이후에 즉, Windows CE 초기 화면이 모두 동작한 후에 MyLauncher를 띄우도록 한 것입니다. 물론 만약 우리가 상용의 제품을 만든다고 했을 때 자신만의 독자적인 초기 화면을 디자인하고 그것을 "servicesStart.exe" 대신에 동작되도록 만들 수도 있을 것입니다.

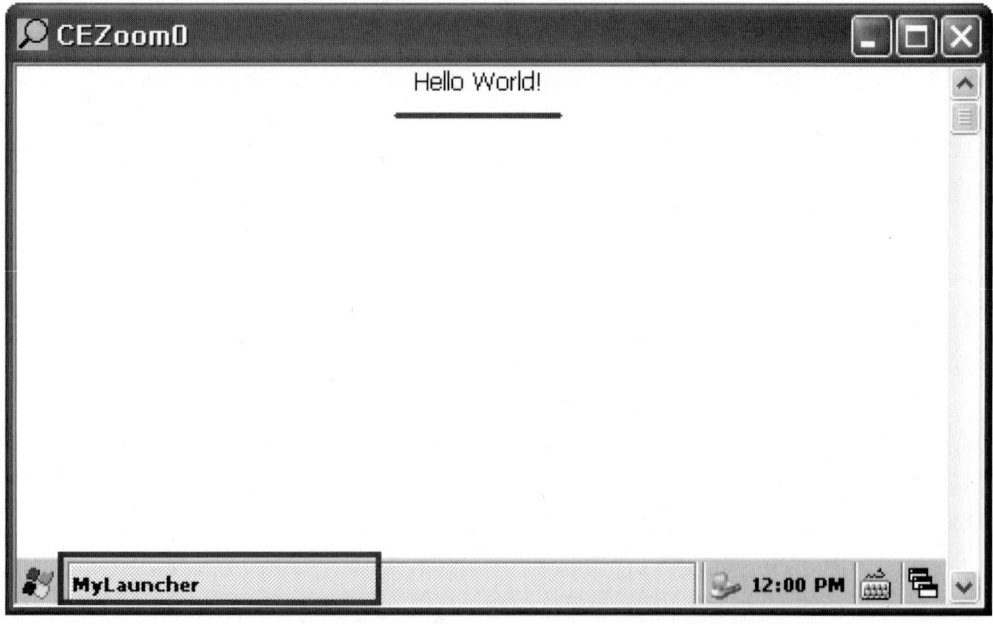

부팅 시에 위와 같이 자동으로 MyLauncher가 수행되는 것을 확인할 수 있습니다. 위 그림은 망고24에서 수행시킨 모습을 보여주고 있습니다. 망고64의 경우도 정상적으로 수행되는 것을 확인하였습니다.

28.5. Task Bar 숨기기

MyLauncher가 수행된 것을 보면 맨 아래에 Task Bar가 나타나 있습니다. 이것을 없애지 않으면 아이폰처럼 만들 수는 없을 것입니다. 이것을 숨기는 방법을 알아보도록 하겠습니다. 역시 레지스트리를 건드려야 합니다.

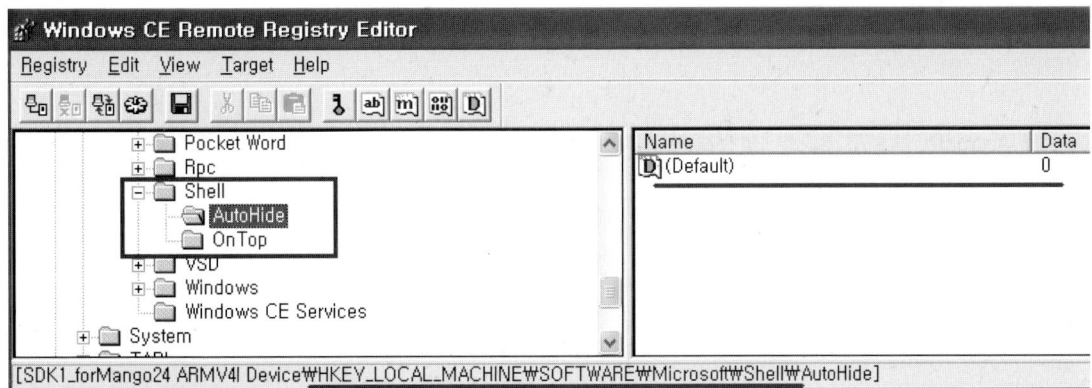

HKEY_LOCAL_MACHINE\SOFTWARE\Microsoft\Shell 부분을 보면 위와 같이 AutoHide와 OnTop 부분을 발견할 수 있습니다. 이들의 값을 적절히 조절해서 Task Bar를 숨길 수 있고, 아예 접근을 못하게 할 수도 있습니다. AutoHide를 1로 설정하면 Task Bar를 자동으로 숨기게 되는 것이고, 이때 OnTop을 0으로 만들면 MyLauncher 같은 프로그램이 띄워져 있을 때에는 전혀 Task Bar를 접근하지 못하게 됩니다. OnTop이 0인 상태에서 MyLauncher는 모든 영역에 꽉 차게 동작을 수행하게 되고 Task Bar가 Top으로 올라오지 못하기 때문에 접근 자체가 막혀버리는 것입니다.

\FILES\platform.reg 부분에 아래와 같이 추가를 했습니다.

```
[HKEY_LOCAL_MACHINE\SOFTWARE\Microsoft\Shell\AutoHide]
"Default"=dword:1
[HKEY_LOCAL_MACHINE\SOFTWARE\Microsoft\Shell\OnTop]
"Default"=dword:1
```

만약 [HKEY_LOCAL_MACHINE\SOFTWARE\Microsoft\Shell\OnTop] 부분 설정에서 값을 0으로 만들면 Task Bar 부분으로 마우스를 가져가도 나타나지 않게 됩니다. 그러므로 해서 완전히 Windows CE 기본 화면은 사라지고 오직 우리가 만든 MyLauncher만 나타나게 됩니다. 그 상태에서 메뉴를 수행할 수 없기 때문에 이제 완전하게 MyLauncher만으로 실행을 시킬 수 있게 됩니다.

여기서 한가지만 더 설정하도록 하겠습니다. 프로그램을 수행시키면 Task Bar에 현재 수행중인 프로그램이 나타나 있고 그것을 클릭하면 창이 Minimize되어서 아래로 줄어들게 됩니다. 그때 자세히 살펴보면 창이 줄어드는 상황을 애니메이션처럼 보여주게 됩니다. 물론 대단히 크지는 않지만 이러한 것은 당연히 OS 수행 속도를 늦추는 부분이 됩니다.

\FILES\platform.reg 부분에 아래와 같이 추가를 했습니다.

```
; GWE Animate
[HKEY_LOCAL_MACHINE\SYSTEM\GWE]
"Animate"=dword:0
```

이렇게 Animate 부분을 0으로 설정하면 이제 그전에 보여주던 애니메이션으로 동작하던 것들은 없어지고 매우 단순하게 동작하게 됩니다.

29. MFC 이용 Launcher와 버튼 드라이버의 통신

이전 장에서 MyLauncher를 만들고 이것을 수행시켜보았는데 이번 장에서는 subproject로 만드는 것이 아니라 다른 방법으로 새로운 솔루션을 만들고 프로젝트를 만들어서 처리하는 것을 해보도록 하겠습니다. 이때 기존의 Win32 프로젝트로 만드는 것이 아니라 MFC를 이용해서 하도록 합니다. 그리고 버튼 IST에서 이벤트를 보내서 새로 만든 MyLauncher가 그 내용을 화면에 출력하도록 하는 과정까지를 해보도록 합니다.

29.1. MFC란?

MFC는 Microsoft Foundation Class입니다. M이 Microsoft이듯이 마이크로소프트 회사에서 만든 것이죠. 한마디로 말해서 자신들이 만든 Windows라는 OS를 위한 C++ 라이브러리 입니다. 아래는 이 라이브러리에 대한 클래스들의 구조를 나타낸 그림입니다. 아래 링크에서 자세한 내용을 파악할 수 있습니다.

http://msdn.microsoft.com/en-us/library/ws8s10w4(v=VS.80).aspx

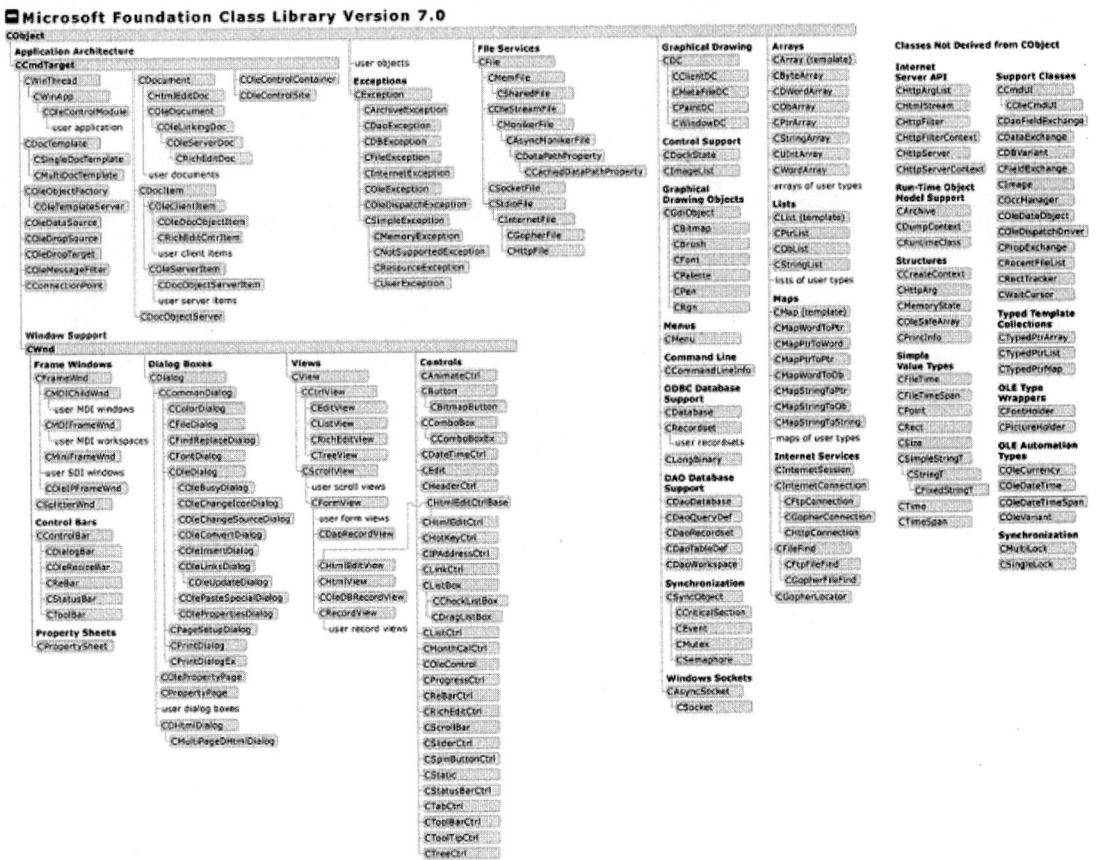

MFC가 최초 만들어지기 이전에는 Windows 프로그래밍을 하는 것이 매우 힘들었었고, 이러한 어려운 부분들을 쉽게 개발할 수 있도록 라이브러리로 만들어서 제공하는 것입니다. 물론 상당히 오래된 이야기이고 요즘에 와서는 다른 방법들도 많이 나타나 있는 상태이지만 여전히 알아둘 필요가 있는 부분이기도 합니다.

물론 이 책에서 알려드리고자 하는 부분이 Windows CE의 어플리케이션을 개발하는 것에 집중하지는 않기 때문에 여기서 매우 깊이 있는 내용까지 다루지는 않을 것입니다. 내용을 잘 모르고 C++나 오브젝트 오리엔티드 개념이나 클래스와 같은 것들에 익숙하지 않은 독자들은 조금 어려울 수도 있겠지만 가능한 자세하게 설명을 드릴 것이고, 내용 자체가 그렇게 어려운 부분까지 진행될 것은 아니기 때문에 책에서 제시하는 그대로 따라서 해보시기 바랍니다. 책으로만 읽는 것과 아무 것도 모르지만 따라서 한 번 해보는 것은 무척 차이가 있습니다. 열 번 읽는 것보다 한 번 따라 하는 것이 훨씬 많은 배움을 준다고 필자는 확신합니다.

> MFC는 Object-Oriented 개념으로 만들어진 것입니다. 요즘은 어플리케이션 레벨에서의 개발은 거의 모두 Object-Oriented 개념으로 되어 있습니다. 물론 기존의 C로도 모든 것을 만들 수 있겠지만 제품 개발의 생산성 측면에서 사실 비교 자체가 되지 않는 부분입니다. Java라는 것에 대해서도 들어보셨겠지만 이것 또한 근본 개념부터 Object-Oriented 개념으로 만들어진 것입니다. C++나 Java, C#과 같은 언어들에 대해서 공부하고 여기서 얘기하는 객체 지향이라는 개념에 대해서 공부해 보는 것은 무척 많은 도움을 줄 수 있을 것입니다.
>
> 물론 어플리케이션 개발에 대해서는 전혀 관심이 없는 독자라면 크게 필요하지 않을 수도 있지만 실제 개발을 하지는 않더라도 그 개념에 대한 것은 확실히 이해할 필요가 있습니다. 관련 서적이나 인터넷을 이용해서 꼭 공부해 두시기 바랍니다.

29.2. MFC 이용 MyLauncher 만들기

29.2.1. MyLauncher 프로젝트 생성

이제 이전 장에서 만들었던 MyLauncher를 MFC를 이용해서 다시 만들어 보도록 하겠습니다.

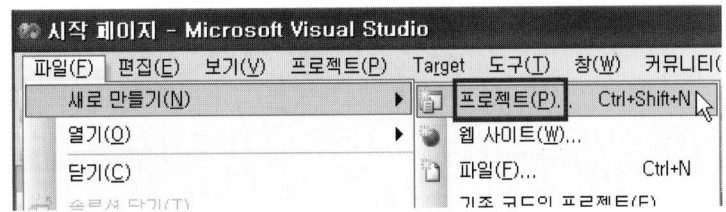

Visual Studio 2005를 수행해서 파일 메뉴의 새로 만들기 프로젝트를 선택합니다.

프로젝트 형식에서 기존에 Hello Mango에서 사용했던 것과 마찬가지로 스마트 장치를 선택하는데 오른쪽에 보면 MFC와 관련된 부분이 세 가지가 있습니다. 이 중에서 우리는 "MFC 스마트 장치 응용 프로그램"을 선택하였습니다.

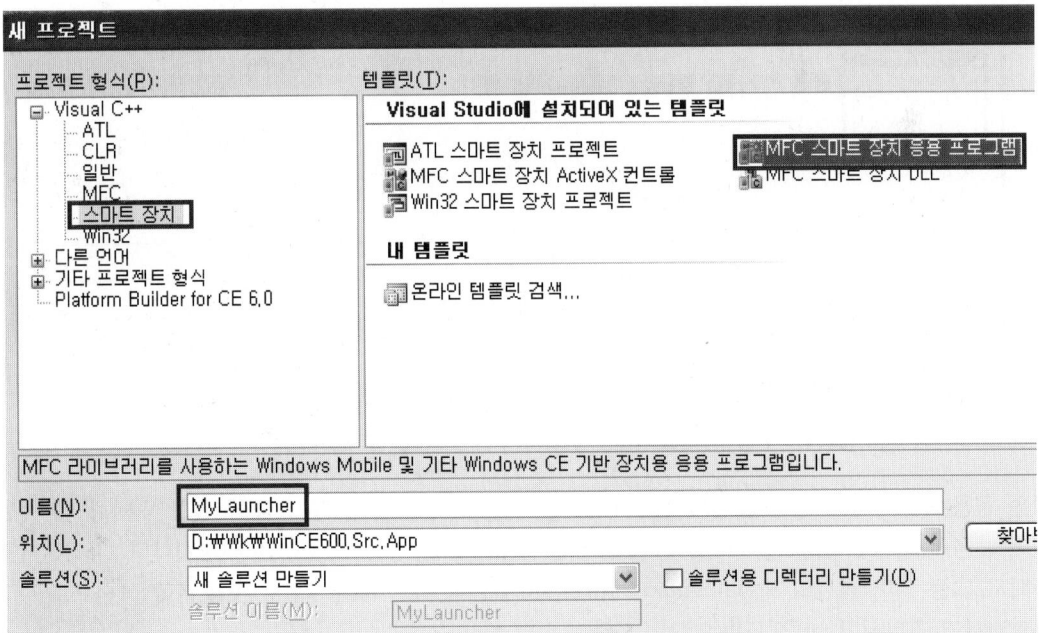

DLL 부분은 이를 이용해서 Dynamic Link Library를 만들 때 사용하게 되는 것이고, ActiveX 컨트롤 부분은 프로그램 내에서 ActiveX 제어 부분을 사용할 경우가 있을 때 선택하면 될 것입니다. 우리는 ActiveX까지 사용할 것은 아니기 때문에 응용 프로그램을 선택해서 사용하면 될 것입니다. 이름은

MyLauncher로 똑같이 주었고, 프로젝트를 만들어서 저장할 부분에 대해서는 각자 적절한 부분을 지정하면 되겠습니다. 확인을 누르면 이제 마법사가 실행됩니다. 다음을 선택합니다.

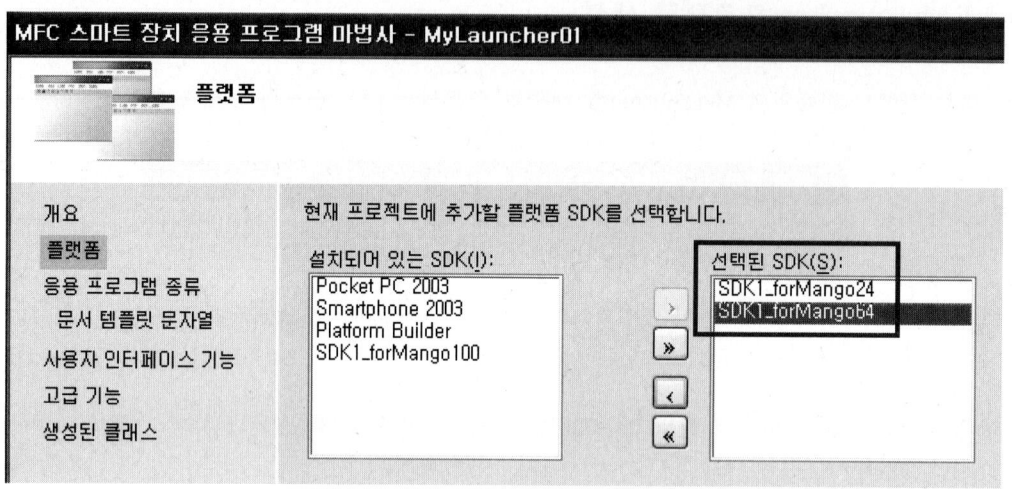

설치되어 있는 SDK 중에서 자신에게 맞는 것을 선택하면 됩니다. 저는 망고24, 망고64를 모두 선택해서 나중에 적절히 구분해서 빌드하고 실행하도록 만들 것이기 때문에 둘 다를 선택했습니다.

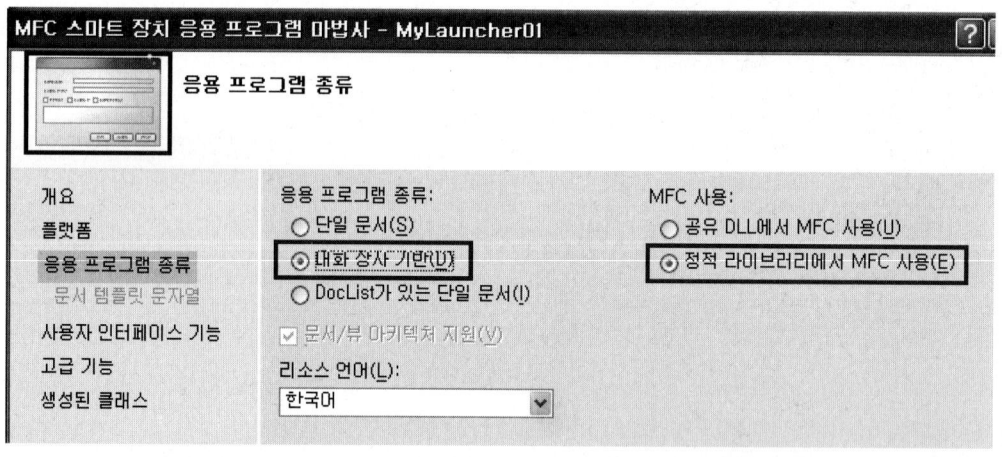

이제 응용 프로그램의 종류를 선택하는 부분이 나타납니다. 단일 문서나 대화 상자 기반 등등 사실 원래의 영어 원문을 한글로 번역되어 있는 부분이어서 오히려 더 헷갈리는 부분입니다. 아래에 한글화되지 않은 영어 버전의 Visual Studio 2005의 이 부분에 대한 화면 캡처 된 부분을 그림으로 추가했으니까 참조하시기 바랍니다.

여기서 말하는 단일 문서는 SDI를 의미합니다. SDI란 Single Document Interface를 의미하는 것입니다. Windows 응용 프로그램은 SDI 형태로 개발될 수도 있고, MDI 형태로 개발될 수도 있습니다. MDI란 것은 Multiple Document Interface를 의미하는 것입니다.

29. MFC 이용 Launcher와 버튼 드라이버의 통신

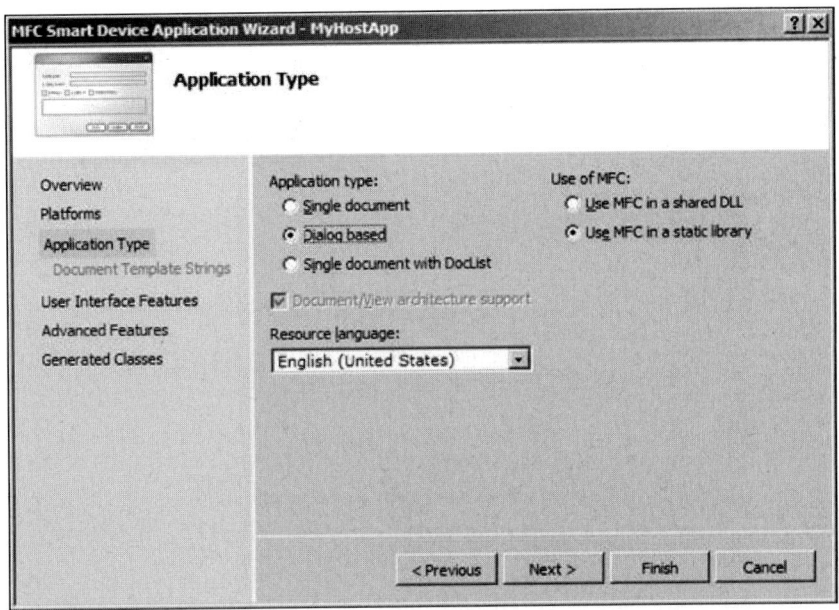

단일 문서 인터페이스 (SDI)는 사실 특별할 것은 없습니다. Document라는 개념이 존재하는데 이것이 하나만 있다는 것입니다. 다중 문서 인터페이스(MDI)는 하나의 어플리케이션에서 document frame window가 여러 개 오픈 될 수 있다는 것을 의미합니다.

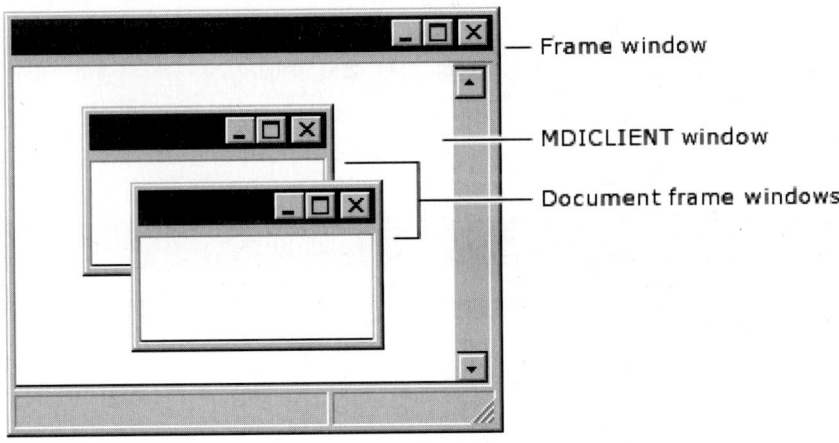

그림으로 살펴보는 것이 가장 이해가 빠를 것입니다. 위 그림과 같이 하나의 어플리케이션 Frame Window에 여러 개의 document frame window가 배치되는 형태를 의미합니다. 여기서 MDI document frame window들은 MDI Client window 공간 내에서만 존재할 수 있도록 제한됩니다. 내용 중에 "문서/뷰 아키텍처 지원"이라는 부분이 나옵니다. 이 부분을 선택하게 되면 Document 클래스와 View 클래스를 어플리케이션 구조를 구분해서 생성해 주게 됩니다. Document는 데이터데 저장하고 관리하는 주체가 되고, View는 이 데이터를 사용자에게 보여주고 사용자와의 상호 작용을 통해서 이 값들을 변경하는 등의 작업이 되는 주체가 됩니다. 이러한 변화는 Document와 View가 상호 작용해서 변경된 사항이 저장되도록 하게 됩니다. 이것을 그림으로 표현한 것이 아래의 그림입니다.

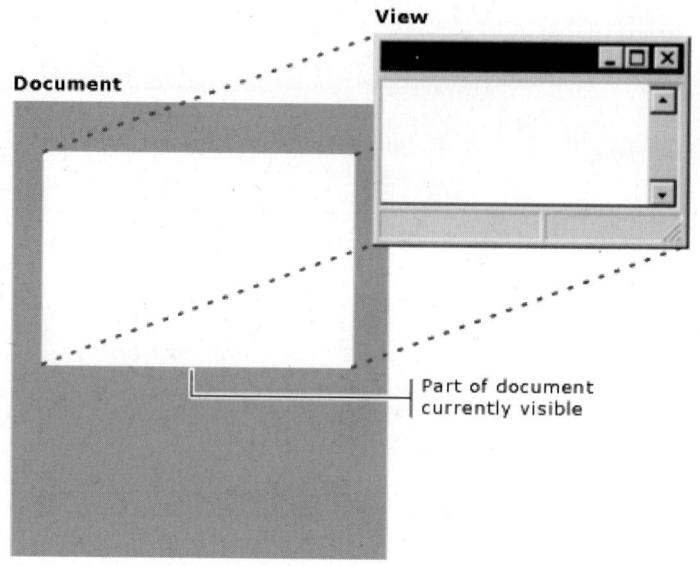

MFC document 오브젝트는 데이터를 저장 장치에 저장하고 읽는 등의 작업을 수행하게 되고, View는 이것을 사용자에게 보여주거나 상호 작용 하는 것인데, 이를 사용하는 주된 이유는 Document는 하나이고 이것을 하나의 View가 아닌 여러 개의 View를 통해서 사용자와 상호 작용할 때의 장점 때문입니다. 일종의 데이터 베이스와 같이 저장되어 있는 데이터는 하나이고 이것을 참조하는 부분은 여럿인 경우와 마찬가지인 것입니다. 우리는 대화 상자 기반 (Dialog)을 선택하였고, shared DLL에서 MFC를 사용하는 것이 아니라 static library에서 사용하도록 설정하였습니다. 리소스 언어는 한국어로 선택하고 다음을 누릅니다.

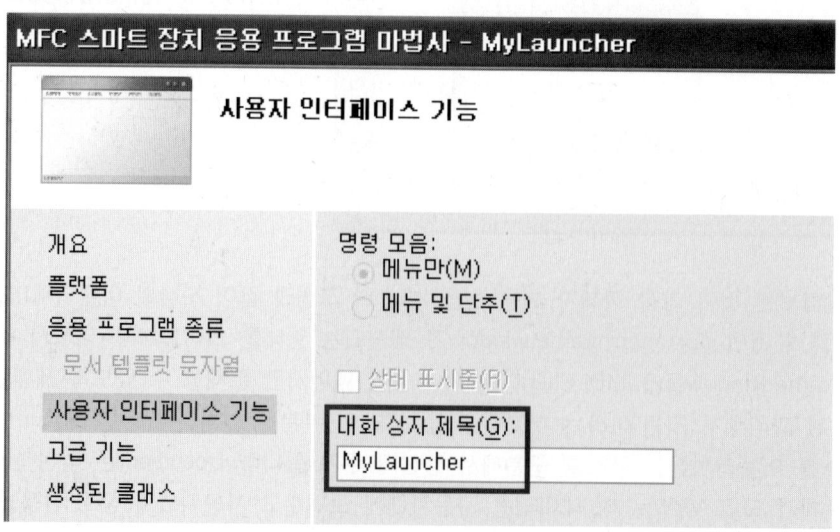

우리는 가장 단순한 Dialog box 기반으로 프로젝트를 만들고 있기 때문에 메뉴나 단추나 이런 것들은 생기지 않게 됩니다. 여기서는 대화 상자 (Dialog box)의 제목 부분만 지정하게 되는데 특별히 바꿀 필요는 없습니다. 다음을 누릅니다.

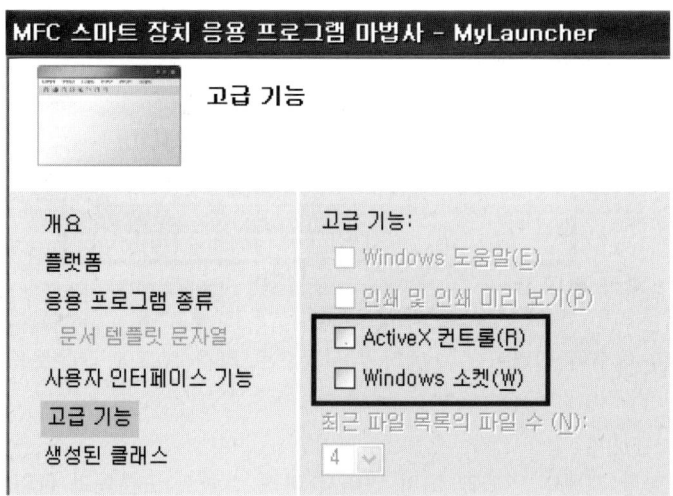

ActiveX 컨트롤이나 Windows 소켓 등을 선택할 수 있지만 선택하지 않고 다음을 누릅니다.

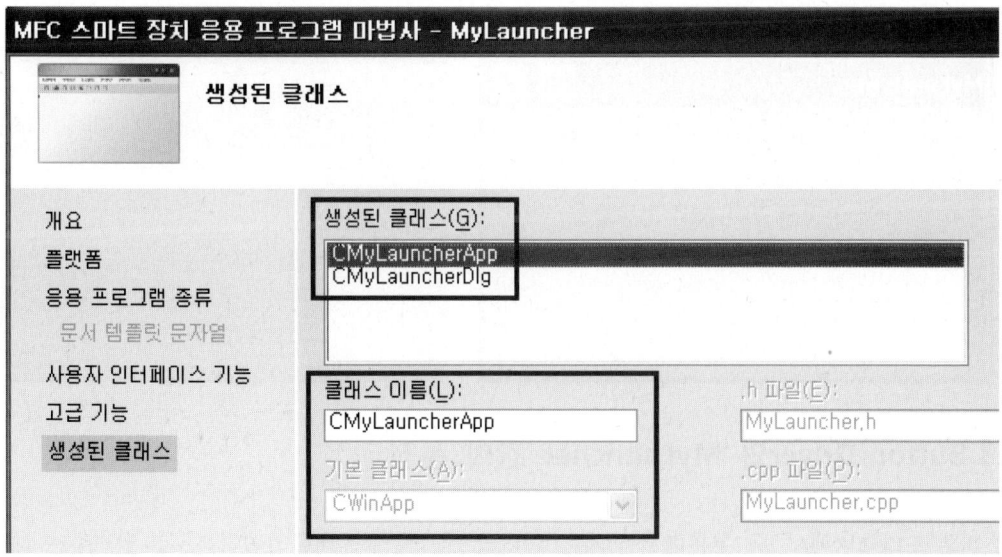

이제 모든 작업이 되었고 마지막으로 생성되는 클래스들에 대한 이름을 지정할 수 있는 부분이 나오는데 특별히 변경하지는 않습니다.

생성되는 클래스는 두 가지 입니다. CMyLauncherApp와 CMyLauncherDlg입니다. CMyLauncherApp는

단순히 CMyLauncherDlg 만을 띄워주는 역할을 할 뿐 그다지 많은 내용이 들어있지는 않습니다. 우리는 주로 CMyLauncherDlg에서 작업이 이루어질 것입니다.

29.2.2. 빌드 및 실행

빌드와 실행 부분은 기존에 Hello Mango를 수행하는 것과 동일합니다.

적절한 SDK를 선택한 이후에 디버그를 수행하면 자동으로 타겟 보드에 다운로드 되어서 수행이 될 것입니다.

망고24에서는 현재 한글 지원이 안되게 되어 있어서 아래 그림의 오른쪽과 같이 정확히 출력이 되지는 않고 있습니다. 이제 여러 가지 변경들을 작업해서 버튼 디바이스 드라이버와의 통신을 수행하도록 하겠습니다.

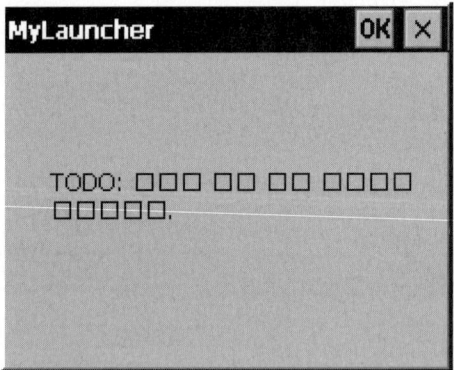

29.3. Button Driver와 MyLauncher 간의 통신

이제 버튼 드라이버에서 IST 부분에서 인지한 인터럽트를 상위의 어플리케이션으로 알려주는 내용을 공부해 보도록 하겠습니다. 여기서 다룰 내용은 아주 단순하게 구성되어 있습니다. 단순하지만 알아야 할 부분들은 참 많습니다. 하지만 어렵지 않으니 차근차근 따라와 주시기 바랍니다.

버튼 드라이버 IST는 메시지를 날려줍니다. 이 메시지를 위에서 만든 MyLauncher에서 받아서 처리하는 것입니다. 처리는 단순하게 문자열을 Dialog 박스에서 출력하는 것으로 마무리할 예정입니다.

29.3.1. 버튼 드라이버에서 메시지 송신

가장 먼저 바꾸어 주어야 하는 부분은 버튼 드라이버에서의 동작 부분입니다. 드라이버 부분의 IST 루틴에서 키 인터럽트에 대한 이벤트를 수신한 이후에 기존에는 디버그 콘솔에 내용을 출력하는 작업만 수행했었는데 여기서는 이 내용을 상위의 어플리케이션에서 알 수 있도록 어떤 동작을 수행해야 합니다.

```
static DWORD BTK_IST0(void *pContext) {
… … … … … …
    while (1) {
        waitEvent = WaitForSingleObject(ISTEvent0, INFINITE);
… … … … … …
        SendMessage(HWND_BROADCAST, WM_KEYDOWN, VK_UP, 0);
        InterruptDone(g_BtnButtonSysIntr0);
… … … … … …
    }
}
```

BTK_IST0에서 변한 내용을 위에서 보여주고 있습니다. SendMessage() 함수를 이용해서 어떤 메시지를 상위로 보내주고 있습니다.

```
LRESULT SendMessage(
    HWND hWnd,
    UINT Msg,
    WPARAM wParam,
    LPARAM lParam
);
```

SendMessage는 위와 같은 형태를 가지는 함수입니다. hWnd 부분에는 어떠한 window procedure가 이 메시지를 처리할 것인지 그 window procedure를 소유한 윈도우에 대한 핸들 값을 넘겨주게 됩니다. 우리의 경우는 HWND_BROADCAST라는 값을 주었는데 이렇게 하게 되면 모든 Top-level의 윈도우들에 메시지가 전달되게 됩니다. Msg 부분에 실제로 보낼 메시지를 저장하고, wParam, lParam 부분에는 추가적인 정보를 보냅니다.

비슷한 기능을 하는 함수 중에 PostMessage라는 것이 있는데 이것과의 차이점은 다음과 같습니다. PostMessage는 메시지를 Thread의 메시지 큐에 집어넣고 바로 리턴을 합니다. 하지만, SendMessage는 특정한 윈도우 프로시저가 메시지를 처리할 때까지 기다리게 됩니다.

Winuser.h (c:₩wince600₩public₩common₩sdk₩inc)

// @CESYSGEN IF GWES_KBDUI	
#define WM_KEYFIRST	0x0100
#define WM_KEYDOWN	**0x0100**
#define WM_KEYUP	0x0101
#define WM_CHAR	0x0102
#define WM_DEADCHAR	0x0103
#define WM_SYSKEYDOWN	0x0104
#define WM_SYSKEYUP	0x0105
#define WM_SYSCHAR	0x0106
#define WM_SYSDEADCHAR	0x0107
#define WM_KEYLAST	0x0108

Winuser.h에는 위와 같이 각종 Windows Message에 대한 정보들이 저장되어 있습니다. 우리는 이중에서 키보드의 키가 눌린 것과 같은 효과를 주는 WM_KEYDOWN을 이용하고자 함입니다.

Winuser.h (c:₩wince600₩public₩common₩sdk₩inc)

#define VK_LEFT	0x25
#define VK_UP	0x26
#define VK_RIGHT	0x27
#define VK_DOWN	0x28

키가 눌렸다는 메시지에 대한 파라미터로 위에 정의된 네 가지의 값 중의 하나를 보내게 됩니다. 이왕이면 보드 상에서의 표시와 같은 값을 보내도록 할 것입니다. VK라는 것은 Virtual Key의 약자로서 우리가 키보드를 장착해서 실제로 키보드의 키를 누르게 되면 이 값들이 전달되는 것입니다.

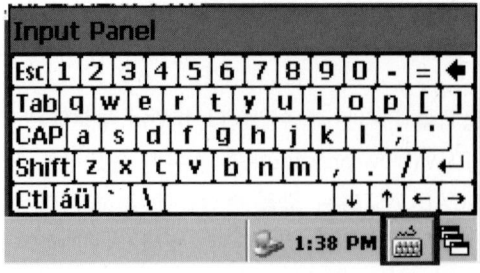

화면의 오른쪽 아래에 있는 키보드 모양의 버튼을 눌렀을 때 나타나는 키보드도 또한 마찬가지입니다. 우리가 마우스로 위의 키보드에서 하나의 버튼을 클릭해도 실제로는 WM_KEYDOWN 메시지가 날라가고 거기에 파라미터로 그 눌린 키 값이 함께 전송되는 것입니다.

```
keybd_event(VK_DOWN, 0, KEYEVENTF_SILENT, 0);
keybd_event(VK_DOWN, 0, KEYEVENTF_KEYUP | KEYEVENTF_SILENT, 0);
```

SendMessage나 PostMessage를 사용하지 않고 위와 같은 keybd_event 함수를 이용해서도 동일한 기능을 구현할 수 있습니다. 이와 같이 메시지나 이벤트를 만들어주는 함수는 무척 많은 종류가 있습니다. 상황이나 내용에 맞도록 적절히 선택하면 됩니다.

```
static DWORD BTK_IST1(void *pContext) {
… … … … … …
    while (1) {
… … … … … …
        SendMessage(HWND_BROADCAST, WM_KEYDOWN, VK_DOWN, 0);
… … … … … …
    }}

static DWORD BTK_IST2(void *pContext) {
… … … … … …
    while (1) {
… … … … … …
        SendMessage(HWND_BROADCAST, WM_KEYDOWN, VK_LEFT, 0);
… … … … … …
    }}

static DWORD BTK_IST3(void *pContext) {
… … … … … …
    while (1) {
… … … … … …
        SendMessage(HWND_BROADCAST, WM_KEYDOWN, VK_RIGHT, 0);
… … … … … …
    }}
```

나머지 IST 함수들에 대해서도 위와 같이 각 함수 내에 SendMessage를 포함시켰습니다. 이것으로 버튼 드라이버에서 해주어야 하는 일은 끝난 것입니다. 어떤 특정한 버튼이 눌렸을 때 이것이 눌렸다는 정보를 메시지로 만들어서 뿌려줌으로써 모든 할 일을 다 한 것입니다.

29.3.2. 출력할 내용 String 리소스 추가

이제 MyLauncher 부분을 수정해야 합니다. 메시지를 받아서 처리하는 부분을 구현하기 전에 메시지를 받아서 그 받은 메시지에 따라서 처리할 출력문의 리소스를 추가하는 것부터 살펴보도록 하겠습니다.

위 그림과 같이 리소스 뷰에서 MyLauncher.rc 부분에서 마우스 오른쪽 버튼을 눌러서 리소스 초가를 선택합니다. 우리가 지금 추가하려고 하는 리소스는 문자열에 대한 것입니다. 물론 이러한 방식을 사용하지 않고 직접 문자열을 입력해 주어도 상관없지만 소스 코드에서 문자열에 대한 작업을 직접적으로 수행하는 것은 사실 좋은 방법은 아닙니다. 왜냐하면 개발을 진행하는 상황에서 특정한 언어에 대한 것만을 개발하는 경우도 있지만 사실은 여러 언어에 대한 것을 함께 개발해야 하는 상황이 훨씬 많습니다. 이럴 경우 문자열과 같은 리소스를 따로 관리하도록 구현하는 것은 새로운 언어에 대한 포팅 작업을 무척 단순하게 만들어 주게 됩니다. 이러한 작업을 Localization이라 하고 이런 현지화에 따른 언어 변경 작업을 쉽게 하기 위해서 문자열과 같은 데이터는 반드시 리소스로 만들어서 따로 관리하는 것이 좋습니다.

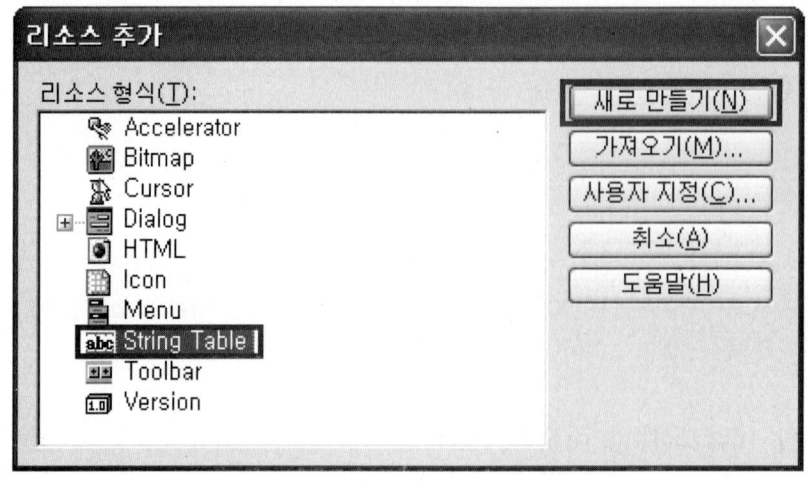

문자열을 만드는 것이기 때문에 String Table을 선택하고 새로 만들기를 누릅니다.

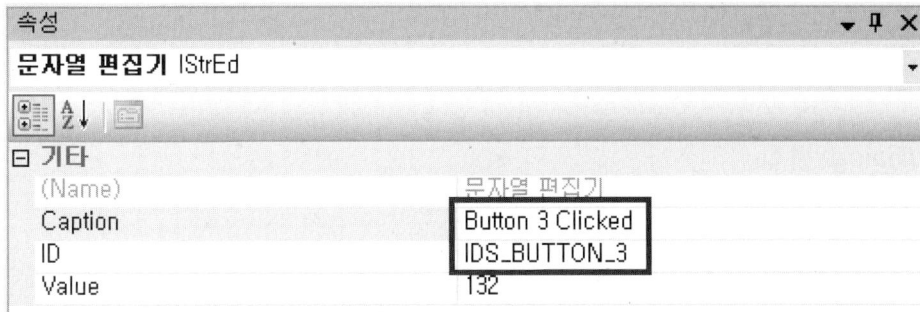

오른쪽 하단에 있는 속성 부분에서 각각 새로운 문자열을 입력할 수 있습니다.

우리의 경우는 각각의 버튼이 눌렸을 때 표시할 문자열로 "Button X Clicked"라는 문자열을 4개 만들었습니다. 각각의 문자열에 대해 IDS_BUTTON_X로 ID가 부여되었고 그 값 또한 자동으로 할당이 되고 있습니다.

₩MyLauncher₩resource.h

#define IDS_BUTTON_0	129
#define IDS_BUTTON_1	130
#define IDS_BUTTON_2	131
#define IDS_BUTTON_3	132

resource.h 부분에 보면 이렇게 추가한 값들이 데이터로 어떻게 선언이 되어 있는지 알 수 있습니다. 위에서처럼 툴을 이용해서 작업하지 않고 당연히 소스 코드를 직접 편집해서도 추가할 수 있습니다.

₩MyLauncher₩MyLauncher.rc

STRINGTABLE	
BEGIN	
IDS_BUTTON_0	"Button 0 Clicked"
IDS_BUTTON_1	"Button 1 Clicked"

```
    IDS_BUTTON_2            "Button 2 Clicked"
    IDS_BUTTON_3            "Button 3 Clicked"
END
```

MyLauncher.rc에는 실제 해당하는 문자열이 String 형태로 적혀 있는 것 또한 확인할 수 있습니다.

29.3.3. Dialog 편집

이제 Dialog 창에 대한 편집을 수행해보도록 하겠습니다.

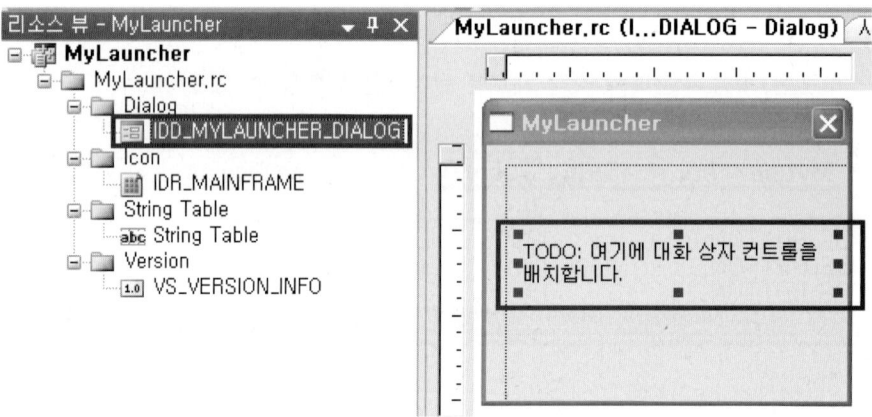

리소스 뷰의 Dialog 부분에서 IDD_MYLAUNCHER_DIALOG를 더블 클릭하면 실제 화면에 보이는 dialog 창이 보입니다. 최초 실행 시 보였던 "TODO: 여기에 대화 상자 컨트롤을 배치합니다."라는 부분도 보이고 있습니다. 이것은 사실 고정되어 있는 문자열이고 이 부분은 삭제하도록 합니다.

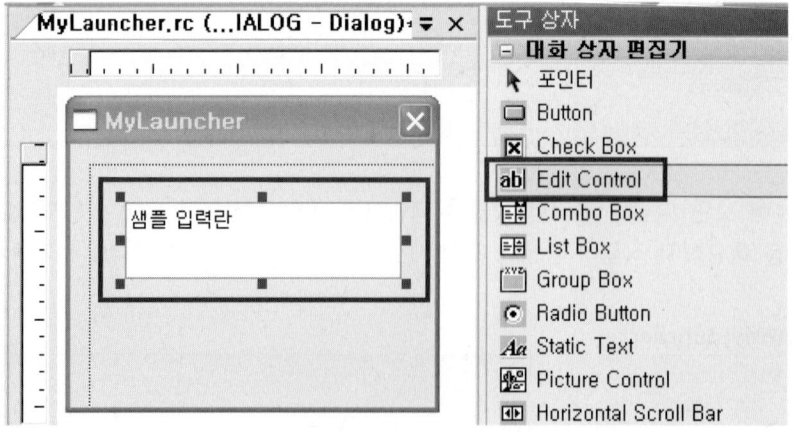

오른쪽의 도구 상자 부분에서 Edit Control 부분을 선택해서 왼쪽의 dialog 창에 적절한 영역을 선택해서 추가하도록 합니다.

29. MFC 이용 Launcher와 버튼 드라이버의 통신

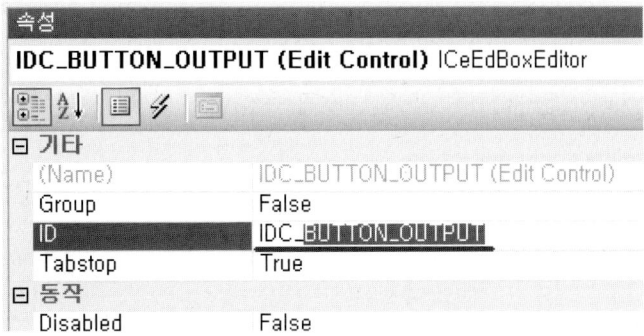

Edit Control을 추가한 이후에 속성 부분에서 기존에 있던 IDC_EDIT1이라는 이름을 IDC_BUTTON_OUTPUT이라는 이름으로 변경하였습니다. 물론 이 이름은 어떤 변수의 이름처럼 이름 자체가 중요한 의미를 가지는 것은 아닙니다. 다만 보다 소스 코드를 읽기 쉽도록 만들기 위해서 의미 있는 문자를 ID로 가지도록 하는 것이 좋을 것입니다.

₩MyLauncher₩resource.h

#define IDC_BUTTON_OUTPUT   1001

위의 작업을 수행한 이후에 resource.h에 가보면 IDC_BUTTON_OUTPUT이라는 이름으로 값이 정의되어 있는 것을 확인할 수 있습니다.

29.3.4. Dialog Object Member 변수 추가

이제 해주어야 하는 작업은 추가한 Edit Control과 특정 변수를 연결하는 작업입니다. 이러한 변수를 Dialog Object Member 변수라고 부릅니다. 뒤에서 Dialog Data Exchange와 관련해서는 자세히 살펴 볼 것입니다.

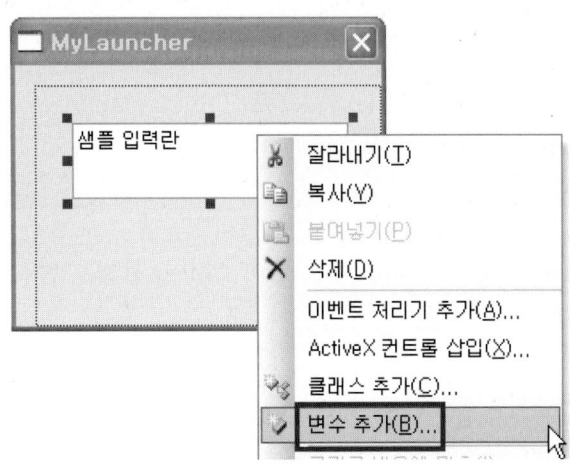

Edit Control 부분에서 마우스 오른쪽 버튼을 눌러서 변수 추가를 선택합니다.

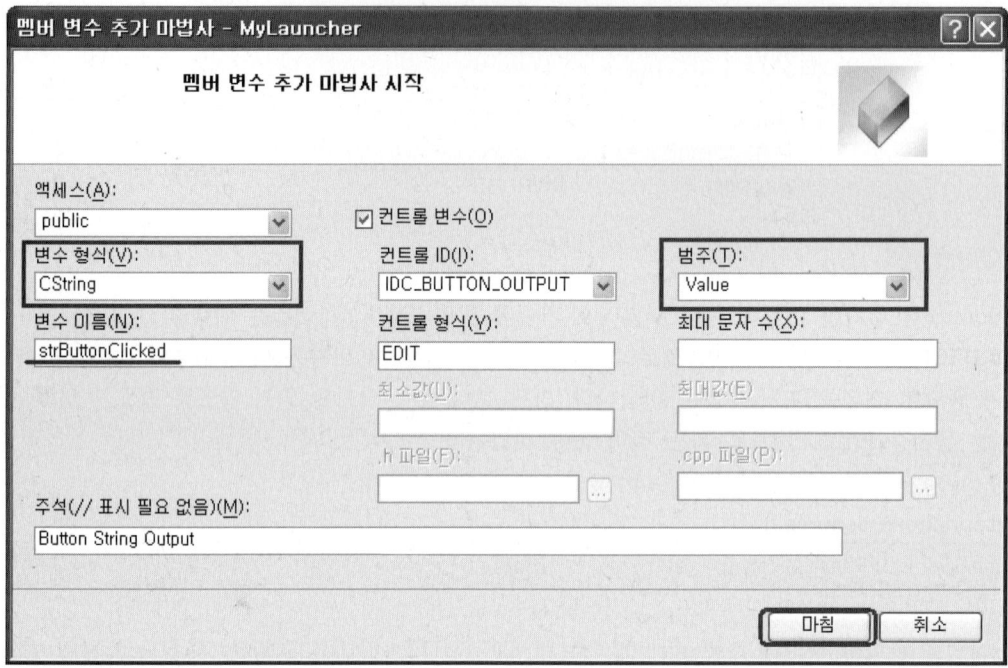

범주 부분을 Value로 선택하고, 변수의 형식은 CString 클래스를 활용하도록 합니다. 일반 문자열을 사용해도 되겠지만 스트링과 관련한 작업은 CString 클래스를 사용하는 것이 여러모로 편리합니다. 이름은 적절히 주면 되겠습니다.

₩MyLauncher₩MyLauncherDlg.h

```
// CMyLauncherDlg 대화상자
class CMyLauncherDlg : public CDialog {
... ... ... ... ... ...
public:
        // Button String Output
        CString strButtonClicked;
};
```

작업을 끝내고 MyLauncherDlg.h를 확인하면 위와 같이 CString 클래스 변수로 strButtonClicked가 생겨 있음을 알 수 있습니다.

₩MyLauncher₩MyLauncherDlg.cpp

```
CMyLauncherDlg::CMyLauncherDlg(CWnd* pParent /*=NULL*/)
```

```
        : CDialog(CMyLauncherDlg::IDD, pParent)
        , strButtonClicked(_T(""))
{
        m_hIcon = AfxGetApp()->LoadIcon(IDR_MAINFRAME);
}
```

MyLauncherDlg.cpp를 확인해 보면 이 변수에 대해서 초기화 작업을 해주는 부분도 추가되어 있는 것을 발견할 수 있습니다. strButtonClicked(_T("")) 부분입니다.

```
        , strButtonClicked(_T("Initial ..."))
```

만약 이 부분을 위와 같이 고치고 실행을 해보면 어떻게 될까요? 실행되자마자 Initial이 출력될 것으로 예상할 수 있습니다.

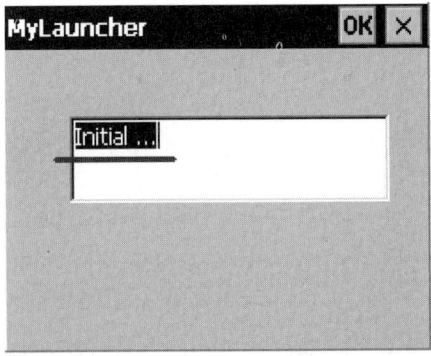

예상했던 것처럼 Initial이 출력되고 있습니다.

￦MyLauncher￦MyLauncherDlg.cpp

```
BOOL CMyLauncherDlg::OnInitDialog() {
        CDialog::OnInitDialog();
        SetIcon(m_hIcon, TRUE);      // 큰 아이콘을 설정합니다.
        SetIcon(m_hIcon, FALSE);     // 작은 아이콘을 설정합니다.

        // TODO: 여기에 추가 초기화 작업을 추가합니다.
        strButtonClicked.SetString(_T("Button Clicked Output"));
        UpdateData(false);

        return TRUE;   // 포커스를 컨트롤에 설정하지 않으면 TRUE를 반환합니다.
}
```

OnInitDialog() 함수는 Dialog가 수행될 때 가장 먼저 불리는 함수입니다. 이 부분을 위와 같이 수정을 해 보았습니다.

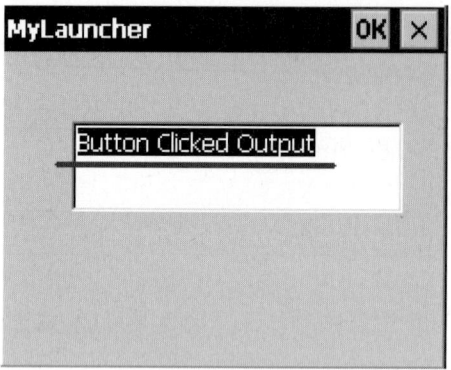

최초 출력되던 Initial 문자열은 사라지고 나중에 입력한 "Button Clicked Output"이라는 문자가 출력되고 있습니다.

UpdateData(false)를 수행하는 것은 dialog window를 다시 초기화를 할 것을 명령하고 있는 것입니다. 만약 다른 window에 의해서 이 dialog가 가려졌다가 다시 그려져야 할 일이 있을 때 시스템은 자동적으로 다시 그려질 수 있도록 해주게 됩니다. 이와 같은 상황을 강제로 만들어 주고 있는 것입니다. 이러한 것을 Invalidate로 만든다고 하는데 즉 다시 말해서 Invalidate라는 말에서도 느낄 수 있는 것처럼 현재의 상태가 적절치 못하니 다시 작업을 하도록 명령하고 있는 것입니다. 그러므로 시스템은 상태가 Invalid라고 판단하고 다시 화면에 그려지도록 하고 그로 인해서 우리가 보이기에는 내용이 업데이트 되는 것으로 느끼는 것입니다.

29.3.5. Dialog Data Exchange (DDX)

위에서 Dialog Object 변수를 추가한 이후에 하나 더 달라진 부분이 있습니다.

₩MyLauncher₩MyLauncherDlg.cpp

```
void CMyLauncherDlg::DoDataExchange(CDataExchange* pDX)
{
        CDialog::DoDataExchange(pDX);
        DDX_Text(pDX, IDC_BUTTON_OUTPUT, strButtonClicked);
}
```

DoDataExchange라는 함수에 DDX_Text라는 함수가 추가되었고, 여기에서 우리가 추가한 변수인 strButtonClicked가 사용되고 있습니다. IDC_BUTTON_OUTPUT이라는 dialog box에 추가한 Edit

Control 부분과 strButtonClicked 변수를 서로 연결해서 데이터의 교환이 일어날 수 있도록 하고 있는 것입니다. 이러한 작업을 Dialog Data Exchange라고 부릅니다. 줄여서 DDX라고 하는 것입니다. 그래서 함수 이름도 DDX_로 시작하는 것입니다.

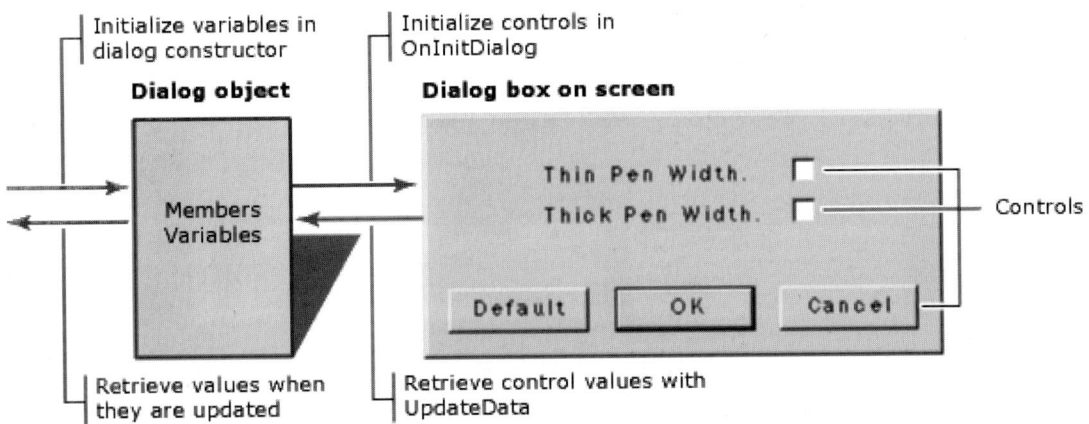

먼저 그림을 보면 보다 쉽게 이해를 할 수 있습니다. 우리가 스크린 상에서 보여지는 dialog box의 각종 Control 부분들은 이것들과 연결된 dialog object로 실제 그 작업을 저장하거나 표현할 수 있게 되는 것입니다. dialog object의 member 변수의 값을 변경해서 화면에 보이는 내용을 바꿀 수도 있고, 화면상에서 사용자에 의해서 변화된 내용이 역으로 dialog object에 저장되는 것입니다.

dialog object의 member 변수들은 주로 두 부분에서 초기화가 이루어지게 됩니다. 하나는 생성자라 불리는 Constructor 부분이고, 다른 하나는 dialog가 화면에 나타나기 전에 최초로 불리는 OnInitDialog() 함수입니다. 우리는 위에서 CMyLauncherDlg::CMyLauncherDlg()의 Constructor 부분에서 strButtonClicked(_T("Initial ..."))로 초기화하는 부분과 OnInitDialog() 함수에서 초기화 하는 작업을 모두 수행해서 실제로 타겟 보드에서도 수행을 해 보았습니다.

위에서 OnInitDialog() 함수에서 초기화를 진행하면서 UpdateData(false)를 이용해서 화면에 출력이 되도록 하는 것을 해보았는데 반대로 dialog에 적용한 사용자의 작업이 dialog object의 member 변수에 적용되도록 하기 위해서는 UpdateData를 True로 주어서 불러주어야 합니다. 우리가 지금 하는 작업에서는 이러한 상황은 아직 없는 상태입니다.

UpdateData는 주어지는 파라미터가 True인지 False인지에 따라서 양방향으로 동작을 하게 됩니다. 이때 불러주게 되는 함수가 DoDataExchange입니다. UpdateData는 CDataExchange 오브젝트를 만들어서 이것을 DoDataExchange 함수를 부를 때 전달해 주게 되는 것입니다. CDataExchange 오브젝트 내에 방향에 대한 정보도 함께 들어 있습니다.

```
// CDataExchange - for data exchange and validation
class CDataExchange {
```

```
// Attributes
public:
        BOOL m_bSaveAndValidate;      // TRUE => save and validate data
        CWnd* m_pDlgWnd;              // container usually a dialog
... ... ... ... ...
```

위의 CDataExchange 오브젝트 클래스의 구조를 보면 m_bSaveAndValidate 값이 True일 경우는 오브젝트 변수에 dialog box로부터 전달된 내용을 저장하게 되는 것입니다. Dialog 자체를 가리키는 핸들 값도 함께 전달되는 것도 알 수 있습니다.

```
DDX_Text(pDX, IDC_BUTTON_OUTPUT, strButtonClicked);
```

추가된 함수를 다시 보면 DDX_Text라는 함수입니다. 실제 데이터의 교환이 일어나는 부분이 바로 이곳이 되겠습니다. DoDataExchange 함수를 override해서 CMyLauncherDlg의 멤버 함수로 만들었고 이때 모든 dialog의 Control들을 가리키는 변수들에 대해서 각각 DDX 함수를 넣어주어야 하는 것입니다. DDX 함수는 데이터의 교환을 어떻게 해야 하는가에 대해서 잘 알고 있습니다.

```
void AFXAPI DDX_Text(CDataExchange* pDX, int nIDC, BYTE& value);
void AFXAPI DDX_Text(CDataExchange* pDX, int nIDC, short& value);
void AFXAPI DDX_Text(CDataExchange* pDX, int nIDC, int& value);
void AFXAPI DDX_Text(CDataExchange* pDX, int nIDC, UINT& value);
void AFXAPI DDX_Text(CDataExchange* pDX, int nIDC, long& value);
void AFXAPI DDX_Text(CDataExchange* pDX, int nIDC, DWORD& value);
void AFXAPI DDX_Text(CDataExchange* pDX, int nIDC, CString& value);
void AFXAPI DDX_Text(CDataExchange* pDX, int nIDC, float& value);
void AFXAPI DDX_Text(CDataExchange* pDX, int nIDC, double& value);
void AFXAPI DDX_Text(CDataExchange* pDX, int nIDC, COleCurrency& value);
void AFXAPI DDX_Text(CDataExchange* pDX, int nIDC, COleDateTime& value);
```

위 내용을 보면 데이터의 종류에 따라서 DDX_Text 함수 하나만 해도 dialog에 존재할 수 있는 모든 데이터 타입에 대해서 각기 다른 함수들이 존재하고 있습니다. 이것 말고도 많은 DDX 함수들이 존재하고 있습니다.

```
DDV_MaxChars(pDX, strButtonClicked, 10);
```

우리는 DoDataExchange 부분에서 DDX_Text를 수행한 이후에 위와 같은 내용을 추가할 수도 있습니다. 이것은 DDV, 즉, Dialog Data Validation 입니다. 이것은 교환되는 데이터에 대해서 유효한가를 검사하는 것이라고 보면 됩니다. DDV_MaxChars는 제공되는 함수로서 텍스트 박스에 입력되는 스트링의 길이가 특정한 길이를 넘지 못하도록 하는 효과를 주게 됩니다. 만약 문제의 상황이 되면 메시지 박스를 사용자에게 보여주고 데이터 입력을 다시 하도록 경고를 해주게 됩니다. 이렇게 미리 만들어진 DDV 함수를 이용할 수도 있고 사용자가 따로 함수를 만들어서 처리할 수도 있습니다. 한가지 유의할 점은 같은 변수에 대한 DDX 함수와 DDV 함수는 반드시 DDX 함수를 부르자마자 DDV 함수가 불리도록 구현해야 한다는 것입니다.

29.3.6. 메시지 처리부 추가

이제 버튼이 눌렸을 때 보내진 WM_KEYDOWN 메시지를 받아서 처리하도록 하는 부분을 구현해야 합니다.

₩MyLauncher₩MyLauncherDlg.h

```
class CMyLauncherDlg : public CDialog {
… … … … … …
#if defined(_DEVICE_RESOLUTION_AWARE) && !defined(WIN32_PLATFORM_WFSP)
        afx_msg void OnSize(UINT /*nType*/, int /*cx*/, int /*cy*/);
#endif
        DECLARE_MESSAGE_MAP()
public:
… … … … … …
};
```

₩MyLauncher₩MyLauncherDlg.cpp

```
BEGIN_MESSAGE_MAP(CMyLauncherDlg, CDialog)
#if defined(_DEVICE_RESOLUTION_AWARE) && !defined(WIN32_PLATFORM_WFSP)
        ON_WM_SIZE()
#endif
        //}}AFX_MSG_MAP
END_MESSAGE_MAP()

#if defined(_DEVICE_RESOLUTION_AWARE) && !defined(WIN32_PLATFORM_WFSP)
void CMyLauncherDlg::OnSize(UINT /*nType*/, int /*cx*/, int /*cy*/)
{
… … … … … …
}
#endif
```

위의 내용을 보면 우리가 코딩을 한 것이 아니라 프로젝트를 만들고 나면 자동으로 만들어진 내용입니다. DECLARE_MESSAGE_MAP()이라는 것이 보이고, BEGIN_MESSAGE_MAP, END_MESSAGE_MAP이라는 부분도 보입니다. 거기에 추가적으로 OnSize라는 함수를 만들었고, ON_WM_SIZE()라는 것도 들어 있는 것을 볼 수 있습니다. 물론 이 부분은 #ifdef를 이용해서 특정한 상황이 아니면 빌드에 포함되지 않겠지만 내용을 볼 때 이 부분이 뭔가 관련이 있는 것으로 유추할 수 있습니다.

이 부분은 전형적인 메시지 처리에 대한 정의와 그 처리 함수에 대한 부분을 나타내는 것입니다. WM_XXX Window Message에 대해서 ON_WM_XXX() 부분을 포함함으로써 이 메시지를 받을 수 있도록 만드는 것이며, OnXxx() 함수는 바로 그 WM_XXX 메시지를 받았을 때 불리게 되는 함수의 내용이 되는 것입니다. 위의 내용으로 다시 설명하면 WM_SIZE라는 윈도우 메시지를 받기 위해서 ON_WM_SIZE()를 포함해야 하는 것이며, 이것을 포함하게 되면 자동으로 OnSize라는 함수를 호출해 주게 되고, 그것을 처리하기 위해서 클래스에서 이 함수를 override해서 정의하고 있는 것입니다.

```
afx_msg void OnSize(UINT /*nType*/, int /*cx*/, int /*cy*/);
```

OnSize의 정의를 보면 앞에 afx라는 것이 보입니다. 이것은 Application Frameworks를 말하는 것입니다. Frameworks의 발음 때문에 X를 붙인 것이라고 이해하시면 될 것입니다. AFX는 가장 상위에서 거의 모든 부분을 아우르는 구조로 생각하면 될 것입니다.

자, 버튼 드라이버에서는 WM_KEYDOWN 메시지를 보냈습니다. 그러면 이것을 받기 위해서는 어떻게 해야 할까요? 위에 말씀드린 것처럼 ON_WM_KEYDOWN()을 포함시키고, OnKeyDown 함수를 override 해서 정의하면 되는 것입니다.

이러한 것을 어디서 찾을 수가 있을까요? MSDN에 모든 정보가 들어 있습니다. 아래 내용은 MSDN에서 찾은 내용 중에서 메시지의 수신과 관련한 부분에 대해서 정리된 내용 중의 일부를 가져온 것입니다.

메시지 핸들 함수	Window Message	설명
OnChar	WM_CHAR	Non-system character 수신. 시스템 문자가 아닌 일반 키가 입력되었을 때 호출
OnHScroll	WM_HSCROLL	horizontal scroll bar를 클릭했을 때 호출
OnVScroll	WM_VSCROLL	vertical scroll bar를 클릭했을 때 호출
OnKeyDown	**WM_KEYDOWN**	**Non-system 키가 눌렸을 때 호출**
OnKeyUp	WM_KEYUP	Non-system 키가 떼어질 때 호출
OnLButtonDblClk	WM_LBUTTONDBLCLK	왼쪽 마우스 버튼이 더블 클릭 되었을 때 호출
OnLButtonDown	WM_LBUTTONDOWN	왼쪽 마우스 버튼이 눌렸을 때 호출
OnLButtonUp	WM_LBUTTONUP	왼쪽 마우스 버튼이 떼어질 때 호출
OnMouseMove	WM_MOUSEMOVE	mouse cursor가 움직였을 때 호출
OnTimer	WM_TIMER	SetTimer에 명시한 시간이 지난 후에 호출

위 내용은 아래 링크에서 찾아볼 수 있습니다.
http://msdn.microsoft.com/en-us/library/e14hhbe6(v=VS.80).aspx

정상적으로 하나의 키가 눌렸다가 떨어지는 상황, 즉, 우리가 'A'라는 키를 눌렀다 뗄 경우 메시지는 어떻게 전달될까요? 위의 예에서 찾아보면 WM_KEYDOWN 메시지가 가장 먼저 전달될 것이고 그 이후에 WM_CHAR를 받을 것입니다. 그리고 최종적으로 WM_KEYUP 메시지를 수신하게 될 것입니다.

```
// CMyLauncherDlg 대화 상자
class CMyLauncherDlg : public CDialog {
… … … … … …
protected:
… … … … … …
#if defined(_DEVICE_RESOLUTION_AWARE) && !defined(WIN32_PLATFORM_WFSP)
        afx_msg void OnSize(UINT /*nType*/, int /*cx*/, int /*cy*/);
#endif
        DECLARE_MESSAGE_MAP()
afx_msg void OnKeyDown(
    UINT nChar,
    UINT nRepCnt,
    UINT nFlags
);
```

CMyLauncherDlg 클래스에 위와 같이 OnKeyDown 함수의 정의를 추가해 주었습니다.

```
BEGIN_MESSAGE_MAP(CMyLauncherDlg, CDialog)
#if defined(_DEVICE_RESOLUTION_AWARE) && !defined(WIN32_PLATFORM_WFSP)
        ON_WM_SIZE()
#endif
        ON_WM_KEYDOWN()
        //}}AFX_MSG_MAP
END_MESSAGE_MAP()
```

BEGIN_MESSAGE_MAP과 END_MESSAGE_MAP 사이에 ON_WM_KEYDOWN()을 추가해 주었습니다.

```
void CMyLauncherDlg::OnKeyDown( UINT nChar, UINT nRepCnt, UINT nFlags) {
        switch(nChar) {
        case VK_UP:
```

```
                strButtonClicked.LoadStringW(IDS_BUTTON_0);
                break;
        case VK_DOWN:
                strButtonClicked.LoadStringW(IDS_BUTTON_1);
                break;
        case VK_LEFT:
                strButtonClicked.LoadStringW(IDS_BUTTON_2);
                break;
        case VK_RIGHT:
                strButtonClicked.LoadStringW(IDS_BUTTON_3);
                break;
        default:
                strButtonClicked.SetString(_T("Button Clicked - Default"));
                break;
        }
        UpdateData(false);
}
```

strButtonClicked을 초기화 하는 상황에서는 SetString을 이용해서 문자열을 그대로 입력하도록 하였지만 여기서는 그렇게 수행할 수가 없습니다. 스트링에 대한 것을 리소스로 만들었고 그 리소스를 가져와서 저장을 해야 하는 것입니다. 이를 위해서는 LoadStringW 함수를 이용하면 됩니다. 파라미터로 리소스에 대한 ID를 주게 되면 자동으로 그 ID가 가지고 있는 값을 이용해서 스트링을 채워주기 때문에 이와 같은 구현에 있어서는 매우 편리하게 이용 가능합니다.

OnKeyDown 함수가 불릴 때 가장 처음에 전달되는 파라미터는 WM_KEYDOWN 메시지에 함께 전달된 파라미터 값이 전달됩니다. 우리는 이 파라미터 값을 VK_ 값을 넣어주었기 때문에 그 VK_ 값에 따라서 각각 다른 행동을 할 수 있도록 switch문을 이용해서 구분하고 있는 것입니다.

29.3.7. 실행 결과

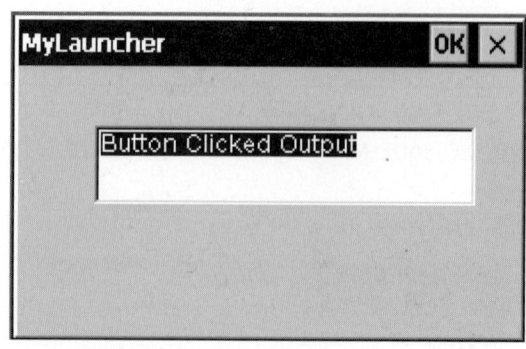

최초 실행 시에는 위 그림처럼 Button Clicked Output이라는 초기 문자열을 출력합니다.

각 버튼을 누를 때마다 dialog box에 출력되는 문자열이 계속 바뀌게 됩니다.

이로써 우리는 단순하지만 디바이스 드라이버와 어플리케이션 프로그램 간의 통신이 이루어지는 부분에 대해서 살펴본 것입니다.

30.3축 센서 시험 및 SMB380 디바이스 분석

이번 장부터는 3축 센서에 대한 디바이스 드라이버와 그 응용 프로그램에 대해서 공부를 해보도록 하겠습니다. 망고스토리 1.x에서도 이 부분은 일부 다루어진 적이 있지만 내용 자체를 이해하기에 무척 어려운 측면이 있었습니다. 보다 쉽게 이해할 수 있도록 진행을 해보도록 하겠습니다.

30.1. SMB380 & BMA150

3축 가속도 센서의 경우 Bosch 사에서 나온 제품의 종류가 SMB380과 BMA150으로 두 종류가 있습니다. 사실 **둘 다 핀의 구조가 동일합니다. 패키지 타입만 다르고 제어 방식은 완전히 동일한 제품**입니다. 혹, SMB380이 아닌 BMA150이 달려있어도 아무런 소프트웨어의 변경 없이 동일한 기능을 제공할 수 있는 것입니다.

SMB380/BMA150은 consumer set를 위한 3축 가속도 sensor로서 Robert Bosch의 MEMS 기술로 제작을 하여 high sensitivity를 가지는 것으로 알려져 있습니다. 제품의 주요 기능은 Static 뿐만 아니라 Dynamic 가속도와 기울기 등을 측정할 수 있습니다. 주요 장점은 battery 사용 set에 유리한 저 소비전류와 최소의 실장 면적에 적합한 소형 package및 동작상에서 다양한 interrupt를 지원 한다는 것입니다. Application으로는 mobile phones. Digital cameras, PMPs 등에서 사용될 수 있습니다. SMB380은 QFN package이고 BMA150은 LGA package 입니다.

30.2. 화면 돌리기 시험

30.2.1. 기존 시험 확인

3축센서(SMB380) 응용프로그램 - 다바꼬꼬(dechoi96)
http://cafe.naver.com/embeddedcrazyboys/1494
위 내용은 3축센서를 이용해서 실제로 보드의 기울기에 따라서 화면의 방향을 Rotate하는 응용프로그램에 대한 것입니다. 이 응용프로그램을 빌드해서 실행 파일로 들어가 있는 부분이 Windows 폴더에 있는 rtest.exe입니다.

3축센서(SMB380)를 이용한 화면 돌리기 - 다바꼬꼬(dechoi96)
http://cafe.naver.com/embeddedcrazyboys/1461
위 내용은 망고24를 이용해서 실제 시험을 한 것을 동영상으로 찍어서 그것을 올린 것입니다. 아래에 그 동영상에서 일부의 화면을 캡쳐 해 보았습니다.

30. 3축 센서 시험 및 SMB380 디바이스 분석

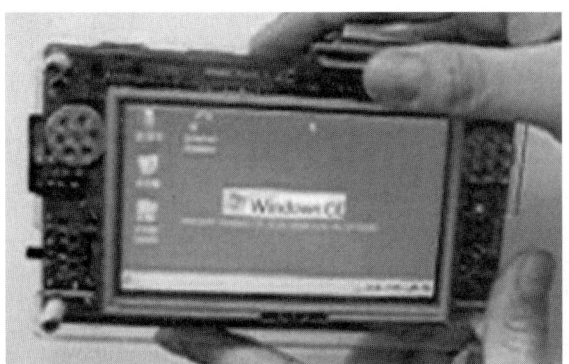

<0도>   <90도>

위 그림은 정상적인 왼쪽은 일반적으로 사용하는 상태이고 오른쪽은 시계 방향으로 90도 회전한 상태를 나타냅니다.

<180도>   <270도>

이어서 180도, 270도를 돌릴 때마다 화면이 그에 맞도록 변화하는 모습을 확인할 수 있습니다.

30.2.2. 현재 BSP에서 확인하기

현재 망고24와 망고64의 BSP에는 SMB380 3축 센서에 대한 디바이스 드라이버가 이미 포팅이 되어서 들어가 있습니다. 우리는 다만 이 디바이스 드라이버와 연동하는 응용 프로그램을 띄워주기만 하면 현재 상태의 보드에서 위 시험을 수행해 볼 수 있습니다.

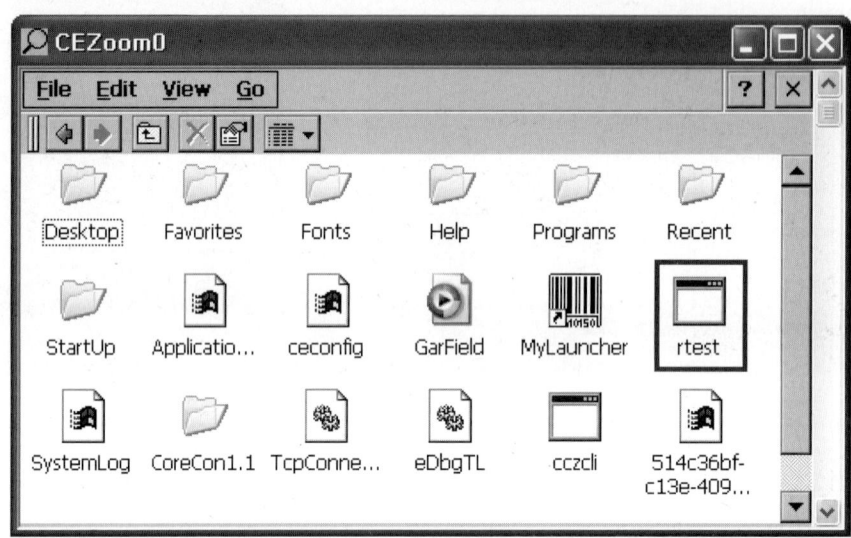

디바이스의 Windows 폴더를 보면 rtest라는 응용 프로그램을 찾을 수 있습니다. 이것을 실행해야만 위의 시험이 수행될 수 있는 것입니다.

```
InitGSensor: Chip ID 2
InitGSensor: ML Version 2
InitGSensor: AL Version 1
ChangeDisplaySettingsEx changed rotation angle to 1
ChangeDisplaySettingsEx changed rotation angle to 4
ChangeDisplaySettingsEx changed rotation angle to 2
ChangeDisplaySettingsEx changed rotation angle to 4
ChangeDisplaySettingsEx changed rotation angle to 0
ChangeDisplaySettingsEx changed rotation angle to 2
ChangeDisplaySettingsEx changed rotation angle to 0
ChangeDisplaySettingsEx changed rotation angle to 4
ChangeDisplaySettingsEx changed rotation angle to 1
ChangeDisplaySettingsEx changed rotation angle to 0
```

실제로 수행을 해 보았고 화면에 위의 내용을 출력하고 있습니다.

화면 시계 방향 회전 각도	화면 출력 내용
0도	ChangeDisplaySettingsEx changed rotation angle to 0
90도	ChangeDisplaySettingsEx changed rotation angle to 1
180도	ChangeDisplaySettingsEx changed rotation angle to 2
270도	ChangeDisplaySettingsEx changed rotation angle to 4

화면 출력 내용과 실제 보드의 각도에 대한 내용을 정리하면 위의 표와 같습니다.

30.3. 디바이스 분석

디바이스 드라이버를 만드는데 있어서 가장 중요한 것은 역시 그 디바이스에 대한 이해 입니다. Windows CE OS에 드라이버를 올리는 것은 이전에 배웠던 버튼 디바이스 드라이버와 근본적으로는 다를 것이 없습니다. 물론 훨씬 복잡하지만 그럼에도 불구하고 근본적인 적용 원리는 동일합니다. 결국 디바이스를 얼마나 이해하고 있는가가 개발의 처음이자 마지막이라고 해도 과언은 아닙니다.

30.3.1. 망고24 SMB380 부분 하드웨어 분석

먼저 SMB380 센서가 보드의 어디에 존재하고 있는지 살펴보겠습니다.

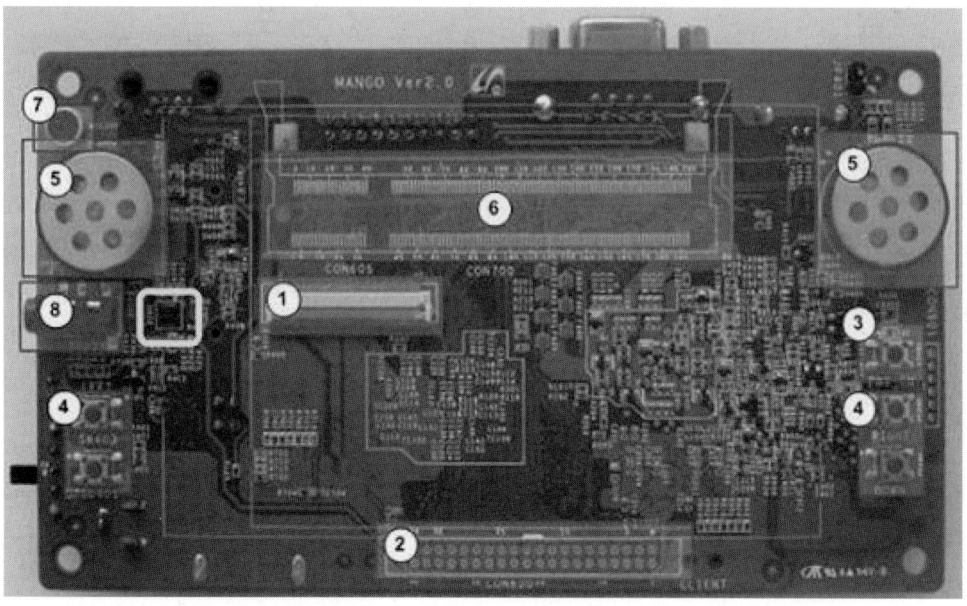

위 그림은 망고24의 LCD면에 대한 설명에서 발췌해온 내용입니다. 노란색으로 마킹이 되어있는 부분이 SMB380 센서입니다. 실크에는 U902로 적혀 있습니다.

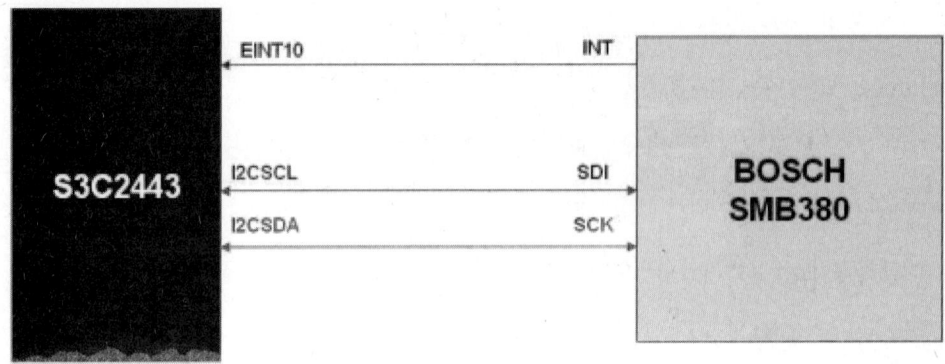

3축 가속도 센서 부분의 연결도를 살펴보면 위와 같습니다. 물론 위 내용은 망고24의 경우이지만 망고64의 경우도 CPU와 연결되어 있는 포트만 다를 뿐 연결 자체는 동일합니다. SMB380은 여러 가지 방법으로 하드웨어가 연결될 수 있습니다. I2C를 사용할 수도 있고 SPI를 사용해서 연결될 수도 있습니다. 망고 보드는 이 중에서 가장 간단한 연결 방법인 I2C를 이용한 통신을 수행해서 제어하고 있습니다.

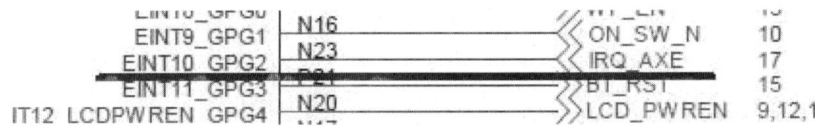

이것을 회로와 함께 살펴 보겠습니다. IRQ_AXE 부분이 EINT10 GPG2에 연결되어 있는 것을 확인할 수 있습니다.

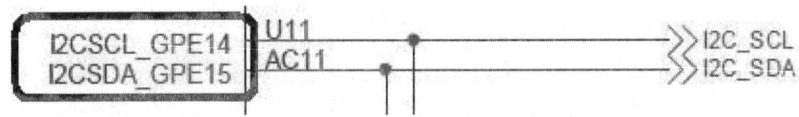

I2C 부분은 SCL은 GPE14, SDA는 GPE15에 각각 연결되어 있습니다.

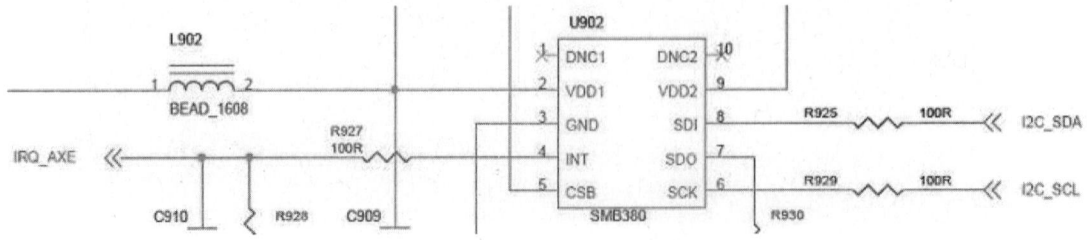

이 내용을 표로 정리하면 아래와 같습니다.

30. 3축 센서 시험 및 SMB380 디바이스 분석

SMB380	S3C2443	
INT	GPG2	EINT10
SCK	GPE14	I2C SCL
SDI	GPE15	I2C SDA

30.3.2. 망고64 SMB380 부분 하드웨어 분석

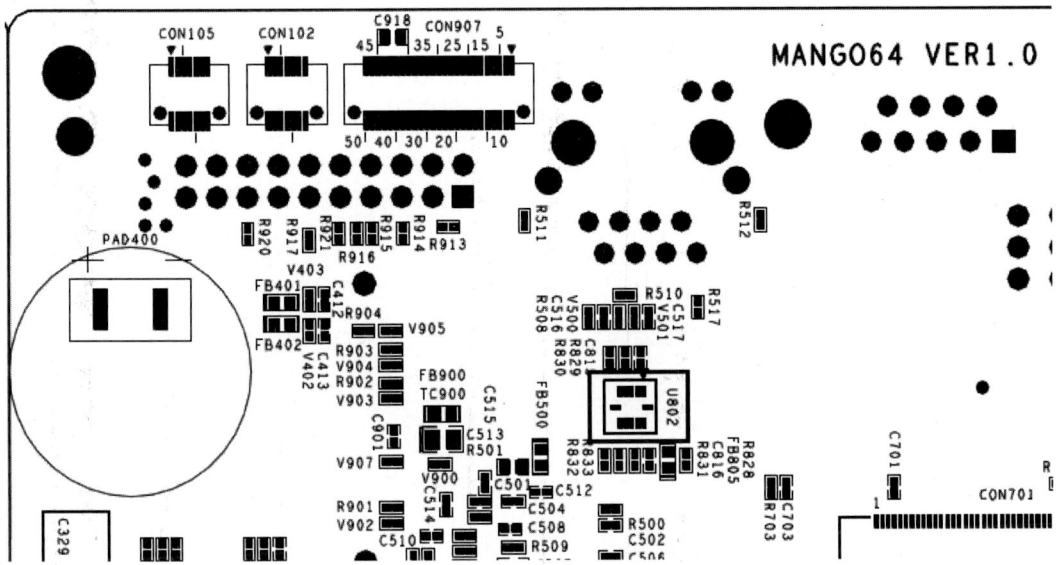

망고64의 경우도 망고24와 마찬가지로 보드 LCD면에 장착되어 있습니다. 위 그림에서 U802 부분에서 확인되고 있습니다.

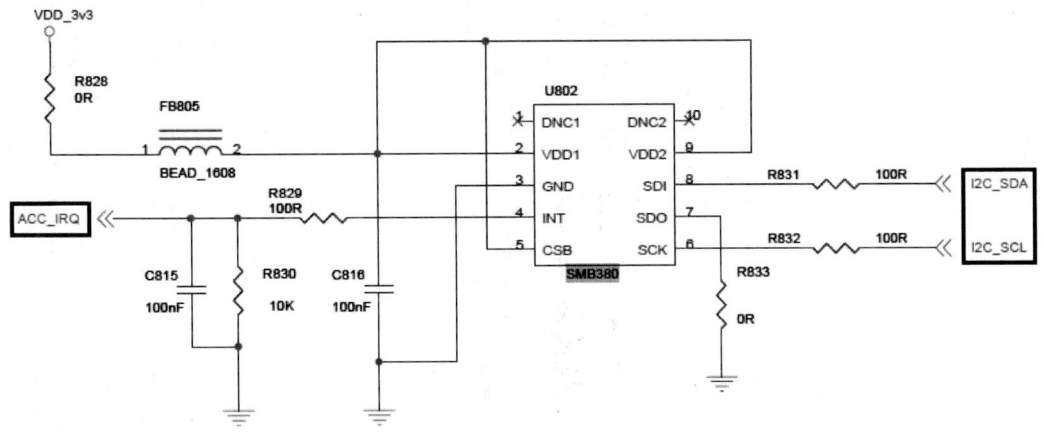

SMB380 부분과 관련한 내용은 위 회로를 보고 파악할 수 있겠습니다. 회로 자체의 구성 내용은 망

고24와 완전히 동일합니다. Interrupt와 관련한 부분도 IRQ_AXE, ACC_IRQ 등으로 이름만 틀릴 뿐 동작에 대한 내용은 같은 것입니다.

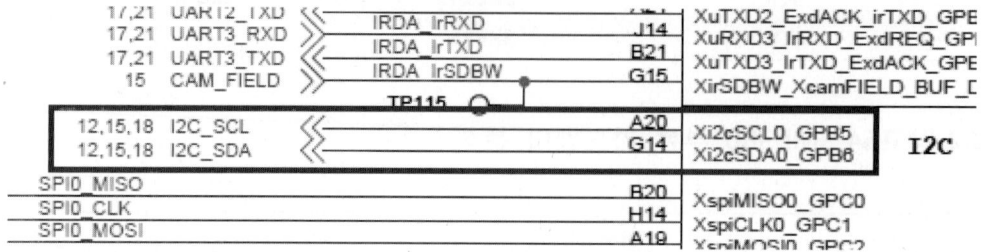

I2C 부분은 SCL은 GPB5, SDA는 GPB6에 각각 연결되어 있습니다.

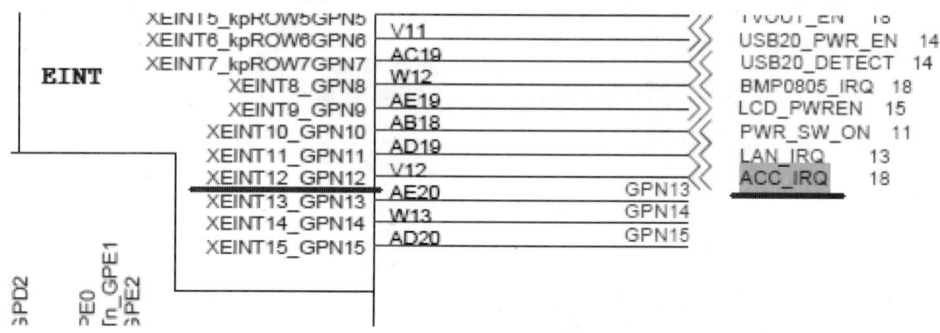

ACC_IRQ 부분은 XEINT12 GPN12에 연결되어 있습니다.

이 내용을 표로 정리하면 아래와 같습니다. 망고24와 함께 정리해 보았습니다.

SMB380	S3C2443		S3C6410	
INT	GPG2	EINT10	GPN12	XEINT12
SCK	GPE14	I2C SCL	GPB5	I2C SCL
SDI	GPE15	I2C SDA	GPB6	I2C SDA

30.3.3. SMB380 장치에 대한 이해

SMB380 3축 가속도 센서의 주요 특성은 다음과 같습니다.

- 3축 가속도 측정
- 온도 측정
- 가로세로 3mm x 3mm, 높이 0.90mm의 소형 크기
- SPI (4-wire, 3-wire), I2C 인터페이스, Interrupt 기능

30. 3축 센서 시험 및 SMB380 디바이스 분석

- 2g/4g/8g까지의 측정 범위 설정 가능, 25~1500Hz까지의 측정 주기 설정 가능
- 동작 전류 200uA, 대기 전류 1uA의 저전력 소모

SMB380은 작은 크기와 저전력 소모로 각종 모바일 응용 및 기타 협소한 공간에 부품을 배치해야 하는 임베디드 응용에 적합한 가속도 센서입니다. SMB380은 Tri-axial acceleration sensor입니다. 3축 가속도 센서라고 하듯이 3개의 축에 대해서 가속도를 측정해 줄 수 있는 센서입니다.

SMB380은 또한 low-g acceleration sensor IC입니다. 측정할 수 있는 g-range가 ±2g/±4g/±8g이고, bandwidth는 25-1500Hz입니다. 2, 4, 8g 정도의 움직임을 검출할 수 있기 때문에 low-g라고 부르는 것입니다.

3축 가속센서는 X, Y, Z 3축에 대한 가속도 값을 읽어 오는데 사용합니다. 3축 센서를 이용한 대표적인 예는 Wiimocon(Wii 리모컨)이나 옴니아폰의 주사위 게임 같은 것들이 있습니다. 3축 가속 데이터는 물체의 진행 방향, 기울기나 수평 정도, 순간적인 위치 변화 등을 계산하여 다양한 응용을 만들 수 있습니다. 디바이스 드라이버는 이 3축 센서 칩을 제어하고 가속 데이터를 읽어주는 역할을 담당하게 될 것입니다. 사실 디바이스 드라이버를 개발하면서 칩 크기(package size)나 보드 제작에 관련된 정보는 신경 쓰지 않아도 됩니다. 특히, SMB380의 경우엔 CPU와의 인터페이스 방식과 내부 레지스터 맵을 알고 있으면 충분합니다.

CSB와 SDO의 전압 설정에 따라 자동으로 다음 그림과 같이 3가지의 Digital Interface로 구성될 수 있습니다. 아래 그림은 BMA150을 기준으로 그림을 그린 것이지만 SMB380의 경우도 완전히 동일합니다. 우리는 이 중에서 I2C를 사용할 것입니다.

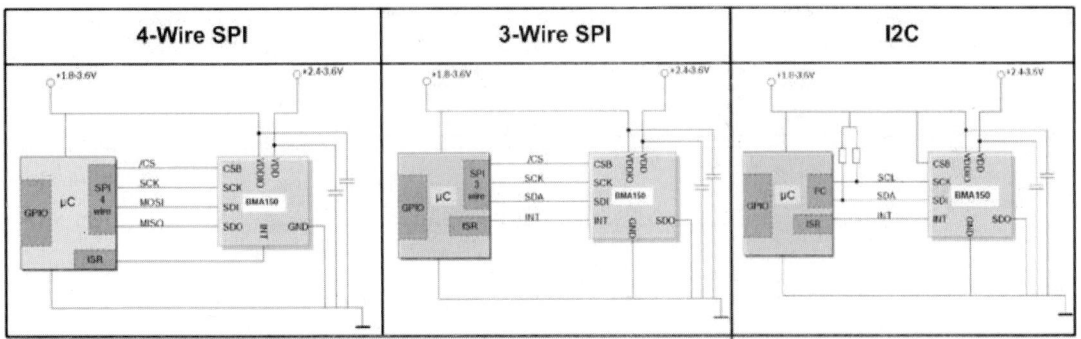

3가지의 통신 방식 중에서 I2C 부분에 대한 것만 확대해서 표시한 것이 아래의 그림입니다.

데이터 쉬트에는 I2C로 사용하기 위한 연결 회로 구성도가 들어 있습니다. 망고24나 망고64나 모두 이 회로 구성과 맞도록 되어있으며 이미 회로도를 통해서 살펴본바 있습니다. SDA, SCK에는 모두 pull-up 저항이 달려 있습니다.

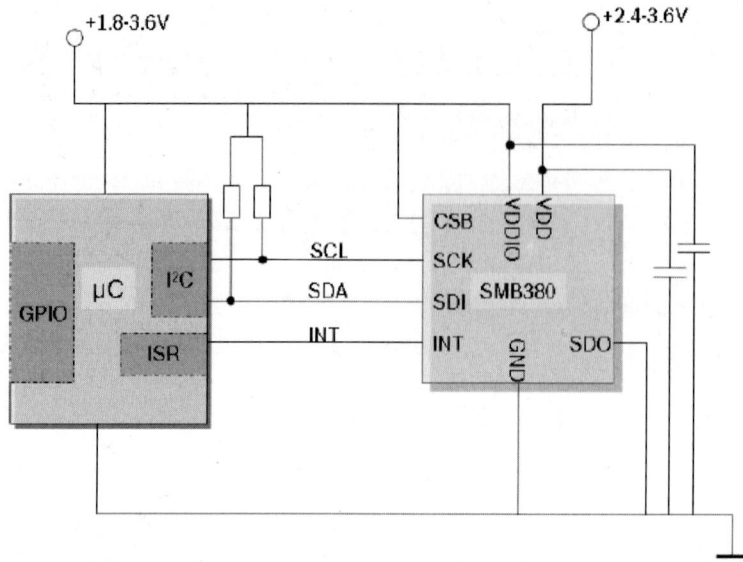

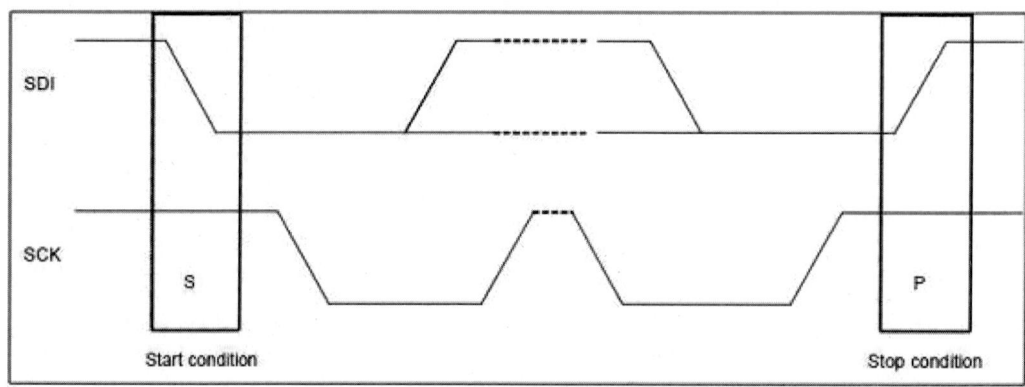

I²C start & stop condition (SDI=SDA)

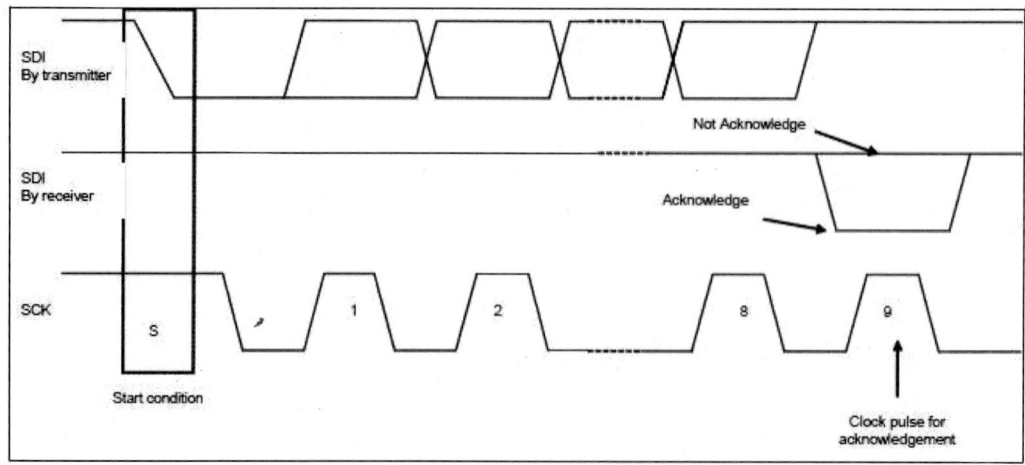

I²C acknowledgement on SDI (SDI=SDA)

I2C에 대한 Start 조건과 Stop 조건은 I2C 규격의 사항과 동일합니다. I2C 통신에 따른 수신 측에서의 Ack에 대한 것도 역시 I2C 규격에서의 기본적인 내용과 동일합니다.

SMB380의 I2C slave address는 0x38이고, read 시 0x71, write시 0x70 입니다.

I2C의 주소 방식은 7비트를 사용하는 경우가 있고 10비트를 사용하는 경우가 있습니다. SMB380은 7비트 주소 방식을 사용하고 있으며 그 주소값은 0111000b 즉, 0x38 입니다. 7비트의 주소 바로 다음의 한 비트는 I2C를 Write mode로 사용할 것인지 Read mode로 사용할 것인지를 결정하는 것입니다. Write mode로 사용할 때는 0을 추가해서 01110000b 즉, 0x70을 송신하는 것이고, Read mode로 사용할 때는 01110001b 즉, 0x71을 송신하는 것입니다.

여기서의 주소는 device를 구분하기 위한 주소입니다. LSB의 한 비트를 Read를 할 것인지 Write를 할 것인지에 대한 구분 비트로 사용합니다. Write를 할 때는 LSB 비트가 0이 되고, Read를 할 때는 1이 됩니다. **그래서 Write할 때 첫 번째 바이트는 주소 0x38을 왼쪽으로 한 비트 shift한 이후에 0을 넣으면, 0x70이 되는 것입니다. Read할 때는 0x38을 왼쪽으로 한 비트 shift한 이후에 1을 넣어서 0x71이 되는 것입니다.**

SMB380의 레지스터에 데이터를 쓰는 부분에 대한 설명은 아래 그림과 같습니다.

Start	Slave Adress	RW	ACK	dummy	Control byte Register adress (09h)	ACK	Data byte Register data - adress 09h	ACK
S	0 1 1 1 0 0 0	0		X	0 0 0 0 1 0 0 1		X X X X X X X X	

				dummy	Control byte Register adress (0Fh)	ACK	Data byte Register data - adress 0Fh	ACK	Stop
...				X	0 0 0 1 1 1 1		X X X X X X X X		P

Slave address를 먼저 보내고 레지스터 주소와 거기에 써야 할 값으로 이루어진 2 바이트의 데이터를 연속해서 보내면 된다. 하나의 어드레스와 하나의 데이터를 보내고 끝낼 수도 있고, Stop 조건을 주기 전까지 어드레스와 데이터의 쌍을 계속해서 여러 개 보낼 수도 있습니다.

위 그림은 I²C multiple write protocol 입니다. Register address를 보면 앞 부분에 dummy가 있는 것이 보입니다.

아래의 memory map을 보면 SMB380 레지스터의 최대 주소값은 0x7F 입니다. 결국 한 비트는 사용을 하지 않는 것이고 이 부분을 dummy로 처리하는 것입니다.

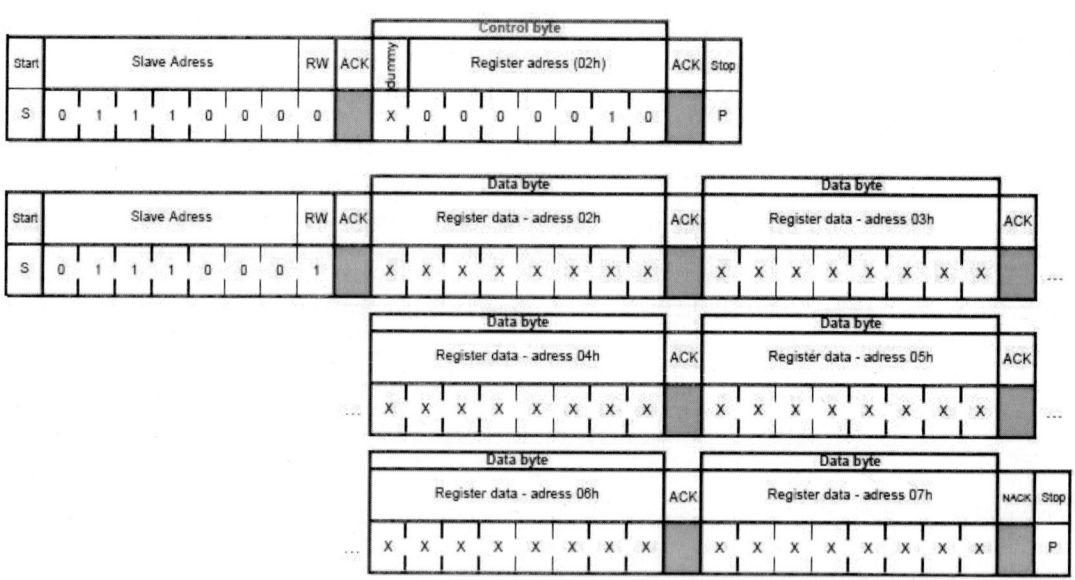

다음은 SMB380의 레지스터를 읽어 오는 부분에 대해 알아보겠습니다. 우선, 읽어 오려는 레지스터의 어드레스를 write mode(RW=0)로 전송해야 하고 다시 read mode (RW=1)로 전환하여 NACK이 올 때까지 데이터를 받으면 됩니다.

그림의 첫 부분을 보면 Start, Stop 조건을 통해서 또한 Write mode로 한 바이트의 주소 값을 보내게 됩니다. 먼저 읽으려는 주소값을 Write mode로 적은 이후에 Ack도 받고, I2C Stop condition까지 수행해서 일단 마치게 됩니다. 그 이후에 바로 Read mode로 slave address와 1을 넣은 바이트를 보내면 뒤를 이어서 레지스터 값이 읽히게 됩니다. 유용한 것은 여러 바이트를 한번에 읽을 수 있는 방식일 것입니다. NACK가 올 때까지 읽게 되면 여러 바이트를 한꺼번에 읽을 수 있습니다. 물론 한 레지스터의 한 바이트씩 정보를 읽어와도 되지만 그렇게 되면 읽어오는 속도가 무척 늦어지게 될 것입니다.

30. 3축 센서 시험 및 SMB380 디바이스 분석

Memory Region	Register Address (hexadecimal)	bit7	bit6	bit5	bit4	bit3	bit2	bit1	bit0	type	Default setting
Ope	07h	acc_z<9:2> (msb)								data	NA
	06h	acc_z<1:0> (lsb)		unused					new_data_z	data	NA
	05h	acc_y<9:2> (msb)								data	NA
	04h	acc_y<1:0> (lsb)		unused					new_data_y	data	NA
	03h	acc_x<9:2> (msb)								data	NA
	02h	acc_x<1:0> (lsb)		unused					new_data_x	data	NA

0x02부터 0x07까지의 레지스터는 x, y, z 축에 대한 정보를 가지고 있습니다. 실제로 Read를 하면 하나의 축 정보만 읽지는 않을 것입니다. 세 축에 대한 정보를 한번에 읽을 수 있으니 편리할 것입니다.

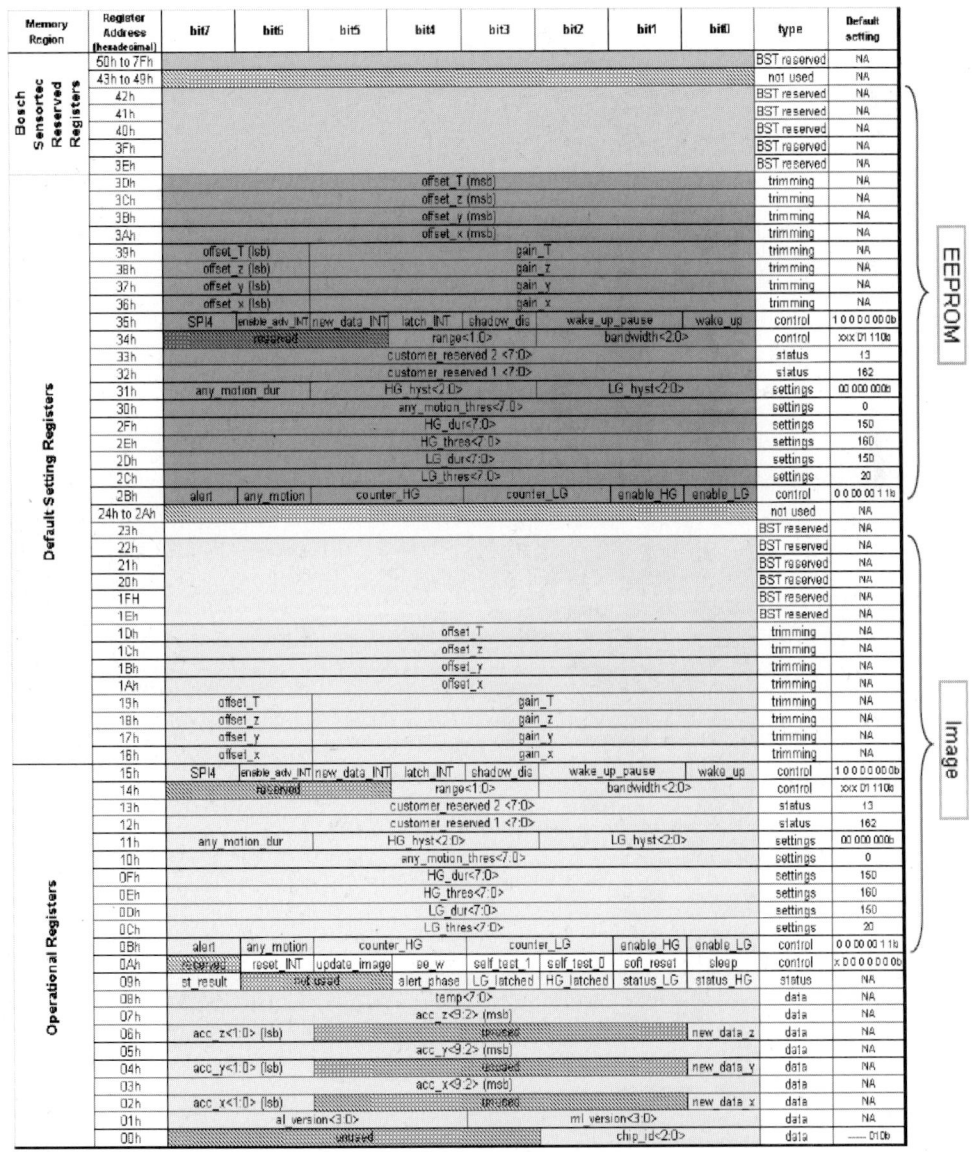

이제 마지막으로 SMB380의 레지스터에 대해 알아보겠습니다.

일반적으로 대부분의 하드웨어 장치는 레지스터를 통해 제어되는데, SMB380도 소프트웨어를 위한 레지스터 맵을 제공합니다. 데이터시트에 메모리맵(memory map), 레지스터 설명(register description) 또는 programmer's model 등으로 설명된 부분이나 문서는 장치 제어 방법을 포괄적으로 설명합니다. SMB380의 레지스터는 위 그림과 같이 정의됩니다. 각 부분에 대한 설명은 뒤에서 실제 사용이 되는 부분에서 자세히 설명하도록 하겠습니다.

31. 3축 센서 (SMB380) 디바이스 드라이버 분석

이전에 버튼 드라이버는 하나도 없는 상태에서 만들어 가면서 살펴보았지만 3축 센서에 대한 드라이버는 이미 소스 코드에 포함되어 있습니다. 이 내용을 보면서 분석해 보는 것으로 많은 부분을 배울 수 있을 것입니다.

31.1. 디바이스 드라이버 기본 시스템 파일 분석

우리는 이전에 버튼 드라이버를 작성하면서 Dirs, sources, makefile, definition 파일 등에 대해서 공부한 적이 있습니다. SMB380 디바이스 드라이버 역시 이러한 파일들을 가지고 있고 내용 또한 무척 비슷합니다. 이전에 배운 것들을 복습하는 기회로 삼으면 좋을 것입니다.

31.1.1. Dirs 파일

BSP 빌드 대상으로 포함시키기 위해서는 반드시 dirs 파일에 폴더에 대한 정보를 기술해야 합니다. 플랫폼 빌더에 의해 BSP 빌드 과정에서 포함될 대상 디렉터리를 정의한 파일이 $(_TARGETPLATROOT)₩Src₩Drivers₩dirs 파일입니다.

망고64 (₩CB6410₩SRC₩DRIVERS₩dirs)	망고24 (₩CB2443₩SRC₩DRIVERS₩dirs)

DIRS =   ₩
 … … … … …
    SMB380   ₩
    SDIO8686   ₩
    BMP085   ₩
    UAO ₩
    Button
	DIRS=ceddk ₩
	 … … … … …
	    SMB380 ₩
	 … … … … …
	    Button ₩
	    sdbus ₩
	    sdmemory ₩

망고24나 망고64 모두 SRC₩DRIVERS₩ 폴더에 있는 dirs 파일에 SMB380 부분이 들어 있는 것을 확인할 수 있습니다. 이전에 우리가 만들었던 Button 부분도 확인할 수 있습니다.

31.1.2. makefile 파일

makefile 파일은 드라이버에 있어서 필수적인 파일입니다. 하지만 그 내용은 단 한 줄의 코드만 있으면 됩니다.

!if 0

```
Copyright (c) Microsoft Corporation.    All rights reserved.
!endif
!if 0
Use of this source code is subject to the terms of the Microsoft end-user license agreement (EULA)
under which you licensed this SOFTWARE PRODUCT.
If you did not accept the terms of the EULA, you are not authorized to use this source code. For a
copy of the EULA, please see the LICENSE.RTF on your install media.
!endif
# DO NOT EDIT THIS FILE!!!   Edit .\sources. if you want to add a new source
# file to this component.   This file merely indirects to the real make file
# that is shared by all the components of Windows CE
!INCLUDE $(_MAKEENVROOT)\makefile.def
```

위 내용은 망고24나 망고64나 동일합니다. $(_MAKEENVROOT)\makefile.def를 include하는 하나의 문장만 있으면 충분합니다. 물론 여기에 다른 내용이 들어 있게 만들 수도 있을 것입니다. 하지만 그러한 방식은 권고하지 않고 있습니다. 가능한 Windows CE의 이미 만들어져 있는 makefile.def를 이용해서 빌드 되도록 하면서 대부분의 정보는 sources 파일에 포함하도록 하는 것이 권고하는 방법입니다.

31.1.3. sources 파일

\CB2443\SRC\DRIVERS\Smb380\sources

```
!if "$(BSP_NOSMB380)" == "1"
SKIPBUILD=1
!endif
TARGETNAME=cb2443_smb380
DEFFILE=smbdriver.def
TARGETTYPE=DYNLINK
RELEASETYPE=PLATFORM
DLLENTRY=DllEntry
TARGETLIBS=$(_COMMONSDKROOT)\lib\$(_CPUINDPATH)\coredll.lib \
           $(_COMMONOAKROOT)\lib\$(_CPUINDPATH)\ceddk.lib
INCLUDES=$(INCLUDES); $(_TARGETPLATROOT)\src\inc;
SOURCES= \
  smbdriver.cpp
```

위 내용은 망고24의 sources 파일에 대한 내용인데 망고64의 경우도 TARGETNAME이 cb6410_smb380 인 것을 제외하면 완전히 동일한 내용을 가지게 됩니다.

BSP_NOSMB380 부분은 CB2443.bat나 CB6410.bat 부분에 들어있는 환경 변수이고 이 변수가 1로 설정되어 있을 경우는 SKIPBUILD를 1로 만들게 됩니다.

Makefile.def (c:\wince600\public\common\oak\misc)

```
!IF "$(SKIPBUILD)" != ""
#empty all targets to not build anything for the current subdir
TargetMCPass:
TargetMIDLPass:
TargetPCHPass:
TargetCompilePass:
... ... ... ... ...
TargetExeFiles:
ManagedTarget:
WinceTargetFiles:
TargetFilesPCH:
TargetFilesMIDL:
TargetFilesMC:
!ELSE
#SKIPBUILD is not set - build this dir
TargetMCPass:          $(PASS0_OBJECTS) TargetFilesMC
TargetMIDLPass:        $(PASS0_OBJECTS) TargetFilesMIDL
TargetPCHPass:         PrecompiledTarget PrecompiledHeaderObjName TargetFilesPCH
TargetCompilePass: TargetObjFiles WinceTargetFiles
... ... ... ... ... ...
TargetExeFiles:        $(TARGETEXEFILES) WinceTargetFiles
ManagedTarget:         $(MANAGED_TARGET) WinceTargetFiles
WinceTargetFiles:      $(WINCETARGETFILES)
TargetFilesPCH:        $(TARGETFILES_PCH)
TargetFilesMIDL:       $(TARGETFILES_MIDL)
TargetFilesMC:         $(TARGETFILES_MC)
!ENDIF # SKIPBUILD
```

SKIPBUILD는 위의 makefile.def 파일에서 내용을 찾을 수 있습니다. SKIPBUILD를 1로 만들게 되면 모든 빌드 타겟에 대한 내용이 비어있게 되고 결국 아무런 내용도 빌드를 하지 않게 되는 것입니다. 그러므로 우리가 해당 드라이버를 빌드 되지 않도록 만드는 변수를 설정하면 빌드 되지 않도록 만드는 방법으로 가장 좋은 방법이 되겠습니다.

Sources 파일에 들어있는 나머지의 내용은 이전에 공부한 버튼 드라이버에서의 내용과 동일합니다. 설명은 앞 장의 내용을 참조하시기 바랍니다. DEFFILE=smbdriver.def로 정의되어 있고 이 내용은 다음 절에서 살펴봅니다.

31.1.4. smbdriver.def 파일

₩CB2443₩SRC₩DRIVERS₩Smb380₩smbdriver.def

```
LIBRARY cb2443_smb380.dll

EXPORTS
    DllEntry
    SMB_Init
    SMB_Deinit
    SMB_Open
    SMB_Close
    SMB_Read
    SMB_Write
    SMB_Seek
    SMB_IOControl
    SMB_PowerDown
    SMB_PowerUp
```

위 내용은 망고24의 smbdriver.def 파일에 대한 내용인데 망고64의 경우도 LIBRARY 이름이 cb6410_smb380.dll인 것을 제외하면 완전히 동일한 내용을 가지게 됩니다. 이 definition 파일에 대한 내용 역시 이전에 버튼 드라이버에서 배운 내용과 크게 다르지 않기 때문에 어렵지는 않을 것입니다. DDI 진입 함수들의 prefix 이름이 SMB로 되어 있습니다.

31.2. 레지스트리 등록 및 이미지 포함 분석

31.2.1. 시스템 레지스트리 등록

SMB380 드라이버의 접두어는 SMB입니다. 이 접두어는 반드시 시스템 레지스트리에 등록되어야 합니다. 시스템 레지스트리에 등록하기 위해서는 다음의 파일을 적절히 수정해야 합니다.

```
C:₩WINCE600₩PLATFORM₩CB2443₩FILES₩platform.reg
C:₩WINCE600₩PLATFORM₩CB6410₩FILES₩platform.reg
```

31. 3축 센서 (SMB380) 디바이스 드라이버 분석

C:\WINCE600\PLATFORM\CB2443\FILES\platform.reg에 다음의 내용이 포함되어 있습니다.

```
[HKEY_LOCAL_MACHINE\Drivers\BuiltIn\SMB]
   "Prefix"="SMB"
   "Dll"="cb2443_smb380.dll"
   "Order"=dword:30
   "IClass"="{A32942B7-920C-486b-B0E6-92A702A99B35}"    ; Power-manageable generic
```

내용 중에 prefix와 Dll 부분은 이전의 버튼 드라이버와 동일하기 때문에 큰 어려움은 없지만 그 다음에 있는 Order와 IClass라는 것은 좀 살펴볼 필요가 있을 것입니다.

Order는 드라이버가 초기화되는 순서에 대한 것을 정의하는 부분입니다. 여기에 적혀있는 값이 적은 것일수록 보다 빨리 로딩되게 됩니다. 이 값이 0인 것들을 가장 먼저 로딩되고 이후 그보다 큰 값을 가진 것들이 로딩되는 것입니다. SMB 드라이버는 충분히 늦게 로딩될 수 있도록 30이라는 값을 준 것입니다.

이전 장에서 우리는 Common.reg에서 아래의 내용을 살펴본 적이 있습니다.

```
[HKEY_LOCAL_MACHINE\init]
     "Launch20"="device.dll"
```

Launch20의 순서에서 device.dll이 수행되고 이후부터 디바이스 드라이버들이 차례대로 로딩됩니다. 이때 "Order"에 정의된 순서대로 드라이버들을 로딩하는 것입니다. 만약 우리가 드라이버의 초기화 과정에서 어떤 다른 드라이버를 이용해야 할 경우에는 반드시 그 이용할 드라이버가 먼저 로딩된 이후에 초기화 되어야 할 것입니다. SMB 드라이버의 경우에 I2C를 이용해서 SMB380으로부터 값을 읽어오게 됩니다. 그러므로 반드시 I2C가 먼저 로딩된 이후에 SMB 드라이버가 시작되어야 하는 것입니다. 충분히 늦게 시작할 수 있도록 30이라는 값을 준 것입니다. 이 값은 적절히 조절이 필요할 것입니다만 값 자체가 중요하다기 보다는 순서만 의미가 있는 것입니다.

IClass에 대해서 알기 전에 우리는 먼저 Globally Unique Identifier (GUID)라 불리는 ID에 대해서 알아야 합니다. 오브젝트에 대한 구분을 위한 Unique한 128비트 (16 바이트) 크기를 가지는 ID를 나타내는 것이고, Universally Unique Identifier (UUID) 혹은 Globally Unique Identifier (GUID)라 불립니다. 여기서 구분하고자 하는 오브젝트의 종류는 다양합니다. OSE servers, Interfaces, Manager entry-point vectors, Client objects 등등 거의 모든 것에 대한 ID를 지정한다고 보시면 됩니다. 이러한 오브젝트들은 그 오브젝트에 부여된 GUID의 값에 따라 구분 짓게 됩니다. GUID의 전형적인 형태는 아래와 같은 hexadecimal 값의 스트링으로 나타냅니다.

```
{xxxxxxxx-xxxx-xxxx-xxxx-xxxxxxxxxxxx}
```

예를 들면 {4208fb66-e22a-11d1-a7d7-00a0c982c00d}

위와 같이 표시된 GUID 값은 특정한 데이터 구조에 저장되게 됩니다.

```
typedef struct _GUID {
    DWORD Data1;
    WORD Data2;
    WORD Data3;
    BYTE Data4[ 8 ];
} GUID;
```

위의 데이터 구조에 값이 저장 됩니다. DWORD는 4 바이트가 저장되고, WORD 두 개가 2 바이트씩 저장해서 4 바이트를 저장하고, 나머지 8개의 바이트가 각각 저장됩니다. 툴을 이용해서 GUID를 만들 수도 있습니다. 이렇게 GUID를 만드는 작업을 디바이스에서 dynamic하게 만들 수도 있습니다.

위 내용 중에서 IClass라는 것은 Device Interface Class를 의미하는 것으로서, 디바이스 드라이버의 기능에 접근하기 위해서 어플리케이션에 제공 가능한 method들을 정의하고 있는 것입니다. IClass 레지스트리 키에 Device Interface Class와 연관된 GUID를 가리키게 됩니다.

Cedrv_guid.h (c:\wince600\public\common\sdk\inc)

```
#define CE_DRIVER_POWER_MANAGEABLE_GENERIC_GUID
                TEXT("{A32942B7-920C-486b-B0E6-92A702A99B35}")
```

현재 망고24 SMB 드라이버에서 사용하고 있는 GUID 값은 위와 같이 기존에 정의된 값을 이용하고 있습니다. 정의된 define 값에서도 느껴질 수 있듯이 전원 관리와 관련한 인터페이스를 의미하는 것입니다. Device Interface와 관련한 부분은 위에서처럼 기존에 정의된 것을 사용해도 되지만 자체적으로 새로운 GUID를 할당해서 만들 수도 있습니다.

Interface	Header file
BATTERY_DRIVER_CLASS	Public\Common\OAK\Inc\Battery.h
STOREMGR_DRIVER_GUID	Public\Common\SDK\Inc\Storemgr.h
UDFS_MOUNT_GUID	Public\Common\SDK\Inc\Storemgr.h
CE_DRIVER_POWER_MANAGEABLE_GENERIC_GUID	Public\Common\SDK\Inc\cedrv_guid.h
CE_DRIVER_POWER_MANAGEABLE_NDIS_GUID	Public\Common\SDK\Inc\cedrv_guid.h
CE_DRIVER_BLOCK_GUID	Public\Common\SDK\Inc\cedrv_guid.h
CE_DRIVER_SD_BUS_GUID	Public\Common\SDK\Inc\cedrv_guid.h
CE_DRIVER_USBFN_BUS_GUID	Public\Common\SDK\Inc\cedrv_guid.h

CE_DRIVER_BLUTOOTH_GUID	Public\Common\SDK\Inc\cedrv_guid.h
CE_DRIVER_CAMERA_GUID	Public\Common\SDK\Inc\cedrv_guid.h
CE_DRIVER_WAVEDEV_GUID	Public\Common\SDK\Inc\cedrv_guid.h
CE_DRIVER_WAVEDEV_UNIFIED_GUID	Public\Common\SDK\Inc\cedrv_guid.h

몇몇 인터페이스와 그것이 정의된 헤더 파일에 대한 것을 나타낸 것이 위의 표입니다. 망고24의 SMB 드라이버의 경우 전원 관리 시스템에게 드라이버가 전원 관리와 관련한 기능을 제공할 수 있다는 것을 알려주고 있는 것이라 생각하시면 됩니다. 전원 관리와 관련해서는 다음 장에서 보다 자세하게 살펴보도록 하겠습니다.

이와 비슷한 형태로 망고 64에도 적용이 됩니다.
C:\WINCE600\PLATFORM\CB6410\FILES\platform.reg에서 다음의 내용을 찾을 수 있습니다.

```
;-------------- SMB380 Driver --------------------------------------------------
[HKEY_LOCAL_MACHINE\Drivers\Builtin\SMB380]
        "Dll"="cb6410_smb380.dll"
        "Prefix"="SMB"
```

망고64의 경우에는 IClass 부분이 정의되어 있지 않은데 물론 당연히 포함시켜도 됩니다.

31.2.2. NK.bin 이미지에 포함시키기

우리가 만든 DLL을 커널 이미지에 포함시키기 위해서는 아래의 파일을 수정해야 합니다.

```
C:\WINCE600\PLATFORM\CB2443\FILES\platform.bib
C:\WINCE600\PLATFORM\CB6410\FILES\platform.bib
```

C:\WINCE600\PLATFORM\CB6410\FILES\platform.bib에 아래 내용이 포함되어 있습니다.

```
; -------------- SMB380 --------------------------------------------------
IF BSP_NOSMB380 !
    cb6410_smb380.dll        $(_FLATRELEASEDIR)\cb6410_smb380.dll       NK  SHK
ENDIF BSP_NOSMB380 !
```

BSP_NOSMB380 환경 변수를 이용해서 이 부분을 포함시키거나 빼는 것을 보다 쉽게 수행할 수 있도록 만들고 있습니다.

```
@REM by crazyboy, 3-Axis accel(SMB380)
set BSP_NOSMB380=
```

₩CB6410₩CB6410.bat 파일을 보면 위와 같이 정의가 되어 있습니다. 만약 이 파일에서 BSP_NOSMB380을 1로 정의하게 되면 위의 platform.bib에서 "IF BSP_NOSMB380 !" 부분이 NOT (!)으로 인해서 거짓이 되고 이로 인해서 cb6410_smb380.dll 부분이 NK.bin 런타임 이미지에 포함되지 않게 되는 것입니다.

뒤에 기술되어 있는 SHK는 각각 System, Hidden, Kernel을 의미합니다. 시스템 파일이면서 Hidden 파일이면서 Kernel mode 접근 권한을 가진다는 것을 나타냅니다. 버튼 드라이버의 내용과 동일 합니다. 망고 64의 경우와 마찬가지로 망고 24의 경우도
C:₩WINCE600₩PLATFORM₩CB2443₩FILES₩platform.bib를 아래 내용이 포함되어 있습니다.

```
IF BSP_NOSMB380 !
    cb2443_smb380.dll          $(_FLATRELEASEDIR)₩cb2443_smb380.dll              NK  SHK
ENDIF BSP_NOSMB380 !
```

31.3. 디바이스 드라이버 자료 구조

31.3.1. Image 레지스터 자료 구조 (smb380regs_t)

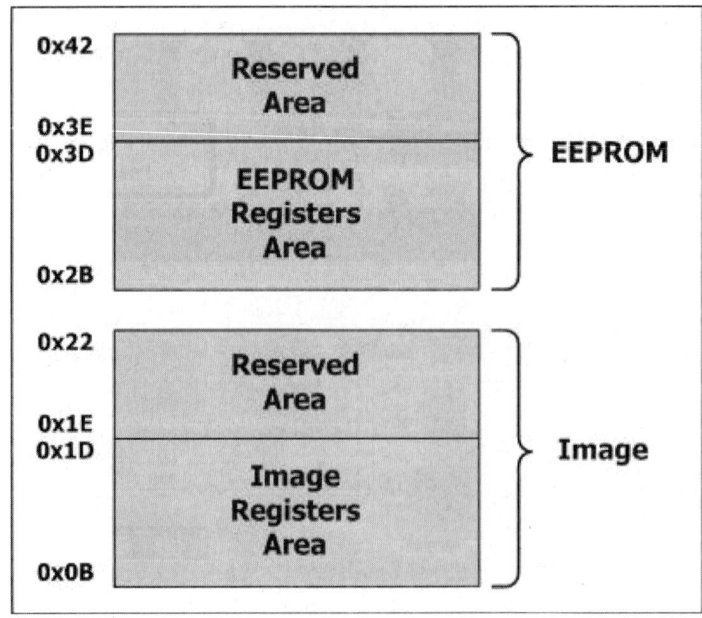

보통 디바이스 드라이버는 자신이 사용할 범용의 자료 구조를 정의합니다. 3축 센서 드라이버 역시

31. 3축 센서 (SMB380) 디바이스 드라이버 분석

이러한 자료 구조들을 정의하고 있습니다. 이에 대해 살펴 보도록 하겠습니다.

SMB380은 내부 EEPROM에 동작에 필요한 값들을 저장하고 있습니다. 전원이 들어오거나 soft reset 이 되면 EEPROM의 데이터를 image register에 복사하여 사용합니다. 실제 동작 중의 칩 제어가 이 레지스터들을 통해 이뤄지기 때문에 image register에 대한 구조체를 정의하고 있습니다.

이전 장에서 전체적인 어드레스 맵에 대해서는 살펴보았지만 그림이 너무 작아서 알아보기 힘이 들 수도 있습니다. 위 그림은 전체 어드레스 맵 중에서 EEPROM 부분과 Image 부분에 대한 것만 주소 값으로 구분해서 나타낸 것입니다. 내용 중에서 EEPROM의 레지스터 영역과 Image 레지스터 영역은 완전히 동일한 값을 가지게 됩니다.

Smb380.h (₩src₩drivers₩smb380)

```
typedef struct  {
    unsigned char
    smb380_conf1 ,   /**< image address 0x0b: interrupt enable bits, low-g settings */
    lg_threshold,    /**< image address 0x0c: low-g threshold, depends on selected g-range */
    lg_duration,     /**< image address 0x0d: low-g duration in ms */
    hg_threshold,    /**< image address 0x0e: high-g threshold, depends on selected g-range */
    hg_duration,     /**< image address 0x0f: high-g duration in ms */
    motion_thrs,     /**< image address 0x10: any motion threshold */
    hysteresis,      /**< image address 0x11: low-g and high-g hysteresis register */
    customer1,       /**< image address 0x12: customer reserved register 1 */
    customer2,       /**< image address 0x13: customer reserved register 2   */
    range_bwidth,    /**< image address 0x14: range and bandwidth selection register */
    smb380_conf2,    /**< image address 0x15: spi4, latched interrupt, auto-wake-up configuration */
    offs_gain_x,     /**<  image address 0x16: offset_x LSB and x-axis gain settings */
    offs_gain_y,     /**<  image address 0x17: offset_y LSB and y-axis gain settings */
    offs_gain_z,     /**<  image address 0x18: offset_z LSB and z-axis gain settings */
    offs_gain_t,     /**<  image address 0x19: offset_t LSB and temperature gain settings */
    offset_x,        /**<  image address 0x1a: offset_x calibration MSB register */
    offset_y,        /**<  image address 0x1b: offset_y calibration MSB register */
    offset_z,        /**<  image address 0x1c: offset_z calibration MSB register */
    offset_t;        /**<  image address 0x1d: temperature calibration MSB register */
} smb380regs_t;
```

smb380regs_t 구조체는 위에서 살펴본 그림에서 주소값 0x0b부터 0x1d까지의 영역을 정확하게 한 바이트씩 매핑하고 있는 것입니다.

실제로 이 구조체가 사용되는 부분은 EEPROM에서 레지스터 값들을 읽어오는 Get Image나 EEPROM에 레지스터 값들을 다시 저장하는 Set Image를 호출했을 때 입니다. 우리가 뒤에서 다루게 될 어플리케이션에서는 Get Image나 Set Image를 시험하지는 않을 것이기 때문에 특별히 다루어지지는 않을 것입니다. 전체적인 이해를 위해서 기술한 것입니다.

31.3.2. 드라이버 메인 자료 구조 (smb380_t)

SMB380 드라이버에 필요한 모든 자원에 대해 다음 구조체로 관리를 합니다.

Smb380.h (₩src₩drivers₩smb380)

```
typedef struct {
    smb380regs_t * image; /**< pointer to smb380regs_t structure not mandatory */
    unsigned char mode; /**< save current SMB380 operation mode */
    unsigned char chip_id,    /**< chip id which has to be 0x02 after calling smb380_init() */
                  ml_version, /**< holds the SMB380 ML_version number */
                  al_version; /**< holds the SMB380 AL_version number */
    unsigned char dev_addr; /**< initializes SMB380's I2C device address 0x38 */
    unsigned char int_mask; /**< stores the current SMB380 API generated interrupt mask */
    DWORD bus;
    DWORD irq;
    DWORD SYSINTR_SMB380;
    HANDLE SMBInterruptEvent;
    HANDLE SMBInterruptProcessedEvent;
    HANDLE SMBWaitInterruptEvent;
    HANDLE SMB_hIST;
    HANDLE SMB380BusHandle;
    I2C_FASTCALL    fc;      // I2C Fastcall driver-to-driver entrypoints, by edchoi
    BOOL SMB380InterruptInitialized;
    int (* bus_write)(unsigned char , unsigned char, unsigned char *, unsigned char);
    /**< function pointer to the SPI/I2C write function */
    int (* bus_read)(unsigned char, unsigned char, unsigned char *, unsigned char);
    /**< function pointer to the SPI/I2C read function */
    void (*delay_msec)( DWORD ); /**< function pointer to a pause in mili seconds function */
} smb380_t;
```

위 내용은 망고24에 적용된 드라이버에서 사용하는 구조체입니다. 망고64의 경우와 한 부분이 차이가 있습니다. 그것은 I2C_FASTCALL fc; 부분입니다. 망고24에서는 드라이버간에 빠른 서비스 처리를 위한 방법을 사용하고 있고, 망고64에서는 보다 일반적인 방법을 사용하고 있습니다. 위에 정의된

I2C_FASTCALL fc; 부분은 이를 위한 자료구조 입니다. 망고64에는 없는 부분입니다. 이에 대해서는 뒤에 I2C 통신에 관련한 부분을 설명할 때 자세히 설명될 것입니다.

```
smb380_t smb380;
smb380_t *p_smb380 = &smb380;
```

smb380_t 구조체는 위 코드에서와 같이 글로벌 변수인 smb380으로 선언되며 이것은 다시 p_smb380이라는 구조체 포인터 변수에 할당됩니다. 이 이후부터 모든 자료의 접근은 p_smb380 포인터를 이용해서 이루어지게 됩니다.

구조체의 가장 처음에 보면 smb380regs_t * image;가 정의되어 있습니다. 바로 위에서 살펴본 smb380regs_t 구조를 포인터로 해서 저장하고 있는데 사실 이 부분은 사용되지 않고 있습니다.

Mode는 SMB380의 동작 모드를 구분하는 값을 저장하고 있는 것입니다. Normal 동작 모드인지 Sleep mode인지 Wake-up mode인지를 구분하게 됩니다.

chip_id, ml_version, al_version은 아래의 어드레스 맵에서 읽을 수 있습니다.

01h	al_version<3:0>	ml_version<3:0>
00h	unused	chip_id<2:0>

이 값들은 SMB380의 칩에 마스크 부분에 저장되어 있는 값입니다. Chip ID의 경우는 항상 0x2 (binary 010)로 고정되어 있는 것이고, 반드시 이 값이 읽혀야 합니다. 이 값을 통해서 우리가 사용하는 칩이 SMB380이라는 것을 인지할 수 있습니다. al_version (01h, bit 7-4)과 ml_version (01h, bit 3-0)은 칩의 Revision에 대한 정보를 가지고 있는 값입니다. 사용하는 칩에 따라서 이 값은 달라질 수 있습니다.

망고24	SMB_Init: Get chip info chipid 2, mlversion 1, alversion 1.
망고64	SMB_Init: Get chip info chipid 2, mlversion 2, alversion 0.

제가 사용하는 망고24와 망고64를 시험해 보았을 때 위와 같이 읽히고 있습니다. Revision 정보는 두 보드가 서로 다릅니다. 독자 분들의 경우도 이 값은 달라질 수 있을 것입니다.

```
#define SMB380_I2C_ADDR         0x38
p_smb380->dev_addr = SMB380_I2C_ADDR;
```

dev_addr 부분에는 SMB_Init() 함수에서 위와 같이 I2C 주소값으로 저장됩니다. 이 이후부터는 이 값을 이용해서 SMB380과 I2C 통신을 수행하게 되는 것입니다.

구조체 내용 중에서 bus 값은 사용하지 않습니다. 그리고 그 외에 인터럽트와 관련한 모든 것은 현재의 구현 상에서는 특별히 사용하지 않습니다. 물론 SMB380 칩을 다루는 데 있어서 인터럽트가 발생하도록 설정한 이후에 칩이 움직여서 motion이 발생한 상태에서 인터럽트를 받고 그 인터럽트를 이용해서 구현하는 것은 가능합니다. 하지만 현재의 구현 방식은 보다 단순한 폴링 방식을 이용해서 구현하고 있습니다. 그러므로 int_mask, irq, SYSINTR_SMB380, SMBInterruptEvent, SMBInterruptProcessedEvent, SMBWaitInterruptEvent, SMB_hIST, SMB380InterruptInitialized에 대해서는 신경 쓰지 않아도 됩니다. 현재의 디바이스 드라이버에 대한 모든 부분을 이해한 이후에 인터럽트 방식으로도 구현해서 사용해 보는 것도 의미 있는 작업이 될 것입니다. 독자 여러분께서도 한번씩 해보시기 바랍니다.

SMB380BusHandle은 SMB_Init() 함수에서 호출되는 bus_init()에서 설정되는 핸들 값으로서 CreateFile을 통해서 I2C 드라이버를 만들어서 그 결과로 리턴 되는 핸들 값을 저장하게 됩니다. 물론 망고24에서는 디바이스 간의 빠른 서비스를 이용하기 때문에 I2C_FASTCALL로 선언된 fc를 이용하기 때문에 이 핸들 값은 CreateFile 이후에 IOCTL_I2C_GET_FASTCALL을 주어서 DeviceIoControl을 호출하게 되고, 망고64의 경우는 SMB380BusHandle을 직접 I2C Read, Write에 이용하게 됩니다.

```
int (* bus_write)(unsigned char , unsigned char, unsigned char *, unsigned char);
/**< function pointer to the SPI/I2C write function */
int (* bus_read)(unsigned char, unsigned char, unsigned char *, unsigned char);
/**< function pointer to the SPI/I2C read function */
```

smb380_t 구조체에는 bus_write와 bus_read라는 두 개의 함수 포인터가 선언되어 있습니다. 위 선언 내용 중에서 SPI/I2C라는 부분을 볼 수 있을 것입니다. 이 말이 중요한 의미를 가집니다. 이전 장에서 SMB380 장치에 대한 설명을 진행하면서 SMB380이 I2C로도 제어가 가능하지만 SPI로도 제어가 가능하다고 말씀 드렸습니다. 여기에 선언된 함수 포인터들은 이를 가능하게 만들어주는 기초 데이터가 되는 것입니다. I2C를 사용할 경우 I2C에 해당하는 함수를 이곳에 저장하고, SPI를 사용할 경우에는 SPI에 해당하는 함수를 이곳에 저장하게 되는 것입니다. 실제 디바이스 드라이버에서는 I2C 함수나 SPI 함수를 사용하는 것이 아니라 bus_write, bus_read라는 이름을 사용함으로써 자유롭게 I2C를 이용하는 경우나 SPI를 이용하는 경우나 같은 함수의 이름을 사용할 수 있음으로 인해서 통신 방식의 변화가 드라이버 코드 자체를 변하게 만들지 않게 되기 때문에 유용한 방법이 되는 것입니다.

```
#define SMB380_BUS_WRITE_FUNC(dev_addr, reg_addr, reg_data, wr_len)\
            bus_write(dev_addr, reg_addr, reg_data, wr_len)
#define SMB380_BUS_READ_FUNC(dev_addr, reg_addr, reg_data, wr_len)\
            bus_read(dev_addr, reg_addr, reg_data, wr_len)
```

SMB380 드라이버는 여기에 더해서 추가적인 define을 만들어서 사용하고 있습니다. bus_write, bus_read라는 이름을 직접 사용하는 대신에 하나의 레이어를 더 만들어서 SMB380_BUS_WRITE_FUNC, SMB380_BUS_READ_FUNC이라는 이름을 사용해서 모든 드라이버가 구현되어 있습니다. 그러므로 bus_write, bus_read가 수행되는 것을 코드 상에서 찾아보기 위해서는 위에 정의된 define을 이용해서 찾아야 합니다.

마지막으로 정의되어 있는 delay_msec 부분 역시 함수 포인터입니다. 여기에는 millisecond 단위로 지연을 구현해 줄 수 있는 함수를 저장해 두게 되고, 드라이버에서는 delay_msec라는 이름으로 구현되어 있는 것입니다. 역시 드라이버를 포팅할 때 다양한 시스템에 쉽게 포팅이 될 수 있도록 만들기 위해서 적용된 방법이라고 생각하시면 됩니다.

31.3.3. I2C & 3축 가속 데이터 자료 구조

I2C를 통해 레지스터를 읽고 쓰기 위한 구조체를 정의하였고, 또한, 3축(x/y/z) 가속 데이터를 읽기 위한 구조체도 정의되어 있습니다.

```
typedef struct {
    unsigned char addr;
    unsigned char len;
} read_reg;

typedef struct {
    unsigned char addr;
    unsigned char len;
    unsigned char *data;
} write_reg;
```

위 두 개의 자료 구조는 I2C를 이용해서 데이터를 읽고, 쓰는 작업을 위해서 활용하는 데이터 구조가 되겠습니다. 보면 Read의 경우에는 읽어서 저장할 데이터에 대한 장소는 지정되어 있지 않습니다. 이 부분은 실제 I2C Read를 수행하는 함수에 읽어서 저장할 장소의 포인터가 넘겨오게 될 것이고 그곳에 저장하게 될 것입니다. Write의 경우는 실제 저장할 값에 대한 포인터가 자료 구조 상에 존재하고 있습니다.

이 자료 구조와 관련해서는 뒤에서도 어플리케이션을 분석하면서 살펴볼 것이지만 여기서는 실제 활용되는 부분에 대해서 일부분만 보도록 하겠습니다.

```
        // Get Chip information
        read_reg tmp;
        tmp.addr = 0x0;
```

```
            tmp.len = 1;
            byte data = 0x0;
            smb380_read_reg(&tmp, &data);
```

위 내용은 다음 장에서 공부하게 될 SMB380 응용 프로그램 중에서 InitGSensor() 함수에서 수행하는 부분입니다. I2C를 이용해서 값을 읽고 있는 부분이고, Read를 위한 자료 구조에 addr 부분에 주소값을 저장하고 읽을 데이터 수를 len에 저장해서 I2C Read를 수행하고 있는 부분입니다. 이것은 Chip ID를 읽고 있는 부분이고 읽어온 Chip ID는 byte로 선언된 data 부분에 저장되게 됩니다.

```
typedef struct {
  short x, /**< holds x-axis acceleration data sign extended. Range -512 to 511. */
        y, /**< holds y-axis acceleration data sign extended. Range -512 to 511. */
        z; /**< holds z-axis acceleration data sign extended. Range -512 to 511. */
} smb380acc_t;
```

사실 우리가 수행하는 작업에서 가장 주요한 부분은 X, Y, Z 축에 대한 가속도 데이터를 얻어오는 것입니다. 이 부분을 수행하기 위해서 위의 구조체를 만든 것입니다. 물론 바로 위에서 보았던 read_reg 구조체를 이용해서 한 바이트씩 읽거나 혹은 len에 6을 주어서 6 바이트의 데이터를 한꺼번에 읽을 수도 있습니다. 하지만 위 구조체는 이것을 쉽게 접근하기 위해서 위와 같이 각각의 레지스터 부분을 멤버 변수로 만들어서 X, Y, Z 축의 가속도 데이터를 쉽게 읽을 수 있도록 만든 것입니다.

```
int smb380_read_accel_xyzt(smb380acc_t *acc) {
  static unsigned char all_data[6];
  p_smb380->SMB380_BUS_READ_FUNC(p_smb380->dev_addr, ACC_X_LSB__REG, all_data, 6);

  acc->x = SMB380_GET_BITSLICE(all_data[0],ACC_X_LSB)
         | SMB380_GET_BITSLICE(all_data[1],ACC_X_MSB)<<ACC_X_LSB__LEN;
  acc->x = acc->x << (sizeof(short)*8-(ACC_X_LSB__LEN+ACC_X_MSB__LEN));
  acc->x = acc->x >> (sizeof(short)*8-(ACC_X_LSB__LEN+ACC_X_MSB__LEN));

  acc->y = SMB380_GET_BITSLICE(all_data[2],ACC_Y_LSB)
         | SMB380_GET_BITSLICE(all_data[3],ACC_Y_MSB)<<ACC_Y_LSB__LEN;
  acc->y = acc->y << (sizeof(short)*8-(ACC_Y_LSB__LEN + ACC_Y_MSB__LEN));
  acc->y = acc->y >> (sizeof(short)*8-(ACC_Y_LSB__LEN + ACC_Y_MSB__LEN));

  acc->z = SMB380_GET_BITSLICE(all_data[4],ACC_Z_LSB)
         | SMB380_GET_BITSLICE(all_data[5],ACC_Z_MSB)<<ACC_Z_LSB__LEN;
```

```
  acc->z = acc->z << (sizeof(short)*8-(ACC_Z_LSB__LEN+ACC_Z_MSB__LEN));
  acc->z = acc->z >> (sizeof(short)*8-(ACC_Z_LSB__LEN+ACC_Z_MSB__LEN));
  return 0;
}
```

SMB380_BUS_READ_FUNC을 이용해서 SMB380의 I2C 주소와 실제 X축 가속도 데이터가 저장되어 있는 레지스터 주소값인 ACC_X_LSB__REG를 주어서 6 바이트를 읽어서 저장하는 것입니다.

```
#define X_AXIS_LSB_REG        0x02
#define ACC_X_LSB__REG        X_AXIS_LSB_REG
```

X축에 대한 가속도 데이터의 LSB 부분은 위와 같이 0x2번지이고, 이후에 계속해서 값을 읽으면 연속적으로 6개의 데이터를 한꺼번에 읽을 수 있습니다.

주소	내용		
07h	acc_z<9:2> (msb)		
06h	acc_z<1:0> (lsb)	unused	new_data_z
05h	acc_y<9:2> (msb)		
04h	acc_y<1:0> (lsb)	unused	new_data_y
03h	acc_x<9:2> (msb)		
02h	acc_x<1:0> (lsb)	unused	new_data_x

위 코드를 이해하기 위해서는 레지스터의 구조를 먼저 이해할 필요가 있습니다. 위 내용 중에서 new_data_x, new_data_y, new_data_z 부분은 각각 하나의 비트를 차지하는 것으로써 이 비트 값이 1이면 여기에 해당하는 각 축의 가속도 데이터 값이 갱신 되었다는 것을 의미합니다. 그러므로 이제 읽어가도 된다는 것을 나타냅니다. 사용자가 갱신된 레지스터의 값을 읽어가면 이 플래그는 자동으로 0으로 변하게 됩니다. 그러므로 이 비트를 먼저 측정해서 값이 변했는지를 알아보고 읽어도 되지만 우리는 그냥 읽도록 구현하였습니다.

가속도 데이터는 총 10비트의 크기를 가지고 있는 것이고 그 중에서 LSB 부분의 0번 1번 비트는 낮은 주소값의 부분에 존재하고 나머지 <9:2>번 비트의 경우는 그 다음 주소값에 존재하고 있습니다. 그러므로 하나의 축에 대한 데이터를 얻기 위해서는 두 개의 주소값의 레지스터 값을 모두 읽어야 알 수 있습니다.

위 코드 중에서 X축에 대한 것만 분석해 보도록 하겠습니다. 나머지는 이 설명을 보고 나면 충분히 유추하실 수 있을 것입니다.

```
#define SMB380_GET_BITSLICE(regvar, bitname)₩
                    (regvar & bitname##__MSK) >> bitname##__POS
```

all_data[0]에는 X축 데이터의 <1:0> 비트가 들어 있을 것이고, all_data[1]에는 X축 데이터의 <9:2>

비트가 들어 있을 것입니다. 이것을 SMB380_GET_BITSLICE(all_data[0],ACC_X_LSB)를 먼저 적용해 보겠습니다. 위 define에서 bitname##_MSK는 ACC_X_LSB_MSK로 변경되고, bitname##_POS는 ACC_X_LSB_POS로 변경됩니다. ##는 글자 그대로 연결해주는 것을 의미합니다.

```
#define ACC_X_LSB_MSK           0xC0
#define ACC_X_LSB_POS    6
```

위와 같이 각각 정의가 되어 있고, 이를 그대로 비트 연산에 적용하게 되면 all_data[0]를 0xC0과 AND 연산을 수행해서 6비트를 오른쪽으로 shift하게 됩니다. 그러므로 all_data[0]의 상위 두 비트의 데이터만 남게 됩니다.

```
#define ACC_X_MSB_MSK    0xFF
#define ACC_X_MSB_POS           0
```

SMB380_GET_BITSLICE(all_data[1],ACC_X_MSB) 부분은 0xFF를 AND 연산해서 0비트 shift를 하기 때문에 8비트의 데이터가 그대로 있을 것입니다.

```
#define ACC_X_LSB_LEN    2
#define ACC_X_MSB_LEN    8
```

all_data[1]에서 얻은 자료를 ACC_X_LSB_LEN 만큼 오른쪽으로 shift한 이후에 이전에 구한 것과 OR 연산을 하기 때문에 결국 acc->x 부분에는 10비트의 X축 가속도 데이터를 구할 수 있는 것입니다.

```
acc->x = acc->x << (sizeof(short)*8-(ACC_X_LSB_LEN+ACC_X_MSB_LEN));
acc->x = acc->x >> (sizeof(short)*8-(ACC_X_LSB_LEN+ACC_X_MSB_LEN));
```

위에서 이미 10비트의 가속도 데이터를 구했는데 그럼에도 불구하고 위의 이상한 작업을 수행하는 이유는 무엇일까요? 위 작업은 음수 값을 표현하기 위한 과정입니다.

sizeof(short)는 보통의 경우 2가 될 것이고 거기에 8을 곱하면 16비트의 공간이 될 것입니다. (혹은 sizeof(short)가 4가 된다면 32비트의 공간일 것입니다.) 거기에서 우리가 사용하는 총 데이터의 길이 즉 (ACC_X_LSB_LEN+ACC_X_MSB_LEN) 만큼 10비트를 뺀 값만큼 왼쪽으로 shift를 합니다. 이 경우 우리가 이전에 얻었던 10비트의 데이터가 short 자료 구조에서 가장 상위의 MSB 부분에 존재하게 됩니다. 이후 다시 그만큼 오른쪽으로 shift를 하게 되면, MSB 비트 부분이 1일 경우는 상위가 모두 1로 채워지고, 0일 경우는 모두 0으로 채워지게 되어서 전체적으로 Sign Bit를 유지하게 되어서 음수를 만들게 되는 것입니다.

31.4. SMB_Init() 분석

디바이스 드라이버가 등록될 때 DllEntry이후에 실질적으로 초기화를 수행하는 부분이 바로 SMB_Init() 함수 입니다. 드라이버 관련 리소스를 할당하고 초기화하는 작업을 수행하고, I2C 버스 드라이버 연결을 초기화하게 됩니다.

31.4.1. 자료 구조 초기화

```
smb380_t smb380;
smb380_t *p_smb380 = &smb380;
```

위에서도 잠시 살펴본 적이 있는데 위와 같이 3축 센서의 자료 구조를 할당하게 됩니다. 이를 이용해서 필요한 자료 구조들에 대한 초기화 작업을 수행합니다.

```
p_smb380->bus = -1;
p_smb380->irq = -1;
p_smb380->dev_addr = SMB380_I2C_ADDR;
p_smb380->SMB380BusHandle = NULL;
p_smb380->SMB380InterruptInitialized = FALSE;
p_smb380->delay_msec = Sleep;
```

SMB380_I2C_ADDR은 0x38이고 이에 대한 초기화 작업을 이곳에서 해주는 것입니다. I2C로 SMB380을 제어하기 위한 주소값이 되겠습니다.

그 외에 주요한 부분은 Sleep 함수에 대한 설정 부분입니다. delay_msec 함수 포인터에 Sleep 함수를 지정해 주고 있습니다.

```
void Sleep(
    DWORD dwMilliseconds
);
```

Sleep 함수는 위와 같은 형태로 되어 있는 함수이고, 전달되는 값만큼 millisecond 단위로 Thread의 실행이 잠시 중단되게 됩니다. 이 함수가 호출되면 그 때의 Thread는 자신이 가지고 있던 실행 수행 시간 (Time Slice)을 모두 버리게 되고 Suspend 상태가 됩니다. 주어진 시간이 다 소모된 이후에 비로소 스케줄링에 포함되고 이후 CPU를 점유하게 되면 그때부터 이전에 멈추었던 곳부터 다시 수행이 되는 것입니다. 만약 Sleep(0)를 수행하게 된다면 (Suspend 상태로 바뀌지는 않고) 바로 현재 실행을 준비하고 있는 Thread로 제어가 넘어가게 됩니다. 그때 실행을 준비하는 (Ready to run) Thread

가 없다면 Sleep 함수는 바로 리턴 되고 수행을 계속 하게 됩니다.

31.4.2. I2C 초기화 – bus_init()

다음과 같이 bus_init()을 호출하여 I2C bus를 초기화 합니다.

```
//init bus action
if(bus_init()==-1){
            RETAILMSG(SMB_ERR_0, (TEXT("SMB::SMB_Init(), Cannot init bus\r\n")));
            return 0;
}
```

bus_init() 부분은 망고24와 망고64가 처리하는 방식이 조금 다릅니다. 망고24의 경우를 먼저 살펴보도록 하겠습니다.

```
int bus_init() {
… … … … … …
  p_smb380->SMB380BusHandle = CreateFile( L"I2C0:", GENERIC_READ|GENERIC_WRITE,
          FILE_SHARE_READ|FILE_SHARE_WRITE, NULL, 0, 0, 0);
  DeviceIoControl(p_smb380->SMB380BusHandle,        IOCTL_I2C_GET_FASTCALL,
              NULL, 0, &p_smb380->fc, sizeof(p_smb380->fc), &bytes, NULL);
… … … … … …
  p_smb380->bus_write    = i2c_bus_write;
  p_smb380->bus_read     = i2c_bus_read;
… … … … … …
}
```

각종 에러에 대한 처리와 디버그 메시지들을 생략하고 나면 위와 같이 압축이 됩니다. 위 내용 중에서 bus_write와 bus_read에 i2c_bus_write와 i2c_bus_read를 연결해서 나중에 드라이버 코드에서 이와 관련한 호출이 일어날 때 I2C와 관련한 함수들이 호출될 수 있도록 만드는 것입니다. 이에 대해서는 위에서도 살펴본 바 있습니다. 바로 다음 절에서 i2c_bus_write와 i2c_bus_read의 내용은 분석하도록 하겠습니다.

이제 위의 두 개의 문장을 분석해 보겠습니다. CreateFile(L"I2C0:", ...)을 수행하고 있는데 I2C0라는 것은 어디에 있는 것일까요? I2C0라는 이름으로 검색을 해보면 사실 우리가 찾는 데이터는 나오지 않습니다. 이를 알기 위해서는 다른 내용에 대한 지식이 필요합니다. Platform.reg에서 Index에 대한 것을 알아야 합니다.

31. 3축 센서 (SMB380) 디바이스 드라이버 분석

Platform.reg (c:\wince600\platform\cb2443\files)

```
;------------ I2C Driver ------------------------------------------------------
IF BSP_NOI2C !
;; I2C Bus Driver
[HKEY_LOCAL_MACHINE\Drivers\BuiltIn\I2C]
    "Prefix"="I2C"
    "Dll"="I2C.DLL"
    "Order"=dword:0
    "Index"=dword:0
    "Mode"=dword:1                  ; Mode: 0 = POLLING, 1 = INTERRUPT
    "SlaveAddress"=dword:0          ; Bus Driver's Slave Address
    "FriendlyName"="I2C Bus Driver"
    "IClass"="{A32942B7-920C-486b-B0E6-92A702A99B35}"   ; Power-manageable generic
ENDIF BSP_NOI2C !
```

위 내용은 Platform.reg에 정의된 I2C에 대한 레지스트리 정보 입니다. 여기에서 I2C라는 Prefix가 정의된 것을 확인할 수 있습니다. 여기서 한가지 더 살펴보아야 하는 것이 바로 Index입니다. 이 Index가 디바이스의 이름을 지정하는데 있어서 매우 중요한 역할을 하게 됩니다. 만약 레지스트리를 등록하는 경우에 "Index"를 지정하지 않게 되면 디폴트는 1부터 시작하게 됩니다. 이것을 0부터 시작하도록 만들기 위해서는 위와 같이 Index에 0 값을 주어야 합니다. 물론 특정 값부터 시작하게 만들려면 여기에 그 특정 값을 써 넣으면 됩니다. 위의 I2C 드라이버는 I2C라는 Prefix에 Index를 0으로 주었기 때문에 우리가 이 드라이버를 이용하기 위해서는 I2C0으로 접근을 해야 하는 것입니다. 또한 CreateFile(L"I2C0:", ...)을 수행할 때 주는 이름에는 반드시 콜론(:)이 포함되어야 합니다. 그러므로 L"I2C0:"로 이름이 주어져 있는 것입니다.

SMB380 드라이버의 경우 우리는 레지스트리에 이 Index를 지정하지 않았습니다. 그러므로 다음 장에서 공부할 어플리케이션에서 이 SMB380 드라이버를 이용하기 위해서는 SMB1이라는 이름으로 작업을 해야 하는 것입니다.

그럼 여기서 CreateFile과 관련한 부분을 좀더 자세히 살펴보아야 할 것입니다.

```
HANDLE CreateFile(
    LPCTSTR lpFileName,
    DWORD dwDesiredAccess,
    DWORD dwShareMode,
    LPSECURITY_ATTRIBUTES lpSecurityAttributes,
    DWORD dwCreationDisposition,
    DWORD dwFlagsAndAttributes,
```

```
    HANDLE hTemplateFile
);
```

dwDesiredAccess 부분에는 오브젝트에 대한 접근 방식에 대한 것을 규정하는 부분입니다.

값	내용
GENERIC_EXECUTE	실행으로 접근할 경우에만 사용합니다.
GENERIC_READ	오브젝트에 대해 Read를 수행함을 명시합니다.
GENERIC_WRITE	오브젝트에 대해 Write를 수행함을 명시합니다.

GENERIC_READ와 GENERIC_WRITE는 동시에 명시할 수 있고 우리의 경우도 OR 연산을 통해서 둘 다 명시하고 있습니다. I2C를 통해서 Read/Write를 수행할 것이기 때문에 당연히 둘 다 기술해 주어야 합니다.

dwShareMode는 오브젝트에 대한 공유 모드에 대한 것을 나타냅니다. 만약 이 부분이 0이라면 오브젝트가 공유되지 못하는 것을 나타냅니다. 만약 오픈을 하려는 명령이 주어지면 해당 오브젝트에 대한 핸들이 close되기 전까지는 모든 오픈에 대해서 에러가 되는 것입니다.

값	내용
FILE_SHARE_READ	Read 접근이 요청되었을 경우에만 오브젝트에 대한 오픈 명령이 성공함을 나타냅니다.
FILE_SHARE_WRITE	Write 접근이 요청되었을 경우에만 오브젝트에 대한 오픈 명령이 성공함을 나타냅니다.

우리의 경우는 FILE_SHARE_READ와 FILE_SHARE_WRITE을 모두 주어서 사용하고 있습니다. lpSecurityAttributes와 hTemplateFile는 사용하지 않는 파라미터이고 NULL과 0을 줍니다.

dwCreationDispostion은 파일이 이미 존재하고 있을 때 처리 방법을 지정하는 것입니다. CREATE_NEW이면 새로 생성하고, OPEN_EXISTING이면 파일을 열고, 만약 파일이 없으면 실패로 처리합니다. TRUNCATE_EXISTING은 이미 존재한 파일을 열고 처음부터 쓰기 시작하는 등의 파일에 대한 처리 방법에 대한 명시 부분입니다. 우리의 경우는 디바이스 드라이버를 접근하는 것이고 실제로 파일을 만들거나 하는 것은 아닙니다. 그러므로 이 부분은 특정 값을 설정하거나 0으로 주거나 처리 결과에는 차이가 없습니다.

dwFlagsAndAttributes는 파일 속성을 지정하는 부분입니다. 숨김 파일인지 Read Only 파일인지 시스템 파일인지 등등을 지정하는 부분인데 디바이스 드라이버를 접근하기 위해서 CreateFile을 호출하는 경우에는 지정할 필요가 없습니다.

CreateFile()에 대한 결과는 해당 디바이스에 대한 핸들 값이 리턴 됩니다. 이 값을 SMB380BusHandle에 저장하고 뒤에서 이 핸들 값을 이용하게 됩니다. 디바이스 드라이버에서 CreateFile()을 호출하게 되면 자동으로 XXX_Open() 드라이버 함수가 호출되게 됩니다.

이제 바로 뒤에 나오는 DeviceIoControl 부분을 살펴보도록 하겠습니다. 위에서 사용하고 있는 예를 보기 전에 먼저 DeviceIoControl 함수에 대해서 보다 자세하게 검토해 보겠습니다.

```
BOOL DeviceIoControl(
    HANDLE hDevice,
    DWORD dwIoControlCode,
    LPVOID lpInBuffer,
    DWORD nInBufferSize,
    LPVOID lpOutBuffer,
    DWORD nOutBufferSize,
    LPDWORD lpBytesReturned,
    LPOVERLAPPED lpOverlapped
);
```

hDevice는 CreateFile()을 통해서 얻게 된 핸들 값을 넘겨주면 되겠습니다. 그리고 lpOverlapped 부분은 사용하지 않는 부분이고 NULL로 처리하면 됩니다. DeviceIoControl 함수의 나머지 파라미터들의 내용은 아래의 표로 이해하는 것이 보다 쉽고 간결하게 이해할 수 있는 부분입니다.

파라미터 내용	DeviceIoControl	I2C_IOControl
IO Control 코드 값	DWORD dwIoControlCode	DWORD dwCode
Input 버퍼 포인터	LPVOID lpInBuffer	PBYTE pBufIn
Input 데이터 크기	DWORD nInBufferSize	DWORD dwLenIn
Output 버퍼 포인터	LPVOID lpOutBuffer	PBYTE pBufOut
Output 데이터 크기	DWORD nOutBufferSize	DWORD dwLenOut
작업 후 반환될 데이터 포인터	LPDWORD lpBytesReturned	PDWORD pdwActualOut

dwIoControlCode 값이 실제 디바이스 드라이버의 XXX_IOControl 함수에 전달되어 수행될 작업에 대한 코드 값을 전달해 주는 부분이 됩니다. 일반적으로 switch 문을 통해서 코드 각각에 대한 처리를 수행하도록 구현될 것입니다. 그 다음 Input 부분은 XXX_IOControl 함수에 전달해 줄 버퍼 데이터와 크기를 주는 것이고, Output 부분은 XXX_IOControl 함수를 통해서 얻게 될 데이터 버퍼 포인터와 크기를 주는 것입니다. lpBytesReturned 부분은 실제로 Output 부분에 얻게 될 크기를 주었지만 실제로 받은 크기가 얼마인지를 기록해 주는 부분이 되겠습니다. 이 값을 참조해서 실제로 XXX_IOControl을 통해서 Output에 받은 데이터의 실제 크기를 알 수 있는 것입니다.

```
DeviceIoControl(p_smb380->SMB380BusHandle,           IOCTL_I2C_GET_FASTCALL,
     NULL, 0, &p_smb380->fc, sizeof(p_smb380->fc), &bytes, NULL);
```

IOCTL_I2C_GET_FASTCALL이라는 코드 값을 전달해 주고 있는 것이고, 이 부분을 I2C_IOControl에서 찾아보면 그 동작을 분석할 수 있을 것입니다. I2C_IOControl에 전달해줄 Input 데이터는 없고, 받을 부분은 I2C_FASTCALL로 정의했던 fc의 포인터를 전달해 주었습니다. 이곳에 우리가 원하는 값을 채워 줄 것입니다.

Drv.c (c:\wince600\platform\cb2443\src\drivers\iic)

```
BOOL I2C_IOControl(PI2C_CONTEXT pI2C, DWORD dwCode, PBYTE pBufIn, DWORD dwLenIn,
    PBYTE pBufOut, DWORD dwLenOut, PDWORD pdwActualOut) {
… … … … … …
  switch (dwCode) {
… … … … … …
  case IOCTL_I2C_GET_FASTCALL:
… … … … … …
      ((PI2C_FASTCALL)pBufOut)->Context = pI2C;
      ((PI2C_FASTCALL)pBufOut)->I2CRead = HW_Read;
      ((PI2C_FASTCALL)pBufOut)->I2CWrite = HW_Write;
      if (pdwActualOut)
          *pdwActualOut = sizeof(I2C_FASTCALL);
      break;
… … … … … …
```

IOCTL_I2C_GET_FASTCALL 코드를 주어서 호출했을 때 수행되는 내용을 살펴보면, 결국 전달된 데이터에 pI2C 컨텍스트 값과 HW_Read, HW_Write라는 함수를 저장하고 있는 것을 알 수 있습니다.

```
typedef struct _I2C_FASTCALL {
    PVOID Context;    // opaque context
    DWORD (*I2CRead) (PVOID Context, DWORD SlaveAddr, UCHAR WordAddr, PUCHAR pData, DWORD Count);
    DWORD (*I2CWrite)(PVOID Context, DWORD SlaveAddr, UCHAR WordAddr, PUCHAR pData, DWORD Count);
} I2C_FASTCALL, *PI2C_FASTCALL;
```

I2C_FASTCALL에 대한 자료 구조는 위와 같은 구조체 입니다. 여기에는 Context를 가지고 있고, I2CRead와 I2CWrite라는 함수 포인터를 가지고 있습니다.

31. 3축 센서 (SMB380) 디바이스 드라이버 분석

| p_smb380->**fc.I2CWrite**
    (p_smb380->fc.Context,
    (p_smb380->dev_addr << 1),
    reg_addr, data, datasize); | **DeviceIoControl**
    (p_smb380->SMB380BusHandle,
    IOCTL_IIC_WRITE, &IIC_Data,
    sizeof(IIC_IO_DESC), NULL, 0, &bytes, NULL) |

위 내용은 i2c_bus_write 내용 중의 일부 입니다. 표에서 왼쪽은 망고24의 경우이고, 오른쪽은 망고64의 경우입니다. 망고24의 경우 IOCTL_I2C_GET_FASTCALL을 이용해서 fc.I2CWrite 부분에 HW_Write는 함수를 연결하였고, 이것을 직접 호출하고 있는 구조인 것입니다. 오른쪽의 망고64는 어떻게 동작되는 것일까요? DeviceIoControl을 IOCTL_IIC_WRITE를 주어서 호출하고 있습니다. 사실 이것이 일반적인 방법입니다. 이럴 경우 Device Manager를 거쳐서 I2C에 대한 IO Control 함수가 불리게 되고 그 부분에서 적절한 처리가 되는 것입니다. 하지만 망고24의 경우는 이러한 처리방식이 아니라 바로 함수를 부르고 있는 것입니다. Device Manager를 거쳐서 호출하는 것이 아니기 때문에 당연히 빠르게 동작할 것입니다. 망고24의 경우도 DeviceIoControl을 IOCTL_I2C_WRITE 코드를 주어서 호출하면 fc.I2CWrite를 호출하는 것과 완전히 동일한 결과를 얻게 될 것입니다.

다시 한번 부연 설명 하자면, 이러한 방식을 driver-to-driver Fast call이라고 부르게 되고 이것은 삼성 BSP에서 특수하게 지원하는 방식이고 일반적인 것은 아닙니다. I2C_FASTCALL은 I2C 버스 드라이버를 사용하는 다른 디바이스 드라이버가 I2C Read/Write를 직접 호출할 수 있도록 IOCTL_I2C_GET_FASTCALL 이라는 명령을 제공하고, Device.exe 를 거치는 복잡한 과정의 Read/Write 대신 직접 I2C 함수를 호출할 수 있습니다.

한가지 주의할 점은 이것은 Device.exe 문맥 아래에서 수행되는 디바이스 드라이버에만 제공되는 기능이기 때문에 device.exe 밖에서는 호출할 수 없다는 것입니다.

```
int bus_init() {
… … … … … …
        p_smb380->SMB380BusHandle = CreateFile( L"IIC0:",
                GENERIC_READ|GENERIC_WRITE,
                FILE_SHARE_READ|FILE_SHARE_WRITE, NULL, 0, 0, 0);
… … … … … …
        uiIICDelay = Clk_0;
        bRet = DeviceIoControl(p_smb380->SMB380BusHandle, IOCTL_IIC_SET_DELAY,
                    &uiIICDelay, sizeof(UINT32), NULL, 0, &bytes, NULL);
… … … … … …
        p_smb380->bus_write   = i2c_bus_write;
        p_smb380->bus_read    = i2c_bus_read;
        return 0;
```

```
}
```

위 내용은 망고64의 bus_init()입니다. 망고24의 경우는 I2C 관련 드라이버의 이름이 I2C0였는데, 망고64에서는 이 이름이 IIC0로 바뀌어 있습니다.

```
;------------ I2C Bus Driver -----------------------------------------
IF BSP_NOI2C !
;; I2C Bus Driver
[HKEY_LOCAL_MACHINE\Drivers\BuiltIn\IIC]
        "Prefix"="IIC"
        "Dll"="s3c6410_iic.dll"
        "Order"=dword:5
        "Index"=dword:0
        "Mode"=dword:1                  ; Mode: 0 = POLLING, 1 = INTERRUPT
        "SlaveAddress"=dword:0          ; Bus Driver's Slave Address
        "FriendlyName"="IIC Bus Driver"
        "IClass"="{A32942B7-920C-486b-B0E6-92A702A99B35}"    ; Power-manageable generic
ENDIF BSP_NOI2C !
```

Platform.reg 파일에 위와 같이 Prefix가 IIC로 정의되어 있고, Index가 0으로 설정되어 있기 때문에 IIC0로 주어서 접근해야 하는 것입니다. CreateFile에서의 나머지 부분은 망고24에서와 동일하기 때문에 위의 설명을 참조하시면 될 것입니다.

이제 망고64 부분에서의 I2C 드라이버에 관련한 사항을 살펴보아야 할 것입니다. 일단 Clk_0라는 값을 주어서 IOCTL_IIC_SET_DELAY로 IO Control을 부르고 있습니다.

```
enum IIC_DELAY {
    Clk_0 = 0,
    Clk_5 = 1,
    Clk_10 = 2,
    Clk_15 = 3
};
```

Clk_0는 IIC_DELAY라는 enum 값의 한 종류입니다. 이것은 나중에 S3C6410의 IICLC (IIC-BUS LINE CONTROL 레지스터)에서 delay 값을 설정하는 용도로 활용되게 됩니다.

31. 3축 센서 (SMB380) 디바이스 드라이버 분석

Register	Address	R/W	Description	Reset Value
IICLC	0x7F004010	R/W	Channel 0 multi-master line control register	0x00
	0x7F00F010	R/W	Channel 1 multi-master line control register	0x00

IICLC	Bit	Description	Initial State
Filter enable	[2]	IIC-bus filter enable bit. When SDA port is operating as input, this bit should be set 1. This filter can prevent from occurred error by a glitch during double of PCLK time. 0: Filter disable 1: Filter enable	0
SDA output delay	[1:0]	IIC-Bus SDA line delay length selection bits. SDA line is delayed as following clock time(PCLK) 00: 0 clocks 01: 5 clocks 10: 10 clocks 11: 15 clocks	00

IICLC 레지스터에서 SDA 출력 부분에 delay를 줄 수 있습니다. Delay의 양은 PCLK의 클럭 수를 몇 클럭을 delay할 것인지를 결정하게 되어 있습니다. 이 값을 설정하게 됩니다. 우리의 경우는 0을 주어서 delay를 주지 않고 있는 것입니다.

Iic_mdd.cpp (c:\wince600\platform\cb6410\src\drivers\iic\mdd)

```
BOOL IIC_IOControl(PHW_OPEN_INFO pOpenContext, DWORD dwCode, PBYTE pBufIn,
        DWORD dwLenIn, PBYTE pBufOut, DWORD dwLenOut, PDWORD pdwActualOut) {
… … … … … …
switch ( dwCode ) {
… … … … … …
case IOCTL_IIC_SET_DELAY:
… … … … … …
        pOpenContext->PDDContextVal.Delay = (IIC_DELAY)*(UINT32*)pBufIn;
        pOpenContext->DirtyBit = 1;
        break;
… … … … … …
```

IOCTL_IIC_SET_DELAY로 IO Control을 호출하게 되면 I2C 드라이버의 MDD 부분의 IIC_IOControl 함수가 호출되고, PDDContextVal.Delay 부분에 우리가 전달한 delay 값이 기록되게 됩니다. 이 값은 추후 I2C 드라이버의 하드웨어 설정 부분에서 S3C6410의 레지스터에 기록이 되는 것입니다.

여기서 우리는 이전에 드라이버의 기초 부분에서 보았던 그림을 다시 볼 필요가 있습니다. 지금까지 우리가 살펴보는 드라이버들은 모두 Monolithic driver로 만들고 있습니다. DDI 함수들을 통해서 작동이 되고 있지만 그 드라이버에서 하드웨어를 직접 건드리고 있는 것입니다. 하지만 망고64의 I2C 디바이스 드라이버는 이러한 방식이 아니라 MDD와 PDD로 나뉘어 있는 구조를 가지고 있습니다.

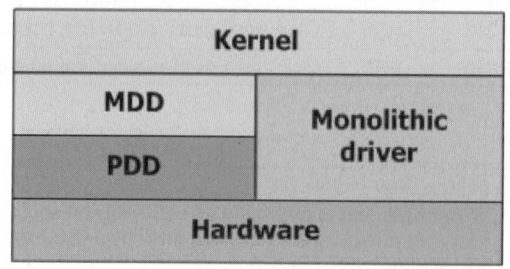

SMB 드라이버에서 IO Control을 호출한 행위는 Kernel을 거쳐서 MDD에 전달되게 되고 I2C 드라이버는 PDD를 거쳐 하드웨어를 제어하는 구조로 되어 있는 것입니다. 여기 망고64에 구현된 I2C 디바이스 드라이버에 대해서 자세하게 살펴보지는 않을 것입니다. 전체적인 개념 부분을 이해해 주시기 바랍니다.

31.4.3. i2c_bus_write() & i2c_bus_read()

i2c_bus_write()과 i2c_bus_read() 부분도 망고24와 망고64는 처리 방법에 있어서 차이를 보이고 있습니다. 위에서 bus_init()을 설명하면서 이에 대해서 이미 살펴보았습니다. 여기서는 보다 자세하게 설명 드리도록 하겠습니다.

여기서 망고24와 망고64의 I2C에 대한 처리 방법의 차이를 간단히 다시 설명 드리면,
- 망고24 – Kernel 레벨로 IO Control을 보내는 것이 아니라, **드라이버 간에 직접 함수 호출이 가능하도록 I2C_FASTCALL 자료 구조를 통해서 직접 호출**합니다.
- 망고64 – 다른 디바이스 드라이버 (I2C 드라이버)를 이용하기 위한 일반적인 방법으로, **Kernel 레벨로 IO Control을 보내줍니다**.

```
int i2c_bus_write(unsigned char dev_addr, unsigned char reg_addr,
                  unsigned char * data, unsigned char datasize) {
… … … … … …
    EnterCriticalSection(&g_csSMB);
    p_smb380->fc.I2CWrite(p_smb380->fc.Context, (p_smb380->dev_addr << 1), // SlaveAddress
                reg_addr, /* WordAddress */ data, datasize);
    LeaveCriticalSection(&g_csSMB);
… … … … … …
}
```

위 내용은 망고24의 i2c_bus_write 함수 입니다. 이 함수 내에서 fc.I2CWrite를 직접 호출하게 됩니다. 이 함수 포인터에는 이전의 초기화 과정을 통해서 이미 HW_Write라는 함수의 주소가 저장되어 있습

니다. 이 함수 주소를 알고 있기 때문에 직접 호출이 가능하게 되는 것입니다.

여기서 한가지 주의해서 살펴볼 부분이 Critical Section과 관련한 사항입니다. fc.I2CWrite를 호출하기 전에 Critical Section 진입을 호출하고 있고, fc.I2CWrite 호출이 끝난 이후에 Critical Section을 종료하는 부분을 호출하고 있습니다. Critical Section과 관련해서는 바로 뒤 절에서 자세히 살펴볼 것입니다. 결국은 하드웨어를 접근하고 있는 순간에 Thread의 스케줄링이 일어나서 혹시라도 이 하드웨어에 대해서 다른 Thread에서 동시에 접근하는 상황이 발생할 경우 동시에 이 작업이 이루어지지 못하도록 막고 있는 것입니다.

g_csSMB라는 이미 만들어져 있는 CRITICAL_SECTION 자원을 이용해서 EnterCriticalSection()을 호출하게 되면 이후에 같은 자원을 이용해서 EnterCriticalSection()을 호출하는 다른 Thread가 있을 경우 이 Thread는 수행을 하지 못하고 Suspend 상태에 진입하게 되는 것입니다. 향후 이전에 Critical Section을 진입했던 Thread가 LeaveCriticalSection()을 통해서 g_csSMB 자원을 반환해 주어야만 비로소 Suspend 상태에서 빠져 나와서 원래 하려던 작업을 진행할 수 있게 됩니다.

```
int i2c_bus_read(unsigned char dev_addr, unsigned char reg_addr,
                unsigned char * data, unsigned char datasize) {
… … … … … …
    EnterCriticalSection(&g_csSMB);
    p_smb380->fc.I2CRead(p_smb380->fc.Context, (p_smb380->dev_addr << 1) + 1,
                    reg_addr, data, datasize);
    LeaveCriticalSection(&g_csSMB);
… … … … … …
}
```

위 내용은 망고24의 i2c_bus_read 함수입니다. i2c_bus_write 함수와 마찬가지로 fc.I2CRead를 직접 호출해주고 있습니다. fc.I2CRead에는 HW_Read 함수에 대한 포인터가 저장되어 있습니다. 역시 Critical Section에 대한 처리를 수행하고 있습니다.

```
int i2c_bus_write(unsigned char dev_addr, unsigned char reg_addr,
                unsigned char * data, unsigned char datasize){
… … … … … …
  IIC_Data.SlaveAddress = (p_smb380->dev_addr << 1);
  IIC_Data.Data = buff;
  IIC_Data.Count = datasize + 1;
  buff[0] = reg_addr;
  for (i = 0; i < datasize; i++) { buff[i+1] = data[i]; }
```

```
    EnterCriticalSection(&g_csSMB);
    DeviceIoControl(p_smb380->SMB380BusHandle, IOCTL_IIC_WRITE,
              &IIC_Data, sizeof(IIC_IO_DESC), NULL, 0, &bytes, NULL) );
    LeaveCriticalSection(&g_csSMB);
    … … … … … …
}
```

위 내용은 망고64의 i2c_bus_write 함수 입니다. 먼저 DeviceIoControl 부분을 보면 I2C 드라이버에 대한 핸들 값을 주면서 IOCTL_IIC_WRITE를 이용해서 호출을 함으로서 커널로 하여금 I2C 드라이버를 적절히 구동해 줄 것을 요청하는 방식으로 구현되어 있는 것을 알 수 있습니다. 물론 당연히 Critical Section에 대한 처리를 수행하고 있습니다.

한가지 주의할 점은 넘겨주는 데이터가 i2c_bus_write 함수에 전달된 내용을 그대로 넘길 수는 없고 해당 자료 구조에 맞도록 변경하는 작업이 필요한 것입니다.

```
typedef struct _IIC_IO_DESC {
    UCHAR    SlaveAddress;      // Slave Address
    PUCHAR   Data;              // pBuffer
    DWORD    Count;             // nBytes to read/write
} IIC_IO_DESC, *PIIC_IO_DESC;
```

IIC_IO_DESC로 정의된 IIC_Data에 적절하게 값을 설정해서 보내주어야 합니다.

```
int i2c_bus_read(unsigned char dev_addr, unsigned char reg_addr,
                 unsigned char * data, unsigned char datasize){
… … … … … …
  IIC_AddressData.SlaveAddress = (p_smb380->dev_addr << 1) + 1;
  IIC_AddressData.Data = &reg_addr;
  IIC_AddressData.Count = 1;
  IIC_Data.SlaveAddress = (p_smb380->dev_addr << 1) + 1;
  IIC_Data.Data = data;
  IIC_Data.Count = datasize;

  EnterCriticalSection(&g_csSMB);
  DeviceIoControl(p_smb380->SMB380BusHandle, IOCTL_IIC_READ, &IIC_AddressData,
        sizeof(IIC_IO_DESC), &IIC_Data, sizeof(IIC_IO_DESC),          &bytes, NULL);
  LeaveCriticalSection(&g_csSMB);
… … … … … …
```

}

위 내용은 망고64의 i2c_bus_read 함수입니다. DeviceIoControl을 호출하면서 IOCTL_IIC_READ를 주고 있습니다. i2c_bus_read의 경우에는 주어야 할 데이터의 구조가 두 가지 입니다. 하나는 주소값을 넘겨주는 부분이고 다른 하나는 실제 읽을 데이터를 저장할 부분이 됩니다. 주소를 넘겨주는 부분이 IIC_AddressData이고, 데이터를 받아서 저장할 부분이 IIC_Data가 되겠습니다.

31.4.4. Critical Section 설정

이제 드라이버의 공유 자원을 보호하기 위한 Critical Section에 대해 알아보도록 하겠습니다.

코드를 살펴보기 전에 동기화 (Synchronization)라는 부분에 대해서 생각해 보겠습니다. Windows CE OS에서 동작되는 Thread는 하나가 아니라 여러 개가 동시에 동작됩니다. 이렇게 여러 Thread가 동시에 수행이 되는 상황에서 어떤 특정한 부분이나 데이터가 동시에 접근이 됨으로 인해서 문제가 발생할 수도 있고, 혹은 어떤 동작이 이루어지는 순서를 맞추어 줄 필요가 있는 경우가 있습니다. 위에서 살펴본 하드웨어에 대한 접근을 동시에 하지 못하도록 막는 것에서부터, 이벤트를 보내고 그 이벤트가 발생할 때까지 기다리는 등의 행위까지도 동기화의 범주로 파악할 수 있는 것입니다.

Windows CE 커널은 Thread 동기화를 위해 다음과 같은 객체(object)를 제공합니다.

- Critical Sections
- Mutexes
- Events
- Semaphores

드라이버 자원(메모리, 디바이스 등)을 공유해야 하는 Thread들은 위의 동기화 객체 및 관련 함수를 이용하여 공유 자원에 대한 순차적 접근을 보장해 줘야 합니다. 즉, 공유 자원에 대한 수정이 한 번에 한 Thread만 가능하도록 해야 하는 것입니다. 한 프로세스에 속하는 Thread 간 동기화는 Critical Section을 사용해야 하고, 다른 프로세스에 속하는 Thread 간 동기화는 Mutex를 사용해야 합니다.

사실 Critical Section이란 용어는 다중 프로세스나 다중 Thread를 지원하는 운영체제가 프로세스 간 혹은 Thread 간에 공유 자원의 순차적 접근을 가능하게 하도록 하는 코드 영역을 지칭하는 것인데, Windows CE에서는 Critical Section을 다루는 한 방법에 이 용어를 사용하고 있습니다. OS마다 사용하는 용어가 조금씩 다르기 때문에 주의해서 봐야 할 부분이기도 합니다. Thread는 프로세스를 이루는 실행 단위로 보면 되는데, 한 Thread가 한 프로세스를 구성할 수도 있고, 여러 Thread가 한 프로세스를 구성할 수도 있습니다. 한 프로세스를 이루는 Thread들은 프로세스에 할당된 자원을 공유하고 각자 우선순위를 가지고 있습니다. Thread나 프로세스는 운영체제가 관리하는 실행 문맥(Context)의 한 단위로 볼 수 있는데, 프로세스는 자기가 사용할 자원을 별도로 할당 받는 반면, Thread는 프로세스에 속하여 이에 할당된 자원을 Thread 간에 공유하도록 하고 있습니다. 다중 프로세스는 운영 체제가 등장한 초창기부터 개념 정리가 되어서 지원되어 왔고 Thread란 개념은 1990년 초반부터 본격적으로 도입되었습니다. 여기서 혼동하기 쉬운 개념으로 다중 프로세서 시스템이 있는데 이것은 CPU가 둘 이상인 시스템을 지칭하는 것으로 이해하면 됩니다.

위의 I2C 함수에서 g_csSMB라는 공유 자원을 이용해서 EnterCriticalSection과 LeaveCriticalSection이 수행되는 것을 보았는데 여기서는 그 자료구조를 초기화 하는 부분이 되겠습니다.

Windows CE는 한 프로세스 내의 Thread들이 공유 자원에 대한 접근을 동기화할 수 있도록 Critical Section Object를 제공합니다. Thread는 공유 자원에 대한 접근 코드를 Critical Section을 통해 보호하도록 하여 동시 접근으로 야기될 수 있는 오류를 방지해야 합니다. Critical Section은 한 프로세스나 DLL에 제한되며 다른 프로세스 간에 사용되는 것은 금지됩니다. 다른 프로세스 사이의 공유 자원 보호는 Mutex를 사용하면 됩니다.

```
CRITICAL_SECTION g_csSMB;

DWORD SMB_Init(PVOID Context) {
… … … … …
        InitializeCriticalSection(&g_csSMB);
… … … … …
```

코드는 무척 단순합니다. CRITICAL_SECTION 구조체의 자료 구조를 g_csSMB로 글로벌 변수로 선언하였고, 이 변수의 주소를 InitializeCriticalSection에 넘겨주면 끝입니다.

$(_PUBLICROOT)\COMMON\SDK\INC\winbase.h
```
typedef struct CRITICAL_SECTION {
    unsigned int LockCount;      /* Nesting count on critical section */
    HANDLE OwnerThread;          /* Handle of owner thread */
    HANDLE hCrit;    /* Handle to this critical section */
    DWORD needtrap;     /* Trap in when freeing critical section */
    DWORD dwContentions;   /* Count of contentions */
} CRITICAL_SECTION, *LPCRITICAL_SECTION;
```

Critical Section을 사용하기 위해선 먼저 CRITICAL_SECTION 구조의 데이터를 선언하여 메모리 영역을 할당 받고 InitializeCriticalSection()을 호출하여 핸들을 생성해야 합니다. 여기서 생성된 핸들을 가지고 EnterCriticalSection()과 LeaveCriticalSection() 함수를 호출하는데 이 사이의 코드가 한 Thread에서 실행이 보장되기 때문에 이 부분에서 공유 자원에 대한 수정 등을 실행하면 됩니다. 만약, 한 Thread가 EnterCriticalSection()를 호출하여 Critical Section에 대한 소유를 점하고 있으면

EnterCriticalSection()를 호출한 다른 Thread는 여기서 실행을 멈추고 Critical Section을 소유하고 있는 Thread가 LeaveCriticalSection()을 호출하여 소유를 풀어줄 때까지 기다립니다. 만약 여러 Thread가 동시에 EnterCriticalSection()를 호출하면 우선 순위가 가장 높은 Thread가 가장 먼저 수행됩니다.

```
void InitializeCriticalSection ( LPCRITICAL_SECTION lpCriticalSection );
```

초기화를 위해서 Critical Section Object에 대한 포인터를 파라미터로 넘겨줍니다. 아래의 모든 다른 관련 함수에서도 동일하게 Critical Section Object에 대한 포인터를 넘겨줍니다. 이 초기화 함수는 Critical Section을 이용하기 전에 반드시 호출되어야 합니다. Critical Section Object는 복사나 이동이 안되며 임의로 수정해서도 안됩니다. Critical Section Object는 반드시 관련 API (아래 설명된 API)에 의해서만 사용되어야 합니다.

```
void DeleteCriticalSection ( LPCRITICAL_SECTION lpCriticalSection );
```

Critical Section Object를 지우고 관련된 시스템 자원을 release 합니다. Critical Section Object는 지워진 후 EnterCriticalSection()/LeaveCriticalSection()로 사용할 수 없습니다.

```
void EnterCriticalSection ( LPCRITICAL_SECTION lpCriticalSection );
```

Critical Section Object에 대한 소유를 획득하는 것입니다. 만약 이 상태에서 다른 Thread에 의해서 먼저 이 자원이 소유가 되었다면 이때 이를 호출한 Thread는 더 이상의 진행을 하지 못하고 Suspend 상태가 됩니다. 이 함수를 호출한 후에 공유 자원에 대해 접근해야 합니다. 코드 수행이 끝나면 LeaveCriticalSection()을 호출하여 소유를 풀어야 합니다.

```
void LeaveCriticalSection ( LPCRITICAL_SECTION lpCriticalSection );
```

Critical Section Object에 대한 소유를 풀어줍니다. 이 함수가 호출된 이후에 같은 공유 자원에 대해서 기다리고 있는 Thread들이 있으면 이들 중에서 가장 우선 순위가 높은 Thread가 자원을 획득하게 됩니다. Critical Section Object에 대한 소유가 없는 Thread는 이 함수를 호출하면 안됩니다.

```
BOOL TryEnterCriticalSection ( LPCRITICAL_SECTION lpCriticalSection );
```

EnterCriticalSection()을 호출하는 것과 비슷하지만 다른 점은 TryEnterCriticalSection()의 경우는 공유 자원에 대해서 소유를 획득하지 못했을 때 달라지게 됩니다. EnterCriticalSection()을 호출한 경우에 공유 자원을 다른 Thread가 사용하고 있기 때문에 소유를 획득하지 못했을 경우에는 Thread가 Suspend 상태로 변하고 계속 기다리게 되는데, TryEnterCriticalSection()을 호출한 경우는 어떤 경우든 반드시 리턴이 됩니다.

이 함수는 Thread의 수행을 멈추지 않고 Critical Section Object에 대한 소유 획득할 때 사용하게 됩니다. 어떤 경우든 바로 리턴이 되면서 그 결과에 대한 것은 리턴 값에 나타나게 됩니다. 정상적으로 소유권을 획득한 경우에는 0이 아닌 값이 리턴 되고, 다른 Thread가 소유하고 있어 Critical Section Object를 획득할 수 없을 때는 0을 리턴 하게 됩니다.

31.4.5. Chip ID & Version 읽기

SMB_Init() 함수의 마지막 과정은 칩의 ID와 버전을 읽어 보는 부분입니다.

```
/* read Chip Id */
p_smb380->SMB380_BUS_READ_FUNC(p_smb380->dev_addr, CHIP_ID__REG, &cdata, 1);
p_smb380->chip_id = SMB380_GET_BITSLICE(cdata, CHIP_ID);
cdata = 0;
/* read Version reg */
p_smb380->SMB380_BUS_READ_FUNC(p_smb380->dev_addr, ML_VERSION__REG, &cdata, 1);
p_smb380->ml_version = SMB380_GET_BITSLICE(cdata, ML_VERSION); /* get ML Version */
p_smb380->al_version = SMB380_GET_BITSLICE(cdata, AL_VERSION); /* get AL Version */
```

위 내용은 꼭 수행해야 하는 내용은 아니지만 디바이스 드라이버 관련 부분이 정확하게 동작하고 있는가를 시험해보기 위한 코드라고 이해하시면 됩니다. SMB380_BUS_READ_FUNC를 이용해서 bus_read를 호출하고 있는 것이고 결국 i2c_bus_read가 호출됩니다. CHIP_ID__REG를 주소로 주어서 값을 읽고 SMB380_GET_BITSLICE를 이용해서 Chip ID 부분만 취하는 동작을 수행하고 있습니다. ML_VERSION__REG를 통해서 ML과 AL 버전을 각각 읽어서 역시 SMB380_GET_BITSLICE를 이용해서 각 부분을 추출하고 있습니다. 이전에 설명 드린 내용을 참고 바랍니다.

31.4.6. SMB 드라이버 초기화 완료 설정

BOOL smbInitialized = FALSE;로 선언되어 있는 글로벌 변수에 TRUE를 지정함으로써 SMB_Init()이 호출되어 정상적으로 동작을 마쳤음을 기록해 놓게 됩니다.

```
smbInitialized = TRUE;
```

이 부분은 뒤에서 SMB_Deinit() 부분에서 활용되게 됩니다. 또한 IO Control 부분에서도 이 값이 정상적으로 TRUE가 아닌 경우에는 동작을 하지 않도록 하는 부분도 일부 존재하게 됩니다.

31.5. SMB_Deinit()과 나머지 DDI 함수 분석

31.5.1. SMB_Deinit()

스트림 인터페이스 드라이버는 등록 해제에 필요한 DDI 함수 XXX_Deinit()을 구현해야 합니다. SMB_Deinit()은 장치관리자가 드라이버를 더 이상 사용하지 않고 메모리에서 제거하기 전에 불립니다. 이것은 드라이버 등록 함수 SMB_Init()에 대응되는 함수로 등록 방법에 따라 그에 대응되는 해제 방법이 있습니다.

RegisterDevice()	DeregisterDevice()
ActivateDevice(), ActivateDeviceEx()	DeactivateDevice()

RegisterDevice()로 등록하였을 경우에는 DeregisterDevice()로 해제가 될 것이고, ActivateDevice()나 ActivateDeviceEx()로 등록이 되었을 경우에는 DeactivateDevice()로 등록 해제가 될 것입니다.

등록 해제 함수에서는 드라이버에 할당된 리소스를 반환하고 해당 디바이스를 OFF하는 등 디바이스가 더 이상 사용되지 않는 상황을 위한 작업을 수행합니다. 그런데, 만약 어떤 Thread가 드라이버를 열고 있거나 IO 작업을 수행하는 도중에 다른 Thread가 등록 해제를 한다면 문제가 생길 수 있습니다. 즉, 다른 Thread가 리소스(메모리나 IO 포트 등)을 반환한지 모르고, 접근을 시도한다면 Exception이 발생할 수 있습니다. 이런 경우를 방지하기 위해 드라이버가 사용 중인 상태를 저장하고 이 상태와 드라이버 리소스에 대한 접근을 위에서 알아본 Critical Section 으로 보호하도록 합니다. 드라이버를 사용 중인 모든 Thread가 닫기 함수를 호출한 후 리소스 반환이 되도록 구현하면 됩니다.

Windows CE에서는 이러한 경우에 (동일한 리소스에 대해 둘 이상의 Thread가 경쟁하는 경우, Race Condition이라 부릅니다) 대비해서 XXX_Preinit()이란 함수를 정의하고 있습니다. XXX_Deinit()이 호출되기 전에 XXX_Preinit()을 호출하도록 하고 디바이스에 대한 참조횟수(Reference Count)가 0일 때만 XXX_Deinit()이 호출되도록 하여 위에서 설명한 Race Condition을 피하도록 하고 있습니다. 만약, Windows CE에서 드라이버의 XXX_Preinit() 함수를 등록했다면 장치관리자가 참조횟수가 0인 경우에 대해서만 XXX_Deinit()을 호출하기 때문에 보다 안정적인 드라이버를 구현할 수 있습니다. 그러나, 여기서는 리소스 관리와 Thread간 동기화에 대해 드라이버 레벨에서 구현해 보기 위해 SMB_Deinit()만 구현하도록 합니다.

SMB_Deinit()은 아래와 같은 순서로 구현하였습니다.
- 초기화 되지 않은 경우엔 그냥 리턴 합니다.
- I2C 버스 관련 자원을 반환합니다.
- 모든 핸들을 close 합니다.

```
BOOL SMB_Deinit(DWORD dwContext) {
  if (!smbInitialized)
```

```
    return FALSE;
  bus_deinit();
  if(p_smb380->SMB380InterruptInitialized == TRUE){
    CloseHandle(p_smb380->SMB_hIST);
    InterruptDisable(p_smb380->SYSINTR_SMB380);
    CloseHandle(p_smb380->SMBInterruptEvent);
    CloseHandle(p_smb380->SMBWaitInterruptEvent);
    CloseHandle(p_smb380->SMBInterruptProcessedEvent);
  }
  smbInitialized = FALSE;
  return TRUE;
}
```

SMB_Init()에서 정상적으로 모든 초기화 과정을 마친 이후에 설정했던 smbInitialized 부분을 여기서 참조해서 그것이 TRUE인 경우에만 동작하도록 합니다.

```
int bus_deinit(){
        RETAILMSG(SMB_DBG_0, (TEXT("SMB::bus_deinit()\r\n")));
        CloseHandle(p_smb380->SMB380BusHandle);
        p_smb380->bus_write = NULL;
        p_smb380->bus_read  = NULL;
        return 0;
}
```

bus_deinit() 부분은 bus_init()에서 수행한 것들을 해제하는 작업이 이루어지고 있는 것입니다. SMB380BusHandle 부분에 저장했던 I2C 디바이스 드라이버에 대한 핸들 값을 반환하고 있고, 각 I2C Read/Write 함수 포인터 부분들도 NULL로 만들고 있습니다.

우리는 SMB380 디바이스를 인터럽트 모드로 사용하지 않기 때문에 SMB380InterruptInitialized 부분은 늘 FALSE로 되어 있습니다. 그러므로 위에서 인터럽트와 관련한 핸들 값들을 해제하는 부분은 수행되지 않을 것입니다.

31.5.2. 나머지 DDI 함수

3축 센서 드라이버에서 초기화 함수 (SMB_Init, SMB_Deinit) 외에 실제 입출력을 위해 필요한 DDI 함수는 SMB_IOControl 함수로 충분합니다. 따라서, 나머지 DDI 함수는 다음과 같이 정의만 하도록 합니다. 특별히 사용되지는 않습니다.

```
VOID SMB_PowerDown(DWORD dwContext){
    UNREFERENCED_PARAMETER(dwContext);
}

VOID SMB_PowerUp(DWORD dwContext){
    UNREFERENCED_PARAMETER(dwContext);
}

DWORD SMB_Open(DWORD Context, DWORD Access, DWORD ShareMode){
    return Context;          // 0 indicates failure
}

BOOL SMB_Close(DWORD Context) {
     return TRUE;
}

DWORD SMB_Read(DWORD   dwContext, LPVOID pBuf, DWORD   Len) {
     return  0;
}

DWORD SMB_Write(DWORD   dwContext, LPVOID pBuf, DWORD   Len) {
     return  0;
}

ULONG SMB_Seek(PVOID Context, LONG Position, DWORD Type) {
     return (DWORD)-1;
}
```

사실 SMB380 드라이버의 가장 주요한 동작의 부분은 SMB_IOControl 함수 부분입니다. 여기서는 일단 이에 대한 설명을 생략합니다. 이 부분은 뒤에서 응용프로그램을 분석하면서 함께 공부하는 것이 효과적이기 때문입니다.

31.6. 드라이버 초기화 실행 확인

디바이스 드라이버가 초기에 어떻게 수행되는 지를 망고24와 망고64에서 확인해 보도록 하겠습니다. BSP를 새로 빌드하고 이미지를 다시 올려 정상적으로 드라이버가 동작하는 확인합니다.

```
DNW v0.60C - For WinCE  [COM3,115200bps] [USB:x] [ADDR:...
Serial Port  USB Port  Configuration  Help
(IOCTL_PWRCON_SET_POWER_OFF, 13) : BLKPWR_DOMAIN_V Off

[MFC POWER] Power is down-OALIntrRequestSysIntr(irq = 18, sysIntr
= 30)
=====ThreeAxisDllEntry: DLL_PROCESS_ATTACH
SMB::SMB_Init()
SMB::bus_Init()
SMB::bus_Init()--GOOD
SMB::bus_Init()---END
SMB::i2c_bus_read: 0x0, 0xC10180B2, 1
SMB::i2c_bus_read: 0x1, 0xC10180B2, 1
SMB_Init: Get chip info chipid 0, mlversion 2, alversion 0.
SMB::SMB_Init(): End
PRS_Init: SMD500 pressure sensor detected. chipid 0.
BTN Driver : DLL_PROCESS_ATTACH
BTK_Init() pContext:Drivers\Active\51, dwBusContext:0
-OALIntrRequestSysIntr(irq = 0, sysIntr = 31)
```
<망고64 초기 수행 화면>

```
DNW v0.60C - For WinCE  [COM3,115200bps] [USB:x] [ADDR:...
Serial Port  USB Port  Configuration  Help
SDHCSetRate - Actual clock rate = 24000000
CSDHCSlotBase::Start
++++++++++++++++++++SDHCControllerIst - Card is Inserted!
0xD28943A4
=====ThreeAxisDllEntry: DLL_PROCESS_ATTACH
SMB::SMB_Init()
SMB::bus_Init()
SMB::bus_Init()--GOOD
SMB::bus_Init()---END
i2c_bus_read[d00e9080]: 0x0, 0xC0B580C4, 1
i2c_bus_read[d00e9080]: 0x1, 0xC0B580C4, 1
SMB_Init: Get chip info chipid 2, mlversion 1, alversion 1.
SMB::SMB_Init(): End
```
<망고24 초기 수행 화면>

32. Rotate_GSensor 응용 프로그램 만들기

이전 장에서 이미 포함된 rtest 프로그램을 이용해서 사용자가 망고보드를 들고 회전하면서 시험했을 때 화면이 90도로 회전하는 것을 해봤습니다. 이번 장에서는 그 응용 프로그램의 내용을 분석해 보도록 하겠습니다.

32.1. Rotate_GSensor 프로젝트 빌드 후 실행

먼저 어플리케이션 프로젝트를 만들어서 실행하는 작업을 수행할 것입니다.

32.1.1. Rotate_GSensor 응용 프로그램 다운로드

아래 사이트에 접속을 해서 rotate_gsensor_simple.zip을 다운로드 받습니다.

```
(ARM, S3C2443, S3C6410) Windows CE - Rotate_GSensor_Simple
http://cafe.naver.com/embeddedcrazyboys/7833
```

다운로드 한 압축 파일을 풀어보면 4개의 파일을 확인할 수 있습니다.

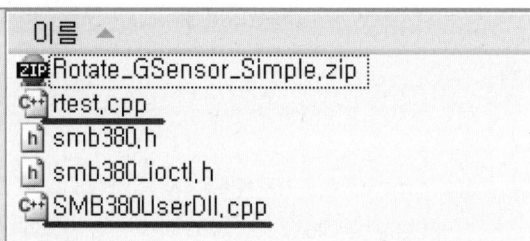

위의 두 개의 소스 (rtest.cpp, SMB380UserDll.cpp) 파일을 이용해서 빌드를 수행하면 SMB380 디바이스 드라이버를 이용해서 사용자가 망고보드를 들고 있는 방향에 따라서 화면을 회전시키는 응용프로그램을 구동할 수 있게 됩니다.

이제 위 다운로드 받은 소스를 이용해서 프로젝트를 만드는 것을 해보도록 하겠습니다.

32.1.2. Rotate_GSensor 프로젝트 만들기

새 프로젝트 만들기를 선택해서 스마트 장치의 Win32 스마트 장치 프로젝트를 선택하고 적절한 이름과 폴더의 위치를 지정합니다.

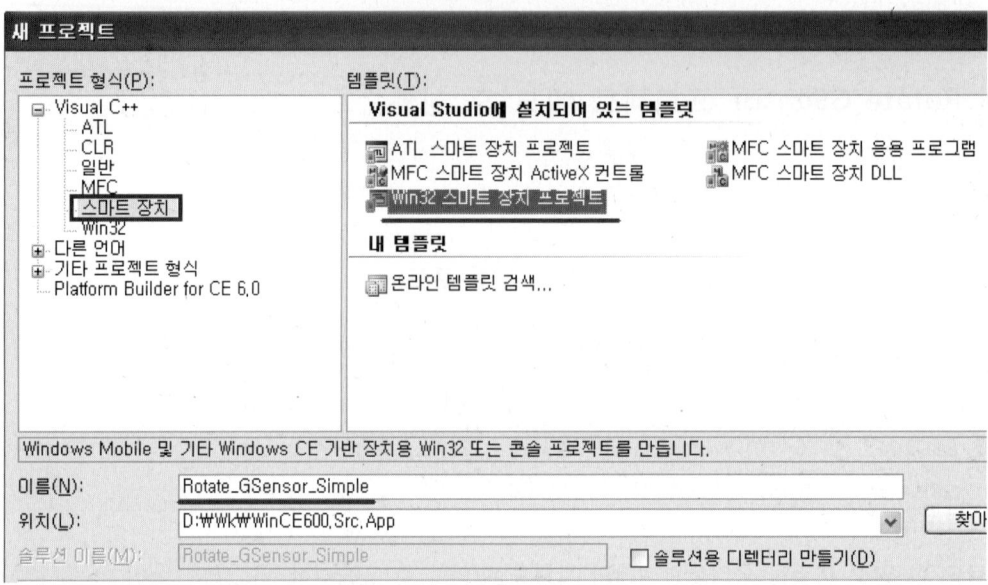

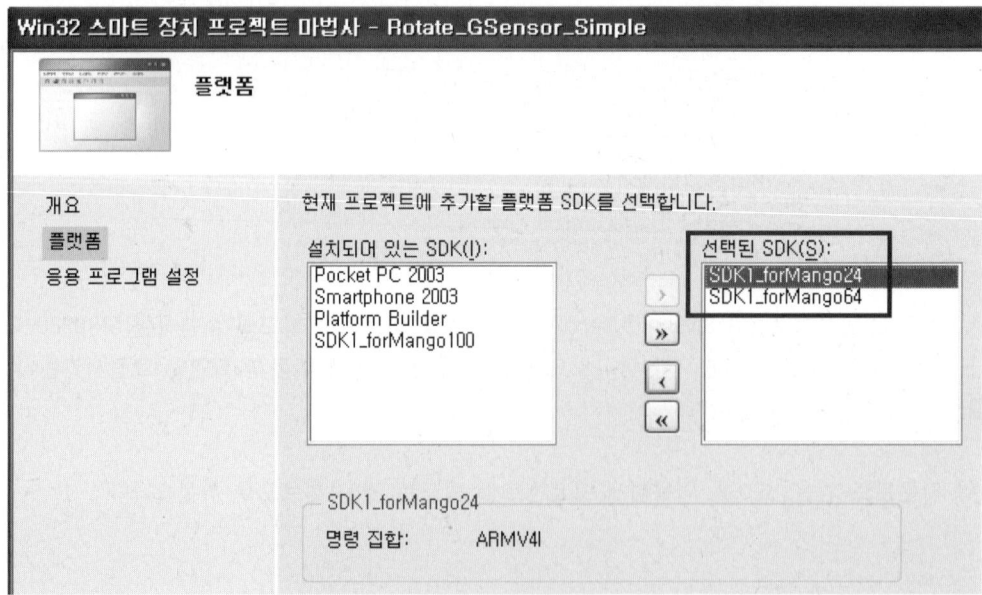

자신의 보드 상황에 맞도록 해당 SDK를 선택합니다. 저는 망고24와 망고64를 모두 선택해서 이용할 것입니다.

32. Rotate_GSensor 응용 프로그램 만들기

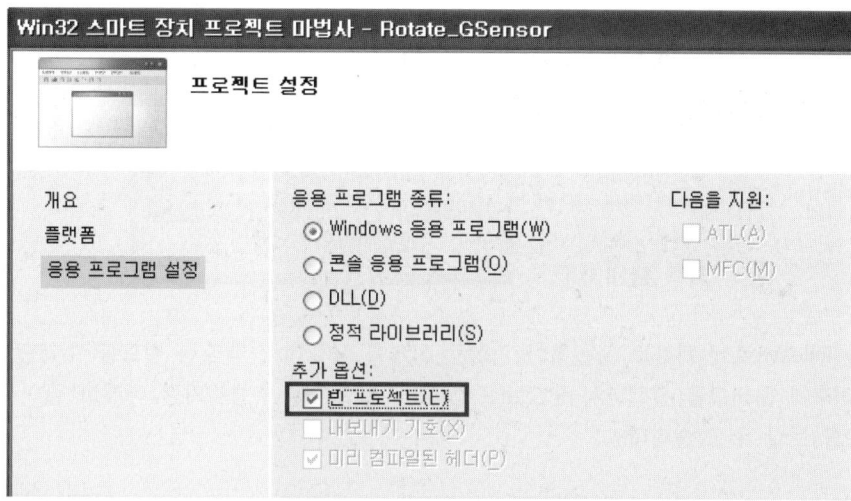

프로그램 추가 옵션 부분의 빈 프로젝트를 선택해서 Visual Studio 2005가 자동으로 어떤 내용을 생성해 주지 못하도록 설정하였습니다.

소스 파일 위치에서 마우스 오른쪽 버튼을 눌러서 추가 > 기존 항목을 선택합니다.

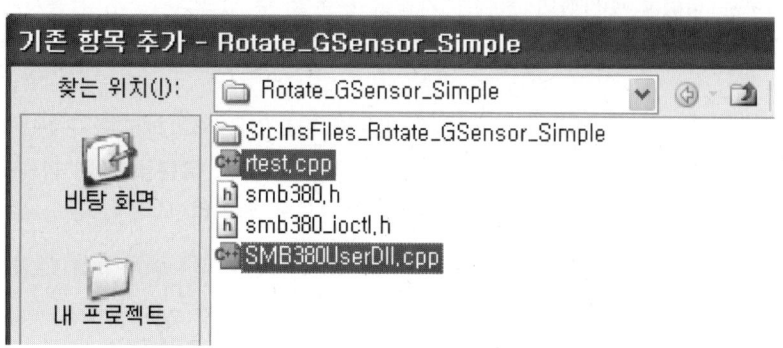

SMB380UserDll.cpp와 rtest.cpp를 선택해서 추가합니다.

빌드 모드를 Release로 선택하고 자신이 추가했던 SDK를 적절히 선택해서 빌드를 수행합니다. 빌드가 완료된 이후에 디버그를 선택해서 망고보드에 이 프로그램을 수행시키면 아래와 같이 화면에 출력되는 내용을 보실 수 있습니다.

```
SMB::SMB_IOControl() 0x1012f8c
SMB::i2c_bus_read: 0x2, 0xC10180BC, 6
acc.x = 16
acc.y = -1
acc.z = 135
```

위 출력 내용이 주기적으로 계속 반복해서 수행됩니다. 이 상태에서 망고보드를 전후 좌우로 기울이면 화면이 그에 따라서 변하는 모습을 확인할 수 있습니다. SMB::SMB_IOControl() 0x1012f8c 부분에서 0x1012f8c가 의미하는 것은 IO Control의 코드 값입니다. 이 값이 나오게 된 과정도 뒤에 설명이 될 것입니다.

32.2. SMB_IOControl() 분석

이제 이전 장에서 분석을 미뤘던 SMB_IOControl() 부분의 내용을 본격적으로 분석하도록 하겠습니다. SMB_IOControl 함수는 디바이스에 명령을 내려 보내 제어 및 상태 정보 교환을 목적으로 사용되는데, 사용자가 원하는 명령을 추가하여 원하는 기능을 구현할 수 있습니다. 즉, 사용자가 원하는 목적으로 확장이 자유로운 부분입니다. 디바이스 드라이버의 주된 처리 부분이라고 말할 수 있습니다.

3축 센서 드라이버에서는 SMB_IOControl 함수를 이용해 입출력을 처리하도록 구현되어 있습니다. IOCTL 명령은 SMB380을 초기화하고 각각의 레지스터를 읽고 쓰는 부분을 모두 명령으로 정의하여 응용프로그램이 이 명령을 통해 원하는 동작과 결과를 얻도록 합니다.

32.2.1. SMB380UserDll.cpp IO Control 호출 함수들

분석에 앞서서 SMB380UserDll.cpp의 함수들 내용을 먼저 보겠습니다. SMB380UserDll.cpp에는 총 4개의 함수가 들어 있습니다. 이 부분은 원래 보쉬에서 제공해주는 드라이버 소스인데 무수히 많은

32. Rotate_GSensor 응용 프로그램 만들기

함수들이 들어 있었습니다. 이 중에서 사용하는 4개의 함수만 남기고 나머지는 모두 지운 것입니다. 대부분의 내용이 IO Control을 이용하는 부분입니다.

SMB380UserDll.cpp (d:\wk\wince600.src.app\rotate_gsensor_simple)

```
int smb380_init() {
… … … … … …
    smb380handle=CreateFile(_T("SMB1:"),GENERIC_READ|GENERIC_WRITE,0,
        NULL,OPEN_EXISTING,0,NULL);
… … … … … …
    fRet = DeviceIoControl( smb380handle, IOCTL_SMB380_INIT,
                    NULL, 0, NULL, 0, NULL, NULL );
… … … … … …
}
```

먼저 smb380_init() 부분을 보면 최초로 SMB1이라는 이름을 주어서 SMB 디바이스 드라이버를 사용하도록 CreateFile을 호출하고 있는 것이 보입니다. 우리가 드라이버를 레지스트리에 등록하면서 Index를 주지 않았기 때문에 1부터 시작하는 것이고 Prefix로 주었던 SMB와 1을 결합해서 SMB1으로 불러주고 있는 것입니다. 이후에는 IOCTL_SMB380_INIT으로 DeviceIoControl을 호출해 주고 있습니다.

SMB380UserDll.cpp (d:\wk\wince600.src.app\rotate_gsensor_simple)

```
int smb380_set_range(char range) {
… … … … … …
    fRet = DeviceIoControl( smb380handle, IOCTL_SMB380_SET_RANGE,
        &range, sizeof(char), NULL, 0, NULL, NULL );
… … … … … …
}

int smb380_read_accel_xyzt(smb380acc_t * acc) {
… … … … … …
    fRet = DeviceIoControl( smb380handle, IOCTL_SMB380_READ_ACCEL_XYZT,
        NULL, 0, acc, sizeof(smb380acc_t), NULL, NULL );
… … … … … …
}

int smb380_read_reg(read_reg *reg, unsigned char *data) {
… … … … … …
    fRet = DeviceIoControl( smb380handle, IOCTL_SMB380_READ_REG,
```

```
                  reg, sizeof(read_reg), data, reg->len, NULL, NULL );
… … … … … …
}
```

나머지 3개의 함수들 역시 DeviceIoControl을 호출하는 것이 주된 작업이고 각각 IOCTL_SMB380_SET_RANGE와 IOCTL_SMB380_READ_ACCEL_XYZT, IOCTL_SMB380_READ_REG를 주고 있습니다. 이 내용을 표로 정리해 보았습니다.

Application 호출 함수 이름	DeviceIoControl 코드 값
smb380_init()	IOCTL_SMB380_INIT
smb380_set_range()	IOCTL_SMB380_SET_RANGE
smb380_read_accel_xyzt()	IOCTL_SMB380_READ_ACCEL_XYZT
smb380_read_reg()	IOCTL_SMB380_READ_REG

사실 표에서 보이는 왼쪽의 함수들은 DeviceIoControl 코드를 호출함에 있어서 보다 편리하게 호출하도록 함수를 만들어 놓은 것에 지나지 않는다는 것을 알 수 있습니다.

32.2.2. IO Control 코드 값

IOCTL 명령에서 사용할 define 값들은 smb380_ioctl.h 파일에 정의되어 있습니다.

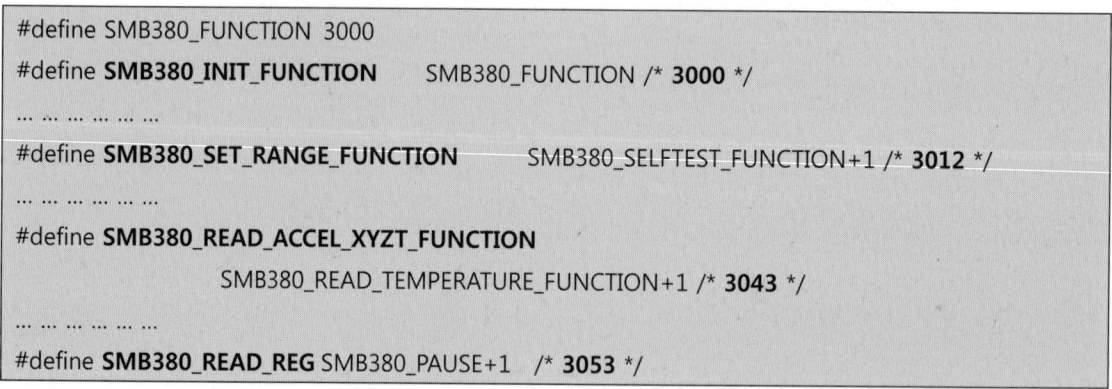

수많은 내용 중에서 우리가 사용하는 4개의 값들에 대한 것만 추려보면 위와 같습니다. 각각 이전 값에 1을 더한 값으로 정의되어 있고 계산을 해보면 각각 해당하는 값이 오른쪽에 적혀있는 주석의 숫자와 같습니다. 위 값이 그대로 IOCTL 코드 값으로 사용하는 것은 아니고 위 값을 이용해서 코드 값을 계산하는 방법이 아래에 적혀 있습니다.

```
#define IOCTL_SMB380_INIT CTL_CODE( FILE_DEVICE_HAL, SMB380_INIT_FUNCTION,
```

```
METHOD_BUFFERED, FILE_ANY_ACCESS)
#define IOCTL_SMB380_SET_RANGE CTL_CODE( FILE_DEVICE_HAL, SMB380_SET_RANGE_FUNCTION,
METHOD_BUFFERED, FILE_ANY_ACCESS)
#define IOCTL_SMB380_READ_ACCEL_XYZT CTL_CODE( FILE_DEVICE_HAL,
SMB380_READ_ACCEL_XYZT_FUNCTION, METHOD_BUFFERED, FILE_ANY_ACCESS)
#define IOCTL_SMB380_READ_REG CTL_CODE( FILE_DEVICE_HAL, SMB380_READ_REG,
METHOD_BUFFERED, FILE_ANY_ACCESS)
```

모든 내용이 CTL_CODE라는 매크로를 사용해서 정의되고 있습니다.

Winioctl.h (c:\wince600\public\common\sdk\inc)

```
#define METHOD_BUFFERED              0
#define FILE_ANY_ACCESS              0
#define FILE_DEVICE_HAL              0x00000101
#define CTL_CODE( DeviceType, Function, Method, Access ) ( \
    ((DeviceType) << 16) | ((Access) << 14) | ((Function) << 2) | (Method) )
```

CTL_CODE 매크로는 Winioctl.h에 위와 같이 정의되어 있습니다. 우리가 사용하는 코드들은 모두 FILE_DEVICE_HAL, METHOD_BUFFERED, FILE_ANY_ACCESS를 사용하고 있습니다. 그러므로 SMB380_INIT_FUNCTION을 이용하여 코드 값을 계산하는 것을 한번 해보도록 하겠습니다.

FILE_DEVICE_HAL은 0x101이기 때문에 이를 바이너리로 변경하면 100000001이 됩니다. 그리고 이것을 16 비트를 왼쪽으로 shift하기 때문에 결국 1 0000 0001 0000 0000 0000 0000이 됩니다. Access 부분과 Method 부분은 0이기 때문에 큰 신경을 쓸 필요가 없고, Function 부분이 3000이기 때문에 이를 바이너리로 만들면 1011101111000이 됩니다. 이를 2비트 왼쪽으로 shift하기 때문에 101110111000 00이 됩니다.

```
100000001 + 00 + 101110111000 + 00
10000000100101110111000 00 = 1012EE0
```

이를 수식으로 표현한 것이 위의 내용입니다. 이와 같은 방식으로 우리가 사용하는 4개의 IOCTL 코드 값을 모두 찾으면 아래의 표와 같습니다.

IOCTL 코드 define	Function 값	코드 hex 값
IOCTL_SMB380_INIT	3000	0x1012EE0
IOCTL_SMB380_SET_RANGE	3012	0x1012F10
IOCTL_SMB380_READ_ACCEL_XYZT	3043	0x1012F8C
IOCTL_SMB380_READ_REG	3053	0x1012FB4

결국 위 코드 값을 출력되는 출력문에서 찾으면 어떤 내용이 수행되고 있는 것인지를 알 수 있습니다.

```
SMB::SMB_IOControl() 0x1012f8c
SMB::i2c_bus_read: 0x2, 0xC10180BC, 6
acc.x = 16
... ... ... ... ... ...
```

위에서 살펴보았던 수행에서 SMB_IOControl() 0x1012f8c 출력문을 본적이 있었습니다. 결국 이것은 X, Y, Z 축 각각에 대한 가속도 데이터를 모두 읽고 있는 동작을 수행 중이라는 것을 알 수 있습니다.

32.2.3. IOCTL_SMB380_INIT

SMB380의 초기화 관련 명령을 처리하는 부분은 다음과 같습니다.

```c
case IOCTL_SMB380_INIT:
  __try {
    if (!smbInitialized) {
      bus_init();
      // 인터럽트 관련 처리
      // Chip ID, Version 읽는 작업
      smbInitialized = TRUE;
    } // if (!smbInitialized)
    dwErr = ERROR_SUCCESS;
  }
  __except(EXCEPTION_EXECUTE_HANDLER) {
    printf("%s: exception in ioctl\r\n", pszFname);
    dwErr = ERROR_INVALID_PARAMETER;
  }
  break;
```

사실 그다지 하는 일은 없습니다. 다만 디바이스가 초기화 되어있지 않으면 bus_init()을 호출해서 초기화 하는 작업을 수행하려고 하는 것인데 우리의 경우는 SMB_Init() 함수에서 모든 내용을 수행하고 있기 때문에 이 부분은 수행되지 않게 됩니다.

여기서 한가지 살펴볼 중요한 부분이 등장합니다. 바로 try-except 처리에 대한 부분입니다. 각 명령에 대한 처리 부분을 __try 문으로 감싸고 이에 대한 exception 처리 부분을 __except 키워드를 사용해서 정의하고 있습니다. 디바이스 드라이버에서 이와 같이 중요 부분에 대한 디버깅이 가능하도록 try-except 구문을 이용하는 경우가 있습니다.

<try-except 구문>

여기서 try-except 구문에 대해서 보다 자세하게 살펴보도록 하겠습니다. 구현을 하는 개발자가 생각할 때 민감하거나 예외 상황이 발생할 가능성이 높은 코드의 내용을 brace로 묶어서 _try 키워드를 이용해서 기술하게 됩니다. 바로 위에서 본 것처럼 _try { ... } 부분에 실제 수행되어야 할 코드가 들어가게 됩니다. _try 키워드가 의미하는 것은, 그 내부의 코드에서 만약 예외 상황이 발생하였을 때 바로 뒤이어서 나오는 _except 키워드를 가지는 부분을 exception handler로 호출해 준다는 것을 의미합니다.

```
_try
{
// Place guarded code here.
}
_except (filter-expression)
{
// Place exception-handler code here.
}
```

_except 키워드에는 filter expression을 넣어주게 됩니다. 이것은 다음의 하나의 값이 됩니다.

```
#define EXCEPTION_EXECUTE_HANDLER      1
#define EXCEPTION_CONTINUE_SEARCH      0
#define EXCEPTION_CONTINUE_EXECUTION  -1
```

각각의 내용은 위와 같이 1, 0, -1 중의 하나의 값으로 정의됩니다. 이 define 값을 그대로 기술할 수도 있고, 특정 함수를 만들어서 그 함수의 리턴 값을 이용하기도 합니다. 어쨌든 filter expression의 값이 최종적으로 어떤 값을 가지느냐에 따라서 처리가 달라지는 것입니다.

EXCEPTION_EXECUTE_HANDLER	바로 이 부분이 Exception 핸들러 부분이 되고, Exception이 발생한 지점에서 수행이 지속되는 것이 아니라 Exception 핸들러에서 System Thread가 수행됩니다.
EXCEPTION_CONTINUE_SEARCH	이 경우 시스템은 적절한 Exception 핸들러를 찾는 작업을 계속 하게 됩니다.
EXCEPTION_CONTINUE_EXECUTION	이 경우 시스템은 Exception이 해결 되었다고 판단하게

	됩니다. Thread의 수행은 exception이 발생했던 지점에서 다시 수행을 이어나가게 됩니다. 이 값은 (-1)로 정의되고 종종 특정한 필터 함수를 만들어서 그 함수의 수행으로 exception에 대한 처리를 하고 그것이 정상적일 경우 이전의 수행을 계속할 수 있도록 한다고 했을 때 그 필터 함수는 보통 이 (-1) 값을 리턴 하게 됩니다.

<try-finally 구문>

위의 예에는 없지만 __try와 __finally로 이루어진 구문도 존재합니다. 이 부분에 대해서도 잠시만 설명하도록 하겠습니다. __try와 __finally로 이루어진 구문을 Termination 핸들링이라고 부릅니다. Termination이라는 말에서도 느낄 수 있는 것처럼 뭔가 종료를 하는 상황에서 사용되는 것입니다.

```
__try {
// Place guarded code here.
// 이 부분에 __leave 키워드가 들어갈 수 있습니다.
}
__finally {
// Place termination code here.
}
```

이것의 특징은 __finally 부분, 즉 Termination 핸들러 부분은 항상 수행이 된다는 것입니다. 수행을 시스템에서 보장해 준다고 표현할 수 있겠습니다. 만약 __try 부분에 있는 코드에서 exception이 발생하는 상황에서 비 정상적으로 코드의 종료가 일어날 경우에도 당연히 __finally 부분이 수행되겠지만 그런 상황이 아닌 정상적인 상황으로 __try 부분이 종료 되었어도 __finally 부분이 수행된다는 의미입니다.

만약 어떤 Thread의 수행이 이제 모두 종료되는 상황일 때 이러한 Termination 핸들링은 매우 유용한 방식이 될 수 있습니다. 각종 오픈을 했던 파일이던지 혹은 할당을 받았던 메모리든지 여러 가지 리소스에 대한 해제 작업을 해주어야 하는데 이러한 과정 중에서 뜻하지 않은 exception이 발생할 경우에도 __finally 부분은 반드시 수행이 되도록 함으로서 리소스의 해제 및 종료에 대한 처리를 안전하게 수행할 수 있는 것입니다.

__try 부분에서 __leave라는 키워드를 사용할 수도 있습니다. 이 키워드를 만나면 그 지점에서 코드의 수행은 멈추게 되고 바로 __finally 부분의 코드가 수행되게 됩니다. 그런데 이때 현재의 스텍 상태는 그대로 유지된 상태에서 __finally 부분이 수행됩니다.

32.2.4. IOCTL_SMB380_SET_RANGE

다음은 SMB380의 Range를 설정하는 부분이 됩니다.

```
case IOCTL_SMB380_SET_RANGE:
  __try {
    if(smb380_set_range(*(char*)pInBuf) != 0){
      dwErr = ERROR_INVALID_PARAMETER;
      break;
    }else{
      dwErr = ERROR_SUCCESS;
    }
  }
  __except(EXCEPTION_EXECUTE_HANDLER) {
    printf("%s: exception in ioctl\r\n", pszFname);
    dwErr = ERROR_INVALID_PARAMETER;
  }
  break;
```

코드의 내용은 그다지 어렵지 않습니다. 위에서 설명 드렸던 try-except 구문을 여기서도 사용하고 있고, 결국은 smb380_set_range를 호출하는 것입니다.

```
int smb380_set_range(char range) {
… … … … … …
  p_smb380->SMB380_BUS_READ_FUNC(p_smb380->dev_addr, RANGE__REG, &cdata, 1 );
  cdata = SMB380_SET_BITSLICE(cdata, RANGE, range);
  p_smb380->SMB380_BUS_WRITE_FUNC(p_smb380->dev_addr, RANGE__REG, &cdata, 1);
… … … … … …
}
```

smb380_set_range 함수는 에러 처리 부분이나 주석 및 출력문들을 제외하면 위의 3개의 문장으로 압축됩니다. 결국 RANGE__REG 주소의 데이터를 읽어서 그 값에 range에 전달된 값을 OR 연산해서 수정하고 다시 RANGE__REG 주소로 Write하는 것입니다.

15h	SPI4	enable_adv_INT	new_data_INT	latch_INT	shadow_dis	wake_up_pause		wake_up
14h	reserved			range<1:0>		bandwidth<2:0>		
13h				customer_reserved 2 <7:0>				

Range는 어드레스 0x14 번지의 3번과 4번 비트 위치에 존재하는 값입니다.

range<1:0>	Full scale acceleration range
00	+/- 2g
01	+/- 4g
10	+/- 8g
11	Not authorised code

Range는 2 비트의 공간을 가지고 있고 각각의 비트 값에 따라서 ±2g/±4g/±8g의 가속도 측정 범위를 지정할 수 있는 것입니다.

```
#define SMB380_SET_BITSLICE(regvar, bitname, val)₩
                (regvar & ~bitname##__MSK) | ((val<<bitname##__POS)&bitname##__MSK)
```

SMB380_SET_BITSLICE는 위와 같이 정의되어 있고, 결국 RANGE__MSK를 이용해서 해당 부분을 0으로 만들고, RANGE__POS를 이용해서 설정할 부분의 값을 shift시켜서 OR 연산으로 값을 설정하는 것입니다.

```
#define RANGE__POS           3
#define RANGE__LEN           2
#define RANGE__MSK           0x18
#define RANGE_BWIDTH_REG     0x14
#define RANGE__REG           RANGE_BWIDTH_REG
```

해당하는 내용들은 위와 같이 정의되어 있습니다.

32.2.5. IOCTL_SMB380_READ_ACCEL_XYZT

다음은 3축 가속 데이터를 읽어 오는 부분이다.

```
case IOCTL_SMB380_READ_ACCEL_XYZT:
… … … … … …
   if(smb380_read_accel_xyzt((smb380acc_t *)pOutBuf) != 0){
… … … … … …
   break;
```

이 부분 역시 마찬가지로 smb380_read_accel_xyzt 함수를 부르는 것입니다. try-except 구문을 여기서도 사용하고 있습니다만 모두 생략하였습니다. 이번에는 pOutBuf를 이용해서 값을 읽어오게 될 것입니다. smb380_read_accel_xyzt 함수와 관련해서는 이전 장에서 자세하게 분석한 적이 있습니다. 그 부분을 참조해 주시기 바랍니다.

32.2.6. IOCTL_SMB380_READ_REG

다음은 SMB380의 레지스터를 읽는 일반적인 명령에 대한 부분입니다.

```
case IOCTL_SMB380_READ_REG:
… … … … … …
   if(smb380_read_reg(((read_reg*)pInBuf)->addr,
                (unsigned char*)pOutBuf, ((read_reg*)pInBuf)->len) != 0){
… … … … … …
   break;
```

이 부분 역시 마찬가지로 smb380_read_reg 함수를 부르는 것이 주요 작업입니다. try-except 구문을 여기서도 사용하고 있습니다만 모두 생략하였습니다. 이번에도 pOutBuf를 이용해서 값을 읽어오게 될 것입니다. 하지만 위의 smb380_read_accel_xyzt와는 달리 pInBuf를 통해서 주소와 크기 정보를 함께 보내주고 있습니다.

```
int smb380_read_reg(unsigned char addr, unsigned char *data, unsigned char len) {
… … … … … …
   p_smb380->SMB380_BUS_READ_FUNC(p_smb380->dev_addr, addr, &cdata, len);
   *data = cdata;
   return 0;
}
```

smb380_read_reg의 내용은 기타 출력문 및 에러 처리 부분을 제외하면 단 하나의 문장으로 정리됩니다. 결국은 SMB380_BUS_READ_FUNC을 통해서 레지스터 값을 읽어서 data 부분에 저장하는 것으로 이 함수의 역할은 끝나게 됩니다.

32.3. Rotate_GSensor 응용 프로그램 분석

이제 Rotate_GSensor 응용 프로그램을 본격적으로 분석해 보도록 하겠습니다.

32.3.1. WinMain과 InitGSensor 분석

```
int WINAPI WinMain( HINSTANCE hInstance, HINSTANCE hPrevInstance,
```

```
                    LPTSTR     lpCmdLine,     int      nCmdShow) {
    MSG msg;   HACCEL hAccelTable;
    if (!InitInstance (hInstance, nCmdShow)) { return FALSE; }

    InitGSensor();

    // Main message loop:
    while (GetMessage(&msg, NULL, 0, 0)) {
            TranslateMessage(&msg);
            DispatchMessage(&msg);
    }
    return msg.wParam;
}
```

위 내용은 WinMain의 전체 내용입니다. WinMain은 응용프로그램의 가장 주된 함수이고 초기에 호출되는 것입니다. 이곳에서 수행되는 내용에 대해서 특별할 것은 없습니다. Hello Mango를 만들어서 시험해 보았을 때도 들어 있던 코드들이고 내용은 아주 기본적인 것들입니다. 어플리케이션의 Instance를 만들고, 향후 메시지 처리를 위한 부분만이 포함된 것입니다. InitInstance에서 MyRegisterClass를 호출하고 초기화를 진행하는데 그 부분은 윈도우 어플리케이션의 기본적인 내용이라 생략하였습니다.

여기서 호출하는 주된 내용이 InitGSensor() 입니다. 응용프로그램 초기화를 진행하게 됩니다.

```
void InitGSensor(void) {
  if (smb380_init() == -1) {
… … … … … …

    read_reg tmp;    tmp.addr = 0x0;    tmp.len = 1; byte data = 0x0;
    smb380_read_reg(&tmp, &data);    // Read Chip ID
    data = (byte)((int)data & (int)(0x07));
    tmp.addr = 0x1; tmp.len = 1; data = 0x0;
    smb380_read_reg(&tmp, &data);    // Read ML, AL Version
}
```

위에서 이미 smb380_init()에 대해서는 살펴보았습니다. smb380_init()은 SMB380UserDll.cpp 파일에 구현되어 있습니다. 이 함수는 SMB1으로 CreateFile()을 호출하여 디바이스 드라이버를 열게 됩니다. 이후 IOCTL_SMB380_INIT 명령을 DeviceIoControl()을 호출하여 디바이스 드라이버에 내려 보냅니다. 이 명령을 받은 디바이스 드라이버는 3축 센서에 대한 초기화를 실행할 것입니다. 이전에 설명 드렸던 내용을 참조하시기 바랍니다. 그 외에는 Chip ID와 버전을 읽어보는 내용입니다.

32.3.2. WndProc 분석

```
LRESULT CALLBACK WndProc(HWND hWnd, UINT message, WPARAM wParam, LPARAM lParam) {
    switch (message) {
    case WM_CREATE:
        SetTimer(hWnd, 1, 50, NULL);
        break;
    case WM_TIMER:
        GoGSensor();
        break;
    default:
        return DefWindowProc(hWnd, message, wParam, lParam);
    }
    return 0;
}
```

위에서 코드를 살펴보지는 않았지만 InitInstance에서 CreateWindow를 호출하기 때문에 반드시 WM_CREATE 메시지를 받게 됩니다. 이 메시지를 받았을 때 타이머를 설정합니다.

```
UINT SetTimer(
    HWND hWnd,
    UINT nIDEvent,
    UINT uElapse,
    TIMERPROC lpTimerFunc
);
```

hWnd에는 타이머와 연관될 윈도우의 핸들을 지정해 주어야 하기 때문에 WndProc에 전달된 윈도우 핸들을 그대로 넣어줍니다. nIDevent 부분에는 타이머의 ID를 넣어 줍니다. 하나만 사용하고 있기 때문에 1로 넣어 주었습니다. uElapse 부분에는 Time-out 시간을 milliseconds 단위로 기록하게 됩니다. 우리는 50을 주어서 50 밀리 초의 시간이 지난 이후에 WM_TIMER 메시지를 받게 되는 것입니다. lpTimerFunc 부분에 특정한 처리 함수를 지정할 수 있지만 이 부분은 NULL로 주었기 때문에 프로그램에서 WM_TIMER 메시지를 수신하게 됩니다.

WM_TIMER 메시지를 수신할 때마다 GoGSensor()를 호출해서 이 프로그램에서 원하는 작업을 계속 수행하도록 하는 것입니다. 인터럽트로 처리하는 것이 아니라 주기적으로 SMB380의 X, Y, Z 축의 가속도 데이터를 읽어서 그 값을 이용해서 현재의 기울기를 측정해서 화면의 방향을 바꿀 것인지를 결정하게 되는 것입니다.

32.3.3. GoGSensor 분석

GoGSensor() 함수는 3축 가속 데이터를 읽어 PictureRotate() 함수를 호출하여 화면을 돌릴 것인 지 판단하도록 합니다. 다음은 GoGSensor() 함수 본문입니다.

```
void GoGSensor(void) {
        smb380_set_range(SMB380_RANGE_2G);
        smb380acc_t acctmp;
        acctmp.x = 0; acctmp.y = 0; acctmp.z = 0;
        RETAILMSG(1, (L"GoGSensor()\n\r"));

        if (smb380_read_accel_xyzt(&acctmp) == -1) {
                RETAILMSG(1, (L"SMB380 device get xyz failed\n"));
        } else {
#ifdef DEBUG
                RETAILMSG(1, (L"acc.x = %d\n\r", acctmp.x));
                RETAILMSG(1, (L"acc.y = %d\n\r", acctmp.y));
                RETAILMSG(1, (L"acc.z = %d\n\r", acctmp.z));
#endif
                PictureRotate(acctmp);
        }
}
```

가장 먼저 smb380_set_range(SMB380_RANGE_2G)를 호출해서 측정 범위를 -2g에서 2g까지 측정하도록 설정합니다. 가장 정밀하게 측정하기 위해서 이 값을 설정하는 것입니다.

그 이후에는 smb380_read_accel_xyzt()를 이용해서 3 축의 가속도 값을 읽어오고 그것을 PictureRotate() 함수로 넘겨주는 것으로 이 함수의 역할은 끝입니다. 읽어온 값들을 화면에 출력해주는 작업도 수행하고 있습니다.

앞 기울기 rotation angle 0						Ave
X data	21	25	18	20	18	**20**
Y data	74	78	70	68	72	**72**
Z data	105	109	112	111	110	**109**
뒤 기울기 rotation angle 2						Ave

X data	6	14	15	16	15	**13**
Y data	-92	-84	-92	-92	-91	**-90**
Z data	99	101	100	99	105	**100**
오른쪽 기울기 rotation angle 1						Ave
X data	-74	-74	-70	-73	-78	**-73**
Y data	-11	-8	-12	-12	-10	**-10**
Z data	96	101	93	92	91	**94**
왼쪽 기울기 rotation angle 4						Ave
X data	65	71	68	72	72	**69**
Y data	-9	-9	-6	-11	-10	**-9**
Z data	126	115	119	125	117	**120**

망고 보드를 들고 회전을 해보는 상태에서 변화를 측정해 보았습니다. 평행하게 들고 있는 상태에서 앞으로 기울이는 가장 일반적으로 사용하는 상태에서의 변화가 Rotation 각도 부분이 0인 상태입니다. 그대로 뒤로 기울이는 상태가 Rotation 각도 부분이 2인 상태가 되고 각각 오른쪽으로 기울이거나 왼쪽으로 기울일 때의 상황까지 포함해서 각각 총 5회씩의 측정을 수행하고 그 평균을 구해 보았습니다.

실제로 Z축의 값은 우리가 화면이 어떻게 변하는가를 나타내는 데에 크게 유용한 값은 아니라는 것을 알 수 있습니다. 물론 우리가 망고 보드를 뒤집어서 뒷면을 보는 상황이라면 Z축의 값도 많은 변화를 보일 수 있겠지만 그런 상황은 없는 것이고 결국 뒤에서 실제 화면을 돌리는 작업을 수행할 때도 Z축의 값은 고려의 대상으로 포함하지 않고 있습니다.

```
-2.000g    :    10 0000 0000
-1.996g    :    10 0000 0001
...
-0.004g    :    11 1111 1111
 0.000g    :    00 0000 0000
+0.004g    :    00 0000 0001
...
+1.992g    :    01 1111 1110
+1.996g    :    01 1111 1111
```

위 내용은 SMB380의 데이터 쉬트에서 발견할 수 있는 자료입니다. 우리의 경우도 2G로 설정을 했고 결국 X, Y, Z 축에서 읽은 값이 나타내는 g 값을 추정할 수 있는 것입니다. 하나의 비트 값의 변화가 0.004g 정도의 변화 폭을 가지고 있는 것을 알 수 있습니다.

Wingdi.h (c:\wince600\public\common\sdk\inc)

```
/* rotation angle for screen rotation */
#define DMDO_0      0
#define DMDO_90     1
#define DMDO_180    2
#define DMDO_270    4
```

Wingdi.h를 보면 화면에 표시되는 각도에 따라서 위의 네 가지 값이 정의되어 있습니다. 이 값으로 위에서 측정한 값의 평균 부분을 살펴보도록 하겠습니다. rotation angle 부분에 출력된 값이 바로 위에 정의된 define 값과 동일한 것입니다. 정상적인 상태에서의 rotation angle이 0으로 출력되고 이 값은 DMDO_0인 것입니다.

	DMDO_0	DMDO_90	DMDO_180	DMDO_270
X data	20	-73	13	69
Y data	72	-10	-90	-9

위 내용에서 각각의 값을 절대값으로 생각해 보겠습니다. X와 Y의 값의 크기 부분을 보면 DMDO_0와 DMDO_180은 X의 절대값이 Y보다 작은 것을 알 수 있고, DMDO_90과 DMDO_270은 X의 절대값이 Y보다 큰 것을 알 수 있습니다. 이 부분은 뒤에서 화면을 돌리는 작업을 위한 기초 자료로 활용되게 됩니다.

32.3.4. PictureRotate 분석

PictureRotate() 함수는 3축 가속 데이터를 해석하여 화면을 돌릴 것인지 판단하고 가속 데이터가 변한 방향에 따라 좌우로 화면 전환을 실행합니다.

```
static int m_nPrevPicturePosition = DMDO_0;   // 이전 상태의 Display 방향
int m_nPicturePosition = DMDO_0;   // 현재 상태의 Display 방향
```

DMDO_XX 값을 찾고 그것을 활용할 변수로 사용할 것은 m_nPicturePosition입니다. 그런데 m_nPrevPicturePosition 값을 하나 더 두어서 이전의 상태를 저장하고 있게 됩니다. 만약 계산해서 얻은 결과가 이전의 화면 방향과 동일하다면 굳이 화면을 돌리는 작업 자체를 할 필요가 없기 때문입니다. 이들 변수들 중에서 m_nPrevPicturePosition는 static으로 만들어서 향후 이 함수가 다시 불릴 경우에도 값을 잃어버리지 않고 저장하고 있을 수 있게 만듭니다.

32. Rotate_GSensor 응용 프로그램 만들기

```
#define ACC_STABLE_VAL 50      // 의미 없는 shaking에 의한 부하를 막기 위한 안정화 유효 값
#define ACC_STABLE_COUNT 2     // 안정화 유효 값의 지속성

static int m_nPrevAccStable = 0;    // 이전 상태에서의 가속도량
static int m_nAccStable = 0;        // 현재 상태에서의 가속도량
static int m_nAccStableCount = 0;   // 현재까지의 안정화 유효 지속 개수

m_nPrevAccStable = m_nAccStable;    // 이전 가속도 값을 저장
m_nAccStable = abs(acc_val.x) + abs(acc_val.y) + abs(acc_val.z); // 절대값의 총합 - 총 가속도량

if(abs(m_nAccStable - m_nPrevAccStable) < ACC_STABLE_VAL)
        // 현 상태와 이전 상태 비교 안정화 유효 값인지 검사
    m_nAccStableCount++;    // 안정화 유효 값일 경우 1 증가
else
    m_nAccStableCount = 0;

if(m_nAccStableCount < ACC_STABLE_COUNT)
        // 안정화 값의 지속성이 원하는 count를 넘었는지 검사
    return;
```

위 내용을 간략하게 먼저 설명하면 사용자가 화면을 변화시키는 행동을 수행하는데 의미 없는 빠른 동작, 즉, 갑자기 화면을 다른 방향으로 이동 했다가 다시 돌아오는 등의 상황에서는 굳이 화면 전환을 하지 않으려는 의도에서 삽입된 코드입니다. 안정적으로 현재의 측정 상태가 유지되고 있는가를 판단해서 (m_nAccStableCount 값으로 판단) 안정적인 상태라고 인지된 상태에서만 이후의 측정을 지속하도록 하는 보완 코드라고 생각하시면 됩니다.

일단 그러한 안정 상태를 감지하기 위한 데이터 값으로 X, Y, Z 축의 모든 값을 절대값으로 취해서 그들 모두를 더한 값으로 계산합니다. 즉, 어떠한 축으로도 일정 정도 이상의 변화가 일어나지 않은 상태를 일정 회수 이상 유지해야 안정적인 상태라고 인지하는 것입니다. m_nAccStable에 현재 구한 절대 값의 총합을 저장하고 이 값과 이전에 구했던 절대 값의 총합을 비교해서 이 값이 ACC_STABLE_VAL보다 작은가를 측정합니다. 그래서 작다면 m_nAccStableCount를 1 늘리고 그렇지 않다면 m_nAccStableCount를 0으로 만드는 것입니다. 그리고 m_nAccStableCount가 ACC_STABLE_COUNT보다 작은 상태에서는 이후의 진행을 지속하지 않고 그냥 리턴해 버리는 것입니다. 이런 ACC_STABLE_COUNT 값과 ACC_STABLE_VAL 값은 상황에 따라서 적절히 조절할 수 있을 것입니다.

m_nPrevAccStable = m_nAccStable; 코드 중의 이 부분은 모든 변수들이 static으로 되어 있기 때문에

이전에 가졌던 값을 그대로 유지하고 있는 상황이고, 그러므로 m_nAccStable 값도 바로 이전에 읽었던 절대값의 합을 가지고 있을 것이기 때문에 그 값을 m_nPrevAccStable에 저장하는 것입니다.

```
#define ERROR_OFFSET 38    // 방향성을 결정하기 어려운 45 기울기에서의 Hysteresis
// x, y 값이 미리 정한 센서의 예상 오차보다 작아서 Hysteresis 내에 있을 경우를 판별
if((abs(acc_val.x) - abs(acc_val.y)) < ERROR_OFFSET
   && (abs(acc_val.x) - abs(acc_val.y)) > -ERROR_OFFSET)
return;
```

Hysteresis라는 말은 물리학에서 널리 사용되는 용어인데, 우리말로 하면 이력현상이라고 부를 수 있는데 쉽게 설명한다면, 어떤 값이 움직였을 때, 원래 대역으로 돌아오지 못하고 다른 대역으로 옮겨 가는 현상을 말합니다. 이 말이 중요한 것은 아니고 그냥 Threshold라고 생각하셔도 무방합니다. 즉, 어떤 특정 정도의 변화 량이 되기 전에는 의미 있는 변화로 인지하지 않겠다는 것과도 같은 것입니다.

그 값을 X와 Y의 값의 차이를 ERROR_OFFSET 값과 비교해서 결정하고 있습니다. 절대값 X에서 절대값 Y를 뺐을 때의 결과가 즉 그 차이가 양수일 경우는 ERROR_OFFSET보다 커야 하고 음수라면 ERROR_OFFSET을 음수로 만든 값보다 작아야 의미 있는 변화라고 판단하고 이후의 진행을 하고 그렇지 않다면 그냥 리턴 한다는 것입니다.

```
// 가로, 세로 구분의 경우 x, y중 어느 쪽이 큰 가로 식별이 가능하므로 x, y 절대값으로 비교
if(abs(acc_val.x) > abs(acc_val.y)) {
    // x가 클 경우 좌측으로 돌렸는지 우측으로 돌렸는지 판별
    if(acc_val.x < -ERROR_OFFSET)
        m_nPicturePosition = DMDO_90;

    if(acc_val.x > ERROR_OFFSET)
        m_nPicturePosition = DMDO_270;
} else {
    // y가 클 경우 세워져 있는지 거꾸로 들고 있는지 판별
    if(acc_val.y < -ERROR_OFFSET)
        m_nPicturePosition = DMDO_180;

    if(acc_val.y > ERROR_OFFSET)
        m_nPicturePosition = DMDO_0;
}
```

위 내용은 이제 적절한 의미 있는 움직임을 보인 상태에서 실제 화면을 어떻게 회전할 것인가를 결

정하는 부분이 되겠습니다. 이전 절에서 살펴본 것처럼 절대값 X가 절대값이 Y보다 크게 되면 이것은 DMDO_90이거나 DMDO_270이 되고, 절대값 X가 절대값 Y보다 작게 되면 DMDO_0이거나 DMDO_180이 됩니다.

이때 실제로 화면 전환을 할 것인가를 결정하는 값으로 다시 한번 ERROR_OFFSET 값을 사용하게 됩니다. 절대값이 큰 상태 경우에서 원래의 값을 비교해서 그 값이 ERROR_OFFSET보다 크거나 ERROR_OFFSET을 음수로 변환한 값보다 작은 경우에만 화면 변환이 일어나도록 만드는 것입니다. 위 예에서 보면 절대값 X가 큰 경우에서 원래의 X값이 ERROR_OFFSET보다 크게 되면 DMDO_270이 되고, ERROR_OFFSET을 음수로 변환한 값보다 작은 경우는 DMDO_90이 되는 것입니다. 또한 절대값 Y가 큰 경우에서는 원래의 Y값이 ERROR_OFFSET보다 크게 되면 DMDO_0가 되고, ERROR_OFFSET을 음수로 변환한 값보다 작은 경우는 DMDO_180이 되는 것입니다.

```
// 현재 상태와 이전 상태가 같지 않다면 새로운 포지션 결정, UI로 command 를 보내 줌
if(m_nPicturePosition != m_nPrevPicturePosition) {
    DEVMODE DevMode;
    memset(&DevMode, 0, sizeof (DevMode));
    DevMode.dmSize             = sizeof (DevMode);
    DevMode.dmFields           = DM_DISPLAYORIENTATION;
    DevMode.dmDisplayOrientation = m_nPicturePosition;
    ChangeDisplaySettingsEx(NULL, &DevMode, NULL, CDS_RESET, NULL);
}
m_nPrevPicturePosition = m_nPicturePosition; // 현재 포지션을 저장
```

이제 최종적으로 화면을 전환하는 작업을 하는 부분입니다. m_nPicturePosition과 이전의 상태를 저장한 m_nPrevPicturePosition을 비교해서 다를 경우에만 작업을 하도록 합니다. 그 이후에는 지금의 상태인 m_nPicturePosition을 m_nPrevPicturePosition에 저장하고 끝내는 것입니다.

```
LONG ChangeDisplaySettingsEx(
    LPCTSTR lpszDeviceName,
    LPDEVMODE lpDevMode,
    HWND hwnd,
    DWORD dwflags,
    LPVOID lParam
);
```

화면에 출력되는 내용을 회전시키기 위해서는 위 함수를 호출해 주어야 합니다. 이 함수에서 lpszDeviceName 부분과 hwnd 부분은 사용되지 않습니다. NULL로 주어 호출하면 됩니다. lParam 부분은 dwflags 부분이 CDS_VIDEOPARAMETERS인 경우에만 사용하는 것이고 우리의 경우에는 사용하

지 않기 때문에 NULL로 주고 있습니다.

```
typedef struct _devicemodeW {
    WCHAR   dmDeviceName[CCHDEVICENAME];
    WORD dmSpecVersion;
    WORD dmDriverVersion;
    WORD dmSize;
    WORD dmDriverExtra;
    DWORD dmFields;
    short dmOrientation;
    short dmPaperSize;
    short dmPaperLength;
    short dmPaperWidth;
    short dmScale;
    short dmCopies;
    short dmDefaultSource;
    short dmPrintQuality;
    short dmColor;
    short dmDuplex;
    short dmYResolution;
    short dmTTOption;
    short dmCollate;
    WCHAR   dmFormName[CCHFORMNAME];
    WORD    dmLogPixels;
    DWORD   dmBitsPerPel;
    DWORD   dmPelsWidth;
    DWORD   dmPelsHeight;
    DWORD   dmDisplayFlags;
    DWORD   dmDisplayFrequency;
    DWORD   dmDisplayOrientation;
} DEVMODEW, *PDEVMODEW, *NPDEVMODEW, *LPDEVMODEW;
```

lpDevMode 부분에 전달하는 구조체는 무척 많은 내용이지만 이 중에서 활용되는 것은 일부분입니다. dmSize는 반드시 설정이 되어야 하는 부분입니다. sizeof (DevMode)로 계산해서 넘겨주었습니다. dmFields 부분도 반드시 설정이 되어야 하는 부분입니다. 아래의 표는 여기에 지정할 수 있는 종류를 나타내 주고 있습니다.

| DM_DISPLAYQUERYORIENTATION | Display 드라이버가 스크린 회전을 지원하는지 여부를 검 |

사합니다. 지원되는 회전 방향에 대한 것은 dmDisplayOrientation에 저장됩니다.

DM_DISPLAYORIENTATION	스크린 회전을 시키는 것입니다. dmDisplayOrientation 부분에 변경할 회전 내용을 적어 넣습니다.
DM_PELSWIDTH	화면 폭을 변경합니다. dmPelsWidth에 저장합니다. (Windows Embedded CE 6.0이후 버전에서만 지원)
DM_PELSHEIGHT	화면 높이를 변경합니다. dmPelsHeight에 저장합니다. (Windows Embedded CE 6.0이후 버전에서만 지원)

우리는 위 내용 중에서 화면 회전을 시키려고 하는 것이기 때문에 DM_DISPLAYORIENTATION를 사용하고 있고, dmDisplayOrientation 부분에 현재 구해진 회전 값을 넣어서 호출하는 것입니다.

마지막으로 dwflags 부분에 설정한 CDS_RESET에 대해서 알아 보겠습니다.

0	그래픽 모드를 현재의 스크린 상태로 변경합니다.
CDS_RESET	요청하는 설정 값이 현재의 설정 값과 같더라도 설정 값을 변경하도록 요청합니다.
CDS_TEST	요청된 그래픽 모드로 설정할 수 있는지 여부를 검사합니다.
CDS_VIDEOPARAMETERS	lParam 부분에 VIDEOPARAMETERS 구조체의 포인터를 전달해 준다는 것을 나타냅니다.

우리의 경우 0을 주거나 CDS_RESET을 주거나 동작 상에서는 크게 차이는 없습니다. 둘 다 정상적으로 동작하는 것을 확인할 수 있습니다.

ChangeDisplaySettingsEx 함수의 리턴 값은 성공하게 되면 DISP_CHANGE_SUCCESSFUL를 리턴 하게 됩니다. 코드 상에서는 이 값을 비교해서 성공 여부를 검사하고 있습니다.

이것으로 SMB380 디바이스 드라이버에 대한 설명을 모두 마쳤습니다. 내용이 무척 길고 알아야 할 부분이 많지만 차분히 공부할 경우 많은 도움을 얻을 수 있을 것입니다. 물론 현재 구현된 내용은 SMB380 디바이스를 다루는 방법에서 극히 일부의 방법만을 사용하고 있습니다. 무척 긴 내용을 설명하였지만 디바이스의 기능 중의 대부분에 대해서는 다루지 못하고 있는 것입니다. 사실 Windows CE에서의 디바이스 드라이버에 대한 공부보다는 실제로 사용할 디바이스에 대한 이해를 하는 것이 보다 더 많이 공부해야 하고 어려운 문제입니다. 많은 디바이스를 다뤄보는 것 외에는 공부 방법이 없습니다.

33. Camera 보드 연결과 장치에 대한 이해

이번 장부터 카메라와 관련한 부분을 알아보도록 하겠습니다. 상당히 복잡하지만 Windows CE의 디바이스 드라이버에 대한 깊이 있는 이해를 할 수 있는 좋은 기회가 될 수 있기 때문에 자세히 설명드리도록 하겠습니다.

http://cafe.naver.com/embeddedcrazyboys/4317
망고64 WinCE 카메라 드라이버와 관련한 정보는 위 링크에서 확인할 수 있습니다.
http://cafe.naver.com/embeddedcrazyboys/4939
실제 카메라가 동작하는 모습을 위 링크에서 확인할 수 있습니다.

33.1. Camera 보드 연결

먼저 Camera 모듈이 장착되는 보드와 망고64 보드와의 연결에 대해서 살펴보도록 하겠습니다.

33.1.1. 망고 보드 버전에 따른 연결

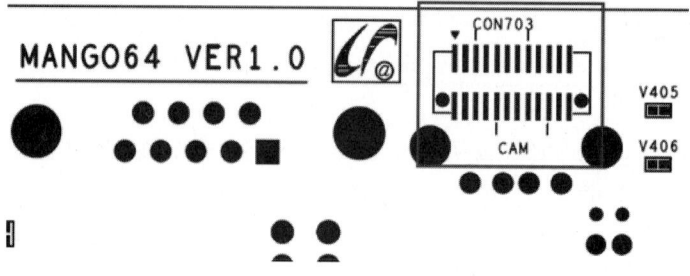

위 그림은 망고64의 구 버전의 컨넥터 모습입니다.

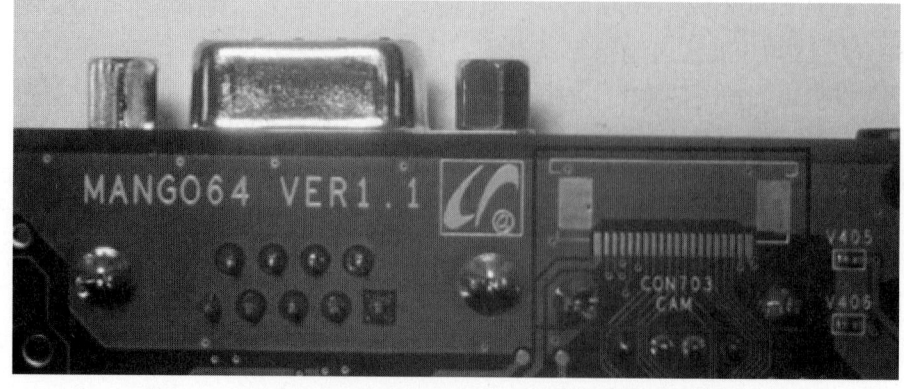

33. Camera 보드 연결과 장치에 대한 이해

위 그림은 망고64의 신 버전의 컨넥터 모습입니다. 구 버전의 경우는 VER1.0으로 마킹이 되어 있고, 신 버전의 경우는 VER1.1로 마킹이 되어 있습니다.

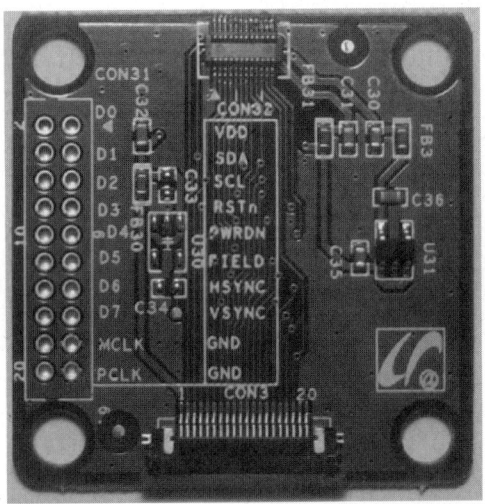

위 보드는 실제 카메라와 연결되는 보드의 모습입니다. 여기서 CON32로 마킹이 되어 있는 부분이 실제로 카메라 모듈과 연결되는 부분인데 이 부분에 대해서는 뒤에서 살펴볼 것이고 먼저 망고64 보드와 연결되는 부분에 대해서 살펴보도록 하겠습니다.

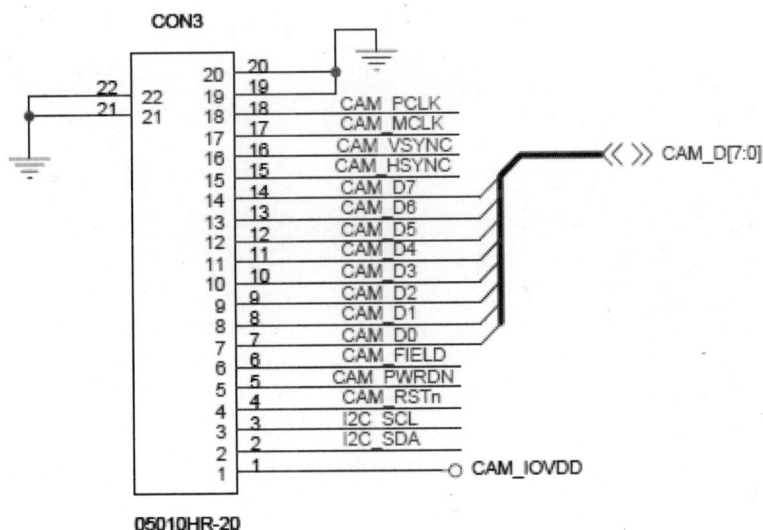

카메라 연결 보드에서 CON3 부분의 컨넥터에 대한 회로도 상의 모습이 위 그림입니다. 이 컨넥터는 망고64 VER1.1의 컨넥터와 동일합니다. 그러므로 망고64 VER1.1에서는 직접 연결이 가능하지만 망고64 VER1.0과의 연결을 위해서는 추가적인 연결 보드가 필요합니다.

그림의 왼쪽 CON200으로 표시된 부분이 카메라 연결 보드와 연결될 컨넥터의 부분이고, 오른쪽의 CON100 부분이 망고64 VER1.0과 연결될 부분입니다.

망고64 VER1.0과 연결된 모습을 찍은 것이 바로 위의 사진입니다.

33. Camera 보드 연결과 장치에 대한 이해

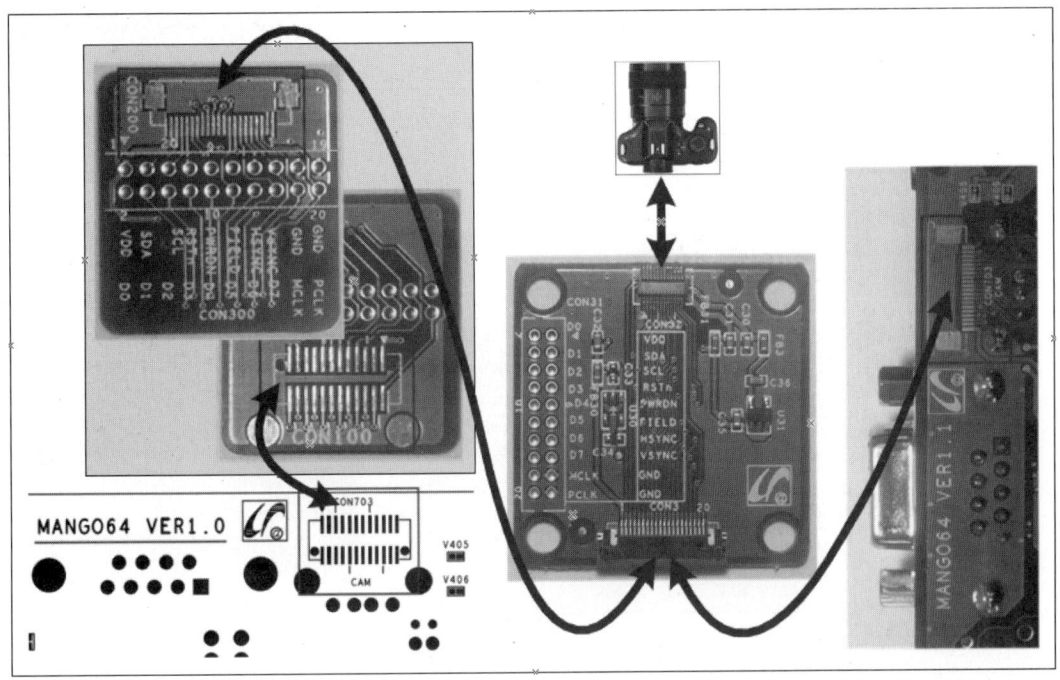

위 그림이 망고64 VER1.0과 망고64 VER1.1에서 연결이 어떻게 이루어지는 가를 나타낸 개념도 입니다. 그림의 왼쪽은 망고64 VER1.0과 연결되는 모습이고, 오른쪽은 망고64 VER1.1과 연결되는 모습입니다.

연결 모습을 찍은 사진에서처럼 케이블을 이용할 수도 있지만 망고64 VER1.0의 경우 보드 간에 직접 컨넥터로 연결할 수 있는 방법도 있습니다.

망고64 VER1.0에 연결시키기 위한 보드가 왼쪽의 보드이고, 오른쪽이 카메라와 연결되는 보드인데 이들을 직접 연결시킬 수 있는 방법이 있습니다. 카메라 연결 보드에 CON31로 표시된 20핀의 홀이

있는데 이것은 왼쪽의 보드와 직접 연결이 가능합니다.

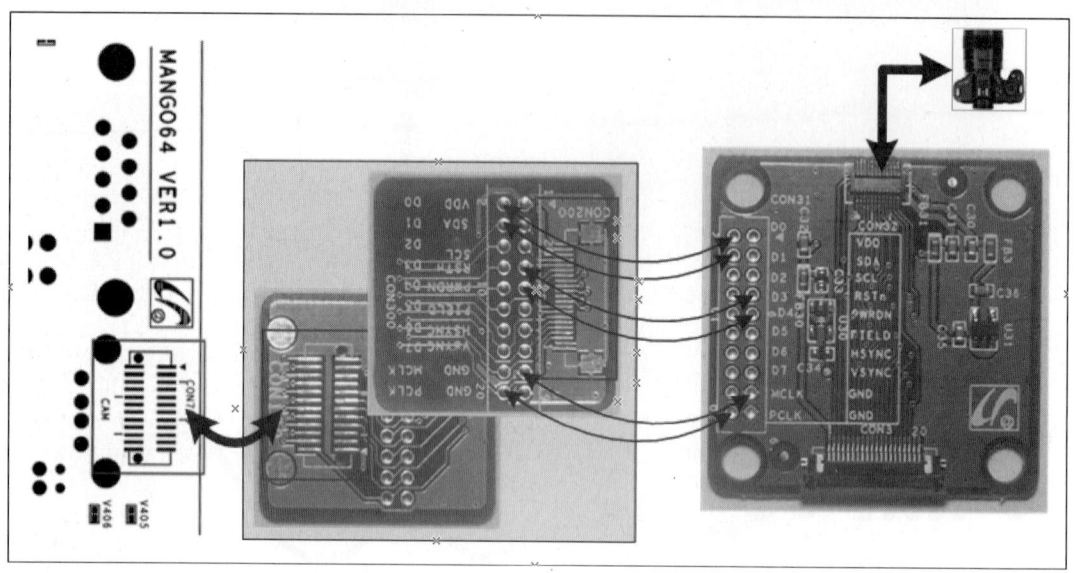

이 연결을 개념도로 표현하면 위 그림과 같습니다. 각각의 보드에 암수 컨넥터를 장착해서 직접 연결하는 것이 가능한 것입니다.

실제 연결된 모습을 사진으로 찍어보면 위 사진과 같습니다. 이 상태에서는 망고64 VER1.0에 직접 장착되기 때문에 카메라의 위치가 고정되게 됩니다.

33.1.2. 카메라 모듈 연결

보드 그림의 위쪽 CON32로 마킹이 되어 있는 부분이 실제 카메라 모듈과 연결되는 부분입니다.

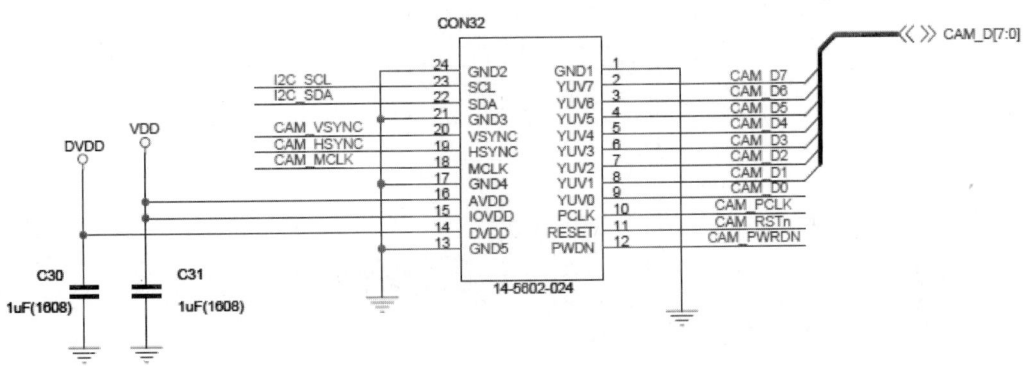

1	GND	13	GND
2	YUV7	14	DVDD (1.8V)
3	YUV6	15	IOVDD (1.8V or 2.8V)
4	YUV5	16	AVDD (2.8V)
5	YUV4	17	GND
6	YUV3	18	MCLK
7	YUV2	19	HSYNC
8	YUV1	20	VSYNC
9	YUV0	21	GND
10	PCLK	22	SDA
11	RESET	23	SCL
12	PWDN	24	GND

CON32 부분을 회로도에서 찾아보면 위 그림과 같습니다. 그리고 LT01SF38M Siliconfile 1.3M 카메라 모듈의 컨넥터에 대한 정보와 회로도 상의 번호 간의 연결 내용을 보면 정확하게 일치하는 것을 알 수 있습니다.

33.1.3. 카메라 모듈 전원 연결

LT01SF38M 카메라 모듈로 공급되는 전원은 3가지 입니다. 각각 AVDD, IOVDD, DVDD입니다. 위 표에서 AVDD에는 2.8V로 적혀있지만 망고64 보드에서는 3.3V를 공급하고 있습니다. AVDD와 IOVDD에는 3.3V를 공급하고, DVDD에는 1.8V를 제공합니다.

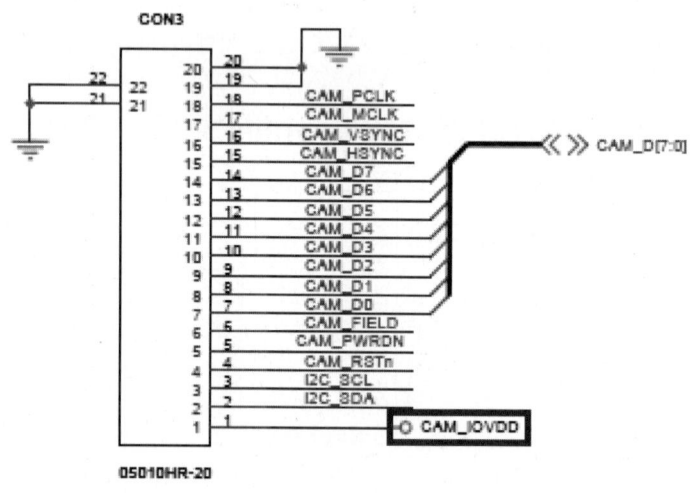

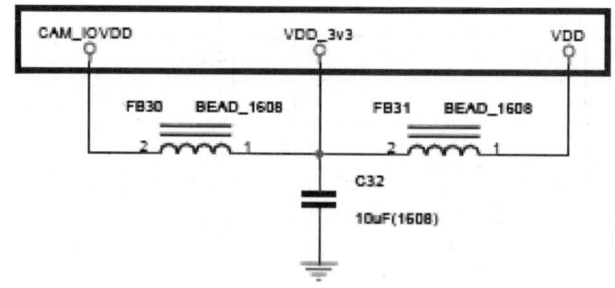

왼쪽의 회로도에서 최초 망고64로부터 CAM_IOVDD를 3.3V를 받아서 그것을 VDD_3v3과 VDD에 제공해 주고 있습니다. VDD는 이전 페이지의 회로도에서 본 것처럼 카메라 모듈 컨넥터를 통해서 AVDD와 IOVDD에 3.3V를 넣어주게 됩니다.

카메라 연결 보드에는 위 회로도에서 보듯이 LDO를 내장하고 있습니다. VDD_3v3를 받아서 이것으로 VDD_1v8과 DVDD의 1.8V 전원을 공급하고 있습니다.

33. Camera 보드 연결과 장치에 대한 이해

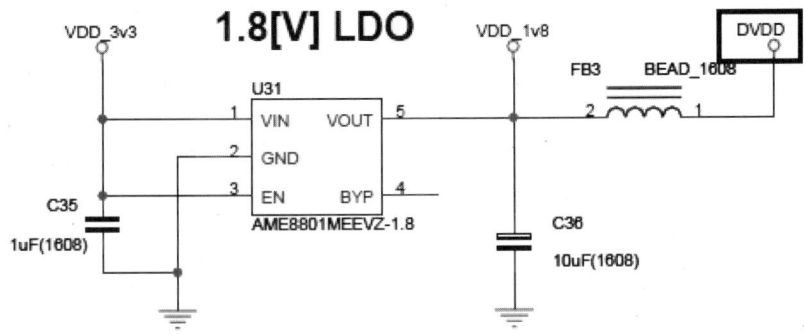

33.2. 카메라 관련 회로 분석

33.2.1. 카메라 모듈 연결 부분

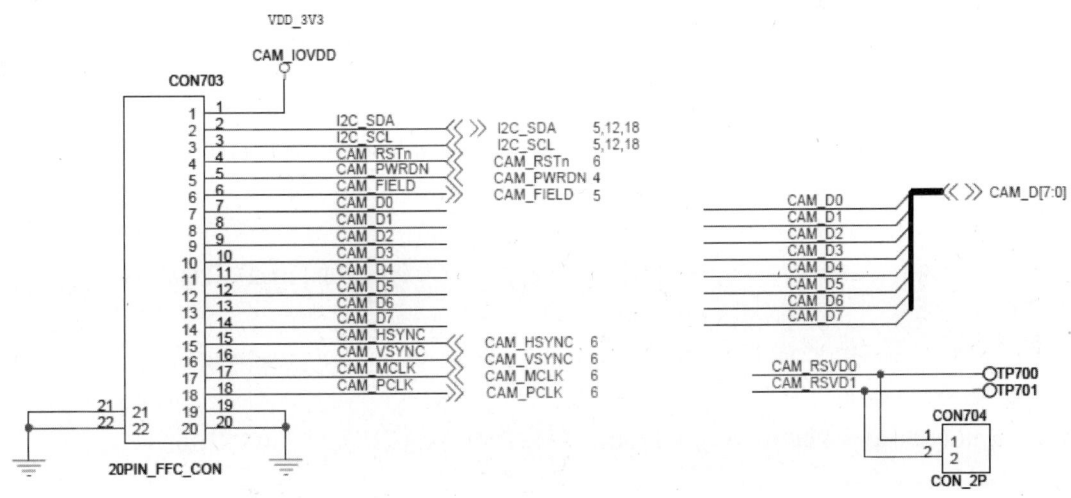

위 그림은 망고64 VER1.1의 카메라 컨넥터 부분의 회로도 입니다.

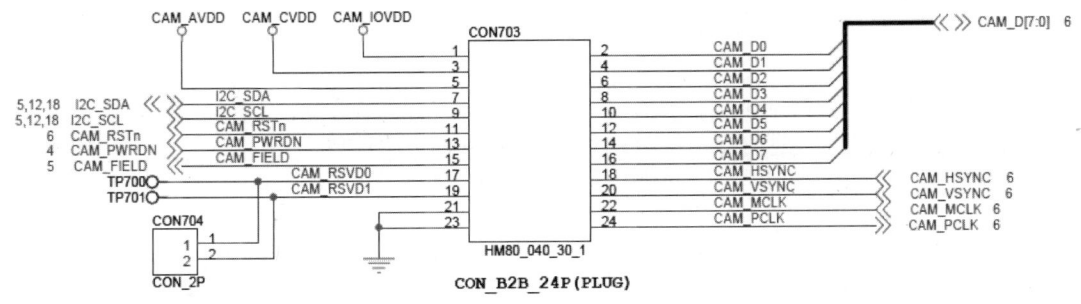

위 그림은 망고64 VER1.0의 카메라 컨넥터 부분의 회로도 입니다. 두 버전의 컨넥터 모양이 다르지만 컨넥터에 연결된 핀들의 내용은 동일합니다. 각각의 부분을 찾아보도록 하겠습니다.

위 내용 중에서 CAM_RSVD로 나타나 있는 부분은 실제로 어디에 연결된 부분이 아닙니다. 컨넥터에 따라서 연결에 필요할 경우를 대비하는 Reserved 핀이라고 생각하시면 됩니다.

33.2.2. I2C 부분

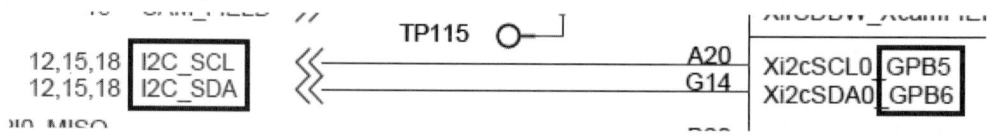

I2C 부분은 이전에 SMB380 디바이스 드라이버를 공부하면서도 살펴보았던 부분입니다. 동일한 I2C 포트를 사용하게 됩니다.

GPB5번 포트가 I2C SCL로 사용되고, GPB6번 포트가 I2C SDA로 사용되고 있습니다. 이에 대한 설정 부분을 아래의 함수에서 수행합니다.

S3c6410_iic_lib.cpp (c:\wince600\platform\cb6410\src\drivers\iic\s3c6410_iic_lib)

```cpp
void InitializeGPIOPort(void) {
    // set SCL
    g_pGPIOReg->GPBCON = (g_pGPIOReg->GPBCON & ~(0xf<<20)) | (0x2<<20);
    // set SDA
    g_pGPIOReg->GPBCON = (g_pGPIOReg->GPBCON & ~(0xf<<24)) | (0x2<<24);
    // set SCL pull-up
//    g_pGPIOReg->GPBPUD = (g_pGPIOReg->GPBPUD & ~(0x3<<10)) | (0x0<<10);
    // set SDA pull-up
//    g_pGPIOReg->GPBPUD = (g_pGPIOReg->GPBPUD & ~(0x3<<12)) | (0x0<<12);
}
```

위 함수 내용을 보면 GPBCON과 GPBPUD의 두 레지스터를 설정하고 있습니다.

Register	Address	R/W	Description	Reset Value
GPBCON	0x7F008020	R/W	Port B Configuration Register	0x40000
GPBDAT	0x7F008024	R/W	Port B Data Register	Undefined
GPBPUD	0x7F008028	R/W	Port B Pull-up Register	0x00001555
GPBCONSLP	0x7F00802C	R/W	Port B Sleep mode Configuration Register	0x0
GPBPUDSLP	0x7F008030	R/W	Port B Sleep mode Pull-up/down Register	0x0

33. Camera 보드 연결과 장치에 대한 이해

GPB5	[23:20]	0000 = Input 0010 = I2C SCL[0] 0100 = Reseved 0110 = Reserved	0001 = Output 0011 = reserved 0101 = Reserved 0111 = External Interrupt Group 1[13]
GPB6	[27:24]	0000 = Input 0010 = I2C SDA[0] 0100 = Reseved 0110 = Reserved	0001 = Output 0011 = reserved 0101 = Reserved 0111 = External Interrupt Group 1[14]

GPB5번 포트가 I2C SCL로 사용되기 위해서는 GPBCON 레지스터의 20번부터 23번 비트가 0010으로 설정되어야 함을 알 수 있습니다. 이를 위해서 (0x2<<20)을 수행하고 있는 것입니다. 마찬가지로 GPB6번 포트를 I2C SDA로 활용하는 것 또한 비트 위치만 다르고 동일합니다.

위에서 코드를 보면 GPBPUD 레지스터를 설정하는 부분이 주석으로 막혀 있는 것을 확인할 수 있습니다. 원래의 코드에는 주석이 아니지만 필자가 주석으로 막은 것입니다. 이 부분은 설정이 불필요한 부분입니다.

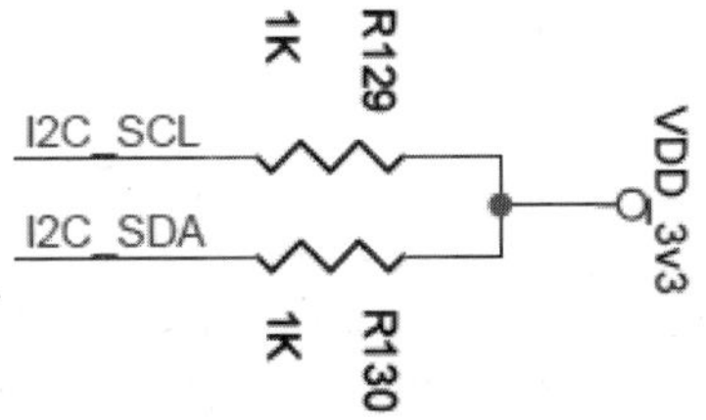

회로상에서 I2C 라인에 대해서는 위 그림과 같이 풀업 저항이 장착되어 있습니다. 망고 보드의 회로상에 기본적으로 풀업 저항이 달려 있기 때문에 포트에 대해서 CPU 내부적으로 풀업에 대한 설정을 수행해줄 필요는 없습니다.

33.2.3. Camera Interface 부분 – CAM_PWRDN

카메라와 관련한 인터페이스 부분을 살펴봅니다. 먼저 CAM_PWRDN과 CAM_FIELD 부분에 대해서 살펴보도록 합니다.

CAM_PWRDN 부분은 아래 그림에서처럼 GPO4에 할당되어 있습니다.

CAM_PWRDN은 결국 카메라 모듈의 CHIP_ENABLE 부분과 연결됩니다. 그림은 모듈의 Power ON 과정에 대한 그림입니다. 그림에서 CHIP_ENABLE 부분 전원이 공급된 이후에 가장 먼저 High로 인가되어야 하는 부분임을 알 수 있습니다.

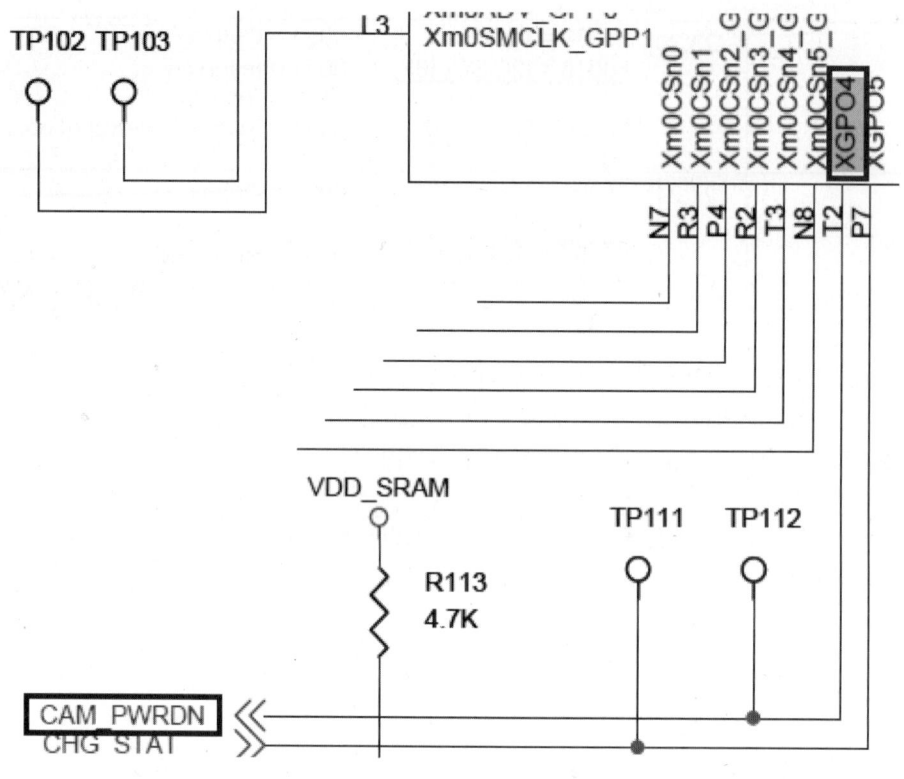

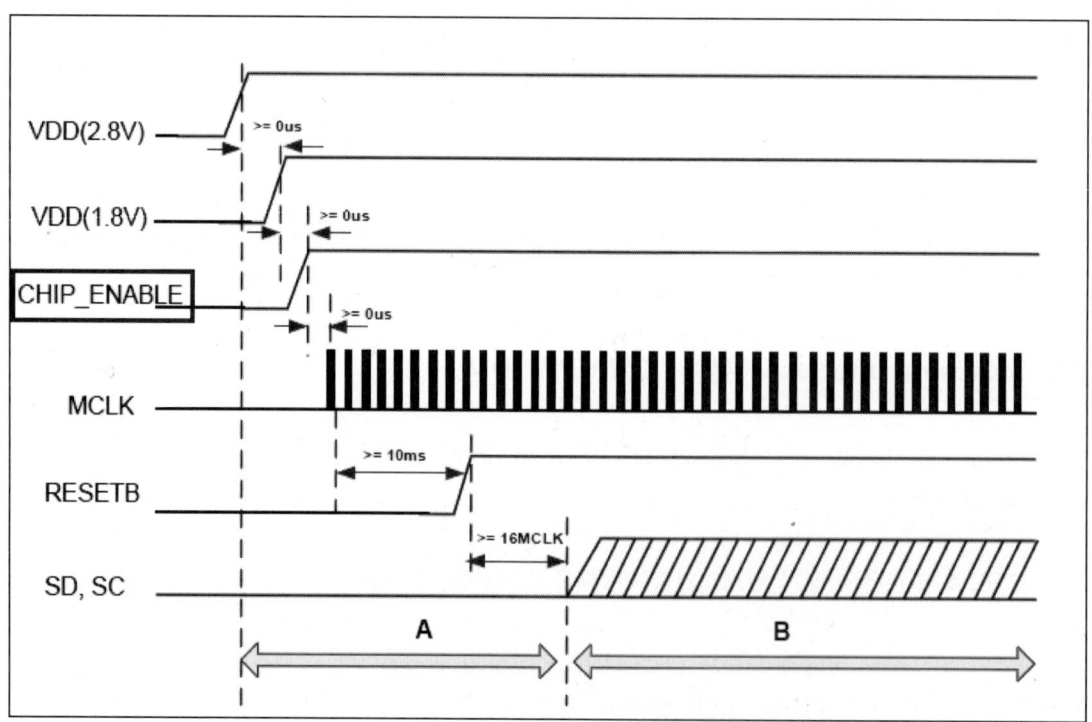

33. Camera 보드 연결과 장치에 대한 이해

S3c6410_camera.cpp (c:\wince600\platform\cb6410\src\drivers\camera\s3c6410_camera)

```
int CameraInit(void *pData) {
… … … … … …
    s6410IOP->GPOCON   = (s6410IOP->GPOCON & ~(0x3<<8)) | (0x1<<8);        // GPO4 as output
    s6410IOP->GPOPUD   = (s6410IOP->GPOPUD & ~(0x3<<8)) | (0x0<<8);
    s6410IOP->GPODAT   = s6410IOP->GPODAT | (0x1<<4);          // set to high
… … … … … …
    CameraGpioInit();
… … … … … …
```

이 부분을 소스 코드에서 살펴보면 바로 위 부분입니다. GPO4 부분을 GPIO output으로 설정한 이후에 그 GPIO output 값을 High로 설정하고 있습니다.

코드의 내용 중에서 CameraGpioInit() 부분은 뒤에서 보게 될 기타 카메라 인터페이스와 관련한 포트들에 대한 설정을 수행하는 부분입니다.

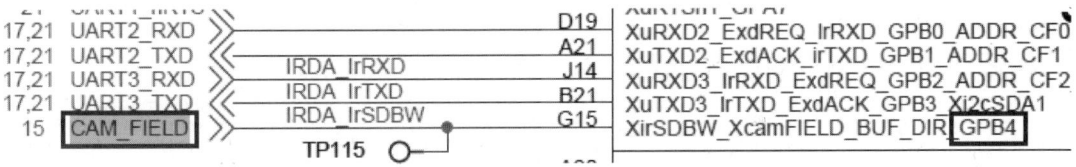

CAM_FIELD 부분은 우리가 사용하는 카메라 모듈에서는 사용되지 않습니다.

33.2.4. 기타 Camera Interface 부분

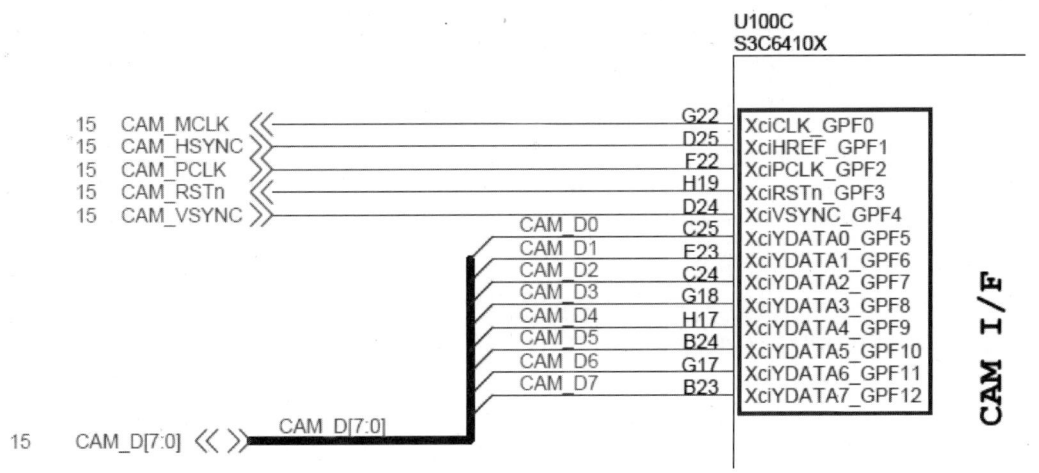

이제 나머지 카메라 인터페이스 부분을 살펴보도록 하겠습니다. 모든 인터페이스 포트가 GPF에 할당되어 있는 것을 알 수 있습니다.

GPFCON	Bit	Description	
GPF0	[1:0]	00 = Input 10 = CAMIF CLK	01 = Output 11 = External Interrupt Group 4[0]
GPF1	[3:2]	00 = Input 10 = CAMIF HREF	01 = Output 11 = External Interrupt Group 4[1]
GPF2	[5:4]	00 = Input 10 = CAMIF PCLK	01 = Output 11 = External Interrupt Group 4[2]
GPF3	[7:6]	00 = Input 10 = CAMIF RSTn	01 = Output 11 = External Interrupt Group 4[3]
GPF4	[9:8]	00 = Input 10 = CAMIF VSYNC	01 = Output 11 = External Interrupt Group 4[4]
GPF5	[11:10]	00 = Input 10 = CAMIF YDATA[0]	01 = Output 11 = External Interrupt Group 4[5]

GPF0부터 GPF12까지의 13개 포트에 대해서 이 부분을 카메라 인터페이스로 사용하기 위해서 어떻게 설정해야 하는지가 위와 아래의 그림에 나타나 있습니다.

GPF6	[13:12]	00 = Input 10 = CAMIF YDATA[1]	01 = Output 11 = External Interrupt Group 4[6]
GPF7	[15:14]	00 = Input 10 = CAMIF YDATA[2]	01 = Output 11 = External Interrupt Group 4[7]
GPF8	[17:16]	00 = Input 10 = CAMIF YDATA[3]	01 = Output 11 = External Interrupt Group 4[8]
GPF9	[19:18]	00 = Input 10 = CAMIF YDATA[4]	01 = Output 11 = External Interrupt Group 4[9]
GPF10	[21:20]	00 = Input 10 = CAMIF YDATA[5]	01 = Output 11 = External Interrupt Group 4[10]
GPF11	[23:22]	00 = Input 10 = CAMIF YDATA[6]	01 = Output 11 = External Interrupt Group 4[11]
GPF12	[25:24]	00 = Input 10 = CAMIF YDATA[7]	01 = Output 11 = External Interrupt Group 4[12]

S3c6410_camera.cpp (c:₩wince600₩platform₩cb6410₩src₩drivers₩camera₩s3c6410_camera)

```
void CameraGpioInit()          //     Initialize GPIO setting for Camera Interface
{
    s6410IOP->GPFPUD = (s6410IOP->GPFPUD & ~(0x3ffffff));
    s6410IOP->GPFCON = (s6410IOP->GPFCON & ~(0x3ffffff)) | 0x2aaaaaa;
}
```

33. Camera 보드 연결과 장치에 대한 이해

위의 CameraInit() 함수에서 호출하는 CameraGpioInit()에서 이 부분에 대한 설정을 수행하고 있습니다.

GPFPUD	Bit	Description
GPF[n]	[2n+1:2n] n = 0~15	00 = pull-up/down disabled 01 = pull-down enabled 10 = pull-up enabled 11 = Reserved.

모든 핀들의 풀업 풀다운 설정은 disable을 시킵니다. 각 핀마다 두 비트씩이 할당되기 때문에 총 26 비트를 0으로 설정하고 있습니다. GPFCON 부분은 모두 10으로 설정하기 때문에 0x2AAAAAA로 설정하고 있는 것입니다.

이상으로 카메라 인터페이스의 하드웨어적인 연결 부분에 대한 것들만 살펴보았습니다. 실제 카메라 인터페이스가 동작되는 것에 대해서는 다음 장에서 보다 자세하게 알아볼 것입니다.

33.3. HSIS-LT1SF38M 카메라 모듈

33.3.1. 카메라 모듈 기본 정보

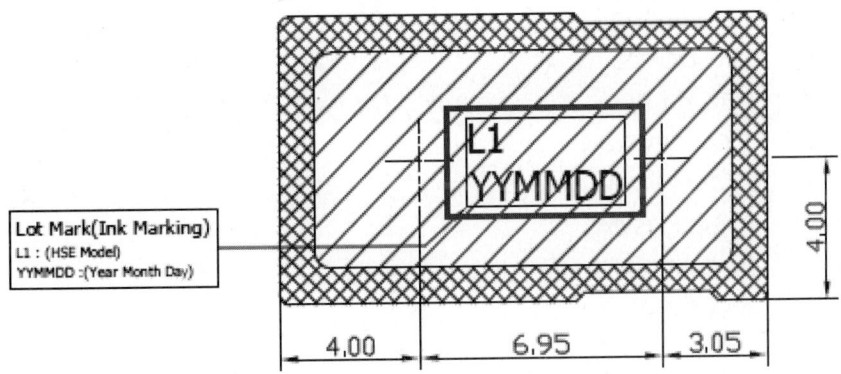

HSIS-LT1SF38M 카메라 모듈 상단을 보면 위와 같은 표시가 적혀 있는 것을 발견할 수 있습니다. 제가 사용하는 모듈의 경우는 L1 090428이라고 적혀 있습니다. 즉, 2009년 4월 28일에 제조된 모듈인 것입니다.

33.3.2. NOON130PC20 CMOS Image Sensor 개요

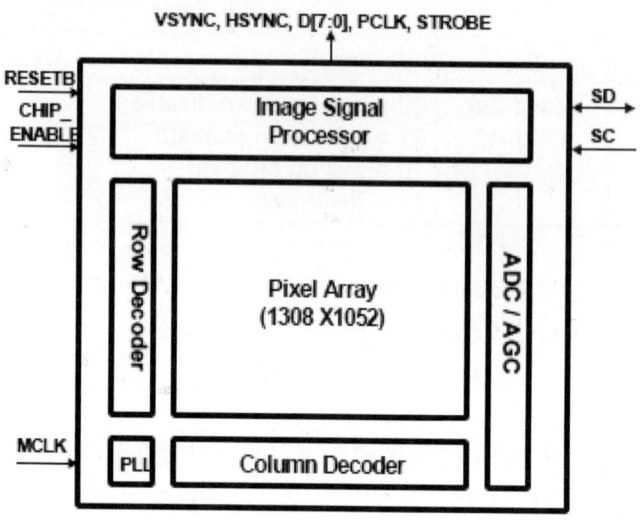

위 그림은 이미지 센서의 블록도 입니다. 1308 x 1052 pixel array를 갖고 있는 것이 보입니다. 하지만 실제 지원하는 Resolution은 1,280H X 1,024V 입니다. 이 부분을 가지고 1.3M라고 부르는 것입니다.

망고64 보드	이미지 센서
I2C_SDA	SD
I2C_SCL	SC
CAM_RSTn	RESETB
CAM_PWRDN	CHIP_ENABLE
CAM_VSYNC	VSYNC
CAM_HSYNC	HSYNC
CAM_MCLK	MCLK
CAM_PCLK	PCLK
CAM_D[7:0]	D[7:0]

망고 보드와 연결되는 핀들과 이미지 센서의 핀들과의 연관 관계를 따져보면 위 표와 같습니다.

Master Clock은 48MHz를 최대치로 받아서 처리할 수 있습니다. Host Interface는 two-wire serial bus interface로 표현하고 있는데 우리가 흔히 알고 있는 I2C를 의미하는 것입니다. 위 표에서 SD 부분에 I2C의 SDA를 의미하는 것이고, SC 부분이 I2C의 SCL을 의미하는 것입니다. Output Format은 YUV4:2:2, RGB5:6:5, RGB4:4:4, ITU656-like 등등으로 설정해서 사용할 수 있습니다.

33. Camera 보드 연결과 장치에 대한 이해

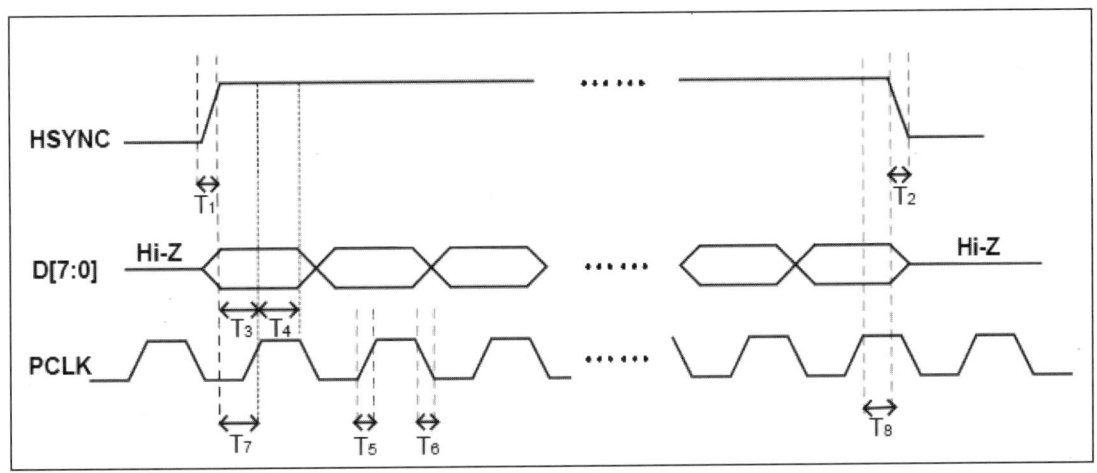

HSYNC와 Data, PCLK과의 관계를 표현한 그림을 통해서 간단한 동작에 대한 이해를 할 수 있습니다.

Item	Symbol	Min	Typ	Max	Unit	Note
MCLK	Frequency	12		48	MHz	
MCLK	Duty Cycle	45	50	55	%	
PCLK	Frequency			48	MHz	
PCLK	Duty Cycle	40	50	60	%	
SC	Frequency			400	KHz	

MCLK은 최소 12MHz에서 최대 48MHz까지의 주파수를 받을 수 있습니다. PCLK의 경우도 최대 클럭은 48MHz입니다. SC 부분은 I2C 클럭으로 이것은 400kHz까지 입니다. 우리의 경우도 400kHz로 설정해서 사용하고 있습니다.

NOON130_MODULE.cpp (c:\wince600\platform\cb6410\src\drivers\camera\noon130_module)

```
int ModuleInit() {
… … … … … …
    UINT32  IICClock = 400000;
    // use io control to write
    if ( !DeviceIoControl(hI2C, IOCTL_IIC_SET_CLOCK,
                    &IICClock, sizeof(UINT32), NULL, 0, &bytes, NULL) ) {
… … … … … …
```

I2C 클럭은 NOON130_MODULE.cpp의 ModuleInit()에서 설정이 이루어지는데 IICClock 변수를 400000으로 설정해서 DeviceIoControl을 IOCTL_IIC_SET_CLOCK로 호출할 때 사용하고 있습니다.

33.3.3. NOON130PC20 CMOS Image Sensor I2C 통신

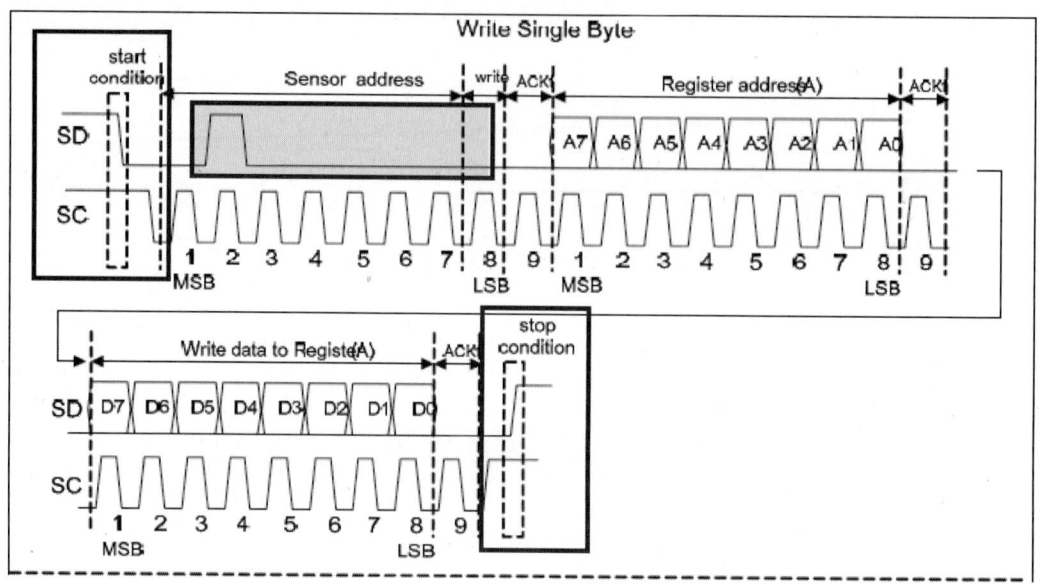

그림은 이미지 센서 부분의 I2C 통신과 관련해서 하나의 바이트를 Write하는 동작에 대한 것입니다. 여기서 Start condition과 Stop condition에 대한 부분과 센서의 어드레스에 대한 부분 및 ACK의 동작과 관련한 것까지 상세한 내용이 나타나 있습니다. 아주 일반적인 I2C 통신의 그림과 동일합니다.

센서 어드레스 부분에 대해서 보면 7 비트이고, 주소 값이 0100000으로 되어 있고, Write를 하기 때문에 0으로 되어 있어서 결국 0x40을 주게 되어 있습니다.

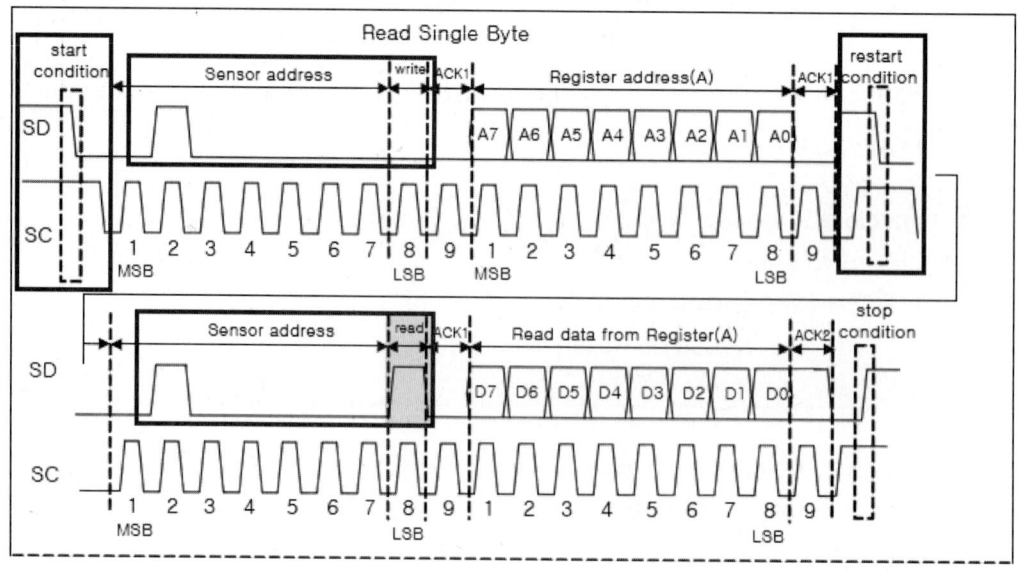

위 그림은 한 바이트를 읽고 있는 모습입니다. 이때 주어지는 센서 어드레스 부분은 주소값을 줄줄 때 실제 바이트를 읽어올 때가 달라지는 것을 알 수 있습니다. 즉 읽어야 할 레지스터의 주소를 넘겨 줄 때는 0x40을 주고, 읽을 바이트를 읽어올 때는 0x41을 주는 것입니다.

NOON130_MODULE.cpp (c:\wince600\platform\cb6410\src\drivers\camera\noon130_module)

```
#define CAMERA_WRITE      (0x40 + 0)
#define CAMERA_READ       (0x40 + 1)
```

이를 위해서 NOON130_MODULE.cpp에는 위와 같이 정의가 되어 있고 이를 이용하게 됩니다. 읽어야 할 레지스터의 주소를 넘겨 줄 때와 읽을 바이트를 읽어올 때의 사이에 Start Condition을 한번 더 수행하고 있는 것에 주의해야 합니다. 대부분의 I2C 통신의 경우와 마찬가지이기 때문에 S3C6410의 하드웨어 I2C를 이용해서 구현하였고 정확히 동작하고 있습니다.

Function	Page Mode	Address	Description
Power control	0	0x01	Power sleep(Software power down)
PLL	0	0x02	Control PLL(Phase locked loop)
Page mode	Common	0x03	User should change the this register before controlling functions in other page.
Device ID	0	0x04	To find version of SENSOR, read this register.
Image Size	0	0x10, 0x11	Sub-sampling, Preview, X/YFlip, Bad Frame Skip, Fixed Frame Rate.

위 내용을 보면 Page Mode 0에서 Device ID가 0x04번지에 있다는 것을 알 수 있습니다. 그 아래에 0x10 번지를 보면 Image Size에 대한 것임을 알 수 있습니다. 그런데 아래 내용을 보면 Page Mode 1에 또 0x10번지가 있습니다.

Function	Page Mode	Address	Description
Output Data Format	1	0x10	YUV4:2:2, RGB5:6:5, RGB4:4:4, ITU656-like

0x03 [common mode]: PAGEMODE [default=0x00, w]

Bit	Function	Description	Default
B[7:4]		Reserved	0000b
B[3:0]	Page Mode	User should set this register before controlling registers to adjust functions. This register classified the group of function to control registers easily. 0 : Image size, Windowing, V/HSync, Black level calibration function 1 : Image effect, Image format, Color saturation, Color correction, Gamma correction, Edge enhancement, Noise Reduction, Dead pixel concealment, Lens shading correction 2 : Image scaling, Auto flicker cancellation 3 : Auto exposure function 4 : Auto white balance function	0000b

Page Mode를 나타내는 레지스터는 0x03 번지의 레지스터 입니다. 이 레지스터의 값은 디폴트 값이 0입니다. 그러므로 우리가 아무런 설정을 수행하지 않으면 그것은 Page Mode 0을 나타내는 것입니다.

0x10번지를 읽을 때 0x03번지의 Page Mode를 0으로 설정하고 0x10번지를 읽으면 그것은 Image Size를 나타내는 레지스터를 읽는 것이고, 0x03번지의 Page Mode를 1로 설정하고 0x10번지를 읽으면 그것은 Output Data Format을 나타내는 레지스터를 읽은 것입니다.

0x04(P0)	DEVID	Device ID1	0x61(RO)
0x05(P0)		Reserved	RO
0x06(P0)		Reserved	RO
0x10(P0)	VDOCTL1	Control sub-sampling, preview and vsync type	0x00
0x11(P0)	VDOCTL2	Control strobe, windowing, fixed frame rate, X/Y flip and skip frame	0x90

Chip ID는 위에서 보듯이 0x61이라는 값으로 고정되어 있습니다. 그러므로 반드시 이 값이 읽혀야 합니다. 꼭 확인해 보아야 합니다. RO라고 적혀있는 것이 Read Only를 의미합니다. Page Mode 0의 0x10 부분의 레지스터는 디폴트 값이 0임을 알 수 있습니다.

Image Output Format and Image Effect (Page Mode 1)			
0x10(P1)	ISPCTL1	Control the format of image data	0x03

Page Mode 1의 0x10 부분의 레지스터는 디폴트 값이 0x03 임을 알 수 있습니다. 이 부분을 코드 상에서 읽어보도록 하겠습니다.

NOON130_MODULE.cpp (c:\wince600\platform\cb6410\src\drivers\camera\noon130_module)

```
int ModuleWriteBlock() {
… … … … … …
    for(i=0; i<(sizeof(NOON130_YCbCr8bit_New)/2); i++) {
        RETAILMSG(MSG_DEBUG0,(TEXT("(0x%x, 0x%x)\n"),
            NOON130_YCbCr8bit_New[i][0], NOON130_YCbCr8bit_New[i][1]));
        HW_WriteRegisters(&NOON130_YCbCr8bit_New[i][0], 2);
    }
… … … … … …
```

ModuleWriteBlock() 함수는 카메라 모듈의 초기 값을 결정하게 되는 설정을 수행합니다. HW_WriteRegisters()를 통해서 카메라 모듈로 I2C로 데이터를 저장하는 것입니다. 이때 사용하는 구조체가 NOON130_YCbCr8bit이었는데 저는 이것을 NOON130_YCbCr8bit_New로 새롭게 만들었습니

33. Camera 보드 연결과 장치에 대한 이해

다.

Noon130pc20.h (c:\wince600\platform\cb6410\src\drivers\camera\noon130_module)

```
unsigned char NOON130_YCbCr8bit[][2] = {
        //--- Page 0:
        {0x03,0x00},
        {0x01,0x01},
        {0x01,0x03},
        {0x01,0x01},
... ... ... ... ... ...
};

unsigned char NOON130_YCbCr8bit_New[][2] = {
        //--- Page 0:
        {0x03,0x00},
};
```

NOON130_YCbCr8bit 구조체는 아주 많은 값을 가지고 있는 것입니다. 각각의 내용 중에서 앞 부분은 레지스터 주소값이고 뒤 부분은 거기에 저장할 값의 조합을 가지는 배열입니다. 일단 이 설정을 적용하지 않고 디폴트로 되어 있는 값으로 Preview를 하도록 하겠습니다. 나중에 필요한 부분을 NOON130_YCbCr8bit_New로 새롭게 만든 것에 하나씩 추가하면서 적용하도록 할 것입니다. NOON130_YCbCr8bit_New 부분에는 {0x03,0x00}으로 0x03번지에 0을 적는 것 하나만 유지하였습니다. 이것은 디폴트 값이기 때문에 사실 설정할 필요는 없지만 공간 확보를 위해서 남겨둔 것입니다.

NOON130_MODULE.cpp (c:\wince600\platform\cb6410\src\drivers\camera\noon130_module)

```
int   ModuleWriteBlock() {
... ... ... ... ... ...
    unsigned char noon130_readReg = 0;
    unsigned char noon130_page0[2] = {0x03, 0x00}; // 0 page
    unsigned char noon130_page1[2] = {0x03, 0x01}; // 1 page
... ... ... ... ... ...
    HW_WriteRegisters(&noon130_page0[0], 2);
    RETAILMSG(MSG_DEBUG0,(TEXT("NOON130 Page 0 setting done\n")));
    HW_ReadRegisters(&noon130_readReg, 0x04, 1);
    RETAILMSG(MSG_DEBUG0,(TEXT("NOON130 Read 0x04: %X\n"), noon130_readReg));
    HW_ReadRegisters(&noon130_readReg, 0x10, 1);
    RETAILMSG(MSG_DEBUG0,(TEXT("NOON130 Read 0x10: %X\n"), noon130_readReg));
```

```
    HW_WriteRegisters(&noon130_page1[0], 2);
    RETAILMSG(MSG_DEBUG0,(TEXT("NOON130 Page 1 setting done\n")));
    HW_ReadRegisters(&noon130_readReg, 0x10, 1);
    RETAILMSG(MSG_DEBUG0,(TEXT("NOON130 Read 0x10: %X\n"), noon130_readReg));
    … … … … … …
```

ModuleWriteBlock() 함수 부분에 위와 같이 레지스터 값을 읽는 코드를 구현해 놓았습니다. 코드의 내용은 단순합니다. Page Mode를 먼저 0으로 설정한 상태에서 0x04번지와 0x10번지를 읽고, 이후 Page Mode를 1로 설정한 이후에 0x10번지를 다시 읽는 것입니다.

```
- NOON130 HW_WriteRegisters
NOON130 Page 0 setting done
+IIC_IOControl(0xD2B241C0, 262144, 0xD259F924, 12, 0xD259F930, 12, 0xD259F920)
… … … … … …
-IIC_IOControl Success Ecode=31 (len=12)
NOON130 Read 0x04: 61
+IIC_IOControl(0xD2B241C0, 262144, 0xD259F924, 12, 0xD259F930, 12, 0xD259F920)
… … … … … …
-IIC_IOControl Success Ecode=31 (len=12)
NOON130 Read 0x10: 0
+ NOON130 HW_WriteRegisters, (0x3, 0x1)
… … … … … …
- NOON130 HW_WriteRegisters
NOON130 Page 1 setting done
+IIC_IOControl(0xD2B241C0, 262144, 0xD259F924, 12, 0xD259F930, 12, 0xD259F920)
… … … … … …
-IIC_IOControl Success Ecode=31 (len=12)
NOON130 Read 0x10: 3
- S5K4BA ModuleWriteBlock
```

실제로 수행을 해보면 위의 결과를 얻게 됩니다. 예상했던 것처럼 0x04번지의 Device ID는 0x61 값을 읽어 왔고, 0x10번지는 각각 디폴트 값이 읽히고 있습니다.

여기서 한가지만 살펴보고 지나가도록 하겠습니다. Page Mode 1의 0x10 Output Data Format이 0x3인데 이것이 의미하는 것은 무엇일까요?

아래 레지스터의 설명에 해답이 존재합니다. B[7:4] 부분이 Data Format이고 이것이 0000이므로 YUV4:2:2 8비트 포맷인 것을 알 수 있습니다.

0x10[page mode 1]: ISPCTL1[default=0x03, r/w]

Bit	Function	Description	Default
B[7:4]	Data Format	0000: YUV4:2:2 8bit, 0100: RGB5:6:5 8bit, 0110: RGB4:4:4	0000b
B[3]		Reserved	0b
B[2]	ITU656	ITU656-like(0:OFF, 1:ON)	0b
B[1]	Y Phase	Select U/V(R/B) and Y(G) phase for output data. 0: UYVY .... for U Phase is ON, VYUY.... for U Phase is OFF 1: YUYV .... for U Phase is ON, YVYU.... for U Phase is OFF	1b
B[0]	U Phase	Select U(B) and V(R) phase for output data. 0: VYUY... for Y Phase is OFF, YVYU... for Y Phase is ON 1: UYVY... for Y Phase is OFF, YUYV.... for Y Phase is ON	1b

그리고 Y Phase와 U Phase가 각각 1이기 때문에 데이터의 형태는 YUYV가 연속해서 나오는 것임을 알 수 있습니다.

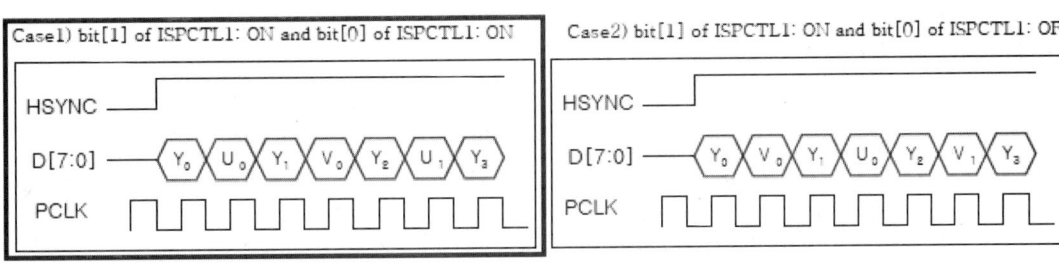

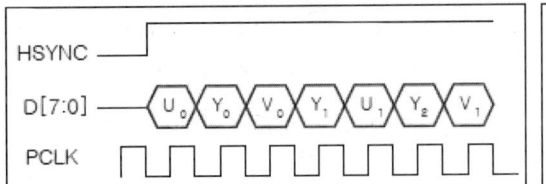
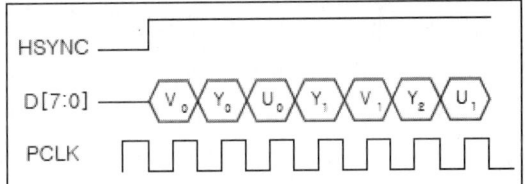

이에 대한 것을 그림으로 표현한 것이 위의 내용입니다. 그림에서 Case1의 경우가 디폴트인 것입니다. Page Mode 1 0x10 레지스터를 부르는 다른 이름이 ISPCTL1이고 그 레지스터의 비트 0번과 1번의 값에 따라서 위의 4가지 형태가 나타나는 것입니다.

위 그림에서 8비트가 온전하게 나타나 있지 않아서 조금 헷갈릴 수도 있어서 좀더 길게 나타내 보도록 하겠습니다. 디폴트 설정일 때의 비트 열은 아래와 같습니다.

Y0	U0	Y1	V0	Y2	U1	Y3	V1	Y4	U2	Y5	V2	Y6	U3	Y7	V3	Y8	U4	Y9	V4

아래 그림은 S3C6410에서 카메라 인터페이스 부분에서 ITU-R BT 601 Input 모드로 동작할 때의 타이밍 그림입니다. 그림에서 Y부분과 카메라 모듈의 Y와 매칭이 되는 것이고, Cb는 U, Cr은 V와 매칭되

는 것입니다.

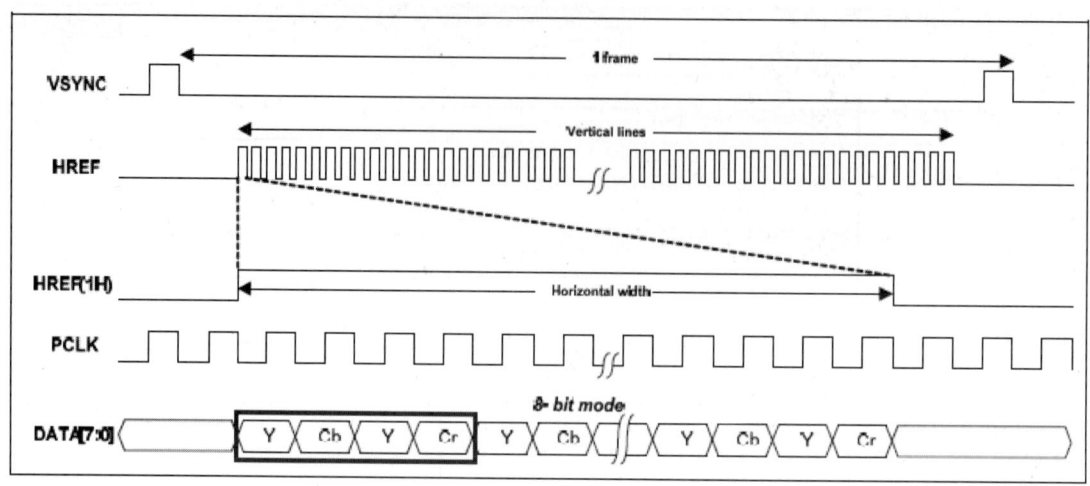

33.4. YUV, YCbCr

YUV와 YCbCr과 관련해서 좀더 자세하게 살펴보겠습니다.

우리가 흔히 접하는 것 중에서 RGB 방식으로 색상을 표현하는 것이 있습니다. 그야말로 Red, Green, Blue의 삼원색을 조합하여 화면에 색상을 표현하는 디지털 방식을 의미하는 것입니다.

RGB 방식과는 달리 YUV는 밝기 정보를 이용해서 색상을 표현하는 방식입니다. 생리학적으로 사람의 눈에서 시각적 원리상 픽셀 간의 구별은 색상보다 명암이 더 기여도가 높다고 합니다. 이러한 원리에 기반을 두고 빛의 밝기와 색상을 나타내는 성분을 사용하여 화면에 색상을 표현하는 방식이 바로 YUV입니다. Y는 카메라의 센서에서 받은 빛의 밝기를 나타내는 것입니다. 사람의 눈이 밝기에 더욱 민감하기 때문에 Y 신호를 보다 많이 할당하고 있는 것입니다. UV는 PAL방식에서 사용되는 2개의 부반송파(subcarrier) 중심축을 뜻하는데 B-Y, R-Y의 색차 신호가 scaling & filtering되어 U, V축에서의 PAL 부반송파를 변조하는데 사용된다고 합니다. 사실 너무 전문적인 부분이어서 이해하기에는 어려운 점이 있습니다. 어쨌든 Y는 밝기, UV는 색깔을 의미한다고 이해하시면 되겠습니다.

YUV와 YCbCr은 어떻게 다른 것일까요? 간단하게 말하자면 YUV는 아날로그, YCbCr은 디지털이라고 생각하시면 쉽습니다. 아날로그인 YUV 신호가 디지털로 변하면서 YCbCr이 된 것입니다. YCbCr은 MPEG-2와 같은 디지털 비디오 압축 알고리즘에서 사용되는 대표적인 형태입니다. 또한 CCIR 601과 같은 압축되지 않은 디지털 비디오 포맷에서도 YCbCr을 사용하게 됩니다.

사람의 눈이 색상보다는 밝기에 민감하다는 사실에 착안하여 컬러를 표현하는 방식이라고 말씀 드렸듯이, 색을 밝기(Luminance)인 Y성분과 색상(Chrominance)인 Cb(U)와 Cr(V) 성분으로 구분하는 것입니다. Y성분이 보다 민감하기 때문에 색상성분인 Cb와 Cr보다 많은 비트로 코딩 하게 됩니다. 전형적인 Y:Cb:Cr의 비율은 4:2:2 입니다. 4:2:2 이라는 의미는 Y와 Cb, Cr의 표본 수 비율로서 Cb와 Cr의 표본 비율이 Y의 반이라는 의미입니다. 이러한 4:2:2 포맷이 일반적이기는 하지만 경우에 따라서는 4:4:4, 4:2:0 포맷도 존재합니다.

33.5. CCIR-601 & 656

CCIR-601, 656은 다른 말로 ITU-601, 656으로도 표현합니다.

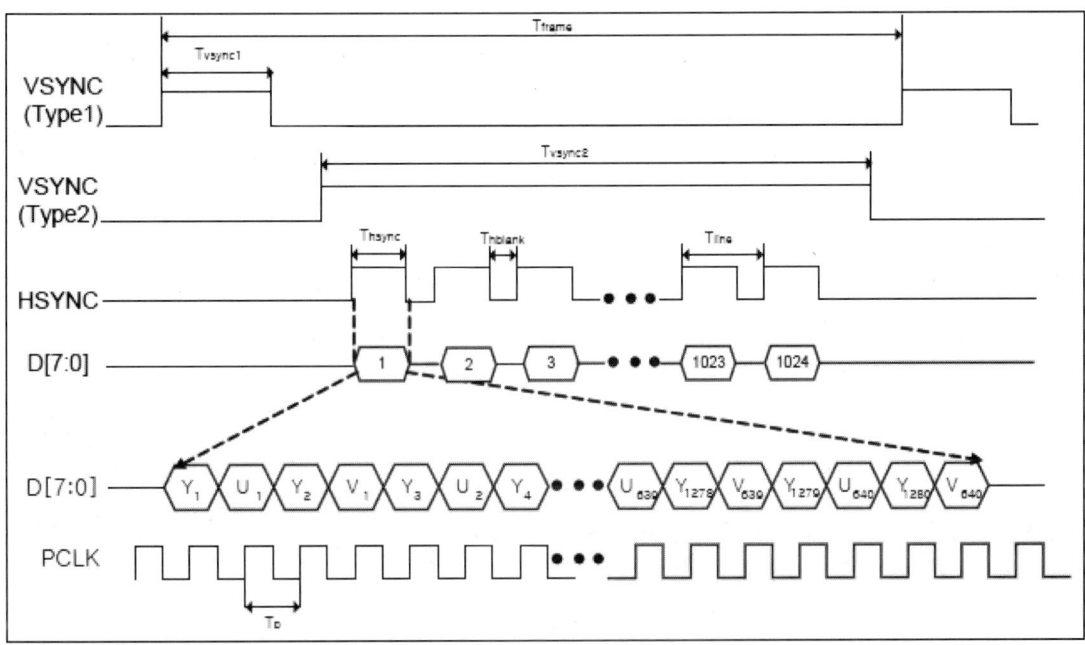

CCIR-601은 위 그림에서와 같이 VSYNC와 HSYNC의 타이밍 신호를 별도로 제공하는 방식을 의미합니다. VSYNC는 화면 전체를 나타내는 하나의 Frame을 의미합니다. 즉 한번의 VSYNC 신호가 나타날 때마다 화면 한 장이 지나가는 것이라고 생각하시면 됩니다. 위 그림처럼 1280x1024의 Frame 전체가 한번 출력되는 것입니다. HSYNC는 이 중에서 하나의 라인을 의미하는 것입니다. HSYNC 동안에 화면에 출력되는 하나의 라인이 표현되는 것입니다. 위 그림에서는 1280 하나의 라인이 HSYNC 한 번 동안 출력되는 것입니다. PCLK는 하나의 픽셀을 의미하는 것입니다. YUV 중에서 각각 하나의 데이터가 출력되는 것과 정확하게 동기를 맞추고 있는 것입니다.

우리가 사용하는 카메라 모듈의 경우는 VSYNC를 주는 방법이 두 가지가 있습니다. 한 Frame의 시작과 끝에서 각각 VSYNC가 High로 갔다가 Low내려오고 Frame 중에는 계속 Low 상태로 있는 것이 Type1이고, Frame이 지속되는 동안 계속 High 상태로 있는 것이 Type2입니다. 디폴트는 Type1이고, 이것은 S3C6410의 디폴트 경우와도 일치합니다. 위에서 S3C6410의 그림도 나와 있으니 함께 비교를 해보시는 것도 좋을 것입니다.

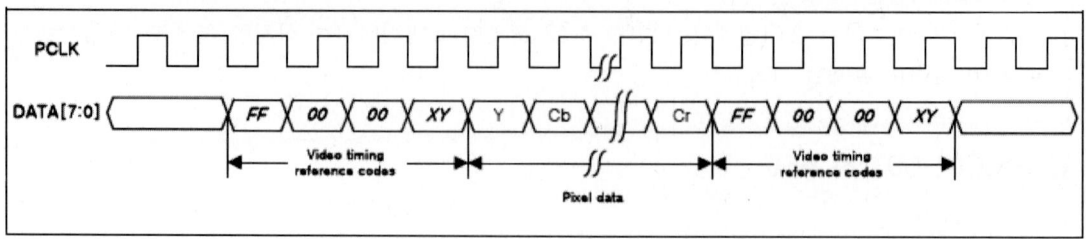

CCIR-656은 601과는 달리 VSYNC, HSYNC 없이 Data line에 timing 정보를 포함해서 함께 보내주는 것을 말합니다. 타이밍에 대한 신호가 없기 때문에 단순하지만 처리에서는 보다 복잡한 작업이 필요합니다. 위 그림은 S3C6410에서 CCIR-656 형태로 처리될 때의 모양을 나타낸 것입니다. 카메라 모듈의 Page Mode 1 0x10 레지스터 ISPCTL1의 2번 비트를 1로 설정했을 때 위와 같은 656 포맷으로 출력되도록 설정할 수 있습니다.

34. Camera 어플리케이션 빌드 및 Preview 실행

카메라 디바이스 드라이버에 대한 분석을 진행하기에 앞서서 일단 카메라가 정상적으로 동작하는가를 확인하기 위해서 Preview를 수행해 보도록 하겠습니다. 그런데 이를 위해서는 어플리케이션이 필요합니다. 어플리케이션을 새로 만들어서 해볼 수도 있겠지만 이를 위해서는 매우 많은 공부가 필요합니다. 마이크로소프트에서 제공하는 DirectShow라는 것에 대해서도 많은 지식이 있어야 가능한 일입니다. 이와 관련한 내용만으로 책을 한 권 써도 부족할 만큼 방대한 양입니다. 여기서 이를 다루는 것은 이 책의 범위를 벗어나는 것이고 다만 디바이스 드라이버를 돌려볼 수 있는 응용 프로그램을 어떻게 활용할 수 있는가만 살펴보도록 하겠습니다.

34.1. Camera 어플리케이션 빌드

상당히 고맙게도 우리가 사용할 수 있는 많은 어플리케이션 코드들이 이미 Windows CE 폴더에 상당히 많이 포함되어 있습니다. 우리는 그 중의 하나를 가져다가 빌드해서 실행해 보는 것을 해보도록 할 것입니다. 이를 통해서 다른 많은 코드들을 가져다가 빌드를 수행할 수 있는 기본 지식을 가지게 될 것입니다.

34.1.1. 소스 코드 위치

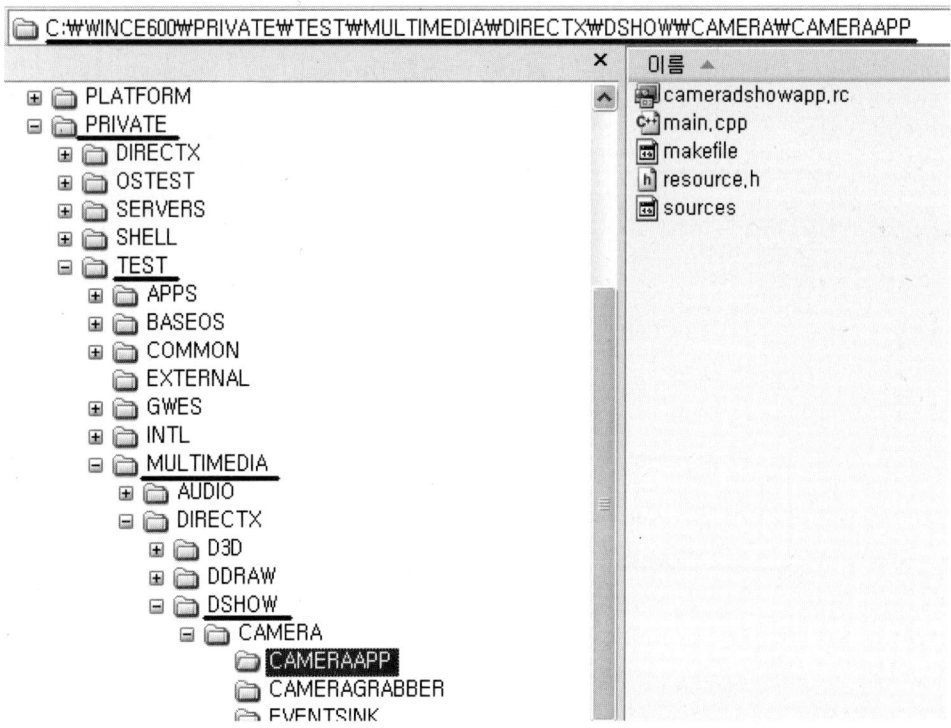

위 폴더를 살펴보면 정말 무수히 많은 프로그램들이 들어 있는 것을 확인할 수 있습니다. 하나하나 공부를 해보면 많은 것을 배울 수 있을 것입니다. 우리는 이 중에서 Camera Application 부분만 취해서 구동을 시켜볼 것입니다.

34.1.2. TEST 폴더 생성 및 복사

우리가 가져올 코드의 위치는 아래와 같습니다.
C:\WINCE600\PRIVATE\TEST\MULTIMEDIA\DIRECTX\DSHOW\CAMERA\CAMERAAPP
그냥 복사를 해서 사용할 수도 있겠지만 꼭 필요한 부분만 취해서 복사를 수행할 것입니다.

> PRIVATE 부분이나 PUBLIC 부분에 존재하는 소스 코드를 직접 빌드해서 사용할 수도 있지 않겠는가 의문을 가지시는 분들께서도 계시겠지만 가능한 그렇게 사용하지 않는 것이 좋습니다. Windows CE 는 매달 수정된 부분에 대해서 QFE를 릴리즈 합니다. 이때 PRIVATE 부분이나 PUBLIC 부분의 소스 코드는 수정될 수가 있습니다. 그러므로 만약 그 부분에 어떤 작업을 수행하였을 경우 작업한 내용을 잃어버릴 가능성이 있는 것입니다.
>
> 보다 더 중요한 것은 PRIVATE 부분이나 PUBLIC 부분에 어떤 편집을 가했을 경우 돌이킬 수 없는 상황이 발생할 수 있는 가능성이 있습니다. 그러한 경우 플랫폼 빌더를 새로 설치해야 할 수도 있고, 심각한 경우는 컴퓨터 전체를 포맷하고 다시 OS부터 설치해야만 문제를 해결할 수 있는 경우도 발생합니다. 그러므로 반드시 필요한 코드를 PLATFORM 부분으로 복사해서 활용하시는 것이 좋습니다.

우리는 PLATFORM > CB6410에 TEST라는 폴더를 만들고 여기에 복사를 해서 수행할 것입니다.

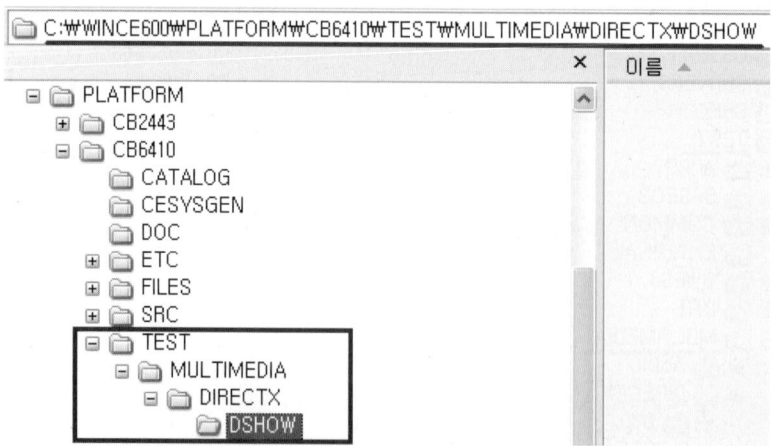

위 그림에서와 같이 TEST아래에 \MULTIMEDIA\DIRECTX\DSHOW 폴더를 차례로 만들어 줍니다. 이곳에 PRIVATE 부분의 코드를 복사해올 것입니다.

34. Camera 어플리케이션 빌드 및 Preview 실행

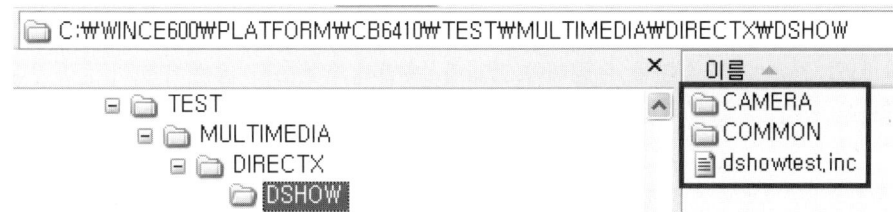

C:\WINCE600\PRIVATE\TEST\MULTIMEDIA\DIRECTX\DSHOW에서 dshowtest.inc 파일과 CAMERA, COMMON 폴더를 \CB6410\TEST\MULTIMEDIA\DIRECTX\DSHOW에 복사합니다.

CAMERA와 COMMON 폴더는 폴더 자체를 복사하였기 때문에 폴더 내부는 크게 건드릴 필요는 없습니다. 다만 최소한도의 프로그램만 동작시킬 것이기 때문에 불필요한 부분은 삭제할 것이고, 수정이 필요한 부분에는 약간의 수정을 수행할 것입니다.

C:\WINCE600\PRIVATE\TEST\MULTIMEDIA\DIRECTX\INC 폴더를
C:\WINCE600\PLATFORM\CB6410\TEST\MULTIMEDIA\DIRECTX에 복사합니다.

C:\WINCE600\PRIVATE\TEST\MULTIMEDIA\DIRECTX\DSHOW\dshowtest.inc를
C:\WINCE600\PLATFORM\CB6410\TEST\MULTIMEDIA\DIRECTX\DSHOW\에 복사합니다.

C:\WINCE600\PRIVATE\TEST\MULTIMEDIA에서
sources.cmn, sysgen_settings.bat를 C:\WINCE600\PLATFORM\CB6410\TEST\MULTIMEDIA\에 복사합니다.

C:\WINCE600\PRIVATE\TEST의 sources.ce와 sources.test를
C:\WINCE600\PLATFORM\CB6410\TEST로 복사합니다.

34.1.3. 카메라 어플리케이션 수정

\CB6410\TEST\MULTIMEDIA\DIRECTX\DSHOW\CAMERA\TESTS는 삭제합니다.
\CB6410\TEST\MULTIMEDIA\DIRECTX\DSHOW\COMMON\LIBS\LOGGER는 삭제합니다.

복사해온 내용 중에서 두 개의 폴더를 삭제합니다. 물론 이들 폴더를 포함시켜서 빌드를 수행해도 상관없지만 그럴 경우 여러 부분을 수정해야 합니다. 특별히 활용하지 않는 부분이기 때문에 삭제하도록 합니다.

C:\WINCE600\PLATFORM\CB6410\TEST\MULTIMEDIA\DIRECTX\DSHOW\CAMERA\CAMERAAPP\sources 파일을 아래와 같이 수정합니다.

```
TARGETLIBS= \
            $(_COMMONSDKROOT)\lib\$(_CPUINDPATH)\coredll.lib \
            $(_COMMONSDKROOT)\lib\$(_CPUINDPATH)\ole32.lib      \
            $(_COMMONSDKROOT)\lib\$(_CPUINDPATH)\oleaut32.lib   \
            $(_COMMONSDKROOT)\lib\$(_CPUINDPATH)\uuid.lib    \
            $(_COMMONSDKROOT)\lib\$(_CPUINDPATH)\strmiids.lib \
            $(_COMMONSDKROOT)\lib\$(_CPUINDPATH)\dmoguids.lib \
            $(_COMMONSDKROOT)\lib\$(_CPUINDPATH)\commctrl.lib \
            $(_TARGETPLATROOT)\lib\$(_CPUINDPATH)\CaptureFramework.lib \
            $(_PROJECTOAKROOT)\lib\$(_CPUINDPATH)\EventSink.lib \
            $(_TARGETPLATROOT)\lib\$(_CPUINDPATH)\imagingguid.lib \
            $(_WINCEROOT)\public\directx\sdk\lib\$(_CPUINDPATH)\strmbase.lib     \
            $(_TARGETPLATROOT)\lib\$(_CPUINDPATH)\camdriverlibrary.lib \
            $(_TARGETPLATROOT)\lib\$(_CPUINDPATH)\driverenumerator.lib \
            $(ATL8LIBS)\
```

원래 $(_PROJECTOAKROOT) 부분으로 되어 있던 것을 $(_TARGETPLATROOT)로 수정한 것입니다. 위 수정 중에서 EventSink.lib 부분은 수정하지 않고 $(_PROJECTOAKROOT)로 둡니다.

\CB6410\TEST\MULTIMEDIA\DIRECTX\DSHOW\CAMERA\EVENTSINK\sources

```
TARGETNAME=EventSink
TARGETTYPE=LIBRARY
RELEASETYPE=OAK
```

EventSink.lib 부분을 수정하지 않는 이유는 위의 sources 파일에서 실제 라이브러리가 위치될 곳을 OAK 부분으로 하고 있기 때문에 아래 부분에 파일이 존재하게 됩니다.
C:\WINCE600\OSDesigns\CB6410-V01\Wince600\CB6410_ARMV4I\OAK\lib\ARMV4I\retail
하지만 다른 라이브러리 들은 아래 위치에 파일이 생성되게 됩니다.
C:\WINCE600\PLATFORM\CB6410\lib\ARMV4I\retail

여러 부분의 dirs 파일들을 수정해 주어야 합니다.

34. Camera 어플리케이션 빌드 및 Preview 실행

₩CB6410₩TEST₩MULTIMEDIA₩DIRECTX₩DSHOW₩CAMERA₩dirs

```
DIRS_CE= ₩
    framework ₩
    playbackframework ₩
    imagingguid ₩
    EventSink ₩
    CameraApp ₩
    asfvalidate ₩
    cameragrabber ₩
```

CAMERA폴더에 들어있는 dirs 파일 중에서 우리가 삭제한 Tests 폴더에 대한 것을 삭제하고 나머지는 유지하도록 합니다.

₩CB6410₩TEST₩MULTIMEDIA₩DIRECTX₩DSHOW₩COMMON₩LIBS₩dirs

```
DIRS_CE= ₩
    AVIReader ₩
    Imaging ₩
    PropertyBag ₩
    DriverEnumerator ₩
    CamDriverLibrary ₩
    ValidType ₩
    ASFFile
```

COMMON₩LIBS에 들어있는 dirs 파일 역시 위에서 삭제한 Logger 폴더에 대한 것을 삭제하고 나머지는 유지하도록 합니다.

DIRS_CE

여기서 한가지 내용을 확인하고 지나가도록 하겠습니다. 기존에 우리가 알고 있는 dirs 파일에 폴더들을 명시하는데 사용하던 것은 DIRS=로 표시하고 각각의 폴더 이름을 적어 주었습니다. 하지만 위의 내용을 보면 DIRS_CE로 표시되어 있습니다.

DIRS_CE 키워드는 DIRS와 마찬가지로 Build.exe가 빌드 할 폴더를 찾게 해주기 위해서 명시해 주는 것은 같지만 한가지 다른 부분이 있습니다. 그것은 **DIRS_CE로 명시한 부분은 오직 Windows CE- based 런타임 이미지로 만들어지는 경우**에 한해서 사용할 수 있다는 것입니다.

사용하는 방법은 DIRS의 경우와 완전히 동일 합니다. DIRS_CE=directory [directory]...의 형태로 폴더의 이름을 나열해 주면 됩니다. 폴더 이름과 이름 사이는 space나 tab으로 구분되면 됩니다. 대부분의 경우 ₩를 이용해서 여러 문장으로 나타내주게 됩니다.

```
DIRS=

DIRS_CE= ₩
    dsfocus ₩
    BVT     ₩
    dshow_1 ₩
    dshow_3 ₩
    dshow_4 ₩
    estmem ₩
    GraphEditServer ₩
    RemoteFileServer ₩
    Samples ₩
    Shared ₩
    StfPlayIt ₩
    longterm ₩
    Files   ₩
    dshow_glitchfree ₩
    Common ₩
    Components ₩
    Playback ₩
    camera ₩
    dvr ₩
    tools
```

위 내용은 C:₩WINCE600₩PRIVATE₩TEST₩MULTIMEDIA₩DIRECTX₩DSHOW에 있는 dirs 파일입니다. 우리는 이 중에서 Common과 Camera 부분만 필요합니다.

```
DIRS=

DIRS_CE= ₩
    CAMERA ₩
    COMMON ₩
```

위와 같이 CAMERA와 COMMON만 남기고 나머지는 모두 삭제하였습니다.

34. Camera 어플리케이션 빌드 및 Preview 실행

```
DIRS_CE=₩
    DSHOW ₩
```

C:₩WINCE600₩PLATFORM₩CB6410₩TEST₩MULTIMEDIA₩DIRECTX의 dirs 파일은 위와 같이 만듭니다. 역시 다른 내용이 없이 DSHOW 폴더에 대한 부분만 기술합니다.

```
13  DIRS=\                    13  DIRS=\
14      directx \             14      directx \
15      audio\
16                            16
17  DIRS_CE=\                 17  DIRS_CE=\
18         imaging \
19         cardea\
20                            20
```

C:₩WINCE600₩PRIVATE₩TEST₩MULTIMEDIA에서 dirs 파일을
C:₩WINCE600₩PLATFORM₩CB6410₩TEST₩MULTIMEDIA₩에 복사해서 내용을 위와 같이 수정합니다.
Dirs 파일에서 directx 부분만 남기고 나머지는 삭제합니다.

```
DIRS=₩
Multimedia
```

마지막으로 C:₩WINCE600₩PRIVATE₩TEST에 위 내용을 가지는 dirs 파일을 만듭니다.

34.1.4. 환경 변수 파일 수정

C:₩WINCE600₩PLATFORM₩CB6410₩sources.cmn

```
TEST_ROOT=$(_TARGETPLATROOT)₩TEST
```

위와 같이 sources.cmn에 TEST_ROOT가 플랫폼 폴더에 우리가 만든 TEST 폴더를 반드시 지정해 주어야 합니다.

C:₩WINCE600₩PLATFORM₩CB6410₩sources.cmn

```
_COMMONPUBROOT=$(_PROJECTROOT)₩cesysgen
INCLUDES=$(INCLUDES);$(_PUBLICROOT)₩ostest₩sdk₩inc
INCLUDES=$(INCLUDES);$(TEST_ROOT)₩MULTIMEDIA₩DIRECTX₩DSHOW₩CAMERA₩INC
INCLUDES=$(INCLUDES);$(_WINCEROOT)₩PRIVATE₩TEST₩COMMON₩INC
_OEMINCPATH=$(_WINCEROOT)₩public₩directx₩sdk₩inc;$(_WINCEROOT)₩public₩directx₩oak₩inc;$
(_WINCEROOT)₩public₩gdiex₩sdk₩inc;$(_WINCEROOT)₩public₩ie₩sdk₩inc;$(_OEMINCPATH)
```

```
WM_TST_ROOT=$(TEST_ROOT)\Multimedia\directx\winmedia
DX_TST_ROOT=$(TEST_ROOT)\Multimedia\directx
_DIRECTXSDKROOT=$(_WINCEROOT)\public\directx\sdk
_DIRECTXOAKROOT=$(_WINCEROOT)\public\directx\oak
SG_OUTPUT_ROOT=$(_PROJECTROOT)\cesysgen
SG_OUTPUT_OAKLIB=$(SG_OUTPUT_ROOT)\oak\lib\$(_CPUINDPATH)
ATL8LIBS=$(SG_OUTPUT_OAKLIB)\atls.lib $(SG_OUTPUT_OAKLIB)\atlosapis.lib
```

TEST_ROOT에 대한 설정 외에도 위와 같이 환경 변수들에 대한 설정을 수행하여야 정상적으로 빌드가 될 수 있습니다.

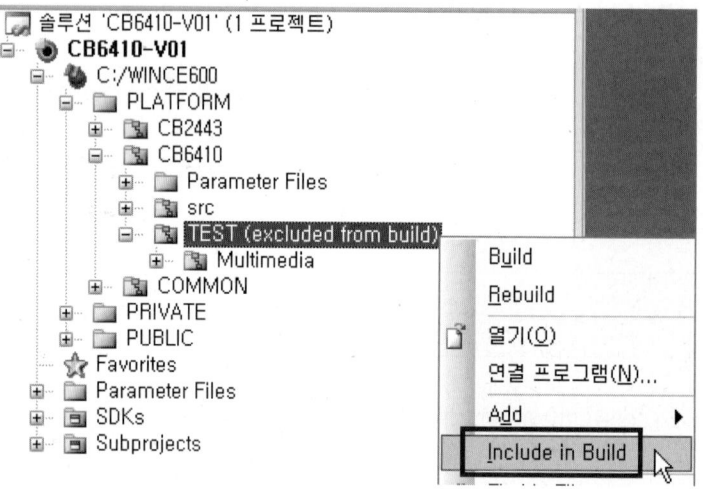

한가지 더 확인해야 하는 부분이 있습니다. 우리가 만든 TEST 폴더가 실제 빌드에는 포함되지 않을 수도 있습니다. 이를 확인하기 위해서는 Visual Studio 2005 솔루션 탐색기에서 TEST 폴더를 보면 (excluded from build)라고 표시되어 있으면 이것은 빌드에 포함되지 않게 됩니다. 이를 수정하기 위해서 마우스 오른쪽 버튼을 눌러서 Include in Build를 수행해 주어야 합니다.

```
DIRS=\
      src\
      TEST
```

사실 위에서 Include in Build를 수행해 주는 것은 dirs 파일을 편집하는 것과 동일한 기능을 수행하는 것입니다. 실제로 위 솔루션 탐색기에서 Include in Build를 수행하면 C:\WINCE600\PLATFORM\CB6410에 있는 dirs 파일이 위와 같이 TEST가 추가되면 수정되게 됩니다.

34.1.5. 카메라 어플리케이션 빌드 결과 확인

이제 빌드를 수행한 이후에 빌드 된 결과를 확인해 보겠습니다.

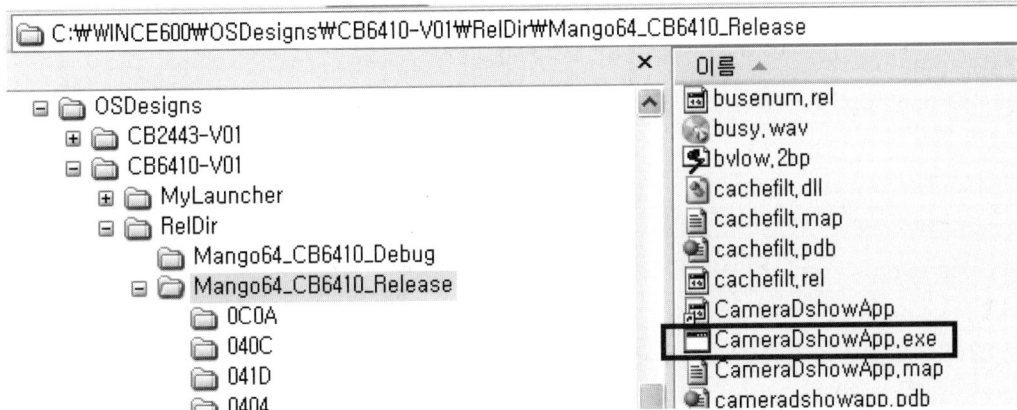

위 그림에서와 같이 C:\WINCE600\OSDesigns\CB6410-V01\RelDir\Mango64_CB6410_Release 폴더에서 빌드 된 CameraDshowApp.exe를 발견할 수 있습니다. 망고64 보드에 NK.bin을 다운로드 받은 이후에 실행하면 됩니다.

34.2. Camera Preview 수행

이제 카메라 Preview를 수행해 보도록 하겠습니다.

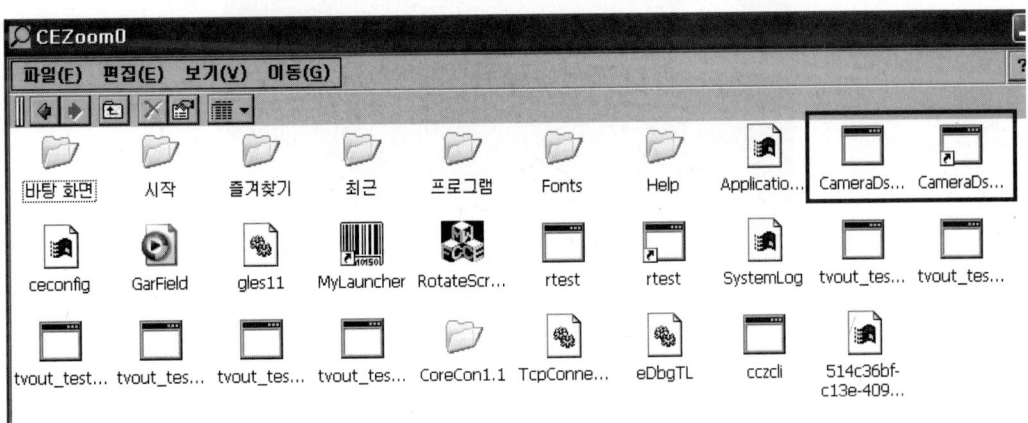

내 장치에서 Windows 폴더를 열어보면 CameraDshowApp.exe와 CameraDshowApp.lnk가 존재합니다. 이들을 수행하면 됩니다. 물론 매번 내 장치를 열고 Windows 폴더를 열어서 수행해도 되지만 여러 번 반복하는 것은 불편합니다. 예전에 배웠던 바탕화면에 링크를 만드는 것을 이용해서 링크를 만들어 두었습니다.

₩CB6410₩FILES₩CameraDshowApp.lnk

27#₩windows₩CameraDshowApp.exe

₩CB6410₩FILES₩platform.bib

| CameraDshowApp.exe | $(_FLATRELEASEDIR)₩CameraDshowApp.exe | NK | U |
| **CameraDshowApp.lnk** | **$(_FLATRELEASEDIR)₩CameraDshowApp.lnk** | **NK** | **U** |

₩CB6410₩FILES₩platform.dat

Directory("₩Windows₩LOC_DESKTOP_DIR"):-
File("CameraDshowApp.lnk","₩Windows₩CameraDshowApp.lnk")

위와 같이 파일들을 수정하고 다시 빌드를 수행합니다.

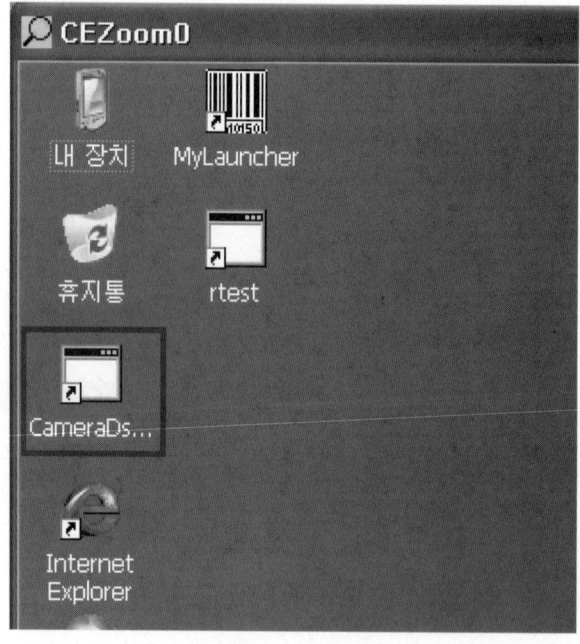

바탕화면에 위와 같이 CameraDshowApp.lnk를 이용해서 아이콘을 만들었고 이를 수행하도록 하겠습니다.

34. Camera 어플리케이션 빌드 및 Preview 실행

위 창이 나타나고 OK를 누르면 됩니다.

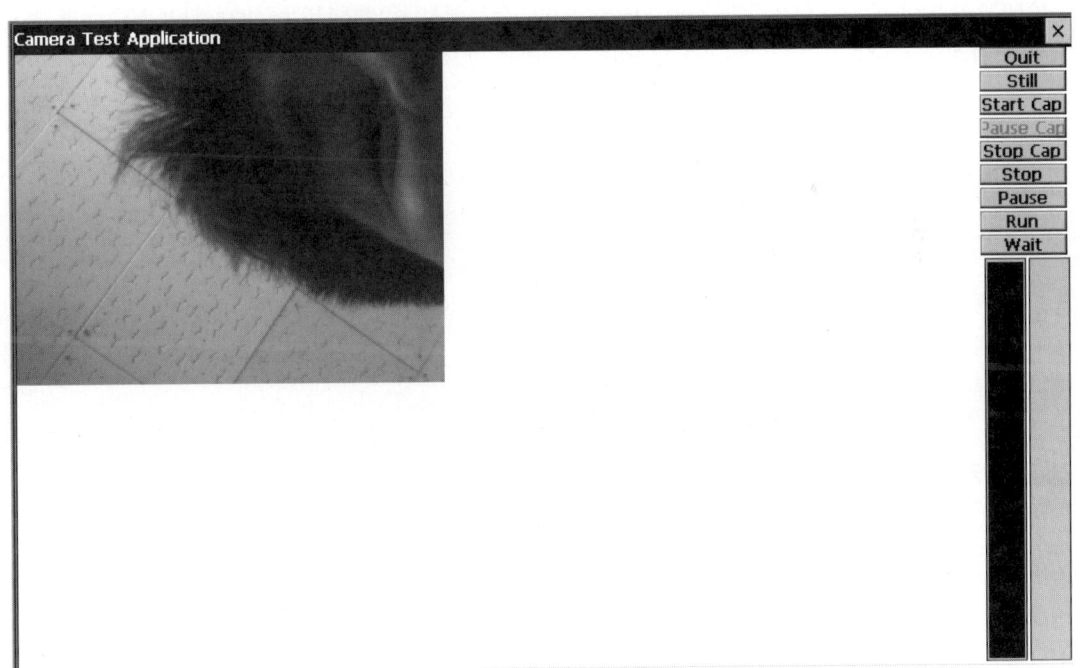

위와 같이 수행되는 모습을 확인할 수 있습니다. 필자의 얼굴 1/4이 보이고 있습니다.

34.3. BSP 수정 사항

혹시라도 위의 수행에 문제가 있는 경우는 아래 내용을 확인해 보시기 바랍니다.

34.3.1. CB6410.bat 변경

C:\WINCE600\PLATFORM\CB6410\CB6410.bat
```
set BSP_NOCAMERA=
```

Platform.bib (c:\wince600\platform\cb6410\files)
```
;-------------- Camera Capture Filter Driver --------------------------------------------
IF BSP_NOCAMERA !
    smdk6410_camera.dll    $(_FLATRELEASEDIR)\smdk6410_camera.dll    NK    SHK
ENDIF BSP_NOCAMERA !
```

BSP_NOCAMERA를 1로 적용하면 위의 Platform.bib 부분에서 smdk6410_camera.dll이 NK.bin에 포함되지 못하게 됩니다.

```
!if "$(BSP_NOCAMERA)" == "1"
SKIPBUILD=1
!endif
```

또한 각종 설정 부분이 레지스트리에 포함되지 못할 뿐만 아니라 여러 부분의 Sources 파일에 위 내용이 포함됨으로 인해서 빌드가 되지 않게 됩니다. 반드시 BSP_NOCAMERA 설정이 1이 되지 않도록 비어 있는 상태로 설정해야 합니다.

34.3.2. 카달로그 아이템 변경

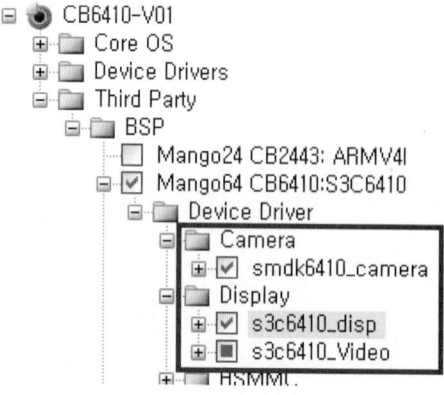

34. Camera 어플리케이션 빌드 및 Preview 실행

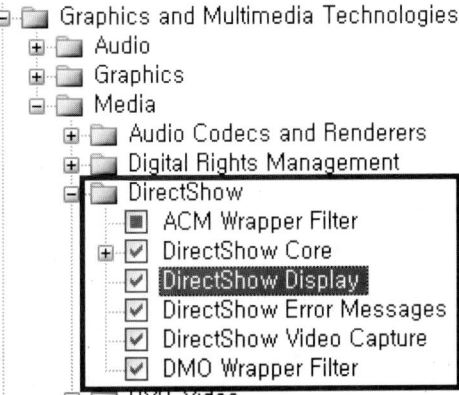

Core OS > CEBASE > Graphics and Multimedia Technologies > Media > DirectShow 부분의 모든 것들이 포함되도록 설정합니다.

35. Camera 디바이스 드라이버 초기화 과정 분석

이번 장과 다음 장에 걸쳐서 카메라 디바이스 드라이버에 대한 분석을 진행할 것입니다. 그 중에서 먼저 초기화 과정에 대한 분석을 진행할 것입니다. 사실 너무나도 방대한 양이기 때문에 짧은 지면에서 모든 내용을 다룰 수는 없습니다. 직접 소스 코드를 분석하면서 하나씩 알아가야 합니다. 필자가 이번 장과 다음 장에서 알려드리는 부분은 독자 여러분들이 직접 소스 코드를 분석할 때 보다 쉽게 분석이 가능하도록 주요 지점을 안내하는 것이라고 보면 됩니다.

35.1. 디바이스 드라이버 개요

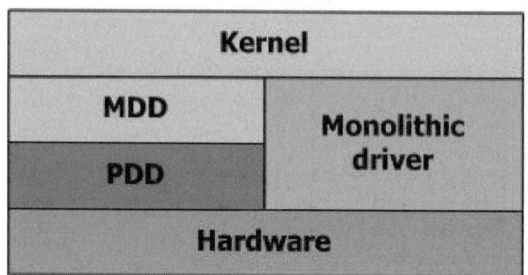

우리는 앞서 디바이스 드라이버의 기초 부분에서 위 그림을 본적이 있습니다. 이후 버튼 드라이버와 SMB380 드라이버를 통해서 Monolithic driver에 대해서 공부를 진행했습니다. 카메라 디바이스 드라이버는 Monolithic driver와는 달리 전형적인 MDD, PDD 구조를 따르고 있는 드라이버 입니다.

MDD: Model Device Driver
PDD: Platform Device Driver
BSP: Board Support Package

MDD, PDD에 대한 것을 약자를 풀어 쓰면 위와 같습니다. 여기에 하나를 더해서 BSP를 포함시켰습니다. 레이어 상으로 구분을 했을 때 MDD가 가장 상위에 있는 부분이고, 그 아래 PDD가 존재하고, 최종적으로 보드와 관련한 BSP가 존재하는 것입니다. 그럼 왜 이렇게 레이어를 나누어서 복잡하게 구현하고 있는 것일까요? 그것은 확장성에 대한 지원 때문입니다.

MDD는 OS와 PDD사이에서 드라이버의 기능이 구현된 것이고, PDD는 하드웨어에 접근하여 MDD에서 요구하는 기능을 수행하는 코드라고 생각하면 됩니다. 이렇게 레이어로 나누어서 구현이 되었을 경우에 편리한 점은 각 레이어 부분의 변경이 다른 레이어에 주는 영향이 최소화된다는 것입니다. 많은 보드들의 차이점에 대한 것들 혹은 많은 카메라 센서의 종류에 따른 변경이 일부의 영역에서만 변경이 되기 때문에 확장성에 매우 도움이 되는 것입니다.

카메라의 경우를 예로 들어서 말씀 드리자면, 카메라가 동작하는 과정에서 그것이 어떠한 카메라이든 보드가 어떤 것이든 공통적으로 수행되어야 할 부분이 있을 것입니다. 그런 것들은 MDD 부분에 존재하는 것입니다. 하드웨어에 따라 달라지는 부분과 관련해서는 PDD에 배치함으로써 최소한의 변경으로 드라이버를 만들 수 있도록 지원하는 것입니다.

35.2. 폴더 구조 분석

카메라 디바이스 드라이버 부분의 폴더를 보면 아래와 같습니다.

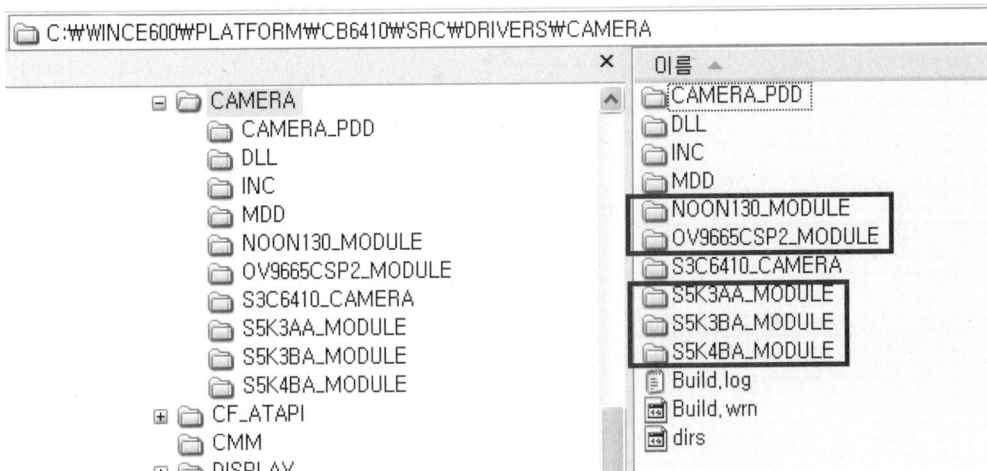

C:\WINCE600\PLATFORM\CB6410\SRC\DRIVERS\CAMERA 폴더를 살펴보면 _MODULE이라는 이름이 붙어 있는 5개의 폴더를 발견할 수 있습니다. 이들은 모두 각각 특정한 카메라 모듈에 대한 드라이버들을 가지고 있는 것입니다. S5K로 이름이 붙어 있는 것들은 이와 같은 방식으로 드라이버를 만들도록 하는 예제들이 들어 있는 것이고, OV9665로 이름 붙어 있는 것은 옴니비젼에서 만들어진 카메라 모듈에 대한 드라이버가 들어 있는 것입니다. 우리가 사용할 모듈은 NOON130PC20이기 때문에 NOON130 부분만 남기고 나머지는 삭제해도 됩니다.

C:\WINCE600\PLATFORM\CB6410\SRC\DRIVERS\CAMERA\dirs

CAMERA 부분의 dirs 파일을 위와 같이 NOON130_MODULE만 남기고 나머지는 삭제하는 방법으로 빌드에 포함되지 않도록 설정하는 것도 가능합니다.

```
C:\WINCE600\PLATFORM\CB6410\SRC\DRIVERS\CAMERA\S3C6410_CAMERA\sources
SOURCELIBS= \
        $(_TARGETPLATROOT)\lib\$(_CPUINDPATH)\NOON130_MODULE.lib
```

반드시 되어야 하는 설정은 위와 같이 S3C6410_CAMERA 부분의 sources 파일에서 SOURCELIBS 부분에 NOON130_MODULE.lib를 포함시켜야 하는 것입니다.

\OV9665CSP2_MODULE\OV9665CSP2_MODULE.cpp와
\NOON130_MODULE\NOON130_MODULE.cpp의 두 파일을 비교해보면 알 수 있는데, 내부에 정의되어 있는 파일의 이름이 동일합니다.

```
///////////////////////         49  //////////////////////////////////////////////////////
int ModuleInit()                    50  int ModuleInit()
                                    51  {
    DWORD dwErr = ERR               52      DWORD dwErr = ERROR_SUCCESS, bytes;
    UINT32  IICClock                53      UINT32  IICClock = 100000;
    UINT32     uiIICDe              54      UINT32     uiIICDelay;
    RETAILMSG(MSG                   55      RETAILMSG(MSG_DEBUG0,(TEXT("+ NOON130 ModuleInit\n")))
    // Initialize I2C               56      // Initialize I2C Driver
    hI2C = CreateFile               57      hI2C = CreateFile( L"IIC0:",
                                    58                         GENERIC_READ|GENERIC_WRITE,
                                    59                         FILE_SHARE_READ|FILE_SHARE_WR
                                    60                         NULL, OPEN_EXISTING, 0, 0);
                                    61
    if ( INVALID_HAND               62      if ( INVALID_HANDLE_VALUE == hI2C ) {
        dwErr = GetLa               63          dwErr = GetLastError();
        RETAILMSG(MSG               64          RETAILMSG(MSG_ERROR, (TEXT("Error %d opening devic
        return FALSE;               65          return FALSE;
    }                               66      }
```

하나의 예를 들어보면 ModuleInit() 함수가 있는데 이 함수의 이름과 파라미터 등이 완전히 동일합니다.

S3c6410_camera.cpp (c:\wince600\platform\cb6410\src\drivers\camera\s3c6410_camera)

```
int CameraInit(void *pData) {
… … … … … …
    ModuleInit();
… … … … … …
```

S3c6410_camera.cpp에서는 위와 같이 ModuleInit() 함수를 호출하게 되고, 카메라 드라이버의 입장에서 실제 빌드 시에 연결되는 라이브러리의 종류에 따라서 적절한 드라이버 코드가 호출될 수 있는 것입니다. 우리가 위에서 S3C6410_CAMERA 부분의 sources 파일에서 SOURCELIBS 부분에 NOON130_MODULE.lib를 포함시켰기 때문에 NOON130_MODULE.cpp의 ModuleInit()이 호출되는 것입니다.

35. Camera 디바이스 드라이버 초기화 과정 분석

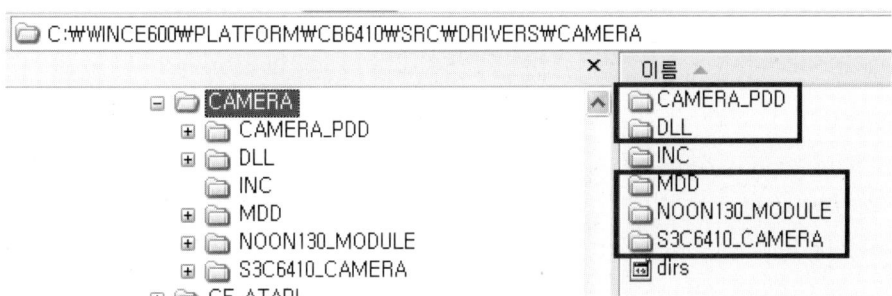

이제 사용하지 않는 모듈들에 대한 것은 삭제한 상태에서 나머지 폴더들에 대한 것을 먼저 분석하도록 하겠습니다.

₩MDD₩sources

```
TARGETNAME=CAMMDD
TARGETTYPE=LIBRARY
```

먼저 MDD로 되어 있는 부분을 보면 위에서 보았던 MDD 레이어의 부분이 바로 이 부분이 되는 것입니다. CAMMDD라는 이름의 라이브러리 파일이 생성될 것입니다.

₩CAMERA_PDD₩sources

```
TARGETNAME=CAMPDD
TARGETTYPE=LIBRARY
```

CAMERA_PDD 폴더의 부분이 위에서 보았던 PDD 레이어 부분입니다. CAMPDD라는 이름의 라이브러리 파일이 생성될 것입니다.

₩NOON130_MODULE₩sources

```
TARGETNAME=NOON130_MODULE
TARGETTYPE=LIBRARY
```

NOON130_MODULE 폴더에 존재하는 sources를 보면 NOON130_MODULE이라는 이름의 라이브러리 파일이 생성된다는 것을 알 수 있습니다.

₩S3C6410_CAMERA₩sources

```
TARGETNAME=s3c6410_camera
TARGETTYPE=LIBRARY
SOURCELIBS= $(_TARGETPLATROOT)₩lib₩$(_CPUINDPATH)₩NOON130_MODULE.lib
```

위에서도 보았지만 다시 S3C6410_CAMERA의 sources를 보면 NOON130_MODULE.lib가 포함되는 것을 알 수 있습니다. 또한 이 부분은 s3c6410_camera.lib로 생성되게 되는 것도 알 수 있습니다.

₩DLL₩sources

```
TARGETNAME=mango64_camera
TARGETTYPE=DYNLINK
DEFFILE=camera.def
SOURCELIBS= ₩
        $(_TARGETPLATROOT)₩lib₩$(_CPUINDPATH)₩CAMMDD.lib ₩
        $(_TARGETPLATROOT)₩lib₩$(_CPUINDPATH)₩CAMPDD.lib   ₩
        $(_TARGETPLATROOT)₩lib₩$(_CPUINDPATH)₩s3c6410_camera.lib
```

자 이제 마지막으로 DLL 폴더를 보면 이곳에 모든 것들이 합쳐지는 것을 발견할 수 있습니다. mango64_camera라는 이름으로 DLL 파일이 생성될 것이고 이것은 위에서 만들어진 s3c6410_camera.lib, CAMPDD.lib, CAMMDD.lib들을 모두 포함하게 됩니다. 그리고 카메라 디바이스 드라이버의 폴더들 중에서 유일하게 DEFFILE도 정의하고 있습니다.

₩DLL₩camera.def

```
LIBRARY      mango64_camera.dll
EXPORTS
    DllMain
    CAM_Init
    CAM_Deinit
    CAM_Open
    CAM_Close
    CAM_IOControl
    PIN_Init
    PIN_Deinit
    PIN_Open
    PIN_Close
    PIN_IOControl
```

camera.def의 내용을 보면 우리가 앞선 장들에서 배운 내용과 크게 다르지 않은 것을 알 수 있습니다. 그런데 보면 Init, Open 등의 함수의 이름이 두 가지 종류가 있습니다. 이것은 아래의 이유 때문입니다.

Platform.reg (c:₩wince600₩platform₩cb6410₩files)

```
;------------ Camera Capture Filter Driver ------------------------------------
```

```
IF BSP_NOCAMERA !
[HKEY_LOCAL_MACHINE\Drivers\BuiltIn\CameraDriver]
        "Prefix"="CAM"
        "Dll"="mango64_camera.dll"
        "Order"=dword:30
        "Index"=dword:1
        "IClass"=multi_sz: "{CB998A05-122C-4166-846A-933E4D7E3C86}","{A32942B7-920C-486b-B0E6-92A702A99B35}"
[HKEY_LOCAL_MACHINE\Software\Microsoft\DirectX\DirectShow\Capture]
        "Prefix"="PIN"
        "Dll"="mango64_camera.dll"
        "IClass"="{C9D092D6-827A-45E2-8144-DE1982BFC3A8}"
[HKEY_LOCAL_MACHINE\Drivers\Capture\Camera]
        "MemoryModel"=dword:2
        "PinCount"=dword:3
ENDIF BSP_NOCAMERA!
```

Platform.reg에는 위와 같이 같은 mango64_camera.dll을 이용하는 두 부분의 레지스트리 항목을 등록하게 됩니다. 하나는 CAM이라는 prefix를 갖는 부분이고 다른 하나는 PIN이라는 prefix를 갖는 부분입니다.

CAM prefix 부분은 버튼 드라이버를 만들 때 넣어주었던 부분과 같은 HKEY_LOCAL_MACHINE\Drivers\BuiltIn 부분에 포함되는 것이고 PIN prefix 부분은 [HKEY_LOCAL_MACHINE\Software\Microsoft\DirectX\DirectShow\Capture]의 새로운 부분이 추가되어 있습니다. 이전 장에서 살펴본 어플리케이션이 사용하는 부분입니다.

35.3. 초기화 코드 CAM_Init 분석

위에서 드라이버와 관련한 폴더 부분을 분석하면서 보았던 camera.def의 내용 중에서 초기화 부분만 보면 아래와 같습니다.

```
CAM_Init
PIN_Init
```

결국 위 두 함수의 호출로부터 초기화 과정이 시작되는 것입니다. 이 부분을 차례로 분석해 보도록 하겠습니다. 먼저 이번 절은 CAM_Init 부분입니다.

이번 장에서 다루는 코드들은 C++와 관련한 내용이 많이 있습니다. 조금 어려운 부분들에 대해서는 설명이 되기는 하겠지만 C++에 대해서 상세하게 말씀 드리기는 어렵습니다. C++에 관한 내용에 대해서 기초적인 부분들은 먼저 다른 책이나 자료를 이용해서 공부하시기 바랍니다.

35.3.1. CAM_Init 호출 과정 개요

```
CAM_Init() - Cameradriver.cpp (\ camera\ mdd)
    pCamDev = new CAMERADEVICE;
    pCamDev->Initialize( pContext )

    CCameraDevice::Initialize() - Cameradevice.cpp (\ camera\ mdd)
        PDD_Init( context, &m_PDDFuncTbl );

        PDD_Init() - Pdd_intf.cpp (\ camera\ camera_pdd)
            CCameraPdd *pDD = new CCameraPdd();
            pDD->PDDInit( MDDContext, pPDDFuncTbl )

            CCameraPdd::PDDInit() - Camera_pdd.cpp (\ camera\ camera_pdd)
                CameraInit(MDDContext)
                memcpy( pPDDFuncTbl, &FuncTbl, sizeof( PDDFUNCTBL ) );
                Setting - m_SensorProps
                Setting - m_pModeVideoFormat
                Setting - m_pModeVideoCaps
                Setting - m_SensorModeInfo
                Setting - m_ppModeContext
                Setting - m_pCurrentFormat

                CameraInit() - S3c6410_camera.cpp (\ camera\ s3c6410_camera)
                    Initialize mango64 board hardware
```

분석을 진행하기에 앞서서 먼저 그림으로 간략한 과정을 살펴봅니다. CAM_Init에서 CAMERADEVICE

를 new를 통해서 인스턴스를 만듭니다. 이 과정이 클래스를 생성하는 것입니다. 그 후에 그 인스턴스의 Initialize를 호출합니다. Initialize 함수에서 PDD_Init을 호출하게 됩니다. PDD_Init에서 CCameraPdd 클래스를 생성하고, 그 클래스의 PDDInit 함수를 호출합니다. PDDInit 함수에서 상당히 많은 초기화 작업이 수행됩니다. 그에 앞서 비로소 BSP의 CameraInit을 호출하게 되고 망고64 보드에 대한 초기화가 여기서 수행되는 것입니다.

이 과정을 이제 하나씩 따라가며 분석해 보도록 하겠습니다.

35.3.2. CAM_Init 소스 코드 분석

Cameradriver.cpp (c:\wince600\platform\cb6410\src\drivers\camera\mdd)
```
DWORD CAM_Init( VOID * pContext ) {
… … … … … …
    pCamDev = new CAMERADEVICE;
    pCamDev->Initialize( pContext )
… … … … … …
    return reinterpret_cast<DWORD>( pCamDev );
}
```

주된 내용은 아니지만 가장 아래에 있는 reinterpret_cast 부분을 참조 바랍니다. C++를 사용하고 있는 것을 명확하게 알 수 있는 부분입니다. 이것은 포인터 변수에 대한 type casting을 수행하는 부분이 되겠습니다. 정수형으로 포인터 변수를 변환할 수도 있고 그 반대도 가능합니다. 그리고 서로 다른 포인터 변수들 간의 변환 시에도 이것을 사용하게 됩니다. C++에는 이 외에도 캐스트와 관련한 연산자가 여러 개 존재합니다. static_cast, dynamic_cast, const_cast 등입니다. 캐스트와 관련해서 이렇게 여러 가지를 지원하는 이유는 부주의한 캐스팅을 조금이라도 방지하도록 하고자 함입니다.

new CAMERADEVICE를 수행하게 되면 하나의 클래스가 생성되게 됩니다. 생성된 클래스의 포인터를 저장하고 그 포인터를 이용해서 Initialize를 호출하고 있으며, 결국 그 포인터를 리턴 하는 것입니다.

35.3.3. MDD CCameraDevice 클래스 초기화 코드 분석

Cameradriver.h (c:\wince600\platform\cb6410\src\drivers\camera\inc)
```
typedef class CCameraDevice {
public:
    CCameraDevice( );
    ~CCameraDevice( );
… … … … … …
```

} CAMERADEVICE, * PCAMERADEVICE;

CAMERADEVICE 클래스는 위와 같이 정의되어 있습니다. 생성 시에는 생성자인 CCameraDevice가 가장 먼저 호출이 될 것입니다. CCameraDevice::CCameraDevice() 부분에서는 내부 변수들에 대한 초기화 작업을 수행하게 됩니다.

Cameradevice.cpp (c:\wince600\platform\cb6410\src\drivers\camera\mdd)
```
bool CCameraDevice::Initialize( PVOID context ) {
… … … … … …
    m_PDDContext = PDD_Init( context, &m_PDDFuncTbl );
… … … … … …
    m_pStrmInstances = new STREAM_INSTANCES[m_AdapterInfo.ulCTypes];
    if( false == GetPDDPinInfo() )
… … … … … …
}
```

CAM_Init()의 pCamDev->Initialize()를 통해서 위의 CCameraDevice::Initialize()가 호출되고 여기서 PDD_Init을 호출하게 됩니다. 이 부분은 뒤에서 살펴볼 것이고 먼저 STREAM_INSTANCES를 보도록 합니다.

```
typedef struct _StreamInstances
{
    DWORD           dwSize;
    ULONG           ulCInstances;
    ULONG           ulPossibleCount;
    CSSTATE         CsPrevState;
    VIDCONTROLCAPS  VideoCaps;
    PPINVIDEOFORMAT pVideoFormat;
    CPinDevice *    pPinDev;
} STREAM_INSTANCES, * PSTREAM_INSTANCES;
```

STREAM_INSTANCES는 위의 구조체이고 이것을 m_AdapterInfo.ulCTypes의 수만큼 배열로 만들고 있습니다. m_AdapterInfo.ulCTypes 저장되어 있는 값은 3입니다. 그 전의 초기화 과정에서 3으로 저장되게 됩니다. 이 3이 의미하는 것은 아래와 같습니다.

```
Enum
{
    CAPTURE = 0,
```

```
    STILL,
    PREVIEW
};
```

위와 같이 CAPTURE, STILL, PREVIEW의 세 가지 경우에 대한 처리를 위한 공간이 할당되게 됩니다. 우리가 살펴볼 것은 PREVIEW 부분에 대한 것만 검토할 것입니다.

PDD_Init(context, &m_PDDFuncTbl)을 호출하는데 넘겨주는 변수 중에서 m_PDDFuncTbl 부분을 유념해서 볼 필요가 있습니다.

```
PDDFUNCTBL      m_PDDFuncTbl;
```

이 변수는 CCameraDevice 클래스에 위와 같이 정의되어 있습니다.

```
typedef struct __PDD_FuncTbl {
    DWORD dwSize;
    PVOID (*PDD_Init)( PVOID MDDContext, __PDD_FuncTbl * pPDDFuncTbl );
    DWORD (*PDD_DeInit)( LPVOID PDDContext );
    DWORD (*PDD_GetAdapterInfo)( LPVOID PDDContext, PADAPTERINFO pAdapterInfo );
    DWORD (*PDD_HandleVidProcAmpChanges)( ... ... ... );
    DWORD (*PDD_HandleCamControlChanges)( ... ... ... );
    DWORD (*PDD_HandleVideoControlCapsChanges)( ... ... ... );
    DWORD (*PDD_SetPowerState)( LPVOID PDDContext, CEDEVICE_POWER_STATE PowerState );
    DWORD (*PDD_HandleAdapterCustomProperties)( ... ... ... );
    DWORD (*PDD_InitSensorMode)( ... ... ... );
    DWORD (*PDD_DeInitSensorMode)( LPVOID PDDContext, ULONG ulModeType );
    DWORD (*PDD_SetSensorState)( ... ... ... );
    DWORD (*PDD_TakeStillPicture)( LPVOID PDDContext, LPVOID pBurstModeInfo );
    DWORD (*PDD_GetSensorModeInfo)( ... ... ... );
    DWORD (*PDD_SetSensorModeFormat)( ... ... ... );
    PVOID (*PDD_AllocateBuffer)( LPVOID PDDContext, ULONG ulModeType );
    DWORD (*PDD_DeAllocateBuffer)( ... ... ... );
    DWORD (*PDD_RegisterClientBuffer)( ... ... ... );
    DWORD (*PDD_UnRegisterClientBuffer)( ... ... ... );
    DWORD (*PDD_FillBuffer)( LPVOID PDDContext, ULONG ulModeType, PUCHAR pImage );
    DWORD (*PDD_HandleModeCustomProperties)( ... ... ... );
} PDDFUNCTBL, *PPDDFUNCTBL;
```

PDDFUNCTBL은 위 구조체 입니다. 이것을 정의해 놓고 뒤에서 살펴볼 초기화 과정을 통해서 이들 함수 포인터를 해당 PDD 함수들로 설정을 시켜주는 것입니다. 이러한 구조체를 MDD 클래스에 정의해 놓고 그것을 PDD 함수들과 연결해서 이용할 수 있도록 만드는 것입니다.

35.3.4. PDD_Init 및 CCameraPdd 클래스 코드 분석

Pdd_intf.cpp (c:\wince600\platform\cb6410\src\drivers\camera\camera_pdd)

```
PVOID PDD_Init( PVOID MDDContext, PPDDFUNCTBL pPDDFuncTbl ) {
… … … … … …
    CCameraPdd *pDD = new CCameraPdd();
… … … … … …
    dwRet = pDD->PDDInit( MDDContext, pPDDFuncTbl );
… … … … … …
    return pDD;
}
```

PDD_Init에서 CCameraPdd 클래스를 생성합니다. CCameraPdd::CCameraPdd() 생성자 부분은 각종 변수들을 초기화하고 있는 내용이고 특별할 것은 없습니다. pDD->PDDInit()로 함수를 호출합니다. 이 PDDInit 함수에서 상당히 많은 초기화 작업이 이루어지게 됩니다. MDD에서 넘겨받은 pPDDFuncTbl을 PDDInit에 다시 넘겨주고 있습니다.

Camera_pdd.cpp (c:\wince600\platform\cb6410\src\drivers\camera\camera_pdd)

```
DWORD CCameraPdd::PDDInit( PVOID MDDContext, PPDDFUNCTBL pPDDFuncTbl ) {
… … … … … …
    if (!CameraInit(MDDContext))
… … … … … …
    // Read registry to override the default number of Sensor Modes.
    ReadMemoryModelFromRegistry();

    memcpy( pPDDFuncTbl, &FuncTbl, sizeof( PDDFUNCTBL ) );
    memset( m_SensorProps, 0x0, sizeof(m_SensorProps) );
    memcpy( &PowerCaps, &s_PowerCaps, sizeof( POWER_CAPABILITIES ) );

    m_SensorProps[ENUM_BRIGHTNESS].ulCurrentValue       = BrightnessDefault;
… … … … … …
    m_pModeVideoFormat = new PINVIDEOFORMAT[m_ulCTypes];
    // Video Format initialization
… … … … … …
```

```
    if( 3 == m_ulCTypes ) {
        m_pModeVideoFormat[PREVIEW].categoryGUID    = PINNAME_VIDEO_PREVIEW;
… … … … … …
        m_pModeVideoFormat[PREVIEW].pCsDataRangeVideo[0] = &DCAM_StreamMode_3;
        m_pModeVideoFormat[PREVIEW].pCsDataRangeVideo[1] = &DCAM_StreamMode_3;
        m_pModeVideoFormat[PREVIEW].pCsDataRangeVideo[2] = &DCAM_StreamMode_3;
        m_pModeVideoFormat[PREVIEW].pCsDataRangeVideo[3] = &DCAM_StreamMode_3;
… … … … … …
    }

    // Allocate Video Control Caps specific array.
    m_pModeVideoCaps = new VIDCONTROLCAPS[m_ulCTypes];
… … … … … …
    m_SensorModeInfo[CAPTURE].MaxNumOfBuffers = 1;
    m_ppModeContext = new LPVOID[m_ulCTypes];
… … … … … …
    m_pCurrentFormat = new CS_DATARANGE_VIDEO[m_ulCTypes];
… … … … … …
    return ERROR_SUCCESS;
}
```

처음에 CameraInit()을 호출하게 됩니다. 이 부분은 뒤에서 살펴볼 것입니다.

35.3.5. ReadMemoryModelFromRegistry 함수 분석

CameraInit() 다음에 ReadMemoryModelFromRegistry 함수를 부르는데 이 부분을 좀 상세히 살펴볼 필요가 있습니다. 코드를 보기 전에 개요를 말씀 드리면 결국은 특정한 값을 레지스트리에서 읽어오고자 하는 것입니다. 이 레지스트리 값은 앞에 한번 나온 적이 있는데 제가 설명을 드리지는 않았었습니다.

```
bool CCameraPdd::ReadMemoryModelFromRegistry() {
… … … … … …
    RegOpenKeyEx( HKEY_LOCAL_MACHINE, L"Drivers\\Capture\\Camera", 0, 0, &hKey );
    RegQueryValueEx( hKey, L"MemoryModel", 0, &dwType, (BYTE *)&dwValue, &dwSize );
… … … … … …
            for( int i=0; i<MAX_SUPPORTED_PINS ; i++ ) {
                m_SensorModeInfo[i].MemoryModel = (CSPROPERTY_BUFFER_MODE) dwValue;
            }
```

```
... ... ... ... ... ...
    RegQueryValueEx( hKey, L"PinCount", 0, &dwType, (BYTE *)&dwValue, &dwSize );
... ... ... ... ... ...
    RegCloseKey( hKey );
    return true;
}
```

RegOpenKeyEx는 아래의 형태를 가지는 함수 입니다.

```
LONG RegOpenKeyEx(
  HKEY hKey,
  LPCWSTR lpSubKey,
  DWORD ulOptions,
  REGSAM samDesired,
  PHKEY phkResult
);
```

hKey 부분에 미리 정의된 키에 대한 핸들을 넘겨주게 됩니다. 여기에 들어갈 것은 아래의 종류 중의 하나가 되겠습니다.

- HKEY_LOCAL_MACHINE
- HKEY_CLASSES_ROOT
- HKEY_CURRENT_USER
- HKEY_USERS

lpSubKey 부분에 실제 위치에 대한 정보를 문자열로 주게 됩니다. ulOptions, samDesired 부분은 사용하지 않는 것이고 0을 주면 됩니다. phkResult 부분에 키에 대한 포인터가 넘어오게 됩니다. 모든 사용을 끝낸 이후에는 RegCloseKey 함수를 이용해서 반드시 닫아 주어야 합니다.

RegQueryValueEx는 위에서 오픈 한 키에서 값을 읽어오는 함수가 되겠습니다. 함수 자체에 대한 설명은 생략하도록 하겠습니다. MSDN이나 도움말의 설명을 참조하시기 바랍니다.

Platform.reg (c:₩wince600₩platform₩cb6410₩files)

```
[HKEY_LOCAL_MACHINE₩Drivers₩Capture₩Camera]
        "MemoryModel"=dword:2
        "PinCount"=dword:3
```

우리는 Platform.reg 부분에서 위 내용을 본 적이 있습니다. 결국 이 값을 읽어오려고 하는 것입니다. MemoryModel과 PinCount를 읽어서 저장하는 것입니다. 위에서 살펴보았던 m_ulCTypes 값을 3으로 설정하는 것도 결국 여기서 값을 읽어서 저장하게 됩니다.

Camera.h (c:₩wince600₩public₩common₩oak₩inc)
```
typedef enum {
    CSPROPERTY_BUFFER_DRIVER = 1,
    CSPROPERTY_BUFFER_CLIENT_LIMITED = 2,
    CSPROPERTY_BUFFER_CLIENT_UNLIMITED = 4
} CSPROPERTY_BUFFER_MODE;
```

메모리 모델에 적용되는 것은 위의 3가지 값 중의 하나입니다. 우리의 경우는 2로 설정되어 있는 것입니다. 각각이 의미하는 것을 알아보면 아래의 표와 같습니다.

CSPROPERTY_BUFFER_DRIVER	이 값이 의미하는 것은 카메라 하드웨어가 자신이 소유한 버퍼만을 사용한다는 것을 나타냅니다. 디바이스 드라이버는 클라이언트에 의해서 할당된 버퍼를 사용할 수 없습니다.
CSPROPERTY_BUFFER_CLIENT_LIMITED	드라이버의 DMA의 준비 시간이 느리고, 그럼으로 인해서 드라이버는 클라이언트로부터 데이터를 수신하게 될 모든 버퍼에 대해서 미리 알고 있어야 할 필요가 있다는 것을 의미합니다.
CSPROPERTY_BUFFER_CLIENT_UNLIMITED	드라이버의 DMA의 준비 시간이 빨라서, 클라이언트는 필요한 버퍼를 그때그때 할당하고 초기화하게 된다는 것을 의미합니다.

위의 내용은 카메라 디바이스 드라이버에서 사용되는 버퍼에 대한 관리 방법 모델을 결정하는 것입니다.

35.3.6. PDD 함수 연결 메모리 복사

```
memcpy( pPDDFuncTbl, &FuncTbl, sizeof( PDDFUNCTBL ) );
```

위 내용이 PDD 함수들에 대한 연결을 수행하는 부분이 되겠습니다. 넘겨받은 pPDDFuncTbl 포인터에 미리 정의된 FuncTbl의 주소를 이용해서 복사를 수행하고 있습니다.

```
PDDFUNCTBL FuncTbl = {
    sizeof(PDDFUNCTBL),
    PDD_Init,
```

```
    PDD_DeInit,
    PDD_GetAdapterInfo,
    PDD_HandleVidProcAmpChanges,
    PDD_HandleCamControlChanges,
    PDD_HandleVideoControlCapsChanges,
    PDD_SetPowerState,
    PDD_HandleAdapterCustomProperties,
    PDD_InitSensorMode,
    PDD_DeInitSensorMode,
    PDD_SetSensorState,
    PDD_TakeStillPicture,
    PDD_GetSensorModeInfo,
    PDD_SetSensorModeFormat,
    PDD_AllocateBuffer,
    PDD_DeAllocateBuffer,
    PDD_RegisterClientBuffer,
    PDD_UnRegisterClientBuffer,
    PDD_FillBuffer,
    PDD_HandleModeCustomProperties
};
```

FuncTbl은 위와 같이 미리 글로벌 변수로 정의가 되어 있습니다.

35.3.7. 각종 글로벌 변수 설정 작업

이후의 작업은 m_SensorProps, m_pModeVideoFormat, m_pModeVideoCaps, m_SensorModeInfo, m_ppModeContext, m_pCurrentFormat 등의 변수들에 대한 설정 작업을 진행하는 것입니다.

```
m_pModeVideoFormat[PREVIEW].pCsDataRangeVideo[0] = &DCAM_StreamMode_3;
m_pModeVideoFormat[PREVIEW].pCsDataRangeVideo[1] = &DCAM_StreamMode_3;
m_pModeVideoFormat[PREVIEW].pCsDataRangeVideo[2] = &DCAM_StreamMode_3;
m_pModeVideoFormat[PREVIEW].pCsDataRangeVideo[3] = &DCAM_StreamMode_3;
```

이들 중에서 위의 내용만 잠시 살펴보고 지나가겠습니다.

```
#define PREVIEW_FORMATS_COUNT    4
m_pModeVideoFormat[PREVIEW].ulAvailFormats = PREVIEW_FORMATS_COUNT;
m_pModeVideoFormat[PREVIEW].pCsDataRangeVideo
```

35. Camera 디바이스 드라이버 초기화 과정 분석

```
= new PCS_DATARANGE_VIDEO[m_pModeVideoFormat[PREVIEW].ulAvailFormats];
```

PREVIEW_FORMATS_COUNT가 4로 정의되어 있고, 그 값을 ulAvailFormats에 저장한 이후에 그 값을 이용해서 pCsDataRangeVideo에 PCS_DATARANGE_VIDEO 구조체를 ulAvailFormats 수만큼 생성하는 것입니다. 실제로 사용하게 될 포맷의 개수를 이만큼 만드는 것입니다. 우리의 경우 4개가 만들어졌고 여기에 같은 내용을 복사했습니다. 그럼 DCAM_StreamMode_3이 무엇을 의미하는지 살펴보겠습니다.

```
MAKE_STREAM_MODE_RGB565(DCAM_StreamMode_0, 160, 120, 16, 30);
MAKE_STREAM_MODE_RGB565(DCAM_StreamMode_1, 176, 144, 16, 30);
MAKE_STREAM_MODE_RGB565(DCAM_StreamMode_2, 320, 240, 16, 15);
MAKE_STREAM_MODE_RGB565(DCAM_StreamMode_3, 320, 240, 16, 30);
MAKE_STREAM_MODE_YV12(DCAM_StreamMode_5, 176, -144, 12, 15);
MAKE_STREAM_MODE_YV12(DCAM_StreamMode_6, 320, -240, 12, 15);
MAKE_STREAM_MODE_YV12(DCAM_StreamMode_7, 176, -144, 12, 15);
MAKE_STREAM_MODE_YV12(DCAM_StreamMode_8, 640, -480, 12, 15);
MAKE_STREAM_MODE_YV12(DCAM_StreamMode_9, 240, -180, 12, 15);
```

DCAM_StreamMode_3은 위 부분에 정의가 되어 있습니다. 그런데 정의 부분이 조금은 독특한 형태입니다. 이것은 매크로로 만들어져 있는 것입니다. MAKE_STREAM_MODE_RGB565를 보면 아래와 같습니다.

```
#define MAKE_STREAM_MODE_RGB565(StreamModeName, DX, DY, DBITCOUNT, FRAMERATE) ₩
    CS_DATARANGE_VIDEO StreamModeName =   ₩
    { ₩
        {    ₩
… … … … … … …
        } ₩
    };
```

이를 이용해서 위의 정의 부분을 치환하게 되면 아래와 같은 모양이 되는 것입니다.

```
CS_DATARANGE_VIDEO DCAM_StreamMode_3 = {
    { … … … … … … }
}
```

즉, CS_DATARANGE_VIDEO 인스턴스를 DCAM_StreamMode_3라는 이름으로 만들고 그에 대한 초기화 값을 설정하는 것입니다. 그런데 이때 DX, DY, DBITCOUNT, FRAMERATE의 값들을 320, 240, 16, 30

으로 주고 있는 것입니다.

35.3.8. CameraInit 함수

S3c6410_camera.cpp (c:\wince600\platform\cb6410\src\drivers\camera\s3c6410_camera)

```
int CameraInit(void *pData) {
    CameraGpioInit();   // Camera IO setup
    ModuleInit();
    CameraSetClockDiv();
    CameraClockOn(TRUE); // Camera Clock setup
    CameraModuleReset(); // camera module reset
    CameraClockOn(FALSE); // Camera Clock Off
    InitializeBuffer();   // Allocation Buffer();
    InterruptInitialize();   // Interrupt Initlaize();
    ... ... ... ... ... ...
}
```

이제 마지막으로 CameraInit에 대해서 살펴 보겠습니다. CameraGpioInit()은 이전에 이미 살펴본 내용입니다. 카메라와 관련한 GPIO 설정 부분을 수행하고 있는 것입니다.

```
int ModuleInit() {
... ... ... ... ... ...
    UINT32   IICClock = 400000;
... ... ... ... ... ...
    hI2C = CreateFile( L"IIC0:", GENERIC_READ|GENERIC_WRITE,
                FILE_SHARE_READ|FILE_SHARE_WRITE, NULL, OPEN_EXISTING, 0, 0);
... ... ... ... ... ...
    gModuleDesc.ITUXXX = DEFAULT_MODULE_ITUXXX;
    gModuleDesc.UVOffset = DEFAULT_MODULE_UVOFFSET;
    gModuleDesc.SourceHSize = DEFAULT_MODULE_HSIZE;
    gModuleDesc.Order422 = DEFAULT_MODULE_YUVORDER;
    gModuleDesc.SourceVSize = DEFAULT_MODULE_VSIZE;
    gModuleDesc.Clock = DEFAULT_MODULE_CLOCK;
    gModuleDesc.Codec = DEFAULT_MODULE_CODEC;
    gModuleDesc.HighRst = DEFAULT_MODULE_HIGHRST;
    gModuleDesc.SourceHOffset = DEFAULT_MODULE_HOFFSET;
    gModuleDesc.SourceVOffset = DEFAULT_MODULE_VOFFSET;
    gModuleDesc.InvPCLK = DEFAULT_MODULE_INVPCLK;
```

35. Camera 디바이스 드라이버 초기화 과정 분석

```
        gModuleDesc.InvVSYNC = DEFAULT_MODULE_INVVSYNC;
        gModuleDesc.InvHREF = DEFAULT_MODULE_INVHREF;


        DeviceIoControl(hI2C, IOCTL_IIC_SET_CLOCK,
                    &IICClock, sizeof(UINT32), NULL, 0, &bytes, NULL) ;
        uiIICDelay = Clk_0;
        DeviceIoControl(hI2C, IOCTL_IIC_SET_DELAY,
                    &uiIICDelay, sizeof(UINT32), NULL, 0, &bytes, NULL);
... ... ... ... ... ...
        return TRUE;
}
```

hI2C = CreateFile(L"IIC0:", .. 부분은 예전에 I2C 드라이버에 관해서 공부했던 부분이기 때문에 쉬울 것입니다. I2C를 열어서 이후 카메라 모듈과 I2C 통신을 하기 위해서 I2C 드라이버를 열고 있는 것입니다. 여기서 I2C에 대한 클럭 설정과 또한 클럭 delay에 대한 부분을 설정하고 있습니다. 혹 이 부분이 이해되지 않으시는 분들은 앞에서 다루었던 내용을 다시 참조하시기 바랍니다.

```
#define DEFAULT_MODULE_ITUXXX            CAM_ITU601
#define DEFAULT_MODULE_YUVORDER          CAM_ORDER_YCBYCR
#define DEFAULT_MODULE_HSIZE      1280
#define DEFAULT_MODULE_VSIZE      1024
#define DEFAULT_MODULE_HOFFSET       0
#define DEFAULT_MODULE_VOFFSET       0
#define DEFAULT_MODULE_UVOFFSET          CAM_UVOFFSET_0
#define DEFAULT_MODULE_CLOCK      27000000
#define DEFAULT_MODULE_CODEC      CAM_CODEC_422
#define DEFAULT_MODULE_HIGHRST       0
#define DEFAULT_MODULE_INVPCLK       0
#define DEFAULT_MODULE_INVVSYNC      0
#define DEFAULT_MODULE_INVHREF       0
```

gModuleDesc에 기록하는 내용은 위에 정의한 내용을 설정하게 되는데 이 부분은 사실 추후 S3C6410 CPU의 카메라 관련 레지스터들을 설정하게 됩니다.

모두 살펴보지는 않고 DEFAULT_MODULE_HSIZE와 DEFAULT_MODULE_VSIZE를 예로 들어보도록 하겠습니다. 이 값들은 1280과 1024로 정의되어 있는데 이 부분은 우리가 사용하는 카메라의 설정과 동일하게 맞추어 주어야 합니다.

Image Type	Output Image Size	VDOCTL1[0x00:P0]	Preview1	Preview2	Maximum Frame Rate
SXGA	1280 X 1024	0x00	OFF	OFF	15fps
VGA	640 X 480	0x10	OFF	OFF	15fps
VGA	640 X 480	0x11	ON	OFF	30fps
VGA	640 X 480	0x13	ON	ON	50fps
QVGA	320 X 240	0x20	OFF	OFF	15fps
QVGA	320 X 240	0x21	ON	OFF	30fps
QVGA	320 X 240	0x23	ON	ON	50fps

실제로 우리는 카메라 모듈의 레지스터들을 특정 값으로 설정하지 않았습니다. 그러므로 모든 값이 디폴트 설정 값으로 되어 있을 것입니다.

카메라 모듈에서 출력이 이루어지는 화면의 크기는 아무 것도 설정하지 않을 때 VDOCTL1 레지스터 부분이 0x00으로 되고 이것은 1280x1024의 크기를 가지는 것을 알 수 있습니다. (위 표에서 VDOCTL1 레지스터의 주소 값이 Page 0의 0x00으로 되어 있는데 이것은 데이터 쉬트의 오류이고 0x10입니다.)

```
void CameraCaptureSourceSet() {        // Set source registers
... ... ... ... ... ...
    s6410CAM->CISRCFMT = (value.ITUXXX<<31)|(value.UVOffset<<30)|(0<<29)|
                        (value.SourceHSize<<16)|(value.Order422<<14)|(value.SourceVSize);
... ... ... ... ... ...
}
```

위에서 설정한 가로 세로 크기는 최종적으로 CameraCaptureSourceSet 함수에서 CISRCFMT 레지스터를 설정하게 됩니다.

Register	Address	R/W	Description	Reset Value
CISRCFMT	0x78000000	RW	Camera Input Source Format	0

카메라로부터 들어오는 데이터의 크기를 이곳 레지스터에서 설정하게 되는 것입니다. 가로 세로의 크기 이외에도 정의된 여러 내용을 이 레지스터와 또 다른 레지스터에 설정하고 있습니다. 이 부분은 각자 찾아보시기 바랍니다.

35. Camera 디바이스 드라이버 초기화 과정 분석

CISRCFMT	Bit	Description	Initial State	M	L
ITU601_656n	[31]	1 : ITU-R BT.601 YCbCr 8-bit mode enable 0 : ITU-R BT.656 YCbCr 8-bit mode enable	0	X	X
UVOffset	[30]	Cb,Cr value offset control. 1 : +128 0 : +0 (normally used)	0	X	X
reserved	[29]		0	X	X
SrcHsize_CAM	[28:16]	Camera source horizontal pixel number (must be 8's multiple. minimum 8. It must be 4's multiple of PreHorRatio if WinOfsEn is 0)	0	X	O
Order422_CAM	[15:14]	Camera Input YCbCr order inform for 8-bit mode 8-bit mode 00 : YCbYCr 01 : YCrYCb 10 : CbYCrY 11 : CrYCbY	0	X	X
Reserved	[13]		0	X	X
SrcVsize_CAM	[12:0]	Camera source vertical pixel number (minimum 8. It must be multiple of PreVerRatio when scale down if WinOfsEn is 0)	0	X	O

```
void CameraSetClockDiv() {
… … … … … …
    div = (int)(CAM_CLK_SOURCE / (float)value.Clock + 0.5) - 1;
    s6410PWR->CLK_DIV0 = (s6410PWR->CLK_DIV0 & ~(0xf<<20))  | ((div & 0xf)<< 20); //
CAMCLK is divided..
}
```

위 내용에서 value.Clock 부분은 위에서 정의한 DEFAULT_MODULE_CLOCK 부분이 할당되게 되고, 결국 27000000가 적용됩니다.

```
#define    CAM_CLK_SOURCE            (S3C6410_HCLKx2)
```

```
#if (SYNCMODE)
    #define S3C6410_HCLKx2          (APLL_CLK/HCLKx2_DIV)
#else
    #define S3C6410_HCLKx2          (MPLL_CLK/HCLKx2_DIV)
#endif
```

CAM_CLK_SOURCE는 S3C6410_HCLKx2로 정의됩니다. S3C6410_HCLKx2는 우리의 경우 SYNCMODE를 사용하기 때문에 (APLL_CLK/HCLKx2_DIV)가 됩니다.

```
#if (TARGET_ARM_CLK == CLK_666MHz && SYNCMODE) || (TARGET_ARM_CLK == CLK_450MHz) ||
(TARGET_ARM_CLK == CLK_266MHz)
#define APLL_CLK            (TARGET_ARM_CLK*2)
#elif (TARGET_ARM_CLK == CLK_133MHz)
#define APLL_CLK            (TARGET_ARM_CLK*4)
#elif (TARGET_ARM_CLK == CLK_66_5MHz)
#define APLL_CLK            (TARGET_ARM_CLK*8)
#else
#define APLL_CLK            (TARGET_ARM_CLK)
#endif
```

```
#define CLK_532MHz          532000000
#define TARGET_ARM_CLK      CLK_532MHz
```

TARGET_ARM_CLK이 532M로 정의되어 있기 때문에 위에서 APLL_CLK는 TARGET_ARM_CLK과 동일하게 됩니다.

```
/// APLL and A:H:P CLK configuration
#if (SYNCMODE)
    #if (TARGET_ARM_CLK == CLK_666MHz) && (CPU_REVISION == EVT1)
        #define HCLKx2_DIV          5       // sync
    #elif (TARGET_ARM_CLK == CLK_532MHz) || (TARGET_ARM_CLK == CLK_600MHz) ||
(TARGET_ARM_CLK == CLK_266MHz) || (TARGET_ARM_CLK == CLK_133MHz)
        #define HCLKx2_DIV          2       // sync
    #elif (TARGET_ARM_CLK == CLK_798MHz) || (TARGET_ARM_CLK == CLK_900MHz) ||
(TARGET_ARM_CLK == CLK_450MHz) || (TARGET_ARM_CLK == CLK_800MHz)
        #define HCLKx2_DIV          3       // sync
    #elif (TARGET_ARM_CLK == CLK_66_5MHz)
        #define HCLKx2_DIV          4       // sync
    #endif
#else   // 400Mhz, 532Mhz, 666Mhz
#define HCLKx2_DIV          1       // Async
#endif
```

HCLKx2_DIV는 위에서 2로 정의가 되고, 결국 CAM_CLK_SOURCE가 532M를 2로 나눈 266000000이 되는 것을 알 수 있습니다.

35. Camera 디바이스 드라이버 초기화 과정 분석

CLK_DIV0	BIT	DESCRIPTION	RESET VALUE
MFC_RATIO	[31:28]	MFC clock divider ratio $CLKMFC = CLKMFC_{IN} / (MFC\_RATIO + 1)$	0x0
JPEG_RATIO	[27:24]	JPEG clock divider ratio, which must be odd value. In other words, S3C6410 supports only even divider ratio. $CLKJPEG = HCLKX2 / (JPEG\_RATIO + 1)$	0x1
CAM_RATIO	[23:20]	CAM clock divider ratio $CLKCAM = HCLKX2 / (CAM\_RATIO + 1)$	0x0
SECUR_RATIO	[19:18]	Security clock divider ratio, which must be 0x1 or 0x3.	0x1

위 내용은 결국 CLK_DIV0의 값을 설정하기 위한 것이고 여기에서 CAM_RATIO 부분을 설정하려는 것입니다. 이 4 비트 부분에 존재하는 값에 1을 더한 것으로 HCLKx2를 나눈 값을 카메라 클럭으로 이용하려는 것이기 때문에 이미 기본으로 설정했던 27000000으로 역으로 그 값을 구하도록 하는 것입니다.

0.5를 더해서 integer로 캐스팅해서 1을 빼주는 것은 반올림을 해서 적어도 27M를 넘지는 않도록 만들기 위함입니다. 실제로 구해보면 실제 모듈에 공급되는 클럭은 26600000으로 설정되게 됩니다.

```
BOOL InitializeBuffer() {
    DMA_ADAPTER_OBJECT Adapter1, Adapter2;
    memset(&Adapter1, 0, sizeof(DMA_ADAPTER_OBJECT));
    Adapter1.InterfaceType = Internal;
    Adapter1.ObjectSize = sizeof(DMA_ADAPTER_OBJECT);
    memset(&Adapter2, 0, sizeof(DMA_ADAPTER_OBJECT));
    Adapter2.InterfaceType = Internal;
    Adapter2.ObjectSize = sizeof(DMA_ADAPTER_OBJECT);
    pCodecVirtAddr   = (PBYTE)HalAllocateCommonBuffer(&Adapter1,
                        CAPTURE_BUFFER_SIZE, &PhysCodecAddr, FALSE);
    pPreviewVirtAddr = (PBYTE)HalAllocateCommonBuffer(&Adapter2,
                        PREVIEW_BUFFER_SIZE, &PhysPreviewAddr, FALSE);
    return TRUE;
}
```

DMA_ADAPTER_OBJECT 두 개를 생성해서 그것을 이용해서 Capture와 관련된 것과 Preview와 관련된 두 부분의 버퍼 공간을 생성하고 있습니다.

```
#define MAX_HW_FRAMES         4
#define CAPTURE_BUFFER_SIZE   1966080   // ( 1280*1024*3/2 )
#define PREVIEW_BUFFER_SIZE   614400    // ( 320*240*2   ) * MAX_HW_FRAMES
```

Preview와 관련된 부분만 살펴보도록 하겠습니다. 현재 크기는 614400으로 되어 있습니다. 320x240 크기에 16비트의 데이터 크기를 가진 것이므로 2를 곱하면 153600이 나옵니다. 여기에 MAX_HW_FRAMES은 4로 되어 있기 때문에 이 값을 곱해서 614400 바이트의 크기만큼의 버퍼 공간을 잡는 것입니다.

```
int CameraPrepareBuffer(P_CAMERA_DMA_BUFFER_INFO pBufInfo, int BufferType) {
        // allocate DMA buffer
... ... ... ... ... ...
    if(BufferType == VIDEO_CAPTURE_BUFFER) {
... ... ... ... ... ...
    } else if(BufferType == STILL_CAPTURE_BUFFER) {
... ... ... ... ... ...
    } else if(BufferType == PREVIEW_CAPTURE_BUFFER) {
        size = CalculateBufferSize(Preview_Buffer.Width, Preview_Buffer.Height,
                    Preview_Buffer.Format);
        Preview_Buffer.FrameSize = size;
        Preview_Buffer.Size = size * MAX_HW_FRAMES;
... ... ... ... ... ...
        for(i=0;i<MAX_HW_FRAMES;i++) {
            pBufInfo[i].VirtAddr = (DWORD)pPreviewVirtAddr + size*i;
            pBufInfo[i].size = size;
            pBufInfo[i].pY = (DWORD*)((DWORD)(PhysPreviewAddr.LowPart) + size*i);
        }
... ... ... ... ... ...
    return TRUE;
}
```

pPreviewVirtAddr에 할당된 버퍼의 공간은 CameraPrepareBuffer 함수에서 활용되게 됩니다.

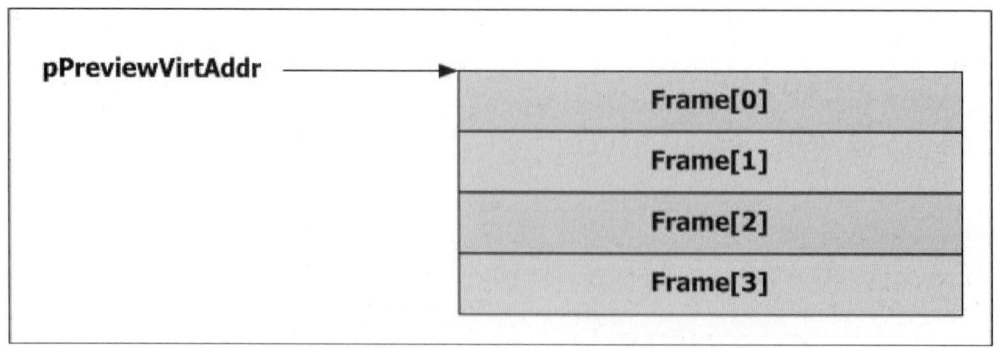

35. Camera 디바이스 드라이버 초기화 과정 분석

그림으로 표현하자면 위의 그림과 같은 구조로 할당이 되는 것입니다. 카메라에서 들어오는 정보를 프레임 단위로 각각 4개의 프레임으로 순환하며 저장하게 됩니다. 실제 버퍼의 공간을 저장하는 pBufInfo 변수는 CameraPrepareBuffer 함수에 전달된 포인터 변수입니다.

이제 마지막으로 인터럽트에 대한 설정 부분을 검토할 것입니다. InterruptInitialize() 함수를 분석하기 전에 먼저 IRQ 부분에 대한 것을 살펴보겠습니다.

```
#define IRQ_EINT0        0    // 0
#define IRQ_EINT1        1    // 0
#define IRQ_EINT2        2    // 0
#define IRQ_EINT3        3    // 0
#define IRQ_EINT4        4    // 1
#define IRQ_EINT5        5    // 1
#define IRQ_EINT6        6    // 1
#define IRQ_EINT7        7    // 1
#define IRQ_EINT8        8    // 1
#define IRQ_EINT9        9    // 1
#define IRQ_EINT10       10   // 1
#define IRQ_EINT11       11   // 1
#define IRQ_RTC_TIC      12   // 2
#define IRQ_CAMIF_C      13   // 3
#define IRQ_CAMIF_P      14   // 4
```

사용할 인터럽트 IRQ는 IRQ_CAMIF_C와 IRQ_CAMIF_P 입니다. 각각 13, 14로 정의되어 있습니다. 위의 정의된 내용 중에서 주석으로 되어 있는 부분에서 3과 4로 적혀있는 것은 아래 표에서의 번호와 일치합니다. S3C6410에서는 VIC0에서 그룹으로 지어서 관리되고 여기의 번호가 되겠습니다.

두 개의 인터럽트에서 P와 C가 의미하는 것은 각각 Preview와 Codec입니다. 하나는 Preview를 위한 것이고 다른 하나는 Codec을 위한 것입니다.

실제로 하드웨어 내부 구조를 살펴보면 Preview를 담당하는 부분과 비디오 영상을 압축해서 저장하는 Codec을 위한 부분이 완전히 구분되어 존재하는 것을 알 수 있습니다. Preview를 위한 Scaler와 Codec을 위한 Scaler가 독립되어 존재하는 것입니다.

이는 실제로 화면에 Preview를 하는 것은 매우 작은 화면을 뿌리는 반면 실제로 저장을 해서 저장해야 하는 데이터는 큰 경우가 많기 때문입니다. 핸드폰의 경우를 예로 들자면 핸드폰의 화면은 픽셀의 수가 보통 1000을 넘어가지 않는 작은 화면이 대부분입니다.

Int. No.	Sources	Description	Group
6	INT_I2S0 | INT_I2S1 | INT_I2SV40	I2S 0 interrupt or I2S 1 interrupt or I2S V40 interrupt	VIC0
5	INT_I2C1	I2C 1 interrupt	VIC0
4	INT_CAMIF_P	Camera interface interrupt	VIC0
3	INT_CAMIF_C	Camera interface interrupt	VIC0
2	INT_RTC_TIC	RTC TIC interrupt	VIC0
1	INT_EINT1	External interrupt 4 ~ 11	VIC0
0	INT_EINT0	External interrupt 0 ~ 3	VIC0

만약 픽셀의 크기가 2M, 3M 등의 화면을 받아서 1.5M 정도의 픽셀을 가지는 동영상으로 저장을 한다고 생각하면 그에 맞는 Scaling이 필요할 것입니다. 하지만 화면에 보여지는 영상은 그와는 달리 작은 영상이 됩니다. 이를 하나의 Scaler로 시간을 나누어 동작하기에는 여러 가지의 어려움이 따를 것입니다. 그러므로 이를 동시에 처리하기 위해서 독립적으로 하드웨어를 구성해서 처리하도록 구성하는 것이 보다 유리합니다.

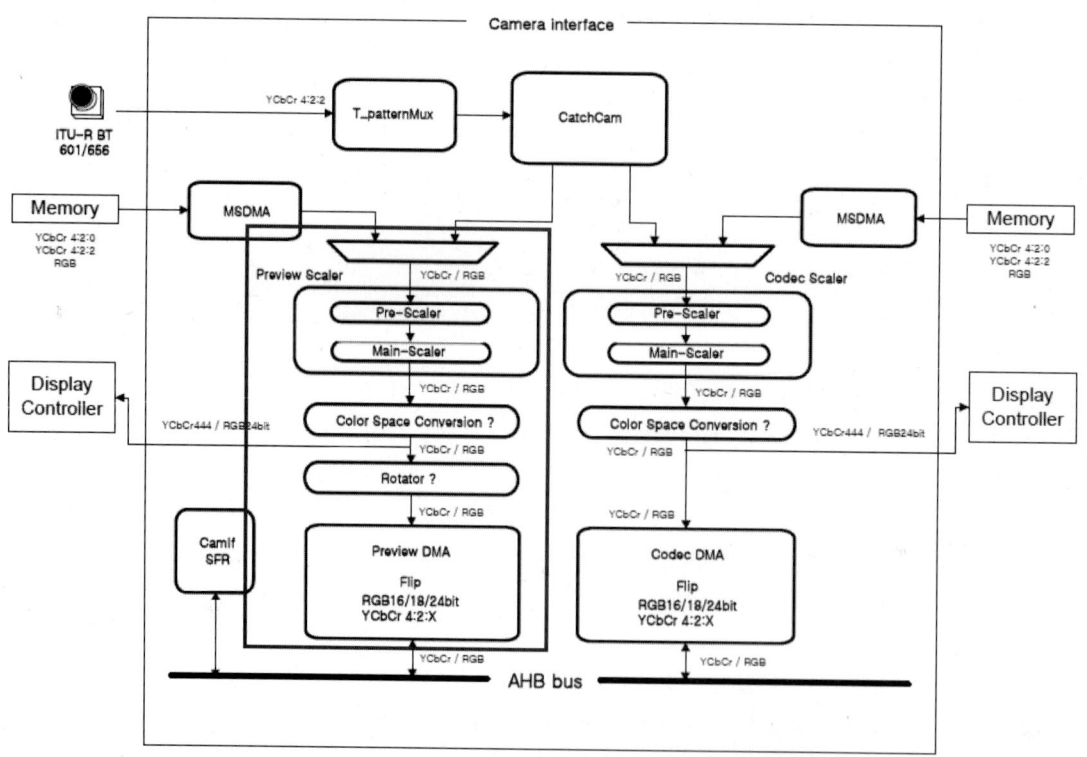

위와 아래의 그림에서 보면 카메라로부터의 입력을 받을 수도 있지만 MSDMA (Memory Scaling DMA)를 통해서 메모리로부터 데이터를 가져올 수도 있습니다.

출력 부분에도 또한 2개의 Output DMA가 존재합니다. 하나는 Preview DMA이고 다른 하나는 Codec DMA입니다.

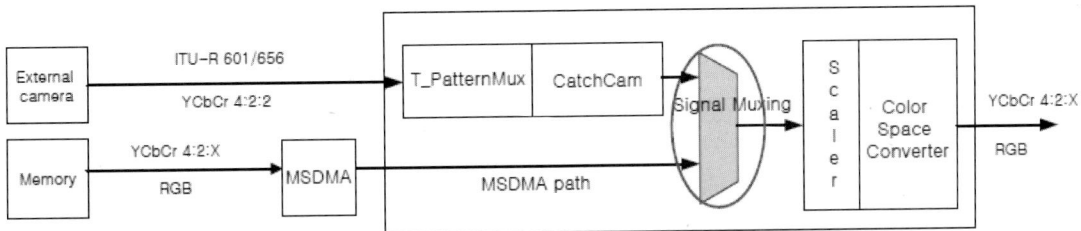

S3c6410_camera.cpp (c:\wince600\platform\cb6410\src\drivers\camera\s3c6410_camera)

```
BOOL InterruptInitialize() {
… … … … … …
    KernelIoControl(IOCTL_HAL_REQUEST_SYSINTR, &g_CamIrq_C, sizeof(UINT32),
            &g_CamSysIntr_C, sizeof(UINT32), NULL);
    CaptureEvent = CreateEvent(NULL, FALSE, FALSE, NULL);
    InterruptInitialize(g_CamSysIntr_C, CaptureEvent, NULL, 0);
    CreateThread(NULL, 0, (LPTHREAD_START_ROUTINE)CameraCaptureThread,
            0, 0, &threadID);
… … … … … …
    KernelIoControl(IOCTL_HAL_REQUEST_SYSINTR, &g_CamIrq_P, sizeof(UINT32),
            &g_CamSysIntr_P, sizeof(UINT32), NULL);
    PreviewEvent = CreateEvent(NULL, FALSE, FALSE, NULL);
    InterruptInitialize(g_CamSysIntr_P, PreviewEvent, NULL, 0);
    CreateThread(NULL, 0, (LPTHREAD_START_ROUTINE)CameraPreviewThread,
            0, 0, &threadID);
… … … … … …
}
```

InterruptInitialize() 함수에서 수행되는 내용은 2가지 입니다. 하나는 Capture Event를 생성하고 이를 처리하는 Thread를 만드는 것이고, 다른 하나는 Preview Event를 생성하고 이를 처리하는 Thread를 만드는 것입니다.

```
static UINT32      g_CamIrq_C = IRQ_CAMIF_C;
static UINT32      g_CamSysIntr_C = SYSINTR_UNDEFINED;
static UINT32      g_CamIrq_P = IRQ_CAMIF_P;
static UINT32      g_CamSysIntr_P = SYSINTR_UNDEFINED;
```

위에서 알아본 IRQ 번호를 이용해서 변수를 생성하고, 이들을 KernelIoControl을 이용해서 IOCTL_HAL_REQUEST_SYSINTR를 주어 논리적인 인터럽트 번호를 할당 받고, 이벤트를 만들어서 InterruptInitialize를 통해서 해당 이벤트와 연결한 이후에 그 이벤트를 처리할 Thread를 만드는 과정은 예전에 버튼 디바이스 드라이버를 만들 때에 수행했던 것과 동일한 것입니다. CameraPreviewThread가 실제 Preview가 동작되어 인터럽트가 발생할 경우 처리하게 되는 부분입니다. 이와 관련해서는 다음 장에서 분석하도록 하겠습니다.

35.4. 초기화 코드 PIN_Init 분석

Pindriver.cpp (c:\wince600\platform\cb6410\src\drivers\camera\mdd)
```
DWORD   PIN_Init( LPCTSTR Context, LPVOID lpvBusContext ) {
    PPININITHANDLE pPinInitDev = NULL;
    pPinInitDev = new PININITHANDLE;
    pPinInitDev->pCamDevice = reinterpret_cast<PCAMERADEVICE>( lpvBusContext );
    return reinterpret_cast<DWORD>( pPinInitDev );
}
```

위 코드는 PIN_Init 함수에서 에러 처리 부분과 출력문을 모두 제외하고 주된 동작 부분만 남긴 것입니다. 여기서 초기에 넘겨진 파라미터 중에서 lpvBusContext에 유의할 필요가 있습니다. 이 포인터 값을 저장해 놓는 것입니다.

```
typedef struct CPinInitHandle
{
    PCAMERADEVICE pCamDevice;
} PININITHANDLE, * PPININITHANDLE;
```

최초 PININITHANDLE을 new로 새로 생성을 해서 그 포인터를 가지고 있고, 그 포인터가 가리키는 유일한 멤버 변수인 pCamDevice에 넘겨진 파라미터 lpvBusContext를 타입 캐스팅 해서 저장하는 것입니다.

```
DWORD CAM_Init( VOID * pContext ) {
... ... ... ... ... ...
    pCamDev = new CAMERADEVICE;
... ... ... ... ... ...
```

위에서 이미 살펴본 CAM_Init 함수 부분을 여기서 다시 한번 보겠습니다. CAM_Init에서 CAMERADEVICE를 하나 생성했었습니다. 그리고 그 포인터를 pCamDev에 저장했다가 그 포인터를 리턴 했었는데, 위의 PIN_Init에 전달되는 lpvBusContext의 포인터 값이 바로 CAM_Init에서 생성한 CAMERADEVICE의 포인터인 것입니다. 이 값을 자신이 만든 구조체의 멤버 변수에 저장한 이후에 그 구조체의 포인터를 리턴 하는 것입니다.

최종적으로 리턴 하는 구조체의 포인터는 추후 PIN_Open에 전달되는 Context에 그 값이 넣어져서 전달되는 것입니다.

36. Camera 디바이스 드라이버 Preview 과정 분석

카메라와 관련한 부분을 분석하는 것은 무척 방대한 양입니다. 작은 지면에 모든 내용을 설명 드리기에는 부족함이 많습니다. 여기서는 Preview 부분에 대한 분석을 통해서 카메라 디바이스 드라이버의 동작에 관해서 일부라도 이해해 보려고 하는 것입니다.

36.1. Camera Preview 인터럽트 처리 분석

먼저 Camera Preview와 관련한 인터럽트의 발생에 대한 처리 부분을 살펴보도록 하겠습니다.

36.1.1. CameraPreviewThread 함수 분석

우리는 이전 장에서 Preview 인터럽트 시에 발생하는 Preview Event가 통지되면 CameraPreviewThread가 호출되는 것을 공부하였습니다. 이 부분부터 분석을 수행하도록 합니다.

```
DWORD WINAPI CameraPreviewThread(void) {
… … … … … …
    while(TRUE) {
        dwCause = WaitForSingleObject(PreviewEvent, INFINITE);
… … … … … …
        if (dwCause == WAIT_OBJECT_0) {
            if(PreviewFrameCnt >= 3) {
                PreviewFrameCnt = 3;
                pfnCameraHandlePreviewFrame(dwCameraDriverContext);
            } else {
                PreviewFrameCnt ++;
            }
            s6410CAM->CIGCTRL |= (1<<18);
            InterruptDone(g_CamSysIntr_P);
        }
… … … … … …
    return 0;
}
```

위 Thread의 역할은 무척 단순합니다. WaitForSingleObject를 통해서 PreviewEvent가 발생할 때까지 계속 기다립니다. 이후 정상적으로 이벤트를 수신하면 동작을 수행하고 다시 발생할 때까지 기다리는 것입니다.

PreviewFrameCnt 부분에 대해서 먼저 살펴보면 위의 코드는 최초 카메라의 동작 시에 출력되는 데이터 중에서 최초 3개의 프레임을 건너 뛰려는 동작입니다. 0부터 시작해서 3이 되기 전에는 값만 증가시키고 지나가고 있는 것입니다.

CIGCTRL 레지스터 중에서 18~20 비트 부분의 의미는 아래의 표와 같습니다. 우리는 카메라 Preview 인터럽트를 Edge interrupt를 사용하지 않고 Level interrupt를 사용하고 있습니다. 몇몇 부분에서 IRQ_LEVEL 비트 부분을 설정하는 곳이 있습니다. Level interrupt를 사용하는 이유는 인터럽트의 발생에 대해서 보다 명확하게 인지해서 처리하기 위함입니다.

IRQ_LEVEL	[20]	1 : Level interrupt 0 : Edge trigger interrupt (default) * This bit should be set to '1' because of using level interrupt method in S3C6410x	0
IRQ_CLR_c	[19]	This bit is related only to Level interrupt. Codec path interrupt is cleared when IRQ_CLR_c is written to '1'. This bit Auto-clear.	0
IRQ_CLR_p	[18]	This bit is related only to Level interrupt. Preview path interrupt is cleared when IRQ_CLR_p is written to '1'. This bit Auto-clear.	0

CameraPreviewThread에서는 발생한 인터럽트를 해제하는 동작을 수행하는 것입니다. IRQ_CLR_p 부분을 1로 설정하는 것이 Preview와 관련한 인터럽트를 해제하는 것입니다. 그 이후에 InterruptDone을 호출해서 커널에게 인터럽트 수행이 끝났음을 알려주게 됩니다. PreviewFrameCnt가 2 이상이 되었을 때 비로소 수행하게 되는 이 Thread의 주요 역할은 pfnCameraHandlePreviewFrame 함수를 호출하는 것입니다.

```
typedef void (*PFNCAMHANDLEFRAME)( DWORD dwContext );
PFNCAMHANDLEFRAME pfnCameraHandlePreviewFrame = NULL;
```

pfnCameraHandlePreviewFrame는 위와 같이 글로벌 변수로 정의된 함수 포인터 변수입니다. 이 변수에 대한 초기 설정은 아래와 같이 되어 있습니다.

Camera_pdd.cpp (c:₩wince600₩platform₩cb6410₩src₩drivers₩camera₩camera_pdd)

```
DWORD CCameraPdd::PDDInit( PVOID MDDContext, PPDDFUNCTBL pPDDFuncTbl ) {
… … … … … …
    pfnCameraHandlePreviewFrame = CCameraPdd::CameraPreviewFrameCallback;
… … … … … …
```

pfnCameraHandlePreviewFrame은 위와 같이 CCameraPdd::PDDInit 함수에서 CCameraPdd::CameraPreviewFrameCallback에 대한 함수 포인터를 저장하게 되어 있는 것입니다. 결국 CCameraPdd::CameraPreviewFrameCallback 함수가 불리게 됩니다.

36.1.2. Preview 인터럽트 처리에 대한 전체 호출 개념도

인터럽트 처리와 관련한 과정을 전체적으로 그림으로 나타내면 아래의 그림과 같습니다.

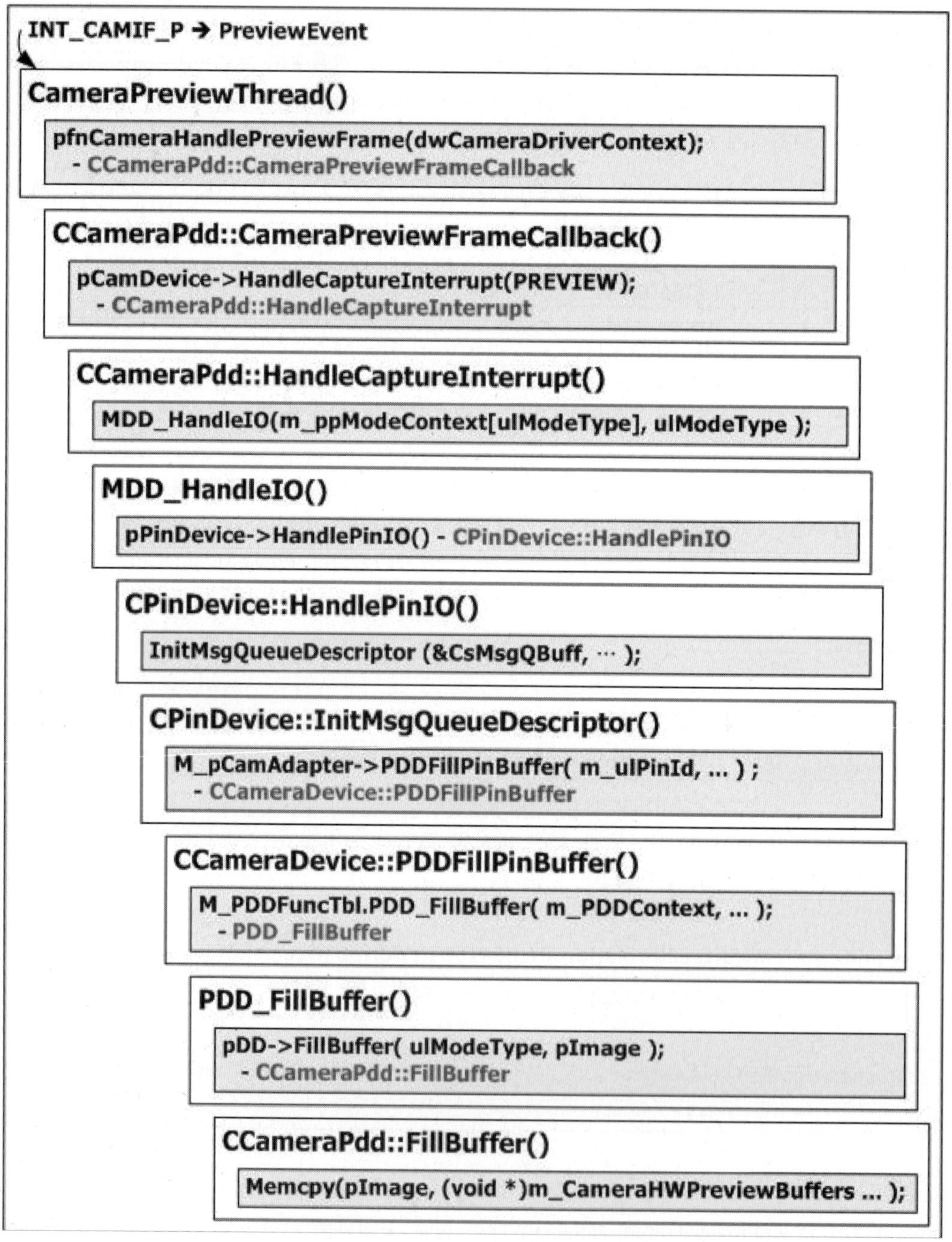

```
INT_CAMIF_P → PreviewEvent

CameraPreviewThread()
    pfnCameraHandlePreviewFrame(dwCameraDriverContext);
      - CCameraPdd::CameraPreviewFrameCallback

    CCameraPdd::CameraPreviewFrameCallback()
        pCamDevice->HandleCaptureInterrupt(PREVIEW);
          - CCameraPdd::HandleCaptureInterrupt

        CCameraPdd::HandleCaptureInterrupt()
            MDD_HandleIO(m_ppModeContext[ulModeType], ulModeType );

            MDD_HandleIO()
                pPinDevice->HandlePinIO() - CPinDevice::HandlePinIO

                CPinDevice::HandlePinIO()
                    InitMsgQueueDescriptor (&CsMsgQBuff, … );

                    CPinDevice::InitMsgQueueDescriptor()
                        M_pCamAdapter->PDDFillPinBuffer( m_ulPinId, … );
                          - CCameraDevice::PDDFillPinBuffer

                        CCameraDevice::PDDFillPinBuffer()
                            M_PDDFuncTbl.PDD_FillBuffer( m_PDDContext, … );
                              - PDD_FillBuffer

                            PDD_FillBuffer()
                                pDD->FillBuffer( ulModeType, pImage );
                                  - CCameraPdd::FillBuffer

                                CCameraPdd::FillBuffer()
                                    Memcpy(pImage, (void *)m_CameraHWPreviewBuffers … );
```

36. Camera 디바이스 드라이버 Preview 과정 분석

상당히 복잡한 과정을 거쳐서 프레임 버퍼로 잡아놓은 곳에 저장된 데이터를 복사하는 작업으로 끝 맺게 됩니다. 다음은 그 부분에 대해서 살펴보겠습니다.

36.1.3. CCameraPdd::FillBuffer 함수 분석

Camera_pdd.cpp (c:\wince600\platform\cb6410\src\drivers\camera\camera_pdd)

```cpp
DWORD CCameraPdd::FillBuffer( ULONG ulModeType, PUCHAR pImage ) {
… … … … … …
    if (ulModeType == CAPTURE) {
… … … … … …
    } else if (ulModeType == STILL) {
… … … … … …
    } else if(ulModeType == PREVIEW) {
        CurrentFrame = CameraGetCurrentFrameNum(PREVIEW_CAPTURE_BUFFER);
        dwRet = pCsVideoInfoHdr->bmiHeader.biSizeImage;
        memcpy(pImage, (void *)m_CameraHWPreviewBuffers[CurrentFrame].VirtAddr, dwRet);
    }
    return dwRet;
}
```

가장 먼저 수행되는 부분은 CameraGetCurrentFrameNum() 함수를 통한 현재의 프레임 번호를 얻어 오는 일입니다.

```cpp
int   CameraGetCurrentFrameNum(int BufferType) {
… … … … … …
    if(VIDEO_CAPTURE_BUFFER == BufferType) {
… … … … … …
    } else if(STILL_CAPTURE_BUFFER == BufferType) {
… … … … … …
    } else if(PREVIEW_CAPTURE_BUFFER == BufferType) {
        temp = (s6410CAM->CIPRSTATUS>>26)&3;
        temp = (temp + 2) % 4;
    }
… … … … … …
    return temp;
}
```

이 CameraGetCurrentFrameNum() 함수 부분은 위와 같이 구성되어 있습니다. 타입은

PREVIEW_CAPTURE_BUFFER로 주었기 때문에 CIPRSTATUS 레지스터를 참조하게 됩니다.

Register	Address	R/W	Description	Reset Value
CIPRSTATUS	0x780000B8	R/W	Preview path status	0

CIPRSTATUS	Bit	Description	Initial State	M	L
OvFiY_Pr	[31]	Overflow state of preview FIFO Y	0	X	X
OvFiCb_Pr	[30]	Overflow state of preview FIFO Cb	0	X	X
OvFiCr_Pr	[29]	Overflow state of preview FIFO Cr	0	X	X
Reserved	[28]		0	X	X
FrameCnt_Pr	[27:26]	Frame count of preview DMA	0	X	X
Reserved	[25]		0	X	X
FlipMd_Pr	[24:23]	Flip mode of preview DMA	0	X	X
Reserved	[22]		0	X	X
ImgCptEn_PrSC	[21]	Image capture enable of preview path	0	X	X
OvRLB_Pr	[20]	Overflow status of Line Buffer for Rotation in Preview path	0	X	X

이 CIPRSTATUS 레지스터의 26, 27번 비트는 두 비트 값으로 0번부터 3번까지의 프레임 번호를 주게 됩니다. 여기서 얻어진 값에 2를 더해서 4로 나눈 나머지를 구하는 이유는 최초 얻게 되는 번호가 2번이기 때문에 이 것을 0으로 만들어서 저장하기 위함입니다.

```
memcpy(pImage, (void *)m_CameraHWPreviewBuffers[CurrentFrame].VirtAddr, dwRet);
```

최종적으로 수행하는 동작이 얻은 프레임 번호를 이용해서 m_CameraHWPreviewBuffers의 주소값을 이용해서 거기에 저장된 데이터를 이 함수에 넘겨준 pImage에 복사하는 것입니다.

36.2. Camera Run 상태 변환과 Sensor 설정 분석

36.2.1. Camera Run 상태 변환 흐름도

아래 그림은 Camera 상태를 Run 상태로 변하게 하는 과정 상에서의 흐름을 간략하게 나타낸 흐름도 입니다. 상당히 복잡해 보이지만 결국은 PIN IO Control을 CSPROPERTY_CONNECTION_STATE로 주면서 상태를 변경하는 작업을 수행하고 있는 것입니다.

```
typedef enum {
    CSSTATE_STOP,
    CSSTATE_PAUSE,
    CSSTATE_RUN
} CSSTATE, *PCSSTATE;
```

36. Camera 디바이스 드라이버 Preview 과정 분석

CSSTATE에 대한 부분은 위의 enum 값과 같이 STOP, PAUSE, RUN 등으로 구성되어 있습니다. 흐름도로 나타낸 부분은 상태가 CSSTATE_RUN으로 변경되는 상황을 보여주는 것입니다.

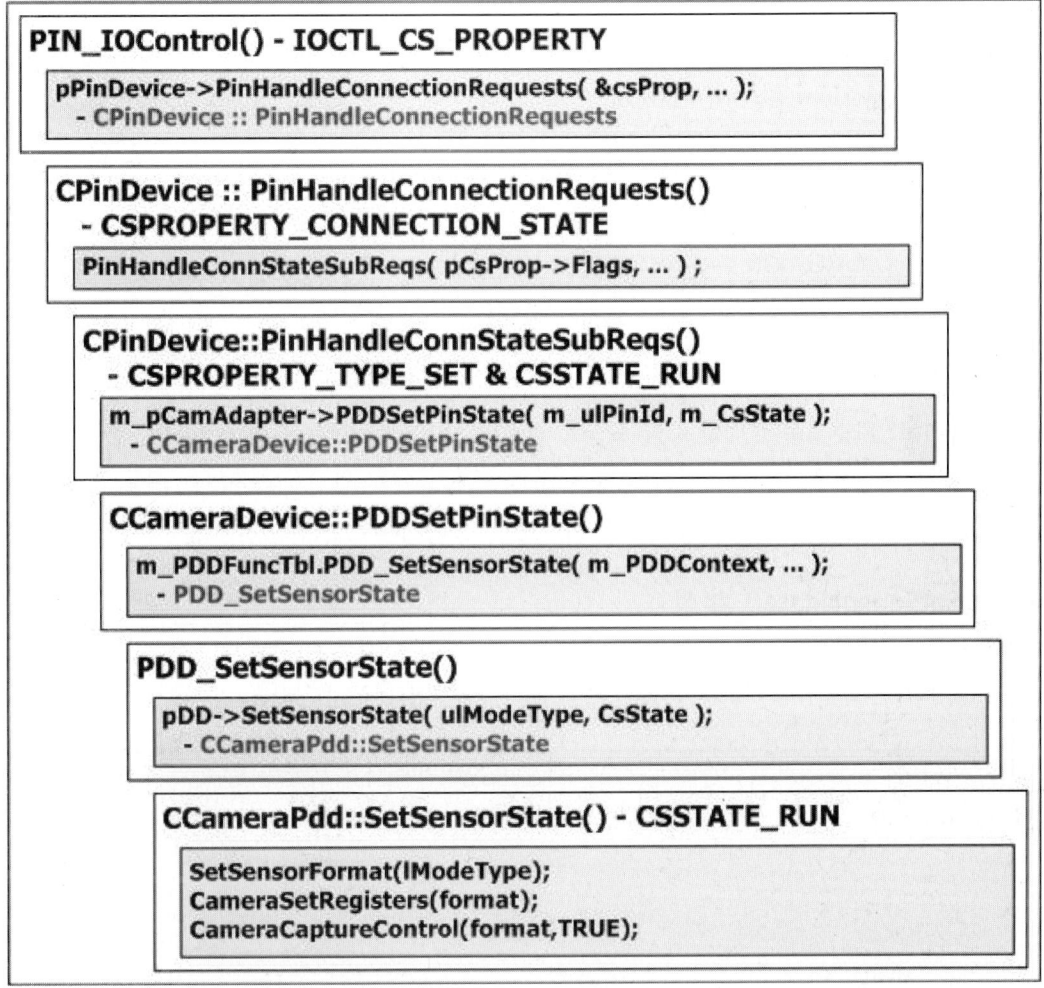

카메라 드라이버에서 사용되는 I/O Control의 코드 값은 아래 세 가지 경우가 있습니다.

IOCTL	설명
IOCTL_CS_BUFFERS	드라이버에 버퍼를 전송하기 위해서 사용
IOCTL_CS_PROPERTY	Property 값을 얻어오거나 (Get) 설정하기 위해서 (Set) 사용하거나, 어떤 Property가 지원되는지의 여부를 알아보기 위해서 사용
IOCTL_STREAM_INSTANTIATE	주어진 Pin에 대해서 Stream type을 설정하기 위해서 사용

상태를 RUN으로 변경하기 위해서는 IOCTL_CS_PROPERTY를 주어서 I/O Control을 불러주어야 합니

다.

```
typedef enum {
    CSPROPERTY_CONNECTION_STATE,
    CSPROPERTY_CONNECTION_DATAFORMAT,
    CSPROPERTY_CONNECTION_ALLOCATORFRAMING,
    CSPROPERTY_CONNECTION_PROPOSEDATAFORMAT,
    CSPROPERTY_CONNECTION_ALLOCATORFRAMING_EX,
    CSPROPERTY_CONNECTION_STARTAT
} CSPROPERTY_CONNECTION;
```

IOCTL_CS_PROPERTY를 줄 때의 종류는 위에서 열거된 것들이 존재합니다. 이 중에서 CSPROPERTY_CONNECTION_STATE 부분은 Pin의 수행 상태를 변경하는 용도로 사용되게 됩니다. 위 경우는 CSSTATE_RUN으로 상태를 수행 모드로 변경하려는 것입니다. CSSTATE_RUN을 설정한다는 것은 Pin, 즉 카메라 모듈이 현재 데이터를 읽고 쓰는 것이 가능한 상태가 되었다는 것을 알려주는 것입니다.

36.2.2. SetSensorState() 분석

위의 흐름도에서 결국 최종적으로 호출되는 함수는 SetSensorState()입니다.

```
DWORD CCameraPdd::SetSensorState( ULONG lModeType, CSSTATE csState ){
... ... ... ... ... ...
    switch ( csState ) {
        case CSSTATE_STOP:
... ... ... ... ... ...
            break;
        case CSSTATE_PAUSE:
... ... ... ... ... ...
            break;
        case CSSTATE_RUN:
            m_CsState[lModeType] = CSSTATE_RUN;
            if(CAPTURE == lModeType) {
                m_bCameraVideoRunning = true;
            } else {
                m_bCameraPreviewRunning = true;
            }
            SetSensorFormat(lModeType);
```

```
            CameraSetRegisters(format);
            CameraCaptureControl(format,TRUE);
            break;


        default:
… … … … … …
    }
    return dwError;
}
```

결국 함수에서 수행하는 일은 SetSensorFormat, CameraSetRegisters, CameraCaptureControl을 차례로 불러주는 것입니다. 최종적으로 CameraCaptureControl을 TRUE로 주어서 불러줌으로써 화면에 Preview가 시작되는 것입니다.

36.2.3. SetSensorFormat() 분석

```
bool CCameraPdd::SetSensorFormat( ULONG ulModeType) {
… … … … … …
    if (ulModeType == CAPTURE) {
… … … … … …
    } else if (ulModeType == STILL) {
… … … … … …
    } else if(ulModeType == PREVIEW) {
        CameraSetFormat(biWidth, biHeight, format, PREVIEW_CAPTURE_BUFFER);
        CameraPrepareBuffer(m_CameraHWPreviewBuffers, PREVIEW_CAPTURE_BUFFER);
    }
… … … … … …
    return TRUE;
}
```

SetSensorFormat() 함수에서는 두 가지 함수를 처리하고 있습니다. 각각 CameraSetFormat과 CameraPrepareBuffer 부분입니다. 우리가 이전에 Preview 부분을 분석하면서 실제로 버퍼 부분을 설정하였는데 그때 사용한 버퍼가 이곳에서 초기화되고 있는 것입니다. 각각의 내용을 살펴보도록 하겠습니다.

```
int   CameraSetFormat(UINT32 width, UINT32 height, int format, int BufferType) {
… … … … … …
    if(BufferType == VIDEO_CAPTURE_BUFFER) {
```

```
… … … … … …
    } else if(BufferType == STILL_CAPTURE_BUFFER) {
… … … … … …
    } else if(BufferType == PREVIEW_CAPTURE_BUFFER) {
        Preview_Buffer.Width = width;
        Preview_Buffer.Height = height;
        Preview_Buffer.Format = format;
    }
… … … … … …
    return TRUE;
}
```

CameraSetFormat 함수에서 수행하는 일은 그다지 복잡하지는 않습니다. Preview_Buffer로 이름 붙여진 글로벌 변수에 각각 가로 세로 포맷에 대한 정보만 저장하는 것뿐입니다.

```
int CameraPrepareBuffer(P_CAMERA_DMA_BUFFER_INFO pBufInfo, int BufferType) {
… … … … … …
    } else if(BufferType == PREVIEW_CAPTURE_BUFFER) {
        size = CalculateBufferSize(Preview_Buffer.Width,
                        Preview_Buffer.Height, Preview_Buffer.Format);
        Preview_Buffer.FrameSize = size;
        Preview_Buffer.Size = size * MAX_HW_FRAMES;
        for(i=0;i<MAX_HW_FRAMES;i++) {
            pBufInfo[i].VirtAddr = (DWORD)pPreviewVirtAddr + size*i;
            pBufInfo[i].size = size;
            pBufInfo[i].pY = (DWORD*)((DWORD)(PhysPreviewAddr.LowPart) + size*i);
        }
… … … … … …
}
```

CameraPrepareBuffer 함수는 사실 이전 장에서 버퍼의 초기화에 관한 설명을 진행하면서 잠시 본 적이 있는 함수입니다. 그 때는 이 함수가 불리는 과정에 대한 것을 기술하지 않았었고, 다만 4개의 프레임 공간이 InitializeBuffer() 함수에서 할당되는 모습에 대한 것을 설명하면 설명 드렸던 부분입니다.

실제로 이전 절에서 Preview 부분에서 버퍼의 데이터를 저장하는 용도로 사용하였던 m_CameraHWPreviewBuffers 포인터를 CameraPrepareBuffer() 함수를 호출하면서 첫 번째 파라미터로 전달하고 있습니다. 그것이 pBufInfo라는 이름의 포인터 변수로 전달된 것이고 그곳의 정보를 갱신하고 있는 것입니다. 각각의 버퍼의 크기를 프레임 개수만큼씩 나누어서 할당하고 있는 것을 알 수 있습니다.

36.2.4. CameraSetRegisters() 분석

CameraSetRegisters() 함수에서는 S3C6410의 카메라 관련 SFR (Special Purpose Register)들을 설정하는 부분입니다.

```
int   CameraSetRegisters(int format) {
… … … … … …
    if(format == VIDEO_CAPTURE_BUFFER) {
… … … … … …
    } else if(format == STILL_CAPTURE_BUFFER) {
… … … … … …
    } else if(format == PREVIEW_CAPTURE_BUFFER) {
        size = Preview_Buffer.FrameSize;
        s6410CAM->CIPRYSA1=(UINT32)(PhysPreviewAddr.LowPart);
        s6410CAM->CIPRYSA2=s6410CAM->CIPRYSA1+size;
        s6410CAM->CIPRYSA3=s6410CAM->CIPRYSA2+size;
        s6410CAM->CIPRYSA4=s6410CAM->CIPRYSA3+size;
… … … … … …
        CameraSetPreviewRegister(Preview_Buffer.Width,
                     Preview_Buffer.Height, Preview_Buffer.Format);
    }
… … … … … …
    return TRUE;
}
```

CIPRYSA1부터 4까지 설정하고 있는 것은 Preview DMA에 대한 시작 주소값을 설정하고 있는 것입니다. 우리는 Preview DMA를 위한 주소 공간으로 이미 4개의 버퍼의 크기만큼을 할당 받아놓은 상태이고 이 주소값을 각각의 프레임 크기로 구분해서 주소를 설정하고 있는 것입니다.

Register	Address	R/W	Description	Reset Value
CIPRYSA1	0x7800006C	RW	1st frame start address for preview DMA	0
CIPRYSA2	0x78000070	RW	2nd frame start address for preview DMA	0
CIPRYSA3	0x78000074	RW	3rd frame start address for preview DMA	0
CIPRYSA4	0x78000078	RW	4th frame start address for preview DMA	0

이 부분을 S3C6410 데이터 쉬트에서 찾으면 위의 표와 같습니다. 각각의 레지스터 공간에 적절한 주소값을 써 넣는 것만으로 해당 주소로 적절히 카메라로부터의 데이터가 저장됩니다. 이후 CameraSetPreviewRegister 함수를 호출해 줍니다. 넘겨주는 Preview Buffer Width는 320이고, Height는 240, Preview Buffer Format은 OUTPUT_CODEC_RGB16 입니다.

36.2.5. CameraSetPreviewRegister() 분석

```
void CameraSetPreviewRegister(UINT32 width, UINT32 height, int Format) {
… … … … … …
    switch(Format) {
    case OUTPUT_CODEC_YCBCR422:
… … … … … …
        break;
    case OUTPUT_CODEC_RGB16:
        Out422_Pr = 3;
        Cpt_PrDMA_RGBFMT = 0;
        CalculateBurstSize(width*2, &MainBurstSizeY, &RemainedBurstSizeY);
        MainBurstSizeC = 0;
        RemainedBurstSizeC = 0;
        break;
    case OUTPUT_CODEC_RGB24:
… … … … … …
}
```

CameraSetPreviewRegister 함수는 두 부분으로 나누어서 설명 드리도록 하겠습니다. 먼저 각 버퍼의 포맷에 따라서 달라지는 부분들에 대한 설정을 수행하는 부분을 살펴보고 뒤에서 실제 S3C6410의 레지스터들을 설정하는 부분을 보도록 하겠습니다.

Out422_Pr 부분을 3으로 설정하고 있는데 이것은 뒤에서 CIPRTRGFMT 레지스터를 설정하는데 사용하게 됩니다. CIPRTRGFMT 레지스터의 29번 30번 비트가 포맷에 대한 정보를 가지고 있게 되고 이것을 3으로 설정해서 RGB 포맷이 되도록 하고 있는 것입니다.

OutFormat_Pr	[30:29]	00 : YCbCr 4:2:0 preview output image format. (Non-interleave) 01 : YCbCr 4:2:2 preview output image format. (Non-interleave) 10 : YCbCr 4:2:2 preview output image format. (Interleave) 11 : RGB preview output image format. (cf. RGB format register → OutRGB_FMT_Co)

Cpt_PrDMA_RGBFMT 부분을 0으로 설정하고 있는데 이것은 뒤에서 CIPRSCCTRL 레지스터를 설정하

는데 사용하게 됩니다. CIPRSCCTRL 레지스터의 11번 12번 비트가 RGB 데이터의 형식에 대한 정보를 가지고 있게 되고 이것을 0으로 설정해서 RGB565 포맷이 되도록 하고 있는 것입니다.

OutRGB_FMT_Pr	[12:11]	Output RGB format for Preview write DMA 00 : RGB565 , 01 : RGB666 , 10 : RGB888 , 11 : Forbidden

```
void CalculateBurstSize(unsigned int hSize,unsigned int *mainBurstSize,
                        unsigned int *remainedBurstSize) {
    unsigned int tmp;
    tmp=(hSize/4)%16;
    switch(tmp) {
        case 0:
            *mainBurstSize=16;
            *remainedBurstSize=16;
            break;
... ... ... ... ... ...
    }
}
```

CalculateBurstSize에 넘겨지는 hSize의 값은 320이 됩니다. 이것을 4로 나누어서 16으로 나눈 나머지 역시 0이 됩니다. 그러므로 MainBurstSizeY, RemainedBurstSizeY 둘 다 16으로 설정되게 됩니다.

Yburst1_Pr	[23:19]	Main burst length for preview Y / RGB frames
Yburst2_Pr	[18:14]	Remained burst length for preview Y / RGB frames
Cburst1_Pr	[13:9]	Main burst length for preview Cb/Cr frames
Cburst2_Pr	[8:4]	Remained burst length for preview Cb/Cr frames

MainBurstSizeY, RemainedBurstSizeY의 두 값은 CIPRCTRL 레지스터에 저장되게 됩니다. 우리의 경우 320의 폭을 가지고 있기 때문에 최대 크기의 burst size를 주어도 아무 문제가 없게 됩니다.

	Rot90_Pr = 0 & RGB	Rot90_Pr = 1 & RGB18/24bit	Rot90_Pr = 1 & RGB16bit
Y	Main burst length = 4, 8, 16 Remained burst length = 4, 8, 16	Main burst length = 4, 8 Remained burst length = 4, 8	Main burst length = 4 Remained burst length = 4
C	No meaning	No meaning	No meaning

현재 RGB 포맷을 이용할 것이기 때문에 위 CIPRCTRL 레지스터에서 C부분에 대한 것은 설정하지 않아도 됩니다. 그래서 MainBurstSizeC와 RemainedBurstSizeC 부분을 0으로 만든 것입니다. 이 부분은 뒤에서 CIPRCTRL 레지스터에 저장할 때 사용하게 됩니다.

```
void CameraSetPreviewRegister(UINT32 width, UINT32 height, int Format) {
… … … … … …
    s6410CAM->CIPRTRGFMT= (Out422_Pr<<29)|(width<<16)|(height);
    s6410CAM->CIPRCTRL=(MainBurstSizeY<<19)|(RemainedBurstSizeY<<14)
                      |(MainBurstSizeC<<9)|(RemainedBurstSizeC<<4);
    s6410CAM->CIPRSCCTRL=(1<<28)|(1<<27)|(0<<26)|(0<<25)|(0<<13)
                      |(Cpt_PrDMA_RGBFMT<<11)|(0<<10);
    CameraSetScaler(width,height,PREVIEW_PATH);
    s6410CAM->CIPRTAREA= width*height;
    s6410CAM->CICPTSEQ = 0xFFFFFFFF;
… … … … … …
}
```

이제 CameraSetPreviewRegister 함수의 뒤 부분인 S3C6410의 각종 레지스터들을 설정하는 부분을 검토하도록 하겠습니다.

먼저 CIPRTRGFMT 레지스터를 설정합니다. 이 부분에서 Out Format을 설정하는 부분과 관련해서는 위에서 잠시 본 적이 있습니다. 이 부분이 바로 위에서 보았던 Out422_Pr 변수가 설정되는 부분입니다. 그 외에 화면의 가로와 세로에 대한 부분을 설정하고 있습니다. Out422_Pr 부분은 3으로 설정되어 있기 때문에 RGB로 동작한다는 것을 나타내고, 가로 크기는 320, 세로 크기는 240으로 설정하고 있습니다. 가로에 대한 부분을 보면 16의 배수가 되어야 한다고 명시되어 있습니다. 그리고 세로의 경우는 4의 배수가 되어야 한다고 명시되어 있습니다. 우리의 경우는 320, 240이기 때문에 이 조건을 모두 만족하고 있습니다.

OutFormat_Pr	[30:29]	00 : YCbCr 4:2:0 preview output image format. (Non-interleave) 01 : YCbCr 4:2:2 preview output image format. (Non-interleave) 10 : YCbCr 4:2:2 preview output image format. (Interleave) 11 : RGB preview output image format. (cf. RGB format register → OutRGB_FMT_Co)
TargetHsize_Pr	[28:16]	Horizontal pixel number of target image for preview DMA (16's multiple)
FlipMd_Pr	[15:14]	Image mirror and rotation for preview DMA 00 : normal 01 : x-axis mirror 10 : y-axis mirror 11 : 180° rotation
Rot90_Pr	[13]	1 : Rotate clockwise 90° 0 : Rotator bypass
TargetVsize_Pr	[12:0]	Vertical pixel number of target image for preview DMA. Minimum number is 4. (When Rot90_Pr is set, 8's multiple but, 4's multiple if RGB888/666 mode & H_WIDTH > 160)

이 레지스터에는 가로 세로를 명시하는 것 외에 Flip과 Rotation에 대한 설정도 할 수 있습니다.

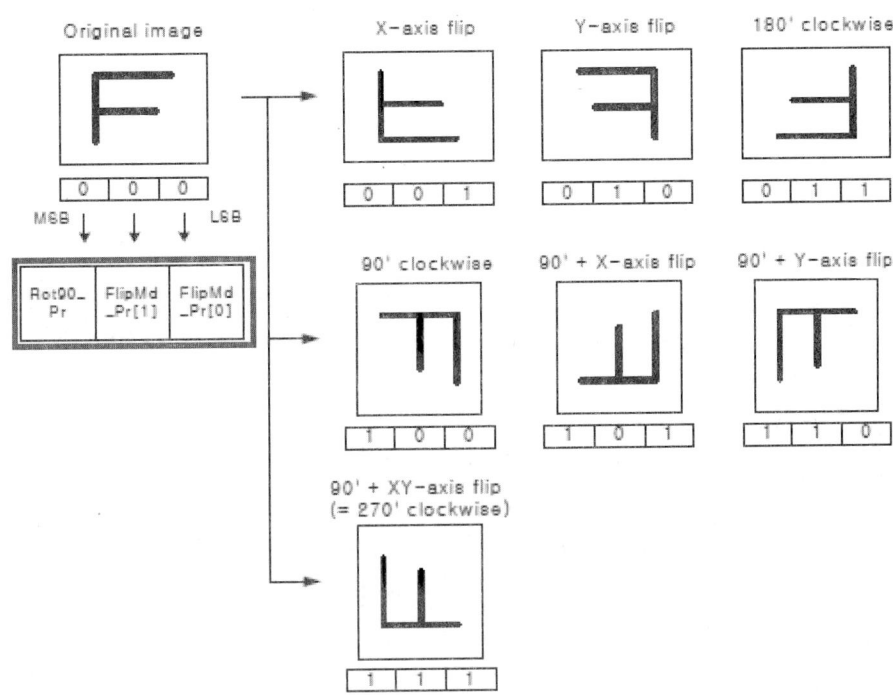

Flip에 대한 설정과 Rotation에 대한 비트 값의 조합에 따라서 어떠한 모양이 나타나는 지에 대해서 위 그림에 잘 나타나 있습니다. 우리는 모두 0으로 설정해서 정상적인 상태로 출력되도록 설정하고 있습니다.

CIPRCTRL 레지스터에 대한 설정은 위에서 설명 드렸기 때문에 생략합니다.

Register	Address	R/W	Description	Reset Value
CIPRSCCTRL	0x780000AC	RW	Preview main-scaler control	0x18000000

CIPRSCCTRL 레지스터는 Preview와 관련해서 Scaling 부분을 제어하는 중요한 레지스터가 되겠습니다. 이 부분에 대한 설정을 여기서도 진행하지만 뒤에서도 재차 이 레지스터를 설정하는 부분이 여러 곳에서 이루어질 것입니다. 바로 뒤에서 다루게 될 CameraSetScaler 함수에서도 이 레지스터는 중요한 설정 부분이 됩니다. 그때 설정 내용에 대해서는 자세하게 설명드릴 것입니다.

Cpt_PrDMA_RGBFMT에 대한 설정은 RGB565 포맷을 사용하기 위해서 설정하는 것이라고 말씀 드렸고 위에서 설명 드렸습니다. 실제로 이 레지스터에 대한 위의 설정 부분은 없애 버려도 문제가 없습니다. 물론 모든 경우에 그런 것은 아니고 OUTPUT_CODEC_RGB16 포맷으로 사용하기 때문입니다. 현재 이 레지스터를 설정하는 것은 모두 이 레지스터의 Reset Value입니다. 즉, 아무 설정을 하지 않아도 원래 그 값을 가지고 있다는 뜻입니다.

Register	Address	R/W	Description	Reset Value
CIPRTAREA	0x780000B0	RW	Preview dma target area	0

CIPRTAREA	Bit	Description	Initial State	M	L
Reserved	[31:26]		0	X	X
CIPRTAREA	[25:0]	Target area for preview DMA = Target H size x Target V size	0	O	X

CameraSetScaler 함수에 대해서는 뒤에서 살펴볼 것이고 먼저 그 뒤의 설정 부분을 먼저 보겠습니다. CIPRTAREA 레지스터는 DMA 버퍼의 공간에 대한 크기를 적어두는 부분입니다. 가로와 세로 크기를 곱해서 그 값을 넣어주면 됩니다.

여기서 한가지 내용에 대해서 말씀 드리겠습니다. 위의 레지스터에 대한 설명 중에서 가장 오른쪽에 있는 "M", "L"이라고 명시된 부분이 있습니다. "L" 부분이 의미하는 것은 레지스터가 설정되는 시점에 대한 부분을 결정하는 것입니다. 만약에 이 레지스터를 설정하는 시점이 카메라로부터 들어온 데이터를 이용해서 Capturing을 하고 있는 동안의 VSYNC Edge 부분에서 변경이 이루어진다면 그것이 적용될 수 있는가를 나타내는 것입니다. O로 되어 있다면 변경이 가능하다는 것을 의미하고 X라면 변경이 불가능하다는 것을 나타냅니다.

"M" 부분이 의미하는 것은 해당 레지스터가 MSDMA Path를 이용하는 동안의 Capturing 결과와 관련이 있는가의 여부를 나타내는 것입니다. 만약 O로 되어 있다면 관련이 있다는 것을 의미하고 X라면 관련이 없다는 것을 나타냅니다.

Register	Address	R/W	Description	Reset Value
CICPTSEQ	0x780000C4	RW	Camera image capture sequence related	FFFF_FFFF

CICPTSEQ 레지스터는 이미지 Capture Sequence에 대한 것을 설정합니다. 이 레지스터의 비트 값이 0인 부분에서는 Capture가 일어나지 않고 Skip 됩니다. 이 32 비트의 순서는 그대로 계속 반복되게 되는 것입니다. 중간에 특정 부분을 Skip하고 싶을 경우에 이 레지스터를 설정하면 되겠습니다.

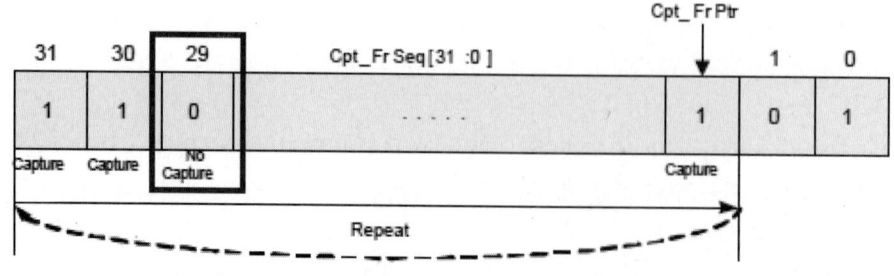

디폴트 값은 0xFFFFFFFF이고 우리의 경우도 이 값으로 설정하였습니다. 리셋값과 동일한 것을 설정하는 것이기 때문에 사실 설정을 해주지 않아도 상관은 없습니다.

36.2.6. CameraSetScaler() 분석

이제 CameraSetScaler 함수에 대한 분석을 진행합니다. 조금 내용이 길기 때문에 여러 부분으로 나누어서 설명을 드립니다.

```
void   CameraSetScaler(UINT32 width, UINT32 height, int path) {
    UINT32 H_Shift, V_Shift, PreHorRatio, PreVerRatio, MainHorRatio, MainVerRatio;
    UINT32 ScaleUp_H, ScaleUp_V, SrcWidth, SrcHeight, WinOfsEn = 0;
    MODULE_DESCRIPTOR moduleValue;
    ModuleGetFormat(moduleValue);
... ... ... ... ...
```

먼저 MODULE_DESCRIPTOR로 선언된 변수에 값을 읽어오는 부분을 보도록 합니다.

```
void ModuleGetFormat(MODULE_DESCRIPTOR &outModuleDesc) {
    memcpy(&outModuleDesc, &gModuleDesc, sizeof(MODULE_DESCRIPTOR));
}
```

위와 같이 ModuleGetFormat 함수를 호출해서 위에서 선언한 moduleValue 부분에 값을 저장하고 있습니다. 값의 저장은 memcpy 함수를 이용해서 gModuleDesc에 저장된 내용을 복사하고 있는 것입니다.

gModuleDesc에 저장된 내용은 이전 장에서 ModuleInit() 부분에서 살펴보았던 내용입니다. 글로벌 변수로 만들어진 공간에 디폴트 값들을 미리 저장하고 있었던 부분이고 이것을 그대로 활용하는 것이 아니라 위와 같은 함수를 이용해서 그 값을 가져오도록 하고 있습니다.

C++ Call-By-Reference

위에서 ModuleGetFormat을 통해서 값을 읽어오는 부분을 보았는데 여기서 사용하는 방법이 C++에서 사용하는 Call-By-Reference의 개념입니다. 전통적으로 C에서 사용하는 함수간의 데이터 교환은 Call-By-Value입니다. 이것이 갖는 의미는 함수의 호출이 일어날 때 넘겨지는 파라미터들은 반드시 그에 해당하는 값이 복사된다는 의미입니다. Integer 변수이면 정수 값이 복사되어 전달되고, 포인터 변수이면 포인터 값이 복사되어 넘어가는 것입니다.

C++에서 사용하는 Call-By-Reference는 조금 개념이 다릅니다. 전달되는 형태는 C의 Call-By-Value 형태와 비슷하지만 그 처리에 있어서는 매우 다른 결과를 가져오는 것입니다.

```cpp
void swap(int &a, int &b) {
    int temp = a;
    a = b;
    b = temp;
}
```

전형적인 예제는 바로 위의 swap 함수입니다. 이것의 파라미터 값이 int & 타입으로 선언되어 있고 이렇게 선언되어 있을 경우 Call-By-Reference로 작동하게 되는 것입니다.

```cpp
void main() {
    int val1 = 10;   int val2 = 20;
    swap(val1, val2);
}
```

메인 함수에서 swap 함수를 호출하는 방법은 C에서 사용하는 단순히 값을 복사해서 전달하는 것과 동일한 방법으로 호출하고 있지만 결과는 완전히 달라지는 것입니다. 위 경우에서 swap은 완벽하게 동작해서 val1에는 20, val2에는 10이 들어있게 됩니다. 이해하기 조금은 복잡한 포인터 변수를 사용하지 않고도 편리하게 해당 변수의 값이 변경되기 때문에 편리한 점이 있다고 할 수 있습니다.

```cpp
void    CameraSetScaler(UINT32 width, UINT32 height, int path) {
… … … … … …
    SrcWidth=moduleValue.SourceHSize-moduleValue.SourceHOffset*2-gHorOffset1-gHorOffset2;
    SrcHeight=moduleValue.SourceVSize-moduleValue.SourceVOffset*2-gVerOffset1-gVerOffset2;

    if((moduleValue.SourceHSize > SrcWidth) || (moduleValue.SourceVSize > SrcHeight)) {
        WinOfsEn=1;
    }
    s6410CAM->CIWDOFST = (WinOfsEn<<31)
            |((moduleValue.SourceHOffset+gHorOffset1) <<16)
            |(moduleValue.SourceVOffset+gVerOffset1);
    s6410CAM->CIDOWSFT2 = ((moduleValue.SourceHOffset+gHorOffset2) <<16)
            |(moduleValue.SourceVOffset+gVerOffset2);
… … … … … …
```

gHorOffset1, gHorOffset2, gVerOffset1, gVerOffset2의 값들은 Zoom으로 어느 부분을 확대해서 출력

36. Camera 디바이스 드라이버 Preview 과정 분석

하도록 하는 기능을 수행할 때 사용하게 됩니다. 카메라의 영상의 어떤 부분만 확대해서 Scaling을 하도록 하는 기능을 구현할 때 Offset 값을 주어서 표시하도록 하는 것입니다. 현재 Preview에서는 이러한 기능을 이용하는 것이 아니기 때문에 0으로 되어 있습니다.

```
#define DEFAULT_MODULE_HSIZE      1280
#define DEFAULT_MODULE_VSIZE      1024
#define DEFAULT_MODULE_HOFFSET       0
#define DEFAULT_MODULE_VOFFSET       0
```

moduleValue의 SourceHSize, SourceHOffset, SourceVSize, SourceVOffset의 경우도 위에서 정의된 값이 그대로 들어 있습니다. 결국 위의 계산에서 SrcWidth와 SourceHSize는 같게 되고, 또한 SrcHeight와 SourceVSize도 같게 됩니다. 결국 위에서 이들을 비교해서 설정하고 있는 WinOfsEn의 값은 초기 설정 값이 0을 그대로 가지고 있게 됩니다.

CIWDOFST	Bit	Description	Initial State
WinOfsEn	[31]	1 : window offset enable 0 : no offset	0

CIWDOFST 레지스터의 31번째 비트는 이러한 Offset 기능을 활성화 시켜주는 비트가 되겠습니다.

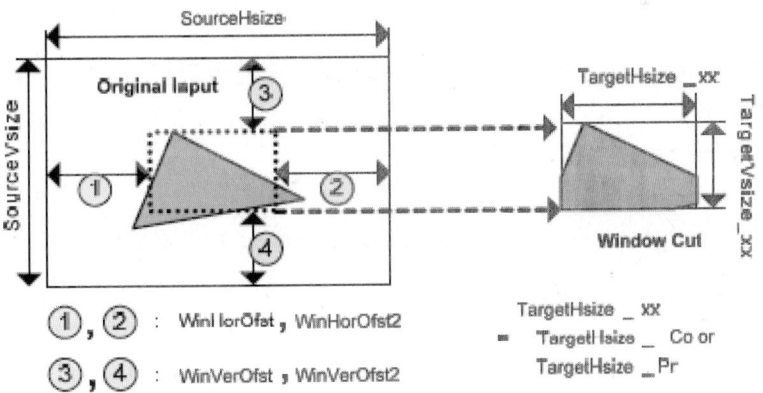

위 그림과 같이 카메라로부터 들어오는 영상에서 특정 부분만을 취해서 표현해 줄 수 있는 기능을 구현할 수 있는 것입니다. 우리의 경우 이러한 부분을 활성화 시키지 않았기 때문에 그대로 영상을 출력하는 것이고, 이들 레지스터들에 설정하는 값들은 모두 디폴트 값이 됩니다.

```
void    CameraSetScaler(UINT32 width, UINT32 height, int path) {
… … … … … …
        CalculatePrescalerRatioShift(SrcWidth, width, &PreHorRatio, &H_Shift);
```

```
CalculatePrescalerRatioShift(SrcHeight, height, &PreVerRatio, &V_Shift);
MainHorRatio=(SrcWidth<<8)/(width<<H_Shift);
MainVerRatio=(SrcHeight<<8)/(height<<V_Shift);

if(SrcWidth>=width) ScaleUp_H=0; //down
else ScaleUp_H=1;           //up
if(SrcHeight>=height) ScaleUp_V=0;
else ScaleUp_V=1;
... ... ... ... ... ...
```

Scaling과 관련해서 S3C6410의 데이터 쉬트를 참조하면 아래의 식을 발견할 수 있습니다.

```
If ( SRC_Width >= 64 × DST_Width ) { Exit(-1);  /* Out Of Horizontal Scale Range */ }
else if (SRC_Width >= 32 × DST_Width) { PreHorRatio_xx = 32;  H_Shift = 5; }
else if (SRC_Width >= 16 × DST_Width) { PreHorRatio_xx = 16;  H_Shift = 4; }
else if (SRC_Width >= 8 × DST_Width) { PreHorRatio_xx = 8;  H_Shift = 3; }
else if (SRC_Width >= 4 × DST_Width) { PreHorRatio_xx = 4;  H_Shift = 2; }
else if (SRC_Width >= 2 × DST_Width) { PreHorRatio_xx = 2;  H_Shift = 1; }
else { PreHorRatio_xx = 1;  H_Shift = 0; }
PreDstWidth_xx = SRC_Width / PreHorRatio_xx;
MainHorRatio_xx = ( SRC_Width << 8 ) / ( DST_Width << H_Shift);
```

실제로 우리가 수행하고 있는 것은 해당하는 크기에 맞는 적절한 값을 설정하는 것입니다. 이러한 식에 대한 부분도 하드웨어적으로 이렇게 처리되고 있기 때문에 그에 합당하게 값을 설정해 주어야만 정상적인 수행이 가능한 것입니다.

```
void CalculatePrescalerRatioShift(unsigned int SrcSize, unsigned int DstSize,
                                  unsigned int *ratio,unsigned int *shift) {
... ... ... ... ... ...
    if(SrcSize>=32*DstSize) {
        *ratio=32;    *shift=5;
    } else if(SrcSize>=16*DstSize) {
        *ratio=16;    *shift=4;
    } else if(SrcSize>=8*DstSize) {
        *ratio=8;    *shift=3;
    } else if(SrcSize>=4*DstSize) {
        *ratio=4;    *shift=2;
    } else if(SrcSize>=2*DstSize) {
```

```
        *ratio=2;   *shift=1;
    } else {
        *ratio=1;   *shift=0;
    }
}
```

CalculatePrescalerRatioShift 함수는 위의 데이터 시트 상의 식을 그대로 함수로 만들어 놓은 것입니다. 이 부분은 가로에 대한 것이나 세로에 대한 것이나 동일하게 적용 가능합니다.

가로의 경우 Source 크기는 1280입니다. 이것은 320에 4를 곱한 값과 정확하게 일치합니다. 그러므로 PreHorRatio는 4, H_Shift는 2 값을 얻게 됩니다. 세로의 경우 Source 크기는 1024입니다. 이것은 240에 4를 곱한 값인 960보다는 크지만 8을 곱한 값보다는 작기 때문에 역시 PreVerRatio는 4, V_Shift는 2 값을 얻게 됩니다.

```
MainHorRatio=(SrcWidth<<8)/(width<<H_Shift);
MainVerRatio=(SrcHeight<<8)/(height<<V_Shift);
```

이제 이 값을 이용해서 MainHorRatio를 구하면, Source 크기 1280을 왼쪽으로 8번 shift하면 327680이 나옵니다. 이것을 width 320을 H_Shift인 2만큼 왼쪽으로 shift한 1280으로 나누면 256이 됩니다. 같은 방식으로 MainVerRatio를 구하기 위해서 1024를 왼쪽으로 8번 shift하면 262144가 되고, 240을 왼쪽으로 2번 shift하면 960이고 이를 나누면 273.066이 됩니다. 정수 부분만 취하기 때문에 273이 됩니다.

Register	Address	R/W	Description	Reset Value
CIPRSCCTRL	0x780000AC	RW	Preview main-scaler control	0x18000000

MainHorRatio, MainVerRatio 부분은 CIPRSCCTRL 레지스터에 저장됩니다.

MainHorRatio_Pr	[24:16]	Horizontal scale ratio for preview main-scaler
MainVerRatio_Pr	[8:0]	Vertical scale ratio for preview main-scaler

이 부분에 대한 설정의 뒤의 코드에서 찾을 수 있습니다. ScaleUp_H와 ScaleUp_V부분 역시 CIPRSCCTRL 레지스터에 저장됩니다.

ScaleUp_H_Pr	[30]	Horizontal scale up/down flag for preview scaler (In 1:1 scale ratio, this bit must be "1") 1: up, 0:down
ScaleUp_V_Pr	[29]	Vertical scale up/down flag for preview scaler (In 1:1 scale ratio, this bit must be "1") 1: up, 0:down

우리의 경우 Source는 1280x1024이고 실제 Preview가 보여지는 크기는 320x240이기 때문에 Scale down이 되는 것이고 이 경우는 두 비트 모두 0으로 설정되어야 합니다.

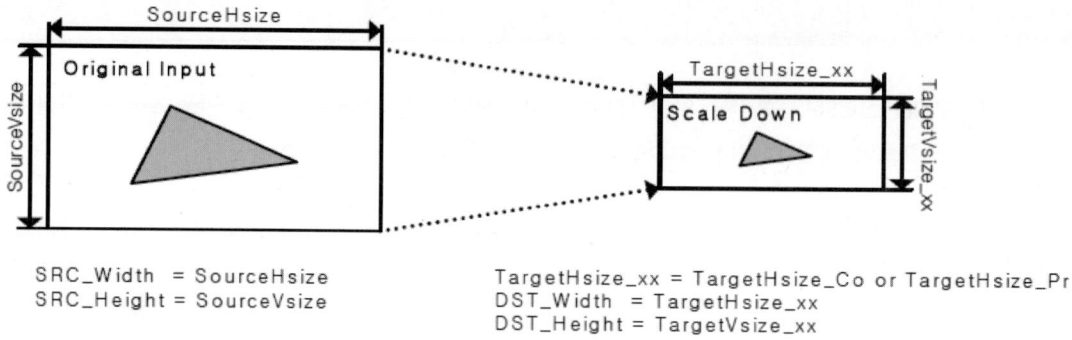

```
void  CameraSetScaler(UINT32 width, UINT32 height, int path) {
… … … … … …
    switch(path) {
    case PREVIEW_PATH:
        s6410CAM->CIPRSCPRERATIO
                =((10-H_Shift-V_Shift)<<28)|(PreHorRatio<<16)|(PreVerRatio);
        s6410CAM->CIPRSCPREDST=((SrcWidth/PreHorRatio)<<16)|(SrcHeight/PreVerRatio);
        s6410CAM->CIPRSCCTRL = (s6410CAM->CIPRSCCTRL
                    & ~((0x1<<31)|(0x1<<30)|(0x1<<29)|(0x1ff<<16)|(0x1ff<<0)))
                |(0<<31)|(ScaleUp_H<<30)|(ScaleUp_V<<29)|(MainHorRatio<<16)|(MainVerRatio);
        break;
    case CODEC_PATH:
… … … … … …
        break;
    }
}
```

이제 남아있는 레지스터들에 대한 설정 부분을 살펴보도록 하겠습니다.

CIPRSCPRERATIO 레지스터에 위에서 구했던 Ratio와 Shift 값을 설정해 주게 됩니다.

CIPRSCPRERATIO	Bit	Description	Initial State
SHfactor_Pr	[31:28]	Shift factor for preview pre-scaler	0
Reserved	[27:23]		0
PreHorRatio_Pr	[22:16]	Horizontal ratio of preview pre-scaler	0
Reserved	[15:7]		0
PreVerRatio_Pr	[6:0]	Vertical ratio of preview pre-scaler	0

Shift Factor에 대한 값은 아래와 같이 데이터 시트에 정의되어 있습니다.

$$SHfactor\_xx = 10 - (H\_Shit + V\_Shift);$$

코드 상에서도 이 부분과 동일하게 설정하고 있는 것입니다.

CIPRSCPREDST	Bit	Description
Reserved	[31:28]	
PreDstWidth_Pr	[27:16]	Destination width for preview pre-scaler
Reserved	[15:12]	
PreDstHeight_Pr	[11:0]	Destination height for preview pre-scaler

CIPRSCPREDST 레지스터에 실제 소스의 크기를 Ratio로 나눈 값을 설정하게 됩니다. 우리의 경우 1280과 1024의 값을 모두 각각 4로 나눈 결과를 적어 넣게 됩니다. 각각 320, 256이 저장되게 될 것입니다.

CIPRSCCTRL 레지스터의 설정은 위에서 모두 살펴본 내용에 대한 코드입니다.

36.2.7. CameraCaptureControl() 분석

```
CameraCaptureControl(format,TRUE);
```

CameraCaptureControl이 불리는 것은 바로 위의 모양과 같았습니다. Preview를 시작할 수 있도록 On 부분을 TRUE로 만들어서 호출한 것입니다.

```
int   CameraCaptureControl(int Format, BOOL on) {
… … … … … …
    s6410CAM->CIIMGCPT &= ~(CAM_CAMIF_GLOBAL_CAPTURE_ENABLE_BIT);
```

```
        if(PREVIEW_CAPTURE_BUFFER == Format) {
            if(on) {
                PreviewOn = TRUE;
                s6410CAM->CIPRSCCTRL |=(CAM_PVIEW_SACLER_START_BIT);
                s6410CAM->CIIMGCPT |= (CAM_CAMIF_GLOBAL_CAPTURE_ENABLE_BIT)
                                    |(CAM_PVIEW_SCALER_CAPTURE_ENABLE_BIT);
            } else {
… … … … … …
            }
        } else {   // STILL, VIDEO
… … … … … …
        }
… … … … … …
}
```

가장 먼저 설정하는 부분은 CIIMGCPT 레지스터입니다.

CIIMGCPT	Bit	Description
ImgCptEn	[31]	camera interface global capture enable
ImgCptEn_CoSc	[30]	capture enable for codec scaler. This bit must be zero in codec scaler-bypass mode.
ImgCptEn_PrSc	[29]	capture enable for preview scaler. This bit must be zero in preview scaler-bypass mode.

우리는 위의 3 비트를 설정할 것인데 이를 위해서 아래와 같은 값들을 define해 놓았습니다.

```
#define CAM_CAMIF_GLOBAL_CAPTURE_ENABLE_BIT        (1<<31)
#define CAM_CODEC_SCALER_CAPTURE_ENABLE_BIT        (1<<30)
#define CAM_PVIEW_SCALER_CAPTURE_ENABLE_BIT        (1<<29)
```

함수의 최초 부분에서는 GLOBAL CAPTURE ENABLE 부분을 일단 0으로 만들고 난 이후에 상황에 맞게 설정 작업을 마친 이후에 다시 1로 만들어서 활성화시키도록 하고 있습니다. 활성화 시키는 작업을 위해서는 반드시 두 비트가 모두 설정되어야 합니다.

우리의 경우는 Preview를 시키는 것이기 때문에 GLOBAL CAPTURE ENABLE 부분도 1로 만들어야 하고, PREVIEW SCALER 부분도 1로 설정해야 합니다. 이를 위해서 29번 비트와 31번 비트를 1로 만든 것입니다.

36. Camera 디바이스 드라이버 Preview 과정 분석

위의 활성화 작업 이전에 Scaling에 대한 부분을 먼저 활성화 시켜 줍니다. Scaling 활성화를 위해서는 CIPRSCCTRL 레지스터의 15번 비트를 1로 설정해 주어야 합니다.

PrScalerStart	[15]	Preview scaler start. This bit must be zero in preview scaler-bypass mode. 1 : scaler start 0 : scaler stop

```
#define CAM_CODEC_SACLER_START_BIT        (1<<15)
#define CAM_PVIEW_SACLER_START_BIT        (1<<15)
```

이를 위해서 위와 같은 define을 선언하고 사용하고 있는 것입니다.

맺음말

책을 마치고 나니 무척이나 방대한 지면을 할애했지만 담고 있는 내용이 무척 제한되어 있는 것이 아닌가 하는 아쉬움이 남습니다. 가능한 쉽게 Windows CE를 설명 드리려고 노력했지만 여전히 어렵게 기술된 것은 아닌가 하는 걱정도 앞섭니다.

Windows CE라는 코끼리의 다리만 만졌다는 생각도 들고, 앞으로도 더욱 더 깊이 있고, 그러면서도 쉬운 참고 서적을 만들어야 하겠다는 결심도 동시에 듭니다. 알면 알수록 더욱더 모르는 부분이 생기는 심오한 OS의 세계에 빠져들게 됩니다.

이 책에서 다루고 있는 부분이 Windows CE의 모든 부분을 담고 있지는 못합니다. 하지만 적어도 아무 것도 모르는 초보자가 이 책을 모두 읽고 난 이후에는 혼자서 공부를 해 나갈 수 있는 힘은 가질 수 있을 것이라 확신합니다.

책을 읽으면서 궁금하신 부분이 생기시면 언제든 아래 사이트로 질문을 해주시기 바랍니다. 졸작을 만드느라 많은 도움을 주신 여러 분들께 마지막으로 감사의 말을 전합니다.

http://www.mangoboard.com/
http://cafe.naver.com/embeddedcrazyboys

색 인

.

.NET Framework 23

_

__except 525
__finally 526
__FUNCTION__ 221
__leave 526
__TEXT 326
__try 525
_MAKEENVROOT 352
_T180
_TGTPROJ 290
_WINCEROOT 280

<

<winbase.h> 178

1

1.3M. 546

A

Acknowledge 84
ActivateDevice 338
ActiveSync 88, 125, 165
ActiveX 445
Administrator mode 62
Advanced Build Commands 238
ARM V7 366

ARMInit 315
Armstart.s 313
ARMV4I 142
Assembly code 225
ATPCS 187

B

Bad block 116, 155
BeginPaint 191
bin file format 245
Binary Image Builder 295
Binary Rom Image file System 94
Binary Rom Image File System 94
BinFS 94
blcommon 221
BMA150 468
Break Point 182
BSP 140
BSP (Board Support Package) 71
Build and Sysgen 239
Build Options 230
build.log 103

C

C++ exception handling 261
Cached Address 300
Call Procedure 185
Call-By-Reference 621
Camera 540
CameraInit 594
Catalog 88
Catalog Item 84, 85, 145

Catalog Items View	87
CB2443	141
CCIR 601	562
CDEFINES	225
CeLogFlush.exe	232
Command Line	179
Command Processor	427
Command Shell	427
config.bib	233
Console Window	427
Copy Files to Release Directory	238
copylink	234
Core OS (CEBASE)	88
Cortex	366
CreateEvent	377
CreatThread	378
Critical Section	507
Cumulative Product Update	48

D

DataAbortHandler	375
DDI	335
DDX	461
Debug mode	86
DEBUGMSG	330
Default locale	100
design template	82
Device Context Handle	192
Device.exe	337
dialog box	180
Dialog box	449
DirectShow	565
DIRS_CE	569
DLLENTRY	355
DNW	104, 151
Document type	208
DownloadBin	224
DownloadNB0	220
DrawText	189
DSHIP_BUILD	231
DUMMYSHELL	438
Dynamic Link Library	348

E

EBoot	94, 155
EBOOT	102
EBOOT.bin	109, 224
EBOOT.nb0	108
EBOOT_USB_BUFFER_OFFSET	306
EDBG_ADDR	210
EINT	344
Enable KITL	101
Enable profiling	259
EndPaint	191
English (US) National Language Support	260
Erase All Blocks	109
ERRORMSG	330
Ethernet boot loader (EBOOT)	230
Evaluation Edition	34
event logging feature	91
event tracking	230
Exception Handler	368
exdi2	230
exFAT	95, 148
Extended file allocation	95

F

Falling edge	422
fatal error U1077	103
File System	93
FILES	73
FindKernelEntry	316
FIQ	366

Format Boot Media for BinFS	251
Foxlink	74
FSRAMPERCENT	308

G

Globally Unique Identifier (GUID)	485
GPIO	342
GPxDAT	344
Graphics, Windowing, and Events Subsystem (GWES)	334
GuestOnly	195
Gulim & GulimChe	96
Gulim (GL_CE)	96

H

Hello Mango	130
HID (Human interface Device)	92
hInstance	184
HINSTANCE	179
Hive-based Registry	94
hPrevInstance	184
HSYNC	564
hWnd	181

I

I2C	475
image_cfg.inc	300
IMAGE_NK_SIZE	300, 306
iMBRtnVal	181
IMG 환경 변수	286
IMGHIVEREG	94
IMGMULTIXIP	298
IMGNOKITL	101
IMGPROFILER	314
IMGRAM128	232
IMGRAM64	232
IMGSDBUS2	97, 98
Include when adding to projects	215
INCLUDES	355
International	96
Internet Control Message Protocol (ICMP)	275
Internet Explorer 6.0	82
Interrupt	366
Interrupt Service Request (ISR)	368
Interrupt Service Thread (IST)	368
InterruptDone	379
InterruptInitialize	372, 398
IOCTL_I2C_GET_FASTCALL	502
IP 275	
IRQ	366
ITU-601, 656	563

K

Kern.dll	315
Kernel debugger	231
Kernel Independent Transport Layer	80
kernel profiler	231
KernelFindMemory	317
KernelIoControl	395
KernelStart	313
kernprof.dll	314
KEY_DIN0	343
KITL	80
KITL (Kernel Independent Transport Layer)	230

L

Launch Existing	111
LaunchAddr	220
Locale Specific Support	96
Locales	100
lpCaption	181

lpCmdLine 178, 184
LPSTR 178
lpText 181
LPWSTR 178
lstrcmpW 327
LT01SF38M 546

M

Make run-time image after build 238
Make Run-Time image After Building 217
Mass Storage 98
MB_ICONERROR 182
MB_YESNO 182
MDD 333
MDI (Multiple Document Interface) 446
Message Queue 190
MessageBox 180
MFC document 448
Minimal GDI Configuration 260
Miscellaneous Environment Variables 288
MmMapIoSpace 386
Mobile Handheld 82
Monolithic 334
MSDMA (Memory Scaling DMA) 602
MSDN 31, 201
multi-functional input/output port pins 344
MyLauncher 427
MyLauncher.lnk 434

N

NAND 111
National Language Support (NLS) 260
NK 102
NK.bin 93
nkglobal 318
NKLEN 298

NKSTART 303
NKStartup 315
nkstub.lib 318
NOON130 559
NOR 108
NTFS 234

O

OAL 317
OAL (OEM adaptation layer) 80
OAL (OEM Adaptation Layer) 370
oal_blcommon.lib 223
OALIntrRequestSysIntr 396
OALIntrTranslateIrq 374
OEMGLOBAL 321
OEMInit 317, 323
OEMInitDebugSerial 317
OEMInitGlobals 320
OEMInterruptDone 369
OEMInterruptHandler 372
oemstub 319
OEMWriteDebugByte 328
Operating System (OS) 18
OS design 80
OSCapture.exe 230
OSDesigns 145
owner window 181

P

PBInitEnv.bat 92, 98
pbxml 292
PDD 333
performance counter 275
Physical Interrupt Request (IRQ) 369
Platform Builder 21
platform.bib 435

platform.reg ... 442
PORT CONFIGURATION REGISTER ... 345
PORT DATA REGISTER ... 345
PREPROCESSDEFFILE ... 355
Pre-Processing ... 178
Preview ... 600
PRJ 환경 변수 ... 288
ProcessPrefAbort ... 375
product key ... 35
Product Name ... 120
Profiling ... 259
Program disk image into SmartMedia card 112

Q

QFE ... 51

R

R3 ... 46
RAM and ROM File System ... 93
RAM-based Registry ... 94
RAMIMAGE ... 297
RAMSTART ... 303
Rebuild ... 101
Rebuild and Clean Sysgen ... 239
RECT ... 192
regedit ... 195
RegisterDevice ... 338
RelDir ... 84
Release ... 85
Release mode ... 86
Release Note ... 50
RELEASETYPE ... 355
Remote Access Server (RAS) ... 275
Remote Call Profiler ... 253
Remote File Viewer ... 253
Remote Heap Walker ... 253

Remote Kernel Tracker ... 253
Remote Performance Monitor ... 253, 275
Remote Process Viewer ... 253
Remote Registry Editor ... 253
Remote Spy ... 253
Remote System information ... 253
Remote System Information ... 278
Remote Tool ... 128
Remote Tools ... 254
Remote Zoom-in ... 252
RETAILMSG ... 330
Rollup package ... 51
Romimage.exe ... 94
ROM-only File System ... 93
Run-Time image ... 217

S

S3C2443 ... 346
S3C6410X ... 105
Scaling ... 629
SCK ... 475
SDA ... 475
SDI (Single Document Interface) ... 446
SDK ... 119, 163
SDO ... 475
Serial Cable ... 105
Service Pack ... 38
SFR (Special Purpose Register) ... 615
Show Notification ... 89
ShowWindow ... 180
Siliconfile ... 546
SKIPBUILD ... 576
Slave address ... 477
Smart Media card Enabled ... 111
SMB380 ... 332, 468
smb380_t ... 491
SMDK6410 ... 104

Source Insight 205
Sources 353
SP1 for Vista 56
Standard IO (STDIO) 428
Standard SDK 89
Step Loader 113
STEPLDR 102
Stream Interface Device Driver 335
subproject 80, 427
Subset 1_30 96
SW_HIDE 180
SW_SHOWNOACTIVATE 180
Sysgen 102
SYSGEN 91
Sysgen 변수 287
SYSGEN_EVENTLOG 92
SYSGEN_WCETK 97
SYSGEN0000 102
SYSINTR 372
SYSINTR_FIRMWARE 373

T

Target Board 71
Targeted Build Settings 217
TARGETLIBS 355
TARGETTYPE 355
Task Bar 441
TCP 275
Team Suite 38
Temporary File 103
Test Kit (CETK) 97
TEXT 180
Third Party 88
Thread 275, 368
TOC 301
Transport 257
try-except 구문 525

U

UBOOT 112
Uncached Address 300
UndefException 375
UNDEFINED 373
UNDER_CE 178
UNICODE 325
Universally Unique Identifier (UUID) 485
USB Function Driver 92
USB HID Keyboard and Mouse 92
USB Host Support 92
USB Storage Class Driver 92
USBOTG 105
User Datagram Protocol (UDP) 275
USHORT 214
uType 181

V

VCENTER 192
Video Codecs and Renderers 95
Virtual Keyboard 199
Visual Studio 22
Visual Studio 2005 31
VSYNC 564

W

WaitForSingleObject 372, 378
WCHAR 325
wchar_t 325
WiFi 129
WiFi Patch 75
Win32 스마트 장치 168
WinCE 90
Wince.bat 291
WINCE600 84

WINCEDEBUG	289
Windows 7	52, 58
Windows CE	18
Windows Embedded CE	19
Windows Media Audio/MP3	82
Windows Media Player	95
Windows Mobile	125
Windows Update	26
windows.h	176
WinMain	177
WinMainCRTStartup	186
WinMainCRTStartupHelper	186
WM_KEYDOWN	452
WM_PAINT	189
WMV/MPEG-4 Video Codec	95
WndProc	190
WordPad	82

X

x86 Asm Source File	216
xcopy	234
XML	98
XXX_Close	337
XXX_Deinit	337
XXX_PreClose	337
XXX_PreDeinit	337

Y

YCbCr	562
YUV	562

ㄱ

가속도 센서	474
관리자 권한으로 실행	62
구성 속성	100

ㄷ

다중 문서 인터페이스	447
단일 문서 인터페이스	447
듀얼 코어	229
디바이스 드라이버	332
디버그 메시지	231
디버깅	171

ㄹ

라이선스 키	36
런타임 바이너리	100
레지스트리	358

ㅁ

망고24	19
망고64	19

ㅂ

빌드	88
빌드 구성	85

ㅅ

서브프로젝트	80
서비스 팩	54
솔루션 탐색기	99
솔루션용 디렉토리 만들기	80
스타일러스	197
시스템 레지스트리	484

ㅇ

업데이트	39
업데이트 스크립트	61

원격 감시 253
원격 레지스트리 편집기 253
원격 이미지 캡쳐 167
원격 파일 뷰어 253
원격 프로세스 뷰어 253
원격 힙 워커 253
유니코드 324
인터럽트 366

ㅋ

카메라 540
카메라 인터페이스 553
커널 이미지 359
클래스 뷰 87

ㅍ

파트너 관계 설정 126
풀업 저항 342
프로세서의 수 229
프로젝트 79

ㅎ

하드웨어 디버거 230
환경 변수 281
활성 솔루션 구성 86

저자약력

박 선 호
- 서울대학교 컴퓨터공학과 학사
- 서울대학교 컴퓨터공학과 석사
- 현대전자주식회사 중대형컴퓨터 개발
- VK주식회사 GSM 핸드폰 개발
- 코아로직 사업본부장
- 현) 씨알지테크놀러지 대표이사
- 네이버 embeddedcrazyboys 카페 필명 "설렁설렁"

오 영 환
- 고려대학교 전산과학과 학사
- 현대전자주식회사 CDMA 시스템 개발
- 한테크 기지국 RF Test 장비 개발
- 뉴젠텔레콤 GSM 핸드폰 개발
- 코아로직 AP FAE 개발 팀장
- 현) 씨알지테크놀러지 수석연구원
- 네이버 embeddedcrazyboys 카페 필명 "푸우"

주요 공저 저술
- 망고스토리 1. S3C2443/S3C6410/JTAG Embedded Board를 통한 ARM9/ARM11 Embedded 환경 체험
- 망고스토리 2. 실전! ARM Cortex-M3 시스템 프로그래밍 완전정복 1
- 망고스토리 3. 실전! ARM Cortex-M3 시스템 프로그래밍 완전정복 2
- 망고스토리 4. 실전! Windows CE 시스템 프로그래밍 완전정복
- 망고스토리 5. 실전! 안드로이드(Android) 시스템 프로그래밍 완전정복

Windows CE 시스템 프로그래밍 완전정복

- 초 판   2011년 2월 10일 초판 인쇄
           2011년 2월 10일 초판 발행
- 공 저   박 선 호, 오 영 환
- 발 행 자 정 용 화
- 발 행 처 D&W Wave
- 등록일자 2009년 09월 24일
- 등록번호 제379-2009-000040호
- 주 소   경기도 성남시 수정구 신흥동 2024번지
- 전 화   031-701-5057
- 팩 스   031-701-5024
- 전자메일 yhjung1@hotmail.com
- 홈페이지 http://www.mangoboard.com
- ISBN   978-89-963800-8-5

- 가 격   28,000원

■ 파손 및 잘못 만들어진 책은 교환해 드립니다.
■ 이 책의 무단 전재와 불법 복제를 금합니다.